Illustrierte Sittengeschichte

Miniatur aus einem Gebetbuch. 15. Jahrhundert

Illustrierte Sittengeschichte

vom Mittelalter bis zur Gegenwart

von

Eduard Fuchs

Renaissance

Mit 430 Textillustrationen und 59 Beilagen

Verlag Klaus GUHL

ISBN: 3-88220-344-7

© Verlag Klaus Guhl
Postfach 191 532
1000 Berlin-19
Telefon 3 21 30 62
Druck: Fuldaer Verlagsanstalt GmbH, Fulda

Vorwort

Das jeweilige sittliche Gebaren und die jeweiligen sittlichen Anschauungen und Satzungen die die geschlechtlichen Betätigungsformen der Menschen innerhalb einer bestimmten Epoche regeln oder sanktionieren, sind die bedeutsamsten und bezeichnendsten Erscheinungen dieser Entwicklungsepoche. Die Wesensart jeder Zeit, jedes Volks und jeder einzelnen Klasse offenbart sich gerade darin am ausgesprochensten. Denn das Geschlechtsleben zeigt uns in seinen tausenderlei Ausstrahlungen nicht nur ein wichtiges Gesetz, sondern das Gesetz des Lebens überhaupt; die Urfunktion des Lebens ist in dem sittlichen Gebaren, den sittlichen Anschauungen und den sittlichen Satzungen einer Zeit Form geworden. Es gibt keine einzige Form und keinen einzigen Bestandteil der Lebensbetätigung, die nicht durch die geschlechtliche Basis des Lebens ihren bestimmenden, zum mindesten einen charakterisierenden Einschlag bekommen hätten; das gesamte öffentliche und private Leben der Völker ist von geschlechtlichen Interessen und Tendenzen durchtränkt und gesättigt. Es ist das ewige und unerschöpfliche Problem und Programm, das keinen Tag von der Tagesordnung weder des einzelnen noch der Gesamtheit kommt.

Aber jede Zeit — und das ist das Entscheidende — hat dieses Geschehen anders geformt und seine Satzungen stets von neuem revidiert und korrigiert. Tausendfach und immer neu sind die Abstufungen innerhalb der Grenzen, in denen es sich bewegt: von der einen, wo es als kaum begriffene Naturkraft nicht viel mehr als ein bloßes animalisches Erfüllen war, zu deren Gegenpol, wo es sich zum köstlichsten Geheimnis des Daseins und zum Endpunkt alles Schöpferischen erhob, und wiederum zu jener Grenze, wo es der Stoff zu einer einzigen fortgesetzten Zote war und jedes Wort und alles Tun im Dienste eines orgienhaften Austobens der Sinne stand.

Auf Grund von alledem ist die Geschichte des sinnlichen Gebarens in den verschiedenen Entwicklungsstadien der Kultur nichts Geringeres als einer der Hauptbestandteile der gesamten Menschheitsgeschichte. In bestimmt umgrenzte Begriffe gefaßt, heißt das: Die Geschichte der geschlechtlichen Sittlichkeit umfaßt die wichtigsten Gebiete des gesellschaftlichen Seins der Menschen, also die Gesamtgeschichte der legitimen und der illegitimen Liebe (Ehe, eheliche Treue, Keuschheit, Ehebruch, Prostitution), der unerschöpflichen Arten des gegenseitigen Werbens im Dienste und Interesse der Geschlechtsbetätigung, der Sitten und Gebräuche, zu denen sich dieses verdichtet hat, der Begriffe über Schönheit, Freude und Genuß, der Ausdrucksformen im Geistigen (Sprache, Philosophie, Anschauung, Recht usw.) und nicht zuletzt der ideologischen Verklärungen durch alle Künste, zu denen der Geschlechtstrieb immer von neuem hinführt.

Weil die Geschichte des sinnlichen Gebarens der Hauptbestandteil der gesamten Menschheitsgeschichte ist, darum ist auch der Reichtum an Dokumenten, die in jedem Lande von ihm künden, nicht nur unerschöpflich, sondern es sammelt sich in ihnen auch das Größte und Bedeutsamste, das Raffinierteste und Ungeheuerlichste, aber auch das Blödeste und Trivialste, was der Menschengeist ausgesonnen und geschaffen hat. Die Resultate seines kühnsten Denkens, seiner göttlichsten Inspirationen und seiner peinlichsten Verirrungen vereinigen sich hier.

Aber von so fundamentaler Wichtigkeit eine Sittengeschichte, die sich speziell mit der geschlechtlichen Moral befaßt, für den nach historischer Erkenntnis der Vergangenheit ringenden Geist auch ist, und so reich die Quellen hier jedem Forschenden sprudeln, so ist die Entwicklungsgeschichte der geschlechtlichen Moral in der modernen Geschichtswissenschaft doch ein überaus vernachlässigtes Gebiet. Wir besitzen in der deutschen Literatur beachtenswerte Arbeiten auf diesem Gebiete höchstens über das alte Rom. Dagegen existiert bis heute keine Sittengeschichte der Zeit seit dem ausgehenden Mittelalter, in der die verschiedenen Wandlungen in den Anschauungen und Forderungen der geschlechtlichen Moral innerhalb dieser Geschichtsperiode historisch dargestellt und begründet wären. Wir haben eine Reihe Materialsammlungen und einige kleinere summarische Monographien über einzelne, enger begrenzte Fragen, Länder oder Zeitabschnitte. Das ist alles. Aber selbst dieses Wenige ist ganz unzulänglich, denn es befindet sich darunter kaum eine einzige Arbeit, die auf modernen wissenschaftlichen Gesichtspunkten aufgebaut wäre.

Von dieser Lücke möchte ich mit meiner Arbeit einen Teil ausfüllen. Aber trotzdem sie auf drei Bände angelegt ist, weiß ich, daß es nur ein sehr kleiner Teil sein wird, denn wirklich ausgefüllt kann sie nur durch ein Riesenunternehmen werden, das eine ganze Bibliothek umfaßt und ein Heer von Spezialisten in Dienst stellt. Freilich diese Spezialkenner gibt es noch gar nicht. Und die Wenigen, die es gibt, haben keinen Sinn für die inneren Zusammenhänge aller Kulturerscheinungen. —

In einer darstellenden Geschichte der geschlechtlichen Moral sammelt sich, wie gesagt, alles: das Edelste und das Gemeinste. Aber jede derartige Sittengeschichte wird darum doch viel mehr eine Unsittengeschichte sein, wenn man so sagen will. Das liegt in der Natur der Sache, weil das jeweils Moralische vorwiegend im Unterlassen besteht, also im Nichtdarstellbaren; das jeweils Unsittliche dagegen stets im „Tun", im Darstellbaren. Oder um ein Paradoxon zu gebrauchen: in der Geschichte der geschlechtlichen Moral ist das Negative häufig das einzig Positive. Eine Sittengeschichte, die es unternimmt, die sämtlichen Probleme in ihrer Tatsächlichkeit, unbeirrt von ängstlichen und kleinlichen Bedenklichkeiten, zu schildern und in ihrem Wesen erschöpfend zu begründen, ist also keine Unterhaltungslektüre für schulpflichtige Kinder — solche Eigenschaften sind aber auch niemals der Ruhm eines ernsten Werkes.

Was sich von dem reichen Dokumentenmaterial, das mir zur Verfügung steht, trotzdem nicht für eine allgemeine Verbreitung eignet, oder die Darstellung ungebührlich beschweren würde, aber als wissenschaftliches Dokument wichtig ist, werde ich später in einem Sonderband vereinigen, der Gelehrten und Sammlern die nötigen Ergänzungen bietet.

* *

Schließlich möchte ich hier noch folgendes bemerken:

Mein Name ist in der Literatur mit der Geschichte der Karikatur verknüpft. Manche Leser werden infolgedessen wähnen, daß ich mich mit dem vorliegenden Werke nun auf ein anderes Gebiet begäbe. Diese Ansicht wäre durchaus irrig. So wenig ich meine Arbeiten auf dem Gebiete der Geschichte der Karikatur für abgeschlossen erachte, so wenig leiste ich mir mit diesem Werke eine Extratour. Meine gesamte wissenschaftliche Tätigkeit war immer der Kulturgeschichte zugekehrt; ich wollte mit meinen Studien in den historischen Entwicklungsgang der Gesellschaft eindringen. Auf diesem Weg ist mir die Karikatur begegnet. Als ich fand, daß ich durch sie Einblicke und Klarheit über Dinge und Personen erlangte, die mir nirgends sonstwo in derselben Prägnanz offenbar wurden, da erwachte in mir die Lust, die Karikaturen aus den verschwiegenen Mappen herauszuholen, in denen viele jahrhundertelang unerkannt in ihrem Werte und darum auch unbeachtet geschlummert hatten. Mit den wachsenden Resultaten der mir immer reicher zuflutenden Materialmenge und der immer fester sich gründenden Überzeugung, daß man es in der Karikatur mit einem wichtigen Hilfsmittel der Geschichtsrekonstruktion zu tun hat, erwuchs mir der Ehrgeiz, die Geschichte dieser eigenartigen Dokumente des Zeitgeistes zu schreiben.

Weil ich der Karikatur als Kulturhistoriker gegenübergetreten bin und in ihr vor allem die Wahrheitsquelle der Vergangenheit und Gegenwart für Sitten, Zustände, Ereignisse und Personen suchte, so habe ich die künstlerische Seite der Frage mit Absicht immer erst in zweiter Linie behandelt. Nicht daß ich diese Seite ihrer Bedeutung auch nur einen Tag verkannt hätte. Ja gerade deshalb, weil mir auch diese Bedeutung ungemein wichtig erschien, erblickte ich darin stets eine Spezialaufgabe für einen Ästhetiker. Und ich bin kein Ästhetiker.

Ich trete also, wie gesagt, nicht aus der Reihe, wenn ich jetzt eine Sittengeschichte herausgebe; ich werde meiner großen Liebe, der Karikatur, damit gar nicht untreu, so wenig wie ich meinen kulturgeschichtlichen Interessen damals untreu wurde, als ich es unternahm, die Geschichte der Karikatur zu schreiben: meine Werke über die Karikatur und die vorliegende Arbeit bewegen sich alle in denselben Gedankengängen.

Berlin-Zehlendorf, Frühjahr 1909

Eduard Fuchs

Fastnachtsbrauch

Das Pflugziehen der im vergangenen Jahr sitzen gebliebenen Jungfrauen. 1532

Inhaltsverzeichnis

Verzeichnis der Beilagen

B

Martin Treu. Bäuerliches Tänzerpaar

Renaissance

Wer weiß, ob's wahr ist

Satirischer Holzschnitt eines anonymen Augsburger Meisters auf die Liebesschwüre der Männer. Um 1550

Die Wahrheit

1. Anonymer Holzschnitt aus dem 16. Jahrhundert

Einleitung

Die oberste Aufgabe der Sittengeschichtschreibung muß stets sein, zu zeigen, wie die Dinge einstmals gewesen sind: Rekonstruktion der vergangenen Wirklichkeit durch planmäßiges Zusammenfügen der jeweils charakteristischen Tatsachen. Je plastischer und blutvoller dabei die Vergangenheit vor dem Leser lebendig wird, um so besser ist die Aufgabe gelöst. Das gilt natürlich in gleicher Weise, ob es sich in der betreffenden Arbeit um das Gesamtgebiet der Sittengeschichte handelt, oder, wie hier, nur um ein Teilgebiet: das der geschlechtlichen Moral. Und diese Art Rekonstruktion der Vergangenheit soll in dem vorliegenden Werke in erster Linie versucht werden.

1

Wenn die Sittengeschichtschreibung in diesem Resultat ihre Hauptaufgabe suchen muß, so darf sie andererseits niemals davon ausgehen, bestimmte sittliche Maßstäbe an die Vergangenheit anzulegen. Das erste Ergebnis, das sich dem Forscher bei seinen Untersuchungen aufdrängt, ist nämlich die Erkenntnis, daß es keine ewig gültigen sittlichen Maßstäbe in der Geschichte gibt, daß sich diese im Gegenteil in ständiger Umbildung befinden. Infolgedessen kann man stets nur relativ von Sittlichkeit und von Unsittlichkeit reden. Von absoluter Unsittlichkeit dagegen höchstens, wenn es sich um Verstöße gegen die sozialen Triebe der Gesellschaft, also um Verstöße handelt, die sozusagen wider die Natur sind. Es gibt kein Sittengesetz, das unabhängig von Zeit und Raum unsere Handlungen im Raume und in der Zeit regelte. Und hier muß man sogar sagen: wenn das von dem gesamten Komplex der Moral gilt, so von der speziell geschlechtlichen Moral in allererster Linie. Denn diese gehört zu den wandelbarsten Teilen der allgemeinen Moralsatzungen und zu denen, die sich nicht nur am leichtesten wandeln können, sondern die sich in der Tat auch am häufigsten wandeln. Weil aber die zweite Erkenntnis, die der Forscher macht, darin besteht, daß diese ständige Umformung der allgemeinen sittlichen Anschauungen ganz bestimmten Gesetzen unterworfen ist, so folgt daraus, daß jedes Zeitalter andere sittliche Maß= stäbe fordert. Und darum wäre es wirklich der albernste Kinderwitz, wollte man ausgemacht mit den Maßstäben von heute die Vergangenheit schulmeistern. Nur Narren und Unwissende können das Feste, das Erstarrte mit dem Beweglichen abmessen; die Zahl solcher unhistorisch denkender Köpfe ist freilich heute selbst in der Wissenschaft noch so groß wie je. Zu beachten ist hier außerdem noch: Wer sich auf sogenannte „allgemein gültige sittliche Maßstäbe", die außerhalb von Zeit und Raum liegen sollen — „gebettet in der Natur des Menschen" —, festlegt, kann nur verherrlichen oder verunglimpfen, aber niemals zum historischen Verständnis einer Sache oder Person vordringen. Die Verleugnung einer ewig= unwandelbaren sittlichen Idee ist somit die unbedingte Voraussetzung, will man die Erscheinungen der Vergangenheit — in unserem Falle die sittlichen Zustände — richtig, also wissenschaftlich anschauen.

Die Verleugnung allgemein gültiger sittlicher Maßstäbe ist natürlich etwas ganz anderes als das Leugnen sittlicher Triebkräfte in der Geschichte; das Wirken der Letzteren kann man trotz alledem uneingeschränkt anerkennen. So selbstver= ständlich dies ist, so darf man doch nie unterlassen, dies ausdrücklich zu betonen, weil die Leute, die in der Geschichte immer das Walten ewiger sittlicher Gesetze sehen wollen, einem stets das letztere unterschieben, freilich mit mehr Fingerfertig= keit als Logik. Ebenso selbstverständlich ist, daß sich aus dieser von uns ge= forderten Stellung zu den Dingen auch nicht ohne weiteres eine geschichtliche Rechtfertigung aller Erscheinungen der Vergangenheit ableiten läßt, geschweige denn eine Apologetik, was ebenfalls oft genug untergeschoben wird. Das Ab= strahieren von einer unwandelbaren sittlichen Idee als ewigem Weltgesetz für alle Menschen, Klassen, Völker und Zeiten ist nur die Methode, aber auch die unent= behrliche Voraussetzung, die es ermöglicht, die Dinge — „das Gute und das

Bürgersfrau und Junker hinter der Hecke des Klostergartens

2. Gemälde eines unbekannten Meisters. 15. Jahrhundert. Braunschweiger Gemäldegalerie. Photographie Bruckmann

Böse" — in ihrer historischen Bedingtheit zu erkennen. Wenn man diese Bedingt= heit, das kategorische Muß der Geschichte, aufdeckt, zieht man aber noch lange nicht den Schluß: weil es mit historischer Notwendigkeit zu diesen oder jenen Zuständen einst hat führen müssen, darum sind diese betreffenden „historischen Notwendigkeiten" vor dem Urteil der Geschichte auch gerechtfertigt. Der Mörder ist, um einen ganz trivialen Vergleich heranzuziehen, noch lange nicht entschuldigt, wenn man seine Tat in ihren Zusammenhängen begreift. Dagegen führt diese Geschichtsbetrachtung zu etwas anderem, und zwar zu etwas wirklich Bedeutsamem: zu dem letzten Grunde der wissenschaftlichen Betrachtung der Dinge und darum zu einer höheren Logik der Geschichte.

Die Vergangenheit erforschen und ihre Geschichte schreiben, also das systematische Aufdecken dessen, was war, was ist, und die Konstruktion der Ver= bindungsstege, die von dem „war" zu dem „ist" führen, — das soll niemals nur der bloßen Lust dienen, die Neugier zu befriedigen — auch nicht die „edelste Neugier", wie manche den Zweck der Geschichtswissenschaft analysieren —, sondern vor allem dem Zweck, die Gesetze zu erkennen, denen alles Geschehen folgt. Denn nur die richtige Er= klärung der Dinge gestattet uns, die Geschichte besser als seither zu machen. Das ist aber der Sache innerster Kern, der ernsten Wissen= schaft erster und letzter Zweck: die Tat zu befruchten, die Gegenwart und die Zukunft zu beeinflussen. Der Menschheit höchstem Problem, ihre Geschichte mit Bewußtsein zu machen, wird damit der Weg ge= hauen. Und dies bedeutet wahrlich nichts Körperloses, sondern es ist die Formel für den reichsten Inhalt: die Menschheit so führen, daß sie imstande sei, ihre Geschichte mit Bewußtsein zu machen, heißt nichts anderes, als die Menschheit jenen Höhen der Entwicklung, zu denen die höchsten Ideale weisen, sicher und in beschleunigtem Tempo ent= gegenführen.

Du sollst nicht unkeusch sein

3. Illustration zum 6. Gebot. Aus einem Gebetbuch.
15. Jahrhundert

Wenn die historische Betrach= tung der Dinge zu der Erkenntnis führt, daß die sittlichen Maßstäbe

4

— Acn schöne Frau ihr gebet mir Freud und Mut,   — Man sagt du stehst nach meinem Gut und nicht nach mir,
   Dürft ich euch vertrauen, es wär gar gut.   Das ist bös lieber Gesell, das sag ich dir.
— Ach eilet bald lieber Herr   — Frau euer Ehrbarkeit, die will ich han
   Nach euch han ich groß Begehr.   Ihr sollt euch nicht anders sagen lan.

Die ungleichen Liebespaare

4. Holzschnitt um 1500

ständig wechseln, und das „Was ist sittlich?" darum jeweils eine andere Beurteilung
zu erfahren hat, so ergeben sich für die Lösung der in einer Sittengeschichte
gegebenen Probleme als erstes Erfordernis zwei Aufgaben. Diese beiden Aufgaben bestehen darin: erstens die Zusammenhänge zwischen dem sittlichen
Gebaren oder den herrschenden sittlichen Anschauungen und dem allgemeinen
gesellschaftlichen Sein der Menschen zu untersuchen und festzustellen, und zweitens,
jene Gesetze zu entschleiern, denen das jeweilige sittliche Geschehen folgt; jene
Faktoren sind aufzudecken, die die sittlichen Anschauungen jedes Zeitalters prägen
und umformen.

Eine richtige und plastische Rekonstruktion der Vergangenheit ist mit einer
bloßen — also mit einer systemlosen — Tatsachensammlung nämlich nicht erfüllt. Ja,
man kann sogar sagen: Nicht einmal eine wertvolle Tatsachensammlung ist möglich, solange die ebengenannten Grundlagen fehlen, denn der Wert jeder einzelnen
Tatsache bemißt sich einzig danach, wie weit sie das Grundgesetz des betreffenden
Zeitalters in bezeichnender Weise spiegelt. Damit ist weiter gesagt, daß die sämtlichen Tatsachen, die aus der aufspürenden Prüfung und Sichtung wissenschaft-
licher Forschertätigkeit hervorgehen, innerlich durch ihre historische Bedingtheit

Er tanzt und pfeift nach ihrer
Melodie

5. Symbolischer Kupferstich auf die Herr=
schaft des Weibes über den Mann.
15. Jahrhundert

verbunden sein müssen, die das Gesetz darstellt, aus dem sie resultieren. Andererseits verleiht erst die Kenntnis dieses Gesetzes wieder der einzelnen Tatsache, wie einer bestimmten Tat= sachenreihe, ihren besonderen rekonstruktiven Wert. Tatsachen, die willkürlich aneinander= gereiht sind, und wären sie einzeln noch so interessant und merkwürdig, ergeben niemals ein richtiges Bild, geschweige denn ein plastisches Bild der Vergangenheit, so wenig wie ein Stein= haufen, der aus Tausenden von köstlich und künstlerisch behauenen Steinen zusammengetragen ist, sich in der Phantasie ohne weiteres zu einem stolzen Bau zusammenfügt, oder eine Anzahl Räder, Hebel und Wellen zu einer Maschine, — sie müssen, die einen wie die andern, organisch miteinander verbunden sein, ausgewählt und aneinandergereiht nach den Gesetzen, die ihre besondere Form und ihren besonderen Platz bestimmt haben.

Die Schilderungen dieser inneren Zusammenhänge und die Feststellung der Faktoren, die das jeweilige sittliche Gebaren der Menschen formen und umwälzen, muß daher stets den Ausgangspunkt einer jeden methodisch aufgebauten Sitten= geschichte bilden, die mehr sein will als ein interessantes Geschichtenbuch. Und darum wollen wir diese Untersuchung auch als einleitendes Kapitel an die Spitze unserer Arbeit stellen, um einesteils dadurch unserer Arbeit ein festes Fundament zu sichern, und andernteils zugleich dem Leser den nach unserer An= sicht unentbehrlichen Leitfaden durch das Buch zu geben. Freilich muß hier hinzugesetzt werden: Diese Ausführungen sollen und können sich, gemäß der ganzen Anlage des Werkes, das nicht in der theoretischen Analyse, sondern in einer plastischen Tatsachenschilderung seine Hauptaufgabe erblickt, nur auf die wichtigsten Hauptlinien beschränken, und unsere Ausführungen werden sich darum nur in knappen Umrissen bewegen. Überdies maßen wir uns auch gar nicht die Kräfte an, die gewaltigen Aufgaben lösen zu können, die der theoretischen Geschichtsbetrachtung auf diesem Gebiet noch harren. Wir verhehlen uns keinen Augenblick, daß unsere theoretischen Darlegungen nur ganz primitiver Art sein können. Aber sie sollen auch nichts mehr sein als Wegeweiser, Orientierungs= tafeln mit knappen Erläuterungen.

* * *

An dieser Stelle ist nun noch der äußeren Hilfsmittel zu gedenken, mit denen wir die Aufgabe der plastischen Rekonstruktion des sittlichen Gebarens der einzelnen Völker, Klassen und Volkskreise in den verschiedenen Epochen zu lösen haben.

Fa la fanciulla quel che deuo hauino
L'ignote uoci, & benche, stia sospesa
Per la gran nouita, pur d'ogni pauino
I o nuda è tutta, à ben lauarsi intesa

Ipici laresta, & de gli odor, che stanio
Nel naso s'unge, & entrar non le pesa
Dopo il piacer del'ungersi, & lauarsi
Nel e morbide piume à ristorarsi

Ant. sal. exc.

Das Frauenbad

6. Italienischer Kupferstich. 16. Jahrhundert

Die Erfüllung dieser Aufgabe muß auf den zeitgenössischen Urkunden fußen, und darum auf deren weitestmöglicher Verwendung. Zeitgenössische Urkunden haben wir einerseits in der zeitgenössischen Literatur jeder Art, andererseits in der zeitgenössischen bildnerischen Darstellung von Personen, Dingen und Ereignissen. Nur dadurch, daß die Zeit in solcher Weise selbst zu Worte kommt: in ihrer eigenen Sprache, in ihrem eigenen Jargon, in den von ihr selbst gebildeten Vergleichen usw., und zwar so oft und so ausführlich wie möglich, erwacht und ersteht sie zu wirklichem Leben. Zu einem Leben, in dem wir dann nicht nur selbst mitten drin zu stehen scheinen, sondern das wir außerdem durch die Methode unserer Geschichtsbetrachtung von erhöhter Tribüne aus in seiner Gesamtheit zu überschauen vermögen, so daß uns neben dem Einzelbild immer auch dessen Beziehungen zum Ganzen offenbar werden.

Gegenüber den beiden Arten Urkunden ergibt sich darum die Aufgabe, alles das heranzuziehen, worin sich die jeweilige sittliche Anschauung der Zeit und der verschiedenen Klassen charakteristisch manifestiert hat, was greifbares Zeugnis davon ablegt. Hinsichtlich der Litteratur sind das: Nachrichten aller Art, Verordnungen, Verbote, Sittenmandate, Schilderungen von Gebräuchen, Spielen und Festen, und nicht zum wenigsten die künstlerischen literarischen Produkte jeder Zeit: Gedichte, Schwänke, Erzählungen, Schauspiele, einerlei ob kirchlichen oder profanen Charakters. Solche Dokumente werden wir nicht nur vereinzelt, sondern, wie gesagt bei jeder Gelegenheit heranziehen, um die eigene Schilderung zu stützen, zu vertiefen oder zu unterstreichen.

Das gleiche gilt von der zeitgenössischen bildlichen Darstellung. Die Bedeutung des zeitgenössischen Bildes als Hilfsmittel der Geschichtschreibung dünkt uns aber dem literarischen Dokument nicht nur ebenbürtig, sondern ihm in mancherlei Hinsicht sogar noch überlegen. Wir sehen im Bilde geradezu das wichtigste, weil das allerzuverlässigste Hilfsmittel zur wirklich plastischen Rekonstruktion der Vergangenheit. Außerdem ist u. E. das zeitgenössische Bild auch zugleich das einzige und das beste Kontrollmittel der literarischen Darstellung. Das Bild ist die klarste und einfachste Geschichtsquelle. Am näher präzisierten Beispiel erweist sich dies sofort. Wie

Junker und Edelfrau zu Pferde auf dem Wege zur Jagd
7. Holzschnitt aus dem 15. Jahrhundert

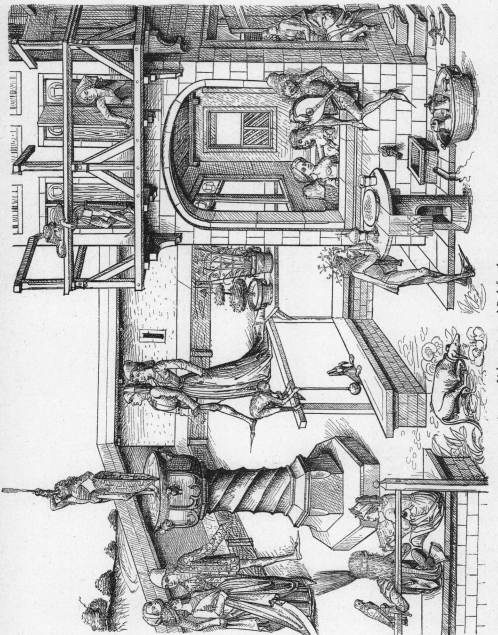

Liebesgarten und Badefreuden
Federzeichnung aus dem mittelalterlichen Hausbuch

umständlich und kompliziert ist es z. B., auch nur einen ganz einfachen Modetyp mit Worten so zu schildern, daß vor der Phantasie des Lesers ein absolut richtiges Bild ersteht. Jede Kontrolle würde sofort zu dem Beweis führen, daß sich schließlich jeder einzelne eine andere Vorstellung konstruiert hat. Bei einer reich gegliederten Mode ist die Schilderung noch komplizierter, und das Resultat würde selbst bei der glänzendsten Darstellungsgabe ohne Zweifel noch ungenügender sein. Dasselbe gilt in gleicher Weise von allen anderen Erscheinungstatsachen: vom Wirtshausleben, von den Festen, vom Liebesgebaren, kurzum von allem. Wie ganz anders, wenn das Bild als kontrollierbare Tatsache direkt und fertig, in plastischer, von keiner Stimmung beeinflußten Klarheit sofort daneben rückt!

Und nicht nur darin besteht der Wert des bildlichen Kommentars, daß die Schilderung sich

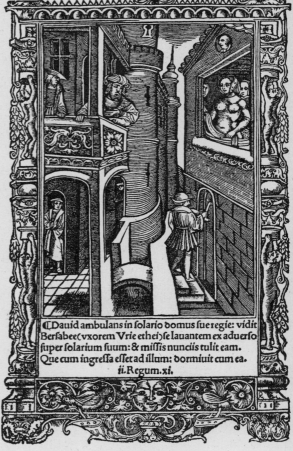

David und Bathseba

8. Illustrierte Seite aus einem französischen Gebetbuch. Um 1533

dem Bearbeiter als dankbarer erweist. Dem Bilde kommt noch eine weitere wichtige Sondereigenschaft zu: Jede bildliche Schöpfung aus der Zeit löst im nachdenklichen Beschauer außerdem unzählige von Assoziationen aus, an die der Verfasser oft selbst nicht gedacht hat, oder die alle anzuführen häufig nichts weniger als im Interesse einer übersichtlichen und durchsichtigen Darstellung des fraglichen Gegenstandes liegen würde. Hunderte, nein viele Hunderte von Bildern geben nicht nur einen Einzelzug, eine Einzelerscheinung aus dem Bilde der Entstehungszeit, sondern umspannen jedes für sich allein eine ganze Welt, einen ganzen Komplex von bezeichnenden Tatsachen, sind also für sich allein nicht selten eine Sittengeschichte, aus der jeder, der zu sehen vermag, immer neue Einsichten ablesen kann. Zur größeren Klarheit fügt sich der unerschöpfliche Reichtum.

Die unabweisliche Konsequenz dieser Tatsache ist, daß eine Sittengeschichte, der es als oberste Aufgabe gestellt ist, zu zeigen, wie die Dinge und Zustände in ihrer äußeren Erscheinung einst gewesen sind, nicht nur dringend des zeitgenössischen

9

Bildmaterials als Brücke zur richtigen und möglichst fehlerlosen Anschauung bedarf, sondern daß ein Verzicht auf das Bild überhaupt nicht zulässig ist. Zum mindesten muß daher der Verfasser alle wichtigen Gesichtspunkte bildlich belegen. Und so werden wir denn neben dem zeitgenössischen Literaturdokument auch jede Form der zeitgenössischen bildlichen Darstellung in unsern Dienst stellen: Die Buch‑illustration, das Fliegende Blatt, das Modebild, das Kunstwerk, das Porträt, die wissenschaftliche zeichnerische Darstellung und vor allem das Sittenbild.

Vor allem, wie gesagt, das Sittenbild. Dieses wird und muß eine Haupt‑rolle spielen, obgleich zwar vorsichtige Leute, — was wir nicht unerwähnt lassen wollen, weil es uns willkommene Gelegenheit gibt, unsern Standpunkt am besten zu fixieren –, zu verschiedenen Zeiten gegen das zeitgenössische Dokument, soweit es sich um Sittenschilderungen handelt, den Einwand erhoben, dasselbe dürfe immer nur mit starken Einschränkungen als Beweis gelten, weil jeder zeitgenössische Sittenschilderer übertrieben habe, wie er auch heute noch übertreibe, und zwar im Positiven ebenso wie im Negativen, und gleich stark, ob er mit der Feder oder mit dem Stift hantiere. Weiter sei das Bild, das der Sittenschilderer von seiner Zeit schaffe, vor allem deshalb sehr unzuverlässig, weil der Durchschnitt des Lebens immer am wenigsten registriert wurde, dagegen um so eifriger alle Über‑griffe. Diese Einwände sind zweifellos richtig und gelten sowohl für die Literatur als auch für das Bild. Aber wir setzen ihnen das Wort entgegen, aus dem wir einst die Bedeutung der Karikatur für die Geschichtschreibung herleiteten: Die Wahrheit liegt nicht in der Mitte, sondern im Extrem. Durch die Steigerung ins Extrem wird das Wesen der betreffenden Sache oder Person offenbar. Und darum ist die Übertreibung im Positiven wie im Negativen kein Nachteil, sondern im Gegenteil ein Vorteil: gerade der in Betracht kommende besondere Wertfaktor des zeitgenössischen Dokuments.

Und daraus leiten wir denn auch für das vorliegende Werk die Verpflich‑tung her, in besonderem Maße auch die Karikatur wieder zu Worte kommen zu lassen, d. h. in dem ihr gebührenden Maße, denn sie ist das Dokument, das diese Tendenz sozusagen im Prinzip verkörpert. Für den Leser aber heben wir hervor, daß er sich bei der Beurteilung dieser Produkte des satirischen Geistes keinen Augenblick durch die tiefsinnigen Salbadereien des landläufigen Einerseits‑ und Anderseitsstandpunktes beirren lassen darf, der gerade hinsichtlich der Karikatur die größten Einschränkungen gemacht haben will und nie etwas Geistreicheres zu sagen wußte, als „daß die sittlichen Zustände in der schönen guten alten Zeit natürlich nicht so verderbt gewesen seien, wie es die zeitgenössischen Moralisten und Satiriker beliebt hätten, auf ihren Bildern darzustellen." Solche Bilder — wissen diese Leutchen gewöhnlich weiter hinzuzusetzen — seien zweifellos stark übertrieben und vielmehr Zeugnis der Freude an derben Späßen, wie man sie vor allem im 14., 15. und 16. Jahrhundert gehabt habe, als Zeugnisse des wirklichen Lebens selbst usw. Wie schön klingt diese objektive Anschauung, dieses gerecht abwägende Urteil! Leider müssen wir widersprechen und sagen, daß dieser land‑läufige Standpunkt nur die eine Bedeutung hat, daß er die vollkommene Un‑

Venus, Schönheitsideal der Frau des 16. Jahrhunderts

9. Holzschnitt von Lucas Cranach d. Ä. 1506.

Alter schützt vor Torheit nicht
10. Holzschnitt. 16. Jahrhundert

klarheit der betreffenden Biederleute über das Wesen der Karikatur, über das, was sich in ihr manifestiert und zum Ausdruck ringt, mit jedem Wort verrät. Gewiß ist das Wesen der Karikatur die Übertreibung. Und gewiß hat sich, um gleich auf das klassischste Beispiel zu verweisen, niemals eine bäuerliche Kirchweih in Form eines solchen bacchantischen Taumels, einer solchen kolossalen Liebesraserei abgespielt, wie es uns z. B. Rubens auf seinem herrlichen Bilde „Das flämische Fest" im Louvre — eine der kühnsten Karikaturen der Geschichte! — so überzeugend dargestellt hat (siehe Beilage). Und trotzdem ist in solchen Werken der Wahrheitsgehalt am größten. Und zwar nicht trotz der Übertreibung, sondern gerade wegen der Übertreibung. Im Übertreiben wird der Kern der Sache herausgeschält, die irreführende Draperie beiseite geschoben. Das Auge sieht das Grundgesetz infolge der quantitativen oder qualitativen Häufung seiner Hauptbestandteile lebendig werden; das wahre Wesen wird sichtbar, und zwar so stark sichtbar, daß man es nicht mehr übersehen, nicht mehr daran vorbeisehen kann. Der stumpfeste Blick erkennt, um was es sich allein dreht, der schwerfälligste Verstand begreift das innere Geheimnis der Sache. Das alles schafft das Extrem. Und darum findet man die Wahrheit eher beim Extrem als in der Mitte. Den Kern der Sache wollte jede Zeit herausschälen, und auf diese Weise hat ihn jede Zeit herausgeschält. Jede hat die Konsequenzen der Theorie angewendet, ehe sie diese selbst begründet und ergründet hatte. Das gleiche gilt von der literarischen Satire. Und darum gebührt der Karikatur in Wort und Bild in einer Sittengeschichte unter allen Umständen immer ein hervorragender Raum.

Wenn wir das in seiner ganzen Bedeutung einschätzen, was wir hier über den Wert des zeitgenössischen Dokumentes gesagt haben, so kommen wir schließlich noch zu einer anderen Schlußfolgerung; diese lautet: Jede Zeit hat sich ihre Sittengeschichte bereits selbst geschrieben. Sie hat sie geschrieben in allen den tausend Formen, in denen sie sich schöpferisch manifestierte. Und es macht darum nichts aus, ob sie in religiösem Gewande einhertrat, oder im Flitterstaat der ausgelassenen Lebensfreude. Immer ist sie es, die Zeit, die sich darin birgt und bewegt; ihr spezielles Menschentum steckt dahinter. An uns ist es also nur, die von jeder Zeit geformten Hieroglyphen, in die sie ihre Geschichte umgeformt hat, richtig zu entziffern und zu deuten. Und diesen Deuterdienst wollen wir hier tun.

Mit einigen Worten möchten wir schon hier am Schluß der Einleitung auf die bildliche Illustration dieser Einleitung und des ersten Kapitels zu sprechen kommen, um den Leser schon an dieser Stelle zu informieren. Sowohl die Illustrationen dieser Einleitung, als auch die des ersten theoretischen Kapitels sollen im einzelnen nicht im direkten Zusammenhang zu dem Texte stehen; ihr Zweck ist vielmehr, alle die Seiten und Gegenstände, die in dem Werke in gesonderten Kapiteln zur Schilderung gelangen werden, schon hier charakteristisch an bezeichnenden Bildproben zu illustrieren. Eine eingehende Erklärung oder ihre Verwendung als illustrierender Kommentar wird den einzelnen Bildern daher erst in den betreffenden späteren Kapiteln zuteil werden. Um aber die Einheitlichkeit des historischen Rahmens des Werkes nicht zu stören, beschränken wir uns jedoch ausschließlich auf Bilder aus den Gebieten und dem Zeitraum des ersten Bandes.

Das Weib von der Liebe durchs Leben gepeitscht

11. Holzschnitt aus dem Poliphilo. Symbolischer Roman. 1490

13

Venus

12. Kupferstich von Aldegrever. 1533

I

Ursprung und Wesen der Sittlichkeit

Die Basis unserer gesamten Kultur mit ihren tausend Ausstrahlungen und ihren tausend Errungenschaften ist die Institution des Privateigentums. Auf dem Privateigentum ist alles aufgebaut, mit ihm ist alles verknüpft, die erhabenste Manifestation des Menschengeistes nicht weniger oder nicht loser als das Gemeine und Kleinliche des täglichen Lebens. Die Tendenzen des Privateigentums haben daher auch in der Richtung der geschlechtlichen Moral deren Grundform bedingt und geschaffen, und diese Grundform ist die Monogamie, die Einzelehe.

Die Einzelehe wurde nicht nur früher, sondern wird auch heute noch gewöhnlich als die Frucht der individuellen Geschlechtsliebe hingestellt. Das ist ein fundamentaler Irrtum, denn sie hatte damit weder in ihrem Prinzip, noch in dem Zweck, den sie erfüllen sollte und auch erfüllte, zu keiner Zeit auch nur das Geringste zu schaffen. Die individuelle Geschlechtsliebe zu ihrer Basis zu machen, — das ist höchstens das Ideal, dem die Einzelehe als Institution zustrebt; doch wurde sie von ihm weder gezeitigt, noch hat sie es bis jetzt mehr als vorübergehend oder bei mehr als einer oder der anderen Klasse erreicht. Die Monogamie entsprang ganz anderen Kulturergebnissen und ganz anderen gesellschaftlichen Bedürfnissen. Sie entstand, wie Lewis H. Morgan in seiner Geschichte der Entwicklung der Familie erschöpfend nachgewiesen hat, aus der Konzentrierung größerer Reichtümer in einer Hand — und zwar der eines Mannes — und aus dem Bedürfnis, diese Reichtümer den Kindern dieses Mannes und keines anderen zu vererben. Legitime Erben sind ihr erster und ihr letzter Zweck und jahrhundertelang auch ihr einziger Zweck gewesen. Die Frau sollte Kinder gebären, die mit zweifelsfreier Sicherheit nur von einem bestimmten Manne gezeugt sein konnten. Die Griechen, bei denen sich die Einzelehe zuerst entwickelte, haben das auch unumwunden als ihren ausschließlichen Zweck bekannt. Darum hat man auch, was gleich hier eingeschaltet werden mag, in der Monogamie nicht das Resultat der Versöhnung von Mann und Weib vor sich, ebensowenig die höchste Eheform, sondern, wie man gleich sehen wird, die „Proklamation eines bisher in der ganzen Vorgeschichte (der Menschheit) unbekannten Widerstreits der Geschlechter".

Dies sind Basis und Endzweck der Einzelehe. Also führt die innere Logik dieser Organisationsform der Geschlechtsbetätigung auf diese Forderung hinaus: Der gegenseitige Geschlechtsverkehr hat sich zu beschränken auf den Verkehr eines Mannes mit einer Frau und einer Frau mit einem Manne, und wiederum ausschließlich innerhalb der zwischen den beiden geschlossenen Ehe. Infolgedessen also absolute Keuschheit von Mann und Weib vor der Ehe und absolute Treue beider Teile während der Ehe. Das wäre die logische Konsequenz, die das Institut der Einzelehe im letzten Grunde von den Menschen fordert.

Der Ehebruch

13. Illustration zu dem Abschnitt der Ehebruch in einem französischen Gesetzbuch aus dem 16. Jahrhundert

Gewiß wurde dieses Gesetz offiziell auch aufgestellt, aber in seiner unbeugsamen Starrheit gilt es immer nur für die Frau, für den Mann dagegen hatte es in allen Zeiten höchstens offiziöse Gültigkeit.

Das ist ein auffallender und offenkundiger Zwiespalt. Aber dieser Widerspruch ist nur scheinbar vorhanden. Er ist nichts weniger als ein unlöslicher Widerspruch, sondern im Gegenteil, wie man sofort einsehen wird, tatsächlich „die natürliche Ordnung der Dinge". Weil die Einzelehe nicht aus der individuellen Geschlechtsliebe geboren ist, sondern weil sie auf der Konvenienz gegründet ist, so stellt sie eine Familienform dar, die sich nicht auf natürlichen, sondern auf ökonomischen Bedingungen aufbaut. Da aber diese ökonomischen Grundlagen ausschließlich in den wirtschaftlichen Interessen des Mannes bestanden — und auch heute noch bestehen —, so mußten sie auch von Anfang an die prinzipielle Unterjochung des einen Geschlechts durch das andere, nämlich die Herrschaft des

Silberner Keuschheitsgürtel

14. Nachzeichnung nach dem Original im Musée Cluny, Paris. 16. Jahrhundert

Mannes in der Ehe und die davon unzertrennliche Unterdrückung des anderen Teiles, der Frau, im Gefolge haben. Die Entstehung des Privateigentums forderte also darum nur die Monogamie der Frauen, weil damit ja der Zweck, legitime Erben zu bekommen, erfüllt war. Der offenen oder versteckten Polygamie der Männer dagegen stand nichts im Wege. Und da der Mann in der Ehe die herrschende Klasse darstellt, die Frau die unterdrückte und ausgebeutete, so ist auch der Mann stets der einzige Gesetzgeber gewesen, der die Gesetze ausschließlich nach seinen Interessen formuliert hat. So hat er zwar fast immer streng die Keuschheit der Frau gefordert und die Untreue der Frau ebensooft zum größten Verbrechen gestempelt, es aber gleichzeitig immer selbstverständlich gefunden, daß seinen eignen Begierden stets nur ganz primitive Schranken errichtet wurden. Alles das ist, wie gesagt, nichts mehr und nichts weniger als die innere Notwendigkeit der Sache und darum eben „die natürliche Ordnung der Dinge".

Auf Grund dieses Zwiespaltes ist aber freilich noch etwas anderes, etwas, was weniger beabsichtigt ist, die „natürliche" Ordnung der Dinge: — die Rache der ver-

Ein schönes lied/Der Summer fert vns von hinnen/die lüfftlein sein worden kalt.

¶ Der Summer fert vnns von hynnen/die lüfftlein sein worden kalt/mir ließet für all mein sinne/ein Rößlein ist wol gestalt/Wie möcht ich das erheben/vor reyff vor schnellem frost/den Winter wölt ich es tragen/verschwunden sein all mein klagen/wann sy ist wol behüt/vor manchem thummen mut/O wie wee mir swaydet thut/vor meinem Rößlein rot.

¶ Ich sach mir in grüner awe/vil manches Rößlein stan/die lieblich waren an zu schawe/von farben gemalet schon/da sach ich vnder jn allen/ein Rößlein inthal/das thet mir baß gefallen/die schönest mit reichem schalle/bey den andern rößlein stan/wie bald ich zu jr saß/nider in das grüne graß/von dem taw so wardt ich naß.

¶ Der taw thet auff mich reren/der tröpflein manche zall/daran gedenck mein rößlein rot/vns sang fraw Nachtigall/sy thet so lieblich singen/das in dem wald erhall/erst huß ich mich an zu dringen/mein hoffnung die war groß/erst eylt ich fürhyn baß/vnnd da mein feins ließ was/zu grossen freuden gefiel jr das.

¶ Weich auß du arger Winter/weich kurtzlich auß dem landt/herwider kumbt vns der Meyen/des sollen wir vns alle frewen/der Summer fert teglich daher/wer ich meins bulen gewert/alls was mein hertz begert/zu grossen freuden auff diser erde.

¶ Ich kam mir für ein fron Feste/wie bald ich mich darzu kert/da ich mein feins ließ weste/das war mein hertzen beger/da fandt ich sy allaine/an einer zinnen stan/mein trawren das war klaine/die schönest vnd die maine/die thor wurden auff gethan/erst wardt ich eingelan/vnd wardt empfangen gar schön/das frewlein wardt mir zu lon.

15. Liebeslied aus dem 16. Jahrhundert

Als fliegendes Blatt erschienen

---

gewaltigten Natur. Diese Rache der Natur tritt in zwei ebenso unvermeidlichen wie von unserer Kultur untrennbaren gesellschaftlichen Einrichtungen in Erscheinung. Das ist erstens der Ehebruch als unvermeidliche gesellschaftliche Einrichtung und zweitens die Prostitution als unvermeidliche gesellschaftliche Einrichtung.

Der Sklave rächt sich stets mit dem Mittel, durch das er besiegt und geknechtet wird. Daß kein anderer Mann als der Ehegatte ihr Lager teile und ihren Leib besitze, bestimmt das Gesetz, das der Frau von Kirche, Staat und Gesellschaft vom Beginn der Reife an auf Schritt und Tritt in allen Sprachen und in tausenderlei Formen und Formeln durchs ganze Leben hindurch vorgehalten wird, — daß auch andere Männer ihr Lager geteilt haben und Besitzer ihres Leibes gewesen sind, und daß die sichere Vaterschaft höchstens auf moralischer Überzeugung beruht, war die Rache der Frau durch alle Zeiten und bei allen Völkern. Und das trotz aller gesellschaftlichen Achtung, wenn der Fehltritt zutage kam, trotz der harten und häufig barbarischen Strafen, mit denen diese Rache der Frau immer bedroht gewesen ist. Sie ist ununterdrückbar, weil eben die Basis der Ehe solange widernatürlich ist, wie sie auf der Konvenienz beruht. Das Gleiche gilt von der Prostitution, dem Surrogat der Ehe. Kein Gesetz hat sie jemals zu unterdrücken vermocht, keine noch so brutale Ächtung ihrer Priesterinnen hat diese auch nur einen einzigen Tag aus dem gesellschaftlichen Aktivbestand ausgemerzt. Die Prostitution hat sich höchstens ab und zu verstecken müssen und hat das auch ab und zu getan, aber die Wege zu ihren Schlupfwinkeln sind darum doch stets von allen Interessenten gefunden worden. Und diese Unvertilgbarkeit ist auch ganz logisch. Die Institution des Privateigentums, basierend auf der ökonomischen Entwicklung zum Handel, hat allem einen Warencharakter verliehen, hat alle Dinge auf ihr Geldverhältnis zurückgeführt. Die Liebe ist darum genau so ein Handelsartikel geworden wie Unterhosen. Und deshalb ist ja auch von der Ehe in der Mehrzahl der Fälle der Charakter des Handelsgeschäftes nicht zu trennen, genau wie die Prostitution — die Bezahlung der Liebe im Stücklohn im Gegensatz zur Verakkordierung im ganzen, wie der Zynismus den Unterschied zur Ehe niederträchtig, aber nicht ganz unzutreffend charakterisiert hat — untrennbar von der Monogamie ist, durch die sie ebenso systematisch jeden Tag von neuem gezüchtet wird, wie sie deren Lobredner verdammen, weil sie im letzten Grunde doch jenes Sicherheitsventil darstellt, dessen die Monogamie unbedingt bedarf, um ihren Hauptzweck, die legitimen Erben, wenigstens einigermaßen sicher zu stellen. Also, man mag sich drehen und wenden wie man will, und so fatal und so peinlich das ist: Ehebruch und Prostitution sind unvermeidliche gesellschaftliche Einrichtungen; der ständige Liebhaber der Frau, der Gehörnte und die Dirne sind stehende und unausrottbare gesellschaftliche Charakterfiguren, mit einem Wort: „Das ist die natürliche Ordnung der Dinge."

* * *

Der Oberflächliche wird nun gewiß sagen: Angenommen, das wäre richtig; aber daraus folgt dann doch nur, daß es erstens sich immer gleich geblieben ist, und daß es darum zweitens auch immer so bleiben wird, so lange die Welt steht; denn das ist eben, wie man sieht, die angeborene Schlechtigkeit oder Sündhaftigkeit der Welt. — Was wir hier aufstellen, ist keine willkürlich konstruierte Antwort, sondern in der Tat die allgemein herrschende, die sogenannte stereotype Anschauung, der man auf Schritt und Tritt begegnet.

— Ich bin dir noch in Ehren hold,
  Du freust mich mehr als alles Gold.
— Dein weiblich Ehre, dein roter Mund
  Erfreuet mich zu aller Stund.

Liebhaber und Frau

16. Holzschnitt aus dem 15. Jahrhundert

Sind summarische Urteile sehr billig, so sind sie obendrein immer falsch.

Ob sich dieser Zustand jemals ändern wird, ist an dieser Stelle erst die zweite Frage; denn das ist jedenfalls erst die logische Folge, die sich einzig aus der Beantwortung der Frage ergibt, ob es sich in der Tat niemals geändert hat. Und darum wollen wir auch diese zweite Frage zuerst untersuchen und beantworten, und dann erst die Antwort auf die erste geben und ihre eventuellen Konsequenzen begründen.

Gewiß war es immer „so". Aber wenn man dieses „so" prüfend und vergleichend anschaut, ergibt sich alsbald, daß innerhalb dieses „so" die allergrößten Unterschiede zu konstatieren sind, ein steter Wechsel innerhalb des Konstanten. Und zwar nicht nur Unterschiede innerhalb des allgemeinen Gebarens: Es zeigen sich Eigenarten, Unterschiede, Steigerungen und Abschwächungen in dem allgemeinen Abweichen von dem Grundgesetz der aus der Einzelehe resultierenden Geschlechtsmoral in einer solchen einheitlichen Massenerscheinung, daß daraus stets ein jeweils typisches Bild der Zeit entsteht und eine Epoche sich markant von der anderen abhebt und unterscheidet.

Da nun gerade diese Tatsache der Ausgangspunkt für eine systematische Sittengeschichte ist, so müssen wir hier damit anfangen, unsere Behauptung an einer Reihe von charakteristischen Beispielen, die sich über die verschiedenen Hauptgebiete der Geschlechtsmoral erstrecken, zu illustrieren. Also durch Beispiele über die verschiedenartige Wertung der gegenseitigen ehelichen Treue, der Keuschheit des Weibes vor der Ehe, der Prostitution, der bezeichnendsten Anstandsbegriffe usw. Freilich kann das nur in ganz summarischer Weise geschehen. Das ganze Werk wird in seiner Gesamteinteilung ja einen detaillierenden Kommentar dazu bilden.

Hinsichtlich der verschiedenartigen Wertung der ehelichen Treue kann man behaupten: Wir haben Epochen und Volksteile, in denen sich bei der Gesamtheit das oberste Grundgesetz der Einzelehe, die Treue der beiden Ehegatten, relativ siegreich durchgesetzt hat und diese Forderungen allen Ernstes von aller Welt vertreten wurden. Diesen Perioden und Volksteilen stehen jedoch auch solche gegenüber, wo diese Grundbedingung der ehelichen Geschlechtsmoral von der großen Masse gänzlich in den Wind geschlagen wurde und es direkt zum Programm erhoben wurde, daß die verheiratete Frau nicht weniger offen der Polyandrie huldigen dürfe, wie der Mann der Polygamie. Steigerten sich die einen Tendenzen dahin, daß Mann und Frau, wenn auch nicht öffentlich, so doch vor ihrem Gewissen schon für untreu galten, wenn sie nur mit den Gedanken sündigten, und daß die Frau schon laut der Untreue geziehen wurde, wenn sie sich nur dazu herbeiließ mit einem fremden Manne ein Wort zu wechseln, so steigerten sich die andern — es sind z. B. das jene, die den Keuschheitsgürtel auf ihrem Kleideretat hatten — dahin, daß die Frau einem Courmacher selbst die verwegensten Handgreiflichkeiten gestatten, ja diesen sogar offen dazu ermuntern durfte, ohne die eheliche Treue dadurch zu verletzen, denn deren Begriff war ausschließlich auf den direkten

Frau Potiphar

Darstellung der weiblichen Sinnlichkeit

17. Kupferstich von Lucas van Leyden. 16. Jahrhundert

Geschlechtsakt eingeengt. In anderen Zeiten ist der Ehegatte der eifrigste Kuppler gewesen, der täglich seine Frau zum Kauf auf den Markt stellte, die verheiratete Frau die geschäftigste und geschickteste Dirne, die in ihrem Ehebett die Karriere ihres Gatten sicherstellte, seine Konkurrenten unschädlich machte, seine Prozesse gewann, sein Vermögen verzehnfachte usw. Zeiten und Klassen, in denen die aus Liebe geschlossene Ehe als oberstes Ideal galt, stehen wiederum solche gegenüber, in denen die Liebe offen als keine nötige Voraussetzung für die Ehe, ja sogar als unvereinbar mit der Ehe angesehen wurde und die Frau in unverblümter Weise vom Standpunkt des rechnerischen Kalküls oder nach Maßgabe ihrer Eigenschaften als „Zuchtstute" vom Manne gewählt wurde. Die Griechen z. B. sahen in der Ehe ausschließlich eine solche Konvenienz, sie sahen niemals etwas anderes darin; und darum mußte die Frau bei ihnen erst Hetäre werden, um Weib sein zu dürfen. Die eine Zeit und Klasse macht aus der Frau ein Haus- und Arbeitstier, einen lebenslänglich verurteilten Haussklaven, oder die geduldige Gebärmaschine, der keinerlei eigner Wille zusteht; die andere erhebt sie zum verwöhnten Luxus- gegenstand, dessen geringste Marotte Gesetz ist, oder zum Genußobjekt, zum raffi- nierten Genußinstrument, das seine Aufgabe darin hat, im Ehebett dem Gatten die- selben Delikatessen zu bieten, durch die ihn die Vorgängerinnen, seine ver- schiedenen Maitressen, delektiert und an sich gefesselt haben. Schließlich gibt es auch solche Zeiten und Klassen, in denen Mann und Frau zu zwei Kameraden, zu treuen Genossen werden, die vereint des Lebens steile Pfade erklimmen und seinen höheren Zielen zustreben.

Ähnlich abwechslungs- reich ist die prinzipielle Ver- schiedenheit in der Wertung der Jungfräulichkeit des Wei- bes. Klassen und Zeiten der höchsten Wertschätzung der weiblichen Jungfräulichkeit stehen solche gegenüber, die es der Braut als geringsten Ruhm, ja mitunter sogar als Schmach anrechnen, wenn sie in der Hochzeitsnacht vom Gatten noch unberührt befunden wird; daß sie bis dahin keiner gewollt habe, wurde daraus einzig ge- folgert, was als höchst beschä- mend für ein Mädchen galt, während im Gegenteil unehe- liche Kinder nicht selten ihren Wert erhöhten. Wenn in der einen Zeit oder der einen Klasse

Modebild
Kultus der Schönheit
18. Gemälde aus dem 17. Jahrhundert

22

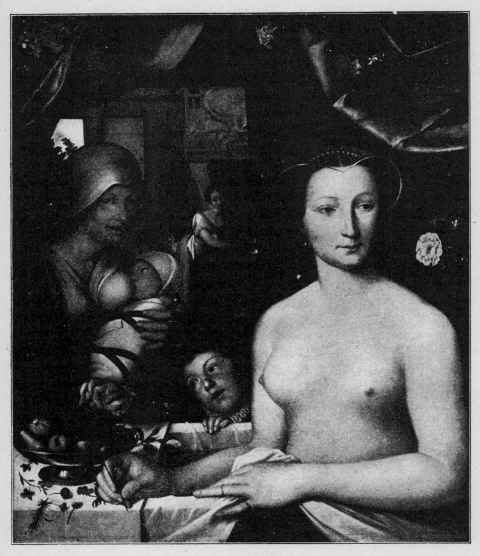

Porträt der Diana von Poitiers, Maitresse Heinrich II. von Frankreich.   Versailler Galerie

19.   (Diana von Poitiers ließ sich mehrmals nackt porträtieren)

schon deshalb ein Makel auf das junge Mädchen fällt, weil es nur ein einziges Mal allein mit einem Herrn gesehen worden ist, oder ohne elterliche Begleitung ein öffentliches Lokal betreten hat, so gestattet die andere, daß die junge, mannbare Dirne ihrem Liebhaber des Nachts jahrelang Gastrollen in ihrer Kammer — Probe: nächte, Kommnächte — gewährt.   Und wohlgemerkt, nicht bloß einem einzigen. Sie darf, ohne ihren Ruf zu gefährden, einem derartig begünstigten Liebhaber den Laufpaß geben und den Platz in ihrem Bett der Reihe nach einem zweiten, dritten oder vierten einräumen, wenn ihre Erwartungen oder Ansprüche jedesmal ent-

20. Kartenblatt aus einem niederdeutschen Kartenspiel.
16. Jahrhundert

täuscht werden. Ihr Ruf und ihr zukünf‹
tiges Eheglück sind nicht im mindesten
geschädigt, wenn sie jedem ihrer Liebhaber
erst monatelang Gelegenheit gegeben hat,
ihr zu beweisen, ob er über jene Eigen‹
schaften verfügt, die sie von ihrem zu‹
künftigen Gatten fordert. Dieselbe An‹
schauung gestattete gleicherweise dem hei‹
ratsfähigen Burschen, sich erst auf diesem
Wege von der Körperlichkeit der ihn be‹
günstigenden Dirne eingehende Kenntnis
zu verschaffen; und er brauchte es auch
erst von diesem eingehend gemachten Be‹
fund abhängig zu machen, ob er sich zur
Ehe mit der betreffenden Dirne entschließen
wollte oder nicht. Auch er hatte das Recht,
der Reihe nach bei verschiedenen Dirnen
Komm‹ oder Probenächte abzuhalten, und
der Umstand, daß bei diesen Kommnächten
ein geschlechtlicher Verkehr stattgefunden
hatte, band ihn keineswegs an die betreffende
Dirne. Gewisse Romantiker haben in diesen
Gebräuchen etwas durchaus Ideales erblickt.
Gewiß sind sie das auch; aber nur, wenn
man darin die Basis einer gesunden indivi‹
duellen Geschlechtsliebe sieht, und nicht
das, was diese Romantiker vortäuschen
wollen: als habe sich der gegenseitige Verkehr bei diesen Gelegenheiten rein auf das
geistige und seelische beschränkt. Der Geschlechtsakt war für Bursche und Dirne
stets das einzige Ziel, trotz der Hindernisse, die in den mannigfachen Einkleidungen
dieser Bräuche dem Burschen errichtet wurden. Das Gegenteil wäre unlogisch
gemäß der primitiven Lebensphilosophie der bäuerlichen Klasse.

Die offizielle Stellung der Prostitution im gesellschaftlichen Leben ist nicht
minder prinzipiell verschieden. Die Priesterin der käuflichen Liebe ist, wie schon
gesagt wurde, in der einen Zeit in die finstersten Winkel verbannt worden, mit
allem Haß und aller Verachtung überschüttet, angesehen wie eine Aussätzige,
deren Atem angeblich schon genügte, ihre ganze Umgebung zu infamieren und
alle „anständigen" Leute in die Flucht zu jagen. Und nur verstohlen und auf
Umwegen durfte der Liebeshungrige zu ihr schleichen. In der anderen Zeit da‹
gegen wurde sie zum strahlendsten Schmuck der Feste des Lebens erhoben. Bei
den Griechen gipfelte aller Kultus der Frau in der Hetäre; sie ist die Freundin,
mit der der Mann philosophische Gespräche führt, die er mit Prunk und Luxus
überschüttet, deren Freundschaft und Gunst ihm zur Ehre gereichen, deren Schön‹

Spielkarten

Nr. 1 und 3 von Peter Flötner, Nr. 2 von einem Wiener Meister. 16. Jahrhundert

heit das ganze Volk göttliche Ehren erweist, während die Gattin als unentbehr=
liche Last und Unbequemlichkeit empfunden wird und zu Hause im abgelegenen
Frauengemach, unsichtbar für alle Welt, geduldig ihre Tage verbringen muß, um
züchtig des Restes seiner Lust zu harren. In der Renaissance ist es ähnlich;
diese erhebt die Dirne zwar nicht mehr zur Göttin, aber sie wählt die Kurtisane
ebenfalls zur häufig bevorzugten Freundin und zur verschönenden Zierde der
öffentlichen Feste und Lustbarkeiten. Bei hohem Fürstenbesuch entkleidet sie
sogar die schönsten, damit sie als köstlichste Augenweide den fürstlichen Gast
nackt am Weichbilde der Stadt empfangen. Das Zeitalter des Absolutismus setzt
sie auf den Thron, und ihre Liebes= und Verführungskünste gestalten ihre will=
kürlichsten Launen zum obersten Gesetz für Staat und Gesellschaft; das Volk muß
der erkorenen Gunstdame des absoluten Herrschers die höchsten Ehren und die
tiefsten Reverenzen erweisen, und mag sie eben erst aus dem Schmutz sumpfiger
Niederungen emporgestiegen sein . . . .

Diese wenigen grob umrissenen Beispiele für die typischen Unterschiede der
verschiedenen Zeitalter in den fundamentalen Fragen der Geschlechtsmoral mögen
hier genügen, wenn sie auch leicht zu verzehnfachen gewesen wären. An sie
knüpfen und reihen sich aber noch viel mehr Beispiele hinsichtlich der Unterbestand=
teile der geschlechtlichen Moral. Und hier sind die Unterschiede auch noch viel
augenfälliger. Man denke an die Wandlungen der Sprache, der Mode, des Scham=
gefühls, der Erziehung, der Kunst, der Sittlichkeit im Rechte usw. Wir wollen
uns auch hier damit begnügen, diese Wandelbarkeit und stete Wandlung durch
die bezeichnendsten und für jedermann am leichtesten nachprüfbaren Tatsachen
zu illustrieren, gilt doch auch hier dasselbe, daß das ganze Werk einen ein=
zigen fortgesetzten Kommentar zu dieser Wandelbarkeit und steten Wandlung
bilden wird.

Über die Unter=
schiede im hauptsäch=
lichsten Unterhaltungs=
stoff beim Verkehr der
Männer untereinander
und im Verkehr der ver=
schiedenen Geschlechter
miteinander sei das Fol=
gende hervorgehoben.

Die Zeitmoral ge=
stattete zu gewissen
Epochen, daß die öffent=
liche und die häufigste
Unterhaltung der Männer
sich um derbe Schilde=
rungen der Liebe drehte,
um handgreifliche und

Frau, nackt im Bette liegend
Illustration, daß man noch im 16. Jahrhundert nackt zu Bette ging
21. Holzschnitt von Hans Burgkmair. Um 1520

Fuchs, Sittengeschichte

eindeutige Darstellungen von Liebesabenteuern, die man selbst erlebt hatte, oder die man von anderen kannte, um spezialisierte Berichte über außergewöhnliche Erfolge oder Niederlagen in den Kämpfen der Venus. Als einziges Beispiel sei an die nahezu dreihundert Fazetien des Poggio (1380—1459) erinnert, die fast ausschließlich solche Gegenstände betreffen und den täglichen Gesprächs= stoff der Bischöfe und Kardinäle unter Papst Martin V. bildeten, wenn sie hauptsächlich zu diesem Zwecke jeden Tag an einem bestimmten Platz des päpstlichen Hofes zusammenkamen; selbst die Päpste, trotzdem sie in erster Linie der Gegenstand der erotischen Späße waren, haben sich häufig an diesen Unter= haltungen beteiligt. Die Zeitmoral gestattete weiter in gewissen Epochen, daß bei solchen Unterhaltungen, wenn das Derbste unverblümt vorgetragen wurde, auch die Frauen in den Kreis der Zuhörer gezogen wurden. Die deutschen Fastnachts= spiele des 14. und 15. Jahrhunderts, die nach unseren Begriffen von klotzigster Derbheit sind, erklangen munter vor Frauen= so gut wie vor Männerohren. Und die Frauen waren nicht nur als Hörer gelitten, sie durften sogar ungeniert an den Unterhaltungen teilnehmen und ebenfalls das Intimste zum Inhalt ihrer Scherze und Gespräche machen. Sie durften ebenso derbe Geschichten erzählen und mit über die Technik der Verführung, des Liebesaktes, über köstliche Erfahrungen im Ehebett usw. diskutieren. Als Beispiele erinnere man sich an die Erzählungen des Boccaccio, an die hundert Erzählungen der lebensfrohen Königin von Navarra und ähnliche Dokumente. Die Frau durfte weiter zu gewissen Epochen in Hofkreisen schauspielerischen Darstellungen beiwohnen, deren einziger Gegenstand die Agierung erotischer Orgien war. Beispiele dafür sind die öffentlichen Vorführungen von Liebeskämpfen zwischen schönen nackten Kurtisanen und nackten herkulischen Männern, oder von Begattungsszenen zwischen brünstigen Hengsten und rossigen Stuten am ·Papsthofe Alexanders VI.; solche Tierbegattungsszenen wurden der männlichen und weiblichen Hofgesellschaft als öffentliches Schauspiel ebenso am französischen, am englischen Hof und an verschiedenen kleinen deutschen Höfen vorgeführt. Zur Charakterisierung der entsprechenden Belustigungen des Volkes seien die Narren= und Eselsfeste genannt, bei denen phallische Verkleidungen und phallische Witze stets die Hauptpointen ausmachten.

Zu den gleichen Zeiten durften sich Männer und Frauen bei ihren gegen= seitigen Galanterien der deutlichsten Worte und Vergleiche bedienen. Zu anderen Zeiten, man denke hier an das 17. Jahrhundert, und für Deutschland an jene Epoche, die in der Literatur durch die schlesische Dichterschule charakterisiert ist, bestand die Unterhaltung der Gesellschaft in einer fortlaufenden Kette mehr oder weniger versteckter Pornographien; jedes Wort und jeder Satz hatte seinen porno= graphischen Nebensinn, und je kontrastreicher der verschiedene Sinn eines Wortes war — wenn es dem Raffinement gelang, mit der harmlosesten Sprachformel den zynischsten Nebensinn zu verknüpfen —, um so begeisterter wurde ein solches Wort beklatscht und von Salon zu Salon getragen. Erstaunliche Virtuosität gerade darin erlangte vor allem die Gesellschaft des 18. Jahrhunderts und die des zweiten französischen Kaiserreichs. Der höchste Gipfel in diesen letztgenannten Zeiten war,

Perilluftri Dño D. Hieronymo
Scala Patauino Tabellam hanc
Matthęus Bolzetta Dicat et Donat.

RAPH. VRBI.
PINXIT

22. Kupferstich nach einem Wandgemälde Raphaels für das das Badezimmer des Kardinal Bibiena, im Vetikan

daß die Frau mit Vorliebe schlüpfrige Worte in der Unterhaltung anwendete, und die Zeit ließ ihr gesellschaftliches Ansehen in gleichem Verhältnis mit der Frivolität wachsen, mit der sie die Geschicklichkeit hatte, das allergemeinste Wort pikant auszusprechen.

Solchen Zeiten und Klassen stehen wiederum andere gegenüber, die jeden Mann ächteten, der es gewagt hätte, in Gesellschaft ein unziemliches Wort zu sprechen, und die die Frau kategorisch zwangen, selbst dann zu erröten, wenn harmlos von Natürlichem gesprochen wurde. Die Spitze davon ist jener Gipfel‑ punkt der Prüderie, die der Frau verbietet, den Namen von bestimmten Kleidungs‑ stücken und Körperteilen überhaupt auszusprechen. Ähnliche Zeiten verbieten dem Mann und der Frau in Gesellschaft die Benutzung einer Reihe der harmlosesten Worte und Satzbildungen, weil das Raffinement die erotische Zweideutigkeit hinein‑ gebannt hat und alle Welt sie darum auch ständig darin findet.

Viele Hunderte der bezeichnendsten Unterschiede weisen die Gesetze des Anstandes auf. Sie verbieten in der einen Zeit der Frau kategorisch, sich vor einem andern Mann als dem Ehegatten im Negligé sehen zu lassen, und wäre dieses so dezent wie nur möglich, geschweige, daß sie einen fremden männlichen Besuch im Bett empfangen und bei ihrer Toilette anwesend sein lassen dürfte. In einer anderen Zeit macht sie das intimste Negligé zur eigentlichen Empfangstoilette, empfängt alle Besuche am Bett — la ruelle, der Gang neben dem Bett ist im 17. Jahrhundert der Korso ihrer Freunde und Courmacher — und findet es selbst‑ verständlich, daß der Freund und Besucher Zeuge ihrer Toilette ist und dabei seine erotische Neugier offenkundig und handgreiflich betätigt. In der dritten gestattet sie, daß Männlein und Weiblein nackt zusammen baden und dabei ergötzliche Unterhal‑ tungen pflegen. Auch ist jede Zeit wiederum in sich selbst höchst widerspruchsvoll. Was der einen Klasse als selbstverständlich gilt, ist in der anderen aufs energischste verpönt, und umgekehrt. Noch be‑ zeichnender für das Widerspruchs‑ volle innerhalb einer Zeit — doch ist es nur ein scheinbarer Wider‑ spruch! — ist, daß dieselbe Zeit, die es einer Frau verbietet, im Negligé, und wäre es das dezenteste, einen Mann zu empfangen, derselben Frau gestattet, ja sogar befiehlt, ihre Ball‑ robe so zu gestalten, daß der männ‑ liche Partner beim Gespräche und vor allem beim Tanze die intimsten

Die Heilquelle

23. Darstellung des öffentlichen und gemeinsamen Badens der beiden Geschlechter im Mittelalter und in der Renaissance

Tanzende Bauern
24. 15. Jahrhundert

und sichersten Feststellungen über die Realität der von ihr zur Schau getragenen dekolletierten Reize machen kann, weiter, daß dieselbe Frau im Badekostüm dem Manne sozusagen in prononzierter Nacktheit gegenüber treten darf. Ebenso widerspruchsvoll verfährt sie, wenn sie alles Geschlechtliche als etwas Heiliges proklamiert, das nur in der Verschwiegenheit des ehelichen Schlafgemaches offenbar werden dürfe, und gleichzeitig die Frau veranlaßt, durch ihre Kleidung, durch ihren Gang, ihre Haltung und ihre Gesten mit aller Welt die unzüchtigsten Unterhaltungen zu führen und sozusagen jeden einzelnen Mann zu provozieren, sie in seiner Phantasie zu entkleiden. Ein einziges Beispiel dafür aus der Gegenwart: Sie schließt das Kleid der Frau bis zum Halse, konstruiert aber raffiniert eine Bluse mit „Oberlicht". Gibt es in zahlreichen Zeiten nichts Peinlicheres für eine Frau, als sich öffentlich im Zustande der Schwangerschaft zu zeigen, und wird jede unverheiratete Frau durch diesen Zustand direkt infamiert und von aller Welt mit verächtlichen Blicken gestreift, so gibt es wiederum Zeiten, die förmlich die Geschlechtlichkeit in Aktion demonstrieren, bei jeder einzelnen Frau demonstrativ den Zustand der Schwangerschaft vortäuschen und zu diesem Zweck ventres à deux, à trois ou à quatre mois konstruieren und in den Handel bringen.

Selbst gänzlich nackt, um auf diese Weise als erotisches Wunder zu wirken, darf die Frau mitunter ihrer Zeit unter die Augen treten. Es ist ihr im 16. Jahrhundert, in der Renaissance, am Ausgang des achtzehnten Jahrhunderts, im Zeitalter des

Direktoriums und des Konsulates gestattet, sich völlig hüllenlos porträtieren und zur Schau stellen zu lassen. Berühmt sind in dieser Richtung die Bildnisse der Diana von Poitiers, der Herzogin von Urbino, der Schwester Napoleons, der Madame Recamier und zahlreicher anderer Frauen. Sogar „liebend" darf sie sich zuzeiten porträtieren lassen. Die Zeit der Regentschaft gestattet, die Portieren und die Vorhänge am Boudoir auseinanderzufalten und alle Welt zum Zeugen der intimsten Liebesszenen zu laden. Wieder andere Zeiten gestatten der schönen Frau, im Gewande des Madonnenbildes ein erotisches Schauspiel zu entfalten, man denke an das Porträt der Agnes Sorel als Jungfrau Maria und an ähnliche Madonnenbilder. Und nicht nur durch das Mittel der die Wirklichkeit übertragenden und darum heroisierenden Kunst darf sie der Öffentlichkeit zum erotischen Schauspiel dienen, sondern auch durch die profansten technischen Mittel. Unsere Gegenwart z. B. gestattet es jeder Schauspielerin, sich im kostümlosen Kostüm der Rollen der Judith, der Salome oder der Monna Vanna photographieren und tausendfach in allen Kunsthandlungen öffentlich ausstellen und ihr Bild so in den Detailhandel bringen zu lassen. Wenn sie sich auf der Bühne noch des zarten Trikots bedienen muß, so ist ihr gestattet, vor der photographischen Kamera sich auch dieses zu entledigen. Und zahlreiche berühmte Schauspielerinnen aller Länder, soweit sie einen halbwegs schönen Körper haben und vor allem über einen schön entwickelten und noch jugendlich strotzenden Busen verfügen, beeilen sich, wenigstens vor der photographischen Kamera eine dieser Rollen zu agieren, um so auf offenem Markt, vor aller Welt und von hunderttausend lüsternen Blicken begutachtet, pikant mit ihrer Nacktheit zu prunken und perverse Geilheit zu mimen.

Die Geschichte der Mode weist in jeder Richtung dieselben prinzipiellen Kontraste auf wie die der Sprache und des gesellschaftlichen Tones; sie vielleicht die allermeisten. Es wechseln Zeiten, in denen es für die sittliche Pflicht einer jeden Frau galt, sich vom Hals bis zu den Füßen in eine Kutte zu stecken, so daß es Mühe kostete, Frau Eva von Herrn Adam auf den ersten Blick zu unter= scheiden, mit solchen, in denen die Frau alles tat, ihre körperlichen Vorzüge aller Welt sichtbar zu machen. Die eine Zeit sagte durch die Mode: „Frauen haben überhaupt keine Beine", die andere entwickelte und kultivierte förmlich das Re= troussee, durch das die Frauen aufs verführerischste auf ihre Beine aufmerksam machen. Sie konstruierte sogar direkt Moden, die jede Frau geradezu zum häufigen Retroussé zwangen. Ebenso konstruierte sie Moden, die die Formen der Schenkel, des Busens, die Reize der Venus Callipygos in allen Details nachmeißeln. Zu diesem Zweck schaltete sie sogar Korsett und Jupons kategorisch aus, um die Wirklichkeit ja ganz ungeschmälert zur Geltung zu bringen. Im ausgehenden Mittelalter, bis weit hinein in die Renaissance trägt der Mann in der ungeheuer= lichen Hosenlatzmode das Attribut seiner Männlichkeit demonstrativ vor aller Welt zur Schau, er vergrößert dieses Gehäuse sogar derart grotesk, daß der Blick immer zuerst darauf fallen muß, als gleichsam auf den wichtigsten Bestandteil seiner ganzen Erscheinung. In der gleichen Zeit schneidet die Frau ihr Kleid vorn an der Brust so tief aus, daß ihr Busen gänzlich entblößt wie eine Ware,

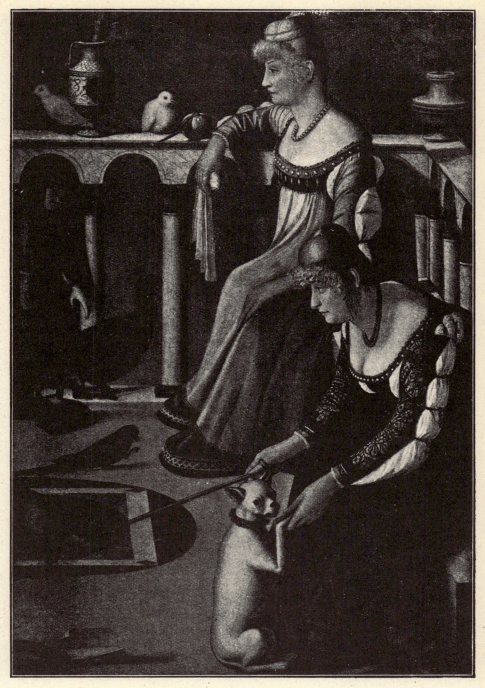

Venezianische Kurtisanen
25. Carpaccio. Venezianische Galerie. Photographie Anderson

auf die man die Aufmerksamkeit aller Welt lenken will, zur Schau gestellt ist. Ja sie geht mitunter noch raffinierter vor, indem sie nichts als den Busen zeigt, und zwar dadurch, daß sie sich einzig auf zwei kreisrunde Ausschnitte an der entsprechenden Stelle des Oberkleides beschränkt, aus denen links und rechts die Brüste, aber auch nur diese, demonstrativ und in ihrem ganzen Umfange nackt hervortreten; also ebenso nackt und ebenso vollständig wie Gesicht und Hände. In der Direktoriummode entkleiden sich schließlich beide Geschlechter vollständig. Der Mann trägt eng anliegende Beinkleider, die jeden einzelnen Muskel und Körperteil naturgetreu nachzeichnen. Die Frau reduziert ihre gesamte Kleidung auf das Hemd, das obendrein noch häufig aus durchsichtiger Gaze besteht. Ähnliches taten übrigens auch andere Zeiten, so z. B. das Minnezeitalter, und zwar in derselben Absicht und mit derselben Wirkung.

Schließlich ist an dieser Stelle noch zusammenfassend hervorzuheben, daß es zahlreiche Epochen in der Geschichte eines jeden Landes gibt, während deren nicht nur von einzelnen Individuen, sondern von ganzen Klassen und den sich diesen angliedernden Volksschichten ebensooft offen wie versteckt allen Gesetzen und Forderungen der öffentlichen und privaten Moral Hohn gesprochen worden ist. Zeiten, in denen die Tendenz sich siegreich auf der ganzen Linie durchrang, gerade im bewußten und beabsichtigten, also im wohl überlegten Übertreten der offiziell gültigen Sittengesetze, im Außerachtlassen alles Schamgefühls, ja sogar in der ungeheuerlichsten Verletzung der Gesetze der Natur das Ziel aller Wünsche zu sehen und in diesem Übertreten den Genuß zu finden. Der Hof Karls II. von England und die Zeit der Regentschaft im 18. Jahrhundert bis zu den Zeiten des Zusammenbruchs des Ancien Régime in Frankreich sind die bekanntesten Epochen der Geschichte für solche Zeitalter offener und systematisierter Ausschweifung. —

Junge Frau bei der Morgentoilette
26. Kupferstich. 16. Jahrhundert

*   *   *

Man wird zugeben, daß mit den bis jetzt gekennzeichneten Unterschieden innerhalb des Konstanten schon eine Fülle der einander widerstreitendsten Sittenbilder vor dem Auge sich aufbaut, und doch muß man immer wieder betonen, daß diese Revue in jeder Richtung nur eine kleine Auslese ist, daß man in dieser Weise noch viele Bogen füllen könnte, und daß weiter jedes Sittenbild hier nur in seinen gröbsten Umrissen gezeigt ist, so daß bei jeder intimeren Einzelbetrachtung sich ebenso viele

CCIX.

Tracht der Türckischen Weiber wann sie baden.

Wann die Türcken sindt in dem Bad/   Haben auff jrem Haubt ein Hut/
Sinds anthan mit zarter Leinwadt.   Wie die Figur anzeigen thut.

Ggz

Frau im Badekostüm

Holzschnitt aus dem Trachtenbuch des Jost Amann. 16. Jahrhundert

neue und charakteristische Eigenarten aufdrängen und
entschleiern würden.

Worauf es nun hier ankommt, das Wichtigste und
Entscheidende für die Beurteilung ist: daß jede dieser
prinzipiellen Variationen, jede dieser besonderen Verstärkungen und Abschwächungen des Hauptgesetzes
der auf der Einzelehe aufgebauten Geschlechtsmoral zu
ihrer Zeit innerhalb bestimmter, teils engerer, teils
weiterer Volkskreise nicht nur nicht als unsittlich empfunden wurde, sondern direkt als sittlich galt. Diese
Abweichungen wurden also nicht nur geduldet, sondern
gerade die spezifische Abweichung wurde als das jeweils Sittliche angesehen und hat sowohl in den geschriebenen wie in den ungeschriebenen Sittengesetzen
der betreffenden Zeit ihren entsprechenden Ausdruck
gefunden, also ihre juristische, philosophische und
gesellschaftliche Sanktion bekommen. Daraus folgt als
die einzig logische Konsequenz, daß ebenfalls stets das

Römische Kurtisane
27. Holzschnitt nach Titian

entgegengesetzte, also das, was in anderen Zeiten als sittlich gegolten hatte und
durch die Gesetze der öffentlichen Sittlichkeit von jedermann gefordert worden war,
in gleicher Weise in der betreffenden Zeit häufig als unsittlich galt. Um dies an
einem bestimmten historischen Beispiel zu erläutern, seien die Anschauungen der
beiden folgenden Länder einander gegenüber gestellt. In der zweiten Hälfte des
17. Jahrhunderts galt es in Deutschland als sittlich, die Ehe zur Kindergebäranstalt
zu machen; und den sittlichen Idealen kamen die Ehen am nächsten, wo man die
Frau nie anders als mit schwangerem Leibe oder mit einem Säugling an der Brust
sah, wo die Frau bereits mit dem nächsten Kinde schwanger ging, wenn das jüngst
geborene noch kaum zu lallen vermochte. Im Frankreich des 18. Jahrhunderts
— freilich nicht nur dort, und vor allem nicht nur in dieser Epoche allein — galt
diese Auffassung von der Ehe und der Frau für ebenso unsittlich, und die Frau
gewisser Kreise hatte in dieser Zeit das von der Gesellschaft sanktionierte Recht,
von ihrem Gatten zu verlangen, daß wenigstens in den ersten Jahren eine Schwangerschaft vermieden werde. Ein Ehebund, dem gar „ein Stall voll Kinder" entsproß,
galt zum mindesten als im höchsten Grade unanständig. Man kehre die Begriffe
um, und so hat man, was in der erstgenannten Periode innerhalb der herrschenden Moral als unsittlich galt, in der zweiten als sittlich angesehen wurde. Das ist
eine einzige Gegenüberstellung, aber alle die oben aneinander gereihten typischen
Erscheinungen können und müssen in derselben Weise gewertet und beurteilt
werden, können als jeweils sittlich, respektive unsittlich oder umgekehrt gekennzeichnet werden.

Nun muß man ja, um das Extremste als Beispiel heranzuholen, sagen, daß
gewiß keine einzige Zeit in einem geschriebenen Gesetz das Recht der Frau auf
Vielmännerei, auf Ehebruch aufgestellt, geschweige denn sichergestellt hat. Aber

Tugent.

O müter rath wie soll ich thon/
Das ich möcht zeümen recht mein man.
Ich fürcht wölch biß in reiß vnd kratz/
Er dring darauf mit grym vnd dratz.
Vnd helff nit zeüm ich in zů leis/
Deß besten bin ich noch nit weis.

Kein bessers zeümen ich befind/
Dann mit den bisen sänfft vnd lind.
Merck den nit zwingt ein süsses biß/
Kein anders hilft/das ist gewis.
Da richt dich nach/das ist mein rath/
Glaub mir die solchs versůchet hat.

Die Zähmung der widerspenstigen Männer

28. Karikatur auf die Frauen. 16. Jahrhundert

es gibt andererseits auch zu keiner Zeit ein geschriebenes Gesetz, das den Männern das ausdrückliche Recht verleiht, die Frauen anderer Männer zu verführen; und doch wurde dies „Recht" zu allen Zeiten mit Eifer geübt. Deshalb muß man sich darüber klar sein, daß die Gesetze der öffentlichen Sittlichkeit immer zu ihrem allergeringsten Teil in fest formulierte, juristische Paragraphen geprägt und zu einem gesetzgeberisch beglaubigten Kodex vereinigt worden sind. Sie bestehen und bestanden zu allen Zeiten in den ungeschriebenen, aber darum nicht weniger klaren und vor allem nicht weniger kategorischen Anschauungen und Forderungen der jeweiligen Gesellschaftsmoral, die nicht nur in erster Linie, sondern überhaupt einzig und allein das Verdikt auf sittlich oder unsittlich fällt, das Wirkung hat.

Diese Gesellschaftsmoral sanktioniert es denn je nachdem, ob der Mann sich offen oder versteckt dem Geschäft der Verführung widmen darf, ob die Frau die Spröde oder die Galante mimen muß, um die gesellschaftliche Achtung zu genießen, sie sanktioniert es, daß zu gewissen Zeiten jede hübsche Frau unerbittlich in den Verdacht eines geheimen Fehlers kommt, wenn sie ihrem Gatten unerschütterlich

Treue hält, sie sanktioniert es, daß das geringste Abweichen von der strengen Linie der Puritaner= moral bei Mann und Frau mit erbarmungsloser gesellschaftlicher Ächtung bestraft wird; sie sanktioniert es, daß die anständigste Frau in ihrem Köpfchen hinter den unschuldigsten Mienen nur das eine mathematische Problem wälzt, an ihrem Kostüm jene Linien zu finden, die es ihr ermöglichen, sich als Nudität den Blicken zu zeigen, und dabei doch „anständig" angezogen zu sein; sie sanktioniert es, daß jede Frau es als eine ihr persönlich zugefügte Beleidigung auf= fassen darf, wenn in ihrer Gegenwart das Wort Beinkleid gebraucht wird; sie sanktioniert es,

29. Mann und Frau essen und baden gemeinsam in einem Wannenbad (Hausbad). 15. Jahrhundert

daß das einzige Gesprächsthema zwischen beiden Geschlechtern des Rätsels Heilig= keit betrifft, über das man sich aber in möglichst unheiliger Weise unterhält; sie sanktioniert es, daß jeder Mann zu jeder Frau sagen darf: du erweckst meine Begierde, ich möchte dich verführen, und jede Frau zu jedem Mann: ich möchte deine Sinne in Aufruhr bringen, schau, wie pikant ich bin, welch ein Leckerbissen für deine Phantasie; sie sanktioniert . . . . . usw. usw. ohne Ende; denn es gibt kein Ende.

Daß nun alles dies, und immer wieder das Besondere, und heute das Gegen= teil von dem gestrigen, jeweils als sittlich galt und gilt, das ist, wie oben gesagt wurde, das Wichtige und das Entscheidende. Das für die wissenschaftliche Betrach= tung der Dinge Nächstwichtige ist natürlich das Warum. Warum es so ist. Nun, das folgt daraus, daß diese sämtlichen Unterschiede keine Zufälligkeiten sind, die zusammenhangslos in der Zeit stehen, und die man darum willkürlich aus dem Zeitbilde streichen könnte, sondern daß man in ihnen untrennbare Bestandteile und notwendige Ergebnisse des inneren Wesens des allgemeinen gesellschaftlichen Seins vor sich hat. Weil aber dieses der Fall ist, darum herrscht auch in diesem Wirbel der verschiedensten und tatsächlich einander wider= sprechendsten Erscheinungen auch die strikteste Ordnung; nichts weniger als ein sinnloses und unberechenbares Chaos ist vorhanden, sondern immer und überall hat man in jeder sich sieg= reich durchsetzenden Tendenz die Offenbarung einer strengen Gesetzmäßigkeit.

Damit sind wir dahin gelangt, was als wichtigste Voraussetzung, als einzige zulässige Basis einer nach wissenschaftlichen Grundsätzen

30. Venetianische Jungfrau in Straßentracht. Modekupfer. 16. Jahrhundert

aufgebauten Sittengeschichte hier ebenfalls zu erweisen ist: das „Warum". Wie eine bestimmte Gesellschaftsmoral entsteht, woher diese ihre kategorische Macht hat, welche Faktoren die ewigen Wandlungen bedingen und die neuen Formen bestimmen, kurz das Gesetz des notwendigen und steten Wechsels im sozusagen Konstanten der Geschlechtsmoral.

* * *

Wenn wir uns über dieses Gesetz klar werden wollen, also in erster Linie es auffinden wollen, so müssen wir damit anfangen, daß wir die jeweiligen sittlichen Normen in Theorie und Praxis auf ihre etwaigen Zusammenhänge mit dem zeitgenössischen gesellschaftlichen Sein der Menschheit nachprüfen.

Eine solche Prüfung wird jedem historisch die Dinge Anschauenden auf den ersten Blick die schon obenerwähnte Tatsache offenbaren, daß es in der Tat nichts Gedankenloseres und Sinnloseres geben kann als die in den Köpfen von zahlreichen Ethikern noch spukende Vorstellung von der sogenannten Launenhaftigkeit in den herrschenden sittlichen Anschauungen. Wir meinen jene groteske Anschauung, die darin gipfelt, daß es sich, weil eine absolute sichere Norm nicht nachzuweisen ist, in den sittlichen Vorstellungen um reine Zufälligkeiten und Willkürlichkeiten handle, an die darum auch nur der süße Pöbel, und zwar nur dieser, gebunden sei, L'homme supérieur dagegen niemals; dieser könne sich erhaben über diese Witze der Weltgeschichte hinwegsetzen. Diese Logik ist wirklich um keinen Grad weniger fehlerhaft und grotesk, als jene, die von einer ewigen sittlichen Idee faselt, die sozusagen über den schurzbekleideten Botokuden, wie über den Bratenrockbefrackten Christenmenschen die gleichen Fittiche breite. Die Widersinnigkeit dieser Ansicht offenbart sich nämlich schon dem ersten Blick, weil selbst die oberflächlichste und mit der primitivsten wissenschaftlichen Methode vorgenommene Prüfung unwiderlegbar an den Tag bringt, daß rein gar keine Erscheinung zusammenhanglos in der Geschichte steht. Das heißt, es kann wohl ein zusammenhangloses Einzelabweichen vorkommen, und zwar als pathologische Erscheinung, niemals aber eine Massenerscheinung, um die es sich einzig drehen kann, wenn man vom jeweiligen sittlichen Gebaren der Menschen spricht. Es sollte im 18. Jahrhundert kein Zusammenhang zwischen der Summe der Ausschweifungen, der rein pornographischen Mode, der pornographisch durchsättigten Sprache und dem allgemeinen gesellschaftlichen Sein dieser Klassen existieren? Im 17. Jahrhundert kein Zusammenhang zwischen der unnachsichtlichen Sittenstrenge der englischen Rundköpfe, ihrer düster monotonen Kleidung, ihrer puritanischen bibelspruchmäßigen Rede und den gesamten gesellschaftlichen, politischen und sozialen Bedingnissen ihrer Existenz? Usw. Das hieße: es hätte also auch das Gegenteil möglich sein können? Also im 18. Jahrhundert hätte die erotische Wirkung des Busens etwas Untergeordnetes, Unbeachtetes in der Bewertung sein, oder im 17. Jahrhundert bei den englischen Puritanern hätte der raffinierteste Kultus des physischen Genießens, ein Kultus erotischer Nacktheit ebenfalls Triumphe feiern können? Daß eine solche Logik nur die Logik des Narrenhauses ist, — dem

Sichispañaben Joculos excatamaĎo, nc fucata tap basia stult eamans

31. Symbolische Darstellung der Derbheit des Liebesgebarens in der Renaissance. Spanischer Kupferstich. 1545

wird man nicht zu widersprechen vermögen. Darum spukt sie auch nur in den Köpfen jener Sorte von Ethikern, deren Logik ebenso unbeschwert von der Vernunft über den Zeiten dahinschwebt, wie eine „ewige sittliche Idee" niemals über den Zeiten geschwebt hat. Es herrscht, wie gesagt, strengste Harmonie, unerbittlichste Logik; hundert Bande und Brücken schlingen und erstrecken sich von einem zum anderen, vom Ergebnis zurück zur Kausalität, von der Ursache zur unvermeidlichen, unausschaltbaren Wirkung.

Die Tatsache des Zusammenhanges ist in der Tat für jeden historisch Denkenden so augenfällig, daß man sie gar nicht noch eingehender zu begründen hat und sie ohne weiteres als durchaus feststehend annehmen darf. Für den, der trotzdem ernste Zweifel darüber hat, mag hier erwähnt sein, daß diese Zusammenhänge ihm durch die Beweisführung, die im folgenden noch in anderer Richtung zu geben ist, noch so überzeugend wie möglich begründet werden. Einen etwas geübteren Blick, und darum auch ein etwas eingehenderes Studium, bedarf es dagegen, um zu erkennen, daß sowohl in den herrschenden sittlichen Anschauungen wie in dem entsprechenden sittlichen Gebaren sozusagen die ganze Summe des jeweiligen gesellschaftlichen Seins der Menschen resultiert; und weiter bedarf es eines eindringlicheren Studiums, will man das erkennen, was wir als das bestimmende Gesetz, als die im letzten Grunde entscheidende Basis, auf der sich alles aufbaut, anzusehen haben.

Wir wollen die Antwort auf diese letzten Fragen hier gleich an die Spitze stellen und dann die Begründung daran knüpfen: In dem jeweiligen sittlichen Gebaren bestimmter Zeiten und in deren entsprechenden Satzungen haben wir genau wie in den Rechtsanschauungen, in der Religion, in den künstlerischen Manifestationen usw. nur die gesellschaftliche Verkörperung der ökonomischen Basis dieser Zeit vor uns. Genauer ausgedrückt: Die sämtlichen Ideologien ohne Ausnahme sind das logische und entsprechende Widerspiel der jeweiligen Höhe des Entwicklungsgrades, in dem sich der Produktionsmechanismus befindet; dazu gehören: der Grad der gesellschaftlichen Arbeitsteilung, der Umfang der Klassengliederung, die Verteilung des Besitzes, also die Eigentumsverhältnisse, kurz alles, was der Begriff „die ökonomische Grundlage einer Zeit" in sich zu-

Zechende Bauern

32. Kupferstich. 16. Jahrhundert

sammenfaßt. Das Privateigentum, das materielle Interesse hat die Gesamtbasis unserer Geschlechts= moral bestimmt; nun, es bestimmt in ebenso kategorischer Weise ständig deren Unterbestandteile. Mit anderen Worten: Weil das Privateigentum die Basis des Gesamtkomplexes der Moral ist, darum muß die Geschlechtsmoral im einzelnen innerhalb ihres Hauptrahmens wechseln und sich den Änderungen und Entwick= lungen anpassen, die das Privat= eigentum durchmacht, dem sie unterworfen ist.

Gewiß ist der Geschlechts= trieb an und für sich kein ökonomisches Motiv, aber die Art seiner Betätigung wird da= rum doch durch die ökonomische Basis der Gesellschaft bedingt. Durch sie wird bedingt, ob er — wohlgemerkt: alles als Massen= erscheinung angesehen und ge= wertet! — Mann und Frau zur frühzeitigen oder zur späten Eheschließung drängt, ob er die

Symbolische Darstellung des Ehebruchs
(Abraham und Hagar)

33. Kupferstich von Georg Pencz

ständige Maitresse oder die vagierende Dirne, die vornehme Lebedame oder die heruntergekommene Tippelschickse als Surrogat der Ehe verlangt. Durch die ökonomische Basis wird bedingt, ob die Frau in der Ehe Hausfrau, Mutter oder Dame wird, ob die Tochter nach den Qualitäten der Zuchtstute oder der Fähigkeit zur Repräsentation gewählt, ob sie zum Luxusgegenstand oder zum unentbehrlichen Hausmöbel erzogen wird. Durch die ökonomische Basis wird bedingt, ob die gegenseitige eheliche Treue das Wichtigste ist oder die pikanten Freuden des Geschlechtslebens. Durch sie wird bedingt, in welchem Maße der Kampf um den Mann, oder um das Weib, geführt wird, ob Hunderte oder Zehntausende von Frauen vergeblich den Weg ins Ehebett suchen und „dem Laster in die Arme fallen", wie der Traktätchenstil die Sache so schön formuliert usw. usw. Das sind die Hauptkategorien; von ihnen hängen aber alle jene Unterbestandteile des geschlecht= lichen Gebarens ab, wie Mode, gesellschaftlicher Ton usw., denn diese sind stets deren Ableitungen, Ausstrahlungen, kurz die in Geist und Materie Form gewordenen Begleiterscheinungen.

Daß die materiellen Interessen die Basis und das Bestimmende darstellen, das ist der Kernpunkt; und die Richtigkeit dieses Satzes gilt es darum in erster Linie zu erweisen. Natürlich müssen wir uns bei aller Einsicht in die Wichtigkeit dieses Punktes, im klaren Bewußtsein, daß hier sozusagen der Angelpunkt unserer ganzen Arbeit ist, trotzdem mit nur wenigen charakteristischen Beispielen begnügen. Aber wenn der Beweis auch nur an einigen entscheidenden Punkten geführt ist, so ist er auf der ganzen Linie geführt. Zuerst seien einige Beispiele angeführt, bei denen der Zusammenhang zwischen der geschlechtlichen Moral und der ökonomischen Basis der Gesellschaft geradezu augenfällig ist.

In der Mitte des 17. Jahrhunderts begegnet man in bestimmten Gegenden Deutschlands mehr als je der „Bigamie", und zwar in der Form, daß ein Mann zwei rechtmäßige Frauen hat, beide bei sich im Hause, unter einem Dache. Es kommt also die vollendete Form der Polygamie vor. Das Wichtige jedoch an diesen polygamischen Verhältnissen besteht darin, daß diese Ehen zu dreien absolut nicht heimlich sind, versteckt und kaschiert vor den Augen der Öffentlichkeit, etwa als eine private Übereinkunft und ein privates Geheimnis der direkt Beteiligten, sie liegen vielmehr offen vor aller Welt, werden vor aller Welt geschlossen und von der hohen Obrigkeit nicht nur gestattet, sondern sogar — dekretiert. Zwei angetraute Frauen zu haben, war also in dieser Zeit und in diesen Gegenden nicht nur kein Verbrechen, es galt nicht einmal als unsittlich, ja, es wurde direkt als verdienstlich und somit als sittlich angesehen. Man könnte glauben, daß ein solcher Zustand etwas ganz Unglaubliches darstelle; viele Leute werden ihn sogar für ungeheuerlich halten. Nun, er war weder das eine noch das andere, sondern war ganz natürlich, weil er nichts anderes darstellte als eine ganz begreifliche Erscheinung der historischen Situation, in der sich Deutschland zu jener Zeit befand. Deutschland hatte den Dreißigjährigen Krieg hinter sich. Diese furchtbare Leidenszeit hatte aber nicht nur in einer völligen Verwüstung und einer ebenso völligen Verarmung großer Teile Deutschlands resultiert, sondern auch in einer ebenso starken Entblößung von Menschen. Millionen von Menschen sind in den Schlachten umgekommen oder sind von den überall auftauchenden Marodeuren hingemordet worden, und noch viel mehr sind schließlich den Krankheiten und Epidemien zum Opfer gefallen, die überall im Gefolge dieses nie endenden Mordens und Schlachtens auftraten. Tausende von Ortschaften und Städten waren am Ende des Krieges direkt ausgestorben. Sechzehn bis siebzehn Millionen Einwohner zählte Deutschland vor dem unseligen Kriege,

34. Tanzendes Bauernpaar

40

Die Freuden des Lebens

Holzschnitt von H. S. Beham. 16. Jahrhundert

35. Hans Burgkmaier. Schlemmerei der Reichen

ganze vier Millionen betrug die Zahl seiner Bewohner im Jahre 1648; und unter
diesen vier Millionen waren obendrein die Männer in bedenklicher Minderzahl.
Zweieinhalb Millionen Frauen standen nur anderthalb Millionen Männer gegen=
über. Das war das traurige Fazit dieses Krieges. Nun ist aber zu allen Zeiten
das wichtigste Kapital der Mensch: Arbeitskräfte, Hände. Da es andererseits in
jener Zeit an nichts so sehr wie an diesem Kapital mangelte, und weil alles andere
ohne das lebendige Kapital „Mensch" immer unfruchtbar bleibt, so mußte dieses
in erster Linie geschaffen werden. Das Zeugen von Kindern, und zwar so vieler
wie möglich, wurde die oberste ökonomische Notwendigkeit dieser Zeit und somit
die höchste sittliche Pflicht eines jeden zeugungsfähigen Mannes. Da dies mit den
seitherigen Grundvorstellungen in Konflikt kommt, so ordnet die Obrigkeit diese
Pflicht kurzerhand amtlich an: Jeder Mann betätige sich in dieser Richtung nach
Kräften.

Man wird nach den Beweisen fragen. Hier sind sie. Ein knappes zeit=
genössisches Aktenstück enthält sie. Am 14. Februar 1650 faßte der Kreistag von
Nürnberg den folgenden Beschluß:

„Demnach auch die unumgängliche des heyligen Römischen Reiches Notdurft erfordert, die
in diesem 30 jerig blutigen Krieg ganz abgenommene, durch das Schwerdt, Krankheit und Hunger
verzehrte Mannschaft wiederumb zu ersetzen, ... so sollen hinfüro innerhalb den nächsten 10
Jahren jedem Mannßpersonen 2 Weiber zu heiraten erlaubt sein."

Phrasenloser kann der Zweck dieses Konsenses nicht ausgedrückt sein, klarer
die wirtschaftliche Basis dieser totalen Moralkorrektur aber auch nicht in Er=
scheinung treten.

„Ein einzeln dastehender Ausnahmefall, der sich einzig aus der völligen
sittlichen Verwahrlosung erklären läßt, die ebenfalls das traurige Erbe des 30=
jährigen Krieges gewesen ist, und der sich auch einzig daraus erklärt", wird nun
gewiß der eingeengte Ideologe sagen, der alle Manifestationsformen des geschlecht=

41

lichen Gebarens, alle moralischen Maßstäbe aus einem mehr oder weniger gesteigerten sittlichen Empfinden der Menschen ableitet. Und mit dieser oder einer ähnlichen Begründung ist auch in der Tat meistens diese unbequeme Erscheinung in der Geschichtswissenschaft gewertet und abgetan worden. Nun, wir müssen darauf antworten: Es ist eben kein Ausnahmefall, der sich bloß an das Außergewöhnliche knüpft, sondern höchstens ein eigenartiges Seitenstück zu einer ähnlichen, aber geradezu typischen Erscheinung in der Geschichte. Man untersuche gefälligst ein= mal die Bauernmoral daraufhin und lese insbesondere die zahlreichen Weistümer nach, jene Formulierungen der alten bäuerlichen Rechte. Und dort wird man — das Gleiche immer wieder finden. Bei auch nur einiger Beharrlichkeit wird man unter den Weistümern eine ganze Reihe Dokumente entdecken, die fast wörtlich lauten wie das folgende, das dem Bockumer Landrecht entstammt:

„Item ein Mann, der ein ächtes Weib hat und ihr an ihren fraulichen Rechten nicht genug helfen kann, der soll sie seinem Nachbar bringen, und könnte derselbe ihr dann nicht genug helfen, soll er sie sachte und sanft aufnehmen und thun ihr nit wehe und tragen sie über neun erbtüne und setzen sie sanft nieder und thun ihr nit wehe und halten sie daselbst fünf uhren lang un rufen wagen! daß ihm die Leute zu Hülfe kommen: und kann man ihr dennoch nichts helffen, so soll er sie sachte und sanft aufnehmen und setzen sie sachte darnieder und thun ihr nit wehe und geben ihr ein neu Kleid und einen Beutel mit Zehrgeld und senden sie auf einen Jahrmarkt, und kann man ihr alsdann noch nit genug helffen, so helffe ihr tausend Teufel."

Was heißt das in unser Deutsch übertragen? Nun nichts anderes als: So ein Mann, der eine gesunde Frau hat und diese nicht zu schwängern vermag, so soll er sie einem Nachbarn — einem „Ehehelfer" — ins Bett legen, von dem er annehmen kann, daß er eine Frau wohl zu schwängern vermag; sollte auch dessen Umarmung fruchtlos bleiben, so soll er es mit einem zweiten und selbst mit einem dritten versuchen. Hilft alles nichts, nun dann sollen ihr tausend Teufel helfen, d. h. dann bedarf es übernatürlicher Kräfte. Er hat dann das getan, was seine — Pflicht ist. Seine Pflicht. Denn Kinder zu bekommen, eine möglichst fruchtbare Gebärmaschine zu sein, — das ist eben die erste und wichtigste Aufgabe einer Bäuerin. Und diese Anschauung und diese Geschlechtsmoral ist durchaus in der bäuerlichen Wirtschaft, in den materiellen Interessen des Bauerntums bedingt. Für keinen Stand sind Kinder ein so wichtiges Kapital wie für den Bauern, denn sie sind die billigsten und die unentbehrlichsten Arbeitskräfte. Zugleich aber auch die einzigen, die er in primitiven Zeiten sicher bekommen, die einzigen, die er sich bei der geringen Rentabilität seines Betriebes auf lange hinaus leisten kann, und darum kommt die Legitimität erst in zweiter Linie. Die Hauptsache ist deshalb, daß die Frau Kinder zur Welt bringt. Bleiben die Umarmungen ihres Gatten fruchtlos, so muß sie eben in ihrem Bett der Reihe nach alle die aufnehmen, durch die der Mann begründete Aussicht zu haben glaubt, zu Kindern zu kommen. Die individuelle Liebe ist hier, wie man sieht, bis auf den letzten Rest ausgeschaltet, entscheidend ist allein die Geschlechtstüchtigkeit des Mannes, und die Frau wird darum direkt als Zuchttier behandelt, das im Notfalle heute dem, morgen jenem zugeführt wird.

Aus der Wichtigkeit, die die Kinder bis in unsere Zeit herein für die bäuerliche Wirtschaft haben, resultiert auch im letzten Grunde die ständig mildere

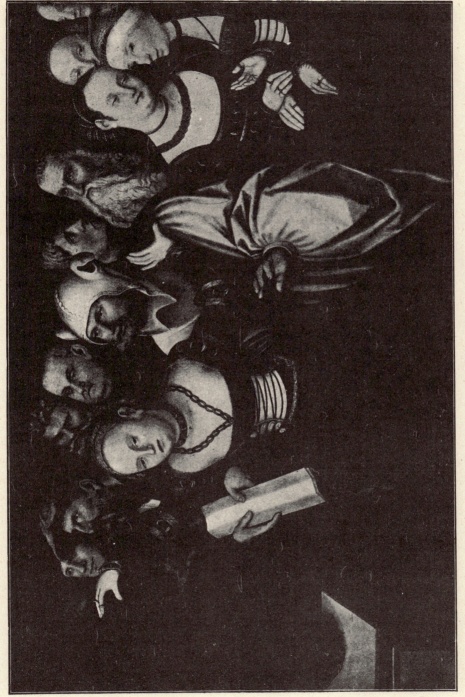

Das Gottesurteil (Der Mund der Wahrheit): Erprobung der ehelichen Treue
36. Gemälde von Lucas Cranach. 1534. Galerie Schleißheim

CXLII.
Also gehen die Erbaren Frawen zu Rom.
JV Rom die Erbaren Frawen/ Wann sie vber die gassen gahn/
Lasn sich in solcher Klaidung schawen. Wie dise Figur zeiget an.
Nn ij

Frauentracht

37. 16. Jahrhundert. Jost Ammanns Trachtenbuch

Anschauung, die beim Bauern über den Ehebruch herrschte. Der Bauer drückt heute noch in ungleich zahlreicheren Fällen, als dies bei jedem anderen Stand vorkommt, beide Augen zu, wenn die Bäuerin einen Ersatzmann kürt, einen strammen Knecht oder Nachbarn, und ihrem Manne so zu dem unentbehrlichen Familienzuwachs verhilft.

Auf derselben ökonomischen Basis beruht auch der schon früher genannte Brauch der „Komm= oder Probenächte", denen man in den verschiedensten Län= dern unter entsprechenden Namen be= gegnet. „Ob er (oder sie) gerecht zur Liebe ist", das heißt, ob Kinder zu er= warten sind, das zu proben wird als sittlich berechtigt von der bäuerlichen Moralanschauung sanktioniert.

Bezeichnende Seitenstücke hierzu findet man als Massenerscheinung bei allen an sich unfruchtbaren Rassen. Weil bei diesen der Nachwuchs ebenfalls das allerwertvollste Kapital ist, so ist der „Ehehelfer" bei diesen Rassen sozusagen eine stehende Figur, und gemäß der großen Wichtigkeit der Sache wird diese Tätig= keit als ein Dienst angesehen, der vornehmlich den Heiligen oder Propheten obliegt. Eine solche Rasse sind zum Beispiel die Eskimos. Auch bei diesen wird mit Vorliebe der oberste Geist, und zwar durch Vermittlung des Propheten, direkt bemüht, helfend einzugreifen. Fritjof Nansen gibt darüber in dem Werke über seine Nordpolfahrt einen wertvollen Bericht, durch den er zugleich beweist, daß er die Sache auch in ihrem Kern begriffen hat. Nansen schreibt:

„Dasjenige unserer Gebote, gegen welches sich die Grönländer am häufigsten versündigen, ist das sechste . . . . Tugend und Züchtigkeit stehen in Grönland nicht in hohem Ansehen . . . . Viele sehen es (auf der Westküste) für gar keine besondere Schande an, wenn ein unverheiratetes Mädchen Kinder bekommt . . . . Während wir in Godthaab waren, befanden sich dort in der Nachbarschaft zwei Mädchen in gesegneten Umständen, verbargen dies aber durchaus nicht, . . . und schienen über diesen sichtbaren Beweis, daß sie nicht verschmäht worden waren, beinahe stolz zu sein. Aber auch von der Ostküste sagt Holm, daß es dort für keine Schande gilt, wenn eine Unverheiratete Kinder hat. . . ."

„Egede sagt auch, daß die Frauen es für ein besonderes Glück und eine große Ehre halten, mit einem Angekok, d. h. einem ihrer Propheten und Gelehrten, in ein intimes Verhältnis zu treten, und fügt hinzu: ,ja viele Männer sehen es selber gern und bezahlen den Angekok dafür, daß er bei ihren Frauen schlafe, besonders wenn sie selber keine Kinder mit ihnen zeugen können'."

„Die Freiheit der Eskimoweiber ist also sehr verschieden von der dem germanischen Weibe zustehenden. Der Grund liegt wohl darin, daß, während die Erhaltung des Erbes, Geschlechtes

44

und Stammbaumes bei den Germanen stets eine große Rolle gespielt hat, alles dieses für den Eskimo bedeutungslos ist, da er wenig oder nichts zu vererben hat und es für ihn hauptsächlich darauf ankommt, Kinder zu haben . . . ."

Das Interesse, Kinder zu haben, oder haben zu müssen, führt in heimlicher und versteckter Weise natürlich tausendfach zu demselben Ausweg. Unzählige Adelsgeschlechter und nicht wenige Fürstenhäuser haben auf diese Weise ihrem „Stamm" die Erbfolge gesichert. Um von regierenden Fürstenhäusern nur eines zu nennen, sei auf die Romanoffs verwiesen. Diese sind zweifellos illegitim. Katharina II., die raffinierte Zerbsterin, hat, wie sie selbst bekannt hat, ihrem legitimen Gemahl Peter III., der überdies zeugungsunfähig war, das Ehebett geweigert, und den Günstling Sergius Saltykow, einen besseren Lakaien ihres Gatten, mit der vergnüglichen Aufgabe betraut, Rußland zu einem lebensfähigen Stammhalter zu verhelfen. Noch häufiger aber ist in der Geschichte der Fürstenhäuser das Beispiel der Römerin Livia, der Gattin des Augustus: „de ne recevoir jamais un passager dans sa Barque, qu'elle ne fût déjà remplie,' daß heißt: ihren Liebhabern nur in der Zeit die letzte Gunst zu gestatten, wenn sie sich von ihrem Gatten geschwängert wußte, — noch häufiger ist dieses Prinzip in das Gegenteil verkehrt worden, indem der schwächliche Gatte erst dann zu seinen Rechten kam, nachdem der untrügliche Beweis vorlag, daß der plebejische aber gesunde Nothelfer für einen lebenskräftigen Nachwuchs gesorgt katte. Auch hierfür ließen sich leicht

38. Buhlerische Liebe. Holzschnitt. 16. Jahrhundert

45

dokumentarische Beweise beibringen. Aber alles dieses ist immer nur der Ausfluß einer individuellen Moral gewesen, die darum mit dem individuellen Interesse auch immer wieder verschwindet.

Daß die Prostitution als Massenerscheinung in den sozialen Bedingnissen, also in der ökonomischen Basis der Gesellschaft, ihre ausschlaggebende Antriebskraft hat, ist schon so oft hinreichend und erschöpfend dargelegt und bewiesen worden, daß wir an dieser Stelle auf die Anführung besonders bezeichnender Dokumente, die dies von neuem belegen würden, verzichten können. Die Prostitution als soziale Massenerscheinung in der Hauptsache zu einem pathologischen Problem, also zu dem der geborenen Prostituierten, einzuengen, ist eine geschichtliche Erklärungsmethode, die für den Witz von wichtigtuerischen Halbwissern ein Tummelplatz sein mag. Diese Sorte Sexualpsychologen beweist in den allermeisten Fällen nur, daß sie sich nicht einmal über das spezifische Wesen des Begriffs Prostitution als soziale Erscheinung klar ist und darum die verschiedensten Dinge kunterbunt mit einander vermengt.

Die bis jetzt angeführten Beispiele für den direkten Zusammenhang zwischen geschlechtlichem Gebaren, sittlichen Maßstäben und dem materiellen Interesse können, wie gesagt, als augenfällige Musterbeispiele gelten. An dem Beispiel der sogar gesetzlich sanktionierten Bigamie im 17. Jahrhundert sieht man, daß wirtschaftliche Bedürfnisse, sofern sie übermächtig sind, selbst das wichtigste Postulat der gesamten Geschlechtsmoral, die Fundamentalforderung der Sittlichkeit: die Einzelehe, umzustoßen vermögen.

Wie im großen, so wirken die materiellen Interessen auch im kleinen. Das kann man ebenfalls an zahlreichen Erscheinungen nachprüfen, sowie man sie konsequent des übertragenden Gewandes entkleidet, in dem sie uns vor Augen treten oder den Menschen zum Bewußtsein kommen. Das folgende Beispiel mag dies belegen: Im 16. Jahrhundert machten die Zünfte die Aufnahme von Lehrlingen in ihr Gewerbe durchwegs von dem Nachweis „freier und ehrlicher Geburt" abhängig; der Betreffende mußte also nachweisbar ehelich geboren sein. In Dutzenden von Schilderungen, die sich mit dem Zunftwesen befassen, oder die die Städteherrlichkeit des 16. Jahrhunderts zum Gegenstand haben, kann man in pathetischer Verherrlichung lesen, wie sich in solchen Bestimmungen „das stolze sittliche Bewußtsein, das das ehrliche Handwerk damals erfüllte", offenbare. Solche Satzungen werden als „Ausfluß gesteigerten und darum lebendig wirkenden sittlichen Empfindens" gestempelt und gelobt, oder als die „edle Frucht der sittlichen Läuterung, die durch die Reformation in die Welt kam". Und ähnliches mehr. Nun, wir gestatten uns zu sagen: das alles ist dummes Zeug. Und auch nachweisen wollen wir es. Wenn man sich eingehender mit den Zunftordnungen jener Jahrhunderte beschäftigt, in den „Laden" nach den maßgebenden Gesichtspunkten forscht, die die Schöpfer bei der Formulierung ihrer Zunftgesetze leiteten, so ergibt sich alles mögliche als bestimmende Ursache, und nur eines nicht, nämlich „die sittliche Läuterung", „das sittliche Bewußtsein". Hinsichtlich des hier in Frage stehenden Gebotes ergibt sich klar und deutlich, daß diese sittliche Forderung absolut nicht

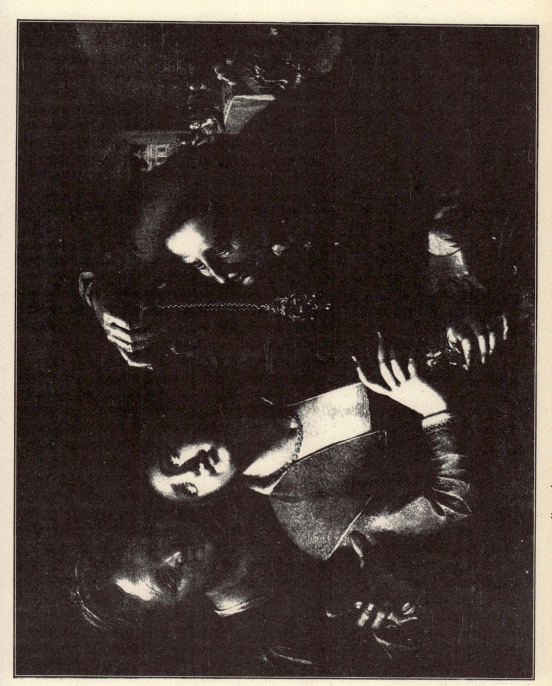

39. Kuppelszene. H. V. Aachen. Karlsruher Gemäldegalerie. Photographie Bruckmann

Der freiwillige Enthüller seiner Schande

40. Illustration eines französischen Schwankes.
17. Jahrhundert

auf der Moral fußte, sondern ihre Ursache einzig und allein im Geldbeutel hatte. Wenn die Zünfte im 16. Jahrhundert die Aufnahme eines Lehrlings von „freier und ehrlicher Geburt" abhängig machten, ja in manchen Städten sogar den Nach= weis ehelicher Zeugung verlangten, so ge= schah dies nicht, um den Stand sozusagen moralisch zu heben, sondern einzig, um die Exklusivität der Zünfte zu sichern: Die proletarischen Elemente sollten da= durch von dem Handwerk ferngehalten werden, die im Beginn des 16. Jahrhun= derts in Massen nach den Städten strömten und dort vor allem ein Handwerk zu lernen suchten. Und weiter sollte dadurch die drohende und wachsende Konkurrenz niedergehalten werden, — deshalb allein wurde man sittlich und proklamierte auf diesem Umwege die Heiligkeit der Ehe, indem man sie zur Basis der Ehrlichkeit stempelte. Und es konnte fürwahr keinen besseren Damm gegenüber der drohenden Konkurrenz geben als diesen! Der Nachweis ehrlicher Geburt war damals begreiflicherweise sehr kompliziert und um so schwerer zu erbringen, aus je entfernteren Gegenden jemand kam. Von demselben Interesse waren die geschäftsklugen Zunftmeister geleitet, als ihnen ihre Sittlichkeit das Gesetz diktierte, eine Menge Gewerbe als „unehrlicher Art" zu stempeln. Allen denen, die also daraus entstammten, war der Zutritt zum „ehr= lichen Handwerk" ebenfalls verwehrt, wie den Gewerben selbst die wirtschaftlichen Sonderrechte verweigert waren, die den „ehrlichen" Gewerben eigneten. Und das nennt man ökonomische Ursachen. Natürlich ändert sich daran nichts, wenn die oben genannten Worte von der sittlichen Pflicht der Zünfte und ähnliche auch in ehrlicher Weise von diesen im Munde geführt wurden, ihre Benutzung beweist nur, daß den Urhebern die Kämpfe und Interessen, die sie geführt und vertreten haben, nicht in ihrer Reinheit zum Bewußtsein gekommen sind, sondern eben im übertragenen Sinn der Moral.

Mit der moralischen Verurteilung des Badehauslebens, die im 16. Jahrhundert allmählich allerorts einsetzte, verhält es sich genau so. Bis in das 16. Jahrhundert hinein findet man am Besuch der öffentlichen Badehäuser nichts oder nicht viel aus= zusetzen; jedenfalls sieht man die Sittlichkeit dadurch absolut nicht ernstlich gefähr= det, daß die Männlein splitterfasernackt, die Weiblein mehr als nackt, indem sie sich noch extra fürs Bad schmückten, gemeinsam badeten und dabei in Scherzen und Spielen sich ergötzten, die von nichts weniger als von puritanischem Geiste getragen waren. Da plötzlich, im ersten Viertel des 16. Jahrhunderts, setzt ein Umschwung ein, der bald zum Gegenteil führte, der Besuch des Badehauses wird verpönt, als unsittlich verschrien, das Badehaus wird als Lasterpfuhl geschildert,

Halb der meister schreibt Man sülle in
keynem beyssen zeichen in die badstuben
geen. Als im Lewen zwiling junckfrew
en. vnd in dem Steinbock.

Badeszenen als Kalendervignetten

41. Tanzvergnügen im Freien. Federzeichnung aus dem 16. Jahrhundert

und schließlich wird der Reihe nach eines um das andere geschlossen. Wo letzteres unterbleibt, rentiert sich das Geschäft immer weniger, und der Bader muß häufig deshalb selbst den Betrieb einstellen. Wenn man die ideologische Geschicht= schreibung auf diesen auffälligen Umschwung der Beurteilung hin durchmustert, so findet man genau dieselben Erklärungen; auch hier sollen, wie gegenüber den Zunftordnungen das gesteigerte sittliche Empfinden, der läuternde Einfluß der Reformation und ähnliche moralische Momente am Werke gewesen sein. Nun, das ist hier genau derselbe blanke Humbug. Der furchtbare Siegeszug der Syphilis um die Wende des 15. Jahrhunderts hat hier die Erleuchtung gebracht; er ist neben einer anderen gleichartigen Ursache, auf die wir an anderer Stelle noch zu sprechen kommen werden, der moralisierende Faktor gewesen, der den Zeitgenossen das bis dahin so sympathische Badehausleben in ihrer Anschauung zum höllischen Lasterpfuhl gewandelt hat. Und das ist sehr begreiflich. Da man im Badehaus unter seinen geselligen Ergötzlichkeiten in erster Linie das Derbhandgreifliche bevorzugte, so stellte das Dirnentum ganz naturgemäß ständig ein großes Kontingent zu den weiblichen Besuchern. Und da sich weiter gar häufig einige kleine Kämmer= lein neben den Badestuben befanden, in die sich ein von der Liebe entbrannter Badegast mit einer gleichgestimmten Gästin zu jeder Zeit zurückziehen konnte, so daß das Badehaus nebenher noch das betriebsamste Hurenhaus war, so wurden die Badehäuser ganz naturgemäß zu den wichtigsten Herden der Ansteckung für die neue, in so furchtbaren Formen auftretende Franzosenkrankheit. Deutlicher und überzeugender konnte also die Zeit den Menschen die Dialektik nicht ein= pauken, daß der Besuch eines Badehauses „höchst unsittlich" sei! Und auch das nennt man eine ökonomische Ursache.

Nun wird man vielleicht einwenden, daß solche großen Fragen, wie die Schwankungen innerhalb der Zahl der Eheschließungen, die Höhe des Zuflusses

49

Die Kupplerin

42. **Theod. Baburen.** Rijksmuseum Amsterdam. Photographie Bruckmann

zur Prostitution, der Umfang ihrer Nutznießung und ähnliche Dinge mehr ja von wirtschaftlichen Interessen beeinflußt sein mögen, daß aber derart untergeordnete Dinge, wie Fragen und Gesetze des Anstandes, der Mode, der tiefere oder geringere Busenausschnitt an den Frauenkleidern, die Wandlungen des Geschmacks gegenüber den sinnlichen Schönheitsbegriffen und so weiter doch damit nicht zusammenhängen könnten. Auf einen solchen Einwand ist mit derselben Widerrede zu antworten: Jawohl, auch alle diese scheinbar nebensächlichen Dinge haben sehr viel damit zu tun, auch sie reflektieren ausnahmslos nichts anderes als die ökonomische Basis des gesellschaftlichen Seins der Menschen und Völker. Nur eben im übertragenen Sinn und darum etwas mehr verschleiert, so daß man bei vielen Erscheinungen erst mühsam durch den äußeren Schein hindurchdringen muß, bevor man auf das wahre Wesen der Sache stößt.

Auch dies wollen wir durch Analyse einiger Erscheinungen unter Beweis stellen, weil wir nämlich dabei auch zu einer Reihe anderer wichtiger Ergebnisse gelangen, die hier in Betracht kommen.

Gleich die erste Schlußfolgerung, von der man ausgehen muß, ist ein solches wichtiges Ergebnis. Wenn man die bis jetzt begründeten Beispiele überblickt, so wird man sicher das eine als bewiesen zugeben müssen, daß man moralische Forde= rungen, Satzungen und Anschauungen niemals ohne weiteres als Ausfluß eines gesteigerten oder verminderten sittlichen Empfindens ansehen darf, sondern daß man, wie hier geschehen ist, immer die letzten Beweggründe dessen aufspüren muß, was im einzelnen Fall bezweckt wird. Wenn man dies aber tut, ergibt sich daraus der Hauptsatz der Erkenntnis, und dieser lautet: daß alles sittliche Gebaren in Theorie und Praxis bestimmten gesellschaftlichen Bedürfnissen entspricht, — das ist das Tatsächliche und Entscheidende, das, was man das immanente Gesetz nennen kann. Wenn wir uns darüber vollständig klar sind, so ist mit Hilfe dieses neu gewonnenen Gesichtspunktes nicht allzu schwer zu erkennen, daß nicht nur die Hauptpostulate der Geschlechtsmoral von den materiellen Interessen einer Gesellschaft bestimmt und ge= regelt werden, also ein gesell= schaftliches Bedürfnis sind, sondern daß auch alle die vielen Neben= und Sondergebiete es notwendig sein müssen. Mit anderen Worten: Wir müssen alle die genannten Erscheinungen und Ausstrahlungen des ge= schlechtlichen Gebarens am Prüfstein des gesellschaftlichen Bedürfnisses erproben.

Wenn wir so verfahren, so werden wir zuerst auf den sehr wichtigen Umstand stoßen, daß die gesellschaftlichen Be= dürfnisse nicht nur zu jeder Zeit andere sind, sondern auch innerhalb derselben Zeit höchst verschiedenartig.

Die Völker haben, seitdem die Menschheit in die Zivili= sation eingetreten ist, aufgehört, homogen zu sein. Sie sind das immer nur im äußeren Rahmen der Sprache geblieben, dagegen haben sie sich innerlich stets in

Ausschweifung (Loth und seine Töchter)

43. Kupferstich von Aldegrever. 1555

51

verschiedene Klassen gespalten; die Entwicklung des Privateigentums, auf der sich die Zivilisation überall aufbaute, hat überall mit innerer Notwendigkeit zur Klassenbildung und damit auch zur Klassenscheidung geführt. In erster Linie erstreckte sich diese Scheidung in Besitzende und in Nichtbesitzende. Diese Scheidung hat sich stets sofort auch in politische Formen umgesetzt. Auf große Linien reduziert: in herrschende Klassen, unterdrückte und zur Herrschaft drängende Klassen und in absterbende Klassen. Jede dieser einzelnen Klassen hat aber andere Interessen, das heißt: neben den Hauptlebensinteressen, auf denen sich die ganze Zeit aufbaut, ihre eigenen, ihre besonderen Lebensinteressen. Interessen, die sich nicht nur von denen der anderen Klassen unterscheiden, sondern die zu einem großen Teil denen der anderen diametral entgegengesetzt sind, ihnen also direkt feindlich gegenüberstehen.

Aus dieser Verschiedenartigkeit der Interessen folgerte nun zu allen Zeiten nichts anderes als eine Verschiedenartigkeit des geschlechtlichen Gebarens, der sittlichen Anschauungen und Satzungen. Das heißt: die Geschlechtsmoral ist zu allen Zeiten nicht einheitlich, sondern stets in einzelne Klassenmoralitäten geschieden, die sich nicht selten ebenfalls aufs strengste voneinander scheiden und weiter einander mitunter ebenfalls feindlich gegenüberstehen.

Kann die Tatsache der Klassenscheidung ohne weiteres als begreiflich angesehen werden, so bedarf es andererseits einer eingehenderen Begründung dafür, daß die Klassenunterschiede sich besonders deutlich in der geschlechtlichen Moral offenbaren, und daß das wirtschaftliche Interesse hier ganz kategorisch befiehlt. Als geschichtliches Beispiel sei die verschiedenartige Auffassung der Ehe beim Handwerksmeister und beim Kaufmann im 16. Jahrhundert angezogen. Ist die Frau beim Handwerksmeister die dienende Sachwalterin des Hausstandes, die strenge, züchtige Hausfrau, die für Ordnung sorgt, über Küche und Keller herrscht, so ist sie beim reichen Kaufmann die Dame, die Bediente, die den sinnlichen Genuß verkörpert. Und beide Auffassungen sind in den verschiedenen wirtschaftlichen Voraussetzungen der beiden Klassen organisch begründet. Der Haushalt des Handwerksmeisters muß geordnet sein, die Frau muß auf Strenge halten, sie muß ihr Ansehen beim Dienstboten wahren, sie muß ständig auf Sparsamkeit sehen, muß am frühesten aus den Federn sein und muß die letzte Runde durch das Haus machen und sich persönlich überzeugen, daß alles wohlgeordnet und wohlverschlossen ist, damit weder von Feuer noch von Dieben Gefahr droht. Auf einer solchen peinlichen Ordnung und Sparsamkeit selbst im kleinsten beruht die ganze Existenzmöglichkeit und Wohlfahrt der kleinhandwerklichen Wirtschaft; wo diese beiden Dinge außer acht gelassen werden und systematisch gegen sie verstoßen wird, ist die Existenz aufs schwerste bedroht. Diese Lebensbedingungen strahlen aber in allen ihren Anschauungen von den Rechten und Pflichten der Hausfrau wider, ihnen wird alles untergeordnet, das gesamte Gebaren, das Auftreten, das fern von jeder Anmaßung ist, die Kleidung, kurzum alles. Die Erziehung der Kinder in diesem Geiste muß ihre stete Sorge sein. Und wie im Positiven, so im Negativen. Die Handwerkerfrau empfindet es infolgedessen als eine Schande, etwas zu tun, was den Anschein vom Gegenteil erwecken könnte, sie geht mit züchtig nieder-

41. Peter Paul Rubens: Die Entstehung der Milchstraße. Pradomuseum, Madrid. Photographie Anderson, Rom

45. **Barra**. Symbolische Darstellung der Ehebrecherin

geschlagenen Augen über die Straße, um keine falsche Meinung von sich zu erwecken, sie überwindet die Eitelkeit, die sie verlockt, sich in kostbarere Gewänder zu kleiden, als ihr Vermögen gestattet. So erwächst in ihr der Typ der züchtigen Hausfrau, die „in Zucht und in Ehren" ihr Leben verbringt, und so lautet daher auch das für sie gültige Sittengesetz. Diesem Gesetz muß sie gehorchen bei Strafe des Unterganges. Geht sie auf den Tanzboden und bei jeder Gelegenheit zur Nachbarin zum Schwätzen, so wird die Magd lässig und unordentlich sein; hat sie den Kopf mit Buhlschaften voll, so wird der junge Geselle, statt gleichmäßig zu arbeiten, ob der Meister zu Hause ist oder nicht, die Gelegenheit seiner Abwesenheit benützen, um ungefährdet den Weg in ihre Schlafkammer zu finden. Sie wird dann nicht die letzte sein, die zu Bett geht, sondern sie wird nur darauf bedacht sein, daß der Buhle möglichst oft seine Lust an ihr stillen kann. Die natürliche Eitelkeit, als die Schönste zu gelten, wird sie verlocken, sich so verschwenderisch wie möglich zu kleiden. Weil sie aber mit alledem die gesamte Existenz der Familie in dem einen Falle stützt, in dem anderen in Gefahr bringt, so ist das für sie gültige Sittengesetz, das sie entweder zur züchtigen Hausfrau oder zur schlechten Hausfrau stempelt, eben nichts anderes als der ideologische Ausdruck der wirtschaftlichen Basis, auf der sich die Existenz und Blüte des Handwerks aufbaut. Ganz dasselbe gilt natürlich in entsprechender Weise auch vom Manne dieser Klasse.

Ganz anders gestaltet die ökonomische Basis, auf der sich die Ehe und der Hausstand des begüterten Kaufmannes aufbaut, das sittliche Gebaren dieser Klasse. Durch den Besitz wird die Frau vom Haushalt emanzipiert; das ist das erste Resultat. Der Haushalt wird hier nicht auf das Bedenklichste gefährdet, wenn die Frau nicht mehr selbst nach allem sieht, wenn sie die Beaufsichtigung anderen überläßt, wenn die Erziehung der Kinder von Fremden besorgt wird. Sowie die Verschwendung aber prinzipiell aufhört, eine Gefahr für die Existenz der Familie zu sein, dagegen zu einer ständigen Möglichkeit wird, entwickelt sich die Frau in gleicher Weise ebenfalls zu einem Luxusgegenstand. Das ist immer und überall das erste Resultat der Emanzipation der Frau. Darin dokumentiert sich zuerst der zunehmende Reichtum, daß der Mann ein Luxustierchen aus seiner Frau macht. Damit aber gelten für sie logischerweise absolut andere Gesetze von den Rechten und Pflichten einer Hausfrau. Sie soll das erste Mittel sein, das Leben des Gatten zu verschönern und die Zahl seiner Genüsse zu vermehren. Dadurch aber, daß die Frau ganz andere Lebenszwecke erhält, zwingt ihr diese Rolle auch ganz andere Lebens=formen auf, und damit eine ganz andere Moral. Was die Frau des Handwerkers höchstens in zweiter Linie sein darf: Freudespenderin des Mannes, — das rückt bei ihr kategorisch in den Vordergrund, wird bei ihr die erste Pflicht. Als oberstes Instrument des Luxus wird sie zum obersten Instrument des Genusses. Sie muß Vergnügen bereiten, und zwar immer wieder von neuem, tagaus, tagein. Je besser ihr das gelingt, und je länger ihr das gelingt, um so sicherer ist ihre Herrschaft gefestigt. Der Luxus soll den Umfang des Besitzes augenfällig demonstrieren — das gilt in den früheren Zeiten, wo Kapitalbildung erst beginnt, ungleich mehr denn heute. Als geschätztester Luxusartikel muß und kann die Frau diese Auf=gabe am wirkungsvollsten erfüllen. Damit ist aber ihre Hauptrolle innerhalb ihrer Klasse gegeben: sie muß ständig „repräsentieren".

Die Summe davon formt natürlich ebenfalls alle ihre Anschauungen, sie bildet ihre Sprache, bildet ihre gesellschaftlichen Formen, bildet ihre Gedanken, bildet ihre Kleidung. Dem Gatten und Manne gegenüber ist die Frau in erster Linie Werkzeug des Genusses, — und auch das muß sie repräsentieren. Und darum soll und will sie als besonders bevorzugtes Werkzeug des Genusses nicht nur von

46. Maetham: Der lüsterne Schäfer

55

Die Bereitwilligkeit

47. Illustration aus einem französischen Novellenbuch.
17. Jahrhundert

ihrem eigenen Gatten, sondern von jedem Manne angesehen werden. Bin ich hierzu nicht wie geschaffen? Das ist die Frage, die sie durch den Schnitt ihrer Robe an jeden richtet. Und es bleibt nicht bei der Frage. Demonstrativ verschafft sie jedem die sichere Gewißheit davon, indem sie ihre für die Liebe geschaffene Körperlichkeit stolz zur Schau trägt, von dem vollendet geformten Busen so viel als möglich und bei jeder Gelegenheit sehen läßt, die schmiegsame Eleganz ihres Leibes, ihre ewige, unverwüstliche genußverheißende Jugend so vorteilhaft wie möglich im Kostüm abzeichnet. Und während sie das tut, wahrt sie den Anstand, den von ihrer Klasse geforderten spezifischen Anstand. Durch ihre Sprache, durch die Gewähltheit ihres Ausdrucks steigert sie dies alles, und einzig dies. Das Leben soll ein ewiger Festtag sein, ist die aus dem Besitz, dem Überfluß von selbst sich stets gebärende Logik und Forderung. Die äußere Erscheinung der Frau ist daher vom frühen Morgen bis zum späten Abend nie anders als festtäglich, sie ist förmlich die Verkörperung des zum Festtag gewordenen Lebens. Nichts an ihr erinnert an den Alltag, an seine Mühen, an seinen Staub; und alles, was daran erinnern könnte, ist aus ihrer Nähe verbannt; sie steht immer inmitten der hell strahlenden Festtagbeleuchtung. Um dies zu erreichen, scheidet man aus ihrem Leben alles aus, was diese Stimmung beeinträchtigen könnte. Dazu gehört selbst das Heiligste des Lebens, wie zum Beispiel der Mutterberuf der Frau. Von dem Augenblick an, wo die Frau durch die ökonomischen Verhältnisse prinzipiell zum Genußinstrument erhoben wird, schränkt sich die Neigung zum Mutterberuf von selbst ein. Denn Kindergebären raubt die Frau der Gesellschaft, zerstört die Festtagstimmung für lange und beeinträchtigt vor allem die körperliche Schönheit; es macht frühzeitig alt, der Busen verliert durch das Stillen seine verführerische Pracht. Also rückt dieser Teil des Ehezwecks in die zweite Reihe und wird schließlich zum notwendigen Übel degradiert. Die ideologische Ausstrahlung davon, wie sie in der Klassenanschauung zum Ausdruck kommt, ist, daß das persönliche Stillen des Kindes allmählich als „unanständig" gilt, und in noch höherem Grade eine häufige Schwangerschaft.

Analog formen sich alle anderen Anschauungen, gemäß dem anderen geschlechtlichen Gebaren. Der Ehebruch verliert seine soziale Gefahr. Denn die Frau, die in erster Linie Genußinstrument ist und in der Liebe nur die delikatesten Formen des Genusses sieht, erfüllt die Gesetze der Natur nicht in taumelnder Trunkenheit, sondern als Künstlerin, die auch beim gewagtesten Spiel die Spielregeln nicht vergißt, die alles gestattet und nur die Folgen ausschließen, die an

Der Nasentanz. Bäuerliches Fest
Holzschnitt von Nikolaus Meldemann

das Spiel die Last knüpfen. Weil der Ehebruch aber seine soziale Gefahr verliert, hört er in der Vorstellung auch auf, die größte Sünde zu sein. Dagegen wird alles, was zu ihm führt, eher zur hohen und geschätzten Tugend. Die Geschick, lichkeit, die Gäste ans Haus zu fesseln, rangiert in der gesellschaftlichen Wertung viel höher als die sittenstrenge Sprödigkeit, die das Haus vereinsamt. Im all, gemeinen bedeutet das erstere die Fähigkeit, das Spiel mit jedem zu spielen, und die Höhe der Kultur differenziert nur die Formen. In primitiven Zeiten entsprechen derbe Handgreiflichkeiten dem Spielgebrauche, in deren Gegenpol ist es der raffi, nierte Flirt, der nur zu Orgien der Phantasie führt. . . .

Dies das Bild im großen, wie sich das geschlechtliche Gebaren und seine Satzungen in den verschiedenen Klassen verschieden formen, gemäß den durch eine andere materielle Basis veränderten Bedürfnissen. Natürlich formen sich in gleicher Weise die Anstands, und Sittlichkeitsbegriffe beim Adel, beim Hofmann, beim Fürsten, — der ebenfalls eine Klasse mit spezifischen Klasseninteressen und Bedürf, nissen repräsentiert, — beim Bauern, bei der Geistlichkeit, beim Proletarier usw. Und natürlich sind überall auch die Anschauungen des Mannes über seine Stellung zur Frau denen der Frau zum Manne kongruent.

Diese Unterschiede in der Klassenmoral entstehen von selbst, aber nachdem sie sich einmal im gleichen Schritt der Verselbständigung der betreffenden Klasse

48. Die Herrschaft der Frau über den Mann (der Mann der seiner Frau die Bruch anzieht). 1607.

herausgebildet haben, werden sie schließlich von der sie tragenden Klasse sank‹
tioniert, und damit erheben sie sich gleichzeitig zu spezifischen Klassenideologien,
die nicht selten für sakrosankt gelten. Dieser Prozeß hat seine Antriebskräfte in
zwei sehr wichtigen Faktoren: in der Tendenz der Klassenscheidung und in der
der Klassensolidaridät. Die Tendenz der Klassenscheidung wird stets am nach‹
drücklichsten von der jeweils herrschenden Klasse vertreten. Eine vor den anderen
Klassen im Staate durch ihren Besitz politisch und sozial bevorrechtete und darum
herrschende Klasse hat stets den Wunsch, sich von den anderen Klassen auch
äußerlich sichtbar, und zwar auffällig sichtbar, abzuheben. Sie ist bestrebt, sich
in der Vorstellung der Massen als eine Art höherer Organisationsform abzuprägen
und ihre einzelnen Vertreter als Wesen höherer Ordnung darzustellen. Es soll
aller Welt augenfällig sein und werden, und alle Welt soll schließlich daran
glauben, daß sie auf einer höheren Sprosse der menschlichen Stufenleiter steht.
Natürlich geschieht das nicht tendenzlos, sondern weil die herrschende Klasse von
dieser höheren Rangordnung auch besondere Vorrechte für sich ableitet, vor allem
ihr angebliches Recht auf Herrschaft; es ist also das aus ihrer historischen Situation
als herrschende Klasse resultierende spezielle gesellschaftliche Bedürfnis.

Diesen starken Interessen der äußerlich sichtbaren Klassenscheidung sind zu
allen Zeiten die sittlichen Normen in besonderer Weise dienstbar gemacht worden.
Und von diesen wiederum jene, die das spezielle geschlechtliche Gebaren betreffen,
am allermeisten. Das spezielle geschlechtliche Gebaren und die entsprechenden
sittlichen Satzungen einer Klasse sind immer eines der wichtigsten Klassenunter‹
scheidungsmittel gewesen. Während aber eine herrschende Klasse für sich alles das
als erlaubt und damit als sittlich erklärt, was ihren speziellen Lebensbedürfnissen,
ihren Genußmöglichkeiten, die ihnen der Besitz garantiert, adäquat ist, erklärt sie
damit zu gleicher Zeit ganz dasselbe bei den von ihr beherrschten Klassen als unerlaubt
und somit als unsittlich. Außerdem erklärt sie alles das als unsittlich, was ihre
Herrschaft schmälern oder gar in Gefahr bringen könnte. So wird in den Händen
einer herrschenden Klasse deren spezifische Moral zugleich zu einem Mittel, ihre
Herrschaft über andere zu festigen. Sie ist Herrschaftsmittel und Unterdrückungs‹
mittel zugleich: den andern Klassen wird das als sittliches Gesetz vorgeschrieben,
was im Herrschaftsinteresse der bevorrechteten Klasse liegt. Dem Bauern, Hand‹
werker, Gesellen galt in der Tat, wie historisch an hundert Beispielen nachweisbar
ist, immer alles das als unsittlich und unerlaubt, wodurch die Klassenunterscheidung
verwischt wurde. Ein solches Tun wurde mitunter direkt zum Verbrechen an der
Sittlichkeit gestempelt, wenn es die Macht der herrschenden Klasse gefährdete.
Beispiele: Wenn der adlige Moralkodex den Frauen des Adels nicht nur gestattete,
sondern ihnen bei bestimmten Gelegenheiten sogar direkt vorschrieb, öffentlich nur
im tief ausgeschnittenen Kleide zu erscheinen, so galt dasselbe Tun bei der Hand‹
werkerfrau in sehr vielen Zeiten als unsittlich und war ihr darum durch streng
gehandhabte Kleiderordnungen verboten. Die häßlichste adlige Vettel, deren aus‹
gemergelte Brüste beim Anblick Abscheu erregen mußten, „wahrte den Anstand‟,
wenn sie diesen Ekel Tag für Tag provozierte; die hübsche Bürgerfrau aber, die

Meester Joris met syn Anna.

C. Dusart inv: J. Gole fecit et exc: cum Privil: Amstelod:

Ehestandsfreuden

49. Kupferstich von J. Go'le nach C. Dusart. 17. Jahrhundert

ungeteilte Freude wachrief, wenn sie die Schätze ihres Mieders den Blicken preis=
gab, „verstieß gegen die guten Sitten" und wurde nicht selten unbarmherzig in
Strafe genommen, wenn die Eitelkeit sie verlockte, auch nur um eines Fingers
Breite über das vom Magistrat als zulässig bestimmte Maß ihres Kleiderausschnittes
herabzugehen. Als in den Handwerken das Kleinbürgertum im 16. Jahrhundert zu
einem immer ausgeprägteren Klassenbewußtsein gelangte und die öffentlichen
Badestuben, wo man sich entsprechend der großen Rolle, die das Badeleben zu
jener Zeit im Leben spielte, sowieso tagaus, tagein traf, dadurch ganz von selbst
zu den Mittelpunkten der Opposition gegen ein unliebsam empfundenes Adels=
oder Patrizierregiment wurden, — in demselben Augenblick proklamierten die in
ihrer Herrschaftsausübung bekämpften und bedrohten Geschlechter das öffentliche
Baden als der Sittlichkeit widersprechend und verboten es, wo sie die Macht dazu
hatten. Dies der zweite Faktor, der neben der Syphilis der früheren Herrlichkeit
des Badehauslebens im 16. Jahrhundert ein Ende bereitete. Dieselben Klassen
haben aber durch viele Jahrhunderte weder beim bäuerlichen, noch beim
industriellen Proletariat etwas strafbar Anstößiges darin gefunden, wenn die ver=
schiedenen Geschlechter, sei es beim Arbeitsprozeß, sei es innerhalb des Hauses,
gezwungen sind, stets in engster physischer Berührung miteinander zu sein, wenn
Eltern, Kinder, Schlafburschen und Schlafdirnen, Reife und Halbreife gemeinsam
in enger Schlafstube zusammengepfercht wohnen, so daß das Geschlechtsleben der
Erwachsenen zum täglichen Anschauungsunterricht für die Unreifen und Halbreifen
wird. Sie haben diese Zustände in der Vergangenheit nie durch entsprechende
Maßnahmen abgeändert, auch wenn sie innerhalb der eigenen Klasse jede intime
Berührung zwischen den verschiedenen Geschlechtern kategorisch perhorreszierten.
Aber auch dieser Widerspruch ist durchaus logisch. Beides entspricht ihren Herr=
schafts= und damit ihren wirtschaftlichen Interessen und ist somit gesellschaftliches
Bedürfnis für sie.

Dies der erste Faktor, in dem die Entwicklung einer spezifischen Klassen=
moral ihre Haupt= antriebskraft hat. Nicht viel weniger bedeutsam als die
Eigenschaft des Klassenunterschei= dungsmittels ist der zweite Faktor: die
spezifische Moral=

Pol: crede mi, centrum anulli.
O Virginella, tangam
Si tangis es Vir Jngent
Magni, minus nec angam.

Zart schön Jungfraw haltet fein still,
Das Ringlein will ich treffen
Herz, ich halt still, ists ewer will,
trefft recht thut mich nicht essen.

50. Symbolische erotische Stammbuchillustration. 1648

Nox vbi fulgentem tenebris migrauit olympum
Tum Cereri Bacchoqz licet somnoqz studere
Languores pene nimios triste sp labores.

Hesperus ad vegetas vitales commodus auras
Cessat odor seu lusuqz iacent, et membra recumbunt
Vt melius possint vitali munere fungi.

Crisp. de Pas
Inu. et exc.

Die Versuchung

51. Kupferstich von C r i s p i n de P a s s e. 16. Jahrhundert

anschauung im Dienste der Klassensolidarität als Klassenbindemittel. Die spezi‑
fischen sittlichen Anschauungen einer Klasse werden zu einem Bindemittel gemacht,
das die Aufgabe hat, den gesellschaftlichen Zusammenhalt innerhalb der betreffenden
Klasse zu verstärken. Was unterscheidet, bindet nämlich zugleich auch stets von
selbst zusammen, und zwar diejenigen, die sich in gleicher Weise von anderen
bereits unterscheiden oder unterscheiden wollen. Wodurch man sich von anderen
abgegrenzt fühlt, seien es nun sozial niedriger stehende oder feindliche Klassen, da‑
durch fühlt man sich stets zugleich einig. Es ist wie eine gemeinsame Uniform oder
Feldbinde, wie die Standarte, unter der man sich sammelt. Und in prononzierter
Weise wird diese Standarte entfaltet, das heißt: werden diese besonderen Eigen‑
schaften gepflegt; die Unterschiede werden pointiert und mit Absicht und Bewußtsein
zum Augenfälligen herausgearbeitet. In diesen Unterschieden fühlt man sich zuerst
solidarisch. Und das ist auch ganz logisch, weil hier die soziale Zusammengehörig‑
keit zuerst in sichtbare Erscheinung tritt und damit allen, Freund und Feind, zum
Bewußtsein kommt. Jeder Verstoß des einzelnen gegen diese Unterschiede wird
daher als ein gegen die eigene Klasse gerichtetes Verbrechen angesehen. Das gilt
für das Gesamtgebiet der Moral — der streikbrechende Arbeiter ist in den Reihen

seiner Kampfgenossen der größte Verbrecher; der die Forderungen seiner Arbeiter jederzeit billig erwägende Arbeitgeber ist kein geringerer in den Augen der seinigen —, es gilt aber auch bis in das kleinste Detail der Sonderanschauungen auf dem Gebiete der Geschlechtsmoral. Auf diesem Wege und in dieser Weise bilden sich die spezifischen sittlichen Satzungen und sittlichen Anstandsbegriffe heraus. Die herkömmliche Ethik will das natürlich nicht wahr haben. „Die herkömmliche Ethik", sagt Karl Kautsky sehr treffend in seiner glänzenden Studie über die Ethik, „erblickt in dem Sittengesetz die Kraft, die das Verhältnis des Menschen zum Menschen regelt. Da sie vom Individuum, nicht von der Gesellschaft ausgeht, übersieht sie vollständig, daß das Sittengesetz nicht den Verkehr des Menschen mit jedem anderen Menschen regelt, sondern bloß den Verkehr des Menschen mit Menschen der gleichen Gesellschaft." Das heißt also: mit denen der gleichen Klasse. Um das Resultat dieser Regelung an einem allgemein bekannten, weil landläufig üblichen Beispiel darzutun, sei auf die Regelung der illegitimen Liebesverhältnisse innerhalb der besitzenden Klasse hingewiesen. Der junge Mann aus Adels- oder Bourgeoiskreisen, der sich eine Maitresse hält, handelt nach den Anschauungen seiner Klasse absolut nicht unsittlich, wenn er in der gleichen Zeit in den verschiedensten Salons und unterstützt von zahlreichen Heiratsvermittlern nach einer reichen oder vornehmen Braut Ausschau hält. Und er handelt weiter durchaus korrekt, wenn er an dem Tage, an dem die Realisierung seiner Pläne feste Gestalt annimmt, der Frau, die vielleicht jahrelang das Bett mit ihm geteilt hat und allen seinen Begierden eine gefügige Erfüllerin gewesen ist, kurzerhand den Laufpaß gibt. Er handelt aber direkt vornehm, wenn er die betreffende Frau durch eine mehr oder minder große Geldsumme tröstet oder „abfindet", wie der schöne technische Ausdruck dafür lautet. Andererseits findet es „die glückliche Braut", die hinfort an die Stelle der Verabschiedeten rücken soll, ganz selbstverständlich, wenn derselbe Mann, von dem sie weiß, daß er im Laufe der Jahre zahlreiche derartige und ähnliche illegitime Verhältnisse unterhalten hat, daß er weiter mit zahllosen Dirnen ins Bett gestiegen ist und außerdem eine Reihe von Ehefrauen verführt hat, — wenn dieser Mann von ihr kategorisch die physische Intaktheit erwartet, und wenn bei der ersten intimen Annäherung, die sie ihm gestatten darf oder gestatten muß, die Feststellung ihrer Jungfräulichkeit das Erste und Wichtigste für ihn ist. Dieselbe Klassenmoral gibt dem Manne weiter das Recht, sich verächtlich von einem Mädchen zurückzuziehen, wenn er nachträglich erfährt, daß schon ein anderer Mann dessen letzte Gunst genossen hat, daß sie „eine Vergangenheit" hat. Ja, er hat dazu sogar dann das Recht, wenn das Mädchen von ihm selbst verführt worden ist und sich Folgen einstellen. Er ist vor seiner Klassenmoral nicht verpflichtet, ein Mädchen zu heiraten, das ein uneheliches Kind zur Welt bringt, und wäre er selbst der Vater.

* * *

Wenn man nun alles dies zusammenfaßt, was wir hier sowohl über das allgemeine geschlechtliche Gebaren zu bestimmten Zeiten, als auch über das Entstehen

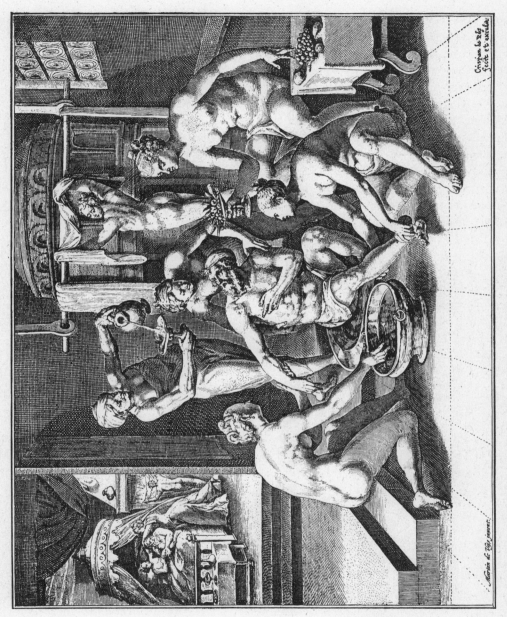

52. Die Verjüngungskur. Kupferstich von Crispin de Passe nach Martin de Vos. Um 1600

der verschiedenen speziellen moralischen Satzungen und Forderungen ausgeführt haben, die die Hauptlinien auf das einschneidendste differenzieren und ihr Geltungsgebiet je nachdem auf ganze Völker ausdehnen, oder es auf bestimmte Klassen, ja sogar auf exklusive Kreise einengen, — wenn man alles dies zusammenfaßt, um es in eine knappe Formel zu prägen, die man als das bestimmende Gesetz zu bezeichnen hat, so kommt man zu folgender Formulierung der hier entwickelten Gesichtspunkte:

Erstens: Jede Gesellschaftsordnung stellt als sittliches Gesetz den Zustand der Gesellschaft auf, oder formuliert als sittlich das, worauf ihre Existenz beruht, wodurch weiter die Bedingungen ihrer Existenz gestärkt oder gesichert werden. Andererseits erklärt sie als unsittlich und verwerflich, was ihrem speziellen Lebensinteresse feindlich ist, was die Institutionen in Gefahr bringt, auf denen sie basiert.

Zweitens: Was im ganzen und großen gilt, das gilt auch im einzelnen. Da, wie gesagt, eine Gesellschaftsorganisation niemals eine homogene Einheit darstellt, sondern stets in verschiedene Klassen geschieden ist, mit ebenso verschiedenen und vielen einander widersprechenden Interessen, so differenziert und korrigiert jede einzelne Klasse wiederum für sich die Satzungen der Gesamtmoral in ihrem spezifischen Klasseninteresse. Das heißt: Jede einzelne Klasse erklärt als sittlich, was sich als Ideologie ihrer spezifischen Sonderinteressen ergibt; was diesen widerspricht, erklärt sie in gleicher Weise als unsittlich.

Will man diese Erkenntnisse wiederum in einem einzigen Satz zusammenfassen, so kann man sagen: Sittlichkeit ist die Ideologie des gesamten Lebensinteresses einer Zeit, differenziert durch die spezifischen Klasseninteressen.

Das kann man als das Gesetzmäßige bezeichnen, wenn man aus der Fülle der Erscheinungen den Hauptkern herausschält. Natürlich folgt daraus auch, daß auch nicht willkürlich von einzelnen Personen oder Konzilien Gesetze der Sittlichkeit fabriziert werden können, — von einem Luther, Rousseau oder Kant genau so wenig wie von einem Kirchenfürsten, einem Kon-

Nehmt euch in acht, und geht nicht ins Bordell, denn alle meine Juwelen habe ich dort gelassen.

53. Aus einem holländischen Kupferstich

Wacht vch geht inde mij Turve: das ihr mit bordelen, dan all ten hab ich da gelaßen, vñ sagen mich achter:

VINVM ET MVLIERES APOSTATARE FACIVNT SAPIENTES. ET QVI SE IVNGIT FORNICATORIIS ERIT NEQVAM. *Smul* 19.

Johann Sadeler, Symbolisch-satirische Darstellung der Ausschweifung

sistorium moralsalbender Prälaten oder einem Reichstag. Diese können höchstens, die Personen wie die Konventikel, Gewordenes in divinatorischer Form prägnant offenbaren oder formell-juristisch sanktionieren. Wenn man daher sagt: „seit Luther", „seit Rousseau", „seit Kant" oder „seit dem und dem Beschluß", so ist das nur in sofern richtig, als man in den betreffenden persönlichen Offenbarungen oder gesetzgeberischen Sanktionen den Ausdruck oder Gipfel einer bestimmten historischen Tendenz sieht, ein Resultat und nicht eine Ursache.

Gewiß verhehlen wir uns keinen Augenblick, daß es nicht in jedem einzelnen Falle möglich ist, sofort den Zusammenhang zwischen bestimmten sittlichen Anschauungen, zwischen bestimmten eigenartigen Erscheinungen des Geschlechtsgebarens und den gesellschaftlichen Verhältnissen festzustellen, denen sie ent-

Tracht einer Holländischen Dirne
Aus einem Katalog der schönsten zeitgenössischen Kurtisanen.
54. Kupferstich. 17. Jahrhundert

sprachen. Die Wirkung liegt nicht nur nicht immer offen zutage, sondern die Zusammenhänge sind im Gegenteil häufig so sehr verschleiert, daß man oft erst nach großen Umwegen auf die im letzten Grunde bestimmenden Ursachen stößt. Ebenso sind zahlreiche Anschauungen zu Gewohnheiten geworden, die weiter wirken, trotzdem der gesellschaftliche Boden, in dem sie wurzeln, längst zerstört ist und der neue Boden eigentlich andere sittliche Maßstäbe und Forderungen bedingen würde. Weiter ist in Betracht zu ziehen, daß sich die von den Bedürfnissen eines Volkes oder einer Klasse abgeleiteten Anschauungen auch deshalb selten kristallklar durchsetzen, weil diese sozusagen juristischen Formulierungen der Lebensinteressen selbstverständlich außerdem noch abhängig sind von dem Grad der Einsicht der betreffenden Gesellschaft in die Wirkung und das Wesen der Dinge. Diese Einsicht wird in hohem Maße beeinflußt — sei es gefördert oder gehemmt — durch Tradition, noch mehr aber von dem Umfange der jeweiligen motorischen Kräfte, die den gesellschaftlichen Organismus durchfluten. Es kommt darauf an, ob man sich in einer Zeit der Stagnation, der allgemeinen Versumpfung befindet, oder in einer, wo die Menschheit von revolutionärem Feuer erfüllt ist, das sie auf allen Gebieten zum Neuordnen der Dinge drängt.

Natürlich widerlegen alle diese Umstände nicht im geringsten die engen Zusammenhänge zwischen dem allgemeinen geschlechtlichen Gebaren in Praxis und Theorie und dem gesellschaftlichen Bedürfnis, sondern sie erschweren nur das Auffinden der Brücken, die von dem einen zum andern führen und beide unzerreißbar aneinander ketten. Man darf schließlich auch das eine nicht vergessen: Daß die sittlichen Satzungen nur die Ideologie bestimmter gesellschaftlicher Bedürfnisse darstellen, den Überbau über den ökonomischen Voraussetzungen, auf denen die Gesellschaft sich erhebt, ist eben auch schon damit erwiesen, daß man die Zusammenhänge in entscheidenden Hauptfragen nachzuweisen imstande ist; und daß uns das gelungen sei, glauben wir behaupten zu dürfen.

Zwei Punkte wollen wir hier jedoch noch besonders präzisieren. Man scheidet so häufig zwischen sogenannten allgemeinen Moralgesetzen und bloßen Anstandsbegriffen, in denen man nichts als Resultate der Gewohnheit erblickt, die sich außerdem häufig auf ganz unlogischen Bahnen bewegen sollen. Als eine solche auf unlogischen Bahnen sich bewegende Gewohnheit sieht man zum Beispiel sehr häufig den Widerspruch an, der sich darin ausspricht, daß eine Dame sich schämen würde, im Hemde einem Manne gegenüberzutreten, und wäre dieses bis unter das Kinn geschlossen; daß aber dieselbe Dame nicht den geringsten Anstoß daran nimmt, sich in potenziertester Nacktheit, also im raffiniert ihre Formen nachzeichnenden Kleide, in tief ausgeschnittener Robe, oder im nassen, sich anschmiegenden Badekostüm hundert geil-neugierigen Männerblicken zur Schau zu stellen. Darin findet man einen Widerspruch. Gewiß ist er da. Aber nur scheinbar; und wer in solchen und ähnlichen Dingen einen logisch nicht zu vereinbarenden Widerspruch findet, oder diese „Gewohnheit" gar nur mit Mode übersetzt, in der bloß eine zufällige Laune resultierte, der offenbart, daß er in die tiefen Geheimnisse der hier wirkenden Gesetze nicht ein-

Junge Frau bei der Morgentoilette

55. Jan Steen. Sammlung Kann

56. Vaillant: Die Gefahren des Freudenhauses. Französischer Kupfer. 17. Jahrhundert

gedrungen ist. Bei solchen Eigentümlichkeiten handelt es sich nicht nur nicht um einander widersprechende Erscheinungen, sondern um logisch zusammen= gehörende Bestandteile derselben Grundtendenz, wie wir an anderer Stelle (vgl. das Kapitel über die Mode in unserem Buche „Die Frau in der Karikatur") eingehend nachgewiesen haben; beide fügen sich harmonisch zum Ganzen. Und das gilt auch von dem Verhältnis der sogenannten „Gewohnheiten" zu den allgemeinen Moralgesetzen. Die einzelnen Anstandsbegriffe sind stets Bestandteile der Gesamt= moral, die sich im letzten Grunde immer harmonisch zum Ganzen fügen. Unsere Definition der Entstehung von Moralanschauungen erklärt uns klar das gegen= seitige Verhältnis oder das besondere Wesen beider, sie führt zu der Erkenntnis, daß man in den zahlreichen Anstandsbegriffen, denen man jederzeit begegnet, so= zusagen die Detailübertragung der großen allgemeinen Moralgrundsätze in die spezifische Klassenmoral vor sich hat. Jede Klasse überträgt diese, wie wir gezeigt haben, natürlich anders. Selbstverständlich beschränkt sich eine Klasse auch nicht immer bloß auf Differenzierungen und Korrekturen im kleinen, sondern schreitet mitunter auch zu fundamentalen Änderungen; doch darauf kommen wir erst weiter unten zu sprechen.

Dies der eine Punkt, den wir noch näher präzisiert haben wollten. Der andere ist der: Man kann nachweisen, daß eine Reihe sittlicher Satzungen allgemeine Gültigkeit haben, trotzdem sie, wie eine ins einzelne gehende Prüfung ergeben würde, gar nicht im Interesse aller Klassen liegen. Aber darum wäre es doch durchaus falsch, hiervon nun den Schluß abzuleiten, daß es also doch auch allgemein gültige Moralgrundsätze gäbe, die außerhalb aller Klasseninteressen lägen, oder daß es trotz alledem und alledem sittliche Normen gäbe, die unbeeinflußt von Zeit und Raum über den Dingen schwebten. Etwas ganz anderes läßt sich aus dieser Tatsache erkennen, und das ist dies: Die spezifischen Satzungen der Moral einer Klasse sind nicht nur Klassenbindemittel, nicht nur Klassenscheidemittel, sondern zum Teil außerdem wertvolle und darum stets geübte Mittel der Klassenbeherrschung. Die jeweils herrschende Klasse zwingt den anderen Klassen jene Teile ihrer Geschlechtsideologie, die in ihrem speziellen Herrschaftsinteresse liegen, als allgemein gültige Ideologien auf. Und als allgemein gültige Ideologien werden diese Normen denn auch von den beherrschten Klassen fast zu allen Zeiten angenommen. Das letztere erscheint seltsam und erstaunlich. Es ist jedoch nichts weniger als seltsam. Man muß sich nur darüber im klaren sein, daß eine herrschende Klasse die anderen Klassen niemals nur physisch, also sozial und politisch, beherrscht, sondern stets auch geistig, und daß sie darum auf allen geistigen Gebieten den anderen Klassen die in ihrem Interesse liegenden Anschauungen aufzwingt. Wo das Klassenbewußtsein nun noch nicht genügend entwickelt ist und somit eine allgemeine Unklarheit über das Wesen der Dinge herrscht, kommt es dann stets dazu, daß etwas als ein allgemeines und darum als ein selbstverständliches Gesetz angesehen wird, was in Wahrheit nur den Interessen der jeweils herrschenden Klassen dient. Man glaubt zum Beispiel in einer bestimmten Zeit allgemein daran, und zwar als an ein höheres von Ewigkeit her bestehendes Gesetz, daß viele Kinder eine Tugend seien. Und doch ist diese Tugend zu gewissen Zeiten — und zwar merkwürdigerweise immer in denen, wo sie am höchsten gilt! — nichts anderes als das wichtigste wirtschaftliche Interesse der herrschenden Klassen gewesen, die Arbeitskräfte, Soldaten, Steuerzahler und so weiter brauchten. Natürlich hinderte dies wiederum nie, daß die herrschende Klasse sich selbst am allerwenigsten an diese Gesetze gebunden fühlte. Für sich redigierte sie ungeniert das „viele Kinder kriegen" zu einer Unanständigkeit um.

Im Anschluß an das eben Begründete ist hier noch eine weitere Schlußfolgerung, und zwar in bezug auf die für Mann und Frau im allgemeinen verschiedenen Gesetze der Geschlechtsmoral zu machen. Erklären die weiter oben entwickelten Gesetze, daß genau so wie es verschiedene Klassenideologien gibt, es auf Grund derselben ökonomischen Ursachen auch im Prinzip verschiedene Geschlechterideologien geben muß, eine besondere für den Mann, eine besondere für die Frau, oder genauer und auf den Hauptpunkt spezialisiert: daß der Mann polygam leben darf, die Frau dagegen monogam leben muß, — erklärten, wie gesagt, die oben entwickelten Gesetze die historische Bedingtheit dieses Zustandes, denn mit der auf dem Privateigentum aufgebauten Monogamie entstand

DOMVS LÆTITIÆ

N. de roon f. N. de Bruyn fecit.

57. Festgelage. Kupferstich von N. de Bruyn. 17. Jahrhundert

Der Hahnrei

58. Satirischer Kupferstich aus dem 17. Jahrhundert

sofort eine Klassenscheidung zwischen Mann und Frau — die erste Form der Klassenscheidung in der Geschichte! —, so erklärt das eben Ausgeführte die an sich eigentlich erstaunliche Tatsache, warum auch die Frau diese verschiedene Rechte= und Pflichtenverteilung zwischen Mann und Frau als die „natür= liche Ordnung" und den ge= gebenen Zustand der Dinge in allen Zeiten und Ländern und bis in unsere Gegenwart herauf ansieht. Es ist dies nichts anderes als die Klassenideologie der herrschenden Klasse „Mann", die von dieser der von ihr eben= falls nicht nur sozial und phy= sisch, sondern auch geistig be= herrschten Klasse „Frau" als allgemein gültige Ideologie aufgezwungen worden ist. Und diese Ideologie ist von der Frau auch als solche akzeptiert worden -- solange sie noch zu keinem eigenen Klassenbewußtsein erwacht war. Zu dem letzteren ist es bekanntlich erst im letzten Drittel des 19. Jahrhunderts in aus= gesprochenem Maße gekommen. Und daher gibt es auch erst seit dieser Zeit eine prinzipielle Kritik an dem Gesetz von zweierlei Recht für Mann und Frau auf dem Gebiet der geschlechtlichen Moral als eines Ausflusses der angeblich natürlichen Ordnung der Dinge.

Wenn es heute nach dieser dreißig bis vierzigjährigen Kritik nicht nur noch unzählige Männer, sondern noch viel mehr Frauen gibt, die diese Kritik ver= dammen und den seitherigen Zustand in der Tat als die „natürliche" und darum „ewige" Ordnung der Dinge ansehen, so beweist dies nur, wie stark die Klassen= herrschaft des Mannes noch ist, das heißt: wie im eigentlichen Wesen noch un= gebrochen.

* * *

An das, was wir oben als das Gesetzmäßige bezeichneten, schließt sich aber auf Grund der von uns ins Feld geführten Faktoren noch eine dritte Konsequenz an, nämlich der Punkt, von dem wir in der Einleitung ausgegangen sind: Weil sich die ökonomische Basis der Gesellschaft in einer steten Umformung befindet, in einem steten und unaufhaltsamen Entwicklungsgang, und weil jeder veränderten Wirtschaftsordnung wiederum andere Klassengliederungen mit veränderten Klassen= interessen und veränderten gesellschaftlichen Bedürfnissen entsprechen, darum stellt auch jedes Zeitalter andere Gesetze der Sittlichkeit auf und fordert andere sittliche Maßstäbe, das heißt: jede Änderung der Gesellschaft muß auch zu einer Änderung in den Satzungen der Geschlechtsmoral führen, — das ist logisch, und das Gegenteil wäre unbegreiflich. Darin ist das begründet, worauf wir, wie gesagt, schon in der Einleitung hingewiesen haben und später immer wieder hinzuweisen hatten, nämlich der Satz, daß es keine ewige, über der Zeit und dem Raum schwebende sittliche Idee geben kann.

Aus diesem Zusammenhang zwischen der ökonomischen Basis der Gesellschaft und den sittlichen Normen folgt natürlich auch dieses: je fundamentaler und je revolutionärer die Umwälzungen in der Basis der Gesellschaft sind, um so grundstürzender müssen auch die Umwälzungen in den Satzungen der öffentlichen Moral sein. Wenn also, wie zum Beispiel im 15., 18. und 19. Jahrhundert, ein ganz neues Wirtschaftsprinzip in die Geschichte der Menschheit eintritt, so muß sich auch hier alles von Grund aus ändern, was denn auch stets der Fall gewesen ist.

Gewiß, kann man hier einschalten, gibt es außerdem, wie wir schon oben an dem Beispiel der fürstlichen „Ehehelfer" gezeigt haben, in jeder Zeit auch individuelle Forderungen, die ausnahmsweisen Bedürfnissen entspringen. Aber diese verschwinden auch wieder, wie wir ebenfalls an der betreffenden Stelle schon gesagt haben, in derselben Weise, wie der individuelle Fall verschwindet. Entspringen die geschlechtlichen Normen dagegen Bedürfnissen, die in den gesellschaftlichen Verhältnissen einer ganzen Zeit begründet sind,

Quos non dementat cavnis furiosa Libido? Præcipitem Salomona dedit, Samsonung vicit.

Symbolische Darstellung der weiblichen Lüsternheit

59 Kupferstich von Heinrich Goltzius

Die Heimkehr des Matrosen
60. Holländisches Schabkunstblatt. 17. Jahrhundert

dann werden sie immer wiederkehren, solange diese Verhältnisse in der Gesellschaft
andauern. Darin hat man auch den Schlüssel dafür, daß mit Recht von einer
früheren Stabilität in den sittlichen Zuständen geredet werden kann. Früher ging
die Umwälzung im Produktionsmechanismus ungemein langsam vor sich, also blieb
auch das gesellschaftliche Sein ungemein lang dasselbe. Aus diesem Grunde ist die
„Sittlichkeit" in gewissen Perioden der Kleinbürgerlichkeit auch lang eine Tatsache
gewesen; ihre relativ lange Dauer war eine historische Notwendigkeit. Freilich
kam es aus ganz denselben Gründen andererseits in verschiedenen Zeiten zu einer
ebenso großen Stabilität der sittlichen Korruption.

   An dieser Stelle ist auch die Schlußfolgerung zu erledigen, die sich gewöhnlich
an die Tatsache knüpft, daß die Dinge — also hier die sittlichen Normen — auch
außerdem ihre eigene Logik haben, daß sie mitunter ihren Weg ganz selbständig
weitergehen und sich nicht um längst vollzogene Änderungen im gesellschaftlichen

61. Die Dirne.   Kupferstich nach einem Gemälde von Franz Hals

Sein der Menschen kümmern.   Die Schlußfolgerung, die gemeinhin an diese Tat=
sache geknüpft wird, läuft darauf hinaus, daß an diesem Stadium Ursache und
Wirkung sich umkehre, und zwar dadurch die Wirkung nun zur befruchtenden
Ursache werde, das heißt also: der Geist bestimme die Ökonomie, wie er vordem von
der Ökonomie bestimmt worden sei.   Diese Annahme erweist sich beim kritischen
Nachprüfen als durchaus irrig; dagegen stößt man bei dieser Gelegenheit um so
rascher auf eine andere Tatsache, nämlich auf die engen Grenzen, die die Wirklich=
keit dem befruchtenden Einfluß der sittlichen Ideale auf die gesellschaftliche Ent=
wicklung zieht.   Die Wirklichkeit bietet stets folgendes Bild: die sittlichen Normen,
die aus einer Epoche der Stabilität in dem geschlechtlichen Gebaren langsam er=
wachsen sind, festigen sich in dem gleichen Maße, wie die wirtschaftlichen
Verhältnisse stabil bleiben, werden also umso fester, je langsamer diese sich um=
wälzen.   Die Moral entwickelt sich dadurch zur Gewohnheit, die als allgemeines
Gesetz angesehen wird.   Damit verselbständigen sich die entsprechenden An=
schauungen, sie folgen nicht mehr dem unaufhaltsamen, in der wirtschaftlichen Ent=

wicklung bedingten Fortschreiten der Gesellschaft, sondern führen ein selbständiges Eigenleben. Dieses Eigenleben hört auch häufig nicht auf, wenn der gesellschaftliche Boden längst ein völlig anderer geworden ist. Das Resultat davon ist, daß in jede Zeit — in besonders großem Maße gilt dies zum Beispiel von der Gegenwart — zahlreiche Rudimente einer Moral hereinragen, die in einem ganz anderen gesellschaftlichen Boden wurzelt. In diesem Zeitpunkt hört aber auch gewöhnlich ihre die Gesellschaft befruchtende Wirkung auf. Befruchtend wirken diese Moralien immer nur so lange, als sie sich in der Richtung der wirtschaftlichen Haupttendenz einer Zeit bewegen, also das wirkliche Lebensinteresse einer Gesellschaft stützen. Tun sie das nicht mehr, sondern widersprechen sie diesem letzten Lebensinteresse, so formen sie zwar die Gesellschaft nicht um, bestimmen zwar nicht, wie vorhin schon betont wurde, die Ökonomie, den Produktionsprozeß, der andere Satzungen fordert, wohl aber werden sie aus einem Hebel der gesellschaftlichen Entwicklung zu einem Hemmnis. Dieser widerspruchsvolle Zustand dauert in der Geschichte stets so lange, bis der veränderte Lebensinhalt zu so großen Widersprüchen geführt hat, daß die Gesellschaft im Interesse ihrer Erhaltung gezwungen ist, den Konflikt auf seine Spitze zu treiben und durchzuführen. Mit anderen Worten: dieser Antagonismus dauert in der Geschichte immer so lange, bis es zu revolutionären Epochen kommt. Das ist jeweils der Zeitpunkt des radikalen Überbordwerfens überlebter, also unlogisch gewordener Moralanschauungen, und zugleich der Zeitpunkt zwar nicht des Entstehens ganz neuer Moralien, wohl aber der, wo sich die mählich entstandenen sittlichen Notwendigkeiten sichtbar in der Wirklichkeit verankern und sozusagen gesetzmäßige Sanktion erlangen. Von da ab beginnt dann derselbe Prozeß von neuem. Das ist das Bild, das die Wirklichkeit bietet. Natürlich widerlegen unsere Ausführungen nicht die Wirkungen sittlicher Ideale innerhalb der Gesellschaft, sondern sie führen diese nur auf ihr richtiges Maß zurück.

Aus dem zuletzt Gesagten erkennt man, von welch fundamentaler Bedeutung die Epochen revolutionärer Umwälzung in der Geschichte der Menschheit sind. Ihre Erforschung bietet uns aber auch noch den Schlüssel zu einer Reihe weiterer wichtiger Erkenntnisse in der Richtung der hier noch zu untersuchenden Fragen.

Wo der wirtschaftliche Boden der Gesellschaft so sehr ins Wanken kommt, daß alles gärt und überall Neues sich vorbereitet, — in solchen Zeiten gibt es niemals gefestigte Moralanschauungen. Und darum geht in diesen Zeiten auch im geschlechtlichen Gebaren gewissermaßen alles „drunter und drüber“; die scheinbar unverrückbarsten Fundamentalgesetze, auf denen die ganze Zivilisation sich aufbaut, werden ignoriert, und es wird aufs ungeheuerlichste dagegen gefrevelt. Unter solchen Freveln ist nicht nur eine starke Zunahme der ehelichen Untreue und ähnliches zu verstehen, sondern vor allem das nicht nur vereinzelt auftretende, sondern ins Massenhafte sich steigernde zügellose Austoben der sinnlichen Begierden, bei denen alle sozialen Triebe und Tugenden ausgeschaltet sind, also nicht einmal Schranken der Natur anerkannt werden, und man sogar im geflissentlichen Ignorieren dieser Schranken die obersten Genüsse sucht und findet. Natürlich beobachtet man dies in erster Linie bei den Klassen, die in Um= oder Neubildung

GELT DV BIST MIR LIEB.

Cor. Corneliψ Harlemenφ inunt.

62. Das ungleiche Liebespaar. Kupferstich von Kilian nach einem Gemälde von Cor. Cornelis

Musik und Bacchus, die Bundesgenossen der Verführung

63. Symbolischer Holländischer Kupferstich. 17. Jahrhundert

begriffen sind, und der Umfang und die Ausdehnung dieser allgemeinen Korruption hängt daher wesentlich davon ab, welche und wieviel Klassen einer Gesellschaft sich gleichzeitig in diesem Prozeß der Um- oder Neubildung befinden.

Diese nicht selten bis ans Schaudererregende grenzenden Vorgänge sind ebenfalls nicht unerklärlich, sondern sie finden ihre volle Erklärung in den Gesetzen, denen jede Klassenherrschaft unterworfen ist und folgt. Mit innerer Notwendigkeit muß es bei einem bestimmten Entwicklungsgrade einer Klassenherrschaft stets zu diesen nicht ausschaltbaren Konsequenzen kommen. Jede Klassenherrschaft drängt nämlich zu einer Stabilisierung bestimmter Moralanschauungen, weil sie, wie wir gezeigt haben, darin ein sehr wichtiges Herrschaftsmittel besitzt. Dasselbe tun konservative Klassen, die stationär gewordene Wirtschaftsmethoden innerhalb der Gesellschaft verkörpern, und deren ganze Existenz auf alten gesellschaftlichen Bedingungen beruht. Sie haben dasselbe Interesse und lehnen daher jede Korrektur, die der veränderte Boden der Gesellschaft fordert, kategorisch und konsequent ab.

Aber wohlgemerkt: nur für die anderen; für sich selbst nur in der Theorie. Persönlich können gerade sie sich am wenigsten dem Einfluß der veränderten gesellschaftlichen Bedingungen entziehen, weil sie ja ausnahmslos die meisten Früchte der stattgefundenen Entwicklung eingeheimst haben. Das unvermeidliche Resultat ist die bekannte Moral mit dem doppelten Boden, die bei einem bestimmten Entwicklungsgrad, und zwar je nach der historischen Situation, entweder in Heuchelei umschlägt oder in offenen Zynismus. Ein klassisches Beispiel für das erstere bietet die bürgerliche Entwicklung Englands im 19. Jahrhundert, die die schamloseste Form der Prüderie zum Gesetz der öffentlichen Sittlichkeit erhoben hat. Ein ebenso klassisches Beispiel für das zweite stellt der Auflösungsprozeß des Feudalismus im 18. Jahrhundert dar, der seinen grauenerregenden Gipfelpunkt bekanntlich in Frankreich erreicht hat. So grundverschieden Heuchelei und offener Zynismus sich im öffentlichen Gebaren, also im äußeren Schein, darstellen, so führten beide doch genau zu denselben Erscheinungen, weil eben beide der Ausfluß ganz derselben Voraussetzung sind, nämlich des unvereinbaren Widerspruchs zwischen überlieferter Sittlichkeit und den wirklichen gesellschaftlichen Verhältnissen des Lebens. Die sinnlichen Ausschweifungen, zu denen insgeheim die Prüderie in England die in Auflösung begriffenen Klassen geführt hat, sind um keinen Grad weniger antisozial und ungeheuerlich als die sinnlichen Lüste, in denen das Ancien régime sich austobte. Beide haben sogar im erotischen Genußleben genau dieselben Techniken und Spezialitäten der Ausschweifung entwickelt. Die Skandalchronik des modernen Englands weist als häufig wiederkehrende Spezialität erotische Orgien auf, bei denen das deliziöseste Vergnügen darin besteht, daß keine Frau für die Dauer einem einzelnen Teilnehmer gehört, sondern daß jede von einem Arm in den andern wandern darf und der Lust eines jeden dient, dem sie der Zufall in die Arme führt. Unter dem Ancien régime galten die Orgien der bandes joyeuses, die von den Herzögen von Fronsac, dem Grafen von Artois und so weiter angeführt wurden, allen libertins als leuchtendes Vorbild. Bei diesen Orgien gehörte es förmlich zum bon ton eines homme supérieur, daß jeder seine Maitresse auch den Phantasien des anderen überlieferte.

Die allgemeine Heuchelei wie der offene Zynismus, denen man bei absterbenden oder in Auflösung begriffenen Klassen stets begegnet, steigert sich in demselben Maße zum Gipfel des Möglichen in den Korruptionserscheinungen, in dem die Sonderinteressen der betreffenden Klassen schrankenlos sich betätigen können. Je mehr dies der Fall ist, je weniger Hemmnisse sich ihnen durch den Widerspruch von anderen Klassen entgegenstellen, je unumschränkter also ihre Rolle in Staat

Honden gunst hoeren lieb Wierts gastereyen One Cost geneustman Kein Von allen Dreyen

Der Hunde Gunst, der Huren Liebe, des Wirts Gastereien
Ohne Kosten genießt man keins von allen dreien.

64. Satirischer Kupfer von Heinrich Ullrich. 17. Jahrhundert

und Gesellschaft ist, um so mehr wird in solchen Klassen der Widerstand der sozialen Triebe ausgeschaltet, die gleichbedeutend mit sozialen Tugenden sind. Natürlich hängt es niemals vom Zufall ab, wie so manche Ethiker meinen, ob es in einer Zeit und in einem Land zu einer allgemeinen Herrschaft der Prüderie kommt oder zu einer des offenen Zynismus, sondern, wie schon gesagt, von der verschiedenen historischen Situation, die den Ausgangspunkt bildet. Im England des 19. Jahrhunderts, wie im Frankreich des 18. — um bei den beiden angezogenen Beispielen zu bleiben, — sind leichtverdiente ungeheure Reichtümer die letzte Basis der sinnlichen Ausschweifung. In England mußte diese sich aber kategorisch in den Mantel der verlogensten Heuchelei hüllen, weil in diesem Lande die gesellschaftliche Basis in der entwickeltsten Form des modernen Konstitutionalismus besteht, also alle Garantien für eine öffentliche Kontrolle und öffentliche Kritik gegeben sind, und weil weiter die Klassen, die Kritik üben könnten, bereits zu mitbestimmenden Faktoren innerhalb der Gesellschaft emporgestiegen sind. Im Frankreich des Ancien régime war dies alles nicht der Fall, sondern das gerade Gegenteil war hier die Voraussetzung. Hier bestand die gesellschaftliche Basis im uneingeschränktesten Absolutismus, der jede korrigierende Kontrolle und jede öffentliche Kritik ausschloß; und die bürgerliche Klassenbildung war nur erst in den ersten Anfängen vorhanden. Also bedurfte es hier auch nicht des geringsten verhüllenden Deckmantels. Das Sonderinteresse, das zur Ertötung aller sozialen Tugenden geführt hatte, und das sich einzig in der Richtung eines immer von neuem sich übergipfelnden Genußlebens bewegte, konnte sich offen vor aller Welt austoben und dem Zynismus die weitesten Grenzen gestatten.

Aber das Bild der sittlichen Verwahrlosung, das solche Klassen und Zeiten darbieten, ist damit noch nicht vollständig; sie haben stets noch außerdem ihre ergänzenden Antipoden, und zwar in den von ihnen oder in ihnen völlig unterdrückten Klassen: dem jeweiligen Bodensatz der Gesellschaft, jenen vertierten Massen, bei denen ebenfalls alle Hemmnisse ausgeschaltet sind, weil diese entweder noch unentwickelt sind, oder die soziale Notlage alle natürlichen Widerstände bereits vernichtet hat. Man denke hier nur an die Dokumente der sittlichen Verwahrlosung, die immer wieder aus den Tiefen des Lumpenproletariates zutage kommen. Aber auch an die vielgerühmten „sittlichen" Zustände auf dem Lande denke man; daran, wie „die Unschuld vom Lande" in Wahrheit aussieht. Für das letztere ein Beispiel statt vieler. Vor einiger Zeit fand in einer Stadt Mitteldeutschlands eine Schwurgerichtsverhandlung wegen Meineids statt. Der durch eine Reihe Blätter gegangene Prozeßbericht lautete:

„Der 38 Jahre alte verheiratete L. aus S. hatte sich im Sommer vorigen Jahres bei einem Großbauern in R. als Erntearbeiter verdingt. Er hat in der Mägdekammer mit der Dienstmagd M. geschlechtlich verkehrt. Die M. wurde schwanger und stellte Alimentenansprüche an den in gleicher Eigenschaft dort beschäftigt gewesenen Arbeiter F. Dieser bezeichnete den L. als Mitschwängerer. In dem Prozeß stellte dies L. unter Eid in Abrede. In der Verhandlung bekundete die Magd, L. sei mit dem Knecht K. oft bis gegen Mitternacht bei ihr im Bett gewesen. In der gleichen Kammer stand noch ein Bett, in dem zwei andere Mägde mit ihren Liebhabern schliefen. Neben L. und K. hat die 22 jährige Magd noch mit F. verkehrt. Sie hat schon viermal unehelich geboren. Auf die

Ad Veneris furtum faciunt ut pocula Bacchi,
Sic facit et plectro lingua diserta suo.

Exemplum est huius cursor Gyllenius artis,
Ut nouit viuis Ida perennis aquis.

Muller. excud. scrip.

65. Symbolische Darstellung der Käuflichkeit der Liebe. Kupferstich nach B. Spranger. 17. Jahrhundert

Käufliche Liebe

66. Kupferstich von J. Barra. 17. Jahrhundert

Frage des Verteidigers, ob es auf dem Lande üblich sei, daß die Burschen sich zu den Mägden legen, erwiderte die Zeugin: Das ist allgemein so Sitte! L. habe sie erst angestachelt, von F. Alimente zu verlangen. Auch der Knecht K. bestätigt den Geschlechtsverkehr des L. mit der Magd, der sogar mehrere Mal in seinem Beisein im Bett der Magd erfolgt sei."

Soweit der knappe Prozeßbericht. Man sieht: Die höchsten Höhen und die tiefsten Tiefen sind sich ebenbürtig, ja, sie treiben sogar die Solidarität so weit, daß beide dieselben „Spezialitäten" bevorzugen, beide goutieren gleich sehr das wahllose Durcheinander, den „Maitressenaustausch", nur beide auf verschiedener Stufenhöhe des Raffinements.

Es wäre eine unverantwortliche Kurzsichtigkeit, wollte man behaupten, dieses hier dokumentarisch belegte Vorkommnis wäre ein einzelner Ausnahmefall. Die betreffende Magd hat die tausendfach beweisbare Wahrheit ausgesprochen: „Das ist allgemein so Sitte." Es ist allgemein so Sitte, weil es historisch bedingt ist, als ein unvermeidliches Ergebnis des gesellschaftlichen Bodens, in dem die ländliche Moral wurzelt, genau so wie die bandes joyeuses des 18. Jahrhunderts ein unvermeidliches Resultat der damaligen historischen Situation Frankreichs darstellen.

Aber so kongruent beide Erscheinungen im Äußerlichen sind, so führen sie an der Hand unserer oben gemachten Ausführungen über die Entstehung bestimmter moralischer Normen doch zu entgegengesetzten Schlußfolgerungen. Haben wir in den orgienhaften Ausschweifungen des Ancien régime die Fäulniserscheinungen absterbender Klassen vor uns, so sehen wir in denen des bäuerlichen Lumpenproletariates solche, denen man immer nur solange begegnet, solange das Klassenbewußtsein innerhalb dieser Klasse noch nicht über die erste Erkenntnisstufe emporgestiegen ist, und solange sich infolgedessen noch keinerlei Klassenideologie gebildet hat.

Auf das Wort Klassenbewußtsein ist der Nachdruck zu legen, denn das ist das Entscheidende. Wir haben diesen Begriff im Laufe unserer Ausführungen schon mehrmals angewandt; die Untersuchung der Rolle, die dieser Faktor in der gesellschaftlichen Entwicklung spielt, führt uns zu dem letzten Punkt, der in diesem Zusammenhang zu erörtern ist.

* * *

Vor der Schenke

Gemälde von Lucas van Valkenborch. Original Staatl. Gemäldegalerie Wien. Kollektion Hanfstaengl, München

Wir haben oben gesagt, daß eine spezifische Klassenmoral zu den wichtigsten Klassenbindungsmitteln gehört, daß sie das unterscheidende Feldzeichen ist, durch das die Zusammengehörigkeit sichtbar markiert wird, die Fahne, unter der man sich sammelt und zusammenschließt. Diese spezifische Klassenmoral bildet sich nun aber nicht ohne weiteres mit dem Entstehen neuer Klassen heraus. Die Klassenentwicklung muß erst eine bestimmte Höhe erreicht haben, und zwar jene, wo sie beginnt, sich als Klasse zu fühlen, wo sie anfängt, sich über ihre besonderen Interessen klar zu werden und damit ihre spezifischen Bedürfnisse zu erkennen. Eine Klasse muß, kurz gesagt, zum Klassenbewußtsein erwacht sein. Erst in diesem Augenblick, und das ist auch ganz logisch, differenzieren sich sogenannte allgemeine sittliche Normen, die die Hauptinteressen einer Zeit reflektieren, in eine spezifische Klassenmoral. Erwachen von Klassenbewußtsein ist aber weiter gleichbedeutend mit der Entstehung von Klassenkämpfen: wenn sich eine neu im Schoße der Gesellschaft geborene Klasse zum Klassenbewußtsein emporringt, setzt sie sich auch stets in bewußten Gegensatz zu allen anderen Klassen; sie strebt danach, ihre speziellen Interessen zur Geltung zu bringen und damit zu verwirklichen. Dadurch aber, dass sie dies tut, sucht sie gleichzeitig die bis dahin herrschenden Klassen aus ihren bevorrechteten Stellungen zu verdrängen und sich eventuell selbst als herrschende Klasse zu etablieren. So entstehen mit dem Erwachen von Klassenbewußtsein auch unbedingt stets Klassenkämpfe in der Geschichte.

Die Wirkung dieses Faktors in der Geschichte ist aber gerade auf Grund des eben Gesagten noch eine weitergehende: das Erwachen von Klassenbewußtsein ist zugleich immer einer der wichtigsten sittlichen Hebel in der Geschichte der Menschheit. Es hebt die Sittlichkeit in der betreffenden Klasse ungeheuer, und sofern es sich um eine historisch aufsteigende Klasse handelt, nicht nur bei dieser, sondern bei allen Klassen, selbst bei den herrschenden. In erster Linie werden natürlich die Mitglieder der eigenen Klasse auf ein höheres sittliches Niveau gehoben. Und dazu kommt es aus folgenden Gründen: Einer aufsteigenden Klasse kommt die Ungerechtigkeit der von einer herrschenden und bekämpften Klasse vertretenen Herrschaft zuerst in deren Unsittlichkeit — natürlich beschränkt sich dies nicht nur auf die sexuelle Moral, sondern auf deren Gesamtgebiet — zum Bewußtsein, und die herr-

Die Hexenprobe

67. Nach einem Holzschnitt aus dem 16. Jahrhundert

68. Die weinende Bauernbraut.   Kupferstich von Crispin de Passe

schende Klasse wird aus diesem Gesichtswinkel kritisiert und befehdet. Anderer=
seits wird jede Forderung, die die aufstrebende Klasse vertritt, zuerst mit sittlichen
Gründen belegt. Dadurch tritt diese aber gerade auf den Gebieten der Moral
in den ausgesprochensten Gegensatz zu der bekämpften Klasse. Dieser aus=
gesprochene Gegensatz wird meistens sehr bald zu einem bewußten Gegensatz.
Von dem Augenblick an, wo dies der Fall ist, wird er natürlich systematisch ge=
steigert: man will sich gerade in sittlichen Dingen weithin sichtbar unterscheiden;
und so setzt man sich häufig geradezu ostentativ in Widerspruch zu den herr=
schenden Moralanschauungen. Die spezifische Moral wird damit zu einem der
obersten Programmpunkte. Indem man aber in der Herrschaft der bekämpften

Klasse direkt eine Herrschaft der Unsittlichkeit sieht und die eigenen Forderungen mit sittlichen Gründen stützt, will man auch durch die Tat die wahre Sittlichkeit repräsentieren; und das erste ist denn auch, daß jede aufsteigende Klasse bei allen ihren Mitgliedern unantastbare Makellosigkeit als oberste Bedingung aufstellt.

Die notwendige Folge von alledem ist, daß die höhere Sittlichkeit innerhalb der Gesellschaft in der Tat stets von der jeweils aufsteigenden Klasse repräsentiert wird, also von der im Kampfe mit den seitherigen Mächten aus dem Schoße einer alten Gesellschaft sich losringenden neuen Klasse. Dies ist aber auch noch aus einem anderen Grunde der Fall, oder wird durch einen anderen zu einer historischen Logik: Auf der Seite der aufsteigenden Klassen sind stets die hohen politischen Ideale. Wo aber diese sind, muß sich ihre Anwesenheit stets in einer höheren Gesamtsittlichkeit zum Ausdruck ringen. Nicht nur daß die disponible Energiemenge der Menschen damit auf rein geistigen Gebieten in erheblich größerem Maße ihre Auslösung erhält, — das gesamte Denken und Fühlen wird, wenn es in die jeweils höchsten Ziele der Menschheit gestellt ist, ständig geläutert und veredelt.

Wenn man nach den geschichtlichen Beweisen für das eben Gesagte fragt, so braucht man nur auf das Emanzipationszeitalter des modernen Bürgertums als Klasse zu verweisen, und der Beweis präsentiert sich völlig lückenlos. Wo man die Geschichte auch aufschlägt und Vergleiche anstellt, sei es im 17. Jahrhundert in England, im 18. in Frankreich, im 19. in Deutschland, immer erweist es sich, daß das zum Klassenbewußtsein erwachende und den Kampf mit dem absterbenden Feudalismus aufnehmende Bürgertum die höhere Sittlichkeit repräsentiert. Mit dieser Konstatierung soll natürlich nicht gesagt sein, daß es auf geschlechtlichem Gebiet etwa der Askese gehuldigt und jede Form einer freieren Liebesgemeinschaft verpönt hätte. Das Bürgertum hat ja zweifellos in seinem Emanzipationszeitalter eine straffere Auffassung von der Ehe und Familie propagiert, und darin bestand auch ein Teil seiner höheren Sittlichkeit; weil es aber keine ewig gültigen sittlichen Maßstäbe gibt, so ist diese Tatsache auch nicht der für alle Zeiten gültige Maßstab. Dieselbe Erscheinung kann Aufstieg und Niedergang belegen. Um nur ein Bei-

Est mihi cum Venia concessum accedere cellam
Est mihi concessum tuam vestram accedere et illam

Cum Gratia et privilegio.
that der Monch sagen schnelle,
Und gieng woll zu der Nonnen do
Geschwindt in ihrer Zelle.

69. In der Nonnenzelle. Stammbuchillustration. 1648

spiel zu nennen: Vortäuschung der Schwangerschaft durch die Mode war im 16. Jahrhundert ein Ausfluß der schöpferischen Kraft, die diese Zeit durchwogte; unter dem zweiten französischen Kaiserreich war derselbe Modetrick der Ausfluß des Raffinements einer in Auflösung begriffenen Gesellschaft. Und das gilt auch von der Beurteilung des freien geschlechtlichen Verkehrs, der bei der einen Klasse das Produkt sittlicher Fäulnis sein kann und bei der andern das Produkt hoher sittlicher Reife.

Aber nicht nur aus diesem einen Grunde: dem der erzieherischen Tätigkeit an sich selbst, in den eigenen Reihen, repräsentieren aufsteigende Klassen die höhere Sittlichkeit innerhalb der Gesellschaft, sondern noch aus einem zweiten, nicht weniger wichtigen Grund: In den aufsteigenden Klassen manifestiert sich stets am ausgesprochensten das jeweilige gesellschaftliche Bedürfnis. Weil wir im sittlichen Gebaren letzten Grundes immer den Ausfluß der ökonomischen Basis der Gesell-schaft zu sehen haben, müssen die Klassen, die das in die Gesellschaftsgliederung umgesetzte Resultat der jeweilig höchsten Entwicklungsstufe sind, in ihrem ge-schlechtlichen Erfüllen auch die höchste Form der sittlichen Notwendigkeit dar-stellen. Aufsteigende Klassen sind also nicht sittlicher — wie sie nicht klüger sind als die andern —, weil sie etwa aus besserem Teige gebacken wären, sondern einzig deshalb, weil die historische Logik auf ihrer Seite ist, und zwar der historischen Logik jeweils letzter Schluß.

Aus diesen beiden Gründen zusammen aber ist die spezifische Sittlichkeit

Blanditijs iuueni meretrix sua retia tendit Hic capitur demens ictusque Cupidinis arcu
Praecipue si quis desideosus erit Omnibus amissis se periisse dolet.
Crispin de pa Inu et excudit

60. Die Verführung. Kupferstich von Crispin de Passe

aufsteigender Klassen auch das, was wir schon oben sagten: ein Hebel für den gesamten sittlichen Fortschritt innerhalb der Gesellschaft.

❀ ❀ ❀

Wir haben oben (Seite 20) gesagt, daß an dieser Stelle zuerst die Frage zu untersuchen und zu beantworten sei, ob innerhalb des allgemeinen geschlechtlichen Gebarens der zivilisierten menschlichen Gesellschaft es „immer so", also im Wesen unveränderlich gewesen und geblieben sei, wie die landläufige Anschauung lautet, oder ob ein prinzipieller Unterschied nachzuweisen sei und darum ein entsprechender Wechsel stattgefunden habe. Diese Frage glauben wir, soweit es der Rahmen dieses Werkes gestattet, hinreichend beantwortet zu haben.

Damit kämen wir zu der zweiten Frage: ob die Zukunft ebenfalls eine prinzipielle, und zwar eine fun-

Der Wein und die Liebe
71. Kupferstich von J. Barra

damentale Änderung bringen wird? Die Beantwortung dieser zweiten Frage kann sich auf halb so viel Zeilen beschränken, als die erste Seiten erfordert hat. Denn die Antwort ist ja in der Beantwortung der ersten Frage notwendigerweise schon enthalten. So wenig — und auf Grund derselben immanenten Gesetze —, wie es sich in der Vergangenheit jemals um unverrückbare, unwandelbare Zustände gehandelt hat, so wenig kann nun die Gegenwart erstarren, so daß keine neue und keine höhere Form über sie hinausführt. Wir haben nachgewiesen, daß die jeweilige Entwicklungshöhe des Produktionsmechanismus, der Grad, wie die Menschen ihre gesellschaftlichen Bedürfnisse zu befriedigen imstande sind, das allgemeine gesellschaftliche Sein und somit auch die jeweilige sexuelle Moral der Gesellschaft bestimmt. Weil dies der Fall ist, darum aber muß auch dem ferneren und von keinem Denkenden bestrittenen Fluß der wirtschaftlichen Entwicklung ein gleich steter Fluß der Umformung des allgemeinen sittlichen Gebarens und der jeweils gültigen Normen entsprechen.

Aber auch ein gleich konsequenter Fluß, was wir ebenfalls nicht übersehen dürfen. Und weil wir heute schon die Hauptrichtung der wirtschaftlichen Weiterentwicklung klar zu erkennen vermögen, darum vermögen wir auch, ohne daß wir dadurch in die komische Situation des leichtfertigen Prophezeiens verfallen, zu sagen,

Si ie cherchois dans l'artifice
Dequoy desguiser ma beauté,
Le mal me seroit vn suplice
Que i'auroys tres bien merité

Mais puisqu' embellir la nature
N'est vitieux qu'aux insensez
Ce m'est vne douce torture
De faire ce que vous voyez

le Blond   xend auec Priuilege du Roy .

Toilette einer vornehmen Dame
72. Französischer Kupferstich von Le Blond. 17. Jahrhundert

welches die Linien sind, die den sittlichen Normen der Zukunft das Gepräge geben werden, das heißt: in welcher Richtung sich diese prinzipielle Umformung vollziehen wird. Wir vermögen zu sagen: Wie die Entwicklung unsere Gegenwart zu einer höheren Sittlichkeit emporführte, so wird sie das in der Zukunft, wo sich die Tendenzen der Gegenwart und der Vergangenheit mit naturgesetzlicher Notwendigkeit schließlich erfüllen müssen, in noch ungleich höherem Maße tun.

Wie die Entwicklung unsere Gegenwart zu einer höheren Sittlichkeit empor‹
geführt hat! — wiederholen wir, trotz des Einspruches, der Tag für Tag von den
Preisfechtern einer mittelalterlichen Reaktion gegen die Behauptung erhoben wird,
daß unsere Gegenwart eine höhere Sittlichkeit repräsentiere; denn das ist gleich‹
wohl und unwiderleglich der Fall. Bei der Beurteilung der jeweiligen sittlichen
Höhe eines Zeitalters darf nicht nur die positive „Unsittlichkeit" oder „Sittlich‹
keit", die doch stets relativ sind, als das Entscheidende gewertet werden, sondern
in viel höherem Maße die Richtung und das Gewicht der jeweiligen Tendenz.
Wenn Schwarzmaler von der sittlichen Fäulnis der Gegenwart reden, ist es ihnen,
um nur einen einzigen Vergleich heranzuziehen, sicher ein Leichtes, nachzuweisen,
daß das so viel verlästerte Zeitalter des zweiten französischen Kaiserreiches
lange nicht so raffiniert in seinen erotischen Genüssen und Ausschweifungen ge‹
wesen sei, und sie können hundert Beweise auf allen möglichen Gebieten dafür
anführen. Aber diese Schwarzmaler haben trotzdem unrecht. Die Sittlichkeit
unserer Zeit ist darum doch höher. Denn es entscheidet, wie gesagt, die
Bewegungslinie und der Umfang der sittlichen Widerstände. Die erstere ging
niemals zu einer anderen Zeit so bewußt in der Richtung zu höheren Formen
der Sittlichkeit; und die Widerstände, die die höchsten sozialen Tugenden propa‹
gieren, waren niemals so stark gegenüber den die sozialen Pflichten zerstörenden
und auflösenden Interessen, wie in der Gegenwart. Die großen Massen der Völker
stehen heute auf einer Höhe der all‹
gemeinen Bildung und der politischen
Moral wie niemals zuvor in der Ge‹
schichte. Ihre Einsicht in den Werde‹
gang der Dinge war niemals so tief,
und ihre Ansprüche an die letzten
Zwecke des Lebens waren niemals so
imponierend wie heute.

Und darin bergen sich auch die
untrüglichen Garantien für die Zu‹
kunft. Diese Zukunft aber wird
sein, daß die Monogamie eines
Tages eine Wahrheit werden
wird: für den Mann und für die
Frau. Diese Wahrheit verwirklicht
sich in demselben Schritt, in dem eine
Gesellschaftsordnung sich anbahnt, für
die bei allen ihren Mitgliedern die
individuelle Geschlechtsliebe als Binde‹
mittel zwischen zwei Menschen ver‹
schiedenen Geschlechts keine bloße
Fiktion mehr ist, hinter der sich die
schmutzigsten Rechenexempel verber‹

TVRPE SENEX MILES, MAGÉ TVRPE SENILIS AMATOR

Der alte Buhler
73. Kupferstich von de Bry. 17. Jahrhundert

87

Anna la vetze

*Ick die iet wat wil vangen aan—
Verneem eerst hoe de fadcken ftaan*

La belle zauonnare Cour

*Weet dat een haaft bereyde maacht
Selfs aen den minnaar niet behaacht*

Kupplerin und Dirne

74 und 75. Aus dem „Katalog der schönsten Kurtisanen". Holländische Kupferstiche. 17. Jahrhundert

gen, sondern das einzige und das normale Bedürfnis und Gesetz des Lebens. Daraus folgt aber zugleich das Erhebendste dessen, was die Logik dem in die Geschichte der Menschheit Eindringenden zu eröffnen vermag: Die Menschheit steht nicht am Ausgang, sie steht am Anfang ihrer Geschichte, und zwar am Anfang des wirklich glorreichen Teiles ihrer Geschichte.

*

Einteilung des Werkes. Aus den Faktoren, die wir als das immanente Gesetz des gesamten Lebensprozesses der Gesellschaft gezeigt haben, ergeben sich naturgemäß und ganz von selbst auch die Bedingungen für den Aufbau und die historische Einteilung einer jeden Betrachtung über das Geschlechtliche, die sich auf den von uns entwickelten wissenschaftlichen Standpunkt stellt, und somit auch für unsere Darstellung des sittlichen Gebarens und der sittlichen Normen in den verschiedenen Zeiten. Sie zeigen, welche Gebiete man miteinander verbinden kann und unter bestimmten Gesichtspunkten zu vereinigen hat, und in welcher Weise man einteilen und trennen muß.

Da die jeweilige Höhe der Produktionsweise einer Gesellschaft deren gesamten Lebensprozeß bestimmt, also auch die jeweiligen sittlichen Normen auf geschlechtlichem Gebiete, so folgt daraus, daß die sittlichen Normen im Wesen stets überall dort die gleichen sein müssen, wo der gesellschaftliche Boden sich auf derselben wirtschaftlichen Entwicklungshöhe aufbaut. Umgekehrt müssen sie stets dort verschieden sein, wo der gesellschaftliche Boden infolge veränderter wirtschaftlicher Basis ein anderer ist. Also nicht Klima, Sprache und politische Landes=

Tanzvergnügen

Französischer Kupferstich. 17. Jahrhundert

grenzen unterscheiden im sittlichen Gebaren oder gestalten dasselbe in den einzelnen Ländern und Staaten einheitlich, sondern die Höhe der Entwicklung, auf der eine Gesellschaft oder eine Klasse ihre Bedürfnisse befriedigt, scheidet und vereinheitlicht. Derselben wirtschaftlichen Entwicklungshöhe entspricht stets dieselbe sittliche Norm, — so lautet darum das Gesetz. Die sittlichen Normen, die dem Feudalismus in Frankreich entsprechen, müssen im Wesen denen gleichen, die in Deutschland aus dem feudalen Boden entsprungen sind. Die sittlichen Normen des Handelszeitalters in Deutschland müssen im Wesen denen kongruent sein, die im Handelszeitalter Hollands herrschen und so weiter. Und diese Kongruenz ist in der Geschichte denn auch tat-

Das verliebte Paar
76. Ostade. 17. Jahrhundert

sächlich stets vorhanden. Und zwar in einem so weitgehend ausgesprochenen Maße, daß zum Beispiel die sittlichen Normen der verschiedenen Klassen eines Landes zwar außerordentlich stark miteinander kontrastieren, aber sich nur in untergeordneten Einzelheiten von den entsprechenden Klassen anderer Länder unterscheiden. Dasselbe Klassengebilde ist eben stets das Resultat derselben Produktionshöhe. Dieser Zustand ist immer um so markanter, je klarer sich ein Wirtschaftsprinzip durchgesetzt hat, und ist darum auch in der Gegenwart am augenfälligsten und deshalb ungemein leicht nachprüfbar. Die sittlichen Normen der heutigen englischen Bourgeoisie gleichen im Wesen durchaus denen der deutschen, französischen, italienischen, skandinavischen und russischen Bourgeoisie und sind darum im Wesen unter sich alle gleich. Dagegen unterscheiden sie sich prinzipiell von denen, die das geschlechtliche Leben des englischen Kleinbürgertums und Proletariates ausmachen, die wiederum im Prinzip denen der anderen Länder gleich sind. Es herrscht ein himmelweiter Unterschied zwischen der geschlechtlichen Moral des französischen Kleinbauern und der der französischen Bourgeoisie, dagegen ein relativ sehr geringer zwischen dem französischen Kleinbauern und dem deutschen Kleinbauern, soweit dieselbe Entwicklungshöhe des Produktionsmechanismus in ihnen zum Ausdruck kommt.

Weil die Tatsache ganz unabweisbar ist, daß nicht Klima, Sprache und politische Landesgrenzen die sittlichen Normen voneinander abgrenzen, sondern einzig und immer die wirtschaftlichen Existenzbedingungen des Lebens, so kann man auch die verschiedenen Länder auf der Basis der gleichen wirtschaftlichen

Entwicklungsstufe miteinander verbinden und sie in einen gemeinsamen Rahmen der Betrachtung und Untersuchung spannen, also das feudale Frankreich mit dem feudalen Deutschland, das bürgerliche England mit dem bürgerlichen Frankreich, Deutschland, Holland und so weiter. Man ist infolgedessen nicht gezwungen, immer prinzipiell zwischen Deutschland, Frankreich, England und so weiter zu scheiden. Die Zusammenstellung der verschiedenen Staaten ist aber auch noch aus einem Grunde von prinzipieller Wichtigkeit. Auch hierdurch treten die Zusammenhänge klarer hervor. Man darf nie vergessen, daß das Wesentliche erst dann auffällig sichtbar wird, wenn man vergleichen kann, welcher Art das Wesentliche in den verschiedenen Ländern ist. Erst im Gegenüberstellen und Nebeneinanderrücken ergibt sich, in was eigentlich das Wesentliche jedes einzelnen Landes besteht.

Gewiß ist nie zu übersehen, daß die jeweiligen sittlichen Normen eines jeden Landes stets eine Resultante sind, die sich aus verschiedenen Einzelgrößen zusammensetzt oder von ihnen beeinflußt wird, als da sind Tradition, Entwicklungstempo des betreffenden Landes, größere oder geringere Einheitlichkeit in der Herrschaft des betreffenden wirtschaftlichen Prinzipes und so weiter. Und weil diese Einzelgrößen in jedem Lande unbedingt andere sind, also unter sich verschieden, darum weicht bei genauem Hinsehen auch die Resultante überall voneinander ab. Oder mit anderen Worten: In keinem einzigen Lande setzt sich das jeweilige Grundgesetz der Zeit rein und klar durch; das bürgerliche England erhält Einschläge von dem absolutistischen Frankreich, das bürgerliche Frankreich aus dem feudalen Deutschland und dem noch feudaleren Rußland und so weiter. Aber bei vollster Berücksichtigung aller dieser Faktoren kann man doch niemals verkennen, daß diese Beeinflussung immer relativ untergeordnet ist und immer nur in einer Verschiedenheit der kleineren Einzelheiten resultiert; das prinzipielle Wesen bleibt in den Hauptlinien stets dasselbe.

Und weil diese zweite Tatsache ebenfalls unabweisbar ist, darum führt ein solcher gemeinsamer Rahmen, der die gleichen Phasen der verschiedenen Länder in sich spannt, nichts weniger als zu einem mechanischen Schablonieren in der Geschichtsbetrachtung, sondern im Gegenteil: erst und allein auf diesem Wege ergeben sich die großen plastischen Linien der Entwicklung und treten deutlich und klar in ihrem Charakter hervor. Und wenn man die Vergangenheit zu atmendem Leben rekonstruieren will, so ist gerade dies die erste Bedingung: die großen Linien des geschichtlichen Geschehens müssen offenbar werden, wenn sich das Bild zusammenschließen soll. Einzig auf die großen Linien kommt es an und nicht

77. Schwankillustration. 17. Jahrhundert

90

Der Junckfrawen Hundt.

A. Der Author.

Schaw: Das ist der Jungckfrawen Hundt
Der wird so dürr vnd vngesundt/
Dieweil er gern Jungckfrawen Frißt
Vnd schier keine vorhanden ist/
Doch die noch ein reine Jungckfraw
Hab an diesem Gedicht kein graw
Dann ich allein solche Dirn mein.
Die Jungfrawen wie mein Schuch sein

B. Die Dirn.

Auß/troll dich weg/laß dich weisen
Ich merck's wol (Schelm) willt mich beissen/
Es hat mit mir ein andere weiß
Mein Fleisch ist für dein Maul kein speiß
Du sihst mich vor ein Jungckfraw an
Nein laß bleiben/fort/nur davon
Magst anderstwo dein Fressen suchen
Bey mir ist gar ein dürre Kuchen.

C. Der Hundt.

Ich beiß dich nicht/das sole mir trawen
Dann ich Friß nur die ein Jungckfrawen
Da du gewesen bist zwölff Jar
Hett ich dich wol gefressen gar
Jetzt aber ist dein Fleisch zu streng
Dein Garten trägt Vnkrauts die meng
Weil der Jungfrawen ich geh jtr
Werd ich an meinem Leib so dürr.

Cheruspatte Faron.

78. Symbolisches Flugblatt auf den allgemeinen Verfall der Sitten im 17. Jahrhundert

Judith

79. Symbolische Darstellung der Macht des Weibes. Kupferstich von Sanredam nach Goltzius. 17. Jahrhundert

auf die kleinen und vielen Nuancen, die dem Bilde im Einzelnen eignen. Diese können nur Gegenstand von spezialisierenden Einzeluntersuchungen sein.

Kann man also aus den vorhin genannten Gründen die innere Berechtigung dafür herleiten, eine historische Darstellung des sittlichen Gebarens auf die verschiedenen Länder der europäischen Kulturwelt zugleich zu erstrecken, so ist das letztere der uns bestimmende Grund, nach dieser Methode auch hier zu verfahren. Hier sei noch eingeschaltet, daß wir uns freilich auch auf diesen Kreis beschränken, also in der Hauptsache auf die Länder der deutschen, englischen und französischen Zunge, und von halbasiatischen Staaten, wie Serbien, Bulgarien, Türkei, und von reinen Bauernstaaten, wie Ungarn und so weiter in der Hauptsache absehen. —

Kann man in dieser Weise die verschiedenen Länder unter einen gemeinsamen Gesichtswinkel bringen, so muß dieser selbe Gesichtspunkt wiederum den Ausgangspunkt bestimmen und das Trennende ausmachen. Ist das erste, sofern das Werk mit der Neuzeit beginnen soll, das Einsetzen unserer modernen Geldwirtschaft, so sind das zweite die verschiedenen Hauptphasen, die dieses neue Wirtschaftsprinzip in der europäischen Kulturgeschichte bis jetzt durchlaufen hat.

Die natürliche und darum von selbst gegebene Gliederung des Buches muß infolgedessen folgendermaßen sich darstellen: Erstens, die Zeit der Auflösung der mittelalterlichen Naturwirtschaft und das Aufkommen des Handelskapitals; das ist das Zeitalter der Zünfte und der Herrschaft des städtischen Bürgertums. Zweitens, die Epoche des Widerstreites zwischen den alten feudalen Mächten und den neuen wirtschaftlichen Mächten, die dem Fürsten gestattete, die eine Klasse mit Hilfe der andern im Zaume zu halten und sich so zum Herrn über beide zu machen; also das Zeitalter des fürstlichen Absolutismus. Drittens, das bürgerliche Zeitalter; die Entwicklung des modernen Kapitalismus und die völlige Ablösung des Feudalismus als wirtschaftliche Macht, was in den einen Ländern zur wirtschaftlichen und zur politischen Herrschaft der Bourgeoisie führte, in anderen dazu, daß das Junkertum zwar politisch herrschend blieb, jedoch nur als Prätorianertruppe der Bourgeoisie.

Das sind die drei großen Hauptepochen der wirtschaftlichen Entwicklung seit dem Aufkommen der Geldwirtschaft und ihre politischen Ausdrucksformen. Also müssen auch wir unsern Stoff in dieser Weise einteilen, und auf den Umfang von drei Bänden ist darum das vorliegende Werk angelegt. Jedem dieser Abschnitte soll ein spezieller Band gewidmet sein, der darum zugleich in sich abgeschlossen sein wird, weil er den Kreis einer ganz bestimmten historischen Entwicklungsphase umgrenzt. Die Untertitel dieser drei Bände werden dementsprechend lauten: Renaissance, Galante Zeit, Bürgerliches Zeitalter.

Soll jeder dieser drei Bände in sich abgeschlossen sein und damit eine Einheit darstellen, so muß jede dieser drei Wirtschaftsepochen in ihrem ganzen Kreislauf umfaßt werden.

Damit ist natürlich nun auch gleichzeitig ausgedrückt, daß man niemals streng nach festen Daten trennen kann und darf, also etwa so: 14. bis 16. Jahrhundert, 17. und 18. Jahrhundert, 19. Jahrhundert. Das wäre rein mechanisch und gerade darum unhistorisch, denn die verschiedenen Epochen greifen stets ineinander über. Mitunter stehen sogar die Gipfel zweier verschiedener Epochen hart nebeneinander. Das Zeitalter des fürstlichen Absolutismus strebte zum Beispiel in Frankreich

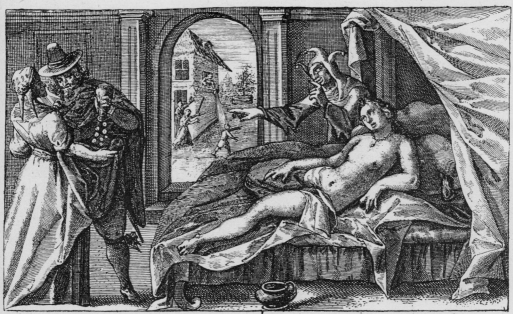

Ah præciose pudor, præcio quam vinceris auri:
Auri sacra fames, quas sinis esse probas!
Me tibi prostituo, iuuenis, dum diffluis auro:
Auro orbum, probris, verberibusȝȝ fugo

80. Die Gefahren des Besuchs des Freudenhauses. 17. Jahrhundert

schon seiner kühnsten Höhe zu, während in Holland zu gleicher Zeit die nordische Renaissance erst ihre gewaltigste Entfaltung erlebte. Genau so ist es später. In England baut sich das bürgerliche Zeitalter schon mit mächtigster Gestaltungskraft auf, die Industrie geht dort schon auf ihren Eisensohlen, während in Frankreich und Deutschland der Feudalismus sich noch jahrzehntelang in seinen blödsinnigen Orgien wälzt. Wie die einzelnen Zeit- und Ländergrenzen ungefähr zu ziehen sind, muß daher hier kurz präzisiert und begründet sein. Wir beschränken uns jedoch an dieser Stelle in der Hauptsache auf den Kreis und die Grenzlinien der ersten Phase, die den Inhalt des vorliegenden Bandes zu bilden hat; die Abgrenzung der anderen Phasen wird erst später bei den betreffenden Bänden zu begründen sein. —

Die Renaissance wird mit ihrem Beginn gemeinhin in die Mitte des Quatrocento verlegt; alles Frühere gilt als Mittelalter. Ihr Ende, ihren Ausgang, setzt man ebenso gemeinhin auf das Ende des Cinquecento.

Gegen diese Datierung ist nicht viel einzuwenden, solange man unter dem Begriff Renaissance nur den Rahmen für eine Kunstepoche sieht, die einerseits vom Zeitalter der Gotik, andererseits von dem des Barock begrenzt ist. Sowie man aber diesen Begriff in weiterem Sinne historisch auffaßt, also darin den Ausfluß eines völlig neuen Kulturfaktors sieht, — und das kann man, da die Renaissance in der Vorstellung längst ein ganz bestimmter Kulturbegriff geworden ist —, und sowie man sich nicht auf ein einzelnes Land beschränkt, sondern alle Länder in den Kreis seiner Betrachtung zieht, wo dieses selbe neue Prinzip in Aktion trat, dann muß man das Geburtsdatum wesentlich höher hinaufrücken und den Ausgang viel weiter in die Neuzeit herein datieren, daß heißt: man muß in diesen Begriff alles das einbeziehen, was im letzten Grunde im Wesen dasselbe ist. Gilt die Zurückdatierung in erster Linie für Italien, so gilt die Ausdehnung in die Neuzeit herein für die Niederlande und für England.

Diese Erweiterung erzeigt sich sofort nicht nur als logisch, sondern auch als unumgänglich, sobald man sich darüber klar wird, was man im allgemein geschichtlichen Sinne unter Renaissance zu verstehen hat, also nicht bloß unter dem kunstgeschichtlichen Namen. Die Beantwortung dieser Frage kann hier ganz kurz sein, da derselbe Gedanke an anderer Stelle des Buches doch noch eine eingehendere Behandlung erfahren muß. Und darum kann man sich damit begnügen, zu sagen: Die Renaissance, kulturgeschichtlich angeschaut, bedeutet das Auftreten und den Sieg einer völlig neuen Wirtschaftsordnung in der Geschichte der europäischen Menschheit, und zwar, wie schon oben erwähnt, das Aufkommen der Geldwirtschaft, die siegreiche Überwindung der vorhergegangenen Naturwirtschaft und die erste Expansion der Geldwirtschaft. In der politischen Form bedeutet diese Phase die Geburt, die Kinder- und die Jünglingsjahre der bürgerlichen Welt, also das Entstehen des städtischen Bürgertums und dessen erstes Blütezeitalter. Führte das erste zur Herrschaft des Handwerks, also der Zünfte, so das zweite zu der des Kaufmanns, denn auf dem Handelskapital kam es zur ersten Akkumulation des Kapitals, also zu dessen erster welthistorischer Expansion. Ihr Ende erreichte diese

Quæ conſpecta nocent, manibus contigere noli.
Ne mox peiore corripar malo

„Was gefährlich ist anzusehen, ist noch gefährlicher, zu berühren, wenn man vor größerem Übel bewahrt bleiben will."
81. Moralisierende Darstellung der Gefahren der Verführung. 17. Jahrhundert

Venus und Amor

82. Französische Renaissancestickerei

Phase, als die Logik der neuen Kräfte soweit getrieben war, daß sie in unlöslichen Widerspruch zu der nicht in gleichem Maße entwickelten Wirklichkeit kam. In diesem Stadium mußte es zu einer neuen Umwälzung und Verschiebung der wirtschaftlichen Machtverhältnisse kommen, und diese kam denn in der Entwicklung zum fürstlichen Absolutismus zum Ausdruck. Diese Epoche, die in jedem Lande verschieden an Dauer und Intensität ist, aber im Kerne dieselbe Entwicklungsepoche im Leben der europäischen Völker darstellt, ist das, was man kulturgeschichtlich unter dem Begriff Renaissance zusammenfassen kann.

Wenn man diese Entwicklung in Zeit= und Ländergrenzen ausdrückt, so ergibt sich: sie setzte am frühesten in Mittel= und Norditalien ein, und zwar dort in markanter Weise bereits im Anfang des 13. Jahrhunderts. In Mittel= und Norditalien, dem Herrschaftsgebiete des weltbeherrschenden Papsttums mit seinen städtischen Domänen, waren die Bedingungen zuerst gegeben, die zur Entstehung und zur Blüte der neuen wirtschaftlichen Mächte führten. Deutschland schloß sich etwa ein Jahrhundert später dieser Umwälzung an, und zwar in erster Linie der Süden Deutschlands und die Städte dem Rhein entlang: die natürlichen Verbindungswege Italiens mit den nordischen Völkern und den nordischen Häfen. In der gleichen Zeit setzte diese Bewegung in Spanien, in Frankreich und in den Niederlanden ein, am spätesten schließt sich in den äußeren Ergebnissen England dem allgemeinen Reigen an, das jedoch weniger wegen seiner insularen Lage, wie manche glauben, länger von den neuen Faktoren der geschichtlichen Notwendigkeit unberührt blieb, als deshalb, weil hier der Kapitalisierungsprozeß der Gesellschaft einen völlig anderen Ausgangspunkt als im festländischen Europa nahm. Setzte in diesem der Kapitalismus mit der Entstehung des Handelskapitales ein, so in England mit der Kapitalisierung des Grundbesitzes als des Hauptproduzenten des wichtigsten Handelsartikels jener Zeit: der Wolle. Dadurch aber kam es in Eng= land damals zu einer ganz eigenartigen bürgerlichen Entwicklung.

Zum Abschluß dieser Epoche kam es am frühesten in Spanien und Frank= reich; hier entwickelten sich auf Grund verschiedener Voraussetzungen am ersten die Bedingungen, aus denen sich der fürstliche Absolutismus herausbilden konnte. In Deutschland kam es am Ausgang des 16. Jahrhunderts zu demselben Resultat. Am spätesten folgte Holland, das erst in der zweiten Hälfte des 17. Jahrhunderts in den fürstlichen Absolutismus einmündete. Und in England kam es eigentlich gar nicht mehr dazu. Hier war der Sieg, den die bürgerliche Welt in der glor=

reichen Revolution von 1649 errang, endgültig; nur daß er später durch einen Kompromiß geschmälert wurde. Darum war auch die weitere politische Entwicklung Englands so vollständig verschieden von der festländischen.

Die kunstgeschichtliche Auffassung umfaßt demgegenüber nur den zweiten Akt dieses weltgeschichtlichen Schauspiels, das künstlerische Widerspiel, das sich die siegreiche Expansion des Handelskapitals geformt hat. Aber wie man sieht, hat dieses grandiose Schauspiel auch einen ersten Akt, und es hat so gut eine Einleitung, wie es einen Schlußakt hat. Die Kunstgeschichte belegte diese anderen Teile mit anderen Namen, die Kulturgeschichte muß das Ganze, Anfang, Mitte und Ende umfassen, den gesamten Kreislauf und nicht nur den Höhepunkt.

Dieser gesamte Kreislauf der ersten Entwicklungsphase der modernen Geldwirtschaft innerhalb der europäischen Kultur ist der Rahmen des vorliegenden Bandes.

83. Deutscher symbolischer Kupferstich. 1534

Junges Mädchen bei der Toilette

84. C. van Everdinger. Steengracht-Sammlung, Haag. Photographie Bruckmann

II

Das physische Schönheitsideal der Renaissance

Das Wesen der Renaissance. Die Vorstellungen des Lebens sind nicht metaphysischer Art, von außen hineingetragen — sozusagen hineingepredigt —, sondern dialektischer Art; sie ergeben sich jeweils aus der spezifischen Eigenart der Bewegung des Lebens. Alle Ideen und Anschauungen, denen man in der Weltgeschichte begegnet, sind nur die Kristallisationen dieser Bewegungslinien des Lebens, also des gesellschaftlichen Seins der Menschen.

Das ist, in eine knappe wissenschaftliche Formel gepreßt, der Grundgedanke, von dem wir in unserem Einleitungskapitel ausgegangen sind. Worauf es jedoch für die geschichtserklärende Verwertung dieser Erkenntnis in erster Linie ankommt, das ist die Frage: Welche Faktoren bestimmen diese Bewegungslinien des Lebens? Die Antwort auf diese Frage haben wir ebenfalls gegeben: Es sind, wie wir in großen Umrissen zu zeigen versucht haben, einzig und ausschließlich die materiellen Interessen der Menschen, von denen die Bewegungslinien des Lebens geformt werden und ihre entscheidende Richtung erhalten.

Da sich nun aber die materiellen Interessen der Menschen, wie wir es ebenfalls gezeigt haben, in ständiger Umformung befinden, und zwar infolge der stetigen Umwälzungen im Produktionsmechanismus, weil dadurch teils neue Bedürfnisse bei den Völkern und Klassen entstehen, teils seither herrschende ausgeschaltet oder eingeschränkt werden, so ergibt sich aus diesem Zusammenhang für die geschichtliche Entwicklung der Ideen und Anschauungen eine überaus wichtige Konsequenz, auf die wir bis jetzt noch nicht zu sprechen gekommen sind. Diese wichtige Konsequenz besteht darin, daß prinzipielle, also grundstürzende Umwälzungen im seitherigen Produktionsmechanismus der Menschen unbedingt auch zu einem völlig neuen geistigen Inhalt des Lebens, je nachdem sogar, wenn man so sagen will, zu einer völligen Neugeburt der Idee führen müssen.

Solche prinzipiellen Umwälzungen, die in direkter Linie zu einer völligen Neugeburt der Anschauungen und Vorstellungen führen, vollziehen sich, wenn ein ganz neues Wirtschaftsprinzip in die Geschichte eintritt, also eine Form der Produktionsweise aufkommt, die im Gegensatz zu der seitherigen steht, und durch die darum eine gänzlich veränderte Organisationsform der Gesellschaft nötig wird. Die letztgenannte Wirkung macht das Aufkommen eines solchen neuen Wirtschaftsprinzips

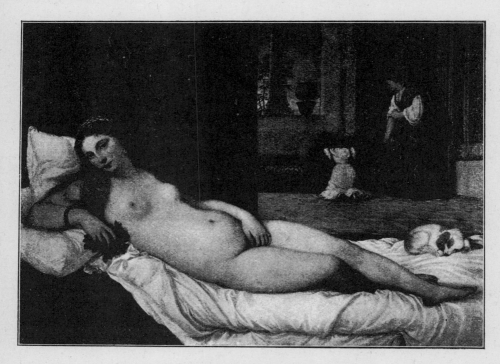

Herzogin von Urbino als Venus
85. Titian Uffizien Florenz. Photographie Anderson

zu einem revolutionären Faktor in der Geschichte. Dieser Faktor verändert die Gesellschaft in ihrem Wesen, weil er ihren Boden von Grund aus umformt und seine Wirkung nicht nur auf die Ausschaltung einiger weniger Widersprüche beschränkt, die sich in dem langsamen Fluß der Entwicklung herausgebildet haben. Die Veränderung des Wesens der seitherigen Gesellschaft besteht darin, daß sich erstens mit dem Entstehen eines neuen Wirtschaftsprinzips unbedingt auch neue Klassen mit neuen Interessen, und infolgedessen auch neuen Anschauungen, herausbilden, und zweitens darin, daß der neue Faktor alle die Klassen, die er vorfindet, entweder auflöst oder entsprechend umwälzt. Diese beiden Erscheinungen sind die unvermeidlichen Ergebnisse jeder derartigen Entwicklung, und im Verlauf dieses Prozesses muß sich logischerweise die gesamte seitherige Physiognomie des gesellschaftlichen Seins der Menschen ändern.

An solchen Wendepunkten müssen darum auch die Grenzlinien aller Kultur erstehen, die eine alte Zeit abschließen und den Anfang einer neuen bezeichnen. Je konsequenter natürlich sich ein neues Prinzip durchsetzt, je revolutionärer und tiefgreifender seine Bedeutung ist — ob es auf der ganzen Linie den seitherigen Boden der Gesellschaft zerstört und durch einen neuen ersetzt, oder nur teilweise --, um so klarer und ausgeprägter müssen diese Grenzlinien erstehen, die die alte Zeit, das seitherige gesellschaftliche Sein der Menschen mit dem ihm entsprechenden Gedankeninhalt, von der neuen trennen, und um so schroffer muß sich die Gegenwart von der Vergangenheit abheben, wie der Tag von der Nacht, der Sommer vom Winter. Ob jedoch die Scheidung der Zeiten von vornherein klar oder im Gegenteil zuerst kaum wahrnehmbar ist, — eines bleibt sich gleich: stets kommt es bei solchen geschichtlichen Entwicklungshöhen und Wendepunkten zu einem ganzen Zeitalter der Revolutionen, das nicht eher seinen Abschluß findet, als bis sämtliche Gebiete des Lebens von dem neuen Prinzip erfaßt und umgewälzt sind und sich dem neuen Herrn der Welt, ihrem neuen Gesetzgeber organisch

Madonna mit dem Jesusknaben

86 Giampedrini. Alte Pinakothek, München. Kollektion Hanfstaengl

100

Gemälde der Fornarina, der Geliebten Raffaels

87. Raffael. Galerie Barberini, Rom. Photographie Anderson

angliedern und unterordnen. Ein solcher Prozeß kann in einigen Jahrzehnten vor sich gehen, er kann auch Jahrhunderte dauern.

Aber nicht nur eine gänzlich veränderte Gestalt muß das neue Bild der Zeit aufweisen, wenn es von einem neuen Geschichtsbaumeister geformt wird, sondern — und das ist das Wichtigste! — solche revolutionären Epochen der Geschichte müssen zugleich die großartigsten Schauspiele darstellen, die die Geschichte der Menschheit ihrem Betrachter überhaupt liefert. Vornehmlich in ihnen muß sich das stolzeste Erleben und das herrlichste Erfüllen konzentrieren; hier muß der

Das Mädchen im Pelz

88. **Titian**. Angeblich das Porträt seiner Tochter Livinia.
Wiener Gemäldegalerie

Menschengeist seine stolzesten Siege feiern. Andrerseits muß gerade in ihnen die Tragik im Unterliegen ihre erschütterndsten Formen finden. Schlachtfelder müssen hier erstehen, deren Eindruck durch alle Jahrhunderte hindurch nichts von seiner ergreifenden Wirkung verliert. Alles das ist innere Notwendigkeit und unschwer zu begreifen.

In solchen Zeiten dominiert stets das Schöpferische — es muß hier dominieren, wie wir gleich zeigen werden —, und darum ist Größe in solch einer Zeit. Größe ist aber einzig das im höheren Sinn Schöne.

In dem Augenblick, in dem ein neues Prinzip in die Welt kommt, ergeben sich jeder Form der menschlichen Tatkraft unwillkürlich neue Möglichkeiten, zum mindesten andere Möglichkeiten. Damit erweitert sich aber auch stets in gleicher Weise der Horizont, der das Leben der Menschen umgrenzt, und nicht nur der Horizont des Einzelnen oder einzelner engbegrenzter Gruppen. Eben dadurch, daß die gesamte Gesellschaft auf einen anderen Boden gestellt wird, erweitert sich der Horizont zum mindesten aller der Klassen, deren seitherige Kreise gestört und aufgelöst werden. Sowie sich aber dem Streben neue Ausblicke und damit neue Möglichkeiten auftun, wachsen dem Geiste Flügel, die ihn alsbald in unermeßliche Weiten tragen. Er ringt der Zeit ihre neuen Probleme ab, und vorahnend erschaut er mitunter schon aus den Keimen die Früchte, die oft erst in Jahrhunderten reif werden. Die Phantasie löst sich aus, den Menschen ist es, als sei bisher ein dichter, undurchdringlicher Schleier davorgezogen gewesen, der selbst das Nächstliegende den Blicken verborgen hatte. Nun, da dieser Schleier hinweggezogen ist, erscheint der Ausblick in die Zukunft den Menschen scheinbar unbegrenzt und die Fülle der neuen Gesichte, die jäh vor dem Geiste auftauchen, unermeßlich und endlos. Es ist ein Akt der allgemeinen und gleichzeitigen Befruchtung, den die Menschheit in solchen Zeiten erlebt, und die Zeugungswonnen durchschauern alle Welt. Jeder einzelne glaubt hinfort in seinem Schoße die Zukunft zu tragen, die neue Welt, die unbedingt auch eine schönere Welt sein wird. Damit geht ein wonniges Frühlingsahnen, ein glaubensstarkes Zukunftsahnen von etwas bevorstehendem Großem durch alle Klassen und Nationen, mitunter durch ganze Weltteile.

Der längst träge gewordene Fluß der Entwicklung kommt damit auf allen Gebieten in jähe Bewegung und rollt rascher, kühner und stolzer seine Bahn. Die kluge Bedächtigkeit, die seitdem als gepriesenste Tugend gegolten hatte, wird zum verächtlichsten Laster. Raschheit des Entschlusses, Kühnheit im Handeln, kecke Unternehmungslust und unbegrenzter Wagemut finden die höchste Bewunderung, und mögen sie bis zur wahnwitzigen Waghalsigkeit gehen. Die Leidenschaften steigern und konzentrieren sich in diesen Zeiten ins Grandiose: der Haß und die Liebe. Die an der Erhaltung des seitherigen Zustandes der Dinge Interessierten fühlen sich mit dem Wanken des Bodens, in dem ihre Existenz wurzelt, nicht nur angegriffen, sondern in ihren „heiligsten" Rechten bedroht. Das wandelt sie zu Berserkern, denen nur eines gilt: den Fortgang des Neuen mit allen Mitteln aufzuhalten, und wäre dadurch der ganze Bestand der Menschheit bedroht. Nicht viel toleranter sind die neuen Klassen, in denen sich der wirtschaftliche Hauptgedanke der neuen Epoche verkörpert. Aufsteigende Klassen sind niemals sentimental und niemals heuchlerisch, und darum stellen sie ihre historischen Rechte mit den deutlichsten Worten in die Tagesordnung der Geschichte und haben nur Hohn und Spott für ihre wirklichen oder vermeintlichen Gegner. Eine große selbstaufopfernde Liebe umspannt diesen beiden Gruppen gegenüber alle die, die aus dem Neuen, das in die Welt gekommen ist, neue

Venus und Cupido
89. Velasquez. Nationalgalerie, London. Kollektion Hanfstaengl

103

und schönere Ideale für die Zukunft der Menschheit ableiten. In den Reihen dieser erwächst die schönste Form aller sozialen Tugenden, — das selbstlose Solidaritätsgefühl, das die Person der Sache mit Begeisterung zum Opfer bringt. Im Aufeinanderstoßen dieser verschiedenen Tendenzen entstehen nun die gewaltigsten Formen der Klassenkämpfe, die meistens furchtbar schauerlich in ihrem ganzen Verlaufe sind, entsetzlich in jeder ihrer Einzelheiten, aber dennoch schön, weil es ums Ganze geht, um das Schicksal der ganzen Welt, und weil sie darum Größe haben.

In solchen Zeiten werden die ererbten Vorurteile meistens kühn über den Haufen gestoßen. Weil das Alte als überwunden gilt, wird alles, was sich von ihm herleitet, als unwahr empfunden und darum von vornherein allem mit Zweifel und Hohn entgegentreten, was den Stempel des Hergebrachten, des allein durch sein Alter Ehrwürdigen trägt. Alle bestehenden Verhältnisse und Institutionen werden kritisiert; und da die Entwicklung selbst Tag für Tag die stolzesten Säulen der Vergangenheit, die für die Ewigkeit errichtet schienen, jäh zusammenbrechen läßt, wird jede Autorität wankend und verliert ihre seither unbestrittene Anwartschaft auf Vertrauen, Glauben und selbstverständliche Achtung. Bei allem, was da ist, wird schließlich nach seiner inneren Berechtigung geforscht, und wenn es den Gründen des Neuen gegenüber irgendwie nicht stichhaltig ist, wird ihm grausam das Todesurteil gesprochen. Das alles gilt nicht nur auch, sondern mit in erster Linie von allen Satzungen, die das geschlechtliche Leben der Menschen regeln; denn hier empfindet der Mensch die von der Sitte gezogenen Schranken am ehesten.

So kühn, wie man im Vernichten und im Niederreißen ist, so imponierend und unerschöpflich gebärdet man sich in solchen Epochen aber auch im Aufbauen. Die Produktivkraft wächst ins Ungeheure. Über die produktive Expansion zur Zeit Shakespeares konstatiert Georg Brandes in seiner Studie über Shakespeare:

In unseren Tagen, wo die englische Sprache von hundert Millionen Menschen gelesen wird, sind Englands Dichter schnell gezählt. Damals hatte das Land ungefähr dreihundert lyrische und dramatische Dichter, die mit starkem Schaffenstrieb für ein lesendes Publikum schrieben, das nicht größer war, als heutzutage das dänische; denn von den fünf Millionen der Bevölkerung konnten vier nicht lesen. Aber die Fähigkeit, Verse zu schreiben, war bei den damaligen englischen Männern ebenso verbreitet wie bei den deutschen Damen von heute die Fähigkeit Klavier zu spielen.

Überall errichtet man neue Tafeln, überall rammt man neue Pfähle ein, um einen stolzeren Gesellschaftsbau zu errichten. Man flickt nicht nur das allzu Schadhafte, sondern baut am liebsten von Grund aus neu. Keine Aufgabe, und wäre sie noch so gigantisch, noch so phantastisch, erscheint dem einzelnen wie der Gesamtheit dabei zu groß, zu gefährlich, zu weitgreifend; denn man ist im gesamten Denken und Fühlen universell, jeder einzelne fühlt förmlich die Kräfte eines Riesen in sich. Alles will man mit seinem Willen umspannen, alles will man ergründen, jeden Widerstand will man brechen, alles will man meistern. Das zeichnet den einzelnen und ganze Klassen und Völker aus, denn es ist die einheitliche Physiognomie der Zeit. Die höchsten Forderungen stellt man an Dinge und Personen, unbegrenzt und maßlos ist man in seinen Ansprüchen. Darum

Das Weib

Holzschnitt eines unbekannten Nürnberger Meisters

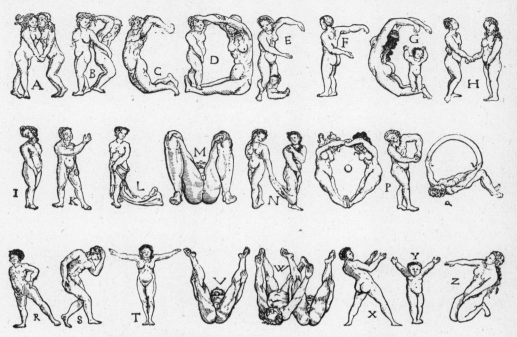

Getruckt zü Augspurg durch Martin Weygel auß dem Schwal wider Leutzmül

90. Peter Flötner. Figurenalphabet. Holzschnitt

gibt man auch stets der Reife den Vorzug, sie hat den höchsten Preis, im Körperlichen und im Geistigen. Nicht der Jüngling, der verspricht, und nicht die
knospende Mädchenblume, die verheißt, werden in solchen Zeiten am höchsten
gewertet, sondern der Mann im Zenit seiner Kraft, der erfüllt, und die Frau auf
der Höhe der Entwicklung, die versteht. Der Mann soll Apoll und Herkules,
die Frau Venus und Juno in einer Person sein.

Aber solche Zeiten sind nicht nur kühn im Wollen, sondern sie sind im
Gegensatz zu andern Zeiten stets nicht weniger imponierend und gewaltig im
Vollbringen. Das Vollbringen hält mit dem Wollen gleichen Schritt. Das Höchste
und Tiefste, was der Menschengeist je ersonnen und geformt hat, wurde stets in
solchen Zeiten vollbracht. Und gleich groß ist die Vollendung der Einzelleistung
wie der Reichtum an immer neuen Gebilden. Die Zeit ist in jedem Atemzug
schöpferisch, und niemals geht ihr der Atem aus. Was ehedem nicht von Jahrhunderten zuwege gebracht worden ist, wird jetzt mitunter spielend bewältigt,
und größer und stolzer als man je und kurz zuvor noch zu träumen gewagt hätte.
Jede Aufgabe, die sich die Menschen in solchen Zeiten stellen, hat außerdem
einen Zug ins Heroische; denn in jeder lebt die Summe der ganzen gewaltigen Zeit-
Energie, und es ist, als wäre die Zeit selbst mit unsichtbaren Händen auch im
Kleinsten am Werke. Aus diesem Grunde ist allem, was in solchen Zeiten entsteht, gleichsam der Stempel des unvergänglichen Ewigkeitswertes aufgedrückt.

Natürlich ist damit nicht gesagt, daß hier ausnahmslos das positiv Beste erreicht würde; denn die positive Höhe des Erreichbaren ist stets davon abhängig, welche Mittel der in Frage stehenden neuen Zeit zur Lösung ihrer neuen Probleme zu Gebote stehen, sie ist abhängig von der Reife oder Höhe der vorhergegangenen Epoche. Mit dem Umfang oder der Reife der Mittel, die nur der Anwendung harren, wächst der Umfang an Kühnheit und Tatkraft und die Summe der Erfüllungen einer Zeit; sie engen sich aber ein und bleiben kühne Versprechen und ebensolche Wagnisse in demselben Maße, in dem die Mittel, das Erbe der Vergangenheit, primitiv und unentwickelt sind. Darum können auch die Maßstäbe nur relativ sein, aber es ist trotzdem zutreffend, wenn man von solchen Zeiten sagt: alles wandelt in ihnen scheinbar auf den Höhen der Vollendung. —

Das ist das Wesen und die Eigenart der Zeiten, in denen ein neues Wirtschaftsprinzip in die Geschichte der Menschheit eintritt; und das macht in seiner Summe den Anblick einer solchen Epoche der Revolutionen zu einem so erhebenden. Nur der Philister, der stets „seine Ruh'" haben will, empfindet ein geheimes Grauen davor. Alle, die noch Ideale des Menschengeistes vor der strebenden Menschheit liegen sehen, können sich nicht satt sehen an den Wundern solcher Zeiten, sie schauen stets mit geheimem Neid auf jene, denen es vergönnt gewesen ist, in solchen Epochen zu leben; denn diese haben die Gipfel der Menschheit erklommen und geschaut, über die zu schreiten das höchste Glück ist, dessen der Mensch teilhaftig werden kann. Die heißeste Sehnsucht jedes bewußt Vorwärtsschreitenden ist darum aber auch, daß sich solche Zeiten von neuem erfüllen mögen, und zwar recht bald, weil die Menschheit in ihren Erfüllungen dann wiederum der strahlenden Wunder voll sein wird. Der Wunder und Offenbarungen, die dieses Mal sogar noch unendlich größer sein werden als die, die früher in die Welt gekommen sind. Denn weder positiv noch relativ unentwickelt werden nun die Mittel sein, mit denen die zukünftige Menschheit ihre neuen Probleme zu lösen haben wird, sondern im Gegenteil aufs reichste entwickelt. Die Vorbedingungen zu dem Allergrößten sind dann gegeben, weil die neue Zeit eine Klasse vorfindet, die diesem höchsten Ziele bewußt und klar vorgearbeitet hat, und deshalb wird auch nicht nur ein Hutten, sondern es werden Hunderttausend in ihren Reihen stehen. Dann wird es wieder „eine Lust sein zu leben", — die höchste Lust sogar!

* * *

Eine solche Epoche war die Renaissance. Mit anderen Worten: Alles das, was wir eben geschildert und beschrieben haben, erfüllte sich im Rahmen der europäischen Kultur, als das neue Wirtschaftsprinzip — die Entwicklung zur Warenproduktion und die daraus resultierende Geldwirtschaft — im 14. und 15. Jahrhundert zum zweiten Male in die europäische Weltgeschichte eintrat und dem Mittelalter seine Grenzlinien zog. Als diese Entwicklung aber dem Mittelalter seine Grenze setzte, schuf sie zugleich das Geburtsdatum für eine völlig neue Zeit, die binnen zweier Jahrhunderte aus der Enge der in den Rahmen der Markgenossenschaft gespannten bäuerlichen und handwerksmäßigen Produktion empor

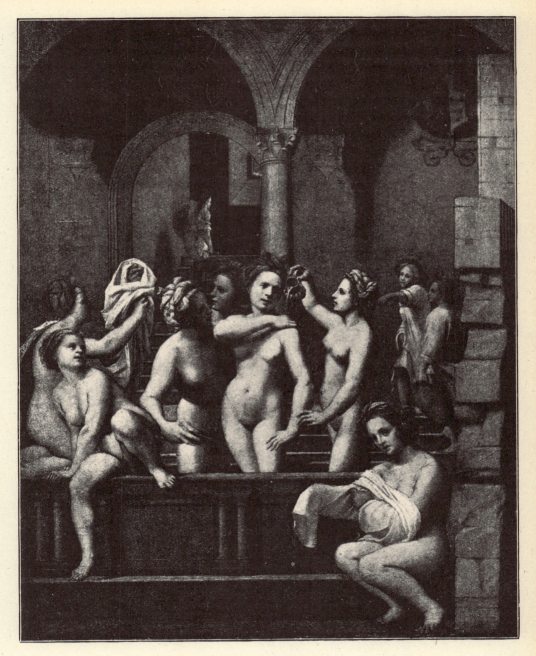

Bathseba mit Dienerinnen

91. Franciabigio. 1523. Gemäldegalerie Dresden. Photographie Bruckmann

zu den kühnen Höhen des Welthandels führte und damit die ersten Stufen des modernen Kapitalismus aufbaute.

Die revolutionäre Bedeutung der Renaissance kann nicht leicht übertrieben werden, denn sie war das grandioseste Revolutionszeitalter, das die neuere Zeit aufweist. Diese Revolution war ebenso grandios an Umfang und Dauer, wie an tiefgehender Bedeutung, denn sie umspannte das gesamte zivilisierte Europa, schloß ihren Kreislauf nicht früher, als bis das neue Prinzip, das in ihr in Erscheinung trat, sich allerorten siegreich durchgesetzt hatte, und inaugurierte die größte Epoche der europäischen Menschheit seit dem Zusammenbruch und Ausgang der Antike. Sie ist der Anfang der neueren Menschheitsgeschichte. Von da ab und mit ihr entstanden die wichtigsten Güter der Kultur: Nationen und nationale Sprachen. Bis dahin hatte es weder das eine noch das andere gegeben.

Die Staaten waren vordem nichts als ein wildes Gemengsel zahlloser und einander meistens feindlich gegenüberstehender Interessengruppen und darum nur aufs lockerste miteinander verbunden. Die kleine Markgenossenschaft, die gesell- schaftliche Organisationsform des Mittelalters, die häufig bloß ein einziges Dorf und höchstens einige beieinander liegende Dörfer in sich faßte, wurde zur Welt, die alles umschloß. Wer nicht Markgenosse war, nicht Mitglied der betreffenden kleinen Gemeinde, war absolut rechtlos und galt überall als Fremder. Alles was zu einer anderen Markgenossenschaft zählte, war Ausland und gehörte somit zu einer anderen Welt, zu der nur ganz primitive Brücken hinüber- führten, und die man meistens sogar befehdete. Denn diese vielen anderen Welten hatten ebensoviele andere Interessen, denen man im günstigsten Falle gleichgültig gegenüberstand, weil sie einem unverständlich waren; ebenso oft aber stand man ihnen feindlich gegenüber, weil sie die eigenen gefährdeten. Ein tausendfach gespaltener Kirchtumsstandpunkt war daher notwendigerweise das Wesen der geistigen Struktur im Mittelalter. Und nicht einmal die Sprache um- spannte die einzelnen Länder mit einem einigenden Band. Denn man war durch ebensoviele Dialekte von- einander getrennt, die man ebenso eigensinnig hochhielt, wie die Grenze der Feldmark; und schon bei einiger

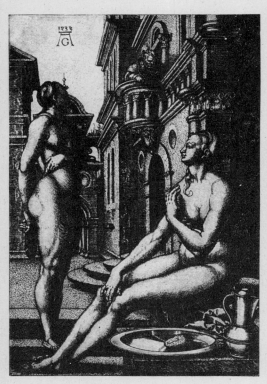

Bathseba im Bade

92. Kupferstich von Aldegrever. 1532

108

93. Deutsches Frauenporträt. Nach einer Zeichnung

Entfernung wurden die verschiedenen Dialekte gegenseitig wohl so wenig verstan=
den, wie eine wirklich fremde Sprache. Man redete in jedem einzelnen Land in
tausend fremden Zungen. Nur in Zeiten höchster Not entdeckten eng aneinander
stoßende Bezirke die gemeinsamen Interessen: aber man lief gleichwohl alsbald
wieder auseinander, wenn die zwingenden Gründe der Einigung verschwunden
waren.

Die wirtschaftliche Basis des Mittelalters bedingte diesen Zustand. Das Mittel=
alter beruhte auf der Naturalwirtschaft. Man produzierte nur für den Selbst=
gebrauch, und man produzierte in der Regel alles selbst, was man zu seinem Bedarf
benötigte: Nahrung, Kleidung, Wohnung, Arbeitsgeräte. Der Kreis, auf den sich
die gesamte öffentliche und private Tätigkeit des einzelnen beschränkte, wurde
gebildet durch den Produzenten und seine Familie, die Markgenossenschaft, der
man angehörte, und allenfalls noch durch den Feudalherrn, dem man tributpflichtig

war. Innerhalb dieses Kreises deckte man seine gesamten Bedürfnisse, und auf die Produktivkraft dieses Kreises waren die Bedürfnisse beschränkt. Der Feudalherr bot als Leistung den Schutz gegen Feinde jeder Art; eben dafür erhielt er den Tribut. Ein solches gesellschaftliches Sein, das ausschließlich auf der Isoliertheit und der territorialen Abgeschlossenheit relativ kleiner Gruppen beruht, kann in seinem Ideenreflex nur einen ganz untergeordneten Platz für gemeinsame Anschauungen haben, die die verschiedenen Volksglieder zusammenführen. Es kann zum Beispiel keine Neigung zum gegenseitigen Verkehr sich entwickeln; infolgedessen kannte man auch keine Landstraßen. Zu ihrem Bau, der ein gemeinsames Zusammenwirken vorausgesetzt hätte, drängte nirgends ein gesellschaftliches Bedürfnis. Dagegen mußte der engbegrenzte Interessenstandpunkt der einzelnen Gebilde jeden geringfügigen Interessenwiderstreit vertiefen und verewigen. Aus alledem erklärt sich auch die lange Dauer der Herrschaft der Naturalwirtschaft; dort, wo die geographische Lage noch mitwirkte, wie abgrenzende Flüsse, Gebirge und Sümpfe, von allem natürlichen Verkehr abgelegene Gegenden und so weiter hat sie sich ja sogar teilweise bis in unsere Gegenwart herein erhalten.

Dieser idyllische Zustand, der freilich nichts weniger als idyllisch in dem Sinne ist, wie es sich altertümelnde Romantik vorstellt, konnte auch deshalb lange währen, weil er ständig von neuem die Bedingungen aus sich herausentwickelte, die ihn festigten; aber er konnte darum doch nicht ewig währen, sondern

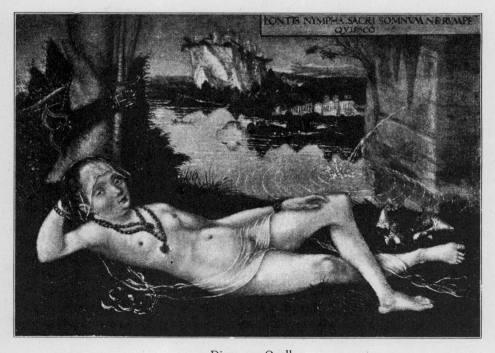

Diana am Quell

94. Lucas Cranach d. J. Staatliche Gemäldegalerie Kassel. Kollektion Hanfstaengl

er mußte überwunden werden, als die seinem Be=
stande feindlichen Elemente, die er doch ebenfalls
herausbildete, bei einer gewissen Höhe der Ent=
wicklung angelangt waren. Dieses dem Bestande
der Naturalwirtschaft feindliche und ihn schließlich
auflösende Element ist die natürliche Tendenz der
beständig zu einfacheren Formen drängenden Arbeits=
teilung gewesen, die erst zur Entstehung eines selbst=
ständigen Handwerks und schließlich zum Handel
führte. Durch dieses Entwicklungsergebnis wurde
das Handwerk eine neue Macht neben der alten
und zugleich eine, die die alte schließlich mit innerer
Notwendigkeit überwinden mußte. Die Tendenz
der Arbeitsteilung ist selbstverständlich eine natür=
liche Erscheinung, die sich überall von selbst heraus=
bildet; denn sie ist das unabweisliche Ergebnis des
immer und überall vorhandenen Bestrebens, den
Arbeitsprozeß zu vereinfachen, um ihn dadurch
rationeller zu gestalten. Die erste Form der Arbeits=
teilung ist überall die Scheidung der produktiven
und der unproduktiven Arbeit gewesen, das heißt,
die Übertragung der Pflicht der Verteidigung auf
ganz bestimmte Mitglieder der Organisation, damit
die anderen möglichst ungestört und gefahrlos ihrer
produktiven Arbeit nachgehen konnten. Je mehr
der Mensch im Laufe der Zeiten Herr über seine
Arbeitsinstrumente wurde, je geschickter er sie also

95. Zeichnung angeblich von Lucas
Cranach

zu handhaben verstand, um so weiter erstreckte sich die Arbeitsteilung auf alle
Gebiete der produktiven Arbeit, denn überall steigerten sich dadurch ihre Resultate.
Auf diesem Wege kam es schließlich zur Entstehung des selbständigen Handwerks.
Da nun dessen Produkte allmählich das persönliche und genossenschaftliche Be=
dürfnis weit überragten, wurde der Austausch der überschüssigen Arbeitserzeug=
nisse mit anderen Gruppen eine Notwendigkeit. Das führte zur Entstehung von
Märkten, die sich an den natürlichen Knotenpunkten des Verkehrs auftaten.
Gleichzeitig damit aber ergab sich die Notwendigkeit der Sicherung gegen räuberische
Überfälle; die Schätze, die sich an diesen Orten aufstapelten, lockten ununterbrochen
die Habgier sowohl der Umwohner, wie die fremder Völker, und an Orten, die
an schiffbaren Flüssen gelegen waren, als auch die der Seeräuber. Damit war die
Entwicklung des Dorfes zur befestigten Stadt gegeben.

Ursprünglich handelte es sich beim gegenseitigen Austausch nur um den
Überschuß dessen, was man über den eigenen Bedarf produzierte, und um den
Austausch von Ware gegen Ware. Das war die Zeit der Vorbereitung, und sie
kennzeichnet das ausgehende Mittelalter. Mit der immer zunehmenden Steigerung

Satyr und Nymphe
96. A. Carracci. Kupferstich

der Produktivität der Arbeit, mit dem steten Wachstum des Handwerks kam es schließlich dazu, daß man ausschließlich für den Austausch produzierte, das heißt für den Handel.

Das aber wurde das Wesentliche und somit das, was die neue Zeit von der alten unterschied, denn damit kam der revolutionärste Faktor in die Welt: das Geld. Das Geld ist das unentbehrliche Tauschmittel, dessen die Warenproduktion bedurfte, und darum entwickelte sie es. Das Zeitalter der Naturalwirtschaft, die nur für den Selbstgebrauch und den engen Kreis der Markgenossenschaft produzierte, bedurfte keines Tauschmittels. Die Abgaben an den Feudalherrn wurden ebenfalls in Naturalien entrichtet, denn im Prinzip tat man ja damit nur seine und seiner Knechte Arbeit, die, wie er, im Interesse der Verteidigung verhindert waren, sie selbst zu tun.

Das Geld hat die mittelalterliche, die feudale Produktionsweise erst zersetzt und schließlich aufgelöst. „Je mehr der Warenaustausch sich entwickelte, eine desto größere Macht wurde das Geld. Geld war die Ware, die jeder nahm und jeder brauchte, für die man alles erhalten konnte: alles, was die feudale Produktionsweise bot, persönliche Dienste, Haus und Hof, Speise und Trank, aber auch eine Unzahl von Gegenständen, die daheim in der Familie nicht produziert werden konnten, Gegenstände, deren Besitz immer mehr zu einem Bedürfnis wurde, und die nicht anders zu erlangen waren, als um Geld. Die Geld erwerbenden, Waren produzierenden oder mit Waren handelnden Klassen gelangten immer mehr zu Bedeutung. Und der Zunftmeister, der durch die gesetzlich beschränkte Anzahl seiner Gesellen nur zu mäßigem Wohlstande gelangen konnte, wurde bald überholt durch den Kaufmann, dessen Profitwut maßlos, dessen Kapital unbegrenzter Ausdehnung fähig und, was für ihn nicht das unangenehmste, dessen Handelsgewinne enorm waren." (Kautsky, Thomas More.) Was jedoch das wichtigste war: Hier vollzog sich, was oben als das Entscheidende bezeichnet worden ist. In dem neuen Prinzip — dem Warenhandel —, dessen Ausdruck und ständig revolutionierendes Mittel das Geld war, kam eine Produktionsweise in die Geschichte, die nicht nur einzelne Teile des Bodens, auf dem die Gesellschaft bis dahin gestanden hatte, unterminierte oder den Menschen unter den Füßen hinwegzog, — sondern der gesamte seitherige Boden kam in Wegfall, das gesellschaftliche Sein der Menschen kam auf einen gänzlich neuen Boden zu stehen, und es wuchsen ihm damit auch völlig neue Wurzeln.

Der Jungbrunnen

Gemälde von Lukas Cranach. Original Berliner Nationalgalerie

Damit bekam auch das gesamte Denken und Fühlen einen völlig neuen Inhalt. Sämtliche Anschauungen und Ideen wurden von Grund aus anders. Der Warenhandel schuf, indem er im Kaufmann eine ganz neue Klasse, die erste Form des modernen Bürgertums, entstehen ließ, und indem er die anderen bereits existierenden Klassen gründlich umformte, ganz neue Ideologien und brachte damit auch ganz neue Energien in die geschichtliche Entwicklung. Um nur auf die augenfälligste hinzuweisen: Weil der Produktion für den Selbstbedarf ganz bestimmte enge Grenzen gezogen sind, hat die persönliche Energie des einzelnen im Mittelalter nur ganz bescheidene Antriebskräfte zur Expansion, und der Geist drängt niemals sozusagen über sich selbst hinaus. Ganz anders wird das im

Bildnis einer Venezianerin

97. Bart. da Venezia. Städelsches Institut, Frankfurt.
Photographie Bruckmann

Zeitalter der Warenproduktion, die zum Welthandel geführt hat. Hier gibt es gar keine Grenzen mehr. Infolgedessen stehen hinter dem einzelnen und der Gesamtheit die stärksten Antriebskräfte, und alles explodiert infolgedessen und immer von neuem, es drängt ins endlos Weite, ins Unermeßliche; der Geist führt hier immer über sich selbst hinaus, über die von der jeweiligen Wirklichkeit bedingten Schranken. Ein völlig neuer Mensch kam damit in die Welt, mit total neuen Gesichtspunkten. Der Mensch wurde aus einem Kollektivisten ein Individualist, und damit vor allem ein Verdiener.

Diese Bewegung setzte am frühesten in Italien ein. Und zwar sind die ersten Anfänge in Süditalien anzutreffen. Dort entstanden im Mittelalter die frühesten Handelsbeziehungen zwischen dem Orient und Europa. Erst bekriegten die Griechen und Sarazenen die Italiener, dann zwangen sie ihnen ihre Waren auf — das alte Rezept —, besonders Seide und Gewürze. Der überseeische Handel setzte damals ein, und zwar zuerst in dem Handel mit Konstantinopel. Auf Süditalien folgten Norditalien und der Reihe nach Spanien, Frankreich, Deutschland, die Mittelmeerländer und so weiter; denn überall führten die Bedürfnisse zur Warenproduktion, und überall entwickelte sich der Handel schließlich zum Welthandel und führte damit die europäische Menschheit Schritt für Schritt aus dem Mittelalter heraus.

Der Kulminationspunkt dieser revolutionären Umwälzung waren das 15. und vor allem das 16. Jahrhundert. Kann das Trecento und Quatrocento überall noch als die Zeit der Vorahnungen angesehen werden, wo es wie erstes Frühlingswehen durch die Welt ging, so wurde das Cinquecento im gleichen Maße überall das Zeitalter der höchsten Erfüllungen. An seiner Schwelle stehen die großartigsten Dokumente des Schöpferischen. Man denke nur an die herrlichen Offenbarungen der Kunst; hier entstand in allen Ländern das Reifste und Schönste auf allen objektiven künstlerischen Gebieten, die Sprache erhielt ihre tiefsten und wirkungs=vollsten Laute in der Literatur, die Malerei ihre glühendste Fülle, die Bildhauerei ihre vollendetsten Formen, die Architektur ihre imponierendsten Linien. Man denke weiter, um ein zweites Beispiel zu nennen, an die gewaltigen Ergebnisse des kauf=männischen Unternehmungsgeistes in den verschiedenen Entdeckungen. Das Interesse des wachsenden Kapitalismus an Edelmetallen und Absatzmärkten hatte kühn und verwegen das große Zeitalter der Entdeckungen inauguriert. Die Ent=deckung neuer Kontinente und das Auffinden neuer Seewege wurden zum be=deutendsten Hebel der raschen Entwicklung. Die zivilisierte Menschheit überschritt damit auf der ganzen Linie die natürlichen Grenzen Europas. War die Kirche universell, so wurde das Kapital, das überall Geschäfte machen und Profite ein=heimsen wollte, im Zeichen des Welthandels kosmopolitisch. Es wollte nicht nur die katholische, sondern die gesamte kaufkräftige Menschheit mit seinen ertrag=reichen Geschäftspraktiken beglücken. Ob Heide, Jude oder Christ, war dem Kapital schon am Anfang seiner Entwicklung genau so gleichgültig wie heute, wenn nur Geschäfte mit dem Betreffenden zu machen waren.

In Europa dagegen schweißte um diese Zeit das Kapital ebenso kräftig den Nationalstaat zusammen und schuf die Nationalsprache, was nur scheinbar im Widerspruch zu seiner sonstigen kosmopolitischen Tendenz steht. In Europa mußten die Interessen des Kaufmannskapitals deshalb zusammen=fassend und somit staatenbildend wirken, weil dieses dem dezentralisti=schen Feudaladel und der ganzen feudalen Gesellschaft gerade entgegen=gesetzte Interessen hatte. Es hatte durchaus zentralistische Interessen. Für die Steigerung der Profitrate des Kaufmannskapitales wurden die Chan=cen stets um so günstiger, eine je stärkere Zentralgewalt hinter ihm stand, die dem Namen seines Landes Geltung verschaffen konnte, das heißt: seine Handelsinteressen, seine Forde=rungen und Rechte im Ausland schützen konnte. Darum stellte sich auch der

Frauenbildnis (Eitelkeit)
98. Paolo Veronese. Galerie S. Luca, Rom
Photographie Anderson

99. Titian. Porträt des Alphonse d'Avalos und seiner Maîtresse

Kaufmann — und mit ihm die Städte, denn er war der Repräsentant der Stadt — überall auf die Seite der Fürstengewalt, die ebenfalls wiederum überall — in dem einen Lande mehr, in dem anderen weniger, je nach der vorausgegangenen Entwicklung — im Kampfe mit dem dezentralistischen Feudaladel lag. Da nun die Interessen des Handelskapitals durchaus einheitlich, also auf der ganzen Linie die gleichen waren, so mußte sich dieses Interesse auch auf der ganzen Linie siegreich durchsetzen. Die Kämpfe, die sich zwischen der fortschreitenden absoluten Fürstengewalt und dem seine Sonderinteressen vertretenden Kleinadel entwickelten, mußten ebenso auf der ganzen Linie mit dem Siege der absoluten Fürstengewalt und der Niederlage des Feudaladels endigen, der die historisch überwundene Wirtschaftsweise vertrat. Das war die historische Logik. Weil diese aber ausnahmslos und überall zu diesem Siege führte, so war dies wiederum gleichbedeutend mit dem

115

unaufhaltsamen Entstehen und Wachstum von festgefügten Nationalstaaten, im Gegensatze zu dem losen und nach außen ohnmächtigen Staatsgefüge, das der mittelalterlichen Produktionsweise entsprach und darum sämtlichen Reichen im Zeitalter des Feudalismus eigentümlich war. Die in jener Zeit so augenfällig vor sich gehende Bildung von Nationalstaaten ist darum in der Tat einzig und allein das Ergebnis der wirtschaftlichen Interessen des Handelskapitales. Mit der Bildung von Nationalstaaten vereinheitlichte sich notgedrungen auch die Sprache, entwickelten sich auch Nationalsprachen. In Hunderte von Dialekten, wie wir schon sagten, war die Sprache in der Feudalzeit geschieden, entsprechend den verschiedenartigen ökonomischen Bedingungen der einzelnen Gegend: der Dialekt einer Gegend ist zu nicht geringen Teilen ein Ergebnis ihrer spezifischen ökono

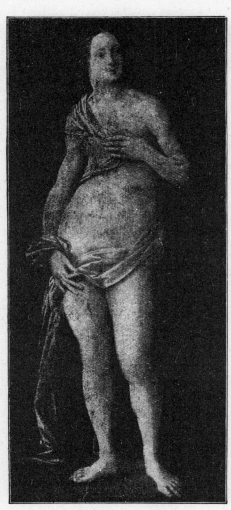

Venus

100. L. di Credi   Photographie G. Brodi

mischen Struktur, also ihres besonderen gesellschaftlichen Seins. Mit der Bildung festgefügter Nationen mußte sich aus den Dialekten eine einheitliche Nationalsprache entwickeln: die sprachliche Form der gemeinsamen und einheitlichen wirtschaftlichen Interessen dieser neuen Gesamtheit. Und von den Großstädten, den Orten, wo die staatenbildende Kraft kulminierte, mußte die Nationalsprache darum ausgehen, und von ihnen ist sie auch durchweg ausgegangen.

Der Nationalstaat und die Nationalsprache sind die wichtigsten Ergebnisse dieser Umwälzung, die im 14. bis 16. Jahrhundert vor sich ging; im letzten Grunde ihre gewaltigsten Errungenschaften, denn sie sind die Voraussetzung für die Entwicklung der stärksten Kräfte in der Menschheit gewesen. Sie sind auch die Basis der höchsten sozialen Tugend, der Solidaridät.

* * *

Dies ist die allgemeine Signatur jener Epoche, die Grundtendenz der Renaissance. Will man die Renaissance aber nicht nur in ihrem Hauptwesen, sondern auch in ihren ungeheuren Widersprüchen begreifen, die sich jedem, der sich mit ihr beschäftigt, sofort aufdrängen, so darf man sich natürlich nicht bloß mit diesen allgemeinen Linien begnügen, sondern muß mehr ins einzelne gehen. Und gerade hinsichtlich des sitt

Philipp II. von Spanien mit seiner Maitresse der Fürstin Eboli

101. Titian. Prado, Madrid

lichen Gebarens kommt dieses Einzelne besonders in Betracht. Die ungeheuren Widersprüche des gesellschaftlichen Seins beeinflußten die Zeitmoral aufs tiefste und schufen auch hier ein Bild voll der größten Widersprüche.

Wir wissen bereits, daß für den Punkt, bis zu dem die Entwicklung jeweils in der Lösung ihrer historisch fälligen Aufgaben zu gelangen vermag, die Mittel von entscheidender Wichtigkeit sind, die einer neuen Epoche zur Verfügung stehen. Das heißt also: das Erbe, das sie antritt, der Umfang der allgemeinen historischen Einsicht, mit dem sie zu rechnen hat, bestimmt am letzten Ende die schließlichen Resultate, zu denen die neue Zeit im ununterbrochenen Anstieg ge= langen kann. Das ist unschwer einzusehen. Denn wenn auch mit den neuen Interessen stets neue Ideen entstehen und Gestalt annehmen, so treten diese, um nur einen Umstand zu erwähnen, doch zuerst im Gewande der alten Zeit auf — in den Gewändern des alten werden zuerst die neuen Streite geführt —, und von der Enge oder Weite dieser alten Gewänder hängt es darum logischer= weise sehr stark ab, wie die neue Zeit in ihr marschieren kann. Die Mittel, die damals die neue Epoche zur Lösung ihrer fälligen Aufgaben vorfand, konnten nun wahrlich nicht unentwickelter sein, denn es waren eben die in den meisten Richtungen primitiven Mittel der Feudalzeit.

Schon daraus erklärt es sich, daß sich dem restlosen Erfüllen der Zeit= probleme unübersteigliche Hindernisse in den Weg stellten, und daß in der Tat, bei aller Größe und bei allem Umfang des schließlich Errungenen, doch immer nur von Unvollendetem geredet werden kann. Und wenn sich dieses Unvollendete und Halbe trotzdem so stolz und so imponierend darbietet, so beweist dies nur, wie unermeßlich die Kräfte waren, die durch das neue Wirtschaftsprinzip befreit

102. Goldschmiedevorlage
Kupferstich von Aldegrever

und entwickelt wurden. Die Tatsache, daß alle Aufgaben nur halb gelöst an die Zukunft weiter gegeben wurden, gilt selbst für die Künste. Auch hier vermochte es die Zeit nicht, ihren ganzen Kreis zu durchlaufen und bis an die letzte Grenze zu gelangen, sondern wurde von der noch unentwickelten Wirklichkeit auf halbem Wege auf= gehalten. Man denke, um nur ein Beispiel zu nennen, hiebei nur an eines der wichtigsten Probleme der Malerei, an die Darstellung der Luft, oder richtiger an die Be= wältigung der Atmosphäre, in die jeder Gegenstand getaucht ist. Dieses Problem blieb der ganzen Zeit in der Hauptsache ein Buch mit sieben Siegeln. Was sie in dieser Richtung erreicht hat, sind nur kühne Ahnungen geblieben, aber absolut keine Erfüllungen geworden. In zehnfachem Maße gilt dies für alle anderen Lebensgebiete. Überall ein grandios kühner Anstieg, der Mut, sich an die steilsten Höhen zu wagen, wie nie zuvor seit dem Ausgang der Antike und wie nur selten seit dem Ab= lauf der Renaissance, aber nirgends ein völliges Erklimmen der Spitze.

Von noch ungleich größerem Einfluß darauf, daß die Entwicklung nicht unaufhaltsam in gerader Linie nach vorwärts gehen konnte, sondern sich ständig in jähen Zickzackwendungen bewegen und darum an zahl= reichen Stellen zu fast unüberbrückbaren Widersprüchen führen mußte, ist der Umstand gewesen, daß die feudale Produktionsweise nicht nur an vielen Orten nicht aus= geschaltet wurde, sondern daß für ihre Erhaltung noch die vollen Existenzbedingungen gegeben waren. Die geschilderte revolutionierende Wirkung des Kaufmanns= kapitals hat sich zuerst nur auf einige Punkte beschränkt, freilich auf die wichtigsten, und zwar auf jene Orte, die sich infolge ihrer geo= graphischen Lage oder infolge der historischen Situation zu Stapelplätzen des Handels entwickelten. Das heißt also, vor allem auf die Hauptstädte der sich bildenden Nationen, die meistens gleichzeitig auch zu Hauptstädten wurden. Ja, sogar hier spielte der Feudalismus mitunter noch sehr stark herein, da ja die Städtebewohner teilweise noch unendlich lange zugleich Ackerbürger blieben, in Berlin zum Beispiel bis weit ins 19. Jahrhundert herein. Gleichwohl wurde in den Städten der Boden der Gesellschaft in wenigen Jahrzehnten umgewälzt, aber die Entwicklung in die Breite, von der Stadt aufs Land hinaus, ging ungemein langsam vor sich. Geographische Abgeschlossenheit und Abgeschiedenheit führte, wie schon vorhin gesagt, in jedem Lande in zahlreichen Bezirken dazu, daß die feudale Produktionsweise sich noch jahrhundertelang erhielt und man nur in ganz

102 Der Nürnberger Tugendbrunnen

beschränktem Maße für den allgemeinen Warenhandel, dagegen in der Hauptsache nach wie vor für sich und die Bedürfnisse der Gemeinde und höchstens für die der benachbarten Dörfer produzierte.

Für das Gesamtbild der Renaissance war das Resultat daher ein seltsames Gemisch der beiden Produktionsweisen, der des Feudalismus in seinen verschiedenen Stadien, von der vollen Blüte bis zum Absterben, und der des aufkommenden Kapitalismus in ebensoviel Stadien der Entwicklung. Auf das Denken, Fühlen und Handeln übertrug sich dies in ebensoviel Unterschieden, es resultierte ebenfalls, wie schon gesagt, in zahlreichen unüberbrückbaren Widersprüchen.

Wenn man dieses im Hinblick auf unser spezielles Thema noch näher begründet, muß man sagen: dadurch erklärt es sich, daß neben den revolutionärsten Forderungen, die man im Denken und Handeln aufstellte, und die gerade in der

119

Bildnis einer schwangeren Frau
104. Raffael(?). Galerie Pitti. Florenz. Photographie
Alinari

Moral zu den kühnsten Konsequenzen führten, — daß neben der Schrankenlosigkeit im Niederreißen und Neuordnen mit ihren absolut modern anmutenden Resultaten noch ebensoviel Rudimente alter Moralanschauungen weiterwirkten, die noch völlig im feudalen Boden der Gesellschaft wurzelten. Diese alten, überkommenen Ideen unterlagen den Anstürmen der neuen Zeit schließlich um so langsamer und erwiesen sich in gleichem Grade um so zäher, je mehr die Logik der neu in die Welt gekommenen Tatsachen an der vorgefundenen primitiven Wirklichkeit Schiffbruch erlitt. Und das war eine unvermeidliche Erscheinung, die sich, von der Mitte des 16. Jahrhunderts an, allmählich auf allen Gebieten einstellte, weil eben nirgends die Bedingungen zu einer andauernden organischen Weiterentwicklung gegeben waren. Es ist dies die Tragik alles wirklich Revolutionären: Weil dieses über sich hinaustreibt, also über die Grenzen der momentanen Wirklichkeit, zerschellt es unbarmherzig bei einem gewissen Punkt an dieser unentwickelten, an dieser zurückgebliebenen Wirklichkeit. Der Wirrwarr, der bei einem solchen Ereignis dann stets entsteht, leitete die herrschende Unklarheit über das Wesen des sich hier vollziehenden Prozesses dann stets auf „die gute alte Zeit“ zurück. Zur Sünde wider die angeblichen Gesetze der Natur wurde dann in der Vorstellung der Menschen, was in Wahrheit nur die unvermeidliche Begleiterscheinung jedes Entwicklungsprozesses ist. Zur Tugend dagegen wurde das, was im letzten Grunde die Ursache davon gewesen ist, daß sich das Neue, das Vollkommenere, das die historische Logik auf seiner Seite hatte, zur Unnatur geformt hat. . . .

Jede Entwicklungstendenz entschleiert ihre Geheimnisse erst bei einem bestimmten Grad der Reife; der Kapitalismus, der mit der Entstehung des Welthandels im 15. Jahrhundert in die Weltgeschichte eintrat, mußte erst die ungeheure Expansion erlebt haben, die er im 19. Jahrhundert durchmachte, damit man sein Wesen und seine Gesetze erkennen konnte. Und darum ist es auch erst unserer Gegenwart möglich, in dem Tohuwabohu des 15. und 16. Jahrhunderts das Organische, Logische und Wesentliche jener gewaltigen Revolutionsepoche zu sehen und klar das Neue vom Alten zu trennen.

❦   ❦   ❦

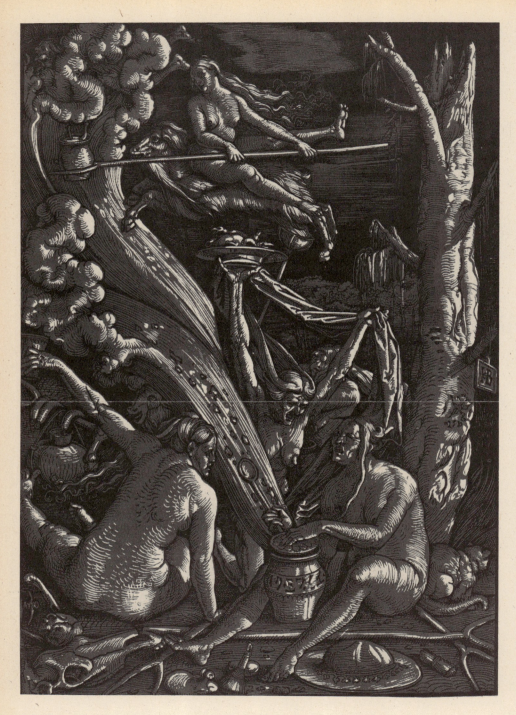

Die Hexen

Holzschnitt von Hans Baldung Grien

Was hier über das Wesen der Renaissance gesagt ist, gilt für alle Kapitel des vorliegenden Bandes. Denn es bestimmte in gleicher Weise die Schönheits‹begriffe jener Zeit, die neuen Formen der Ehe, die Entwicklung und Hemmnisse der individuellen Geschlechtsliebe, die ersten Formen der Frauenemanzipation, die Gesetze des Anstandes und der Mode, die verschiedenartige Stellung zur Prostitution und so weiter.

Aus diesem Grunde sind diese Ausführungen auch als die besondere Ein‹leitung zu diesem Bande zu betrachten. Wenn wir nun davon absehen, dies auch in der äußeren Einteilung zum Ausdruck zu bringen, und uns damit begnügen, diese Ausführungen an die Spitze des ersten, die Renaissance direkt betreffenden Kapitels zu stellen, so veranlassen uns dazu rein technische Gründe, die in der von uns erstrebten umfangreichen bildlichen Illustration des Werkes ihre Haupt‹ursache haben. Weil wir die bildliche Illustration niemals von dem früher meistens geübten Standpunkte ansehen, daß die bildlichen Beigaben mehr oder weniger nur ein Element seien, das seine Aufgabe erfüllt hatte, wenn es dazu beitrage, ein Buch für den Leser unterhaltsamer zu machen, sondern weil wir, wie wir oben schon (Seite 8 u. fg.) ausführten, im Bilde einen integrierenden Bestandteil unserer gesamten Geschichtsdarstellung erblicken, so folgt daraus, daß die Bilder auch, so gut das irgendwie einzurichten ist, organisch mit dem Text verbunden sein sollen. Davon kann und soll nur die Illustration der Einleitung eine Ausnahme machen; diese soll auch im bildlichen Schmuck kursorisch den Gesamtcharakter illustrieren. Nun ist aber diese Aufgabe von uns bereits bei dem vorhergehenden Kapitel erfüllt, und es bliebe somit für diesen Abschnitt nichts übrig, als ihn ohne Illustrationen zu lassen. Das aber verbietet uns neben dem schon genannten Streben nach mög‹lichst umfangreicher bildlicher Kommentierung noch die Notwendigkeit, das Buch auch in seiner äußeren Wirkung einheitlich zu gestalten. Darum, wie gesagt, begnügen wir uns, diese Analyse des Wesens der Renaissance an die Spitze des ersten Kapitels über die Renaissance zu stellen.

*

Das physische Schönheits‹ideal der Renaissance. Der Mensch ist das Maß aller Dinge und der Mensch als physische Erscheinung und als körperlicher Begriff die selbstverständ‹liche Voraussetzung der geschlechtlichen Moral; denn er ist ihr Instrument. Darum müssen wir auch den darstellen‹den Teil dieser Arbeit mit der Schilde‹rung der Anschauungen und Ideale beginnen, die hinsichtlich des mensch‹lich Körperlichen in der Renaissance geherrscht haben. Dieser Ausgangs‹

Die iiij. fabel von dem pfawen vnd der göttin vnd der nachtgallen.

Juno

105. Illustration zu einer Fabel. Holzschnitt aus dem 15. Jahrhundert

121

Porträt einer jungen Frau

106. Paris Bordone: Kaiserliche Gemäldegalerie, Wien.
Kollektion Hanfstaengl

punkt ist für die Renaissance noch mehr geboten als für jedes andere Zeitalter, weil, wie wir oben dar‹ legten, hier sozusagen für das zivili‹ sierte Europa eine völlig neue Mensch‹ heit entstand. —

In schöpferischen Zeiten ist alles von erotischer Sinnlichkeit ge‹ sättigt. Denn schöpferisch und sinn‹ lich sind synonyme Begriffe. Das Erotisch‹Sinnliche ist der physische Ausdruck des Schöpferischen. Da‹ rum ist jede revolutionäre Epoche zugleich eine Epoche gewaltiger erotischer Sinnlichkeit, und darum ist die Renaissance trotz der vielen entgegengesetzten Tendenzen, von denen sie durchkreuzt war, ein ein‹ ziges Zeitalter der Sinnlichkeit. Diese Tatsache muß sich natürlich in allen Lebensformen und in allen geistigen Reflexen des Lebens, in den größten wie in den kleinsten, präg‹ nant zum Ausdruck ringen. Alles, worin das Schöpferische sich sinnlich betätigt, wird bevorzugt; man hat sozusagen nur noch Augen dafür.

Die Sinnlichkeit wird damit notwendigerweise das einzig Naturgemäße. Es ist sozusagen die einzige Vorstellungsmöglichkeit, die der Geist, die Logik zuläßt. Anders kann man sich die Dinge gar nicht mehr vorstellen. Es ist die einzige Vernunft der Zeit. Nicht daß dies ein bewußter Akt wäre, der sozusagen programmatisch verfochten und erfüllt wurde, — absolut nicht; aber die Zeit mag anfassen und gestalten, was sie will, — immer stellt sich die Sinnlichkeit als der starke mitklingende Unterton ein. Und da das Schöpferische zugleich das Wesentliche des Lebensprozesses ist, so beruht darin zugleich auch das Geheimnis des Ewigkeitswertes, der allen Produkten solcher revolutionären Zeiten zukommt. Alles, was wirkliches Leben enthält, ist unsterblich, ist unvergänglich. Und diese Unsterblichkeit erhebt sich stets zu um so gewaltigeren Höhen, je größer die Summe der sinnlichen Potenz gewesen ist, die die Zeit des Entstehens erfüllt hat.

Selbstverständlich müssen auch alle geistigen Reflexe des gesellschaftlichen Seins der Menschen in der Renaissance von Sinnlichkeit erfüllt sein. Und sie sind es auch. Wie sich nun die allgemeine Tendenz der Sinnlichkeit in der körper‹ lichen Anschauung ausprägte, — das zu zeigen ist die spezielle Aufgabe des vor‹ liegenden Kapitels.

Jede Zeit und jede Gesellschaft ideologisiert sich. Und zwar in ihren sämtlichen geistigen Offenbarungsformen. Sie ideologisiert sich in ihrer Philosophie, in ihrer Wissenschaft, in ihren Rechtssystemen, in ihrer Literatur, ihrer Kunst, ihren Lebensregeln, und nicht zum mindesten in ihren Vorstellungen vom Körperlichen. Das letztere geschieht, indem sie bestimmte Gesetze der Schönheit aufstellt und dadurch einen Typ konstruiert, den sie zum Ideal erhebt. Da die sämtlichen Ideologien einer Zeit von deren Wesen abhängig sind — denn Ideologien sind ja nichts anderes als die besonderen Lebensgesetze und Lebensinteressen der Haupttendenz eines Zeitalters in übertragenem Sinne —, so sind auch alle Ideologien um so großartiger und um so kühner, je gewaltiger der Sieg der Menschheit ist, den eine neue Epoche darstellt, und je umfangreicher die Möglichkeiten sind, die sich der Zeit dadurch aufgetan haben. So

Die Badende (Bathseba)
107. Memling. Staatliche Galerie, Stuttgart

123

mußten denn alle Ideologien, die sich die Renaissance geschaffen hat, von Größe erfüllt sein. Diese Größe hat ihren höchsten Ausdruck sicher in der künstlerischen Nachbildung des Menschen gefunden, diese aber ist natürlich nur der Reflex der allgemeinen Vorstellungen vom Körperlichen in dieser Zeit.

Die Renaissance mußte im Körperlichen davon ausgehen, daß sie den Menschen als physische Erscheinung von neuem entdeckte; und davon ist sie auch ausgegangen. In der asketischen, an keine bestimmte Landesgrenze gebundenen, sondern den ganzen Machtbereich der katholischen Kirche umspannenden Weltanschauung des Mittelalters ist der Körper nur die vorübergehende und vergängliche Hülle der unsterblichen Seele. Wie die mittelalterliche Weltanschauung aber die überirdische Seele zum höchsten Begriff und zum einzigen Zweck des Lebens entwickelte, mußte die körperliche Hülle der Seele, weil sie deren letzten Zwecken immer hinderlich war, in der Vorstellung zum verächtlichen Anhängsel herabsinken.

Was sich verlieren läßt, eigne sich keiner an! Denk an das Bleibende, Herz, strebe himmelan:
Die Welt nimmt ihr Geschenk von jedermann. Selig ist in der Welt, wer sie verachten kann!

So sang Bernhard von Clairvaux, einer der sprachgewaltigsten Dichter der mittelalterlichen Askese um die Mitte des 12. Jahrhunderts. Der Körper ist dem Mittelalter nur ein Fraß für Würmer und Maden. Die Ideologie des Mittelalters entwickelte darum den körperlichen Menschen nicht, oder richtiger: sie entwickelte ihn nur negativ, nämlich zu der Form, in der er der Bestimmung seines überirdischen Inhaltes am wenigsten hinderlich war: als Schemen, als Schemen der Seele.

Im Bade
108. Rembrandt. Porträt der Hendrikie Stoffels

Selbstverständlich ist damit nicht gesagt, daß das Sinnliche im Mittelalter absolut ausgeschaltet gewesen sei. Nicht nur, daß zu allen Zeiten „das Fleisch stärker ist als der Geist" und sich darum die sinnliche Lebensbetätigung von der Askese als Programmsatz der mittelalterlichen Lebensanschauung nicht ausschalten ließ, — außerdem war, wie jede, auch die Gesellschaft des Feudalzeitalters nicht homogen. Sie schied sich in jedem Lande in verschiedene Klassen. Und da, wie wir im vorigen Kapitel nachgewiesen haben, eine herrschende Klasse sehr wohl eine bestimmte Ideologie bei den Massen stützen kann, ohne sich selbst an deren Satzungen gebunden zu halten, so hat die kirchlich=strenge Lehre von der Askese

Die drei Grazien
109. Peter Paul Rubens. Prado, Madrid. Kollektion Hanfstaengl

die Kreise des höfischen Feudaladels nirgends abgehalten, für sich in ihrem
Minnedienst eine spezifische Klassenideologie zu schaffen, die ausschließlich aufs
Sinnlich=Genießerische gerichtet war. Der romantische Frauendienst im Minne=
zeitalter war gerade in seiner perversen Verschrobenheit sehr realistisch. Die
Satzungen der Liebeshöfe drehten sich mit keinem Wort um die unsterbliche
Seele, wohl aber mit jedem um den minniglichen Leib. Und wenn wir in diesem
Sinnenkult auch die ersten Keime der individuellen Geschlechtsliebe haben,
so war der dem Minnedienst frönende Adel doch eine niedergehende Klasse,

125

Trachtenbild

110. Nach einer holländischen Miniatur aus dem 15. Jahrhundert

und aus diesem Grunde bestand seine Sinnlichkeit nur im Raffinement des Genusses; sie war nicht schöpferisch manifestierend, sondern dekadent, spielerisch und darum ausschließlich lasziv. Aus der zudem unvermeidlichen Verquickung mit den Idealen der mittelalterlichen christlichen Weltanschauung erwuchsen die mystischen Liebesideale der Ritterzeit am letzten Ende zu nichts anderem als zu systematisierter Lüsternheit. Und davon ist auch das sinnliche Schönheitsideal des Rittertums ein vollgültiges Zeugnis: es war die Pointierung des Physischen in der Richtung des raffinierten Genießens.

Zu alledem trat die überall den nationalen Rahmen und eine Massenkultur entwickelnde Renaissance in einen strikten Gegensatz. Sie setzte, weil sie von einer aufsteigenden Klasse getragen war, dem Raffinement die kraftstrotzende Ideologie der Gesundheit entgegen. Dadurch aber wurde die Renaissance in des Wortes vollem Sinne wirklich. Sie holte den Himmel auf die Erde herunter und entkleidete die Dinge ihres mystischen Charakters. In erster Linie tat sie dies gegenüber dem Menschen.

Da die Renaissance sich auf dem Welthandel aufbaute und das Zeitalter der Entdeckungen inaugurierte, entriß sie den Menschen dem Jenseits, dessen Eigentum er bisher gewesen war, und machte ihn sich selbst zu eigen: jeder wurde entweder als Käufer oder als Verkäufer ein wertvolles Objekt ihres Interesses. Damit rückte aber von selbst der Mensch in den Mittelpunkt der Erscheinungswelt, und zwar der Mensch als physischer Begriff und nicht bloß als erbärmliche Hülle einer unsterblichen Seele, was er ehedem gewesen war. Das Objekt „Madensack" wurde zum Subjekt.

Damit entstanden ein vollständig neuer Adam und eine vollständig neue Eva. Nicht daß die Menschen an sich anders wurden. Nein, nur das Programm, nach dem man sich den Menschen „malte", wurde ein anderes. Nie haben die überirdischen Schattengestalten der mittelalterlichen Heiligenbilder gelebt, aber auch nie die im entgegengesetzten Sinne überirdischen Heroengeschlechter des Rubens. Mit anderen Worten: das sinnliche Programm, das man sich von Adam und Eva hinfort machte, änderte sich dem veränderten gesellschaftlichen Sein der Menschen entsprechend. Und da jeder neue Zustand alsbald sein neues Ideal entwickelt, so gestaltete sich dieses ebenfalls entsprechend. Der Mensch, der nicht mehr bloß Instrument der überirdischen Seele ist, sondern Instrument des irdischen Lebens, entwickelte sich folgerichtig zu einem idealen Instrument der irdischen Freuden: darin bestand die erneute Entdeckung des Menschen.

Das Schönheitsideal einer jeden Zeit ist, wie schon vorhin gesagt wurde, abhängig vom Grundcharakter der betreffenden Zeit. Denn so wenig, wie es eine ewige sittliche Idee gibt, so wenig gibt es absolute Schönheitsbegriffe, es gibt deren Hunderte, und sie haben stets ihre Maßstäbe in ihrer Zeit selbst, genau so wie die Sittlichkeit, weil sie wie diese notwendige und untrennbare Bestandteile der einzelnen Kulturen sind. Aber die fortgeschrittene Erkenntnis hat uns auch auf diesem Gebiete einen Maßstab geschaffen, an dem wir die verschiedenen Schönheits- begriffe in Vergleich zueinander stellen und gegeneinander abwägen können, einen Maßstab, der uns die Linie der Entwicklung finden und uns erkennen läßt, ob diese nach oben oder nach unten geht, geradeaus oder seitwärts abbiegt. Dieser Maß- stab ist das Gesunde, das Natürliche in der Pointierung dessen, was als schön gilt. Das Natürliche ist gleichbedeutend mit der sogenannten Zweckschönheit, die wiederum vom Rassencharakter abhängig ist. Eingeschaltet sei hier eines: da es sich im gesamten Europa ausschließlich um die sogenannte mittelländische Rasse handelt, so muß die Zweckschönheit in Europa natürlich überall die gleiche sein. Auf die sich hier nun ergebende Frage, was dem Wesen der Zweckschönheit entsprechend als schön und darum als natürlich anzusehen sei, ist zu antworten: das prinzipielle Streben nach den Polen des Männlichen und Weiblichen. Die

möglichst klare Her- ausarbeitung aller der physiologischen Eigentümlichkeiten, die den Mann von der Frau, die Frau vom Manne unter- scheiden; das kate- gorische Ausmerzen des Weibischen aus dem Männlichen und wiederum um- gekehrt. Oder kurz gesagt: die deutlich- ste Ausprägung des Geschlechtscharak- ters bei Mann und Weib gilt als Voll- kommenheit. Man sicht: diese Auf- fassung des Körper- lichen ist durchaus sinnlich, denn Zweck- schönheit ist niemals etwas anderes als erotische Schönheit.

Junge Frau stellt ihre Schönheit naekt zur Schau

111. Handzeichnung aus dem 15. Jahrhundert

Darum wird auch im letzten Grund der Sinnenmensch zum Idealtyp erhoben. Das ist der Mensch, der am geeignetsten ist, Liebe, und zwar im streng animalischen Sinn — starke geschlechtliche Lust beim anderen Geschlecht — zu erwecken. Gilt das vom Ganzen, so gilt das auch vom Einzelnen, das heißt also auch von der Wertung der einzelnen Schönheiten bei Mann und Frau.

In diesem Sinne hat die Zweckschönheit in der Renaissance gesiegt, und zwar im ausgesprochensten Maße, weil es sich um eine revolutionäre Zeit handelte. Hier hat die Zweckschönheit seit der Antike ihre höchsten Triumphe gefeiert. Denn schöpferische Zeitalter sind nicht nur immer gesund, sondern in ihnen strotzt alles, wie wir im ersten Abschnitt dieses Kapitels dargelegt haben, förmlich von Gesundheit. Der Mann gilt als vollkommen, also als schön, wenn ihn die physischen Merkmale auszeichnen, die seiner geschlechtlichen Aktivität entsprechen: Kraft und Energie. Die Frau gilt als schön, wenn sie zu dem ihr von der Natur zugewiesenen Mutterberuf körperlich am vorteilhaftesten ausgestattet ist. Obenan steht der Busen, die Nährquelle des Lebens. Er kommt um so mehr zu seinem Recht, je mehr die Renaissance vorschreitet. Man bevorzugt weiter im Gegensatz zum Mittelalter, das bei der Frau die schmalen Hüften und möglichst schlanken Glieder liebte, breite Hüften, pralle Lenden, stramme Schenkel.

In J. B. Portas Menschlicher Physiognomie, die im 16. Jahrhundert in Frankfurt erschien, liest man die physische Erscheinung des Mannes also beschrieben:

112. Albrecht Dürer. Nürnberger Trachtenbild

Sind derowegen die Männer von Natur eines großen Leibs, haben breite Angesichter, die obersten Augbrauen etlichermaßen eingebogen oder gekrümmt, große Augen, viereckigte Kinn, dicke und spannädrige Hälse, starke Schultern und Ripp, breite Brüste, hohle Bäuche, beinigte und scheinbare Hüftscheiben, spannäderige, gleichigte und starke Oberschenkel und Arme, harte Knie, spannäderige Schienen, hinabwärtsgezogene Waden, spannäderige Knoten, gleichigte Füße, große, wohlformirte und spannäderige Hände, starke, große und weit voneinander ragende Schulterblätter, große, starke und mit Rippen wohlversehene Rucken, der Ort zwischen dem Rucken und Lenden gleicheckigt und voller Fleisch, beinigte starke Lenden, rahne Arsbacken, hart und trocken Fleisch, langsamen Gang, große und grobe Stimme und so fort an. Von Gemüth und Sitten aber sind sie großmüthig, unerschrocken, gerecht und redlich, einfältig und des Siegs begierig.

Von einer schönen Frau entwirft Ariost in der Schilderung einer seiner Heldinnen im Rasenden Roland das folgende Bild:

Die Achtzehen Schön einer Junckfrawen.

Nechten zu Abendt ich spatzieret/
Auff freyem Marckt vnd Phanta=
siret/
Zu machen ein newes Gedicht/
In dem da kam mir zu Gesicht/
Ein Junckfraw gar höflich geziert/
Vnd Adelich Gelied maßiert/
Dergleich ich mein Tag nie hett gsehen/
Deß ward ich zu mir selber jehen/
Warhafft die Schön der Junckfraw da/
Vergleicht der schön Lucretia/
Deß ich mich hoch verwundern gund/
Vnd da gleich stockstiller stund/
Vnd dacht wer nur die Junckfraw wer/
In dem die zart trat zu mir her/
Mit leysen Tritten fuß für fuß/
Vnd grüsset mich mit Worten süß/
Vnd sprach: Weß ich thet warten hie/
Ich sprach: Zart Junckfraw mercket wie/
Ich steh zu schawen ewer Schön/
Die ich ob allen Weiben krön/
Wann ich sah nie schöner Figur/
Der siben Schön tragt ihr ein Chur/
Die doch all siben tragen ihr/
Da sprach die zart Junckfraw zu mir/
Seind denn der Schön nit mehr dann siben/
Wa habt ihr das funden geschriben/
Ich sprach: Ich hab bey meinen Tagen/

Von siben Schönen hören sagen/
Sie sprach: Der Schön seind wol achtzehen/
Die Natürlichen Maister sehen/
Die werden außgethailt darbey/
In sechs thail/jeder Thail hat drey/
Drey kurtz sind im ersten anfang/
Darnach in dem andern drey lang/
Vnd zu dem dritten sind drey lind/
Vnd zum vierdten drey schneeweiß sind/
Vnd zum fünfften drey Rosenrot/
Zum sechsten drey Kolschwartz sind not.
Ich sprach: Der ding versteh ich nicht/
Ich bitt der Sach mich daß bericht/
Wann ich nie liebers hört auff Erde.
Sie sprach: Seyd ihr dann das begehrt/
So will ich euch die vbersummen/
Ohn eine die sey außgenommen/
Als ihr werd hören an dem end.
Von erst hab ich drey kurtz genennt/
Das sind zwey kurtz Ferßlein schön/
Das dritt ein kurtz gespalten Kien/
Nach dem drey lang/sagt man vor zeiten/
Zu erst zwo lang geronig Septen/
Das dritt ein lang goldgelbes Haar.
Drey lind der solt ihr nemmen war/
Das erst zwey zarte Händlein sind/
Vnd auch ein Bäuchlein waich vnd lind.
Zu dem bierdten drey schneeweiß seyn/

Die ersten zwey weisse Brüstlein/
Die dritt ein weisses Hälslein ist.
Die fünfften drey Rosenrot wist/
Zwey rothe Wenglein thu ich fund/
Die dritt ein Rosenfarben Mund.
Die sechsten drey schwartz als ein Kol/
Zwo sind zwey schwartze äuglein wol/
Die leist schwartz ich nit nennen kan/
Ist die ich außgenommen han/
Der Schön ihr sibenzehen hat/
So ihr die Achtzehende erahrt/
So schenck ich euch diß Kräntzlein grün.
Ich sprach: O zarte Junckfraw schön/
Ich bin jetzt darauff nit bedacht.
Sie sprach: Nimbt ziel die langen Nacht/
Vnd Morgen biß auff dise Zeit/
So kompt her vnd mich deß bescheydt/
Mit dem die Zart schied von jhm hin.
Nun ich die Nacht gelegen bin/
Vnd hab mich auff die Schön besunnen/
Aber ich hab die nit gefunnen/
Was die dritt Kolschwartz Schön mag seyn/
Darumb komb ich zu euch herein/
Euch zu fragen vmb Rath vnd Lehr/
Was die dritt Kolschwartz Schöne wer/
Das mir würd deß Kräntzleins Geschmack/
Verargt mirs nit/das bitt Hans Sachs.

Zu Augspurg/bey Georg Jäger Brieffmaler/in Jacober Vorstatt/im kleinen Sachsengäßl.

Die achtzehn Schönheiten einer Jungfrau

Illustriertes Gedicht von Hans Sachs. Augsburger Flugblatt. 16. Jahrhundert

„Schnee ist der Hals, die Kehle Milch, geründet
Der schöne Hals, der Busen voll und breit.
Und wie das Meer nun anwogt und verschwindet,
Wenn linder Hauch der Wellen Spiel erneut,
So wogt das Apfelpaar — das andr' ergründet,
Was noch verhüllet wird von dichtem Kleid,
Nicht Argus Blick; doch jeglicher erachtet,
Es sei so schön, als was man schon betrachtet.
Den schönen Arm, von rechtem Maße, endet
Die weiße Hand, von Elfenbein gedreht,
Länglich und schmal, an der, wie sie sich wendet,
Hervor kein Knöchel, keine Ader steht.
Der kurze, runde, nette Fuß vollendet
Die herrliche Gestalt voll Majestät;
Es strahlet durch der Schleier dichte Hülle
Hervor der Engelreize Fülle."

Da jede revolutionäre Zeit in ihrem
großen Schöpferdrange stets über das Nor=
male hinausgeht, so begnügt sie sich nicht
mit der Entwicklung einer Normalfigur,
sondern sie übertreibt immer das Wesent=
liche. Und darum entwickelte die Renais=
sance ihr physisches Ideal auch förmlich
zum Heldengeschlecht. Beim Manne liebt

113. Martin Schongauer. Trachtenbild

man nicht bloß die breite Brust, sondern die herkulische Erscheinung; er soll,
wie schon gesagt, Apoll und Herkules in einer Gestalt sein. Sein Gesicht muß
den Zug starker Energie tragen; drum gilt einzig die Adlernase als schön. Und mit
Erfolg züchtet man förmlich ein solches Produkt. Über den Engländer aus der
Zeit der englischen Renaissance sagt G. Brandes in seinem Werke über Shakespeare:

„Ein junger englischer Lord der damaligen Zeit war eines der edelsten Produkte der Mensch=
heit, ein Mittelding zwischen einem Apollo von Belvedere und einem preisgekrönten Hengste in
Menschengestalt; er fühlte sich ebenso sehr als Mann der Tat wie als Künstler."

Bei den Frauen liebt man die großen Formen, die über das Zierliche und
Niedliche hinausgehen; sie sollen, wie ebenfalls schon gesagt wurde, Venus und
Juno zugleich sein. Die Frau, deren Mieder von strotzendem Reichtum kündet,
steht am höchsten im Wert, drum prahlt auch schon die Jungfrau mit stattlichen
Brüsten. Nach Brantôme verdient die majestätisch gebaute Frau die höchste Be=
wunderung: großer, imposanter Wuchs, voller, stattlicher Busen, breite Hüften,
pralle Lenden — die Schönheit der Venus Callipygos in ausgesprochenem Maße —
und einen ebensolchen Gliederbau: volle Arme und stramme Schenkel, „die in
der Umklammerung Riesen zu erdrücken vermögen." Das ist nach Brantôme die
wahrhaft schöne, die königliche Frau. Es sind die Frauen des Rubens, wie sie
in den drei Grazien zu unsterblichem Leben erweckt sind (Bild 109). Der An=
blick solcher Frauen ist die höchste Freude, denn ihr Besitz und ihre Liebe gewährt
dem Manne die höchste Wonne. Im Anschluß an ein Liebesabenteuer, das
Brantôme von einer majestätisch gebauten Frau erzählt, schreibt er:

Von dem Wannenkremer vnd der kaufleut hã
tierung/geiſtlich vnd weltlich/wie man ſich halten ſol/vil hübſcher vnderweiſ
ung/damit ein yeglicher ſein ſeel vor ewigem verkauff bewar/zwentzig predige.

114. H. Folz. Trachtenbild. Holzschnitt. 1516

Deshalb verdienen die stattlichen Frauen den Vorzug, wäre es auch nur wegen ihrer Grazie und Majestät; denn in diesen Dingen werden sie ebenso wie bei andern Handlungen und Verrichtungen geschätzt; gleichwie die Führung eines großen und schönen Streitrosses hundertmal angenehmer ist und dem Reiter mehr Freude macht als die eines kleinen Kleppers.

Dieses ist die Grundtendenz der Zeit, die alle Länder beherrschte, wo der neue Entwicklungsfaktor in Aktion trat. Darum ist das Resultat auch insofern gleichartig, als überall der neue Mensch gebildet wurde, als überall das Körperliche in den Mittelpunkt rückte und die körperliche Schönheit überall in der Richtung des pointiert Sinnlichen gefunden wurde, — das zusammen ist das in erster Linie Gemeinsame und zugleich das in allen Ländern Augenfälligste. Und noch in einem zweiten Punkt herrschte Gemeinsamkeit: in dem Mittel, mit dem man die neue Aufgabe der Zeit löste. Dieses Mittel war überall das Schönheitsideal der Antike, das sich ganz von selbst in allen Ländern aufdrängte, wie man ebenfalls ganz von selbst darauf zurückgriff. Denn jede neue Zeit greift nach jenen Denkformen der Vergangenheit zurück, in denen sie ihre eigenen Probleme scheinbar schon gelöst findet. Und als solche drängen sich dann stets jene auf, die einst einem gleichen Inhalt des Lebens gedient hatten — das waren in diesem Falle jene der Antike; denn die geistige Kultur der Antike hatte sich einst ebenfalls aus dem Warenhandel entwickelt. Aber auch nur in diesen beiden Punkten besteht das Gemeinsame. Dieselbe Tendenz und derselbe Anknüpfungspunkt bedingte nicht, daß die sämtlichen Vorstellungen, die in den verschiedenen Ländern sich bildeten, ebenfalls uniform wurden, sich in einem einzigen Ideal sammelten, das dadurch ein gleiches wurde für alle Länder. Dieselbe Tendenz kann zu verschiedenen Schönheitsidealen führen, und sie muß zu den verschiedensten führen, gemäß der im ersten Kapitel geschilderten Faktoren, wenn die historische Situation in den einzelnen Ländern jeweils eine andere ist. Denn jedes Land variiert die allgemeinen Vorstellungen von der Rassenschönheit genau so in der Richtung seiner besonderen Interessen, wie es die Satzungen der Moral variiert. Und nicht nur jedes Land verfährt so, sondern sogar jede einzelne Klasse. Jede Klasse konstruiert sich stets ihren eigenen Apoll und ihre eigene Venus. Dieser Prozeß ist durchaus logisch und darum ein untrennbarer Bestandteil jeder Klassenideologie. Denn auch die Schönheits≈ begriffe sind Ausflüsse des besonderen Klasseninteresses. Die Tatsache dieses Vorganges wurde seither, weil man das Wesen des Vorganges nicht begriff, meistens mit „vollkommener oder unvollkommener“ Vorstellung vom Schönen be≈ zeichnet. Was die denkbar schiefste Begriffsbestimmung ist.

Da die historische Situation in der Renaissance in jedem Lande eine andere war, so mußten auch die Schönheitsideale der verschiedenen Länder wenn auch im Wesentlichen gleich, so doch im einzelnen stark voneinander

abweichen: Italien mußte sich andere bilden als Frankreich, als Deutschland, als Holland, und alle mußten unter sich ver≈ schieden sein, weil in jedem dieser Länder die Machtverhält≈ nisse der verschiedenen Klassen zu einander andere waren. Da≈ rum haben wir in der Renais≈ sance ebensoviel Variationen des auf der Zweckschönheit sich aufbauenden Rassenideals, wie wir verschiedenartige Stufen in der damaligen gesellschaftlichen Entwicklung zu verzeichnen haben. Italien, Spanien und Frankreich waren infolge ihrer gesamten Entwicklung aristo≈ kratisch, also mußten dort die Schönheitsbegriffe sich zu einem aristokratischen Ideal verkörpern, und Apoll und Venus sind auch dort durchaus aristokratisch. Zu einem reinen Göttergeschlecht, das von aller Kleinlichkeit des Erdenlebens befreit ist, wurde der Idealtyp des Menschen hier emporgesteigert. Wo außerdem die Natur, wie in Italien, zu Hilfe kam, entstand natürlich die höch≈ ste Form dieses Ideals, was hier freilich wesentlich noch dadurch unterstützt wurde, daß in den

115. H. Holbein. Basler Trachtenbild. 15. Jahrhundert

131

reichen Resten der Antike und deren nie völlig ausgestorbenen Traditionen sich der Lösung dieser Aufgabe die höchstentwickelten Mittel zur Verfügung stellten (Bild 6, 11, 22. 85, 91, 98, 100 und 106). Andererseits mußte in Frankreich und Spanien, wo der Absolutismus schon den gesamten gesellschaftlichen Organismus umspannte, das Schönheitsideal der Frau sich in einer Richtung entwickeln, die sie zugleich als das delikateste Genußwerkzeug erscheinen ließ (Bild 89). Die gesellschaftliche Situation Deutschlands war in seiner Hauptwesensart kleinbürgerlich; seine gesell‹ schaftliche Physiognomie erhielt es in der Hauptsache vom Handwerk, das damals seine höchste Blüte in Deutschland erlebte, — durchaus kleinbürgerlich ist daher der Schönheitstyp gewesen, der sich in Deutschland herausbildete (Bild 94 und 102). In Holland ist die bürgerliche Entwicklung auf die solidesten und massivsten Beine gestellt worden; robust und gesund ist in jeder Linie daher der Typ, der dort zum Schönheitsideal wurde (Bild 84 und 108). Flandern hatte um die Wende des 16. Jahrhunderts die größte ökonomische Expansion zu verzeichnen; hier erwuchsen darum jene übermenschlichen Formen eines Rubens zum höchsten Schönheitsbegriff (Bild 109 und Beilagen). Und so weiter.

In dieser Weise scheidet sich damals ein Land klar und deutlich vom andern, um sich freilich ebenso augenfällig in einem anderen wieder zu einigen: weil ein gewaltiger revolutionärer Drang durch die gesamte Kulturmenschheit ging, eignete allen Schönheitsidealen dieser Zeit ohne Ausnahme eine große heroische Linie. Es ist dies der Ewigkeitsstempel, den große revolutionäre Epochen stets allen ihren Ge‹ bilden aufdrücken.

* * *

Was eine Zeit auf den Schild erhebt, damit treibt sie stets auch einen Kultus. Auf den Schild hat jene Zeit den physischen Menschen gehoben, mit ihm trieb sie land‹ auf landab im ganzen Verlauf der Renais‹ sance den größten Kultus; er wurde für sie der erhabenste und darum zugleich der vergöttertste Begriff des Lebens.

Bei jedem Kultus geht man stets so‹ fort vom Allgemeinen zum Einzelnen über, zur Detailmalerei. Man entdeckt hundert Einzelschönheiten und fixiert von jeder einzelnen eine Idealform. Der Schönheits‹ kodex, den man in der Renaissance für jeden einzelnen körperlichen Reiz aufstellte, ist der dokumentarische Beweis sowohl für die Tatsache der Entdeckung des neuen

CXLIII.
Also gehen die Edlen Jungfrawen zu Rom.
Zu Rom in der Uralten Stadt/   Darinn geht sie züchtiger weiß/
Ein Jungfraw solch Klaidung an hat.   Auffs Adelichst geziert mit vleiß.
Nn iij

116. Trachtenbild aus Jost Ammanns Trachtenbuch.
16. Jahrhundert

Menschen, als auch
für die Art des Kul-
tus, den man mit dem
Körperlichen trieb.

In diesem Schön-
heitskodex stehen die
Reize der Frau zwar
nicht obenan, wohl
aber im Vordergrunde.
Der Schönheit der
Frau sind die um-
fangreichsten, die ein-
gehendsten und die
meisten Analysen ge-
widmet. Und das ist
ganz natürlich: Denn
nicht nur weil das
Schöpferische ein Aus-
fluß der männlichen
Aktivität ist, sind die
Konstruktionen, die
sich der Mann von
der Schönheit der Frau
macht, häufiger als
jene, die die Frau vom
Manne entwirft, son-
dern vor allem des-
halb, weil es in der
männlichen Aktivität
begründet ist, daß der
Mann prinzipiell stets
der Werbende, die
Frau dagegen die Um-
worbene ist. Gewiß

XII.

Ein Geschlechters Braut/ wie sie mit jrer Tisch Junckfraw zum Tantz gehet.

ZU Nürmberg / die Geschlechter Breüt /
Gehn in eim Braun Gflügeltem Kleidt.
Wann ein Tantz ist auff dem Rathauß /
Zu nachts wann man tantzt sonst im Hauß /
Haben sie Rot flügel Röck an /
Auff dem Haupt von Perlin ein Kron.

Die zwo Tisch Junckfraw so Braut füren /
Thun sich auff solche weiß zieren.
Mit kraussem Har zum Abendtantz /
Vñ blosem Halß / auffm Haupt ein Krantz.

117. Trachtenbild aus Jost Ammanns Trachtenbuch. 16. Jahrhundert

wirbt die Frau ebenfalls um den Mann, und zwar zu allen Zeiten, vielleicht sogar in
noch konzentrierterer Weise als der Mann um die Frau, — wir haben darüber ausführlich in verschiedenen Kapiteln der „Frau in der Karikatur" gesprochen, — aber
niemals wirbt die Frau mit klaren, deutlichen Worten. Dies aber ist das Wesen
des männlichen Werbens. Und darum notifiziert der Mann seine Forderungen an
die physische Erscheinung der Frau in deutlichen Forderungen und Beschreibungen.

Über sechsunddreißig bestimmte Schönheiten — das ist die höchste Zahl,
nach anderen nur über achtzehn, dreiundzwanzig und siebenundzwanzig — „soll
ein Weibstück verfügen, wenn es gut geraten und gar appetitlich zu schauen sein

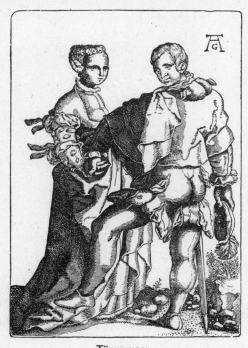

Tänzerpaar

118. Aldegrever. Kupferstich. 16. Jahrhundert

will." Diese Schönheiten werden teils durch Format, teils durch Farbe und so weiter bezeichnet; und um sie noch mehr zu verdeutlichen, illustrierte man sein Ideal obendrein durch den Hinweis auf die Frauen ganz bestimmter Städte und Länder. Die Kölnerinnen sind bekannt wegen ihrer schönen Hände, die Brabanterinnen wegen ihres schönen Rückens, die Französinnen wegen ihres schön gewölbten Bauches, die Österreicherinnen wegen ihres stattlichen Busens, die Schwäbinnen wegen der besonderen Schönheit der Venus Callipygos, und die Bayerinnen sind gar berühmt wegen der Zierde, die der intimsten fraulichen Schönheit eignet, — man ist genau und will nichts vergessen, und aufsteigende Klassen sind überdies niemals prüde. Deshalb begnügt man sich auch noch nicht einmal damit, sondern ist mitunter noch intimer in der Schilderung. Eine Frau, die wirklich schön sein will, darf nun nicht bloß über einzelne dieser Schönheiten gebieten, sondern sie muß sie alle haben: „Welche Frau hat also guten Leib, das wär ein wunderschönes Weib" heißt es in des Ritters Eyb Denkwürdigkeiten. Dieser Schönheitskodex wurde in allen Ländern in Sprüche und Reime gebracht, und so ist er uns in fast ebenso vielen Lesarten, verschiedene davon illustriert (Bild 126), erhalten geblieben. Zwei mögen hier Platz finden. Ein sehr verbreitetes Hochzeitslied zerlegt „die fünfunddreißig Schönheitsstück eines hübschen Jungfräuleins im Schönheitswald" folgendermaßen:

„Drei weiß, drei schwarz, drei rothe Stück,   Die Brüst aus Österreich von Krain,
Drei lang, drei kurze und drei dick,   Aus Frankreich den gewölbten Bauch,
Drei groß, drei kleine und drei enge,   Aus Baierland das Büschlein rauch,
Und sonsten rechte Breit und Länge,   Rücken aus Brabant, Händ aus Cölln,
Den Kopf von Prag, die Füß vom Rhein,   Den A.... aus Schwaben küßt ihr G'selln."

Eine in Eschenburgs Denkmälern überlieferte Priamel lautet:

„Ein Weib nach Hübschheit als ich sag,   Von Kölner Weibern die weiße Hand,
Müßt haben eines Weibs Haupt von Prag   Zwei Füßlein dort her vom Rhein
Ein Büschlein von einer aus Frankreich   Von Baiern soll'n die Sitten sein
Und zwei Brüstlein von Österreich,   Und die Red' dort her von Schwaben
Ein Kehl und Rücken von Brabant,   So thäten sie die Frauen begaben."

Ähnliche, nur etwas detaillierter gefaßte Priameln finden sich in den Denkwürdigkeiten des Ritters von Eyb und im Liederbuch der Klara Hätzlerin. Auch

Hans Sachs hat dieses Thema dichterisch behandelt, und wie verschiedene seiner Poeme ist auch dieses als illustriertes Flugblatt erschienen (siehe Beilage). Der Vergleich der verschiedenen Lesarten untereinander erweist übrigens, daß die Ansichten über die Schönheit der Frauen bestimmter Städte ganz verschieden sind. Gefällt dem einen an der Frau aus Flandern der Rücken, so gefallen dem andern an ihr die Arme, dem dritten die Schenkel, dem vierten die Brüste, dem fünften „die fleischige Posteriora". In der von der Klara Hätzlerin notierten Priamel sind es an der Schwäbin der Busen, der diese besonders auszeichnet, dagegen ist es bei der Hätzlerin die Polin, der die Schönheiten der Venus Callipygos am verführerischesten eignen. Nicht nur die deutsche Literatur weist solche gereimte Formulierungen des Schönheitskodex auf, wir kennen solche auch in lateinischer, französischer, spanischer und italienischer Sprache. In Prosa gibt es ebenso viele Variationen. Es genügt hier auf Bebels Fazetien zu verweisen.

Diesem Kultus entspricht die höchste Verherrlichung der Geliebten, aber auch der Frau im allgemeinen. Aus einer Frankfurter Handschrift des 15. Jahrhunderts stammt die folgende Serenade, die ein Verliebter einem schönen Mädchen bringt:

Sie gleicht auch wohl dem hellen Tag,
Kein Mensch ihr Lob schön preisen mag.
Sie hat ein rosenfarben Mund,
Zwei Wänglein fein zu aller Stund;
Sie hat ein schönes goldfarb Haar,
Zwei Aeuglein lauter und klar.
Ihr Zähn sind weiß als Helfenbein,
Ihre Brüstlein die sind rund und klein,
Ihre Seiten die sind dünn und lang,
Ihre Händlein schmal und dazu blank,
Ihre Füßlein schlecht und nit zu breit,
Der Ehren Kron sie billich treit.

Hieher gehört auch das Epigramm des Clément Marot „Von dem Studenten und dem kleinen Fräulein", das wir nach der vortrefflichen Übersetzung, die Margarete Beutler von Marots Epigrammen gemacht hat, zitieren:

Ein Herr Student vergnügte sich
Mit einem hübschen Jüngferlein.
Er lobt ihr Körperchen: „Wie liebe ich
Die zarte Brust! Wie ist der Schenkel fein!
Und ach! Wie ist das süße Stellchen
klein!"
— „Hoho, mein Herr," erwidert sie empört,
„Es ist zwar klein — allein Gott tut hinein,
Verlaßt Euch drauf, — das, was hineingehört!"

XVII.
Die Frawen/wann sie in ein Kindtbett gehen.

WAnns aber in ein Kindtbett gahn/
Sind sie auff solch weiß angethan.
Dergleichen sie auch zieret seindt/
Wann sie etwan an Marck gehndt.

119. Trachtenbild aus Jost Ammanns Trachtenbuch

135

Die Nürnberger Fastnachtspiele sind voll von Lobhymnen auf die leibliche Schönheit der Frauen im allgemeinen. Eine Probe dafür mögen einige Verse bieten aus „Ein hübsch Spiel". Es ist ein Wettkampf, bei dem der den Sieg haben soll, der zu Ruhm und Preis der Frauen das Köstlichste zu sagen weiß.

Der Ander:

So hört zum erstenmal mich Jungen!
Mir ist gen Frauen also gelungen,
Die haben mir solchen Mut geben,
Sollt ich in ihrem Willen leben
Mit gehn, mit stehn, mit thun und lassen,
Eher wollt ich alles deß' mich maßen,
Damit man aller Welt gefällt,
Und nur in Weibs Dienst blieb ein Held.

Der Dritt:

Auf Erden mag je nicht liebers sein,
Denn hie ein zartes Fräulein fein,
Der Angesicht aus Freuden schimmert,
Der ihre Wänglein sein geminnert,
Ihr Mundlein rot als ein Scharlach,
Und was in Freuden je gesach,
Dafür liebt sie mir in meinem Mut,
So mir der Nachthunger weh tut.

Der Vierd:

Ein Weiblein, dem die Augen fenstern,
Recht als die Sonne tut her glenstern
Und der die Pron sein geflenselt,
Sam schwarz auf weis und rot gepenselt
Und ihr die Stirn her gleißet fein,
Sam ein durchgrabenß Helfebein,
Die nehm ich für mein Nachtmahl heimt,
Und wär man mir ein Jahr darumb feind.

Der Fünft:

Ein junges Weib gerad und stolz,
Die aufgericht geht gleichsam ein Bolz,
Ihr Haupt und Haar ist wol gekront
Und die ihr Sprach und Stimm süß tont
Und der ihr Nack' ist rein erhaben,
So ihr die jungen Gesellen nachtraben,
Die nehm ich für zwen Grosch ein Nacht,
Und käm ich darumb in Pabstes Acht.

Der Sechst:

Ein Weibsbild, eine hübsche Person,
Der all ihr Händel wol anstahn,
Die ein lieblichs Antlitz hat,
Ihr Mundlein stets zu lachen statt,
Drauß ihr Zähnlein weiß her glitzen
Und Grüblein auf ihren Wangen sitzen
Und ihr Kinn ist wol gespalten,
Zu der wollt ich mich gerne halten.

Der Acht:

Ein weiblich Bild, die rein her blickt,
Der alle ihre Gelider sein wohl geschickt,
Ihr Haupt und Hals, ihr Arm und Bein,
Als nit zu groß und nit zu klein,
Und ihre Seiten sein ran und schmal,
Und unter dem Nabel nicht ist kahl,
Und willig wär, was ich sie bät,
Der wollt ich dienen früh und spät.

Pluderhosen- und Hosenlatzmode
120. 16. Jahrhundert

Man sieht, von geistiger Schönheit ist hier nicht viel, nämlich gar nicht, die Rede. Wenn die Worte Zucht und Sitte gebraucht werden, so bezieht sich dies ausschließlich auf die rein sinnliche Liebesbetätigung. Niemals ist es der Geist, niemals der Seelenadel, worum es sich dreht, sondern immer der minnigliche Leib, der durch die verschiedensten Reize den Mann zur Liebe

LXXI.

Ein Fuhrman von Flammerspach oder Algeier.

Dise Figur zeigt klärlich an/   Die Flammerspacher Fuhrleuth/
In was Klaidung herein gahn.   Vnd die Algeier alle zeit.

S iij

Fuhrmannstracht

Aus dem Trachtenbuch von Weigel. 16. Jahrhundert

lockt, und diese Dinge allein machen liebens-
wert und verlocken zu Huldigungen. In
einigen Versen des eben zitierten Fast-
nachtsspieles ist dies sogar noch wesentlich
deutlicher gesagt.

Von den einzelnen Schönheiten wird
der Schönheit des Busens das begeistertste
Hohelied gesungen. Er ist weiß als Elfenbein, es sind Venushügel, Zuckerballen,
er deutet sich auf dem Mieder an „wie
aufgehende Frühlingssonnen“, „er strotzet
wie zwei ragend Speer“ und so weiter.
Ihm widmet man landauf, landab die
meisten Lobgesänge. Wo ein Ton zum
Ruhm der Frau erklingt, wird des Busens
zuerst und in den lautesten Tönen gedacht.
Hans Sachs singt von der Schönen:

Pluderhosen und Hosenlatzmode der
Landsknechte
121. Virgil Solis

> Ein Hälslein und ne Kehle weiß,
> Darunter ich zwei Brüstlein preis
> Mit blauen Äderlein geziert
> Und hin und wider dividiert.

Den begeistertsten Hymnus auf den schönen Busen hat in jener Zeit vielleicht
Clement Marot gesungen. Alle seine verschiedenen Vorzüge hat er dithyrambisch
verherrlicht, alle Wollust gepriesen, die ihm eigen, alle seligen Wünsche, die sein
Anblick beim Manne wachruft — auch hier zitieren wir nach der Übersetzung
von Margarete Beutler:

> Busen, der du ganz vollkommen bist!
> Busen, der von weißer Seide ist,
> Der die Rose schlägt in Acht und Bann,
> Busen, dem sich nichts vergleichen kann!
> Hart bist du, ein Kunstwerk zart und fein,
> Süßes Rund aus schönstem Elfenbein,
> Du, in dessen Mitte, zugespitzt,
> Eine kleine rosa Kirsche sitzt!
> Niemand sieht sie, niemand kommt ihr nah,
> Aber ich will wetten, sie ist da.
> Busen, der die rosa Knospe trägt,
> Nie hast du verändernd dich bewegt,
> Nicht beim Liegen, nicht beim Stehen,
> Nicht beim Tanzen, nicht beim Gehen —
> Süßer Busen, wer hat dich nicht gern!
> Stets bleibst du dem Zwillingsbruder fern,
> Aber Zeugnis bist du allezeit
>
> Für die ganze andere Herrlichkeit.
> Wer dich sieht, den überkommt sofort
> Eine Wollust nach dem schönen Ort:
> Ach, dich halten, dich betasten! —
> Aber er tut gut, zu fasten,
> Gott behüte mich — kommt er dir nah,
> Ist auch eine weitere Wollust da. —
> Busen, nicht zu klein und nicht zu groß,
> Reif bist du und löst die Lüste los,
> Tag und Nacht hör' ich dich eifrig fragen:
> „Wann werd' ich ins Ehebett getragen?“
> Busen, der du drängst und quillst
> Und der Lust entgegenschwillst,
> Wahrlich, glücklich preise ich den Mann,
> Der dereinst mit Milch dich füllen kann
> Und aus deiner mädchenhaften Pracht
> Einen vollen Frauenbusen macht!

Aus diesem Hymnus hört man übrigens schon sehr stark das Raffinement des
gesellschaftlichen Milieus heraus, dem diese Huldigung entsprang. Das ist nicht
mehr die naive Freude, sondern schon die Dekadenz der absolutistischen französischen
Hofluft.

Dem hohen Lied, das dem Busen in der Literatur gesungen wird, ist das nicht nur ebenbürtig, das ihm in den objektiven Künsten erklingt, sondern es übertrifft dieses sogar noch. Nie hat man in der Malerei die Herrlichkeit des Busens mit einer ähnlich stolzen Begeisterung dargestellt, als in der Renaissance. Seine ideal-schöne Verbildlichung ist eines der unerschöpflichen künstlerischen Motive der Zeit. Er ist der Zeit das herrlichste, das köstlichste Wunder der Schönheit, und darum findet man Tag für Tag Gelegenheit, ihn zu malen und zu zeichnen und dadurch zu verherrlichen. Man mag aus dem Leben der Frau darstellen, was man will, immer ist es auch eine Gelegenheit, eine neue Strophe zu seinem Ruhme beizusteuern. Und immer ist es die gesunde, natürliche Schönheit, die verherrlicht wird — seine Zweckschönheit. Es sind stets Brüste, die dazu geschaffen sind, darnach zu greifen, um die Kraft zum Leben daraus zu trinken. Auf bestimmte Illustrationsproben zu verweisen, wäre zwecklos, wir müßten die Hälfte aller Bilder dieses Bandes nennen.

Dem Kultus des Busens kommt nur eines nahe: die begeisterte Verherrlichung,

Basler Fahnenträger
122. Hans Baldung Grien. Holzschnitt. 1521

die man dem intimsten fraulichen Reiz erweist. Keine Sprache, die nicht ungezählte Lobgesänge darauf und auf das enthält, worin seine besonderen Schönheiten und Vorzüge bestehen. Die meisten derartigen Huldigungen sind natürlich von einer geradezu hanebüchenen Deutlichkeit; aber gerade darin offenbart sich die robuste schöpferische Kraft der Renaissance. Eine häufige Form der Verherrlichung war, daß man darüber diskutierte, ob die obere oder die untere Hälfte der Geliebten der bessere Teil sei. Und man entschied sich bei aller Verehrung des Busens doch meistens für den unteren Teil. Auch sei der Busen nur deshalb so schön, weil er die Gedanken am besten zu jenem Freudenorte hinleite, — das ist gewöhnlich das Fazit, zu dem man in dem Streit kam, welcher Schönheit der erste Preis gebühre. Das charakteristischste Beispiel der Verherrlichung dieser intimsten weiblichen Schönheit ist die uralte Erzählung „vom weißen Rosendorn". Die Fabel dieser Erzählung ist im höchsten Grade derb, sie besteht darin, daß durch die Berührung mit einem bestimmten Kraut, eben dem weißen Rosendorn, der Schoß des Weibes die Sprache erlangt. Nun passiert es einer schönen Jungfrau, daß sie eines Tages beim Baden mit einem solchen Kraut in entsprechende Berührung kommt, und ihr Schoß beginnt alsbald zu sprechen. Die Jungfrau, die sich auf ihre Schönheit etwas zugute tut, wird von ihrem Schoß verhöhnt: er allein sei

123. Modebild. Kupferstich. 16. Jahrhundert

es, dem alle die vielen Werbungen der Männer gelten. Darob entsteht Streit, und beide trennen sich voneinander. Und nun bewahrheitet sich wirklich die Behauptung ihres intimsten Reizes, denn hinfort kümmert sich kein einziger Mann mehr um sie, trotz ihrer sonstigen Schönheit. Dem andern Teil geht es aber ebenso, freilich in anderer Weise. Er wird überall vertrieben, wo er sich in der Welt sehen läßt, stets mit der größten Verachtung behandelt. Schließlich finden sich beide wieder zusammen, jedes klagt dem andern sein Leid, und jedes ist darum wieder froh am andern. Es ist dies eine sowohl im Inhalt wie in der Form sehr derbe, darum aber doch tiefe Symbolik: alle weibliche Schönheit hat nur Wert, wenn sie von wirklicher Erotik durchleuchtet ist, Erotik aber allein, als bloßer Trieb, ist ebenso widerlich und verächtlich. Von dieser Fabel gibt es verschiedene Lesarten und nicht nur im deutschen, sondern auch im französischen und, wie ein Ethnologe uns mitteilte, auch im italienischen und spanischen. Außerdem sind im Laufe der Jahrhunderte bis ins 19. Jahrhundert herein verschiedene Neubearbeitungen dieser Fabel entstanden. Als berühmteste sei nur Diderots „Les bijoux indiscrets" erwähnt. Daß die Frauen zu allen Zeiten wünschen, daß man neben ihren anderen Schönheiten gerade diese eine würdig achte, belegt für die Renaissance und für Frankreich das oben zitierte Epigramm von Clement Marot; für Deutschland könnte man es durch zahlreiche Stellen aus den Fastnachtsspielen belegen, die freilich nicht so graziös, dafür um so drastischer wären . . .

Die objektiven Künste bringen dem Kultus dieses intimsten Reizes ebenfalls ihren Tribut dar, und zwar indem sie ihn häufig mit nicht minder großer Liebe und Begeisterung darstellen, teils derb naiv, teils in köstlicher Zartheit. Man denke an die zahlreichen derartigen Kupfer von Beham und Aldegrever, an die Plaketten des Peter Flötner, an die Flora des Donatello, um nur diese wenige mit Namen zu nennen.

*   *

*

Daß die Auffassung der männlichen Schönheit in der Renaissane ebenfalls ausschließlich rein sinnlich gewesen ist, haben wir schon gesagt und auch schon durch zeitgenössische Dokumente belegt. Man forderte vom Mann, er solle Apoll und Herkules in einer Gestalt sein. Aber auf das letzte legte man be-

Porträt eines jungen Mädchens

124. Tintoretto. Original im Pradomuseum, Madrid

sonderen Nachdruck. Und während man das tat, war man in der Zahl seiner Schönheitsforderungen an den Mann zugleich bescheidener. Von der Frau ver= langte man bis sechsunddreißig Schönheiten. Beim Mann verzichtete man auf alle und begnügte sich im Notfalle mit einer einzigen; diese einzige aber schätzte man über alles, sie verlieh dem Mann das Recht, an die von ihm begehrte Frau die höchsten Forderungen zu stellen, ja sie glich häufig selbst die größten Klassen= unterschiede aus, machte den Knecht der Gunst einer Fürstin würdig und genügte der reichsten Braut als ausreichendes Vermögen ihres Gatten. Und dieses eine war: von der Natur recht vorteilhaft zu dem Werke der Liebe ausgerüstet zu sein. Nicht daß man die übrige männliche Schönheit gering achtete und deshalb ignorierte. Nein, man schätzte und rühmte sie und pflegte sie infolgedessen auch. Aber nur soferne sie mit diesem besonderen Vorzug gepaart war, genoß sie den höchsten Preis. Die allgemeine Schönheit eines Mannes erkaufte man sich nicht durch Verzicht auf diesen einen Vorzug, dagegen hunderte Mal den letzteren durch Verzicht auf alle sonstige körperliche Schönheit. Man wird einwenden, daß dies eine sich ewig gleich bleibende Grundanschauung in der Bewertung des Mannes sei, daß man ihr darum von An= beginn der Welt begegne und zu allen Zeiten bis auf den heutigen Tag. Das ist wohl richtig, aber trotzdem herrscht ein tiefgehender Unterschied zwischen den verschiedenen Geschichtsepochen. Die Renais= sance proklamierte diese Eigen= schaft sozusagen als oberste Forderung an den Mann, sie er= hob den individuellen Wunsch der Frau zum allgemeinen Gesetz. Und zwar in der klarsten und deutlichsten Weise; sie dokumentierte diese Forde= rung, wie wir weiter unten sehen werden, sogar auf das augenfälligste in der Mode.

Der deutliche Hinweis auf diese Eigenschaft ist weder im Positiven noch im Negativen ein Witz, den man sozusagen

125. Peter Paul Rubens. Modebild

im Vorbeigehen macht. Ja es genügt nicht einmal, wenn man sagt: man ließ in der Renaissance selten eine Gelegenheit vorübergehen, ohne diese Pointe anzu= bringen, weil er ihrer Derbschlächtigkeit besonders zusagte. Nein, es war sozu= sagen das Hauptthema, der Mittelpunkt, von dem man ausging, und zu dem man immer und immer wieder zurückkehrte. Es ist der spezielle Gegenstand von zahl= losen Unterhaltungen, von ebensoviel Gedichten, von noch viel mehr Sprüchen und Redensarten, von Rätseln, umfangreichen Schwänken, von Hunderten von Novellen, Facetien und so weiter. Und zwar gilt das von jedem Lande. Man begegnet diesem Thema gleich häufig bei den Deutschen Bebel und Lindner, bei den Italienern Poggio und Cornazano, den Franzosen Brantôme und Rabelais. Aber man könnte ebenso leicht hundert Autorennamen anführen. Proben an dieser Stelle zu geben, ist jedoch infolge der ungeschminkten Art, in der jene Zeit dieses Thema behandelte, ausgeschlossen. Auch die Anführung bestimmter Titel ist ziemlich zwecklos, weil es in allen Sammlungen davon strotzt. Wenn wir aus den Nürnberger Fastnachtspielen des 15. Jahrhunderts „Die Fastnacht der Müllerin" nennen, oder „Ein hübsch Vastnachspiel", so könnten wir aus diesen gerade so gut noch ein Dutzend andere Titel nennen und ebensoviele aus den

Fastnachtsspielen anderer Städte und Gegenden. Das gleiche gilt von den Facetien. Die italienische Sprichwortnovelle „Er ist nicht er" von Cornazano ist der Titel einer einzigen, die willkürlich aus einem Dutzend gleichartiger herausgegriffen ist, die neben uns liegen. Eine besonders beliebte Form der Behandlung dieses Themas ist, wenn man so sagen will, die negative: die satirische Behandlung der Enttäuschung und der Entrüstung der Frauen über die Entdeckung des Fehlens dieses Vorzuges bei ihrem Bräutigam, Gatten oder Geliebten, — die Jungfrau, die im letzten Augenblick den reichen Freier ausschlägt, die junge Frau, die sich am Tage nach der Hochzeit „verschachert und nicht verheiratet" fühlt, die ungetreue Gattin, die ihre Untreue damit rechtfertigt. Die häufigste Form dieser Satiren ist die Diskussion vor einem angeblichen Gerichtshof über die Frage, was eine Frau das Recht habe, bei ihrem Manne zu verlangen. Eine solche Satire ist zum Beispiel der Schwank „Unerhörte Zeitung eines Weibes, das an seinem Manne kein Genügen hatte", desgleichen das ziemlich umfangreiche tirolische Fastnachtsspiel „Eine Ehescheidung". In dem letztgenannten Stück treten nicht weniger als zehn Personen auf, Klägerin, Angeklagter, Richter, Sachverständige, darunter mehrere Frauen, weil die es doch am besten wissen müssen.

Es ist sicher nicht zu viel behauptet, wenn man sagt: gerade diese Auffassung ist eines der bezeichnendsten und wichtigsten Dokumente für die sinnliche Anschauung der Renaissane; sie offenbart des Wesens Kern. Es darf nehmlich nicht übersehen werden, daß diese Auffassung nicht nur ein unbedingt logisches, sondern auch ein ebenso unvermeidliches Ergebnis des schöpferischen Dranges der Zeit gewesen und darum sozusagen untrennbar von ihr ist. Sie gehört in den Rahmen der Zeit. Und darum kann man auch weiter sagen, daß die zahlreichen Historiker der Renaissance, die entweder an der Tatsache dieser und ähnlicher Erscheinungen vorbeireden, oder von ihnen nur nebenher als von unglaublichen Auswüchsen derb-erotischer Ausgelassenheit Notiz nehmen, dadurch nur offenbaren, daß sie das innere Wesen dieser Zeit absolut nicht erkannt und begriffen haben.

Diesem allem entspricht folgerichtig auch, wie wir schon weiter oben sagten, daß die Reife in dieser Zeit den höchsten Preis hatte. Mann und Frau auf der Mittagshöhe des Lebens. Der Mann im Kulminationspunkt seiner physischen Kraft und seiner geschlechtlichen Potenz, die Frau nicht als eben erblühende Jungfrau, oder gar als knospende Mädchenblume, sondern in dem Alter, in dem ihre Formen ihre volle Entfaltung erreicht haben und ihr ganzes Wesen den Sinnen die letzten Rechte einräumt und die glühendste Erfüllung zu bieten vermag. Die Frucht gilt ungleich mehr als die Blüte. Als das beste Alter der Frau gilt das fünfunddreißigste bis vierzigste Jahr.

Ach! Philinna, ich liebe das lachende Fältchen am Auge,
das nicht Jugend und Saft, das Erfahrung erschafft.

Wenn die begehrlichen Hände dein volles Gewoge umspielen,
lockt mich nimmer zur Lust deines Töchterleins Brust.

Also schlürf' ich den reifenden Herbst und lasse den Frühling —
komm! ich wiege dich ein, bis die Trauben verschein.

(Übersetzt von A. Kind)

Abbildung einer schönen und wohlgestalten Damer℮.

Wann eine MM auß Prag das Haupt
genommen
Die Zwillings Brust auß Oster:reich
sind kommen
Der runde Bauch auß Franckreich
auß Braband
Die Augen schön von Colln die wei:
sen Hand.

Auß Bayrn der Mund das Hinder:
theil auß Schwaben
Die Kahne Fuß am Rhein ihr an
kunsst haben
Ditz ist gewieß ein Wohlgestaltes
Weib
Die Prangen kan mit ihrem schönen
Leib.

Paulus Furst Excudit

Abbildung einer schönen und wohlgestalteten Dame

126. Kupferstich von Paulus Fürst aus dem Ende des 16. Jahrhunderts

127. Bäuerliches Trachtenbild. 17. Jahrhundert

An solchen Produkten der Antike fand man wieder besonderen Gefallen, denn sie entsprachen demselben gesellschaftlichen Sein. Aber man sprach das auch in dutzenderlei Formen selbst aus, daß man der reifen Mutter den Vorzug vor der erst erblühenden Tochter gibt, daß die reifen Reize der Ersteren mehr locken. Die Brust, die bereits ein quellender Brunnen ist, ist die begehrteste, sie lockt und interessiert die Männer am meisten. Das ist auch ein Grund, warum man die säugende Maria so gerne malt (Bild 86). Und darum auch ist die Verwendung der Frau, aus deren Brüsten das Wasser herausquillt, ein überreich verwendetes Brunnenmotiv im 15. und 16. Jahrhundert. Es ist das treffendste Sinnbild der überquellenden Kraft, des Nährenden. Man denke als Beispiel nur an den berühmten Tugendbrunnen in Nürnberg (Bild 103); aber hundert andere Beispiele könnten ebensogut genannt werden. Und alle sind gleich köstliche Beispiele des schöpferischen Drängens der Zeit. Aus solchen Brunnen sprudelte bei festlichen Gelegenheiten besonders häufig der Wein, den die Stadt oder ein Fürst dem Volke spendete. Die schöne Frau in der Reife der Entwicklung kann selbstverständlich auch die höchsten Ansprüche an die Liebesfähigkeit des Gatten machen. Doch dies hier nur nebenbei, da dies in das Kapitel über die Liebe in der Renaissance gehört (Vergleiche auch Bild 18, 19, 44, 62, 66, 81, 84 und 141).

Aus demselben Gesichtswinkel erklärt es sich, daß man damals im Gegensatz zu anderen Zeiten die Physiognomie der schwangeren Frau ästhetisch schön fand. Und zwar nicht nur im übertragenen Sinn, indem man in ihr die Weihe der Mutterschaft verehrte, sondern man fand den Schwangerschaftszustand direkt sinnlich schön. Ein Beweis dafür dünkt uns, daß man die Schwangere sehr häufig in der Kunst darstellte, und zwar mit allen den besonderen Merkmalen der Schwangerschaft. Am bekanntesten ist das Raffael zugeschriebene Gemälde „La Gravida" (Bild 104). Ein weiterer Beweis ist, daß man nicht nur auch schwangere Frauen malte, sondern daß man die bildliche Darstellung nackter Frauen sehr häufig in dieser Richtung pointierte. Man denke hierbei an van Eycks Eva und zahlreiche ähnliche Aktdarstellungen von Frauen (Bild 95). Die Kunsthistoriker haben sich diese Tatsache häufig so zu erklären gesucht, daß sie die Meinung aussprachen, der betreffende Maler habe eben zufällig ein Modell gehabt, das sich im Anfangsstadium der Schwangerschaft befunden habe, was vom Maler nicht erkannt worden

Virgils Abenteuer und Rache

Holzschnitt. 16. Jahrhundert

sei. Und die relative Häufigkeit solcher Bilder erklärte man sich mit der angeblich allgemeinen Unkenntnis über die besonderen Merkmale der Schwangerschaft. L. H. Stratz schreibt: man erkannte sie einfach nicht, nämlich die Schwangerschaft. Dieser Erklärungsversuch dünkt uns ungenügend. Gewiß hat man unbewußt Schwangere gemalt, wie der Japaner, der die Venus von Milo kopiert, diese unbewußt stets ins Japanische übersetzt. Aber gerade darum ist die häufige Darstellung der Frau im Stadium der Schwangerschaft ein integrierender Bestandteil der Gesamtanschauung der Zeit. Die Zeit, und somit auch der schaffende Künstler, mußte diesen Typ schön finden, sonst hätte man solche Bilder abgelehnt, und der Künstler hätte diesen Typ **nicht** gemalt, gleichgültig ob er den letzten Grund des Nichtschönen gekannt hätte oder nicht. Viel logischer dünkt uns das häufige Vorkommen schwangerer Frauen auf großen

Frauentracht am französischen Hofe
128. Ende des 16. Jahrhunderts

Kunstwerken, wenn man es so erklärt: Was besonderer Ausdruck des Schöpferischen ist, wird unbewußt bevorzugt, und weiter: alles wird ebenfalls unbewußt besonders in der Richtung pointiert, in der sich das Schöpferische offenbart. Die von der Liebe befruchtete Frau ist aber förmlich das Symbol des Schöpferischen; die Reife, die bereits Früchte trägt, ist deren vollendeter Begriff.

Diesem allem entspricht weiter ebenso sehr, daß man in der Renaissance im Altwerden das größte Unglück sah. Das Physische, das den Hauptinhalt des Lebens ausmachte, vermag seinen Wesenszweck dann nicht mehr zu erfüllen. Die alte Frau mit ihren verblühten Formen regt nicht mehr die Begierde des Mannes; der alte Mann wiederum vermag die Begierden einer Frau nicht mehr zu stillen. Kein größerer Greuel daher als die alte Frau und der alte Mann, und man denkt ihrer daher sehr häufig mit brutalstem Spott und Hohn. Schon in dem ältesten deutschen Roman dem „Ruodlieb", der vom Ausgang des Mittelalters stammt, wird in dieser Weise verfahren. Man liest dort folgende Beschreibung der alten Frau:

Das Alter zähmt die Frau, die in der zarten Jugend
Dem Monde gleicht; als Greisin ist sie häßlich,
Sieht wie ein alter Affe aus. Die Stirn
Die vorher glatt war, ist durchfurcht von Runzeln,
Die taubengleichen Augen werden trübe,
Die Nase fließt, die früher straffen Wangen,
Jetzt hangen sie, die Zähne fallen aus, ...

Das spitze Kinn neigt vorwärts und der Mund
selbst,
Der einst so lockend lächelte, steht offen
Wie eine Höhle, jedermann zum Schrecken.
Gleich einer Elster Hals entfiedert ist
Der ihre, und der schöne feste Busen,
Weich wie ein Schwamm und leer hängt er herab.

129. Peter Paul Rubens. Porträt der Maria von Medicis. Louvre, Paris

Das goldne Haar, das bis zur Erde reicht,
Und reich gezöpft hinab den Rücken wallte,
Ist gräulich struppig ...

Geneigten Haupts, mit vorgestreckten Schultern
Geht sie dahin, dem trägen Geier ähnlich,
Der sich dem Aase, das er wittert, aufmacht.

Im Liederbuch der Klara Hätzlerin findet sich unter andern längeren Gedichten die folgende Priamel:

Ihr Brüstlen ragen also her, Recht als zwei plattern, Wassers leer.

146

Gegenüber dem alten Manne, der infolge seines physischen Verfalls nicht mehr zu der Liebe gerecht ist, ist man nicht weniger mitleidslos, sondern spottet seiner ebenso boshaft. Zahlreiche Fastnachtsspiele, Schwänke und Novellen in allen Literaturen behandeln dieses Thema. Die folgenden Verse aus dem „Fastnachtsspiel von Holzmännern" sind ein Beispiel dafür:

Der Ankläger Holzmann spricht:

Richter, ich bin ein Mann vom Holz.
Ich hatt' ein Fräulein, das war stolz,
Die hat dieser an sich gewandt
Und hat mir sie ganz abgespannt,
Ich han sie selber oft begriffen,
Dass sie tanzten und doch mit pfiffen,
Das in Ars und Knie tät wagen.
Richter, des muß ich Urteil lassen fragen.

Der andere Holzmann:

Herr Richter, vernehmt mich gar recht!
Ich bin ein junger stolzer Knecht
Und kann es nach dem neuen Handel.
Das spürt sie wohl an meinem Wandel.
Des war mir oft bereit ihr Gruß.
Bat sie mich dann um ein Zubuß,
So mocht ich ihrs versagen nicht,
Was mir von Recht darum geschicht.

Das Holzweib spricht:

Herr, ich bin gar ein junges Weib
Und han einen jungen stolzen Leib,
Hatt' mich vergessen mit dem Alten
Und will mich drum zum Jungen halten.
Der ist gen mich gar unverdrossen,
Sein Pfeil, die sein noch unverschossen
Und zielen mir genauer, denn des Alten.
Darumb will ich mich zu ihm halten.

Der Richter dicit:

Nach Klag und Antwort von euch allen
So kann es mir nicht wohl gefallen,
Das sie aus solchen öden Sachen
So viel Red vor den Leuten machen.
Darum sprich ich das zum Rechten,
Das ir bald sollet um sie fechten.

Von der Untauglichkeit einer Ehe zwischen Alten und Jungen handelt auch das folgende Stück aus dem Fastnachtsspiel „Vom HeiratenSpiel":

Der Erst:

Herr Wirt, ich wollt mir ein Weib haben genummen,
So ist ein alter Säkler kummen,
Der hat mehr Pfennig, denn ich,
Und hat mir gethan den Vorschlich.
Nun ist sie jung, so ist er alt
Und ist auch schwach und ungestalt
Und ist ein abgerittner Gaul
Und ist des Nachts im Bette faul.
Wie mag sie denn Lust und Lieb zu ihm gehaben,
Als zu einem jungen frischen Knaben?
Darumb war Jugend noch besser, denn Geld·
Die Kunst hat aber mir gefehlt.

Der Ander:

Mein lieber Wirt, nun hört mich auch!
Ich bin ein junger törichter Gauch
Und wollt auch zu der Ehe haben gegriffen.
Nun hat ein altes Weib auf mich pfiffen,
Daß ich es länger hab verzogen,
Wann sie hat mich gen Leuten verlogen,
Ich hätt' nicht Werung ob den Knien.
Darumb mich all jung Tochter fliehen,
Das mich da keine zu der Ehe will nehmen;
Nun muß ich mich vor den Frauen schämen.
Doch hat man mir allweg hin wider zielt,
Wo ich eins hab auf der Geigen gespielt.

Da wir auf denselben Gegenstand bei dem Kapitel „Liebe und Ehe" noch zu sprechen kommen werden, so begnügen wir uns hier mit diesen wenigen Proben. —

Weil man im Manne wie in der Frau immer nur das Geschlecht sah, so war eine weitere Folge der Verachtung des Alters, daß das „wieder jung werden" die höchste Sehnsucht für beide Geschlechter war. Für die Frau natürlich viel mehr als für den Mann, weil die Zeit ihrer Blüte und ihrer Reife relativ kürzer bemessen ist als beim Manne und weil die Spuren des Alters bei ihr rascher und auffälliger zutage treten. Natürlich aber erschwert sich dadurch auch ihre soziale Position im Konkurrenzkampf um den Mann ungemein, denn mit ihres Leibes Wohlgestalt allein muß sie diesen Konkurrenzkampf in den weitaus meisten Fällen

Porträt der Herzogin Marie von Rohan

130. Paulus Moreelse. 17. Jahrhundert. Eremitage St. Petersburg. Kollektion Hanfstaengl

führen.   Dies ist ihr wichtigstes Kapital, ihr Einsatz ins Leben.   Daher auch ihr
höchster Wunsch, recht lange jung zu bleiben.   Diese begreifliche Sehnsucht er=
zeugte zu einem großen Teil die Idee vom Jungbrunnen, der im 15. und 16. Jahr=
hundert ein so häufiges Motiv ist.   Die künstlerisch beste und darum mit Recht
auch berühmteste Behandlung dieses Motives zeigt das gleichnamige köstliche Ge=
mälde von Lucas Cranach im Berliner „Kaiser Friedrich=Museum".   In endlosen
Haufen kommen die alten Weiblein zu dem heilspendenden Brunnen gewallt: zu
Wagen, zu Pferde, auf Tragbahren von Dienern getragen, auf Schubkarren von
Knechten geschoben, ja selbst auf dem Rücken ihrer ebenfalls alten Männer
kommen sie daher.   Denn sie, die schon mit beiden Füßen im Grabe stehen, die
unter des Lebens Bürde längst zusammengebrochen sind, sie wollen alle noch einmal
jung werden, sie wollen alle das Leben von neuem leben, sie wollen alle der Liebe
wonnige Köstlichkeiten von neuem spenden und empfangen.   Und der Jung=
brunnen tut voll seine Wunder.   Greisenhaft gebückt, ausgemergelten Leibes und

Porträt einer Baßgeigenkünstlerin
131. Bernardo Strozzi. 17. Jahrhundert. Staatliche Galerie Dresden. Kollektion Hanfstaengl

mit verwelkten Brüsten, ein Bild des Jammers, steigen sie auf der einen Seite ins Wasser, durchpulst von neuer Lebenslust, als jugendfrische Geschöpfe mit runden Formen und prallem Busen, der von neuem der Männer Begehrlichkeit weckt, entsteigen sie ihm auf der anderen Seite. Und das neue Leben beginnt sofort tanzend, buhlend und schäkernd. Und auch das Wichtigste, daß sie wieder gerecht und begehrt zu dem Werke der Liebe sind, beweisen sie ebenfalls sofort hinter Busch und Hecken (siehe Beilage). Das Geheimnis, worin die verjüngende Kraft des Jungbrunnens besteht, dieses besondere Motiv hat H. S. Beham auf die köst= lichste Weise in dem Kupferstich dargestellt, den wir bereits in der „Frau in der Karikatur" reproduziert haben. Sind es bei Lukas Cranach nur Frauen, die aus dem Jungbrunnen neue Jugend sich holen, so bei H. S. Beham und den meisten andern Darstellern dieses Motives auch Männer (Bild 145). Für die Frauen soll jedoch nach einer verbreiteten Volkssage und nach dem Urteil einer Dame bei Brantôme das unfehlbarste Mittel, jung zu bleiben, darin bestehen, täglich mindestens einmal die Umarmung eines kräftigen Mannes zu genießen. Dem Manne empfahl die Volkssage andere Verjüngungskuren. Ein Bad, das ihm von zehn Jungfrauen bereitet und mit bestimmten aromatischen Kräutern und Spezereien gewürzt ist, „das macht Greise wieder jung", heißt es im Volksmund. Und wenn er außerdem nach dem Bade mit einer unberührten Jungfrau zu Bette geht, wird er andern Tags als Jüngling wieder erwachen (Bild 52). Nach einer andern Version soll er nach vollbrachtem Bade zwischen zwei Jungfrauen liegend eine Nacht verbringen, um die Kraft der Jugend wieder zu erlangen. In solchen Rezepten hat man wohl kaum etwas anderes vor sich als die symbolische Darstellung der verjüngenden Kraft des Anblickes der Jugend. Selbstverständlich ist auch die „Wissenschaft" mit Dutzenden von Mitteln an der Hand, die die verlorene Jugend wieder zurück= geben sollen. Von Quacksalbern, Zigeunern und alten Frauen werden sie teils unter der Hand, teils marktschreierisch auf Gassen und Märkten der Leichtgläubig= keit zum Kaufe angeboten. Dies ist ein Thema, dem man ebenfalls in den Fast= nachtsspielen begegnet.

Ein nicht minder wichtiges Dokument für den sinnlichen Grundzug der Renaissance ist deren Stellung zur Nacktheit.

Bekannt ist ja, daß man damals in allen Ländern der Nacktheit in gewisser Weise unbefangen gegenüber stand. So ging man zum Beispiel noch sogar im 16. Jahrhundert nackt zu Bette, schlief also völlig nackt. Und zwar beide Ge= schlechter (Bild 21) und jedes Alter; und häufig schliefen Mann, Frau, Kinder mitsamt dem Gesinde zusammen in einer gemeinsamen Kemenate, ohne durch irgendwelche Scheidewand voneinander getrennt zu sein. Auch gilt dies nicht nur etwa von den Bauern oder von dem sonstigen geringen Volke, sondern auch von den Vornehmen aus dem höheren Bürgertum und selbst vom Adel. Nicht ein= mal vor einem Gaste genierte man sich und ließ ihn ebenfalls meist das Schlaf= gemach mit der Familie teilen. Die Frau beschreitet das Lager „kleiderbloß" in Gegenwart des Gastes, den sie vor wenigen Stunden zum erstenmal sah; dasselbe tut der Gast. Und beide erfüllten die Forderungen der Scham, wenn sie es „mit züchtigen Geberden" taten. Und wenn sich je einmal ein Gast weigerte, sich zu entkleiden, so war gerade die Weigerung das, was befremdete. Wie lange diese Sitte herrschte, erfährt man aus einer Schrift aus dem Jahre 1587, in der dieser Brauch als noch bestehend getadelt wird. Ein Ausfluß dieser Unbefangenheit ist auch, daß Mann, Frau und Jungfrau, und zwar ebenfalls im 16. Jahrhundert noch, häufig nackt über die Straße liefen, wenn der Bader zum Bade läutete, und höchstens mit einem Schamwedel bewehrt waren. Da dem Badehausleben ein gesondertes Kapitel gewidmet ist, so verzichten wir hier auf diese Sitte noch näher einzugehen.

An diese Unbefangenheit denken wir jedoch hier nicht, sondern vielmehr an das ostentative Prunken mit seiner Schönheit, die man protzig vor aller Welt nackt zur Schau stellte. Besondere körperliche Schönheit ist der Renaissance sehr häufig kein verschwiegenes Geheimnis gewesen, das nur im Verborgenen blühte und nur in der Heimlichkeit der Kemenate offenbar wurde, sondern sie glänzte

Familienbildnis

132. Jakob Jordaens d. Ä. 17. Jahrhundert. Eremitage St. Petersburg. Kollektion Hanfstaengl

und strahlte im Festsaal, auf offenen Straßen und auf den Märkten, wo alles Volk Zuschauer und Richter war, sie war ein Schatz, durch den man häufig den Neid aller Welt herausfordern wollte.

Geprunkt wurde naturgemäß in erster Linie mit der weiblichen Schönheit. Und zwar ist dieses Prunken mit der nackten weiblichen Schönheit mannigfacher Art gewesen und kannte verschiedene Formen. Die edelste war zweifelsohne die mit den Mitteln der Kunst. Hier bestand das Prunken darin, daß man die Gattin oder Geliebte nackt porträtieren ließ. Man ließ sie teils gänzlich nackt,

151

teils in einer besonders prätenziösen Dekolletierung als erotisches Wunder dar=
stellen. Berühmte Darstellungen in dieser Richtung sind die Venus del Tribuna
von Tizian, die die Herzogin von Urbino darstellt (Bild 85), die beiden Ge=
mälde, die Tizian von Karl II. von England gibt, wie dieser musizierend neben
dem Ruhelager seiner Maitresse sitzt, die sich völlig nackt den Blicken präsentiert
(Bild 101). Nicht weniger berühmt sind die nackten Porträts der Diana von
Poitiers, der Maitresse Heinrich II., von denen wir das berühmteste hier reproduzieren
(Bild 19); Heinrich II. hat seine junonische Geliebte übrigens mehrfach nackt
darstellen lassen, und zwar auch als Statue, in Marmor ausgehauen und in Silber
getrieben. Gabrielle d'Estrée, die Maitresse Heinrich IV., wurde ebenfalls mehr=
mals nackt porträtiert. Daß es sich in allen diesen Bildern um eine ostentative
Zurschaustellung der erotischen Schönheit handelte, braucht wahrlich nicht weiter
begründet zu werden. Bei Diana von Poitiers handelte es sich vor allem um die
Präsentation ihres herrlichen Busens. Ähnlich malte auch Raffael die Fornarina,
Tizian seine Tochter Livinia, Rubens schuf so seinen, einen ganzen Saal des Louvre
füllenden Hymnus auf Maria von Medicis und so weiter (Bild 87, 88 und 129).
Weiter gehört hieher auch die nackte Porträtstatue, die die schöne Papstschwester
Julia Farnese für ihr Grabmal in der Peterskirche von sich hat anfertigen lassen.

Geradezu unzählig ist die Zahl der Frauenporträts, die sozusagen nur wegen
des schönen Busens der Dargestellten gemalt worden sind. Ein schöner Busen
genoß, wie wir schon dargelegt haben, die höchste Bewunderung der Zeit. Und
daß sie diese bevorzugte Schönheit in
ganz besonderem Maße besaßen, ver=
anlaßte unzählige Frauen der Gesell=
schaft, ihr Mieder freigebig ausein=
anderzufalten und alle Hüllen beiseite
zu schieben, damit sich die Lust eines
jeden ungestört an diesen Schätzen
sättige (Bild 18). Man kann wirklich
in vielen Fällen ohne Übertreibung
sagen, daß der Gatte oder Liebhaber
nicht die Geliebte, sondern den Busen
seiner Geliebten porträtieren ließ, denn
die entblößten schönen Brüste zahl=
reicher Frauenporträts der Renaissance
bilden nicht nur den Mittelpunkt,
sondern auch die Hauptsache des
ganzen Bildes. Selbstverständlich war
die „Porträtähnlichkeit" des Busens
dem Modell und dem Maler nicht
weniger die Hauptsache. Man ver=
gleiche als Beweise nur die verschie=
denen Darstellungen der schönen

133. Paolo Veronese. Mars und Venus

Der Kalender der Gehörnten

17. Jahrhundert

Noua nupta Veneta   Nobilis Matrona Veneta   Aulicum scoatum Venetum

Nouelle mariee Venetienne.   Dame Venetienne   Courtisane Venetienne
Newe Verheiratse Venedigerin   Edele Fraw zu Venedig   Curtisan oder Hoffdern zu Venedig

134. Venetianische Trachtenbilder. Kupferstich aus dem 16. Jahrhundert

Simonetta, sowohl von Boticelli als auch von anderen gemalt, verschiedene Porträts
von Paris Bordone und Paolo Veronese (Bild 98 und 106), das Gemälde des
Alphonso D'Avalos mit seiner Geliebten von Tizian (Bild 99), das Gemälde der
Herzogin von Lothringen (Bild 130) und so weiter. Auch Diana von Poitiers ließ
sich, wie schon gesagt, speziell wegen ihres schönen Busens porträtieren. (Vergleiche weiter auch Bild 18, 97 und 131.)

Die raffinierteste Form, die körperliche Schönheit, und ebenfalls vornehmlich
die der Brüste, künstlerisch zur Schau zu stellen, ist die im Gewande des Heiligen-
bildes gewesen, als Jungfrau Maria. Das berühmteste geschichtliche Beispiel dafür
ist das bekannte Gemälde der Agnes Sorel, der Maitresse Karls VII. von Frankreich, als Jungfrau Maria von Jean Fouquet gemalt. Den Jesusknaben auf dem
Schoße, enthüllt „la Belle des Belles", wie sie von der Galanterie der Zeit genannt
wurde, vor den Blicken die ganze Pracht ihrer köstlichen Brüste. (Vergleiche
meine „Geschichte der erotischen Kunst" Bild 26.) Freilich: welch verführerisches
Motiv! Im Gewande der Jungfrau Maria konnte man das heiligste und hehrste
Symbol repräsentieren und dabei doch dem Weltlichsten dienen, seine irdische
Schönheit in der pikantesten Weise den Blicken preisgeben. Man war dadurch
Heilige und Teufelin in einer Person, Verführerin und Retterin. Der weibliche
Ehrgeiz konnte also auf diese Weise seine höchsten Triumphe feiern. Wenn der

135. Anton van Dyck. Porträt der Gräfin Percy. 17. Jahrhundert

Beschauer vor dem Heiligenbild anbetend niedersinkt, betet er zugleich das köstliche Wunder dieses schönen Leibes an, das sich ihm enthüllt. Aus solchen
Gründen ist sicher noch manche Busenschönheit dem Beispiel der Agnes Sorel
gefolgt, und es wird dadurch auch klar verständlich, warum so manches Bild der
Jungfrau Maria aus der Renaissance nichts weniger als überirdische Gedanken
beim Beschauer auslöst: Modell und Maler dachten doch ebenfalls nicht an Über-
irdisches, sondern hatten nur das Irdischste des Irdischen im Auge (Bild 86). In
gewissem Maße gehören hierher auch die Statuen ihrer Maitressen, die mächtige
Kirchenfürsten mehrfach in Kirchen haben aufstellen lassen, um jene als Heilige
verehrt zu sehen. Als einziges Beispiel sei nur auf Sigismondo Malatesta verwiesen, der 1445—1450 der heiligen Franziska in Rimini eine herrliche Kirche
baute und darin seiner schönen Maitresse Isotta ein Denkmal setzte.

Aber nicht nur in der übertragenen Form der verklärenden und darum gewissermaßen alles heroisierenden Kunst, die die Dinge der profanen Wirklichkeit
entrückte und in die Höhen des Idealen emporhob, gab man seine Schönheit preis,

nein, man ging noch unendlich weiter in der Kühnheit, man prunkte und protzte sogar direkt mit dem nackten Körper vor aller Welt, und zwar auf der Straße, umringt und begafft von zehntausend Neugierigen. Ein solches Prunken mit der körperlichen Nacktheit haben wir in dem schon im ersten Kapitel erwähnten Gebrauch beschrieben, mächtige Fürsten, die in eine Stadt zu Besuche kamen, von splitternackten schönen Frauen am Stadttore empfangen zu lassen. Die Geschichte registriert verschiedene derartige Empfänge, wir nennen hier nur den Einzug Ludwigs XI. 1461 in Paris, den Karls des Kühnen 1468 in Lille, und den Karls V. 1520 in Antwerpen. Über den letzten sind wir durch Dürer näher unterrichtet worden, der diesem Schauspiel beiwohnte und offen zugibt, daß er die nackten Schönen mit besonderem Interesse betrachtet habe. Es kann als sicher angenommen werden, daß dieser Brauch ziemlich häufig geübt wurde, und daß diese drei Fälle keine Ausnahmen gewesen sind; sonst wäre dies von den zeitgenössischen Chronisten sicher registriert worden. Ganz zweifellos, weil dokumentarisch feststehend, ist aber, daß gerade diese Programmnummer stets das regste Interesse auf sich zog. Über den Einzug Ludwig XI. in Paris wird berichtet: Es standen bei der Fontäne du Ponceau wilde Männer und Weiber, die mit einander kämpften; dabei drei nackte schöne Mädchen, welche Sirenen vorstellend, so herrliche Brüste und Körperformen besaßen, daß sich niemand satt sehen konnte. Und wenn Dürer seine Neugierde offen an den Tag legte und, wie er seinem Freunde Melanchthon meldet, diese Mädchen sehr aufmerksam und etwas unverschämt in der Nähe betrachtete, „weil er ein Maler sey", so hatte das Volk ebenso zwingende Gründe, weil es nämlich zu großen Teilen aus sinnlichen jungen und alten Männern bestand, denen in der Welt nichts höher stand als ein schönes Weibstück. Dieser Teil der Zuschauer ließ sich die Gelegenheit sicher nicht entgehen, mit allen Sinnen zu genießen, wo doch die Schönsten der Schönen, die sich dazu hergaben, mit ihrer Nacktheit das Fest zu verschönen, ebenfalls nichts unterließen, alle Wunder und alle Heimlichkeiten ihrer Schönheit an den Tag zu bringen; denn jede wollte doch wieder für ihre Person als die Schönste und Begehrteste gelten. Die größte Neugierde war überdies um so mehr begründet, als diese Gruppen naturgemäß den Gipfelpunkt der Huldigungen bildeten, die man dem Besucher darbrachte. Den nackten Schönen war stets ein Teil der Hauptrollen für den Empfang zugewiesen. Sie schritten entweder dem Zuge voran, oder sie führten bestimmte symbolische Schauspiele auf, durch die dem Stolz Ausdruck verliehen wurde, den die betreffende Stadt über die Ehre des fürstlichen Besuches empfand. Beim Einzug Ludwigs XI. in Paris im Jahre 1461 trugen drei nackte Jungfrauen der

D Gillemette, Empeseuse

136. Die Stickerin. Französischer Kupfer

Reihe nach Verse vor dem König vor, die seinen Ruhm kündeten. Bei dem Einzug Karls des Kühnen von Burgund in Lille im Jahre 1468 wurde das Urteil des Paris, bei dem drei völlig nackte Schönheiten um den Preis der Schönheit stritten, vor dem König aufgeführt, und hier wird uns auch bestätigt, was wir vorhin sagten; denn nach den Mitteilungen eines Chronisten „hat nichts von den vielen Darbietungen so sehr das Interesse und den Beifall des Volkes gefunden, als wie gerade dieses Schaustück." Bei solchen Wettkämpfen spielte natürlich noch außerdem jeder einzelne Zuschauer „Paris" und wog die Reize der Juno gegen die der Venus und so weiter ab. Und dieses allgemeine Interesse war den Schönen sicher auch der Hauptlohn, dem zuliebe sie ihre Schönheit öffentlich zur Schau stellten: das Bewußtsein, von Tausenden beneidet, von ebenso vielen mit den Blicken verschlungen zu werden. Auch Fürstinnen liebten solche Empfänge. Von der Königin Elisabeth von England wird gemeldet, daß sie „in keinen Garten als Besuch eintrat, in welchem sie nicht von Nymphen, Nereiden, Tritonen, Floren und Waldgöttern begrüßt und empfangen wurde." Die Kleidungsstücke stellten an diesen heidnischen Göttern und Göttinnen ebenfalls stets das Wenigste dar. Hin und wieder waren die Schönen von duftigen Florschleiern umwogt, die aber nicht das Geringste verhüllten, weder die brünetten Reize, mit denen die dunkelhaarige Schöne gerne prunkte, noch die Delikatesse der intimen Linien des Körpers, auf die die Blondine ebenso stolz war. Die Florgewänder erhöhten nur die Neugier und die Pikanterie. Wie ehedem im Altertum, nannte man daher solche Hüllen „gläserne Kleider" (Bild 9 und 111).

Ein grandioserer Kultus der physischen Schönheit als diese Schauspiele läßt sich wahrlich nicht leicht denken. Wir haben im ersten Kapitel gesagt, daß zu diesem Dienste die schönsten Dirnen der Stadt ausgesucht wurden. Ploß in seinem großen Werk über „Das Weib" erklärt jedoch ausdrücklich, daß es nicht Dirnen allein gewesen seien, die ihre Schönheit bei solchen Gelegenheiten öffentlich preisgegeben haben, sondern daß auch „die Töchter vornehmer Patrizier es sich zur Ehre anrechneten, vollständig nackt dem Kaiser voranzuschreiten." Ist diese Behauptung zutreffend — wir konnten nichts Positives darüber erfahren —, so würde dies die Bedeutung dieser kühnen Schaustellungen für die Beurteilung des Kultus des Körperlichen in der Renaissance natürlich erheblich vergrößern. Daß eine schöne Frau, die über eine tadellose Büste verfügt, sich in einer Weise malen läßt, daß diese Schönheit in ihrem ganzen Umfange dem Beschauer ihres Bildes offenbar wird, fügt sich den Gedankengängen zahlreicher Zeiten ein, und auch daß sie sich für den Gatten oder Geliebten im Kostüm der Eva und in einer Pose porträtieren läßt, die nur von der glühendsten Wollust diktiert ist. Daß sie aber ihren nackten Körper auf der Straße als Schaustück preisgibt, das setzt bei allen Beteiligten, beim Schauspieler, beim Arrangeur, wie auch beim Publikum eine Kühnheit des Denkens voraus, für die uns alle Maßstäbe fehlen, und zwar auch dann, wenn die Rolle von stadtfremden, schönen Dirnen aus dem Frauengäßchen und nicht von angesehenen Patrizierinnen gespielt worden sein sollte. Und darum: ob Dirne oder Dame, — eines erhellt in beiden Fällen daraus: in welch großem Um-

Cur aurum, gemmas, et opes, cælataque vasa
Os tentas, in quæ Mors habet Imperium?
Vana hæc: tu vana es: quæ quæris et omnia vana
Vanis gaudenti Mors gravis et misera est.

Gout, Gesteenten, Rycdom, en all'u costelycke vaeten
Wanneer de Doot comt aen, wat sullen sy u baeten?
T'is al ydel: ghy syt ydel. dat ydel is soeckt ghy snel
Die YDELHEYT bemint valt swaer de DOOT bitter, fel.

IACOBVS DE GEYN INVENTOR. HONDIVS EXC

137. Jakob de Gheyn. Holländische Karikatur auf die weibliche Eitelkeit. 17. Jahrhundert

fange die Gesellschaft der Renaissance den gesamten heidnischen Gedankeninhalt übernahm, als sie auf die Denkformen der Antike zurückgriff. Dieses aber tat sie, was hier eingeschaltet sein mag, weil diese einst einem ähnlichen Inhalte und vor allem prinzipiell ähnlichen ökonomischen Bedingungen des Lebens gedient hatten. Auch die oben zitierte Aufstellung der Statuen von Maitressen in Kirchen, und die Forderung, sie als Heilige zu verehren, entspricht rein heidnischen Denkformen.

Aber gleichwohl: alles dieses ist einzeln wie in seiner Gesamtheit logisch. Alle diese Erscheinungen sind untrennbare Bestandteile des Gesamtbildes der Zeit. Als die Sinnlichkeit unter ähnlichen ökonomischen Voraussetzungen wie in der Antike siegte, entwickelte sich genau wie damals nicht eine objektive Stellung gegenüber dem Nackten, sondern es kam wie damals zu der kühnsten und letzten Konsequenz. Diese konnte aber nur darin gipfeln, den Schleier von allen den Herrlichkeiten zu heben, die man scheinbar eben erst entdeckt hatte, weil man glaubte, dadurch auch zum erstenmal wieder zu ihrer richtigen Wertschätzung emporgestiegen zu sein. Die sinnliche Idealisierung des Körperlichen bedingte als logische Konsequenz seinen höchstgesteigerten Kultus, und dieser konnte sich nur in der Richtung des Nackten bewegen, und zwar nicht bloß in der Richtung der Unbefangenheit gegenüber der Nacktheit, sondern in einer beabsichtigt zur Schau gestellten Nacktheit. Hier sei hinzugefügt, daß bei zahlreichen Mysterien= spielen auch die Männer völlig nackt mitwirkten.

Aber noch in einem zweiten Punkt ist die Kongruenz mit der Antike vor= handen: in beiden Fällen sind es trotz der elementaren Kühnheit, die darin waltete, Dekadenzerscheinungen. Gewiß kann man sagen: weil der Mensch als physische Erscheinung der Renaissance die höchste Form des Schönen war, mußte ihr der nackte schöne Mensch logischerweise auch das köstlichste Schauspiel sein. Aber weil es sich in diesen Schaustellungen eben vornehmlich um nackte Frauen handelte, darum war es auch in seiner Tendenz nichts weniger als ein reiner Kultus der Schönheit. Es handelt sich durchgehends um adlige Sitten, um höfische Feste, um einen Kultus, den ausschließlich aristokratische Kreise mit der körperlichen Schön= heit trieben. Und darum begegnet man den verschiedenen hier geschilderten Formen dieses Kultus auch am allerwenigsten in dem kleinbürgerlichen Deutschland, da= gegen um so mehr in den Ländern, in denen der fürstliche Absolutismus um jene Zeit nicht nur politisch, sondern auch schon gesellschaftlich herrschend geworden war, also in Spanien, Italien, Frankreich und dem spanisch beherrschten Flandern. Und darum wird auch vor allem mit der Nacktheit der Frau geprunkt. Besonders schöne Frauen nackt zur Schau zu stellen, ist der Ideologie des Absolutismus durchaus adäquat. Der Absolutismus hat aus der Frau den kostbarsten Luxusgegen= stand entwickelt; und der Wert jeder Kostbarkeit wächst für den Besitzer in dem gleichen Umfang, als er den allgemeinen Neid erweckt. Dieser kann aber nur ein= treten, wenn man die betreffende Kostbarkeit entsprechend zur Schau stellt. —

An dieser Stelle muß auch noch einer Eigenart des privaten Lebens gedacht werden, die in ihrer Art nicht weniger klassisch die Kühnheit im Kultus des körperlich Schönen in der Renaissance belegt und ebenfalls in ihren Hauptteilen

138. Peter Brueghel o. Breugel d. Ä.   Der betrunkene Bauer.   17. Jahrhundert

in den eben geschilderten Ideenkreis fällt. Das ist das gegenseitige Schildern und
Rühmen der intimen körperlichen Schönheiten der eigenen Geliebten und Frau
in der Unterhaltung mit Freunden, und die Bereitwilligkeit, dem Freunde sogar die
Gelegenheit zu geben, sich mit eigenen Augen von der gerühmten Schönheit zu
überzeugen. Die Schilderung der und die Unterhaltung über die besonderen
körperlichen Vorzüge und Schönheiten der eigenen Gattin sind in jener Zeit ein
überaus beliebtes Gesprächsthema. Murner sagt in seiner Geuchmatt:

159

„Dann man findt der Narren gar viel, die ihre Weiber vor jedermann rühmen und preisen, Ja, sprechen sie, ich hab ein solche schöne Frauen, daß wenn du sie sehest, wurst du dich ob ihrer Schönheit verwundern."

Der Seigneur de Brantôme berichtet: „Ich kannte mehrere Herren, die ihre Frauen den Freunden gegenüber lobten und ihnen alle Reize ihrer Gattin genau schilderten".*) Der eine preist bei seiner Gattin die Schönheit der Farbe ihrer Haut, diese ist wie Elfenbein und rosig angehaucht wie reife Pfirsiche, und sie fühlt sich an wie Samt oder Seide, „atlassen", der zweite rühmt bei der seinigen die Pracht ihrer Formen, die Fülle und Festigkeit ihrer Brüste, es sind „große Äpfelein mit zierlichen Spitzen" oder „stolze Küglein mit rosigen Beeren geziert" und so hart wie Marmelstein, ihre stolzen Lenden sind „Halbkugeln des höchsten Glücks". Wieder andere wissen die „fein gedrechselten weißen Schenklein" ihrer Gattinen zu rühmen; es sind „stolze Säulen, die von einem schönen Gesims gekrönt sind". Aber auch das Intimste wird nicht vergessen, und es ist noch schamhafte Zurückhaltung, wenn der Gatte oder Liebhaber zum Freund bloß von dem „goldgelockten seidenen Flaum spricht, der ihren Leib gar anmutig ziert". Manche schwelgen jedoch tatsächlich in den größten Intimitäten bei der Beschreibung ihrer Geliebten oder Gattin. Bei einer anderen Gelegenheit berichtet Brantôme:

„Ich war bei Hofe zur Zeit Franz des Zweiten, als der Graf von Saint-Aignan zu Fontainebleau die junge Bourdezière heiratete. Am nächsten Tage kam der Neuvermählte in das Zimmer

*) Da wir den Seigneuer von Brantôme, dessen Werke für die Sittengeschichte höchst wertvolles Material enthalten, in unserer Arbeit noch öfters zu zitieren gedenken, so wollen wir gleich an dieser Stelle das Folgende einschalten, woraus sich ergibt, welche Art Sitten durch seine Mitteilungen illustriert werden: alle diese pikanten und oft im höchsten Grade direkt erotischen Histörchen, die Brantôme der Nachwelt aufbewahrt hat, stammen ausnahmslos aus den höchsten Regionen der Gesellschaft. Er selbst betont dies ausdrücklich an mehreren Stellen. So schreibt er zum Beispiel: „Außerdem muß ich noch bemerken, daß die Geschichten, die ich hier erzähle, sich nicht in kleinen Städten und Dörfern abgespielt haben, sondern an vornehmen Orten, und die Personen sind keine niedrigen, geringen Leute, denn ich habe mich nur mit großen und hohen Gegenständen abgegeben, obgleich meine Sprache niedrig ist." Und als Brantôme einmal ein Beispiel aus dem Volke anführt, da entschuldigt er sich geradezu: „Es tut mir leid, daß ich dieses Beispiel anführen mußte, zumal es von einer Persönlichkeit niedern Standes handelt und ich mein Papier nicht mit so niedrigen Leuten verschwenden will, sondern sonst nur von Großen und Hochstehenden rede." In der Tat handelt es sich meistens um den französischen Hof der Katharina von Medici, und zwar sehr häufig um Liebesabenteuer, die die Königin und die königlichen Prinzessinnen selbst betreffen.

Je n'apperçois si tôst l'aurore
Auancourriere d'un beau Jour
Que le souuenir de l'amour

De celuy, que mon coeur adore
Ne me fasse soudain chanter
Quelqu'air pour mon mal enchanter

Mariette excud Cum Privilegio

139. Französischer Modekupfer. 17. Jahrhundert

O Citherea, tuos placido nos respice vultu,
Tuq́ Cupido puer: quorum vis magna supernos,

Infernosq́ Deos, genus et mortale lacessit:
Et quorum numen non ulla potentia vitat.

C. Schonæus.

Die Liebe

Kupferstich von Heinrich Goltzius. 16. Janrhundert

des Königs, und alle begannen ihn zu hänseln, wie das Gebrauch ist. Einer der Herren fragte ihn, wieviel Posten er geritten habe. Fünf, antwortete der Gatte. Zufällig war ein Edelmann, ein Sekretär, anwesend, der damals der Günstling einer sehr großen Prinzessin war; dieser sagte: das sei gar nichts, wenn man den schönen Weg und das schöne Wetter bedenke, das er gehabt habe; denn es war im Sommer. Der Grandseigneur erwiederte ihm: „Nun, bei Gott! Sie brauchten wirklich Rebhühner!" „Warum nicht?" versetzte der Sekretär, „ich habe ein Dutzend in vierundzwanzig Stunden auf dem schönsten Waldgrunde von ganz Frankreich erlegt." Wer war nun erstaunt? Dieser Herr, denn dadurch erfuhr er, was er schon längst vermutet hatte. Und da er selbst sehr verliebt in jene Prinzessin war, ärgerte es ihn, daß er so lange in diesem Gebiet gejagt und nichts erlegt hatte, während der andere glücklicher gewesen war."

Modebild

140. Wenzel Hollar. Holländischer Kupfer. 1645

Dieser Zynismus beschränkte sich natürlich nicht auf den französischen Hof, sondern er entwickelte sich überall wo dieselbe historische Situation vorhanden war. Brandes schreibt über den englischen Hof jener Zeit:

„Die Rede der Männer bei Hofe war so frivol, daß man in weniger ehrbaren Ausdrücken häufig die Wendung hörte: ,Ich möchte lieber, man glaubte, ich genösse die Gunst jener Dame, wenn dem nicht so wäre, als sie wirklich genießen, wenn niemand darum wüßte'."

Die Schilderung der geistigen Qualitäten einer Frau kommt meistens erst in letzter Linie, obenan steht die zur Liebe lockende Gestalt vom Knöchel aufwärts und vom Hals abwärts. Zur Beschreibung fügt man, wie gesagt, nicht selten den Beweis. Man gibt den Freunden Gelegenheit, die Gattin beim Bade oder bei der intimen Toilette zu belauschen, oder man führt sie am liebsten ins Schlafgemach, wo die schlafende Gattin, nicht ahnend, daß sie fremden Blicken zur Schau gestellt wird, hüllenlos ihre Schönheit preisgibt; man schlägt auch das allenfalls verhüllende Linnen zurück, so daß alle ihre Reize den Neugierigen sichtbar werden. So prunkt und protzt man unter sich mit der körperlichen Schönheit der Frau als mit einem Schatz und Reichtum, um den man beneidet sein will, und dem Zweifel soll kein Raum mehr bleiben. Man prunkt aber damit auch als der unumschränkte Besitzer. Und darum geschieht dieses Prunken nicht nur heimlich, sondern die Frau muß es sich hin und wieder sogar gefallen lassen, daß der Gatte seine Freunde an ihr Lager führt, auch wenn sie nicht schläft, und daß er gegen ihren Willen die Hüllen hinwegzieht, die ihren Körper den Blicken teilweise entziehen. Daß dieses zur Schau stellen der intimen körperlichen Schönheit der Gattin ebenfalls ein häufig geübter Brauch gewesen sein muß, beweist uns schon der Umstand, daß man bei den zeitgenössischen Schilderern eine ganze Reihe solcher Fälle registriert findet, und daß er ein nicht seltenes Motiv der zeitgenössischen Erzähler ist. Bei Brantôme liest man zum Beispiel:

„Ich will noch von einem Manne berichten, den eines Morgens ein Freund besuchte, als er sich gerade ankleidete. Bei dieser Gelegenheit zeigte der Gatte ihm seine Frau ganz nackend auf dem Bett im Schlummer liegend, ohne jegliche Bedeckung, denn es war sehr heiß. Er zog den Vorhang halb zurück, so daß die aufgehende Sonne ihre Schönheit bestrahlte. Der Freund weidete seine Blicke daran, und dann gingen beide Männer zum König."

In der Erzählung „La Nicolosa" von Fiorentino, die wir nach einer französischen Übersetzung geben, findet sich folgende Stelle:

„Elle était ainsi, sans vergogne, couchée dans le lit, lorsque Buondelmonte et le mari, un flambeau à la main, arrivèrent dans la chambre. Buondelmonte s'empressa de prendre le coin du drap et de lui couvrir le visage; puis, se mettant au pied du lit, il commença à découvrir les pieds et les jambes qui étaient écartées. Buondelmonte dit alors: „Vis-tu jamais jambes plus belles et plus rondes que celles-ci? Elles semblent de véritable ivoire." Et ainsi, ils en vinrent peu à peu à découvrir jusqu'a la poitrine où il y avait deux jolis petits tetins si ronds et si durs qu'on ne vit jamais plus jolie chose. Quand ils eurent vu même ce qui était au dessous de la poitrine et qu'ils en eurent pris tout le plaisir qui se peut prendre avec les yeux et avec les mains, Buondelmonte éteignit la lumière et entraînant Acciaiuolo le fit sortir."

Veyez cette gaye Nourisse.
dont la Beauté Sans Artifice
Est Imitée en ce pourtraict.

Elle est Si gentille et si belle
que sil faut quelle gyre du lait
jl est caché dans Sa Mamelle.

Die Amme

141. Crispin de Passe. Kupferstich. 17. Jahrhundert

In dieser Erzählung des Fiorentino handelt es sich jedoch noch um etwas anderes, nämlich um die damals so beliebte Strafe, mit der sich ein verachteter oder hintergangener Liebhaber an der vergeblich umworbenen Dame rächt: er suchte sie auf irgend eine Weise in seine Gewalt zu bringen, um sie dann entweder insgeheim seinen Freunden oder sogar öffentlich nackt zur Schau zu stellen. Über das letztere finden sich bei Boccacio und verschiedenen anderen Novellisten Belege. Auch dem Gatten führte man seine Frau mit Vorliebe so vor, um sich an der Angst der Frau zu weiden. Ein Beispiel dafür ist eine Erzählung von Straparola in seinen ergötzlichen Nächten. Ein Jüngling ist von drei

schönen Schwestern, die sämtlich ver=
heiratet waren, der Reihe nach geäfft wor=
den. Sie haben ihm alle ihre Gunst
zugesagt, um ihn im entscheidenden
Moment auf irgend eine grausame Weise
zu düpieren. Der Jüngling sinnt auf Rache.
Bei einem Balle, den er gibt, gelingt es
ihm, sie alle drei zusammen in seine Ge=
walt zu bekommen, er zwingt sie durch
Todesdrohungen, sich splitternackt auszu=
ziehen, und nun stellt er die drei Schönen
nackt ihren eigenen Männern zur Schau.
Die betreffende Stelle lautet:

142. Wenzel Hollar. Modekupfer. 1642

      Als der Tanz vorbei war, führte er sie (die
Männer) in das Nebengemach, wo die drei Frauen
im Bett lagen (die Köpfe vor Angst in die Bettücher vergraben) und sagte zu ihnen: „Ihr Herren,
ich habe Euch hierher geführt, um Euch ein kleines Vergnügen zu bereiten und Euch den schönsten
Anblick zu verschaffen, der Euch in Eurem Leben zuteil geworden ist." Hierauf näherte er sich
mit einer Kerze in der Hand dem Bette, zog allmählich das Leintuch von den Füßen empor und
wickelte es auf, indem er die Frauen bis zu den Knien aufdeckte, so daß die Männer die rund=
lichen weißen Beine mit den zierlichen Füßen sehen konnten, was ein wundervoller Anblick war.
Dann enthüllte er sie bis zur Brust und zeigte ihnen die blendenden Schenkel, welche zwei Säulen
von reinem Marmor zu sein schienen und den gerundeten Leib, der dem feinsten Alabaster glich.
Hierauf enthüllte er sie noch weiter hinauf und zeigte ihnen den zarten, sanftgewölbten Busen mit
den zwei prallen, köstlichen runden Brüsten, die selbst den erhabenen Jupiter gezwungen hätten,
sie zu umarmen und zu küssen. Dies gewährte den drei Ehemännern das größte Vergnügen und
Ergötzen, das sich denken läßt.

Die Männer ahnen natürlich nicht, daß es ihre eigenen Frauen sind, die
ihnen hier gezeigt werden. Eine humoristisch satirische Form dieser Schau=
stellungen, die ihre Satire gegen die Tölpelhaftigkeit jener Männer richtet, die allzu
fest an die Treue ihrer Frau glauben, und der man ebenfalls häufig begegnet, be=
steht darin, daß der begünstigte Liebhaber einer Dame den Ehegatten an das Bett
führt, in dem er sich eben mit dessen Frau vergnügt hat, um ihn die sämtlichen
Schönheiten der eigenen Frau mit Ausnahme des Gesichtes sehen und bewundern
zu lassen. Der Ehegatte bemerkt in seiner Tölpelhaftigkeit natürlich niemals, daß
es seine eigene Frau ist, die vor ihm liegt, denn er hat sich in seiner Albernheit
früher ja gar nicht um diese Schönheiten gekümmert; und dafür hat sie sich ja in
der Weise gerächt, daß sie sich einen Liebhaber nahm, der dafür Sinn hatte. Dieses
Motiv ist, wie gesagt, sehr häufig. Eine der köstlichsten Behandlungen dieses Stoffes:
„Wie Meister Matthes sein eigenen Schätz nit wiedererkennet" befindet sich unter
den lustigen Taten und Abenteuern des Mönchleins von Lehnin. Die schöne
aber untreue Gattin des Richters Matthes hat sich einen verwegenen Junker zum
Geliebten gekürt, zu dem sie bei jeder Gelegenheit ins Bett steigt. Am mark=
gräflichen Hofe weiß man das, und man will sich daraus einen Hauptspaß machen.
Der Richter Matthes wird beauftragt, im Hause des betreffenden Junkers nach

einem Hochverräter zu fahnden, der sich angeblich dort verborgen halte. Richter Matthes erfüllt gewissenhaft den ihm erteilten Auftrag. Natürlich muß er darum auch im Bett suchen. Dort befindet sich aber gerade des Richters ungetreue Gattin. Der Junker weiß sich jedoch zu helfen, er rechnet keck mit der Tölpel= haftigkeit des von ihm gehörnten Richters; dieser darf alles von der Schönen sehen, die in seinem Bette liegt, mit Ausnahme des Gesichtes. Die Ungetreue hat nichts gegen diese Form der Feststellung: sie weiß, dadurch droht ihr keine Gefahr.

„Und so lachet das gute Weiblein insgeheim über soliche Praesentia des Geistes, küsset ihren Amanten dafüro in Gedanken, wendete sich danacher, ihrem Ehegespons vollauf zeigend, so sie dem alten Zottelbär nie zu Hause gewiesen noch sehen lassen." Die beiden Schelme haben sich nicht getäuscht. Der Richter Matthes hat sich überzeugt, daß kein borstiger pommerscher Junker in der Bettlaken liegt, aber „ob der geschauten Pracht will er nicht wohl entscheiden, ob es nicht dafür eine pommersche Edelfrau wäre: ‚Dieses ist wahrhaftiglich und wiß ein Weiblein vom Hofe, sintemalen unsere bürgerlich Schätzlein niemalen so herrlich und lieblich ausgerüstet'" (Bild 154).

Eine andere Variation dieses Themas schildert in urwüchsiger Derbheit der Schwank „Auf den Esel gesetzt"; hier wird der gräfliche Gatte durch rasches Schminken, das die ehebrecherische Frau Gräfin aus einer goldgelockten in eine brünette Schönheit verwandelt, in der Person seiner Gattin getäuscht.

Auch dieses sind zweifellos charakteristische Dokumente dafür, daß das Körperliche, und zwar das Körperlich=sinnliche, im Mittelpunkt des allgemeinen Interesses stand, also ein Hauptbestandteil des Ideeninhaltes war.

Schließlich muß hier noch hinzugefügt werden, daß dieses Rühmen und Prunken natürlich nicht einseitig sein, sich also nicht nur auf den Mann be= schränken konnte; das Wesen der Zeit forderte, daß auch die Frau sich der besonderen physischen Vorzüge des Geliebten oder Gatten mit Worten rühmte. Selbstverständlich geschah es nicht so offen wie auf der Seite des Mannes. Aber wir haben gleichwohl eine Reihe zeitgenössische Dokumente, die an Deutlichkeit nichts zu wünschen übrig lassen, und zwar finden sich diese besonders in den Klagen der Witwen und der verlassenen Bräute und Frauen, die die Tugenden des Verstorbenen oder des Abwesenden gewöhnlich über alle Maßen rühmen

Und daß der Mann ebenfalls öffentlich mit seiner eigenen körperlichen Schönheit prunkte, und nicht nur mit der seiner Frau, ist nicht weniger selbst= verständlich. Aber weil eben seine Schönheit ihren Gipfel in der Aktivität findet, so prunkt er in erster Linie mit jenen Eigenschaften, die Zeugnis dafür sein können. Das sind besondere Kraftleistungen als Athlet, als Tänzer, der die Frau spielend in der Luft herumwirbeln läßt; weiter prunkt er mit seiner Elastizität und Uner= müdlichkeit, daß keine auch noch so große Anstrengung seine Kräfte zu erlahmen vermöge. Daß er sich jedoch mit dieser indirekten Form nicht begnügt, sondern daß er auch die Sache selbst, auf die die Zeit den Hauptwert legt, aufs augen= fälligste demonstriert, wird der folgende Abschnitt über die Mode lehren

∗   ∗   ∗

Das Schönheitsideal einer Zeit überträgt sich stets auf die Kleidung und formt dementsprechend den Grundzug jeder Mode des betreffenden Zeitalters.

Der Raub der Sabinerinnen. Männliches und weibliches Schönheitsideal

143. Italienischer Kupfer. 17. Jahrhundert

144. Wenzel Hollar   Holländischer Modekupfer

Die Mode ist sozusagen die Umformung des physischen Schönheitsideals einer Zeit in die Praxis des täglichen Lebens. Was über das Wesentliche der Renaissance= moden vom Standpunkte der Sitten= geschichte zu sagen ist, gehört darum in dieses Kapitel.

Die Mode ist, — wie wir in der „Frau in der Karikatur" nachgewiesen haben, — ein erotisches Problem, und zwar deshalb, weil der Zweck der dekorativen Ausgestaltung der Kleidung ausschließlich der Pointierung der erotischen Reizwirkung des Körpers dient. Dieser Zweck tritt in der Frauenkleidung stets ganz auffällig zu=

tage und ist daher an jeder einzelnen Frauenmode nachzuweisen, ganz gleichgültig, ob diese sich durch Verhüllen oder durch Enthüllen des Körpers auszeichnet. In sogenannten sinnlichen Epochen ist dieser Zweck jedoch auch bei den Männer= moden ganz augenfällig. Dieses Grundwesen der Mode dient natürlich einem bestimmten Zweck, und zwar, wie wir ebenfalls in der „Frau in der Karikatur" nachgewiesen haben, dem gegenseitigen Werben. Für die Frau ist die Mode sogar das wichtigste Werbemittel.

Dieser allgemeine Charakter, der für alle Zeiten gilt, erhält seine jeweilige be= sondere Form durch das spezifische gesellschaftliche Sein des betreffenden Zeit= alters. Die Renaissance war, wie wir dargelegt haben, ein schöpferisches Zeitalter, und darum ein Zeitalter gesunder und starker Sinnlichkeit. Auffällige Betonung des Sinnlichen in der Richtung des Gesunden mußte daher das Hauptmerkmal der Modetendenz der Renaissance sein, und weiter ein tägliches und stündliches Prunken mit der individuellen körperlichen Schönheit. Und das ist denn auch der Hauptzug, der die Mehrzahl der Moden der Renaissance in allen Ländern kennzeichnet.

Sinnlich wirkt auf den normalen und gesunden Menschen stets die auffällige Form der Zweckschönheit. Nachdem im Schönheitsideal der Renaissance die Zweckschönheit gesiegt hatte, mußte in der Mode diese Zweckschönheit pointiert werden. Das ist in der Männerkleidung die Betonung der Kraft durch Demon= stration der Muskulatur, der Schulterbreite, des Brustumfanges und so weiter, bei der Frau vor allem die Verstärkung der Hüftenausladung und die Übertreibung der Größe des Busens.

Die Lösung dieser Aufgabe wurde beim Manne zuerst darin gefunden, daß man ihn in ein eng anliegendes Kostüm kleidete, das jeden einzelnen Muskel deutlich abzeichnete, und daß man den Oberrock gegen früher wesentlich ver= kürzte, so daß er zu einer Art Jacke wurde, die häufig kaum mehr als eine Hand= breit unter den Gürtel herabging. „Kaum wurde der Hinterste damit bedeckt

166

Das war die damalige Kreuz= burgische Kleidermode,“ heißt es in der Chronik von Kreuzburg. Indem man die Kleidung so eng wie irgend möglich machte, er= schien sie dem Körper wie an= gegossen, wie eine zweite Haut. Diese Mode erreichte ihre höchste Steigerung in den letzten Jahr= zehnten des 14. Jahrhunderts und herrschte bis weit in das 15. Jahr= hundert herein (Bild 2, 5 und 122). Der Gipfel dieser Tendenz, die unvermeidlich zu einer starken Hilflosigkeit in der Bewegung führen mußte, leitete aus dem letzten Grunde schließlich zu einem Umschwung und zu der zweiten Form der Lösung dieser von der Zeit bedingten Aufgabe. Um wieder besser gehen und unbehinderter sich bewegen zu können, mußten die Hosenbeine und die Ärmel an den Gelenken mehrfach durchschnitten werden. Diese Einschnitte wurden natür= lich dekorativ ausgestaltet, indem man am Wams das seidene Hemd durch die Einschnitte puffenartig heraustreten ließ, an den Hosen aber die Einschnitte mit seidenen, in der Farbe abstechenden Puffen versah. So entstand die erste Form der Puffenmode, die am Ausgang des 15. Jahrhunderts einsetzte (Bild 118). Damit war aber nicht nur die Weiterführung der seitherigen Tendenz ermög= licht, sondern außerdem noch die unbegrenzte Möglichkeit für eine zweite Tendenz eröffnet: der des Prunkens durch Kostbarkeit und Reichtum der Kleidung. Und

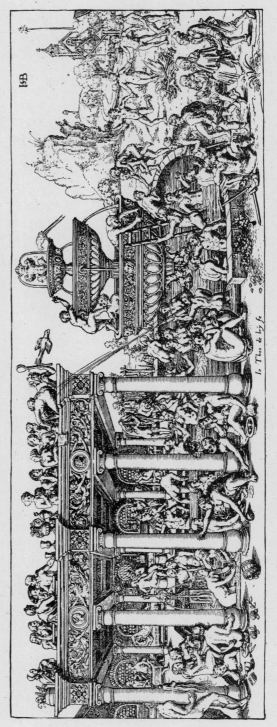

145. Der Jungbrunnen. Kupferstich von Theodor de Bry nach einem Holzschnitt von H. S. Beham. 17. Jahrhundert

Celuy qui voit ce beau visage, Et sans amour ou sans courage,
Aime de sy puissans apas Or le voir & ne laymer pas.

146. Trachtenbild einer holländischen Dirne
17. Jahrhundert

gerade das war von ausschlaggebender Bedeutung. Alle schöpferischen Zeiten lieben den Luxus und die tolle Verschwendung. Diesem Drang eröffnete sich jetzt um so mehr ein unbeschränktes Betätigungsgebiet, als das neue Zeitalter des Welthandels zugleich die Voraussetzung für einen unbegrenzten Luxus geschaffen hatte. Ungeheurer Reichtum kam in die Welt, ein leichteres Verdienen. Der Luxus beginnt als Massenerscheinung aber stets bei der Kleidung, denn hier kann man ihn am leichtesten, sichtbarsten und am raschesten zur Schau stellen. In der Männermode war das schließliche Resultat des Luxus jene ungeheuerliche und weltberühmte Pluderhosentracht, die ihre tollsten Ausgeburten in der Stoffverschwendung in der ersten Hälfte des 16. Jahrhunderts erlebte — ein einziger Mann trug oft bis zu sechzig Ellen Tuch am Leibe! — und bis weit in die zweite Hälfte dieses Jahrhunderts die herrschende Mode in den verschiedensten Ländern blieb (Bild 120). Am deutlichsten wurde diese Mode von dem Brandenburgischen Hofprediger Andreas Muskulus charakterisiert, und zwar in seiner Schrift „Vom Hosenteufel".

In der Frauenmode wurde die Lösung der Tendenz durch ebenso groteske Mittel gefunden, die selbstverständlich in allen Stadien der Luxusbetätigung einen ebenso großen Spielraum ließen wie die der Männermode. Kamen bei der Frau ebenfalls zuerst enganschließende Gewänder auf, die alle erotischen Reize der Frau: die Fülle der Brust und der Hüften, die Schwellung der Lenden und die schönen Linien der Schenkel deutlich fürs Auge abzeichneten (Bild 110), so wandelte sich dieses allmählich zu einer grotesken Konzentrierung auf die erotische Präsentierung des Busens und der Hüften, der genannten beiden Hauptmerkmale der Zweckschönheit. Dieses Verfahren wiederholte sich gewiß hunderte Male im Laufe der Zeiten, aber die besondere Art unterscheidet, ob das in gesunder oder raffinierter Weise geschieht. Damals geschah es durchaus in gesunden Formen. Diese Tatsache wird dadurch nicht im geringsten beeinträchtigt, daß sich die von der Zeit gefundene Lösung mit unseren Begriffen von Schönheit und von Hygiene nur in geringem Maße deckt.

Die Hüftenverbreiterung führte zum Wulstenrock. Durch Umlegen von breiten, nicht selten bis zu fünfundzwanzig Pfund schweren Wülsten, dem sogenannten „Speck", bekamen die Formen einen Zug ins Kolossale. Die Frauen erschienen dadurch so dick wie „Brotbäckerknecht", sagte Geiler von Kaisersberg in einer seiner Predigten. Die Wülste führten auch dazu, daß die meisten Frauen

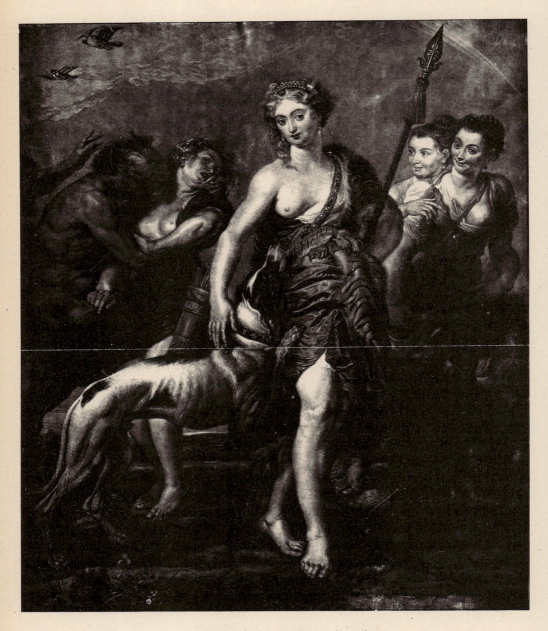

Diana und ihr Gefolge von Satyrn überrascht

Kupferstich nach einem Gemälde von Peter Paul Rubens

gleichsam im Zustande der Schwangerschaft erschienen, was, wie wir schon oben darlegten, ebenfalls der Tendenz der Zeit, der Vorliebe für die Reife entsprach. Dieser stete Eindruck der Schwangerschaft wurde noch unterstützt durch das Gehen in absatzlosen Schuhen. Dadurch war man gezwungen, den Oberkörper zurückzubiegen, wodurch der Bauch von selbst gewölbt hervortrat (Bild 110, 114 und 115).

Die demonstrative Präsentierung des Busens wurde mit Hilfe des Mieders erreicht; wo dies nicht ausreichte, durch entsprechende Wattierungen. Die Renaissance kannte auch schon den künstlichen Busen, genau so, wie ihn die Antike schon kannte. Man wollte eben unbedingt üppig erscheinen, stattliche Formen zur Schau tragen. Und darum wurde der Busen in erster Linie emporgepreßt. „Der seit Jahrhunderten eingebürgerte Gebrauch des Schnürleibs dient allmählich weniger dazu, die Brüste verschwinden zu lassen (wie dies eine häufige Tendenz des Mittelalters war: busenlos sein entsprach einer asketischen Weltanschauung. E. F.), als vielmehr, sie unter dem tiefer und tiefer sinkenden oberen Rand des Gewandes desto deutlicher hervortreten zu lassen." (C. H. Stratz, Frauenkleidung.) Aber damit nicht genug: Man wollte es auch in einer Weise deutlich vor Augen führen, daß man schöne Formen hatte, und sozusagen eine lebende Verkörperung des herrschenden Schönheitsideals war es, daß keinem ein Zweifel daran blieb. Deshalb drängte die Zeit kategorisch immer und immer wieder zur Dekolletage, und zwar zu einer Entblößung des Busens in der denkbar kühnsten Weise. Daß sich dieser Tendenz nur selten ein nennenswertes Hindernis in den Weg stellte, war ebenfalls in der historischen Situation der Zeit bedingt.

Jene Epoche war nicht nur sinnlich. Weil es sich in ihr auch um den Sieg einer aufsteigenden Klasse handelte, kannte sie außerdem weder die Prüderie noch die Ängstlichkeit, sondern trieb skrupellos alle ihre Absichten offen und ohne Scheu bis auf die höchste Spitze. Die Skrupellosigkeit führte zu jenen besonderen Eigenarten, die die Renaissancemoden uns häufig so ungeheuerlich erscheinen lassen, und diese Ungeheuerlichkeiten eigneten der Männermode nicht weniger als der Frauenmode. „Ich bin aufs vortrefflichste beschaffen für die Werke der Liebe," mußte der Mann durch die Besonderheit seiner Mode zur Frau sagen. „Und ich bin ein würdiges Objekt deiner Kraft," mußte die Frau durch ihre Kleidung ebenso deutlich dem Manne antworten. Und Aufforderung und Antwort waren in der Renaissance wahrlich gleich kühn.

Schlafraum in einer Herberge

147. Illustration, daß man auch in gemeinsamen Schlafräumen nackt zu Bette ging. Aus einer Handschrift

Um mit der Frauenmode zu beginnen: in ihr wurde, wie gesagt, das Problem des Werbens durch die kühnste Form der Entblößung des Busens erstrebt. Die Renaissance huldigte der Anschauung, „daß eine nackende Frau hübscher sei, denn sie ist mit Purpur gekleidet." Da man sich nun aber nicht immer völlig nackt zeigen konnte, so zeigte man öffentlich wenigstens so viel als möglich von dem Teil, der als oberste Schönheit der Frau zu allen Zeiten gegolten hatte und darum in den meisten Zeiten den Blicken von der Mode sichtbar gemacht worden war, und das war eben der Busen. Die Entblößung des Busens galt infolgedessen im allgemeinen nicht nur nicht als Laster, sondern war vielmehr ein Teil des von allen gepflegten Kultus des Schönen, weil sie der Ausdruck des sinnlichen Drängens der Zeit war. Und deshalb gaben alle Frauen die nicht durch die Natur kategorisch zur Busenökonomie gezwungen waren, ihren Busen mehr oder weniger den Blicken preis; selbst die älteren Frauen suchten so lang als möglich einen schön gewölbten und vollen Busen vorzutäuschen, und alle Frauen waren im Prinzip um so freigebiger, je vollkommener sie in dieser Richtung von der Natur ausgestattet waren. Das die Renaissance von anderen Zeiten Unterscheidende besteht darin, daß man damals diese Reize nicht nur im Ballsaal zur Schau trug, sondern ebenso im Hause, auf der Straße und nicht weniger in der Kirche. Am verschwenderischesten war man natürlich auch hier selbstverständlich bei festlichen Gelegenheiten. Daß es nicht das Klima ist, das die Mode bestimmt, sondern das allgemeine gesellschaftliche Sein der Menschen, oder daß das Klima keine prinzipiellen Unterschiede schafft, sondern höchstens graduelle, indem wärmere Gegenden leichtere Stoffe wählen, das zeigt sich in der Renaissance sehr deutlich. Weil in dieser im Norden wie im Süden dieselben Kräfte wirkten, so rückten die nordischen Frauen den Kleiderausschnitt genau so tief herab, wie die südländischen. Die Flämin und die Baslerin (Bild 114, 115 und 125) lassen genau so viel von ihres Busens Herrlichkeit schauen, wie die Französin, die Venetianerin und die Römerin (Bild 25, 31, 37, 72 und 116). Einzig die Klassenstellung zog Grenzen, zwar nicht nach oben, wohl aber nach unten. Die herrschenden Klassen, bei denen die Frauen im Prinzip zum vornehmsten Luxusgegenstand gemacht wurden, sind in der Dekolletierung selbstverständlich am tiefsten hinabgegangen. Sowohl am spanischen wie am französischen Hof kam es mehrfach vor, daß das Kleid der Frauen vorn und hinten fast bis zum Gürtel herab geöffnet war, so daß nicht nur die Brüste in ihrem ganzen Umfang völlig nackt den Blicken preisgegeben waren, sondern der größte Teil des ganzen Oberkörpers (Bild 128 und 135). Der höfische Dichter Clément Marot sagt in seinem Gedichtchen „Vom Bärbchen und Hannchen" (übersetzt von Margarete Beutler):

Wenn ich das Bärbchen seh' im Festgewand.
Das ihr nur bis zum blanken Magen geht,
So scheint sie mir ein schöner Diamant,
Der, gut geschliffen, stets in Strahlen steht.
Das Hannchen ist bis oben eingenäht,
Straff ist ihr Busen und ihr Körper fest.
Wenn sie im schlichten Kleid sich blicken läßt,
So sag' ich mir: Holla, du bist versteckt!
Dies Grau, in das du deine Glieder preßt,
Ist Asche, die ein ewiges Feuer deckt.

Um auf die Schönheit des Busens noch besonders hinzuweisen und seine

148. Jodocus a Winghe: Üppigkeit. Kupferstich

geschätztesten Qualitäten — die Festigkeit und die strotzende Elastizität — ganz augenfällig zu demonstrieren, waren die Busenknospen bei diesen Moden mitunter sogar mit diamantenbesetzten Ringen und Käppchen verziert und beide Busenhügel durch goldene Kettchen, die durch Kreuze und Schmucksachen beschwert waren, miteinander verbunden. Katharina von Medici entwarf für die Damen ihres Hof‹ staates ein Kostüm, bei dem dadurch die Aufmerksamkeit auf den Busen konzen‹

171

triert wurde, daß an dem Oberkleid links und rechts zwei kreisrunde Ausschnitte angebracht waren, die nichts als den Busen zeigten, diesen aber in seinem ganzen Umfange und zwar meist nackt hervortreten ließen, oder indem der Busen äußerlich völlig nachmodelliert wurde (Abbldg. in Bd. I der „Karikatur der europäischen Völker"). Eine ähnliche Mode, die ebenfalls außer dem Gesicht den Busen allein nackt sehen ließ, hat auch an anderen Orten geherrscht. Wenn es die Sitte erheischte, daß vornehme Frauen nur verschleiert oder nur maskiert über die Straße gehen durften, wie zum Beispiel in Venedig, so verschleierte man wohl das Gesicht, gab jedoch den Busen um so verschwenderischer preis (Bild 30).

In der Mode des Bürgertums und des städtischen Adels kam es zu einer so grotesken Art der Dekolettierung, wie man ihr an den absolutistischen Höfen begegnet, nicht; nur die Dirnen ahmten diese Mode nach, und ihnen war sogar nicht selten gestattet, sich mit völlig entblößtem Busen auf der Straße zu zeigen, jedenfalls durften sie sich stets im Hause und mannigfach auch bei Festen derart der Neugier zur Schau stellen (Bild 51, 61 und 75). Gleichwohl ging auch beim Bürgertum die Kühnheit überaus tief mit der Kleidergrenze herab. Es gibt verschiedene bürgerliche Moden, bei denen das Kleid so tief ausgeschnitten war, daß auch der verführerische Reiz schöner Busenknospen voll zur Geltung kommen konnte (Bild 20 und 136). Auch Zeichnungen von Holbein und Dürer zeigen uns diese Mode, die den Busen bis unterhalb der Busenknospen entblößt sehen ließ (Bild 115). In einer Trachtenschilderung aus dem Anfang des 15. Jahrhunderts heißt es:

Auch hatten die Männer Hosen ohne Gesäß, bunden solche an die Hemder. Die reichen Jungfrauen hatten Röcke ausgeschnitten hinten und vorn, daß man die Brust und Rücken fast bloß sah.

In der Limburger Chronik, die ebenfalls aus dem 15. Jahrhundert stammt, heißt es:

„Unde die Frauwen drugen weite heubtfinster (Kopffenster, Halsausschnitte) also daz man ihre brüste binah halbe sach."

Durch das Mieder waren die Brüste außerdem derart nach oben geschnürt, daß meistens schon eine geringe Bewegung von seiten der Frau genügte, um den Busen in seinem ganzen Umfang aus dem Kleid herauszudrängen. Und die Frauen, die von der Natur vorteilhaft bedacht waren, versäumten sicher nicht, dieses gern gesehene Schauspiel vor den Blicken der Männer zu entfalten. Das ist auch die ganz natürliche Logik solcher Moden. Jede Tendenz drängt zu ihrer Grenze, zur Erfüllung aller ihrer

Modebild einer maskierten Dame
149. Callot. 17. Jahrhundert

Möglichkeiten. Und daß dies keine
willkürliche Kombination ist, erweisen
zahlreiche literarische Dokumente, gebräuchliche Redensarten und so weiter.
Murner z. B. schildert diese raffinierten
Praktiken der Frauen ausführlich:

„Die Fraun der Scham entbehren thun.
So groß ward jetzund schlechte Zucht.
Daß man in Blöße Zierde sucht:
Man sieht ihnen mitten auf den Rücken
Und meisterhaft sie können schicken
Die Brüst' herfür, recht mit Behagen,
Die von Gestellen sind getragen;
Sie könnten sonst im Tuch ersticken.
Mehr als die Hälfte laß ich blicken,
Daß sie den Narren Lockung sein,
„Laß ab,“ sag ich, „was soll das sein“,
Wenn er die Brust will greifen an:
„Was seid ihr für ein böser Mann!
Ich sag's bei meiner Ehr' fürwahr,
So frech noch nie ein Mannsbild war!“
Dem Manne sie so zur Wehr sich stellt,
Als wenn dem Esel der Sack entfällt.
Ganz heimlich greift sie mit der Hand,
Indem sie leistet Widerstand,
Und hängt ganz still das Häckchen aus,
Damit der Milchmarkt fällt heraus.“

150. Holländische Bauerntracht. Hosenlatzmode

Weiter sind die Frauen verschiedener Städte wegen ihrer besonderen Freigebigkeit
bekannt gewesen; sprichwörtlich hieß es von den Florentinerinnen: „Sie zeigen
gerne ihre großen Brüste.“ In dem 48. Kapitel seines Werkes „de Sacerdotum
et Monachorum carnalium abominatione“ schreibt Johannes Huß:

„Die Weiber trugen und tragen ihre Kleider oben an der Halsöffnung so ausgeschnitten und
weit, daß beinahe bis an die Hälfte der entblößten Brüste überall jeder ihre leuchtende Haut offen
erblicken kann, in den Tempeln des Herrn vor den Priestern und Geistlichen, ebenso wie auf dem
Markte, aber noch viel mehr im Hause, und was noch von der übrigen Brust bedeckt war, das ist,
wie schon vorher gesagt wurde, so hervorstehend künstlich vergrößert und hervorgeschoben, daß
es fast wie zwei Hörner an der Brust erscheint.“

In besonders starker Weise sich zu dekolettieren, war zu verschiedenen Zeiten
das anerkannte Vorrecht der Jungfrauen. Ganz naturgemäß: der Busen ist das
Hauptwerbemittel der Frau. Die Jungfrau wirbt noch um den Mann, also darf sie
auch am meisten von diesen verlockenden Reizen zur Schau stellen (Bild 112 und
116). „Die Tafeln auftun“ sagte man in der Schweiz von dieser demonstrativen Ent-
hüllung des Busens. Bei der verheirateten Frau dagegen, die das Ziel des Werbens
schon erreicht hatte, forderte der Anstand, daß der Busenausschnitt wesentlich
geringer war; bei ihr sollten die Knospen des Busens nicht mehr sichtbar sein
(Bild 37). Und von der Witwe wurde gar verlangt, das Kleid bis zum Halse zu
schließen, denn sie hatte nicht mehr um den Mann zu werben. In verschiedenen
Städten mußte sie sogar völlig verhüllt gehen, gleichsam in einen Sack: sie hat

den Freuden der Welt entsagt (siehe Beilage). Freilich galt dies nicht für die ganze Zeit ihrer Witwenschaft, sondern nur für das Trauerjahr. War dieses vorüber, so durfte sie in verschiedenen Städten und zu verschiedenen Zeiten im Preisgeben ihrer Reize sogar wieder mit der Jungfrau wetteifern, denn jetzt warb ja auch sie wieder um den Mann. Nichts erweist einfacher unseren oben zitierten Satz, daß die Mode ein erotisches Problem ist und in erster Linie dem gegenseitigen Werben dient, als solche Differenzierungen der Anstandsbegriffe.

Außer von den Chronisten, Schwankdichtern und Novellenerzählern und den zeitgenössischen Zeichnern und Malern erfährt man das meiste über die Kühnheiten in der Entblößung des Busens durch die Moralisten und Sittenprediger. In einer Martinipredigt aus dem Anfang des 17. Jahrhunderts heißt es:

„Verecundia, sen naturalias castias, Schamhaftigkeit. Wir sehen, wie die Gänse das Geheime heimlich treiben, und alsobald baden und reinigen sie sich wieder. Das sollte Manchem, der sich einen Christen nennen ließ, eine Scham einjagen, daß er in solcher Tugend der Schamhaftigkeit von einem Vogel übertroffen wird. Ach! Potiphars Weib hat zu viel Schwestern nach sich verlassen, welche das Schamhütlein abziehen, und schönen jungen Joseph unkeusche Handlungen anmuthen. Wie Manche will ihren schönen Leib auch bloß sehen lassen, wie Bathseba, 2. Sam. 11, 2., wie solche Entblößung heut zu Tage unter dem Frauenzimmer fast für eine Zierde will gehalten werden. Habens vielleicht von den Persianischen Frauenzimmer gelernt, von welchen die Historien melden, daß sie in Gastereien allgemachsam mit Ablegung der Kleider und Entblößung auch alle Zucht und Schamhaftigkeit hinlegen."

Von ungeschminkter Derbheit ist eine Kapuzinade von Montrand aus dem Jahre 1581, die sich im Miroir des François befindet:

„Wenn sie in die Messe gehen, Vergebung zu erhalten, oder in der Stadt die Baum- und Lustgärten oder andere heimliche Örter besuchen, welche zu nennen nicht anständig ist, und weswegen sie ihre offene Brust, das Zwerchfell, das Herze, die Lunge und andere Teile der Brust zeigen, die eine beständige Bewegung machen, so daß die guten Damen nach dem Compasse, oder abgemessen wie ein Uhrwerk, oder besser zu sagen, wie die Blasebälge eines Schmieds gehen, welche das Feuer in ihrer Esse anzuzünden dienen: auf gleiche Weise gehen unsere Jungfern, welche durch die Blasebälge oder das Athemholen ihrer Lunge, das Feuer der Herzen der Heliogabalisten unseres Hofes anzünden, welche ohne dieß schon weibisch genug und in ihrer Fleischeslust erhitzt sind; allein unsere Medeen des Hofes, um sie noch mehr anzufeuern, und sie über und über in Brand zu bringen, erfinden alle Künste, welche die Natur zum guten Gebrauche des menschlichen Geschlechts hat hervorbringen können, um sie zu geilen, schändlichn und unfläthigen Dingen anzuwenden."

Die Sittenprediger versäumten außerdem zu keiner Zeit, darin das Werk Satans zu sehen und alle Strafen der Hölle denen zu prophezeien, die in solcher Weise der Unzucht dienten. Noch aus einer anderen Quelle erfährt man Näheres und Positives über die Tatsache der allgemein vorherrschenden Tendenz, die Schönheit des Busens öffentlich so viel wie möglich den Blicken preiszugeben, nämlich aus den zahlreichen zeitgenössischen Kleiderordnungen und Gesetzen gegen den Luxus. Diese Kleiderordnungen wurden von verschiedenen Geschichtschreibern vielfach dahin ausgelegt, daß man in ihnen nur den Ausdruck der väterlichen Fürsorge der Stadtväter und Behörden habe, die dem Luxus steuern wollten, der den Volkswohlstand verheerte. Gewiß war dies auch eine der Absichten, die zu dem Erlaß von Kleiderordnungen und Luxusgesetzen führten, aber ungleich wichtiger waren zwei andere Faktoren.

151. A. Bosse. Das Ständchen für die Neuvermählten. Kostümblatt

Ist die Kleidung ein erotisches Problem, so ist die Mode stets außerdem noch ein wichtiges Klassenunterscheidungsmittel gewesen. Und zwar früher noch unendlich mehr als heute. Früher war sie tatsächlich das wichtigste, und darum wurden die Merkmale, die in der Kleidung die Klassenunterschiede markieren sollten, meistens auch gesetzlich festgelegt. Und zwar eben in den Kleiderord= nungen. Natürlich nicht nach oben, sondern, wie schon gesagt, stets nach unten wurden die Schranken gezogen, die die niederen Klassen nicht überschreiten durften. Dies der eine der beiden Faktoren. Der zweite Hauptzweck, der mit den Kleiderordnungen verfolgt und häufig auch unumwunden zugegeben wurde, war der Schutz der heimischen Industrie gegen die ausländische Konkurrenz durch kostbare Stoffe und Stickereien, wie Samt, Seide, Schleier, Borten, Silberstickereien, Pelze und so weiter. Kleiderordnungen, die auf das Verbot des Tragens und Verarbeitens solcher Stoffe hinzielten, begegnet man daher sehr häufig in den Städten und Zeiten, in denen die Zünfte mächtig waren und das Stadtregiment fest in ihren Händen hatten. Diese Vorschriften wurden stets um so schroffer durchgeführt, je unbestrittener die Herrschaftsbefugnisse einer herrschenden Klasse waren, und umgekehrt: sie wurden um so häufiger mißachtet, je mehr die anderen Klassen die Herrschaft der das Regiment in den Händen haltenden Schichten be= reits unterhöhlt hatten; denn in der Kleidung offenbart sich sozusagen immer zuerst die Unbotmäßigkeit beherrschter Klassen gegen das Alte und Hergebrachte. Die Zünfte aber, die den nahenden Umschwung der Verhältnisse fühlten, lange bevor er eine historische Tatsache geworden war, wollten noch mit aller Gewalt das Seitherige festhalten, denn darauf basierte ja ihre wirtschaftliche und politische Macht. Sie taten es in der ihrem engen Interessenhorizont entspringenden typischen Art, daß sie auch das kleinste Teil des Lebens der Bürger nach ihren Satzungen regeln wollten. Aus den beiden genannten Faktoren, die die Kleiderordnungen hauptsächlich bestimmten und diktierten, erklären sich uns auch restlos die beiden wichtigsten Konstatierungen, die hier zu machen sind. Das sind erstens die zahl= reichen Abstufungen der Mode in verschiedenen Städten innerhalb der Bevölkerung, und zweitens das Gegenteil davon: die ganz unbestreitbare Tatsache, daß diese Verordnungen anderwärts so häufig völlig fruchtlos geblieben sein müssen, was die ständig zu beobachtende Erneuerung dieser Erlasse erweist. Also man täuschte sich nicht über die wahren Beweggründe und die Wirkung der sittlichen Ent= rüstung. In der Moral der Stadtväter manifestierte sich in erster Linie ihr Klassen= interesse, aber dieses war nur solange vom Erfolg begleitet, solange ihm noch eine unbestrittene politische Macht zur Seite stand.

Da die Vornehmheit der Kleidung naturgemäß in gleichem Maße wuchs, in dem der Busenausschnitt sich vergrößerte, und da andererseits der entblößte Busen den denkbar schönsten Schmuck der Frau darstellte, so reklamierten die herrschenden Klassen stets gerade dieses Vorrecht für sich allein. Die Frauen aus dem Volke dagegen sollten nicht zeigen dürfen, daß auch ihres Busens Reize von „adliger Art" sein können. Aus diesem Grunde richteten sich denn auch zahlreiche Kleiderordnungen mit besonderem Nachdruck gegen das starke Dekolettieren.

Witwentracht

Aus dem Trachtenbuch von Weigel. 16. Jahrhundert

Herrschte der Adel, so galten sie für
das gesamte Bürgertum, herrschten die
städtischen Patrizier, so galten sie für
die Frauen der Handwerker.

Eine Kleiderordnung, die das
Dekolettieren im allgemeinen verbot,
ist die folgende; sie stammt aus Straßburg und wurde im 14. Jahrhundert
erlassen:

> „Item daz keine frowe, were die ist,
> hinnenfur me sich nit me schürtzen soll mit
> iren brüsten, weder mit hemeden noch ge-
> briesen röcken noch mit keinre ander geveng-
> nüsse, und daz auch kein frowe sich nit me
> verwe und locke von totten har anhenken
> sülle. Und sunderliche, daz hauptloch sol sie
> daz man ir die brüste nit gesehen müge, wenn
> die hauptlöcher süllent sie nutz an die ahsseln.“

Schäferpaar
152. Ioan Thomas. Radierung. 17. Jahrhundert

Unsere Behauptung, daß die
Kleidung der Klassenunterscheidung
zu dienen hatte, ist klar und deutlich
in einer Kleiderordnung Heinrichs III.
von Frankreich ausgedrückt, die dieser
im Jahre 1576 erneuerte. Während beim Adel zu dieser Zeit der völligen Entblößung der Brüste gefrönt wurde, belegte die „heilige“ Ordonnanz „mit Verbot,
daß Nichtadlige die Kleidung von Edelleuten usurpieren und ihre Frauen zu
Demoiselles machen.“

Waren alle Strafandrohungen gegen den Kleiderluxus umsonst, was nachweisbar sehr häufig vorkam, dann mag man wohl auf jenes raffinierte Mittel verfallen sein, dem man ebenfalls nicht selten begegnet: die Dirnen und Henkers-
mägde vom Verbot auszunehmen und diesen sogar das Tragen der verpönten Mode
ausdrücklich zu befehlen. Dadurch hoffte man anscheinend, den Luxus zu infamieren und die Frauen durch die Furcht, für eine Dirne oder eine unehrliche Person
gehalten zu werden, von dem Gebrauch der verbotenen Kleidungsstücke abzuhalten.
Ein solcher Passus findet sich in der Zittauer Kleiderordnung vom Jahr 1353:

> „Auch wollen die schoppen (Schöffen), daß keine Frau Kögel tragen solle noch keine Jung-
> frauen, es seien denn züchtigers und henkersmägde, — die unter der Gewalt des Scharfrichters
> stehenden Stadtdirnen, — denen erlauben und gebieten die herren Kögeln zu tragen.“

Manches Mal griff man auch zu beiden Mitteln zugleich: zur Infamierung
der bekämpften Mode und zur Strafandrohung. In solcher Weise verfuhr der
Venediger Hohe Rat in einem Erlaß aus dem 17. Jahrhundert:

> „Keinen als den öffentlichen Huren solle vergönnet sein, so nacket und bloß zu gehen, und
> die Kirchen ihrer Stadt zu besuchen. Ein jeder Ehemann solle sein Weib von der nackten Tracht
> abhalten, widrigenfalls solle er seiner Ehren entsetzet werden, und etliche hundert Dukaten Strafe
> geben, und solches ohne Unterschied der Person, er möchte edel oder unedel sein.“

Tacte puer mentem Sathanâ pictore, Voluptas
Iniecit pedibus vincula lenta tuis.
Des Sathans schildery van 'sweerelts yedelheydt
Bevanght des Menschen hart: dies Lust hem stricken leydt.

153. W. Swanenburg. Die Schönheit als Verführerin

Aber auch das Infamieren muß sich als ein ungenügender Damm erwiesen haben, was die fortwährende Erneuerungen auch dieser Erlasse erweist.

Aus alledem folgt, daß der Drang, öffentlich mit seiner Schönheit zu prunken, so sehr der Ausfluß des inneren Gesetzes der Zeit war, daß man eher mora= lischen Gefahren sich aussetzte, als die Schönheit, worauf man am meisten stolz war, dem Urteil der Öffentlichkeit zu entziehen. Und in der Tat, dieser Drang geberdete sich um so unbändiger, je ausgesprochener das neue Prinzip der Zeit sich durchsetzte. Wenn das starke Dekolettieren und damit der Kleiderluxus trotzdem vom zweiten Drittel des 16. Jahrhunderts an einige Jahrzehnte lang nach= ließ, und zwar vornehmlich in den Moden des deutschen Bürgertums, so ist das im letzten Grunde weder auf diese Erlasse noch auf die Einflüsse der Reformation zurückzuführen, wie viele Geschichtschreiber meinen, sondern viel mehr auf die schwere wirtschaftliche Depression, die um jene Zeit überall auftrat und darum kategorisch die Massen zur Einschränkung zwang. —

Zu so großer Offenheit die Frauenmode im Entblößen des Busens sich auch verstieg, — der kühnsten Extravaganz in der Richtung dieser Tendenz war das Mittel, durch das sich die Männermode der Renaissance gegenüber allen anderen Moden auszeichnet, zum mindesten ebenbürtig: es ist dies die modische Ausgestaltung der Schamkapsel, des Latzes, oder der Braguette, wie sie von den Franzosen genannt wurde. Diese Ausgestaltung machte die männliche Renaissancemode förmlich zu einer Ungeheuerlichkeit in unseren Augen.

Das Anbringen eines besonderen Gehäuses für die Geschlechtsteile war an sich technisch sowohl durch das enganliegende Beinkleid bedingt, die sogenannten Strumpfhosen, als auch durch die frühere Bruch, die nicht zusammenhängend war, sondern aus zwei gesonderten Röhren bestand, die oben mit dem Hemd vernestelt wurden. Und nur solange der Rock wenigstens bis an die Kniee hinabreichte, konnte man auf dieses Gehäuse verzichten. Freilich verzichtete man sogar noch eine Zeitlang darauf, als die Röcke schon wesentlich kürzer wurden. Eine Thüringer Chronik vom Jahre 1444 meldet: „Es trugen auch die Mannen auf diese Zeit kurze Kleider, so daß sie ihre Scham kaum bedeckten." Dadurch entstand die erste Ungeheuerlichkeit, weil es bei dieser Mode naturgemäß sehr häufig zu Entblößungen der Geschlechtsteile in Gegenwart von Frauen und Jungfrauen kam, besonders beim Tanzen und Spielen. Bei der Beurteilung dieser Tatsache darf man sich natürlich nicht dadurch irreführen lassen, daß man aus der relativen Unbefangenheit, mit der man in jener Zeit der völligen Nacktheit gegenüberstand, auf eine völlige Indifferenz gegenüber jeder Art von Entblößung bei beiden Geschlechtern schließt. Jede Entblößung, die sich nur auf einzelne Körperteile beschränkt, setzt diese ins Relief und verleiht ihnen sozusagen eine demonstrative Plakatwirkung. Gilt dies vom Busen der Frau, so gilt es von den intimsten Geschlechtsmerkmalen des Mannes noch ungleich mehr. Das ist also etwas ganz anderes. Was auch klar und deutlich daraus erhellt, daß diese Entblößungen absolut nicht bloß zufälliger Art waren, sondern, wie wir aus Erzählungen und verschiedenen darauf sich beziehenden Strafandrohungen erfahren, von den Männern sehr häufig mit Absicht und aufs kühnste in Gegenwart von Frauen herbeigeführt wurden. „Sie tanzten also säuisch, daß die Jungfrauen ihre Scham sehen mußten," heißt es bei einem Chronisten. Ein anderer setzte gar noch hinzu: „Es geschieht den Jungfrauen nur zu Dank, weil sie die Männer soviel von ihrem Busen sehen lassen". Die kühnste Form des Exhibitionismus muß demnach eine förmliche Modeerscheinung gewesen sein.

Als der Rock immer kürzer wurde und zum Wams sich gestaltete, das knapp

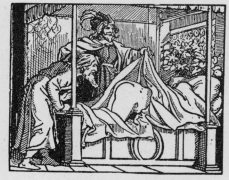

Wie Meister Matthes sein eigen Schätz
nicht wiedererkennt
154. Schwankillustration

unter dem Gürtel abschloß, wurde die Schamkapsel schon zu dem Zwecke des Schutzes eine technische Notwendigkeit, weil die prall ansitzende, einer zweiten Haut gleichende Beinbekleidung einfach keinen Platz für die Geschlechtsteile hatte. Mit ihrer Konstruktion wäre demnach nicht nur nach den damaligen Begriffen, sondern sogar nach unsren heutigen Anschauungen dem Anstand Genüge getan gewesen: es ging eben nicht anders. Ganz anders präsentiert sich jedoch die Sache, wenn man gewahrt, was der Geist der Zeit aus diesem Gehäuse geformt hat: daß er nicht nur aus der Not eine Tugend machte, sondern daß er in allen Ländern daraus sozusagen das Hauptstück der männlichen Kleidung konstruierte, das man stolz und triumphierend über alle Gassen trug. Es ist wahrlich nicht zuviel gesagt, wenn man erklärt, daß man damals geradezu mit fanatischer Begeisterung aus diesem Kleidungsstück ein Schau= und Prunkstück gemacht hat, das nicht nur zuerst in die Augen fallen mußte, sondern das in förmlicher Plakatwirkung die Blicke gerade auf sich konzentrierte. Diese Plakatwirkung erreichte man auf verschiedenerlei Weise. Die erste und am meisten geübte bestand darin, daß die Schamkapsel aus andersfarbigem Stoff hergestellt wurde als der übrige Teil der Strumpfhosen oder der Bruch. Waren diese gelb, so wählte man für die Schamkapsel rot oder blau. Ein gutes Beispiel dafür zeigt die farbige Beilage „Ein Fuhrmann aus dem Allgäu". Außerdem verzierte man den Latz mit bunten Bändern und Schleifen, reiche Leute versahen ihn sogar mit auffälligen Gold= stickereien und selbst mit Edelsteinen. Das zweite und beliebteste Mittel bestand in einer geradezu ungeheuerlichen Vergrößerung der Lätze, die man mit Wolle ausstopfte, und in einer ebenso derben Nachformung der Wirklichkeit. Fischart schreibt von „Ochsenköpfen und Hundsfidelbogen". Dieses Mittel wurde haupt= sächlich von den Kriegsleuten geübt (Bild 120 und 121). Ein Landsknechtslied aus der Zeit belehrt uns darüber:

| Ein Latz muß sein darneben | karteken drunter schweben | kein Geld wird da gesparet |
| wol eines Kalbskopfs groß, | seiden on olle moß. | und sollt er betteln gon ... |

Wenn diese Mode auch von den rohen Landsknechten ausging und bei diesen wohl auch die groteskesten Formen erreichte, so beschränkte sie sich doch nicht auf diese, wie wir gleich erfahren werden. Rabelais satirisiert die modische Vergrößerung des Latzes, indem er sie ins Groteske übertreibt:

„Also ließ er ihn (den Panurg) zierlich und ganz nach der Mode kleiden; doch verlangte Panurg, daß man ihm den Latz drei Fuß lang und viereckig, nicht rund machen solle, was auch geschah und ihm recht proper stand."

Das dritte Mittel dieser Plakatwirkung bestand darin, daß die Form der Lätze derart konstruiert war, daß sie sozusagen eine ständige geschlechtliche Aktivität des betreffenden Mannes vortäuschte; man paradierte also förmlich öffentlich mit seiner steten Liebesbereitschaft! (Bild 34, 138, 150 und 151). Über diese Methode informiert uns neben anderen Berichten die Ensisheimer Chronik aus dem Jahre 1492:

„Und trug das jung volk röck, die giengen nit mehr dann eyner hand breyt under dem gürtel, und sah man ihm die bruch — kurze Unterhose — hinten und vornen, und war so scharf gemacht, dass im die hosen die arßkerb austeilten, das war ein hübsch ding, und hatten zullen vor

155. F. de Widt. Das Gesicht (aus: Die fünf Sinne). Symbolischer Kupferstich aus dem 17. Jahrhundert

ihn groß und spitz voraus gohn, und man einer vor dem tisch stund, so lag ihm die zull auf dem tisch. Also gieng man vor Kaiser, König, Fürsten und herren und füreehrbare frauen. Und gieng es so schandbar zu unter frauen und mannen, das es gott leyd was. Die frauen trugen röck, daß man ihnen die dillen (Brüste) sah vornen in den Buffen und hinten mitten in rücken.

Das letzte und kühnste Mittel, dessen man sich bediente, bestand schließlich darin, daß man alle drei Methoden miteinander verband: andere Farbe, Vergrößerung und groteske Vortäuschung ständiger Aktivität.

Natürlich zogen die Moralprediger schon frühzeitig gegen diese Mode ins Feld. Ein Zeitgenosse schreibt:

„Ich habe hören einen Mönch predigen, einen Bruder aus der Observanz: als dieser verdammt und heftig redete wider den Überfluß der Kleider und wider den unverschamten Form, der daran und darin gemacht würd', beschloß er zuletzt auf die Weis' mit solchen Worten: Die Buhler in unserer Stadt sie strecken ihre Lätz, so weit aus den Hosen herfür, verwickelns auch und verstopfens mit so viel Tüchlein, daß die Metzen wähnen, es seind Zumpen, so sind es Lumpen."

Es wird also die Täuschung des Publikums, hier der Frauen, aufs derbste satirisiert! Auch mit Verboten wurde in verschiedenen Städten gegen die Ausschreitungen dieser Mode vorgegangen. So ist ein Erlaß des Nürnberger Rats erhalten, der alles dies zusammenfaßt:

„Wann auch von ettlichen mannspersonen eyn unzüchtige schandbare übung und gewohnheit entstanden ist, also daß sie ire lätz an den hosen ohne notturft grösser lassen und dieselben an täntzen und anderhalben vor erbahren frauen und junckfrauen unverschampt ploß und unbedeckt tragen, dass dann nit alleyn Gott, sondern auch Oberkeyt und manlicher Zucht wider und unzymblich ist, demnach ist ein erbahrer Rat daran kommen, vestiglich gebiettende, dass hinfüro eyn yedes mannspilde, bürger oder inwohner dieser statt, seinen latz an den hosen nit bloß, unbedeckt, offenn oder sichtiglich dragen, sonder alle seyne cleyder dermaßen machen lassen und geprauchen soll, damit sein scham und latz der hosen wol bedeckt unnd nit ploß gesehen werde. Dann wellicher sich also damit entblösset und deßhalb gerügt oder fürbracht wurde, und sich das mit seinem rechten nit benehmen möcht, der sollte darumb von eyner yeden überfaren fardt eynes yeden tags oder nachts gemayner statt zu puß verfallen sein und geben drey guldin."

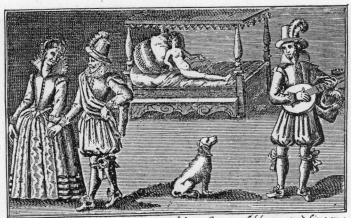

Hören-Lauten schlagn, und singen.
Mit schönen Jungfrawen Springen
Wen sie seindt schön vnd woll belaidt
Nackendt sie mir mein hertz Erfreudt

Audio si citharam et cantum, videog puellas
Comité salantes, sunt bona; Nuda placet.

156. Stammbuchillustration. 1648

Desgleichen wurden Verordnungen an die Schneider erlassen, in denen diesen ausdrücklich befohlen wurde, die Röcke der Männer entsprechend länger zu machen. Die Sammlung der Straßburger Zunft und Polizeiordnungen enthält folgende Verordnung vom 8. August 1480:

„So dann der Manne kurzen Kleidung und Ungestalt halb vorn und hinten sein Scham zu sehen, ist erkannt, daß man die für-

182

157. Pierre Brebiette. **Tritonen und Nymphen.** Radierung. 17. Jahrhundert

baß nicht mehr gestatten soll zu tragen, sondern ein jeglicher Bürger oder Hintersaß, der der Stadt gewant ist, und sein Gesinte soll seine Kleidung, es sei Rock oder Mantel, zu risten, zu machen, daß die zum mindesten ein halb viertel gehe vor (unter) seine Scham, und soll man solches allen Schneidern, Meistern und Knechten empfehlen bei ihren Eiden, einem jeglichen fürder nicht kürzer zu machen, denn es vor gemeldet ist, doch mögen sie es einem jeglichen wohl länger machen."

Belegen diese Erlasse, daß man es nicht mit einem einzelnen Mißbrauch zu tun hat, sondern mit einer Massenerscheinung, so beweißt die Tatsache der Wirkungs=losigkeit dieser Erlasse, daß man auch dieser Mode geradezu mit Fanatismus huldigte, genau wie die Frauen der Dekolettierung ihres Busens. Um diese Wirkungslosigkeit der städtischen Verbote durch ein einziges charakteristisches Beispiel zu erweisen, sei auf Bern verwiesen. Der Rat von Bern hat das Verbot des Tragens „kurzer Klei=der", die die Scham der Männer unbedeckt sehen lassen, innerhalb der Jahre 1476 bis 1487 nicht weniger als sechsmal erneuert: 1476, 1478, 1481, 1482, 1486, 1487.

Die andauernde Begeisterung für diese Mode, und das ist das nicht minder Wichtige, erstreckte sich aber nicht nur auf das gewöhnliche Volk, auf Knechte, Bauern und Soldaten, sondern auf alle Volksschichten, auf den Adel, die Bürger und Handwerker nicht weniger. Wir erfahren das nicht nur aus der vorhin zitierten Ensisheimer Chronik, sondern es wird außerdem von zahlreichen anderen Chronisten bestätigt. Eine kontrollierende Nachprüfung der zeitgenössischen Bildwerke er=weist diese Tatsache ebenfalls auf Schritt und Tritt, und das Illustrationsmaterial des vorliegenden Bandes bietet in jedem einzelnen Kapitel zahlreiche Belege dafür.

Wenn man alles dieses zusammenfaßt und obendrein konstatieren muß, daß diese Mode sich noch über ein halbes Jahrhundert erhielt, nachdem infolge der Entwicklung der Kleidung der Latz längst keine technische Notwendigkeit mehr war, sondern nichts als ein mit Prätension angeheftetes Dekorationsstück darstellte, — wenn man solches konstatieren muß, so kann man der einzigen Logik einer solchen Mode nicht aus dem Wege gehen, ohne dem Sinn der Dinge Gewalt anzutun. Diese einzige Logik aber lautet: Diese Mode war so wenig wie die der verschwenderischen Preisgabe des Busens durch die Frauen eine kecke Ausschreitung einzelner, sondern es war die unumgängliche Konsequenz der körperlich=sinnlichen

Lebensanschauung der Zeit. Beide Moden sind untrennbar von ihr, es sind zu‑ sammengehörige Seitenstücke. Daraus ergibt sich weiter, daß auch die Frauen in ihrer großen Mehrzahl diesem grotesken Aushängeschild der männlichen Potenz nichts weniger als unsympathisch gegenübergestanden sind. Dieser Anblick hat die Frauen zweifellos nicht nur nicht beleidigt, sondern viel eher, wenn nicht mit offenem, so doch mit geheimem Wohlgefallen erfüllt. Denn man darf auch absolut nicht umgekehrt folgern und sagen: Diese Dinge sind der Allgemeinheit wahr‑ scheinlich gar nicht mehr aufgefallen, sondern höchstens den Moralsalbaderern; allen andern Menschen dagegen erschienen sie natürlich. Gewiß fand man sie natürlich, aber nur insofern: Der sinnlichen Anschauung der Zeit entsprach es, daß der Mann, genau so wie die Frau öffentlich den Blicken zeigte, was die Zeit bei ihm am höchsten wertete; kurz, man fand es natürlich, daß Männer und Frauen mit derart derben Mitteln auf die Sinne des andern Geschlechtes wirkten. Und die Sinne von Mann und Frau sind diesen Reizmitteln gegenüber absolut nicht gleichgültig geblieben, sondern sind dadurch ständig in Aufruhr versetzt worden. Daß die Sinne der Männer durch den Anblick der freigebig entblößten Brüste der Frauen in Flammen gesetzt wurden, dafür haben wir unzählige Belege in der zeitgenössischen Literatur; immer ist es der Anblick eines enthüllten Busens, der den Mann zuerst verführt und verlockt. Und daß die Begierden der Frauen durch die demonstrativ zur Schau getragene männliche Geschlechtstüchtigkeit nicht weniger erregt wurden, läßt sich ebenfalls dokumentarisch nachweisen. Weil aber diese gegenseitige Wirkung absolut feststeht, deshalb sind gerade diese beiden Eigenarten die klassischen Dokumente der Mode für die neue Entdeckung des körperlichen Menschen, die die Aufgabe und das Werk der neuen Wirtschafts‑ ordnung war, die damals in die Welt gekommen ist. Es sind gewiß nur Teile am Bilde der Renaissancemoden, aber sie gehören zu jenen, die das letzte Gesetz der Zeit entschleiern, es sind ihre wichtigsten Linien.

Die Schönheit macht alle zum Narren

158. Kalendervignette. 16. Jahrhundert

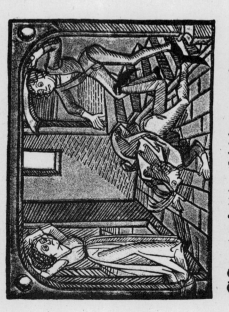

Das Buch der Weißheyt.

Es war ein kauffmann inn dem land Perſia, der het ein ſchön weib, die hůlte einen anderen. Der kauffman wolte die recht warheyt befinden, vnnd zoge ein Aꝛel, dieſer erreden, darumb daß ſie im ſagen ſolte, was in ſeinem hauß beſchehe. Auff einen tag ritt der mann von hauß zů ſeinen geſchefften, von ſtund an ſchickt die fraw nach jrem bů- len. Der bůl kam, vnnd ſtůnd beſ ſt einzeit, vnnd gienge wider ſein ſtraß. Da der mann zů ſeinem hauß kam, fraget er die Aꝛel, die ſaget jm alles was ſie geſehen het, von dem bůlen, vnnd der frawen. Auff das ſchlůg der mann die fraw en gar hart. Die fraw gedachte, daß ſie jr magd verhaten hetten, vnd kriegt mit jn. Die magd ſagt jn, daß die Aꝛel ſollichs ge- than het. Das das die fraw vernam, gedacht ſie, tödteſt du die Aꝛel, ſo wirt dein man gedencken, es ſei darumb, wiß faſt es böſer dann vor, ꝛc.

Und

Der Alten Weiſen. Cap. I.
¶ Von dem Ehebꝛecheriſchen Weib.

Es war ein weib, die hette ein eelichen mann, dar het ſie nen bůlen, die betrauß jrem hoff einn heimlichen auß- gang bei einem galgbꝛunnen, zů notdurfft, ob der ehe- man vngewarnet kommen wölte, daß dann der bůl daburch entrinnen möchte. Auff einzeit ſtůnd ſie bei jrem bůlen, vnnd ſahe jren mann zů hauß kommen, vnd ſpꝛach, Lauff balb, beſ dem bꝛunnen iſt ein außgang, Er ſagt, ich ſind keyn, er iſt zů geworffen, Sie ſpꝛach: Narr, ich ſag dir nit von dem bꝛunnen, allein daß du den außgang bei dem bꝛunnen finden ſolteſt. Er ſpꝛach: Du ſolteſt mir nit den bůlen genant haben, darr nit mehr da war, Sie ſpꝛach: Seh dich vnd mach nit vil wortz fel wor, es wöret dir ſunſt zů burg, Der narr gab jr wider wort

Illuſtrationen aus einem Schwankbuche. 16. Jahrhundert

Symbolische Darstellung der Ehe
159. Deutsche Handzeichnung. 1504

III

Liebe und Ehe

Wir haben bereits weiter oben kurz dargelegt, warum jede in ihrem Grund=
wesen revolutionäre Epoche zugleich ein Zeitalter gewaltiger erotischer Sinnlichkeit
ist, und daß darum auch die Renaissance, und zwar vornehmlich auf den Gipfel=
punkten ihrer Entfaltung, ein einziges Zeitalter glühender Sinnlichkeit werden
mußte. Jedes nähere Eingehen auf diese Frage festigt diese Tatsache. Wir können
uns hier jedoch mit einigen wenigen ergänzenden Sätzen in dieser Richtung be=
gnügen, weil das Entscheidende schon im vorigen Kapitel ausgeführt ist . . .

Es ist eine der wichtigsten Erkenntnisse der modernen geschichtsphilosophischen Wissenschaft — vielleicht sogar ihre wichtigste! — daß die Weltschöpfung nicht einen einzigen, am Anfang alles Lebens stehenden und damit für alle Zeiten erledigten und in seinem schließlichen Verlauf unabänderlichen Akt darstellt, sondern daß sich diese Weltschöpfung Tag für Tag von neuem vollzieht, daß die Menschen nicht nur die Geschaffenen und Gewordenen sind, sondern von einem gewissen Zeitpunkt an die im letzten Grunde alles Erschaffenden: Der Mensch ist der wirkliche Schöpfer der Welt. „Die Welt ist nicht die fremde Schöpfung einer äußeren Macht, in welcher wir uns mit unserem Denken bloß zurecht finden, sondern sie ist eine fortwährende Schöpfung unseres Denkens selbst. Sie ist nicht etwa ein einziges Mal in einem mystischen, übermenschlichen Akte geschaffen worden, sondern sie wird noch immer neu geschaffen in jeder neuen Denk‐ beziehung, die ihren Erfahrungsinhalt in einer ganz neuen Auffassung vor das Bewußtsein der denkenden Betrachtung bringt" (Max Adler). Ist dieser Prozeß ein steter, in der Geschichte der Menschheit niemals unterbrochen gewesener Vor‐ gang, so kommt den revolutionären Geschichtsepochen innerhalb dieser Entwick‐ lung noch eine ganz besondere Bedeutung zu, und zwar die für das Tempo dieses Vorganges zweifellos wichtigste: die Tatsache, daß sie selbst die Schöpfer der Welt sind, kam den Menschen niemals sonst in so großem Umfang und so klar zum Bewußtsein wie in revolutionären Geschichtsepochen; die revolutionären Zeit‐ alter sind sogar jene Epochen der Geschichte gewesen, in denen die Menschheit im Gegensatz zu den meisten anderen Zeiten, wo dieser Vorgang latent vor sich geht, sich mit vollem Bewußtsein als die Baumeister der Welt gebärdet haben. Und das ist unschwer zu begreifen. Revolutionäre Epochen entstehen, wenn die wirtschaftliche Entwicklung die alten, ihrem weiteren Fortschreiten hinderlich ge‐ wordenen gesellschaftlichen Formen des Lebens zerbricht und neue, den veränderten Bedürfnissen entsprechende Formen zu finden den Zeitgenossen als oberste und sofort zu lösende geschichtliche Aufgabe stellt. Weil dies aber, und zwar infolge

160. Minnehof. Kupferstich vom Meister der Liebesgärten 15. Jahrhundert

der Konzentriertheit des Vorganges, nicht mehr bloß einzelnen, sondern sozusagen der davon betroffenen Menscheit als Ganzem zum Bewußtsein kommt, so erwachen alle ihre Kräfte, werden mobil, treten in Aktion, und die Menschheit erlebt in einer solchen Zeit jedesmal ihre scheinbar erste Emanzipation. Die Menschheit glaubt in solchen Zeiten, wie wir im ersten Abschnitt des vorigen Kapitels dargelegt haben (vgl. S. 99—106), ihre sämtlichen und darum auch ihre letzten Probleme lösen zu können. Deshalb aber ist ihr Tun in solcher Zeit ein bewußtes Erschaffen der Welt. Das bewußte Tun führt aber wiederum stets am raschesten zu dem jeweils gesteckten Ziel, weil die Menschen danach trachten, den kürzesten Weg einzuschlagen, und schon damit die großen Umwege vermeiden, auf die sie bei unbewußtem Tun immer geraten und zu den in den Dingen begründeten Zielen kommen. Insofern spielen revolutionäre Epochen die wichtigste Rolle für das Tempo des steten Welt= schöpfungsprozesses durch die Menschen.

Libe ist eine harte Qual.
Wer sie nicht weiß
Ach deme ist wol.
De Libe wil mi morde.

Der verliebte Jüngling
161. Metallschnitt aus dem 15. Jahrhundert

Aber noch in einer anderen Beziehung sind die Menschen in revolutionären Zeiten schöpferischer und potenter: im sinnlichen Gebaren. Oder genauer ausgedrückt: Die allgemeine Aktivität der Menschen in revolutionären Zeiten ist der Ausfluß einer gegen sonst erheblich gesteigerten Kraft. Diese Steigerung ist aber, wie wir eben gezeigt haben, das Resultat davon, daß die Menschheit in revolutionären Zeiten zum Bewußtsein erwacht. Da nun weiter Kraft in erster Linie Sinnlichkeit ist, oder zum mindesten stets auch sinnlich in Erscheinung tritt, so ist es folgerichtig, daß jede Steigerung und jede vermehrte Auslösung der Kraft auch zu einer erhöhten Expansion der sinnlichen Betätigung im allgemeinen und somit der erotischen im besonderen führt.

So ergibt sich denn, daß es nur natürlich ist, wenn in revolutionären Ge= schichtsepochen der Geschlechtstrieb überhaupt seine höchste Expansion erlebt; und weiter ist es, was ebenfalls charakteristisch ist, ebenso natürlich, daß sich diese größere Expansion vor allem in der Richtung des Gesunden bewegt. (Vgl. darüber auch: „Das Gesetz der erotischen Wellenbewegung" in meiner „Geschichte der erotischen Kunst", S. 406 u. fg.)

Die Nachprüfung des Geschlechtslebens der Renaissance im einzelnen erweist diese Tatsache in jedem Lande auf Schritt und Tritt. Und jedes Dokument, das diese reiche Zeit uns hinterlassen hat, strotzt förmlich von gesunder Sinnlichkeit, ist im letzten Grunde nichts anderes als formgewordene, schöpferische Sinnlichkeit. Im Individuellen ist dieses größte und umfangreichste Revolutionszeitalter der neueren Geschichte zugleich das grandioseste geschichtliche Beispiel einer erotischen Expansion als Massenerscheinung.

Die geschlechtliche Liebe wurde in der Renaissance geradezu vulkanisch und offenbarte sich meistens wie eine entfesselte Naturgewalt, die sich tobend und schäumend, und darum freilich ebenso oft höchst brutal, ihren Willen erzwang. Da aber in der Manifestation einer Naturgewalt sich stets deren letztes Gesetz durchsetzt, so mußte dieses in der Lusterfüllung des Geschlechtslebens das zeugende Prinzip sein. Und dieses steht auch obenan: der Mann wollte befruchten, die Frau wollte befruchtet werden. Dadurch aber bekam die Liebesbetätigung in der Renaissance gewissermaßen einen heroischen Stil, genau so wie ihr physisches Schönheitsideal. Das war das Logische. Das Gegenteil wäre unlogisch gewesen, denn alle Erscheinungen einer Zeit sind unter sich organisch verknüpft und darum auch harmonisch. Die Basis, die im Schönheitsideal der Zeit zur edelsten Verkörperung der Zweckschönheit führte, mußte unweigerlich in der Wirklichkeit des Erlebens zum gleichartigen Triumph des Naturgesetzes der Liebe führen.

In dieser Richtung ideologisierte die Zeit auch die Liebe, wie wir das schon an einer Reihe von Beispielen gesehen haben. Die Liebe wurde sozusagen auch in der Ideologie aus einem Begriff zu einer Realität, zu einer bewußten Verwirklichung der Naturgesetze und darum schließlich auch zu einem Kultus der steten Betätigung der von den stärksten Antriebskräften entflammten Instinkte. Potenzierte geschlechtliche Betätigung wurde für beide Geschlechter das Normale und zugleich der Wertbestimmer für die allgemeine Achtung: das Achtunggebietende und das Achtunggenießende. Vollkommen erschien dieser Zeit nur der Mann, den neben den im vorigen Kapitel geschilderten körperlichen Vorzügen starke Potenz und andauernde Begierden auszeichneten, vollkommen nur die Frau, die bis ins reifste Alter vom Manne physische Liebe heischte. Mit anderen Worten:

Als oberste Tugenden galten vulkanische Leidenschaft bei beiden Geschlechtern, ungeminderte Zeugungskraft beim Manne bis ins hohe Alter, stete Fruchtbarkeit der Frau ebenso lang. Großer Kinderreichtum war Ruhm und daher etwas Alltägliches, kinderlos zu sein, galt dagegen als Strafe des Himmels für irgend eine begangene Sünde und war relativ selten.

Dieses ist die große Linie des Geschlechtslebens der Renaissance, die zu erkennen keine große Mühe kostet, denn sie prägt sich überaus deutlich aus und drängt sich einem überall auf. Daß es aber zu dieser deutlichen Ausprägung kam, wurde durch zwei besondere Umstände unterstützt, die bei einer historischen Rekonstruktion nicht übersehen werden dürfen.

Der erste in Frage kommende Umstand ist der, daß sich dieser Tendenz keine Hemmung

Das Liebespaar
162. Kupferstich aus dem 15. Jahrhundert

Einsegnung des Ehebetts durch den Bischof während des Beilagers
163. Deutscher Holzschnitt. 15. Jahrhundert.

in den Weg stellte. Wir haben oben (S. 106) schon dargelegt, daß jedes
Resultat, zu dem eine neue Zeit gelangt, nicht zum wenigsten von den Voraussetzungen abhängig ist, die ihr die Vergangenheit fertig zur Verfügung stellt.
Der Drang zu einer intensiven sinnlichen Auslösung fand nun dadurch in der
Renaissance freieste Bahn, weil in dem dahinter liegenden Mittelalter die Beziehungen der beiden Geschlechter zueinander fast ausnahmslos ganz primitiver Art,
somit rein geschlechtlicher Natur waren. Die animalische Basis des erotischen Liebes-
empfindens war erst in ganz geringem Maße vergeistigt. Die Liebe gipfelte somit
nicht nur im physischen Geschlechtsakt, sondern sie erschöpfte sich darin häufig
auch fast vollständig. Und das galt von der Ehe vielleicht am allermeisten. Bei
dieser war der Konvenienzcharakter durch die individuelle Geschlechtsliebe erst in
ganz untergeordnetem Maße eingeschränkt. Für den Adel war die Verheiratung
ein politischer Akt, die beste Gelegenheit für eine Einfluß- und Machtvergrößerung;
und darum hatte das Interesse des Hauses bei der Gattenwahl zu entscheiden

189

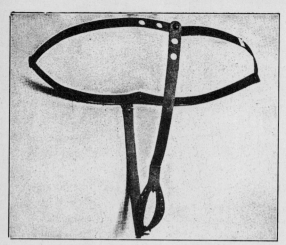

Eiserner Keuschheitsgürtel aus dem Museum von
Poitiers

164. 15. Jahrhundert

und nicht das Belieben des einzelnen. Das gleiche gilt für den Zunftbürger der mittelalterlichen Städte. War bei diesem der Kreis, innerhalb dessen er seine Wahl treffen konnte, an und für sich schon eng, so entschied auch hier noch das Zunftinteresse und das Familieninteresse; das letztere war mit dem ersten stets unlöslich verknüpft. Als sich in den Städten ein kaufmännisches Patriziat entwickelte, drängte die Besitzfrage ebenfalls alle persönlichen Neigungen in den Hintergrund. Heirat war für diese Kreise die einfachste Form der Akkumulation von Kapital, die rascheste Möglichkeit zur dauernden Hebung der Profitrate. Von diesen Kombinationen, die das ausmachen, was man den Konvenienzcharakter der Ehe nennt, machte nur das niedere Volk, die besitzlosen Klassen, eine Ausnahme, weshalb bei diesen die individuelle Geschlechtsliebe bei den ehelichen Verbindungen auch stets häufiger eine Rolle spielte. Bei allen anderen Klassen dagegen waren die aus Geld-, Klassen- und Standesinteressen zusammengeschweißten Ehen in ihrer großen Mehrzahl tatsächlich nichts anderes als Zeugungs- und Gebäranstalten legitimer Erben. Die vorhandene eheliche Liebe war also in diesen Klassen nur in ganz beschränktem Maße subjektive Neigung, sondern viel mehr objektive Pflicht, „nicht Grund, sondern Korrelat der Ehe“. Dieser Zustand war durch die religiöse und bürgerliche Ideologie in den Städten zwar schon verbrämt, aber immerhin nur notdürftig; beim Bauern auf dem Lande jedoch gar nicht. Hier stand gemäß der im ersten Kapitel geschilderten ökonomischen Lebensbedingungen die beiderseitige Geschlechtstüchtigkeit als offiziell wichtiger Punkt direkt neben den Besitztiteln.

Das sind die Voraussetzungen, die das Mittelalter bot. Man erkennt leicht, daß dies ein überaus günstiger Boden für die Entwicklung einer erotischen Expansion war. Aber nicht nur keine Hemmnisse traten der expansiven erotischen Tendenz der Renaissance entgegen, sondern diese wurde sogar noch von überaus starken, auf dasselbe Ziel zudrängenden Antriebskräften sekundiert.

Diese Antriebskräfte bestanden in der im Mittelalter vor sich gehenden Herausbildung der individuellen Geschlechtsliebe, die das erste Ergebnis des werdenden neuen Inhaltes der Dinge war. So seltsam das im ersten Augenblick klingen mag, so ist es doch eine unbestreitbare Tatsache: die Wirkung dieses wichtigsten und edelsten Emanzipationsprozesses, der darauf ausging, beide Teile aus dem niedrigen Zuchtstandpunkt herauszuheben, bestand nicht in einer

Verminderung oder gar in einer Aufhebung, sondern im Gegenteil in einer außerordentlichen Verstärkung des animalischen Hauptzuges der Liebe. Gewiß geschah
dies in einer Richtung, die zweifelsohne einen ethischen Fortschritt bedeutete, aber
am äußeren Resultat selbst änderte das nichts. Und auch diese Tatsache ist ebenso
logisch, wie sie unschwer zu begreifen ist.

Die gegenseitige Hingabe von Mann und Weib als die höchste Manifestationsform des Lebens soll sich nicht auf der Voraussetzung eines gemeinen Rechenexempels vollziehen, sondern einzig auf gegenseitiger individueller Neigung und
Leidenschaft, — das ist die Fundamentalforderung der individuellen Liebe, ihr
Programm. Daß wir dieser individuellen Leidenschaft schon tief im Mittelalter
begegnen, dafür haben wir aus der Literatur aller Länder mancherlei Beweise.
In dem köstlichen Liebesbrief einer gebildeten Dame an ihren Geliebten, der sich
in der Briefsammlung des Mönches Wernher von Tegernsee befindet, haben wir
sogar ein geradezu klassisches Zeugnis. Wir kennen die Schreiberin nicht, und
wir kennen den Mann nicht, an den die Epistel gerichtet war, aber jede Zeile
dieses Briefes verrät uns, daß die reinste und edelste Leidenschaft eines Frauen-
herzens die Worte geformt hat. „Du Liebster unter allen Lieben!" fängt sie an,
und alles weitere ist ein gegenseitiges sich einigen, sich eins fühlen mit dem Geliebten, ein hohes Achten und felsenfestes Vertrauen: „Du allein bist mir aus
tausenden erlesen, du allein bist in das Heiligtum meines Geistes aufgenommen".
Und endlich nach vielen, vielen Seiten, schließt sie mit jenem innigen Verse,
der wie ein Zauberspruch der Liebe seitdem das zärtlichste Geständnis aller wahrhaft Liebenden geworden ist:

> Du bist mein, ich bin dein,
> Des sollst du gewiß sein.
> Du bist beschlossen in meinem Herzen,
> Verloren ist das Schlüsselein,
> Nun mußt du immer drinnen sein."

Aber wenn wir auch schon aus diesem
einen Dokument schließen dürfen, daß sich
die höchste Form der Geschlechtsliebe
damals schon an zahlreichen Orten siegreich durchgerungen hatte, so war das doch
nur, wenn man so sagen will, als ideelle
Logik der Fall: der Sieg im Prinzip. Der
Konvenienzcharakter der Ehe war dadurch
bei den besitzenden und regierenden Klassen
kaum nennenswert eingeschränkt, geschweige
denn ausgetilgt. Ist doch dieser Konvenienzcharakter der Ehe bis heute in diesen Klassen erhalten und höchstens durch
feinere gesellschaftliche Formen ein wenig
raffinierter vermummt. Die Klassen-, Geld-

Der Verliebte
165. Lukas van Leyden. Kupferstich. 1520

191

Du solt billich fremden ee weib begern

166. Symbolisch-satirische Darstellung des Ehebruchs.
Holzschnitt. 16. Jahrhundert

und Standesinteressen formten nach wie vor die meisten Ehen. Darum also konnte sich das siegreiche Durchdringen des Rechtes auf individuelle Neigung nicht in der ehelichen Liebe betätigen, sondern nur im prinzipiellen Bruch der mit der Ehe verknüpften Forderung der gegenseitigen physischen Treue. Und das war auch der Fall. Das erste massenhafte Auftreten der individuellen Liebe in der Geschichte geschah in allen Ländern nichts weniger als in der Form der ehelichen Liebe, sondern in der des ritterlichen Minnedienstes, dessen oberste Regel sogar lautete, daß echte Minne mit der Ehe überhaupt unvereinbar sei. Mit anderen Worten: die höhere Form der Liebe setzte geschichtlich mit dem Ehebruch ein, mit dem von beiden Seiten und von einer ganzen Klasse systematisch organisierten und betriebenen Ehebruch. Kein Mann dieser Klasse, der nicht jahraus jahrein auch um die letzte Gunst anderer Frauen als der seiner Gattin buhlte, keine Frau, die nicht noch irgend einem anderen Manne gestattete, offen vor aller Welt bei ihr um den höchsten Minnesold zu werben, so daß am letzten Ende die ganze ritterliche Gesellschaft nichts als eine einzige Gesellschaft für Ehebruch auf Gegenseitigkeit war.

In der Natur der Sache ist es natürlich ebenso gelegen, daß das erstrebte Ziel, der ausgesetzte Preis, in den weitaus meisten Fällen auch wirklich erreicht und bewilligt wurde; denn jeder Protest drängt dazu, sich in Taten zu manifestieren. Und als Protest gegen das Wesen der Konvenienzehe, die prinzipiell nur die Pflicht kennen konnte, trat eben der ritterliche Minnedienst geschichtlich auf. Diese Taten können aber nur in der Erlangung und in der Gewährung des höchsten Minnesoldes bestehen. Denn das Wesen der individuellen Geschlechtsliebe besteht ja in dem sexuellen Moment: In dem Wunsch des Mannes, die Frau zu besitzen, die nicht wie die Gattin durch die objektive Pflicht, sondern durch persönliche Verliebtheit seinen Begierden gefügig ist, und in demselben Wunsch der Frau, sich dem Manne hinzugeben, dem ihre Sympathie gehört. Jeder Protest führt aber schließlich noch zu etwas weiterem, nämlich dazu, daß man auf dem

192

Ritterliches Leben

Vom Meister der Liebesgärten. 15. Jahrhundert

betreffenden Gebiet auch vollständig triumphiert. Ein vollständiger Triumph bestand aber hier nur darin, wenn es der Scharfsinn ermöglichte, der Liebe und Leidenschaft noch ungleich häufiger das zu bewilligen, was die Pflicht nebenher als Opfer von ihnen forderte. Und darauf war denn auch stets der Scharfsinn beider Teile gerichtet. Und der der Frau sicher nicht weniger als der des Mannes, trotz der grotesken Hindernisse, die die Romantik auftürmte, und die der Liebhaber erst übersteigen mußte, bevor seine Herzensdame ihm gestattete, zu beweisen, daß die Umarmungen des Freundes unendlich genußreicher sind als die des Gatten.

167. Liebespaar

In seiner Summe und in seinem Resultat führte eine solche Klassenmoral aber logisch zu dem, was wir oben als die erste Folge des Aufkommens der individuellen Geschlechtsliebe als Massenerscheinung in der Geschichte bezeichneten: zu einer außerordentlichen Verstärkung des animalischen Hauptzuges in der Liebe der Zeit.

An alledem ändert auch der Umstand nichts, daß wir heute wissen, daß die Liebeshöfe des Königs Artus und ähnliche, vor deren Forum über die Rechte und Pflichten der Minne debattiert wurde, in der Wirklichkeit niemals existiert haben, sondern nur Gebilde der dichterischen und künstlerischen Phantasie der Zeit waren (Bild 160). Im Gegenteil: Diese überall verbreitete und so lange als gewesene Wirklichkeit geglaubte Sage von der Existenz solcher Liebeskonzilien ist ein Beweis mehr. Denn wir haben in den Beschreibungen dieser Liebeshöfe und in den Berichten über die angeblich vor ihnen stattgefundenen Debatten tatsächlich nichts anderes vor uns, als die akademische Auseinandersetzung des ausgehenden Mittelalters über das damals aktuell gewordene Problem der individuellen Geschlechtsliebe. Daß sich die Sage von den Minnehöfen und Minnegerichten an die Blüte der ritterlichen Gesellschaft knüpfen mußte, das heißt, daß hier das Thema des Rechtes auf individuelle Geschlechtsliebe zuerst auftauchen mußte, ist ebenso natürlich. Zur bewußten Propagierung dieses Menschenrechtes konnte es nur dort kommen, wo die wirtschaftlichen Voraussetzungen bereits zu einer Befreiung der Frau von der Haussklaverei geführt hatten und wo außerdem der Konvenienzcharakter der Ehe damals seine nackteste Form zeigte, so daß die eheliche Liebe durchweg fast nur als Pflicht empfunden wurde. Beides traf zuerst beim Rittertum zusammen. Hier war die Ehe fast nur Konvenienz, — schon im frühesten Alter

Das Liebespaar im Garten
168. Kalendervignette. Holzschnitt

193

Frau mit Keuschheitsgürtel
bekleidet

169. Kupferstich von Aldegrever
1532

wurden meistens die Kinder miteinander verlobt, und einzig im Familieninteresse, — und hier hatten die Besitzverhält-nisse die Frau allmählich auch vom Haushalt befreit, so daß ihr geistiger Horizont sich weiten konnte, und damit auch ein intensiveres Persönlichkeitsbewußtsein sich bei ihr herausbildete. Aus denselben Gründen entstammte im 15. und 16. Jahrhundert auch gerade diesen Kreisen die Virago, die in Wissenschaft und allgemeiner Bildung mit dem Manne wetteifernde Frau.

Zu dem Resultat einer Verstärkung des animalischen Hauptzuges in der Liebe kam es aber sowohl in den eben-genannten Kreisen, als auch bei fast allen Klassen noch aus einem anderen Grunde. Die mit der Konvenienzehe verkuppelte individuelle Geschlechtsliebe trieb nicht einzig und allein zu diesem Ziele; so wenig wie wir in der eben geschilderten Manifestationsform nur den Protest der ver-gewaltigten Natur sehen dürfen, so daß wir hier also nicht nur einen Läuterungsprozeß, sondern ebenso sehr auch den Verwesungsprozeß einer niedergehenden Klasse vor uns haben. Zu dem Resultat chacune pour chacun als Massenerscheinung kam es am Ausgang des Mittelalters, weil damals, wie wir wissen, ein neues Wirtschaftsprinzip in die Geschichte eintrat. Und damit mußte es zu jenen sittlichen Allgemeinzuständen kommen, die wir oben (S. 74 usf.) geschildert haben. Denn es ist eben eine Erfahrungs-tatsache, die keine Ausnahme kennt, daß es niemals in der Geschichte gefestigte Moralanschauungen gibt, wenn der seitherige gesellschaftliche Boden ins Wanken kommt. Das ist aber, wie wir im vorigen Kapitel eingehend dar-gelegt haben, gerade das Hauptmerkmal jener Zeit, daß der gesamte gesellschaftliche Boden ins Wanken kam. Alte Klassen lösten sich auf, neue bildeten sich, und wieder andere bildeten sich um. Alles war in Gärung, und alles war im Werden.

*   *   *

Die animalisch sinnliche Anschauung in der Liebe. Den animalischen Charakter der Liebe und der Ehe in der Renaissance belegen zahlreiche Erscheinungen und Dokumente aufs zwingendste. Sitten, Ge-bräuche, allgemeine und rechtliche Anschauungen, die sich in Form von eigen-artigen Sprichwörtern, Urteilen und Handlungen spiegeln, und vor allem die Literatur und die Künste, in denen das Technisch-Geschlechtliche fast immer das Leitmotiv und die Pointe ausmachte.

194

Schon die Sitten, die meistens mit dem Eheschluß verbunden sind, und das, wodurch eine Ehe als geschlossen gilt, sind in dieser Richtung überaus charakteristisch: der Segen des Ehebettes durch den Priester, bei fürstlichen Personen durch den Bischof oder Erzbischof, und die bis weit in die Neuzeit erhaltene Sitte des öffentlichen Beilagers.

Wenn der Priester das Ehebett segnet, so wird damit natürlich nicht der Ort gesegnet, in dem man nach des Tages Last und Plage eine geruhsame Nacht finden will, sondern — „die Werkstatt der Liebe". Damit auf der Arbeit, die in dieser Werkstatt verrichtet wird, der Segen Gottes ruhe, also die erwarteten Stammhalter und Leibeserben daraus hervorgehen mögen, darum wird sie vom Priester geweiht. Das Bett als „die Werkstatt der Liebe" steht aber auch in den Rechtsgrundsätzen, die eine Ehe begründen, obenan, und zwar in der vorhin angeführten Sitte des Beilagers: des öffentlichen Beiliegens der beiden Verlobten oder der zur Ehe Entschlossenen in einem Bett. Die Ehe galt in den meisten Ländern als geschlossen, wenn Braut und Bräutigam gemeinsam „von derselben Decke beschlagen"

Keuschheitsgürtel aus Leder

170. Original im Museum Toussaud, London. 16. Jahrhundert

waren. „Ist das Bett beschritten, ist das Recht erstritten", lautet ein altes Sprichwort. Um zu erweisen, daß dies geschehen war, wurde das Beilager stets öffentlich vollzogen. Daher die Sitte des „öffentlichen Beilagers", die bis in den Anfang des 17. Jahrhunderts herein in den meisten Ländern Europas und bei fast allen Klassen zu finden war. Diese Sitte verschwand nur allmählich, und erst dann vollständig, als die kirchliche Trauung, als der die Ehe allein begründende Akt, zwingendes Gesetz geworden war: was der Kirche überall gleich schwer und darum nur sehr langsam durchzusetzen gelungen ist. Das Volk hing in allen Ländern mit Zähigkeit an seinen alten Sitten und Gebräuchen und wollte deshalb lange nichts von der Forderung der kirchlichen Trauung wissen. Man erblickte im Eheschluß einen juristischen und nicht einen religiösen Akt, eine Rechtsabmachung. Auch daraus erklärt sich die Öffentlichkeit des Beilagers; denn der allgemeinen Anschauung entsprach es, daß alle Rechtsvorgänge öffentlich zu vollziehen seien.

Die ursprünglich germanische Sitte des Beilagers wurde auf die verschiedenste Weise geübt, teils offiziell mit großem Pomp, teils ernst religiös,

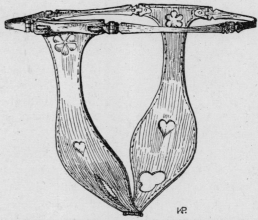

Eiserner Keuschheitsgürtel aus der Sammlung Pachinger, Linz

171. 16. Jahrhundert

195

indem die priesterliche Segnung des Ehebetts damit verknüpft war (Bild 163), teils humoristisch. Allgemeiner bekannt ist die Form des Beilagers, die an den Fürstenhöfen üblich war. Führte bei den Fürsten der ausschließliche Konvenienzcharakter der Ehe dazu, daß Eheschließungen gleichsam Staatsverträge waren, durch die, verkörperlicht in der Frau, einem anderen Staate bestimmte Besitztümer, Länderteile, Regierungsansprüche angegliedert wurden, so folgte aus diesem Charakter schon, daß Braut und Bräutigam einander gar nicht erst zu sehen brauchten: die persönliche Neigung war ja gar kein Faktor in dem gegenseitig aufgestellten Rechenexempel. Der Abschluß des betreffenden Handelsgeschäftes erfolgte durch das Beilager, wozu man den Bräutigam ebenso wenig brauchte; auch dazu genügte der bevollmächtigte Gesandte, der mit dem Ordnen des Rechenexempels beauftragt war. Er legte sich einfach offiziell als Stellvertreter seines Herrn auf das Paradebett neben die „glückliche" Braut, und das Geschäft war perfekt, das heißt: der Ehepakt war rechtsgültig geschlossen. Diese Form des Beilagers ist, wie gesagt, allgemein bekannt. Weniger bekannt sind dagegen die häufig ziemlich derben, dabei jedoch meistens ans Humoristische anklingenden Gebräuche, die beim niederen Volk im Schwange waren und es zum Teil sogar heute noch sind. Zur Charakteristik der letzteren wollen wir einen Brauch aus der Oberpfalz anführen. Dort herrscht folgende Sitte: „Wenn der Kammerwagen mit der Ausstattung der Braut am Hochzeitshause angekommen ist, so hebt der Bräutigam das zweischläfrige Bett, das oben aufgestanden hat, herunter und trägt es in die Schlafkammer. Dann wirft er vor aller Augen die Braut auf das Bett, legt sich zu ihr hin und gibt ihr einen Kuß."

Handelt es sich in solchen Gebräuchen offensichtlich um eine symbolische Charakteristik des Kinderzeugens, also um den letzten Ehezweck, so gibt es auch eine Reihe Anschauungen und Sitten, die sich direkt auf den Geschlechtsakt als solchen pointieren, als auf die tägliche Ehespeise, wegen der man in die Ehe trete, „weil ihrer weder ein tüchtig Weib noch ein tüchtiger Mann entraten könne". Diese Anschauungen kommen deutlich zum Ausdruck in verschiedenen bäuerlichen Weistümern, deren wir eines schon oben (S. 42) zitiert haben, und weiter, um ein allgemein bekanntes Dokument zu nennen, in Luthers „Ehezuchtbüchlein". Hier ist klar, deutlich und freilich auch derb dem Geschlechtsakt seine Bedeutung als unentbehrlichem Genußmittel erwachsener Menschen zuerkannt, und zwar in der Begründung der Rechte, „so eine Frau haben soll, die zur Ehe einen in der Liebe untüchtigen Mann überkommen hat". Hierher gehört auch die allgemeine verbreitete Übung, daß ein Teil der Hochzeitsgäste vor der Kammertür, hinter der sich das Beilager vollzog, erotische Hochzeitslieder sang; man nannte das „das Niedersingen der Braut". Außerdem wurden erotische Witze zum Besten gegeben, und nach vollzogenem Beilager Hochzeiter und Hochzeiterin scherzhaft vor aller Augen aufgedeckt und im Triumph wieder aus dem Bette herausgeholt. —

Jene Zeit ist im Wesen gesund, haben wir oben gesagt. Der erste Grundsatz einer auf gesunder Basis beruhenden Liebesphysiologie ist aber der, daß, wenn ein Individuum, einerlei, ob Mann oder Frau, in das Alter der geschlechtlichen Reife kommt, ihm auch das Recht auf Erfüllung seiner Geschlechtsfunktionen zusteht.

Wappenschild des Melchior Schedel

Frau mit Keuschheitsgürtel und Ritter in der Hosenlatzmode

172. Holzschnitt aus dem 16. Jahrhundert

Dieser Grundsatz war in der Renaissance in der Tat anerkannt, denn er war die allgemein im Volk verbreitete Anschauung und kommt in zahlreichen Sprüchen und Redensarten zum Ausdruck. Stets genau so deutlich wie naiv. Von den Männern heißt es:

Sollen die Jungen wachsen und masten,   So dürfen sie nicht lang fasten.

Genau dasselbe erklärt man als das Recht der Jungfrau:

Hungert die Dirn ob ihren Knieen,   Der da hat einen guten Schnabel
So soll man nicht lange verziehen   Zwei Handbreit unter seinem Nabel.
Und ihr geben einen jungen Gesellen,

Meistens jedoch drückt man dieses gegenseitige Recht auf Liebesbetätigung noch ungleich deutlicher aus, und man versäumt vor allem nie, auch noch die physischen Merkmale zu beschreiben, die für die Tatsache der Reife bei Mann und Jungfrau entscheidend sein sollen. Es ist für die Renaissance noch sehr dezent ausgedrückt, wenn man in bezug auf die Frau sagt, der Zeitpunkt, einer Jungfrau einen Mann ins Bett zu legen, sei da: „So die Jungfrau einen Busen hat wie zwo Birn und unter dem Nabel ist nicht mehr kahl". Hier sei noch eingeschaltet: Um die Geschlechts= reife einer Jungfrau zu kennzeichnen, sagte man auch: „sie trägt schon nach Manns= fleisch Gelüst", oder „sie leidet schon am zersigen Hunger". Gegenständlicher konnte man sich fürwahr über das Wesen und den besonderen Inhalt des jung= fräulichen Sehnens nicht ausdrücken; höchstens noch um einige Grad hanebüchener, was denn auch oft genug der klassischen Kraft der Zeit gelang. Denselben Sprüchen und Redensarten begegnet man auch in Frankreich und Italien.

Die natürliche Anschauung der Dinge in der Renaissance ließ Mann und Frau den frühzeitigen Geschlechts= verkehr von Jüngling und Jung= frau auch nicht selten mit sol= chen oder ähnlichen Argumen= ten begründen, wie sie Boccaccio einer Dame in den Mund legt: „Die Gesetze der Natur gehen voran; die Natur hat nichts um= sonst geschaffen, und sie hat uns diese edlen Teile verliehen, da= mit sie in Gebrauch gesetzt wer= den, nicht aber, um sie müßig feiern zu lassen."

Den triftigsten Grund, mit diesen Teilen nicht zu feiern, fanden die Frauen jedoch darin: „Der Nichtgebrauch kann dieser Körperpartie großen Schaden zu= fügen und Hysterie erzeugen, woran manche schöne Frauen zu=

Der lüsterne Bauer
173. Federzeichnung. 16. Jahrhundert

grunde gehen. Das beste Mittel dagegen, sagen die Ärzte, ist die fleischliche Beiwohnung, und zwar seitens kräftiger und wohlgebauter Männer."

Im Anblick einer solchen Gefahr und in Anbetracht der allgemein so sympathischen Vorbeugungsmittel mußte natürlich die Vernunft siegen.

Das gesamte Liebessehnen ist dementsprechend bei beiden Geschlechtern in der Renaissance so gegenständlich wie möglich. Der Mann sehnt sich absolut nicht nach einem ebenbürtigen Genossen, mit dem vereint er bestimmte höhere Lebensziele erringen will, die Jungfrau sehnt sich ebensowenig nach einem Befreier und Erzieher ihrer Seele und ihres geistigen Menschen; wohl aber sind beide von dem unbändigen Verlangen nach der Ausübung des Geschlechtsaktes erfüllt. In diesem be-

Landsknecht und Dirne
174. Kupferstich von Daniel Hopfer. 16. Jahrhundert

stimmten und begrenzten Wunsch und Ziel konzentriert sich ihnen die Liebe.

Die Jungfrau fordert von ihrer Mutter, daß sie ihr einen Gesellen suche, der ihr „eifrig das süße Bettspiel lehre". Vor allem im Volkslied haben wir dafür die charakteristischsten und auch die meisten Beweise, die zum Teil ebenso naiv wie köstlich sind. Wir zitieren hier nur das sehr weit verbreitet gewesene Lied von „Des Schwaben Töchterlein":

Es hatt ein Schwab ein Töchterlein,
Halt die kanna feste,
Es wolt nicht länger ein Mägdlein sein,
Bey Nachte,   fein sachte,
Halt die kanna,   schöne bas Anna,
Halt die kanna feste.

Sie wolt doch haben einen Mann,
Halt die kanna feste,
Der ihr die Weil vertreiben kann,
Bey nachte,   fein sachte.

Ach Mutter gieb mir einen Mann,
Halt die kanna feste,
Der mir die Weil vertreiben kann,
Bey nachte,   fein sachte,

Ach Tochter du bist viel zu klein,
Halt die kanna feste,
Du schlafst noch wohl ein Jahr allein,
Bey Nachte,   fein sachte.

Ach Mutter ich bin eben gerecht,
Halt die kanna feste,

Ich habs versucht mit unserm Knecht,
Bey nachte,   fein sachte.

Hast dus versucht mit unserm Knecht,
Halt die kanna feste,
So bist du Pfaffen und Mönchen gerecht,
Bey Nachte,   fein sachte.

Das Annalein hat ein roten Rock,
Halt die kanna feste,
Darunter steht ein Zimmerstock,
Bey nachte,   fein sachte.

Wer ist der uns dis Liedlein sang?
Halt die kanna feste,
Ein freyer Hofman ist ers genannt,
Bey Nachte,   fein sachte.

Er singt uns das und noch wohl mehr,
Halt die kanna feste,
Gott behüt allen zarten jungfrauen jhr Ehr,
Bey nachte,   fein sachte,
Halt die kanna,   schöne bas Anna,
Halt die kanna feste.

Es wäre natürlich durchaus verfehlt, wollte man an der Hand solcher Volks=
lieder, die darin ausgesprochene engbegrenzte, rein auf das Geschlechtlich=Technische
gerichtete Auffassung der Liebe auch auf das Volk als Masse, das heißt also auf
das niedere Volk eingrenzen. Jene Poesie, die die Liebe der oberen Klassen der
Gesellschaft zum Gegenstand hat, liefert zahlreiche Dokumente für dieselbe Auf=
fassung der Liebe: daß auch hier der Geschlechtsakt als solcher den Mittelpunkt
alles Sehnens bildet. Das grandiose Hohe Lied der sinnlichen Liebe der Renaissance,
„Romeo und Julia“, ist das ausreichende Beispiel dafür. Um es durch eine ganz
bestimmte Stelle zu erweisen, lese man nur im dritten Akt die herrliche Schilderung
des brünstigen Verlangens Julias nach der Umarmung durch Romeo:

Der kupplerische Ehemann
175. Französischer Holzschnitt. 16 Jahrhundert

Liebthätige Nacht, breit' aus den dichten
        Vorhang,
Daß sich unruhige Augen schließen
        mögen
Und Romeo ungesehn und ungehört
In meine Arme fliege! Liebende
Sehn hell genug bei eigener Schönheit,
        ihren
Verliebten Brauch zu üben; oder ist
Die Liebe blind, paßt sie zur Nacht am
        besten.
Komm', zücht'ge Nacht, ehrbar gekleidet
Matrone, ganz in Schwarz, und lehre
        mich,
Gewinnend eine Wette zu verlieren
Um ein paar makellose Jungfernschaften.
Verhüll' das schämige Blut, das in die
        Wangen
Mir sträubend springt, mit deinem schwar=
        zen Mantel,
Bis scheue Liebe, kühn geworden, nur
Für sittsam hält das Tun der wahren
        Liebe.
Komm', Nacht! Komm', Romeo! Komm',
        du Tag in Nacht!

Des Mannes Sehnen ist, wie
gesagt, in gleicher Weise gegen=
ständlich, und auch hier tönt es
ebenso deutlich aus den zahllosen

Der unterjochte Ehemann

Holzschnitt von Lucas von Leyden. 16. Jahrhundert

Volksliedern wie aus den Schöpfungen der großen Kunst. Dem Ambraser Liederbuch, das noch zahlreiche gleichartige Stücke enthält, entnehmen wir als Beweis das Lied: „Ein Mägdlein fein", das die Sehnsucht eines verlassenen Jünglings nach seiner Geliebten schildert.

Ein Mägdlein fein, ist bei mir gesein,
Heimlich an einem Orte,
Es war mir leid, daß jemands wüßt,
Und es ihr käm zu Worte,
Es brächt groß Pein,
Dem jungen Hertzen mein,
Das sollt ihr mir glauben.
Ihr Brüstlein die sein weiß,
Ihr Mündlein das ist rot,
Sie trägt zwei Falkenäuglein klar.

Ein edles Kraut, das sie mir einst gab,
Ist gewachsen in ihrem Garten,
Ich spielt mit ihr, und sie mit mir,
Drey Schantzen auf einer Karten,
Die Schantzen waren groß,
Wie hart sie mich umschloß,
Mit Sinnen und mit Witzen,
Sie truckt mich freundlich an ihr Brust,
Nach meines Hertzen Lust,
Hör auf du machst mich schwitzen.

O Paradeis, du mein einziger Trost,
Wo find man deines gleichen,
Man stellt sie für der Gnaden Thür,
Einer Kaiserin thut man sie gleichen,
Ich sah sie allzeit gern,
Sie leuchtet wie der Morgenstern,

Mit ihren braunen Augen,
Das Liedlein das ist aus,

Gemacht zu guter Nacht,
In ihrem Dienst gesungen.

Wie ein altes Weyb/bulet vmb eins Jünglings Ley

Das ungleiche Liebespaar

176. Satirischer Holzschnitt auf die Lüsternheit der alten Frauen. 1570

Wonach der schmählich Verlassene sich sehnt, sind also nur die sinnlichen Freuden, die er mit der entschwundenen Geliebten genossen hatte. Demgegenüber lese man zur Ergänzung als Produkt der großen Kunst, die nicht wie diese Volkslieder namenlos über die Gassen ging, irgend eine der wonnigen Episteln nach, in denen Johannes Sekundus, „Der große Küsser", wie ihn Goethe begeistert apostrophierte, seiner Liebe Ausdruck verleiht. Sein Sehnen nach Liebe und nach der Geliebten ist ebenfalls nur Wollust, ebenfalls nur Schwelgen in wollüstigen Phantasien, und in wollüstigen Küssen ohne Zahl gegeben und erwidert, gipfelt all sein Sehnen. Wir zitieren nach der vollendeten Übersetzung von Franz Blei (Inselverlag, Leipzig 1907) aufs Geratewohl das folgende Stück:

201

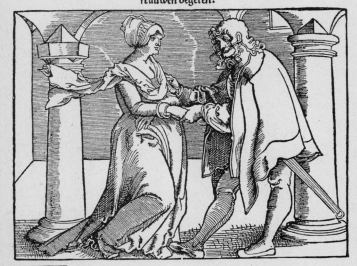

 U solt wissen das der ewig got zü dem zehende mal sprach.(Exodi. yp capitulo. Nõ cõ cupisce vyozem prypinu tui) Du solt deins nechsten eefrauwen nit begeren vnd diß gebot hat auch zwei siñ. Der erst ist du solt nit begerē deines nechstē ee frawen also das du begird vnd willē habest mit ir zü verfallende das

K iij

177. Illustration aus einem Werk über die zehn Gebote.
Holzschnitt aus dem 16. Jahrhundert

Welche Küsse mir die lieb-
sten, soll ich sagen?
Gibt es da zu wählen denn,
Geliebte?
Gibst du mir die feuchten
Lippen,
Dank ich ihnen.
Gibst du mir die brennend
heißen,
Lieb ich diese,
Und wie ist es süß,
Die Augen dir zu küssen.
Wenn sie so vergehen, ster-
ben,
Diese Augen, meiner Leiden
Quelle.
Und wie ist es Wollust,
Über deine Wangen, Hals
und Schultern,
Über deines Busens Ala-
baster
Kußmale, rote, dir zu säen
Ist es Wollust,
Deiner Zunge spitzen Dolch
So mit meinen Lippen zu
umschließen . . .
Unsere Seelen ineinander-
fließen,
Eins im andern so vergeht,
In Lust erstirbt . . . . . !
Ob deine Küsse während
oder kurz,
Vergehend gebend oder mild und bissig,
Du Vielgeliebte — alle lieb ich sie,
Gleich köstlich sind mir alle,
Deine, meine.
Nur eines: Gib
Niemals den Kuß zurück, den ich
Dir gab — küß immer anders.
Es soll ein wechselvolles Spiel sein. —

Die Frau kann in dieser Zeit natürlich kaum erwarten, bis sie zum Minnedienst reif und würdig befunden wird. In einem der Gedichte des Nidhardt von
Reuenthal, das das Liebesleben auf dem Dorfe behandelt, unterhalten sich Mutter
und Tochter über das Minnerecht der letzteren. Die sechzehnjährige Tochter meint,
daß ihr Leib längst gerecht wäre zu den Werken der Liebe, die Mutter ist jedoch
anderer Meinung. Aber die Tochter kennt die Vergangenheit der Mutter: „Ihr
wart ja erst zwölf Jahre, daß Ihr Eurer Jungfrauschaft ledig wurdet". Damit
ist die Mutter geschlagen: „Nun, so nimm meinetwegen Liebhaber so viel du
willst." Aber die Tochter begnügt sich damit nicht, sie will auch freie Bahn haben,
und nun kommt es heraus, warum die Mutter ihre Tochter noch zu jung zur
Liebe fand

„Das thät' ich auch gerne, wenn Ihr mir nicht immer die Männer vor der Nase weg-
fischtet. Pfui doch, hol Euch der Teufel! Habt doch schon einen Mann, was braucht Ihr noch
andere?" Nun, nachdem sich die Mutter ganz entdeckt weiß, willigt sie in alles: „Pst, schweig still,
Töchterlein. Minne wenig oder viel, ich will nichts dagegen haben, und solltest du auch ein Kindlein
wiegen müssen. Sei aber auch verschwiegen, wenn du mich der Liebe nachgehen siehst."

Dieser gegenseitige Neid der Frauen untereinander — „um das Bettfutter" ist der zahmste Ausdruck der Zeit —, und daß vor allem die Mutter der Tochter deren größere Chancen neidet, ist ein sehr häufiges Motiv in der Literatur. Das klassischste literarische Dokument in dieser Richtung ist ein Nürnberger Fastnachtsspiel: „Der Wittwe und Tochter Vastnacht", das aufs derbste und ausschließlich davon handelt. In der üblichen Weise wird die Sache einem Gerichtshof unterbreitet, der nach Anhörung der Gründe entscheiden soll, wer von beiden, ob Mutter oder Tochter, zuerst das Recht habe, zu heiraten. Die Mutter begründet ihre erste Anwartschaft auf einen Mann damit, daß sie eine junge, geile Witwe sei und nicht ohne einen Mann leben könne, weil sie an „das Mannsfleisch" gewöhnt sei. Die Tochter dagegen begründet ihre Rechte mit den brünstigen Gefühlen, die sie überkommen, wenn sie vom Knecht gehalst und geküßt wird:

| Wenn unser Knecht mich halset oder küßt, | Und wurde ganz flugg all's mein Gefieder, |
| Das durchgieng mir alle meine Glieder. | Die Haut ist iung, sie ist aber zäh.... |

Nachdem jeder von den zehn Ratsherren seine Ansicht kundgegeben hat, geht die Moral der Geschichte dahin, daß Mutter und Tochter gleich große Anrechte haben, sintemalen „der Nachthunger Jungfrauen und Frauen kränkt."

Die jungen Burschen begründen ihr „Minnerecht" mit denselben Gründen: „er könnt schon ziehen in rauhen Sielen" und hurtig „den Liebesacker bestellen" oder „er vermöcht schon zu fechten und zu zielen, wo man gen Jungfrauen mit Lanzen ficht".

Mit ihrem unüberwindlichen „Nachthunger" begründen Jüngling und Jungfrau auch ihren Widerwillen, Mönch oder Nonne zu werden. In dem Fastnachtspiel „Vom Heiraten-Spiel" heißt es:

Mein Freund die muthen mir all zu,
Ich sollt meiner Seel dort schicken Ruh,
Und sagten mir von einem Orden
Und meinten ich sollt ein Mönch sein worden.
Ich sprach: Ich hab nichts an mein Leib,
Das mich zu geistlichen Dingen treib';
Und suchet ich drei Tag oder vier,
Ich fünd kein Mönchfleisch nindert an mir.
Mein Esel gailiert auf der Bahn
Und will nicht lang ohn Futter stahn;
Darumb sollt ihr mich nimmer bitten,
Wann mir ist noch nicht ausgeschnitten.

Also man müßte ihn erst zum Kastraten machen, wenn er zum Mönch taugen sollte. Nicht weniger kategorisch ist die junge Magd. Die Jungfrau bedroht den mit ihrem Fluch,

Lukretia

178. Anonymer Nürnberger Holzschnitt

der sie wider ihren Willen zu einer Nonnen machen wollte, und erklärt außerdem von vornherein, das Gelübde der Keuschheit zu brechen:

> „Gott geb ihm ein verdorben Jahr,
> Der mich macht zu einer Nunnen
> Und mir den schwarzen Mantel gab,
> Den weißen Rock darunten!

> Soll ich ein Nunn gewerden
> Dann wider meinen Willen,
> So will ich auch einem Knaben jung
> Seinen Kummer stillen.“

Die Limburger Chronik, die diese beiden Verse zitiert, fügt hinzu: „In derselben Zeit (1359) sung und pfiffe man dies Lied.“ Es handelt sich somit in diesen Zeilen nicht um einen vereinzelten Stoßseufzer, sondern um den Ausfluß eines allgemeinen Empfindens. In einer anderen „Nonnenbeschwer“ erklärt eine schon in ihrer Jugend ins Kloster gesteckte Jungfrau, daß sie keine Andacht mehr habe, seit ihr Busen ihr Kleid fülle „gleich zwo stolze Birn“, und daß ihr Sinn vielmehr darauf gerichtet sei, sich von jungen Knaben halsen und küssen zu lassen und „greifen an diese Birn.“

Hier muß nun ausdrücklich erwähnt werden, daß aus der gesunden Anschauung der Renaissance hinsichtlich eines mit der Reife einsetzenden Geschlechtsverkehres freilich noch lange nicht folgte, daß auch die Wirklichkeit sich dem anpaßte, so daß es stets zur frühzeitigen und geregelten Erfüllung des Geschlechtstriebes hätte kommen können. Also zum Eingehen einer Ehe bei der großen Mehrzahl der Männer und Frauen und vor allem zu einem möglichst frühzeitigen Eheschluß auf beiden Seiten. Diesen gesunden Gesellschaftszustand vereitelten im Gegenteil die ängstlich gehüteten Klasseninteressen in zahllosen Fällen. Gewiß waren jugendliche Gatten sowohl beim Bürgertum und beim Adel, als auch bei den Bauern — sofern sich nicht bei diesen ein Höferecht entwickelt hatte, das die Teilung des Grundbesitzes ausschloß und nur den ältesten Sohn erbberechtigt machte — sehr häufig. Die Sittenprediger zogen sogar gegen allzufrühe Heiraten mehrfach eifrig zu Felde. Murner reimte:

> „Jetzt nehmen zwei einander g'schwind,
> Die beide nicht dreißig Jahr alt sind.“

Gemeint ist, daß beide zusammen noch keine 30 Jahre zählen. Nach verschiedenen Weistümern war die Frau vom 14. Jahre an heiratsberechtigt. Aber andererseits war einer ganzen Klasse das Heiraten in jenen Zeiten verboten, oder zum Mindesten ungeheuer erschwert, nämlich den Handwerksgesellen oder Handwerksknechten. Zur Ehe schreiten durfte innerhalb der Zünfte vielfach nur, wer selbständig war oder wurde. Da aber die meisten Zunftordnungen das Meisterwerden dem proletarischen Gesellen, dem „Nichtmeistersohn“, aus-

Landsknecht und Dirne

179. Kupferstich

180. Lucas Cranach. Der verliebte Alte. Original in Budapest

drücklich versagten, so war das in seiner Wirkung für diese zahlreichen Existenzen mit einem Eheverbot natürlich gleichbedeutend. Wo es aber den Handwerksknechten erlaubt war, zu heiraten, da galt andererseits das Gesetz, daß bereits verheiratete Gesellen nicht Meister werden konnten; also wiederum nichts anderes als ein indirektes Eheverbot. Stärkere Riegel konnte das einseitige Klasseninteresse der Heiratslust wahrlich nicht vorschieben. Aber es hat sie dennoch nur teilweise nicht zu hemmen vermocht, gab es doch in der Renaissance sogar verheiratete Lehrlinge. Und daß dies nicht bloß vereinzelte Fälle gewesen sein müssen, erhellt daraus, daß sich über „die Lehrlinge, so zur Ehe schreiten", sogar besondere Bestimmungen in den Zunftordnungen befanden. So hieß es zum Beispiel in den Statuten der württembergischen Maurer und Steinmetzen vom Jahre 1582: „Wenn ein Lehrjunge während der Lehrzeit heiratet, so solle er dennoch seine zwei Jahre auslernen".

Wie man also in der Renaissance in zahlreichen Fällen sehr früh zur Ehe schritt, so schritten ebenfalls selten so häufig Männer und Frauen zur Wiederverheiratung wie gerade in jenen Zeiten. Gewiß hatte das in der Wichtigkeit des geregelten Haushaltes für den kleinhandwerklichen Betrieb die Hauptwurzel. Aber der sinnliche Grundzug der Zeit war doch auch eine starke Antriebskraft dabei. Charakteristisch ist, daß es auch nie so häufig vorkam, daß ein Witwer in älteren Jahren eine junge Dirne und eine Witwe in reifen Jahren einen jungen Burschen heiratete. War dies in dem sinnlichen Drang der Zeit vollauf begründet, so widersprach es doch andererseits ebensosehr dem gesunden Grundzug der Zeit. Das ist der Zeit auch sehr klar zum Bewußtsein gekommen, denn der zeitgenössische Witz zog in Wort und Bild ständig über solche ungleichen Gespanne los (Bild 4, 58, 62, 176, 202—205). Wurde dem Jüngling, der eine alte Frau heiratete, prophezeit, daß er sich im Bett das „Schnupffieber" holen werde, so hieß es zwischen jungen Weibern und alten Männern: „Junge Weiber sind die Klepper, auf welchen die alten Männer rasch zum Grabe reiten". Außerdem wurden dem alten Manne die Hörner, als schon in der Hochzeitsnacht fällig, prophezeit, denn in solchen Ehen, sagt der Volksmund, würde auf die Dauer „zu wenig gebetet". Die letztere Redensart war gewöhnlich das höhnische Stichwort für „die Ehe zwischen einem alten Mann und einer jungen, geilen Frauen" und knüpft an eine Anekdote an, die August Tünger in seinen 1480 erschienenen Fazetien unter dem Titel: „Wann beten wir wieder" mitteilt:

Liebespaar

181. Holzschnitt von H. S. Beham

In der Stadt Endingen nahm ein hochbejahrter Mann eine sechzehnjährige Maid von schwellenden Formen zum Eheweib. Der fromme Mann gedachte sein Weibchen gut zu ziehen und so sagte er in der ersten Liebesnacht, es zieme sich, bevor man der Liebe pflegen wolle, das Pater noster zu beten. Die Gewohnheit hielt eine Zeit

Der verliebte Alte und die Dirne

182. Kupferstich von Albrecht Dürer

an, aber schließlich wurde der alte Mann der Liebesspiele überdrüssig und müde, so daß auch das Pater noster nicht mehr gebetet wurde. Anfangs wunderte sich die junge Ehefrau, da ihr Mann doch so hitzig gewesen war, als ob er gar nicht genug bekommen könne. Allgemach dachte indessen das Weibchen, der Mann habe wohl die Sachen nur vergessen, so daß man ihn daran ermahnen müsse. Flugs fing das Frauchen auch an, den Gatten zu küssen und zu halsen und fragte dabei verschämt, „wenn beten wir denn wieder?"

Andere Fazetienschreiber setzten solchen Anekdoten noch hinzu:

„Aber bei einem alten Schimmel helfen die besten Worte nichts, denn einer jungen Frau im Bett zu dienen, sei wie auf unebener Straße zu ziehen und dazu bedürfe es stets eines jungen Hengstes als Vorspann, um über die Hügel und Gräben hinwegzukommen." —

Die rein sinnliche Anschauung, die in der Liebe den Geschlechtsakt an die erste Stelle rückte, so daß alles auf dessen Befriedigung hinausliet, führte ganz von selbst dazu, daß man auch möglichst oft dieses Ziel zu erreichen wünschte. Das heißt also: die Unersättlichkeit in der Liebe ist ein charakteristisches Merkmal des Geschlechtslebens der Renaissance. Und zwar gilt das von allen Ländern; vom spanischen und italischen Süden bis hinauf zum englischen und holländischen Norden, vom westlichen Frankreich bis zum südöstlichen Deutschland verfügt man über einen wahren Fuhrmannshunger in der Liebe. Männiglich leidet stets am „Nachthunger" und verfügt über einen geradezu robusten Appetit.

Das adlige Liebespaar
183. Französischer Holzschnitt

Wie oft man sich bei der Liebe zu Tisch setzen solle, und wie viel Gänge ein richtiges Mahl zu bieten habe, ist ein überaus beliebtes Thema der Zeit, dem man darum auf Schritt und Tritt in allen Zungen und Formen begegnete, in Sprichwörtern, Rätseln, Zoten, Gedichten, Dialogen, Erzählungen, Schwänken, Gleichnissen und so weiter. Bekannt ist der Luthersche Spruch: „Die Woche zwier, Der Weiber Gebühr, Schadet weder mir noch dir, Machts Jahr Hundertvier." Aber diese Luthersche Regel ist die bescheidenste Rechnung, die die Zeit aufgestellt hat. Sie erklärt vor allem immer und immer wieder: ein tüchtiger Mann steht niemals schon nach dem ersten Gang von Frau Venus Tische auf. „Einmal ist eine Kostprobe", „einmal ist der Jungfern Vorkost", „einmal ist ein Versprechen", „einmal ist die Kost der Kranken". Also für solche Anspruchslosigkeit hat man kein Verständnis und darum nur Spott. Man stellt an Quantität und Qualität gleich große, das heißt gleich hohe Ansprüche: „Zweimal ist der Herren Weise, dreimal ist des Edelmanns Pflicht, viermal heißt der Frauen Recht." Und so weiter.

Sind die Frauen zwar der passive Teil, so geben sie den Männern trotzdem an Appetit in der Liebe nicht nur nichts nach, sondern sie sind, wenn man den zeitgenössischen Dichtern und Novellenschreibern glauben darf, im Gegenteil am anspruchsvollsten in der Liebe und unendlich häufiger als der Mann geradezu unersättlich. Und man darf den Novellenschreibern hier ohne Einschränkung glauben, ist dies doch in der Passivität der Frau ganz natürlich bedingt. Gewiß gibt es auch zahlreiche dokumentarisch feststellbare Fälle, in denen sich Frauen über die allzugroßen Ansprüche ihrer Männer beschwerten, aber hundertmal so viel Fälle gibt es, in denen sich die Männer über den unstillbaren Appetit ihrer Frauen beschweren, und deshalb gibt es auch ebensoviel Klagen von seiten der Frauen darüber, daß sie jeden Tag „hungrig vom Tisch der Liebe aufstehen müßten" (Bild 11).

Schon im Mittelalter sagen die Frauen nach einem in allen Ländern geläufigen Sprichwort: „man dürfe ihren Männern alles nehmen, nur nicht ihre Mannheit." Die wörtliche Fassung dieses Sprichwortes lautet freilich überall wesentlich derber. Nach einem Merkspruch des 16. Jahrhunderts soll ein Mann in der Liebe haben „des Hengstes Kraft und des Sperlings Emsigkeit". Ein anderer Spruch aus dem 15. Jahrhundert lautet nach dem Liederbuch der Klara Hätzlerin:

| No: Du sollst sein | Auf dem Feld ein Bär, | In der Kirchen ein Lamm, |
| Ob dem Tisch ein Adler, | Auf der Gassen ein Pfau | In dem Bett ein Affl |

Die Hahnreischaft

Albrecht Dürer. Kupferstich. 16. Jahrhundert

Man vergleiche hiemit Erzählungen wie des Boccaccio „Alibech in der Thebaide" und ähnliche. Die Satire kennzeichnet den großen Liebeshunger der Frauen, indem sie sagt: die Frauen hätten überhaupt nichts anderes im Kopf; man könne mit ihnen reden, was man wolle, auch das Harmloseste, — alles bezögen sie hierauf. Rabelais begründet dies in seiner grotesken Weise also:

„Was Weiber auch sehen, immer glauben, denken und meinen sie, der heilige Ithyphallus stecke dahinter. Jede Geste, jedes Zeichen, jede Bewegung, die man ihnen vormacht, beziehen sie auf den einen Akt, der ihnen unablässig im Sinn liegt. Hier wäre also Irrtum unvermeidlich, denn alle unsere Zeichen würden sie in diesem Sinn deuten. Erinnert euch nur, was zu Rom im Jahre 240 nach der Erbauung passierte. Ein junger, vornehmer Römer begegnete am Fuß des Cälischen Hügels einer römischen Dame, Namens Veronica, die taubstumm war, und fragte sie, ohne von ihrem Gebrechen eine Ahnung zu haben, was für Senatoren sie oben auf dem Hügel getroffen habe, wobei er nach Art der Italiener lebhaft mit den Händen gestikulierte. Sie, die seine Worte nicht vernehmen konnte, bildete sich natürlich ein, er verlange das von ihr, woran sie dachte, und was ein junger Mann von Frauen gewöhnlich zu verlangen pflegt. Sie bedeutete ihm also durch Zeichen (die in Dingen der Liebe ungleich anziehender, wirksamer und zweckmäßiger sind als Worte), seitab in ihr Haus zu treten, und machte ihm durch Zeichen begreiflich, wie angenehm ihr das Spielchen sein würde. Genug, ohne daß ein Wort dabei geredet worden wäre, wurde tüchtig mit den Bollen gerasselt."

Freilich bleibt die Satire sogar noch bei einem Rabelais weit hinter der Wirklichkeit zurück, wenn man das ungeheuerliche Beispiel weiblicher Unersättlichkeit liest, von dem Brantôme berichtet (a. a. O. S. 26):

Ich hörte von einer französischen Dame aus der Stadt, einem sehr schönen Fräulein, die während der Bürgerkriege in einer erstürmten Stadt von einer Menge Soldaten vergewaltigt wurde. Später fragte sie einen hübschen Pater, nachdem sie ihm ihre Geschichte erzählt hatte, ob sie eine große Sünde begangen habe. Er sagte. Nein, denn sie sei ja ohne ihren Willen und widerwillig

Das Zubettbringen der Neuvermählten
184. Giovanni da Giovanni. Galerie Uffizien. Florenz

Das Weiberregiment

185. Anonymer satirischer Kupferstich auf die Herrschaft der Frau über den Mann

vergewaltigt worden. Sie antwortete darauf: „Nun, Gott sei Dank, daß ich mich doch wenigstens einmal in meinem Leben sättigen konnte, ohne zu sündigen und Gott zu beleidigen!"

Am anspruchsvollsten in der Liebe sind jedoch angeblich die Witwen. Das vorgeschriebene Jahr der trauernden Enthaltsamkeit wurde selten eingehalten, so daß bereits im Mittelalter einesteils Strafen darauf gelegt wurden, wenn eine Witwe schon innerhalb der ersten — dreißig Tage nach dem Tode ihres Mannes wieder heiratete, und andernteils Belohnungen für solche ausgesetzt waren, die den toten Gatten ein Jahr züchtig betrauerten. So groß war also der Appetit auf die unentbehrliche Ehespeise, daß man es nur mit Hilfe von Belohnungen über sich gewann, daß in der „Werkstatt der Liebe" einige Zeit gefeiert wurde! Weil das allgemein bekannt war, ist auch die Ansicht verbreitet: wer eine Witwe heirate, käme unbedingt zu Hörnern. Ein spanisches Sprichwort lautet: que la jornada de la biudez d'una muger es d'un dia — „die Witwenschaft dauert nur einen Tag". Ein französisches Sprichwort lautet: „Die Witwentrauer wohnt immer nur im Oberkleid". Nur das Oberkleid entspricht der Trauer, denn auch als Witwe verzichten die wenigsten Frauen auf die leuchtenden, farbigen Unterkleider, mit denen man die Sinne der Männer verführt. Eine dritte Meinung über die Witwen lautet: Witwen lieben doppelt, denn sie wollen beim zweiten Mann das nachholen, was ihnen der erste versagt hat, und darum ist nichts gefährlicher als eine Witwe zu heiraten, die schon zwei oder gar schon drei Männer gehabt habe. Brantôme hat in seinen Werken ein ganzes Kapitel der Liebe der Witwen gewid‐ met, und mehr als die Hälfte der von ihm geschilderten Beispiele betreffen die großen Liebesansprüche der Witwen. Die deutschen und italienischen Schwank‐ erzähler wissen gleich viel von dem unbegrenzten Liebesappetit der Witwen zu erzählen.

Natürlich pochen in dieser Zeit die Frauen auch nicht selten offen auf ihre Geschlechtstüchtigkeit. So nannte sich Margareta von Navarra: „das weiblichste Weib im ganzen Königreich". Wenn man die literarische Hinterlassenschaft dieser Frau nachprüft, den „Heptamerone", so ist dies freilich ein ausreichender Beweis dafür, wie richtig sie sich beurteilte. Frauen, deren Phantasie so sehr von Bildern animalischer Wollust gesättigt war, mußten in sich eine förmliche Verkörper‐ lichung des Geschlechtlichen darstellen (Bild 17, 194).

Daß selbst die alten Frauen noch Ansprüche auf die Umarmungen der Männer erheben, wird im Spanischen mit dem Satz begründet: Ningunas damas lindas ó á lo menos pocas, se hazen viejas de la cinta hasta abajo". Im Deutschen haben wir dafür das Wort: „Vom Gürtel abwärts altern die Frauen nicht". Mit dieser angebliche Tatsache wurde übrigens auch weiter begründet, wa‐ rum selbst alte Frauen den Männern noch starke Begierden einzu‐ flößen und große Ge‐ nüsse zu bereiten ver‐ mögen (Bild 176 u. 203).

Gab es zahlreiche Mütter, die ihren jungen, hübschen Töchtern die größeren Chancen bei den Männern neideten, so erzählen uns die Schwankdichter aber auch von solchen, die eifrig darauf bedacht

Die kupplerische Magd
186. Holzschnitt von Hans Weiditz

211

gewesen sind, ihren Töchtern einen Mann als Gatten zuzuführen, der die Gewiß‐
heit bietet, „daß er auf dem Turnierplatz der Liebe" unermüdlich und allen
Strapazen gewachsen ist. Solche Frauen tun das, „weil nach ihrer Erfahrung
davon allein ein glückliches Leben abhängt, sofern man sonst mit Glücksgütern
gesegnet sei, und jedenfalls könne man eher Reichtum als dieses entbehren."
Und darum horchen solche verständige Mütter — die Novellendichter der
Renaissance preisen sie stets als die verständigsten — überall herum nach dem
Renommee der heiratsfähigen und heiratslustigen Männer der Stadt. Sie erkundigen
sich bei Bekannten, bei Freunden, in der Kirche und auf den Gassen. Auch lassen sie
niemals einen Mann ins Haus kommen und um ihre Tochter werben, bevor sie nicht
über diesen Punkt sichere Kenntnis haben. In breitester Weise ist dieses Thema
in der italienischen Sprichwörternovelle des Cornazano: „Wenn es an Heu mangelt,
tut es Gerstenstroh" behandelt. Die Mutter einer schönen jungen Dame sucht für
ihre Tochter nach einem liebesstarken Gatten, und ihre Wahl trifft auf einen mittel‐
losen aber stattlichen Burschen bloß deshalb, weil von ihm gerühmt wird, daß er
im Verkehr mit einer Frau niemals weniger als zehnmal in einer Nacht das Brot
der Liebe breche. Die Tochter ist natürlich, wie der Novellenerzähler berichtet,
ganz damit einverstanden, daß die Wahl ihres Gatten von solchen Gesichtspunkten
aus getroffen wird. Wie richtig solche Mütter handeln, begründet der Verfasser
der genannten Novelle damit, daß selbst ein solches Maß von Liebeskraft den An‐
sprüchen der betreffenden jungen Frau nicht genügte und der Gatte sich nur
durch ein derbes Mittel ihrer verliebten Wut zu erwehren vermochte.

Um ihren Minnedurst zu stillen, sind die Frauen unerschöpflich an Listen,
und zwar vom ersten Tag der Ehe an. In einem gleichnamigen Gedichte vom
Ausgang des Mittelalters ist dies zum Gegenstand eines Schwankes gemacht. Hagen
skizziert den Inhalt dieses Schwankes in seinen „Gesamtabenteuern" (Bd. III, S. 95)
folgendermaßen:

„In einem Dorfe wohnte ein Jüngling, geschickt in allen Dingen, Sagen und Singen, dem
gefiel vor allen seinen Gespielen die Meierstochter, und mit ihr trieb er so viel Minne, Worte und
Werke, daß beide sich täglich lieber wurden. Der Meier aber ward dessen inne, und weil der
Jüngling arm war, so verlobte er die Tochter einem reichen Manne, zum bittern Leidwesen der
beiden Liebenden. Am Hochzeitstage kamen viele stattliche Frauen und Männer, und darunter auch
der Jüngling, welcher, als er zum Reigentanz ging, sich zu der Braut gesellte und lieblich mit ihr
kosete. Er bat sie, ihm in dieser Nacht noch eine trauliche Zusammenkunft zu gewähren. Sie
willigte ein, und bestellte ihn an dem ersten Schlafe, wo er durch ein Lied, welches er, seit sie
zuerst sein Liebchen geworden, so häufig gesungen habe, sich kundgeben solle: sie verhieß ihm den
ersten Genuß ihres Leibes, welchen sie ihm so lange bewahrt habe. Da tat der Jüngling einen Freuden‐
sprung, und tanzte fröhlich noch bei manchem Tanze vor.

Als die Nacht kam, setzte man sich zu Tische: da war Speise und Trank die Fülle, und zuletzt
bekamen je zwei eine Bratwurst. Der Bräutigam saß bis tief in die Nacht und dachte nur daran,
sich vollzustopfen. Endlich gings zu Bette. Der Jüngling kam bald an die Tür und sang fröhlich
sein Lied. Der Bräutigam lag Weines und Schlafes voll wie ein Schlauch bei der Braut.

Diese klagte nun über heftigen Durst auf die versalzene Bratwurst, und wollte zum Wasser‐
zuber gehen. Der Bräutigam erbot sich, ihr Wasser zu holen: die Braut aber hieß ihn still liegen
und ihr das Bette warm halten; er wollte es erst nicht zugeben, jedoch ließ er sie endlich hinabgehen.
Sie ließ nun ihren Trauten herein, und gewährte ihm auf dem Boden neben dem Zuber, was sie
ihm gelobt hatte. Beim Anfange rief sie dem Bräutigam zu, sie setze eben zum Trunke an. Ebenso

Satire auf den untüchtigen Ehemann

187. Anonymer deutscher Holzschnitt aus dem 16. Jahrhundert

rief sie ihm abermals zu, und er freute sich, daß sie Wassers genug im Zuber finde, und wünschte, daß es ihr wohlbekomme. Nachdem sie zum drittenmale ihren heißen Minnedurst gestillt hatte, entließ sie ihren Trauten, damit der Bräutigam es nicht merke, und ihre Liebe gestört werde: „Maß ist zu allen Dingen gut". Damit ging sie wieder hin und legte sich zu ihrem Manne, der so voll Schlafes war, daß er nichts von ihrer nächtlichen Brautfahrt inne ward."

Bei einer solchen, rein auf das Physische begrenzten Anschauung über den Begriff Liebe wird dem Mann begreiflicherweise nichts schwerer angerechnet, als wenn eine Frau in ihren Erwartungen getäuscht wird, wenn der Mann häufigere Liebesscharmützel in Aussicht stellt, als er nachher einzuhalten vermag. Die Klagen aus Frauenmund über solche Großsprecherei sind ein häufiger Gegenstand der Satire. In dem Fastnachtsspiel: „Der neue Offizial" kommt eine solche Beschwer vor. Die dritte Frau klagt:

Herr der Official, hört mich auch!
Mein Mann ist ein törichter Gauch,
Der sagt des Tags viel von Sachen,
Wie er des Nachts oft auf woll machen.
Wenn wir dann zusammen kommen ins Bett,

So denk ich dran, was er hat geredt,
So liegt er still und ist versiegen,
So wär mir lieber, er hätt' geschwiegen
Und gehieß mir eins und geb' mir drei;
Das wär eine rechte Mannstreu.

Auch in der gezeichneten Satire ist dies ein mehrfach vorkommendes und meist mit Behagen behandeltes Motiv. Sei es, daß der Mann als Großsprecher von seiner Frau verlacht wird (Bild 211 und 212), sei es, daß sie ihn als Holz= klotz aushauen läßt, „weil er nicht wisse, wie man gen Frauen streite und im Bett gleich einem Holzklotz liege" (Bild 187).

Als die allergrößte Beleidigung jedoch, die man in der Renaissance einer Frau antun kann, gilt, wenn „die Tücke des Objekts" den Mann dazu zwingt, die Minute des Glücks ungenützt vorübergehen zu lassen. Über solche Unglücksfälle der Liebe wird von den Frauen stets die volle Schale des Zorns ausgegossen; sie erblicken darin die größte Demütigung. Brantôme notiert mehrere solcher historischer Unglücks= fälle, die gewöhnlich damit endigten, daß die dermaßen gedemütigte Frau, denselben Mann, dem sie eben noch bereit war, die letzte Gunst zu gewähren, hinfort mit ihrem tödlichen Hasse verfolgte.

Ein letzter Beweis für die durchaus sinn= liche Auffassung der Liebe in der Renaissance ist der aus dem Altertum übernommene und auch in der Renaissance immer noch blühende Phalluskultus. Man begegnet seinen Spuren in den mannigfachsten Symbolen und Kult= formen und in verschiedenen Ländern, am häufigsten jedoch in Italien. Von den be= sonderen Formen dieses Kultus werden wir

Foy legere de la femme

Ne vous fiez iamais à la parjure foy
D'vne femme impudique, & d'vne ame traistresse,
Contemplant celle-cy qui manque de promesse
Au braue Courtisan, qu'elle met en esmoy.

188. Französischer Holzschnitt. 16. Jahrhundert

noch an anderer Stelle zu sprechen haben.

*　*　*

Der voreheliche Ge=
schlechtsverkehr. Der
Zweck der Monogamie (S. 16
und 17) hat überall und in
allen Zeiten zu der prin=
zipiellen Forderung der vor=
ehelichen Keuschheit geführt.
In der Praxis wurde diese
Forderung freilich immer
nur gegenüber der Frau gel=
tend gemacht. Von der Frau
forderte der Mann als erste
und höchste Qualität ihrer
Person, daß sie in der Hoch=
zeitsnacht von dem Gatten
physisch unberührt befunden
werde. Nur der Gatte sollte
Anspruch auf den Genuß
ihrer Jungfrauschaft haben.
So ideologisch diese Forde=
rung an die Frau auch stets
verklausuliert worden ist, so
spiegelt sich darin, wie wir

Vornehme Liebespaare
189. Französischer Holzschnitt 16. Jahrhundert

ebenfalls schon im ersten Kapitel gesagt haben, doch nichts sonst als der materielle
Grundzweck der Monogamie: die Legitimität der Erben. In dem Umstande, daß
der Bräutigam die Braut in der Hochzeitsnacht in jungfräulichem Zustande vor=
findet, hat er die erste Garantie, daß die Frau auch die Treue bewahren wird, und
daß die Kinder, die der Ehe entspringen, die Frucht der Umarmungen des Gatten
sind. Für den Bräutigam gibt es daher in der Hochzeitsnacht keine peinlichere
Überraschung, als wenn er die Entdeckung macht, „daß es die Braut schon mit
einem andern versucht hat". Im Freidank heißt es:

„Noch besser wär eines Igels Haut　　Im Bett, als eine leide Braut."

Die hohe Wertung der physischen Jungfrauschaft des Weibes — daß man in
ihr die höchste weibliche Tugend erblickte — trat in der Renaissance in zahlreichen
zum Teil überaus derben Sitten und Hochzeitsgebräuchen in Erscheinung, die alle
darauf hinausliefen, jede Frau in dieser Richtung vor aller Welt als „würdig" oder
„unwürdig" abzustempeln. Der unbefleckten Jungfrau sollte dadurch eine Ehren=
krone ums Haupt geflochten werden, die beim Eheschluß physisch nicht mehr in=
takte Frau sollte dagegen in Augen der Mitbürger herabgewürdigt werden.

215

Orgie von Edelfrauen und Edelleuten

190. Französischer Kupferstich nach d e J o d e vom Ausgang des 16. Jahrhunderts

Die am meisten verbreitete Unterscheidung bestand darin, daß die würdige Braut mit einem Brautkranz geschmückt vor den Altar treten durfte, sie trug „die Ehrenkrone der Keuschheit". Das Kränzlein aus frischen Blumen — das Schapel oder schapelin — ist das Zeichen der Jungfräulichkeit. Reine Bräute durften auch das lange Haar offen und lose tragen (Bild 117). Dagegen mußte die Frau, von der es bekannt geworden war, daß sie schon vor der Hochzeit geschlechtlichen Verkehr mit einem Manne gepflogen hatte, und wäre es auch nur ihr Bräutigam gewesen, sich mit einem Schleier begnügen. In einem Volkslied aus dem 15. Jahrhundert verweigerte eine Maid mit dem Hinweis auf diese Brandmarkung einem Buhlen den Zutritt in ihre Kammer:

„Wohl ist nun, der da klopfet an?
Ik lat et doch nicht herin.
Wenn ander Mägtlein Kränze tragen,
Ein Schleier müßt ich tragen.

Ik schämte mir sehr, ik schämte mir sehr,
Je lenger, je mehr,
Von Grund aus meinem Herzen."

In Nürnberg mußten „gefallene" Mädchen sogar mit einem Strohkranz auf dem Haar den Kirchgang vollziehen, und der Spott streute ihnen am Hochzeitstag Häckerling vor die Haustüre und nannte sie „eine versuchte Dirn". In Rothenburg o. d. T. bestand die Kirchenbuße darin, daß die „leide Braut" mit einem Strohzopf geschmückt vor der Kirchentüre stehen mußte und der Verführer an drei Sonntagen hintereinander in einem Strohmantel in der Kirche zu erscheinen gezwungen war. Auch mußte er seine Geliebte in einem Karren im Ort herumfahren, wobei dann beide von den Leuten mit Schmutz beworfen wurden. Im Sprichwort sagte man von den Frauen, die unehelich geboren hatten: „Sie ist

216

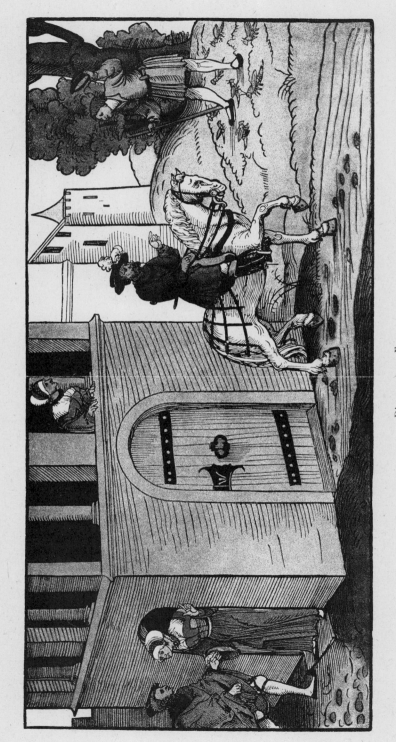

Die ungetreue Frau

Holzschnitt eines Nürnberger Meisters. 16. Jahrhundert

Sieben Weiber kämpfen um eine Hose
191. Kupferstich von Franz Brun. 1560

schon vor dem Kyrie eleison zum Opfer gegangen", oder noch höhnischer: „Die
hat schon ein Hufeisen verloren". Besonders das letztgenannte Sprichwort ist sehr
geläufig gewesen, und man begegnet ihm noch heutigentags. Die erste Fassung:
„Sie hat schon ein Eisen abgerannt." finden wir in einem Fastnachtsspiel aus dem
15. Jahrhundert. Ein junger Bursche erklärt, daß er eine solche Dirn nicht zur
Ehe wolle, denn da sei man der Treue nie sicher, alldieweil die Katz nicht vom
Mausen lasse. Die betreffende Stelle lautet:

Es kam eine hübsche Dirn zu mir
Und sprach: Ich hab groß Lieb zu dir
Und will dich nehmen zu einem ehlichen Mann,
Wie sehr ich wider mein Freund würd' tan.
Da kam einer, der mir viel Guts gant,

Und sprach: „Sie hat ein Eisen abgerannt."
Da gedacht ich: Laß den Wind hinfür saußen!
Die Katz die läßt nicht von ihrem mausen.
Darum wer greifen wöll zu der Eh,
Der wiß recht, womit er umb geh ...

Dort wo das Kleinbürgertum politisch herrschend war, also in den auf der
Blüte des Handwerks aufgebauten Städten, hat es allen diesen Forderungen und
Anschauungen sogar gesetzgeberischen Ausdruck verliehen. Die geschilderten
Volksbräuche wurden nicht nur als offizielle Kirchenbußen sanktioniert, sondern
sogar gesetzlich festgelegt. Außerdem wurden solchen „vergriffenen Eheleut" bei
der Hochzeitsfeier eine ganze Reihe Beschränkungen auferlegt: sie durften nur
eine bestimmte Anzahl von Gästen laden, beim Hochzeitsessen nicht über eine
gewisse Zahl Gerichte hinausgehen und die Feier nicht so lang ausdehnen wie
„würdige" Hochzeitsleut. Auch mußten sie an einem für Hochzeiten nicht üblichen
Tag — in Memmingen z. B. am Mittwoch — sich trauen lassen. Dem Mittwoch haftete nach der Volksanschauung ein Makel an. In den betreffenden Rats-
erlassen nannte man auch ganz offen den Zweck dieser Bestimmungen: daß
die Betroffenen dadurch öffentlich gebrandmarkt werden sollten. In einem

217

192. Der Kampf um die Hosen. Anonymer Kupferstich

Nürnberger Ratserlaß aus dem 16. Jahrhundert, der bis ins 17. Jahrhundert hinein immer wieder erneuert wurde, und der sich ausschließlich gegen das Laster des schmählichen „Jungfrauenschändens" richtete, heißt es: solches geschehe, damit „beide Eheverlobte in ihrem sonderbaren, ihnen selbst zugezogenen Spott und Schande ... vor männiglich erkennet und offenbaret werden." Und nicht genug damit: man verhängte sogar über beide Teile empfindliche Leib= und Geldstrafen, die um so größer waren, wenn der vorehliche Geschlechtsverkehr eines Brautpaares erst nach der Hochzeit offenbar wurde, sei es durch eine frühe Geburt oder durch nachträgliche Denunziation. Die Strafe war deshalb größer, weil „sie die Kirchen und Gemein Gottes mit ihrem Verschweigen betrogen, und solches nicht zuvor den Schaffnern in den Pfarrhöfen offenbaret", wie es in dem eben zitierten Erlaß heißt; sie hatten sich Ehren angemaßt, auf die sie keinen Anspruch hatten. Auf daß das edle Denunziantentum nicht aussterbe und immer rührig beim Werke sei, so daß die „Ungerechten" streng von den „Gerechten" geschieden werden konnten, wurde dem Denunziant ein Drittel der verhängten Geldstrafe zugesichert. Verschiedene Erlasse bestimmten sogar, daß bei „begründeten" Denunziationen die Braut verpflichtet sei, sich durch zwei vom Rat beorderte weise Frauen leiblich untersuchen zu lassen, „ob sie sich noch in dem

218

ehrbaren Zustande der Jungfrauschaft befände". Solange eine Braut die geforderte Leibesvisitation weigerte, hatte sie kein Anrecht auf eine würdige Hochzeit. Auf demselben Weg durfte sie sich aber auch freiwillig von einem aufgetauchten Verdacht reinigen.

Eine in unseren Augen noch brutalere Anschauung kommt in dem Hochzeitsgebrauch zum Ausdruck, durch den in verschiedenen Ländern und Gegenden jede Braut öffentlich erwies, oder zu erweisen verpflichtet war, daß sie als keusche Jungfrau das Hochzeitsbett bestiegen hatte. Dieser Gebrauch bestand darin, daß das mit den Spuren der Entjungferung befleckte Leintuch oder Hochzeitshemd der Braut am Tag nach der Hochzeit triumphierend zum Fenster hinausgehängt oder gehalten wurde. Nur durch diesen dokumentarischen Beweis galt bei den Nachbarn und Freunden die Unbescholtenheit der Braut als vollgültig erwiesen: daß „das Tor der Festung" nicht nur erst vom Bräutigam erbrochen worden war, sondern daß auch ihm dies Recht erst in der Hochzeitsnacht gestattet worden war. Und je offenkundiger die Spuren der durch den Bräutigam vollzogenen Entjungferung im Leintuch oder Hemd zu sehen waren, um so protziger wurde das blutbefleckte Linnen den Nachbarn zur Schau gestellt, denn um so größer war der Ruhm der Keuschheit einer Braut. Brantôme berichtet über diesen Gebrauch in Spanien:

Es gibt noch ein anderes Mittel, dessen die Frauen sich zum Beweis ihrer unbefleckten Jungfrauschaft bedienen: nämlich am Morgen nach der Hochzeit die blutigen Spuren des Kampfes zu zeigen, wie man es in Spanien macht, wo das befleckte Linnen öffentlich zum Fenster hinausgehalten und laut gerufen wird: „Virgen la tenemos!" („Wir halten sie für eine Jungfrau!")

Aus Aretin und aus verschiedenen anderen Novellenerzählern erfährt man, daß dieser Brauch in Italien in ähnlicher Weise gehandhabt wurde. Auch in Schwaben herrschte dieser Brauch, wenn auch in indirekter Form. Wenn dort ein Mann seine Gattin beschuldigte, bei der Hochzeit von ihm nicht mehr als Jungfrau befunden worden zu sein, so durften oder mußten die Eltern der Braut den Gegenbeweis antreten. Dieser wurde darin befunden, daß man „ihr junckfraulichen Zaichnn", nämlich das blutbefleckte Leintuch des Hochzeitsbettes vor Gericht brachte. Hatte der Mann Unrecht, so wurde er zu einer Geldbuße und zu 40 Hieben verurteilt. Hatte er aber Recht, so wurde nicht nur aus der Heirat nichts, sondern die Braut wurde obendrein aus dem Elternhause verstoßen, „darum daß sie Hurheit pflegen

Heuschrecken hütet an der Sonnen,
Und Wasser schüttet in den Bronnen,
Wer Frauen hüten will, wie Nonnen.
Viel Leid wird, wenig Freude schauen,
Wer da will hüten seiner Frauen.
Die Gute tut von selber recht,
Der Bösen wehrt nicht Mann noch Knecht.

193. Illustration zu Sebastian Brants Narrenschiff

tat in ihres Vaters Haus". Wir können diesen Brauch übrigens auch heute noch nachprüfen, indem er sich in verschiedenen slawischen Ländern bis in unsere Gegenwart herein erhalten hat. Dies gilt zum Beispiel von manchen Gegenden Rumäniens. Über die dort heute noch üblichen Hochzeitsgebräuche berichtet ein Landeskundiger unter anderm folgendes:

„Die im Brautzimmer gemachten Entdeckungen in Bezug auf die Ehrenhaftigkeit des Mädchens behält der Mann vorläufig bei sich. Erst nach Verlauf von drei Tagen, wenn sie die Verwandten der Frau besuchen, darf die Sache zur Sprache gebracht werden. Dieser Gang heißt „der große Weg", weil auf demselben den Eltern viel Schande oder viel Ehre widerfährt. Ward das Mädchen in unbeflecktem Zustande befunden, so herrscht die ausgelassenste Freude darüber und die Eltern werden reichlich bewirtet, bei welcher Gelegenheit das Hemd der Braut mit den sichtbaren Zeichen ihres Vorlebens auf einer Schüssel herumgereicht wird, dem jeder dadurch seine Ehrenbezeugung leistet, daß er ein Geldstück hineinwirft. Dies erfolgt aber nur bei gewöhnlichen Leuten, bei vornehmen findet die Besichtigung des Brauthemdes nur durch die Schwiegereltern statt."

Die gleiche Einschränkung, die der betreffende Verfasser am Schluß erwähnt, gilt auch für früher. Die öffentliche Ausstellung des blutbefleckten Brauthemdes war meistens nur beim niederen Volke Sitte, während bei den Vornehmen diese Zeremonie innerhalb des Hauses stattfand und dazu nur die nächsten Verwandten, vor allem die Eltern der Braut und die besten Freunde, geladen wurden. Zu dieser Zeremonie geladen zu werden, galt darum als eine besondere Ehre.

Joseph und die Potiphar
194. Giov. Biliverti. Galerie Uffizien, Florenz. 17. Jahrhundert

Natürlich haben solche Gebräuche dort, wo sie sich länger erhalten haben, allmählich immer mehr
eine symbolische Form angenommen,
indem man nicht bloß die wirklichen
Spuren zur Schau stellte, sondern
zum mindesten die stark retuschierten
Spuren. Daß man dazu, selbst dort,
wo keine betrügerische Absicht zugrunde lag, sehr früh gelangen mußte,
liegt auf der Hand. Denn die Erfahrung lehrte die Menschen doch
sehr bald, daß durch die Entjungferung
sehr häufig absolut kein „Blutbad"
angerichtet wurde und trotzdem über
die Jungfräulichkeit der betreffenden
Frauen doch nicht der geringste Zweifel walten konnte.

Die hohe Wertschätzung der
physischen Jungfräulichkeit erhellte
schließlich noch der Umstand, daß
in verschiedenen Ländern und Klassen
eine Frau nach der allgemeinen Anschauung durch den Verlust ihrer

Das Liebespaar
195. Antonio Pereda. Museum Brüssel. 17. Jahrhundert

Jungfrauschaft minderwertiger wurde. Darum konnte sie auch häufig Entschädigungs-
ansprüche an den stellen, der sie, ohne sie zu heiraten, dieses wichtigen Schatzes
beraubt hatte. Andererseits konnte ein Mann bei einem Mädchen, das nicht mehr
jungfräulich war, von den Eltern eine größere Mitgift beanspruchen. —

Alles das und auch der Umstand, daß die öffentliche Meinung in der Renaissance
von diesen Anschauungen absolut nicht abwich, hinderte jedoch nicht, daß in der
Renaissance auch von den Frauen in besonders starkem Maße gegen das Gebot der
vorehelichen Keuschheit verstoßen wurde. Mit einer allgemeinen erotischen Expansion ist eben untrennbar eine Zunahme des vorehelichen Geschlechtsverkehrs
bei beiden Geschlechtern verknüpft. Gewiß hatten in kleinbürgerlichen Kreisen
die vorhin genannten und hauptsächlich auf deren Interessen zugeschnittenen
Moralanschauungen zu allen Zeiten die höchste Geltung und das größte Ansehen,
denn die wirtschaftliche Existenz des Zunftbürgers setzte ja die solideste Form
der Ehe voraus. Aber wenn sich auch die meisten Bürgertöchter damals genau
so wie sonst vor der Gefahr einer öffentlichen Brandmarkung aufs ängstlichste
fürchteten, weil ihnen eine solche bei dem engen Kreise, in dem sie lebten, gewöhnlich durchs ganze Leben anhaftete, so blieb doch das heißer drängende Blut
bei unendlich vielen „ehrbaren Töchtern" Sieger. Und die Interessen der klein-

bürgerlichen Geschlechtsmoral konnten sich nur in der Weise durchsetzen, daß der äußere Anstand gewahrt wurde. Was dies damals freilich für eine Sache war, „der äußere Anstand", das werden wir weiter unten noch näher an verschiedenen ergötzlichen Beispielen kennen lernen . . .

Die Zeit trieb das Blut heißer durch die Adern und füllte die Sinne mit stürmischerem Begehren bei Mann und bei Frau. In dem Maß, wie das Raffinement wuchs, die Gefahr zu umgehen, wuchs daher auch bei den Frauen die Bereitwilligkeit, den Einflüsterungen der Sinne leichter nachzugeben und die Genüsse der Wollust zu kosten, die von dieser Zeit mehr als von einer andern als die verlockendsten des Lebens gewertet wurden. Und deshalb ist der voreheliche Geschlechtsverkehr der Frauen in der Renaissance in den meisten Schichten des Volkes ganz zweifellos an der Tagesordnung gewesen. Es gibt in der Literatur jedes Landes eine ganz außerordentliche Zahl von zeitgenössischen Urteilen, die diese Ansicht direkt aussprechen. Und ebenso gibt es eine ganze Anzahl Umstände und Erscheinungen, die die Wahrscheinlichkeit zur Gewißheit erheben.

In der Literatur finden sich sogar zahlreiche Dokumente, die dazu verleiten könnten, zu verallgemeinern und zu sagen: nur die wenigsten Frauen sind damals als Engel von unbefleckter Reinheit in die Ehe getreten.

Wir wollen uns hier mit einigen wenigen Proben begnügen, die von dem vorehelichen Geschlechtsverkehr der Mädchen Kunde geben. In den Fazetien des Heinrich Bebel befindet sich unter dem Titel: „Vom Mägdlein, dessen Jungfrauschaft verloren war" das folgende Stück:

Es beichtete einst ein Mägdlein und bekannte, wie es auch die Jungfernschaft verloren habe. Darüber wurde der Beichtvater gewaltig böse, schimpfte und wetterte und verglich damit andererseits die herrliche Krönung der Jungfrauschaft im Himmel. Er machte ein langes und breites daher, erzählte viel von der edlen Burg der Jungfrauschaft und warum es sich dieses edle treffliche Schloß so leicht habe aufschließen lassen. Das beichtende Mädchen wurde ganz ungeduldig und meinte: „Glaubet nicht, ehrwürdiger Beichtvater, daß es ein gar so festes Schloß gewesen ist! Ein jeder Bauernknecht im Dorf konnte es ja aufschließen und es haben's auch ihrer nicht wenig aufgeschlossen."

Für Italien behauptet Cornazano in der Sprichwortnovelle: „Wer dabei ist, dem gesegne es Gott", daß es keine Jungfrau über zehn Jahre gegeben habe. In dieser Novelle erklärt nämlich ein Bischof seinen Zuhörern folgendes:

„Bevor ich Bischoff geworden bin, bin ich auch Beichtvater gewesen, und niemals hat mir ein Dirnlein, das über zehn Jahre alt war, nicht zu gestanden, mindestens zwei schon gehabt zu haben."

Von Frankreich berichtet eine Erzählung von Tünger ähnliches:

Ein deutscher Edelmann, der leidlich französisch sprach, ritt über die Brücke von Avignon in die Stadt. Da sein Pferd übermüde war, begann es zu straucheln als es über die Brücke ging. Eine Jungfer von augenscheinlich losen Sitten mußte über den Anblick lachen und machte sich über den Ritter weidlich lustig. „Ah, Madame", meinte sarkastisch der Gefoppte, „das Straucheln meines Pferdes wird Ihnen kaum sonderlich erscheinen, wenn Sie bedenken, daß das Tier solches jedesmal tut, wenn ihm eine Hure begegnet." „Hollah!" versetzte daraufhin die Lose, „wenn dem so ist, dann reiten Sie keinen Schritt weiter in die Stadt hinein, denn sonst werden Sie sich das Genick abstürzen."

Die Zahl solcher Zitate ließe sich aus jedem Lande mit leichter Mühe ver-

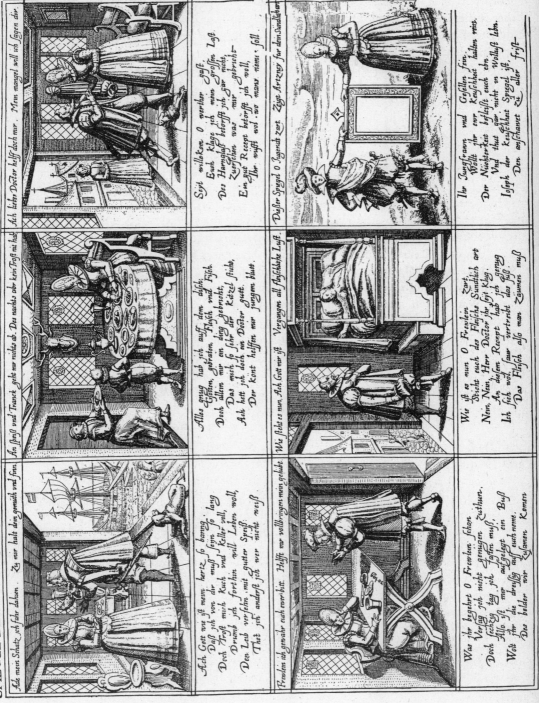

196. Spiegel der Keuschheit. Fliegendes Blatt. 16. Jahrhundert

Der beim Ehebruch
ertappte Bauer

197. Kupferstich
von H. S. Beham

zehnfachen. Denn es gibt nicht einen einzigen Novellen‚
dichter, Fastnachtsspieldichter, Schwanksammler oder Sati‚
riker, der nicht zahlreiche solcher Stücke seinen Lesern
auftischt. Gewiß kommt in den beiden letztgenannten
Stücken die Sprache der übertreibenden Satire zu Worte,
aber dadurch wird das Bild der Zeit nicht gefälscht, son‚
dern nur das Wesen der Zeit ins Relief gerückt . . .

Ein wichtiger Grund dafür, daß dem Drängen der
Zeit leichter als sonst nachgegeben wurde, war die Leichtig‚
keit des Eheschlusses zu jener Zeit. Wurde doch da‚
durch die Gefahr der öffentlichen Brandmarkung in er‚
heblichem Maße außer Wirkung gesetzt. Solange die
kirchliche Trauung nicht zwingendes Gesetz war — und
wie wir bereits gesagt haben, hat man sich überall sehr
stark und sehr lange dagegen gesträubt —, solange genügte
ein einfaches, gegenseitiges Ehegelöbnis, in Deutschland das „Handgeben und
Zusagen" zweier Personen verschiedenen Geschlechts, damit die Ehe als gültig
geschlossen betrachtet wurde. Folgte darauf der Beischlaf, so galt die Ehe auch
als vollzogen. Es bedurfte also für die Rechtsgültigkeit des Eheschlusses weder
einer öffentlichen Bekanntmachung, noch der Abfassung eines Ehekontrakts; und
selbst bei jugendlichen Ehekandidaten war nicht einmal der Heiratskonsens der
Eltern oder Vormünder absolut erforderlich. Die Folge davon war, daß überall
eine Unsumme von sogenannten „Winkelehen" entstanden, die die Kirche anerkennen
mußte, so sehr sie sich auch dagegen sträubte. Wenn man nun aber demgegen‚
über ebenfalls feststellen muß, daß damals die Zahl der von Frauen gegen ihre
Männer wegen böswilligen Verlassens eingereichten Klagen geradezu Legion war
und dieser Zustand ein Jahrhundert lang förmlich eine allgemeine Kalamität dar‚
stellte, so folgt daraus wiederum nichts anderes, als daß es sich in den meisten
dieser Winkelehen um nichts anderes handelte, als um die Form, in der Mann
und Frau ihren heißen sexuellen Begierden gefahrlos im Rahmen der Gesellschaft
freien Lauf lassen konnten. Eine andere Schlußfolgerung läßt die notorische Tat‚
sache, daß die Frauen in der Mehrzahl der Fälle die Betrogenen und Verlassenen
waren, nicht zu.

Ein zweiter Umstand, der die außerordentliche Häufigkeit der Fälle belegt,
in denen auch die Frauen dem vorehelichen Geschlechtsverkehr nicht abhold waren,
ist das blühende Gewerbe der Herstellung künstlicher Jungfernschaften. Diese
„Kunst" kannte nämlich schon die Renaissance, und nicht erst das Rokoko oder gar
erst die Gegenwart. Die Apotheker und Kräuterhändler haben damals alle mit
adstringierenden Salben und mit Mitteln gehandelt, durch die eine verletzte Jungfrau‚
schaft immer wieder verschleiert werden konnte, so daß der neue Geliebte oder der
Gatte nicht nur allgemein in den Glauben versetzt wurde, die erste Blüte der Unschuld
gebrochen zu haben, sondern auch deutliche Spuren für diese scheinbare Tatsache
zu sehen bekam. Durch solche Mittel, sagte ein Sprichwort, „blieb man solange

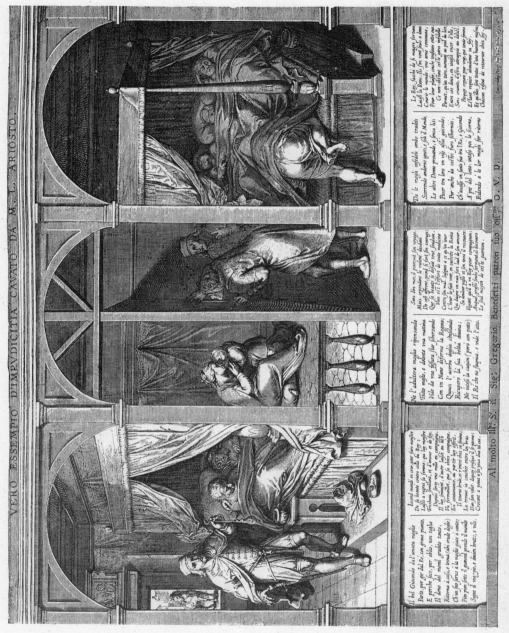

VERO ESSEMPIO D'IMPVDICITIA CAVATO DA M. L. ARIOSTO.

Il bel Giocondo dal'amata moglie
Parte, per gir dal Re, con grano pianto,
E perche fuo, per oblio, non toglie
Il dono del monil gradito tanto.
Ritorna a cafa, e troval (ahi crudel doglie)
Ch'un fuo feruo a latria fpine è tanto
Vòn fon fotto; il gamand penolo il monile
Sopra il viagio, e diuien brutto, e vile.

Iucond: mendo in coss fua moglie
De fa tanto contre cola da Rey,
Lafeà a regret fa femme, qu' ley moglier
Vtrecma jordat, et s'en retorne aby,
Il luy fonjant, d'auer lafoè au logis
Vn formillet, gu'a chere compagnie
A' amaonnoit du partie ley offrit.
La trouue brodi, et tiens chez sa femme,
La trouue fa couché entre les bras
Ven, fon vald; dupoy refper'il gamens
Croust's puus fas graa deu fait.

Ne l'adultera moglie rapprefendo
Tutto meflo, e'adenta vina materina
Vdè la sua fiffata flar fcherzando
Con un Nano difforme la Regina:
Queos. l'accerba doglio chufando
Riapperro la sua bella donna.
Ne vitofa la cagion (pero con patto)
Il Re che ne fopma, e vide l'atto.

Sans ira moi, il pouroit fon voyage
Mais: orependant le voient dasdan
De oft affremi, pend, fi fort, fon courage
Que fa haunte fe defpit tout fraudan.
Van cit l'effort de tonte medicune
Conru fort meal: helgano a ce qu'on tour
L'heut fi faiet vore, tout muin tanla
Qu devant en vun form lad fa dame.
Se trabir orfit et son torel se recancre
Voyant qu'à vn Rey pour compagnon
Anopul prefit fpais fermanuli lecaure
Le feul moyen de cela guerrin.

Da le moglie infidele ambo traditi
Scorrendo andorno ignoti, e fol il Mondo,
Le altre Dame prouando, e fenza liti
Paffer tra loro un vejo affai giacunde:
Con cio penal: bifogna a ce qu'on tour
Pur anche da le coffir farò fortenato.
Ch'uccifo un fanti fuo tra l'Re, e Giacondo
A' per dal letto: metefo pos lo fremo.
Perguo ospar, per vrey qua tanto ferma
Efuant repoer abandonne su foy.
Et gu fia fore touteo d'una honeur mefro
Chascun refuia de retourner obez foy.

Le Roy, fauche da fe magry fortuae
Lauif la Rome. Il, fm veut faut à fame
Couro le monde: vne anni commune,
Pour leur plaifo, enole vegluan entre rue.
Ce non-obfant ceft il gaeri infidelle
Permet, qu'un tors, manqua au pul du bien
Encre ein deux, vne veaglie encore dille.
Sou, crenail, fftou memgee dun beah,
Pengos corpez pue veg, qui tanto ferma
Esfant repour abandone su foy.
Et gu fla, fore toudes d'una houcur mefro
Chascun refuse de retourner ches, foy.

Jungfer, als der Bauch schwieg". Bei Aretin kann man die derbe Schilderung der Anwendung eines solchen „Jungfernerneuerungsmittels" nachlesen, und dabei erfahren, wie ein Bräutlein, das im Liebes-A-b-c schon alle Buchstaben durchgeprobt hatte, dadurch selbst den wohlbegründetsten Verdacht niederschlug und förmlich zu einem Vorbild der Keuschheit avancierte. Und gar schwunghaft muß dieser solide Handel betrieben worden, immer rege muß die Nachfrage gewesen sein, denn immer wieder erfährt man von den Chronisten auch noch, daß die Apotheker gerade durch den Verkauf solcher Mittel zu größerem Vermögen gekommen seien. Darum handelten auch nicht nur die Apotheker und Kräuterhändler mit solchen Mitteln, sondern ebenso zahllose Quacksalber, weise Frauen und auch viele fahrende Schüler, weil es sich eben so gut rentierte, weil die Nachfrage nicht abriß. In dem Lied eines solchen fahrenden Schülers, das aus dem 15, Jahrhundert stammt, heißt es: „Welche den Magtum (Jungfrauschaft) hat verloren, Der mach ich ein Salben." Aber daß solche Machinationen häufig im Brauche waren, davon wußten natürlich auch die meisten Männer, und um sich nun auf anderem Wege Gewißheit über die Jungfräulichkeit eines Mädchens zu verschaffen, griffen sie zu den verschiedensten Zaubermitteln, die sie unvermerkt schon vor der Hochzeit anwandten. Solche Zaubermittel, die unfehlbar an den Tag bringen sollen, ob ein Mädchen noch Jungfrau ist oder nicht, waren in zahlreichen Gegenden üblich. Wir nennen als einziges Beispiel das „Gagatwasser" (Wasser, in dem Pechkohle aufgelöst ist). Von diesen hieß es im Mittelalter: „Welchen Jungfrau das Wasser trinkt, ist sie noch Magd (jungfräulich), so geschieht ihr nichts, ist sie aber nicht Maget, so beprunzt sie sich zehant (sofort), also meldet sich ihr eigen Wasser." Die Männer sorgten also selbst dafür, daß sie die Düpierten waren! Denn dadurch erwies sich selbst ein Hürlein noch als Jungfer. Und das werden die Weiber wohl bald herausgehabt haben . . .

Folgt aus alledem in erster Linie, welch großen Wert die Ideologie auf die physische Jungfräulichkeit des Weibes legte, so folgt aber auch in zweiter Linie ebenso unerbittlich daraus, was wir oben als Tatsache behauptet haben: daß man damals das Gebot der vorehelichen Keuschheit andauernd mißachtete. Es folgt weiter daraus, daß man nicht nur dem späteren Gatten schon vor dem Eheschluß die letzte

Die mit ihrem Geliebten in der Hausbadestube überraschte ungetreue Ehefrau. (Der Geliebte wird vom betrogenen Ehemann zu Tode gestriegelt)

198. Züricher Fliegendes Blatt. 1560

Gunst bewilligte — denn in einem solchen Falle bedurfte man ja der künstlichen Mittel, die eine Jungfrauschaft wieder vortäuschten, nicht —, sondern daß gar viele, viele ehrbare Mägdlein züchtig die Ehrenkrone der Keuschheit trugen, obgleich sie zuvor mit gar manchem mutwilligen Knaben „das Ringelstechen" (Bild 50) geübt hatten, „wie man das Turnier nennt, so Mann gegen Frau ficht, und der Mann nur Sieger wird, wenn die Frau will" (Bild 78).

Weil man also in der öffentlichen Meinung mit Hilfe eines keuschen Benehmens und der billigen Mittel des Quacksalbers meistens doch so lange Jungfrau blieb, „als der Bauch schwieg", so war auch die Schwangerschaft das, was man am meisten fürchtete; denn erst in ihrem Gefolge trat die gefürchtete gesellschaftliche Acht bestimmt auf. Diese Furcht vor der Schwangerschaft spricht sich überaus rührend in einer ganzen Reihe von Volksliedern aus. Ein Beispiel eines solchen ist das folgende, das schon aus dem 15. Jahrhundert stammt, sich aber, wie man aus den erhaltenen Abschriften sieht, auch das ganze 16. Jahrhundert hindurch erhalten hat:

Und wölt ihr hören singen,
Singen ein neues Lied,
Von einem Schreiber kleine,
Er freyet ein Mägdlein reine,
Fürwahr, fürwahr, er hatt' es lieb.

Er gab ihr ein rot Röcklein,
Warum so that er das?
Kundschafft wollt er machen,
Und bei dem Mägdlein schlafen,
Bey ihr in ihrem Schlaffkämmerlein.

Des Nachts wohl um die halbe Nacht,
Der Schreiber kam daran,
Er klopfet mit seinem Fingerlein,
Wohl auf des Mägdleins Kämmerlein,
Die Thür ward aufgethan.

Da lagen die zwei beieinander,
Das Mägdlein zu ihm sprach:
Und wenn man das vernehme,
Daß ein Kindlein nachkäme,
Wer soll der Vater sein?

Ach mein Hertzallerliebste,
Und sorgt ihr für das Kind,
Das Kind will ich versorgen,
Mit Silber und mit Golde,
Ich will der Vater sein.

Und da die Sach vollendet war,
Nun rath, wie fuhr es da?
Der Schreiber zog aus dem Lande,
War das nicht große Schande?
Fürwahr, es ist mehr geschehen.

Der unbekannte Dichter hat recht: „Fürwahr, es ist mehr geschehen." Es ist jeden Tag geschehen, daß die Mägdlein sitzen blieben mit einem Kindlein im Arm oder unter dem

Buhler und Buhlerin

199. Holländischer Kupferstich. 17. Jahrhundert

200 und 201. Satire auf die ungetreuen Ehegatten. Deutsche Kupferstiche. 1592

Herzen, dessen Vater in die weite unbekannte Welt gezogen war, — in der „guten alten Zeit" noch häufiger als heute. Wir haben genügende Beweise dafür. Um nur einen zu nennen: Dadurch, daß die Zunftmeister in ihre Statuten die Bedingung aufnahmen, daß nur die ehrlich und ehelich Geborenen als Lehrlinge aufgenommen werden durften, wollten sie sich freilich nur die unbequeme Konkurrenz auf die für die damalige Zeit einfachste Weise vom Halse halten (S. 46 u. flg.), aber deshalb erweist die Tatsache der ständigen Verwendung dieser Formel und die Möglichkeit, damit erfolgreich operieren zu können, doch, daß die Zahl der unehelich Geborenen ganz ungeheuer groß gewesen sein muß.

Weil aber die Zahl der unehelichen Schwängerungen damals so groß war, darum hat die gute alte Zeit außer dem blühenden Handel mit probaten Mitteln zur Wiedererlangung einer soliden Jungfrauschaft noch eine zweite „Kunst" mit starkem klingenden Erfolg betrieben, nämlich die Kindsabtreibung. Fürwahr, auch das ist „mehr geschehen"!

Viel, viel mehr sogar, als sich selbst jene träumen lassen, die in unseren biederen Altvordern nicht ohne weiteres Mustermenschen von keuscher Zucht und Sitte erblicken. Will man einen überzeugenden Beweis, so hat man ihn schon, wenn man die lange Liste der seit uralten Zeiten im Volke üblichen Mittel „gegen Blutstockungen" aufstellt. Diese Liste ist schon in der Renaissance fast endlos und umfaßt Hunderte von angeblich „untrüglichen" Mitteln, die von allen weisen Frauen den Mägdlein empfohlen wurden, die nicht an Tag kommen lassen wollten, daß ihre Jungfrauschaft in die Brüche gegangen war. Wir haben ein Verzeichnis vor uns, das rund zweihundertundfünfzig solcher Abtreibemittel enthält; Pflanzenabkochungen usw., die regeltreibend wirkten. Waren über zahlreiche dieser Mittel auch ganz abenteuerliche Anschauungen verbreitet —, vom Diptam zum Beispiel hieß es, „er wirkt so stark, daß man es nicht einmal auf das Bett einer Schwangeren legen dürfe" —, und waren wieder andere höchst harmloser Art, so befanden sich darunter doch auch die gefährlichsten Abtreibemittel. Und gerade sie genossen die weiteste Verbreitung und das größte Vertrauen. Es seien in dieser Hinsicht nur das „Mutterkorn" und der „Sadebaum" genannt. Über die Verwendung des Sadebaums hat man die meisten Nachrichten. Wie groß der Glaube an die Wirkung des Sade- oder Sevenbaums war, belegen uns schon überaus deutlich seine verschiedenen Namen: Jungfernpalme, Jungfernrosmarin, Kindermord, Mägdebaum. Er war in der Tat bei den Mädchen und Frauen das populärste Abtreibemittel; der liebebedürftigen Frauen und Jungfrauen ständiger Trost und letzte Hoffnung. Drum wurde er auch einst in vielen Gegenden selbst im kleinsten Gärtchen von der weiblichen Vorsehung gepflanzt und treulich gehegt — „man kann nie wissen . . ." Und kaum, daß die jungen Mädchen flügge waren, zischelten ihnen die älteren Dirnen verständnisvoll zu, daß der Genuß der Blätter dieses Baumes den Schaden wieder gut mache, wenn der Geliebte „ja einmal die Kirche erst nach dem Segen verlassen habe". Jedes Mädchen wußte es, und jede sagte es der andern: „Die Buben halten z'sammen, also müssen die Mädel auch z'sammen halten." Wie weit verbreitet die Kenntnis von der fruchtabtreibenden Wirkung des Sevenbaumes ist, belegen sowohl englische wie andere Sprüche und Redensarten. In einer altenglischen Ballade heißt es von der Verwendung der Sabina (englisch savin-tree) zum Zwecke der Abtreibung durch eine junge Maid:

> She is gane to the garden gay,　　But for a' that she could say, (or) do,
> To pu' of the savin tree;　　　　　The babie it would not die.

Das norwegische Volk reimte:

> Sevenbom, Sevenbom　　Har gjurt saa mangen jomfru from.

Zu deutsch heißt das, daß so manche Jungfrau es nur dem Sevenbaum zu danken habe, wenn sie vor der Welt noch als keusch gelte.

Traf die erhoffte Wirkung eines solchen Mittels nicht alsbald ein, so griffen die Mädchen bei einer unerwünschten Schwangerschaft in den meisten Fällen stets noch außerdem zu den radikalen Pferdekuren, wie heiße Bäder, übermäßiges Tanzen, und zu noch viel tolleren Experimenten, die überall gang und gäbe waren. „Die tanzt, als ob sie morgen ins Kindbett kommen möcht", ist eine gebräuchliche Redensart von einer eifrigen Tänzerin, die keinen Tanz ausläßt und beim Tanzen die Ausgelassenste ist.

Unter solchen Umständen ist es kein Wunder, daß man auch auf zeitgenössische literarische Hinweise stößt, die eine häufige Übung der Fruchtabtreibung in der Renaissance bestätigen. Danach muß es am tollsten in höfischen Kreisen zugegangen sein. Das ist auch ganz natürlich. Hier war die Verführungsgefahr am größten und eine voreheliche Schwangerschaft am fatalsten. Eine drastische Notiz findet sich bei Brantôme. Ein junges Mädchen, das von einem Prinzen geschwängert worden war und unehelich gebar, antwortete ohne Hehl auf die sittlich entrüsteten Vorwürfe, die man ihm machte:

„Man sollte mir meinen Fehltritt nicht vorwerfen, sondern höchstens, daß ich mich nicht zeitiger vorgesehen habe. Denn wenn ich so klug gewesen wäre, wie die Mehrzahl meiner Kame-

202. Die Torheiten der Liebe. Vinckenboons. Holländische Satire auf den Greis, der am Rande des Grabes noch eine junge Frau freit

radinnen, die es ebenso, ja schlimmer wie ich getrieben haben, dann hätte ich den Folgen Abhilfe geschafft und wäre jetzt nicht in dieser Verlegenheit."

Man war nicht darüber entrüstet, daß die junge Dame dem Prinzen mehr als zärtliche Blicke und ebensolche Vorspiele bewilligte; das Unsittliche erblickte man nur im Kinderkriegen, im Nichtbeherrschen der Spielregeln: alles riskieren, ohne den Einsatz — den Schein der Tugend — zu verlieren.

Aus anderen Notizen erhellt, daß es in den höfischen Regionen wenig hübsche Frauen gegeben haben muß, die nicht jedes Jahr mehreremal in der Gefahr einer unerwünschten Schwangerschaft geschwebt haben. Ein anonymer französischer Autor schrieb:

„Seit selbst die Demoiselles in den Apothekermitteln so trefflich Bescheid wissen, daß sie die Gefahren, in die sie ein stürmischer Liebhaber bringen könnte, nicht mehr zu fürchten brauchen, geht das Gewerbe der Kurtisanen immer mehr zurück. Denn es ist für einen Kavalier viel genußreicher, sich mit einer vornehmen Dame sorglos zu vergnügen. Auch sind seitdem selbst die züchtigsten Demoiselles nicht untröstlich, wenn ein Liebhaber mehr Rechte fordert, als zärtliche Versicherungen und den Anblick ihres schönen Gesichts und ihres schönen Busens."

Schließlich ist noch zu beachten, daß die Abtreibung damals im allgemeinen nicht strafbar war, so daß man ziemlich offen solche Mittel anpreisen und erhalten konnte. Wo sie aber strafbar war, wurde sie nur in ganz seltenen Fällen verfolgt.

Es gibt in der Tat keinen Zweifel an der Richtigkeit des Schlußverses des oben zitierten Gedichtes: „Auch dies ist mehr geschehen".

* * *

Die Sitte der Komm und Probenächte. Wenn wir im letzten Abschnitt für die Renaissance ein relativ häufigeres Vorkommen des vorehelichen Geschlechtsverkehrs der Frau behauptet haben, so wollen wir damit natürlich nicht, wie ja auch schon gesagt wurde, ein offiziell vom Sittenkodex der Zeit zugebilligtes Recht darauf behaupten, sondern nur die Tatsache einer unausschaltbaren Wirkung der gesteigerten erotischen Bedürfnisse dieses Zeitalters, die überall

Hgolzius Jnuent.   Jaques Goltzius Sculp   d cxcu

Erigida cedat anus iuueni iuuenilia grata   wijckt oudt cout vel al sit ghij rijcke,
non opibus capior, dulcis more amor est.   de jeucht verjuecht in jueders gelijcke,

203. H. Goltzius. Satire auf die verliebte Alte

„Ein stolzer Degen wiegt schwerer als ein großer Geldsack"
204. Hendrick Goltzius. Satire auf den verliebten Greis

eintreten mußte, wo der Zwang der Klasseninteressen dem Ansturm der Zeit-
tendenz nicht gewachsen war.

Aber es gab in der Tat auch Fälle und Volkskreise, bei denen der voreheliche Geschlechtsverkehr der Frau vom Sittenkodex sogar ausdrücklich sanktioniert
war. Das gilt von dem Brauch der Komm- und Probenächte, der vornehmlich — wohlgemerkt: nur vornehmlich! — in bäuerlichen Kreisen heimisch gewesen ist und damals wohl über ganz Europa verbreitet war. Völlig ausgestorben
ist er ja niemals, denn er hat sich in nicht wenigen Gegenden bis in unsere
Gegenwart herein erhalten. Dieser Brauch des „törschen beiliegens", wie er im
allgemeinen genannt wurde, geht überall auf sehr frühe Zeiten zurück, und man
begegnet ihm unter den verschiedensten Namen. In der Schweiz nennt man es
„kilten" und „zu Kilt gehen", in Kärnten „brenteln" und „gasseln", in Oberbayern
„fensterln", in den Vogesen „schwammeln", in Schwaben „fugen" usw.

Aber so groß das Verbreitungsgebiet dieses Brauches und so alt seine Übung
auch gewesen ist, so fließen die Quellen darüber noch sehr dürftig. Die älteste
und eingehendste Würdigung stammt aus dem 18. Jahrhundert und knüpft speziell
an Schwaben an. Die ungefähren Vorgänge bei diesem Brauche schildert der
Verfasser Fr. G. Fischer in seiner Broschüre folgendermaßen:

„Beinahe in ganz Deutschland, und vorzüglich in der Gegend Schwabens, die man den
Schwarzwald nennt, ist unter den Bauern der Gebrauch, daß die Mädchen ihren Freiern lange vor
der Hochzeit schon diejenigen Freiheiten über sich einräumen, die sonst nur das Vorrecht der Ehemänner sind. Doch würde man sehr irren, wenn man sich von dieser Sitte die Vorstellung machte,
als wenn solche Mädchen alle weibliche Sittlichkeit verwahrlost hätten und ihre Gunstbezeugungen

ohne alle Zurückhaltung an die Liebhaber verschwendeten. Nichts weniger! Die ländliche Schöne weiß mit ihren Reizen auf eine ebenso kluge Art zu wirtschaften und den sparsamen Genuß mit ebenso vieler Sprödigkeit zu würzen als immer das Fräulein am Putztische.

Sobald sich ein Bauernmädchen seiner Mannbarkeit zu nähern anfängt, sobald findet es sich, nachdem es mehr oder weniger Vollkommenheit besitzt, von einer Anzahl Liebhaber umgeben, die so lange mit gleicher Geschäftigkeit um seine Neigung buhlen, als sie nicht merken, daß einer unter ihnen der Glücklichere ist. Da verschwinden alle übrigen plötzlich, und der Liebling hat die Erlaubnis, seine Schöne des Nachts zu besuchen. Er würde aber den romantischen Wohlstand schlecht beobachten, wenn er den Weg geradezu durch die Haustür nehmen wollte. Die Dorfetikette verlangt notwendig, daß er seine nächtlichen Besuche durch das Dachfenster bewerkstellige. . . .

Diese mühsame Unternehmung verschafft anfangs dem Liebhaber keine anderen Vorteile, als daß er etliche Stunden mit seinem Mädchen plaudern darf, daß sie sich um diese Zeit ganz angekleidet im Bette befindet und gegen alle Verrätereien des Amor wohl verwahrt hält. Sobald sie eingeschlafen ist, muß er sich plötzlich entfernen, und erst nach und nach werden ihre Unterhaltungen lebhafter. In der Folge gibt die Dirne ihrem Buhlen unter allerlei ländlichen Scherzen und Neckereien Gelegenheit, sich von ihren verborgenen Schönheiten eine Erkenntnis zu erwerben, läßt sich überhaupt von ihm in einer leichten Kleidung überraschen und gestattet ihm zuletzt alles, womit ein Frauenzimmer die Sinnlichkeit einer Mannsperson befriedigen kann. Doch auch hier wird immer noch ein gewisses Stufenmaß beobachtet, wovon mir aber das Detail anzugeben, die Zärtlichkeit des heutigen Wohlanstands verbietet. Man kann indes vieles aus der Benennung Probenächte erraten, welche die letzteren Zusammenkünfte haben, da die ersteren eigentlich Kommnächte heißen.

Sehr oft verweigern die Mädchen ihrem Liebhaber die Gewährung seiner letzten Wünsche so lange, bis er Gewalt braucht. Dies geschieht allezeit, wenn ihnen wegen seiner Leibesstärke einige Zweifel zurück sind, welche sie sich freilich auf keine so heikle Weise, wie die Witwe Wadmann, aufzulösen wissen. Es kommt daher ein solcher Kampf dem Kerl oft sehr teuer zu stehen, weil es nicht wenig Mühe kostet, ein Bauermensch zu bezwingen, das jene wollüstige Reizbarkeit nicht besitzt, die Frauenzimmer von Stande so plötzlich entwaffnet. . . .

Die Probenächte werden alle Tage gehalten, die Kommnächte nur an Sonn- und Feiertagen und ihren Vorabenden. Die ersteren dauern so lange, bis sich beide Teile von ihrer wechselseitigen physischen Tauglichkeit zur Ehe genugsam überzeugt haben, oder bis das Mädchen schwanger wird. Hernach tut der Bauer erst die förmliche Anwerbung um sie, und das Verlöbnis und die Hochzeit folgen schnell darauf. Unter den Bauern, deren Sitten noch in großer Einfalt sind, geschieht es nicht leicht, daß einer, der sein Mädchen geschwängert hat, sie wieder verließe. Er würde sich unfehlbar den Haß und die Verachtung des ganzen Dorfes zuziehen. Aber das begegnet sehr häufig, daß beide einander nach der ersten oder zweiten Probenacht wieder aufgeben. Das Mädchen hat dabei keine Gefahr, in einen übeln Ruf zu kommen, denn es zeigt sich bald ein anderer, der gern den Roman mit ihr von vorne anhebt. Nur dann ist ihr Name zweideutigen Anmerkungen ausgesetzt, wenn sie mehrmals die Probezeit vergebens gehalten hat. Das Dorfpublikum hält sich auf diesen Fall schlechterdings für

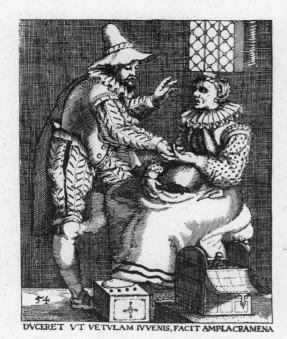

DVCERET VT VETVLAM IVVENIS, FACIT AMPLA CRAMENA

205. De Bry. Satire auf den Eheschluß zwischen einem jungen
Mann und einer alten Frau

232

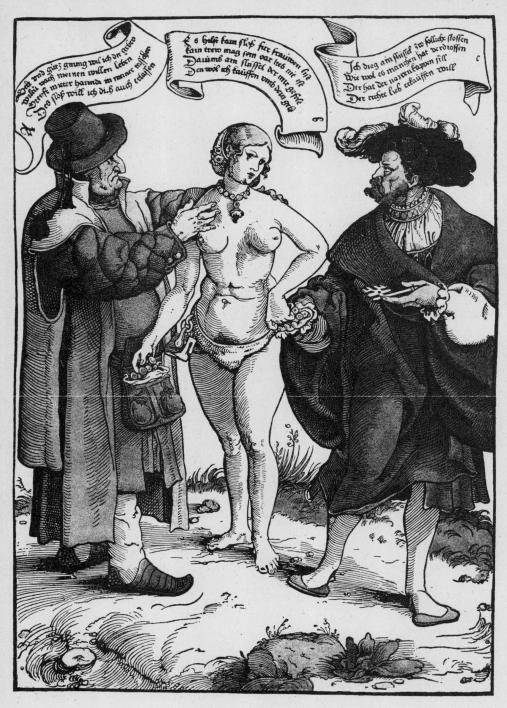

Peter Flötner: **Die beiden Liebhaber**

Satirische Allegorie auf die Konvenienz-Ehe. Holzschnitt. 16. Jahrhundert

206. Satire auf den Männermangel. 1595

berechtigt, verborgene Unvollkommenheiten bei ihr zu argwöhnen. Die Landleute finden ihre Gewohnheit so unschuldig, daß es nicht selten geschieht, wenn der Geistliche im Orte einen Bauern nach dem Wohlsein seiner Töchter fragt, dieser ihm zum Beweise, daß sie gut heranwüchsen, mit aller Offenherzigkeit und mit einem väterlichen Wohlgefallen erzählt, wie sie schon anfingen, ihre Kommnächte zu halten. . . .“

Fischer bringt in der von uns angezogenen Abhandlung außerdem noch einige ältere Dokumente für den Gebrauch der „Probier“ vor der Ehe bei, die diesen in anderen Landesteilen belegen. So wird in einer alten Urkunde berichtet: „Die Sachsen hätte eine garstige, aber gesetzmäßige Gewohnheit, daß der Bräutigam bei der Braut zuvor eine Nacht schlafen und nachgehends sich erst entschließen möge, ob er dieselbe heiraten wolle oder nicht.“ Ein anderer Autor, Quardus von Cambridge, sagt in seiner Beschreibung von Wallis, „daß man sich ehemals nicht leicht ohne eine vorher gegangene Beiwohnung verheiratet hätte, indem es gewöhnlich gewesen, daß die Eltern ihre Töchter jungen Mannspersonen gegen eine gewisse Summe Geldes auf die Probe gegeben, und daß das Geld verfallen war, wenn die Mädchen wieder zurückgeschickt werden.“

Eingehende Schilderungen dieses Brauches besitzen wir noch außerdem über seine Verbreitung und die Handhabung in der Schweiz, jedoch vornehmlich mit Beziehung auf die Gegenwart, weshalb wir in diesem Bande auf diese Schilderungen nicht zurückgreifen. —

Wir haben im ersten Kapitel dargelegt, welche große Bedeutung Kinder für die Existenz der bäuerlichen Wirtschaft haben (S. 42), und daß sie geradezu deren oberste Existenzbedingung sind. In dieser wirtschaftlichen Notwendigkeit und in gewissen eigenartigen bäuerlichen Eigentumsverhältnissen haben wir den Schlüssel zum Verständnis dieses auf den ersten Blick mit der sonstigen Ideologie der Einehe so schwer zu vereinbarenden Brauches. Sowie wir aber diesen Schlüssel anwenden, lösen sich durch ihn all die verschiedenen Rätsel und Probleme, die diese Sitte dem Kulturgeschichtschreiber aufgibt. In erster Linie die lange Erhaltung dieses Brauches in verschiedenen Gegenden: daß er jahrhundertelang allen pfäffischen Moralsalbadereien ziemlich unverändert stand hielt; nicht minder klar und logisch erscheinen dadurch aber auch die zahlreichen Unterschiede, durch die sich die eine Gegend darin von einer andern unterscheidet, und warum dieser Brauch in der einen Gegend aufkam, in der anderen nicht und so weiter. Jede Sonderheit dieses Brauches spiegelt in der Tat die Sonderheit der Summe der Eigentumsverhältnisse — der Erbrechte vor allem! — der betreffenden Gegend. Ebenso erklärt dieser Schlüssel die zahlreichen Verschiedenheiten in den rechtlichen Konsequenzen der stattgefundenen Komm- und Probenächte. Warum es in der einen Gegend angeblich erst direkt vor der Ehe zur wirklichen „Probier" kam, warum wo anders aus einem dabei stattgefundenen Beischlaf sich eine Pflicht der Eheschließung herleitete, warum wieder wo anders nur die Tatsache der Schwängerung eine zwingende Pflicht der Ehelichung bildete, und so weiter.

Natürlich kommen zur Erklärung des Brauches der Komm- und Probenächte neben diesen direkten ökonomischen Ursachen, „keine Katze im Sack zu kaufen" (siehe Beilage), noch eine Reihe anderer Umstände in Betracht. Und wenn in ihnen zwar auch nicht die Ursache des Entstehens zu suchen ist, so haben sie doch das Entstehen und die Dauer des Bestehens dieser Bräuche ungemein gefördert, gestützt, oder auch zu ganz bestimmten Formen derselben geführt. Einer dieser Umstände, der vor allem für die Gebirgsländer gilt, ist zum Beispiel die verschiedene Rolle des ledigen Mannes und der ledigen Frau im Arbeitsprozeß, wodurch Burschen und Dirnen weiter und länger voneinander getrennt waren, als dies sonst der Fall ist. Ist der Mann, um nur ein einziges Beispiel zu nennen, im Gebirge häufig in entlegenen Wäldern mit Holzarbeiten beschäftigt, so die Dirne ebenso oft als Sennerin auf einer entlegenen Alm. Unter solchen Umständen mußten sich naturnotwendig bestimmte Gelegenheiten herausbilden, bei denen die beiden Geschlechter gesellig zusammenkamen. Und daß dies häufig die Nacht ist, ist ebenso logisch, wie daß der Treffpunkt die enge Kammer, richtiger das Bett der Dirne ist: Nur die Nacht, die Schlafenszeit läßt die Arbeitspflicht den beiden Geschlechtern frei, und in ihrer Kammer wird der Bursche die Dirne stets finden. So hat sich im Gebirge das natürliche, und anders nicht zu regelnde gesellige Bedürfnis des Verkehrs zwischen den beiden Geschlechtern den Hauptzwecken der bäuerlichen Eheschließung angegliedert und den Brauch zu einer festen und dauernden Institution gemacht. —

Wir sagten oben ausdrücklich, daß der Brauch der Komm- und Probenächte

Die Liebe

Symbolische Darstellung der sinnlichen Freuden

207. J. Matham, Holländischer Kupferstich. Um 1600

vornehmlich bei den Bauern im Schwange war und ist. Er beschränkte sich nämlich in der Tat nicht allein auf die Bauern, sondern er findet sich im 15. und 16. Jahrhundert auch sehr häufig bei dem städtischen Bürgertum, und zwar dürfte sich auch bei diesem die Verbreitung über ganz Europa erstreckt haben. Von Italien berichtet ein Chronist, daß die Italienerinnen des städtischen Bürgertums ihren Geliebten enthaltsame Probenächte gestatteten, und daß man selbst beim Patriziat etwas ganz Unverfängliches darin sah. Über das Vorhandensein desselben Brauches in Nordfrankreich belehrt uns ein altfranzösisches Gedicht, in dem die folgende Streitfrage erörtert wird: Eine Dame gestattet dem Geliebten, eine Nacht das Bett mit ihr zu teilen, und zwar beide tout en nu. Splitternackt darf er sich ihr zeigen, ebenso will sie sich ihm zeigen, und so ist sie auch bereit, die ganze Nacht in seinen Armen zu verbringen, aber er muß versprechen, Enthaltsamkeit zu üben. Die Streitfrage lautet nun: Welches von beiden, Mann oder Frau, bringt in dieser Situation das größere Opfer, wenn die Bedingung der Enthaltsamkeit erfüllt wird? Über das Vorhandensein dieses Brauches in Deutschland haben wir die genauesten und zuverlässigsten Nachrichten, weil er hier sogar gerichtsprotokollarisch fest= gestellt ist und die erhaltenen Nachrichten sich außerdem an ganz bestimmte historische Persönlichkeiten knüpfen. Es handelt sich in dem betreffenden Fall um den gerichtlich zum Austrag gebrachten Liebes= und Ehehandel der Barbara Löffel=

Lauta Gula facies, et splendida mensa Lyæi.
Hau quot præcipites dat, dedit, atq; dabit.

208. Goltzius. Symbolische Darstellung der Unkeuschheit

holz, der nachmaligen Mutter des berühmten Willibald Pirkheimer, mit ihrem ersten Geliebten Siegmund Stromer zur goldenen Rose.

Bei diesem Liebes= und Ehe= handel, über den wir eine treffliche Studie des gegenwärtigen Kustos der Nürnberger Stadtbibliothek, Dr. Emil Reicke, haben, in der dieser die er= haltenen Aktenstücke abdruckt und kommentiert, drehte es sich darum, daß der klagende Teil, Siegmund Stromer, die Einlösung eines ihm von Barbara Löffelholz angeblich gegebenen Eheversprechens forderte. Seine ehemalige Geliebte hatte sich später anders besonnen und leugnete deshalb das einst gegebene Ehever= sprechen ab, und so kam es zu einer ziemlich langwierigen gerichtlichen Klage, bei der von beiden Seiten mit umfangreichen Sachverständigen= gutachten operiert wurde. Der Kern= punkt der Frage ist für uns hier

Non putres tantum sordes liquida abluit vnda:
Apcaque naugys eadem es t, pluuiasque minus trat:
Sed varys foecunda bonis, queis vncta culina
Indiget, ac mensæ quibus exornantur obinde.

Sauimigerum viden vt per stagna liquentia gentes
Exultent; tot mons tra ingentia et hórrida visu
Velferas circum nent puppes; grandia cete
Effingant molles vteros sib inarmore lusus.

Martin de Vost figurauit.

Crispin van de Passe sculpsit et excudit.

209. Crispin de Passe. Symbolische Darstellung der sinnlichen Liebe

nebensächlich, jedoch um so wichtiger ist für uns, daß bei dem Prozeß auch über die zwischen den beiden Liebenden stattgefundenen Kommnächte eingehend diskutiert wurde; im Verlaufe einer solchen Nacht, in der die beiden im Bett der jungen und hübschen Barbara zusammenlagen, soll nämlich die letztere das Eheversprechen gegeben haben. Über diese Kommnächte berichtet Dr. Reicke nun nach den Akten:

„Barbara mußte zugeben, den Kläger nächtlich in ihre Kammer gelassen zu haben, und wenn sie ihn auch anfangs nur zwei Stunden bei sich gehabt haben will, so rechnete man ihr doch wenigstens sechs volle Nächte nach, daß sie mit dem Kläger zusammengelegen habe. Die Beklagte konnte bei ihrer Vernehmung nicht leugnen, doch behauptete sie, daß das in allen Züchten geschehen sei . . .

Paul Imhoff und seine Frau — nahe Verwandte von Barbara Löffelholz, und in deren Wohnung Barbara die nächtlichen Visiten Sigmund Stromers empfing — gingen auch nach der naiven Sitte der damaligen Zeit in Barbaras Kammer aus und ein, setzten sich auf ihr Bett, schliefen mit ihr in demselben Zimmer, mit ihr und dem Kläger. Es will fast scheinen, als ob wenigstens einer der jungen Eheleute meist als eine Art Anstandsperson Stromers nächtlichen Besuchen beigewohnt habe;

237

darauf deutet, daß Ursula den Schlüssel zu der Kammer der Beklagten von dieser selbst gehabt haben will. Doch will sie Kläger und Beklagte auch allein gelassen haben."

Wir fügen ergänzend hinzu, daß diese intimen nächtlichen Besuche sämtlich in dem Holzschuherschen Hause stattfanden, also in einem der vornehmsten Nürnberger Patrizierhäuser. Martin Holzschuher war der Oheim von Barbara Löffelholz, die eine Waise war, und Paul Imhot war der Schwiegersohn Martin Holzschuhers, in dessen Hause das junge Ehepaar eine Zeitlang wohnte. Außerdem fügen wir hinzu, daß das Gericht und die Sachverständigen in dem häufigen intimen Zusammenliegen der beiden jungen Leute an sich nichts Schwerwiegendes fanden und jedenfalls daraus nicht ableiteten, daß Barbara Löffelholz dadurch erweise, die feste Absicht gehabt zu haben, den Siegmund Stromer später zu ehelichen, denn der letztere wurde mit seiner Klage abgewiesen.

Nach dieser jeden Zweifel ausschließenden aktenmäßigen Feststellung kann es als erwiesen gelten, daß das Abhalten solcher Kommnächte damals auch im Bürgertum stark verbreitet war. Durch diesen Prozeß erfahren wir auch, daß es dabei ziemlich ähnlich zuging, wie bei den Bauern. Die Einleitung war freilich beim Bürgertum nicht so romantisch. Hier ging der Weg des Werbenden nicht prinzipiell durchs Dachfenster oder sonst über halsbrecherische Pfade, sondern höchstens durch die Hintertür.

Aber trotz dieser scheinbaren Kongruenz dürfte doch ein großer Unterschied zwischen Bürgern und Bauern vorhanden gewesen sein. Und zwar ein Unterschied im letzten Endzweck, und darum im Wesen der Sache.

Bei den Bauern kann man zum Beispiel feststellen, daß in verschiedenen Gegenden den mannbaren Töchtern, sowie der „Zershunger" oder das „Mannsfleischgelüst" sich bei ihnen einstellte, von den Eltern möglichst abgelegene Kammern angewiesen wurden. Daraus folgt schon allein, daß es in den meisten Fällen über kurz oder lang zur wirklichen „Probier" kam. Weiter folgt daraus, daß bei diesen nächtlichen Zusammenkünften keine schämige Zurückhaltung geübt wurde, sondern daß im Gegenteil viel häufiger Bursche wie Dirne mit der Wut von brünstigen Tieren ihre gegenseitigen Begierden stillten. Weil dies die Eltern nur zu genau wußten, — hatten sie es doch einst ebenso getrieben! —, weil sie weiter aus eigener Erfahrung wußten, daß, wenn der Bursche die Sinne der Dirne einmal in Aufruhr versetzt hatte, daß dann häufig alles vergessen wurde, auch das, daß im Nebenraume Eltern und unreife Geschwister sind, die schlafen wollen und sollen, und weil die Eltern schließlich — und das ist das wichtigste! — dies alles ganz natürlich fanden: daß des Nachbars Hans zu ihrer Grete ins Bett .stieg, und daß die beiden dann andere Dinge miteinander trieben, als das Paternoster zu beten, — deshalb und darum wies man der Grete, sobald sie der Zershunger plagte, eine abgelegene Kammer an: beiden Teilen zum Wohle.

Hier ist es angebracht einzuschalten, daß die große Mehrzahl unserer berühmten Volkserzähler und Volkssittenschilderer stets Humbug getrieben hat, wenn sie solches nicht wahr haben wollte, oder wenn sie gar von idyllischen Schäferspielen im Watteauschen Stile faselte. Wo man so verfährt, ist stets die

Langepier pinxit.

I. Matham sculp. et excud.

210. Das verliebte Paar. Holländischer Kupferstich von J. Matham nach einem Gemälde von Langepier

Je me suis toujours fait paroistre
Vaillant au lit comme au combat.

211 u. 212. Der großsprecherische
Spanier

Halbheit am Werke, die aus irgendwelchem Grunde den Mut nicht findet, oder nicht finden will, die Dinge in ihrer Konsequenz zu Ende zu denken. Wir stellen dem gegenüber: wer so folgert, treibt entweder aus Feigheit oder aus Unverstand Geschichtsfälschung. Man überlege doch die Logik der Tatsachen ein ganz klein wenig. Wie leitet denn der nächtliche Besucher durchgehends seinen Besuch ein?

De ce discours je puis connoistre
Que vous estes lasche à l'esbat.

Kupferstich
von B. Moncornet

Nun, er postiert sich unter dem Fenster der von ihm umworbenen Dirne und gibt dort neckische und verliebte Gstanzeln zum besten. Von solchen Kammerfensterliedern und =versen haben sich ja sehr wenige erhalten, weil sie teils eigenes, vom Augenblick erzeugtes Produkt waren, teils traditionelles Erbgut, das sich nur von Mund zu Mund fortpflanzte und niemals einen Drucker fand. Aber das wenige, was sich erhalten hat, genügt vollauf, sich einen richtigen Begriff zu machen, denn erstens ist alles über einen und denselben Leisten geschlagen und zweitens wird es hinreichend von anderen ähnlichen dichterischen Dokumenten aus Bauernmund ergänzt und bestätigt. Wir nennen hier nur die Ladesprüche, die beim Haberfeldtreiben deklamiert wurden. Von alledem kann man nun sagen: Nichts ist dem Bauern fremder als sentimentale Verliebtheit oder der Gebrauch von übertragenden Worten und Wendungen. Im Gegenteil. Alle diese Bauernsprüche sind durchwegs von einer derart hanebüchenen Derbheit, daß dem gesitteten Europäer in den meisten Fällen darob die Haare zu Berge stehen würden. Singt er also Kammerfensterlieder, so schildert der verliebte Bursche in eindeutigster und klotzigster Weise seine Gefühle. Seine Gefühle betreffen aber seinen physischen Zustand und seine Absichten bei der Dirne, denn allein in ihrer Urfunktion kamen ihm bei seinem primitiven Triebleben seine Liebesgefühle zum Bewußtsein. Hier der zahmsten eines, das einen steirischen Buaben zum Verfasser hatte:

„Unter der Hütt'n, ober der Hütt'n   Nicht nur um die Nachtherberg allein,
Tat der Bua um die Nachtherberg bitt'n,   Wohl um dieselbe auch zwischen die Bein'.

Solches also ist die regelmäßige Einleitung. Und auf eine solche eindeutige Einleitung sollte eine „schickliche" Fortsetzung gefolgt sein? Wohlgemerkt: schicklich in unserem Sinne! Der Bauernbursche, der eben noch mit den deutlichsten Worten seine Liebesbrunst geoffenbart hat, und dem daraufhin der Einstieg in die Kammer erlaubt worden war, sollte in der Praxis sich nun als keuscher Joseph geberdet haben? Oder als schüchterner Liebhaber, der zu feinfühlig ist, sich gierig an alle

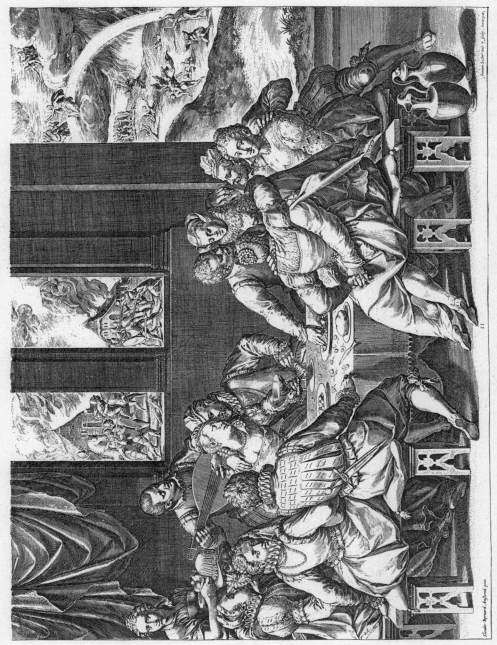

Höfisches Leben in Frankreich zur Zeit der Katharina von Medicis

Kupferstich von Johann Sadeler. 16. Jahrhundert

dem satt zu sehen, was eine, vielleicht schon nackt im Bette liegende Dirn von zwanzig Jahren alles schönes an sich hat? Er sollte weiter seine Worte nicht wahr gemacht haben, wo er blos zuzugreifen und festzuhalten brauchte? Das wäre eine Logik für Schwachköpfe oder für Rückenmärker aber nicht für einen Bauernlackel von zwanzig Jahren und für eine Dirne von gleichem Alter. Man stelle sich doch auch hier nur vor, daß es sich fast ausnahmslos um Menschen von einem rein instinktiven Seelenleben gehandelt hat, deren Liebesgefühle noch nicht im geringsten vergeistigt waren. Bauern vor vier= bis fünfhundert Jahren! Diese sind in der Tat nichts mehr gewesen als dürftig zivilisierte Halbwilde, deren Triebleben einfach nicht anders als mit brutalem Ungestüm sich ausleben konnte. Dieses Triebleben war höchstens von knöchernen Vorurteilen und Tradi= tionen überkommener Sitten eingeengt, aber niemals von einer höheren Einsicht und einer edleren Auffassung der Begierden und Gefühle.

Deshalb ging es bei dem Verkehr zwischen den Geschlechtern in den weit= aus meisten Fällen so zu, wie wir oben sagen. Das ist die einzige Logik der Tatsachen, das Prinzipielle. Und darum hat nur das persönliche Temperament Unterschiede gemacht: ob es sich in dem einzelnen Fall um einen stiernackigen Burschen und eine vollsaftige Dirne handelte, oder um zwei kaltblütige und mehr kalkulatorische Partner. Außerdem aber gibt es noch einen Beweis, daß es zum letzten überall schließlich gekommen ist, wo die Übung der Kommnächte bestand. Und dieser Beweis, der auch den letzten Einwand glatt zu Boden schlägt, ist die stereotyp hohe Zahl unehelicher Geburten auf dem Lande, die ehedem noch größer war als heute.

Weich du gelt buler alter keck
ein iunglinck lieb ich vor gelt seck.

Veracht mich nicht, dan mein alt gelt
macht lieb, vnd ehrtz die gantz welt.

213. Die vernünftige Jungfrau. Deutscher Kupferstich. 17. Jahrhunpert

Divitiæ turpes, et quos opulentia iungit,
Falluntur miseri vafro cacodæmonis astu.

214. Symbolisch-satirische Darstellung der Geldehe. Kupferstich von
Heinrich Goltzius

Der Brauch der Kommnächte beim Bürgertum ist davon, wie gesagt, im Wesen verschieden, und darum ging es dabei auch anders zu. So dürftig auch das Material ist, das darüber bis jetzt zutage gefördert ist, so läßt sich doch mit ziemlicher Sicherheit sagen, daß es sich im Prinzip nicht um die wirkliche „Probier" handelte, wenn ein mannbares Mädchen aus diesen Kreisen einen sympathischen Bewerber einmal oder mehrere Male des Nachts in ihre Kammer ließ und ihm schließlich auch gestattete, mit ihr zusammenzuliegen. Denn jede Sache hat eben ihre eigene Logik. Diese führt beim Bürgertum aber dazu, daß es sich bei ihm in den Kommnächten viel mehr um die derben Urformen des Flirts handelte. Daraus lassen nicht nur die Namen schließen — „keusches Beilager halten" oder „beischlafen auf Treu und Glauben", die sich sicher darauf beziehen —, sondern auch die Sitte, daß, wie wir aus dem Prozeß gegen Barbara Löffelholz erfahren, auf dem Bettrande eine „Gardedame" diesen nächtlichen Zusammenkünften assistierte. Gewiß war dieser Schutzgeist des bürgerlichen Wohlanstandes so verständig, hin und wieder für einige Zeit das Zimmer zu verlassen, aber wohl doch nur zu dem Zweck, den Flirtenden bei den gegenseitigen intimen Scherzen, die einmal von einem solchen Zusammenliegen untrennbar sind, etwas größeren Spielraum zu lassen. Natürlich schließt das alles nicht aus, daß die Bedingung der Enthaltsamkeit, unter der ein verliebtes Bürgertöchterchen einem sympathischen Bewerber um ihre Hand — oder ihr Vermögen! — gestattete. die Nächte in ihrem Bett zu verbringen, hin und wieder auch nicht erfüllt wurde. Die Logik drängt sogar dazu, daß der Bruch des abgeforderten Versprechens ein ziemlich häufiger Fall war, und daß es selbst „in den besten Familien" zum letzten kam, so daß man sich eines Tages nicht nur mit zärtlichen Liebkosungen und mit der gegenseitigen Befriedigung wollüstiger Neugier und so weiter begnügte, sondern alles forderte und auch alles bewilligte. Liebesdurstige Menschen, die mit gesunden Sinnen begabt sind, vermögen es einfach auf die Dauer nicht, den starken Versuchungen zu widerstehen, die von den sinnverwirrendsten Gelegenheiten begünstigt sind; das gilt für den Jüngling und die Jungfrau, und davon machen auch die sittigsten Bürgertöchter keine Ausnahme. Darum folgt sogar weiter, daß eine den Brauch der Kommnächte übende Jungfrau von dem Mann, der das abverlangte Wort wirklich gehalten hat, oft viel weniger erbaut gewesen sein wird, als von einem Wortbrüchigen, der sich damit rechtfertigte, daß soviel Schönheit, wie ihm offenbar geworden sei, auch die ehrlichsten Vorsätze wie Wachs im Feuer schmelze. Es kommt hinzu: Man verstand es eben auch damals schon, bei der Umarmung die Folgen zu vermeiden. Zeugnis dafür sind die unzähligen Redensarten, die darüber in aller Welt Munde waren und Jahrhunderte hindurch sich erhalten haben: „Nicht in die Kammer gehen", „Vor Michaeli ausziehen", „Die Kirche vor dem Segen verlassen", oder, um im noch mehr verhüllenden Stil der Wohlanständigkeit zu reden: „acht zu geben und die Geliebte nicht unglücklich zu machen". Diese Redensarten, die man in jeder Sprache vorfindet, bedürfen keiner weiteren Verdeutlichung.

Die Ungeschickten sind es, die verlacht wurden: „Kinder zeugen ist keine Kunst, aber keine machen!" lautet ein ebenfalls geläufiges Sprichwort der Zeit. Aber wenn es sich in der Stadt auch um eine andere Sache als auf dem Lande drehte: wenn hier nur Folge war, was dort Hauptzweck gewesen ist, so muß man sich doch allmählich unbedingt daran gewöhnen, bei der

Ich habe einen

Ich habe auch eine

HEV NIMIVM CAECIS ERRANT CONNVBIA FATIS·

215. Symbolisch-satirische Darstellung des Eheschlusses. Kupferstich von De Bry

243

Beurteilung der Vergangenheit auch gegenüber dem Bürgertum, die Begriffe: weib‑
liche Keuschheit, Züchtigkeit und Sittsamkeit wesentlich anders zu interpretieren,
als wir dies heute tun, und als es die romantischen Verherrlicher der Vergangen‑
heit teils aus Absicht, teils aus Unverstand seither getan haben.

Handelte es sich in den beim Bürgertum gepflogenen Kommnächten prinzipiell
um die Urformen des Flirts von Verliebten, so beim Adel — denn auch bei diesem
wurden solche Nächte abgehalten —, außer dem Flirt, genau so wie beim Bauern,
ebenfalls um die gegenseitige „Probier“. Auch beim Adel reichen diese Bräuche
sehr weit zurück, denn die gesamte ritterliche Heldensage strotzt von Beispielen.
Überall finden sie sich: im Gudrunlied, im Parsifal, in der Lohengrinsage, in den
Liedern der französischen Troubadours, in den Liedern der deutschen Minnesänger,
in den spanischen Romanzen, — überall. Und alle informieren uns, daß die
minnigliche Maid teils nackt, teils in einem zum Minnedienst verlockenden Nacht‑
kleid willig in das Bett des Recken kommt, der ihrer begehrt, oder wie sie ihm
ebenso willig das Besteigen des ihrigen gewährt, um sich auf diese Weise nach
bestandener „Probier“ mit ihm zu verloben.

In dem Gudrunliede heißt es von der Verlobung des Karadinerkönigs mit
der Schwester Herwigs:

Sie ergab sich doch mit Zögern, wie gern ein
    Mädchen tut.
Man bot ihm ihre Minne: da sprach der Degen
    gut:
„Sie behagt mir also, ich will mich unterwinden

Der Frauen so zu dienen, daß man mich in der
    Schönen Bette finde.“
Sie verlobten sich einander, der Ritter und die
    Maid.
Sie konnten kaum erwarten der nächtlichen Zeit:
    Da ward ihnen allen geheimes Glück zuteil.“

Die „Probier“ der Elsa von Brabant ist im Lohengrin folgendermaßen beschrieben:

„Wie Elsa von Brabant, die schöne, keusche Magd,
Dem Fürsten wert, des Nachts ward zugesellet,
Die Kaiserin nicht unterließ,
Daß sie die Fürstin selbst des Nachts zu Bette wies.
Die Kammer war mit Decken wohlbestellet.
Das Bett war schön geziert, mit Golde rot und
    reicher Seiden “

„Und manches Tier darein gewoben.
In dieses Bett hat sich die Jungfrau nun gehoben,

Um drin der Minne Buhurd zu erleiden.
Der Kaiser auch gekommen war,
Er hieß die Kammer das Gesinde räumen gar,
Gut Nacht gab er den beiden miteinander.
Nun war die Maid entkleidet schier,
Es drückte sie der Degen an sich stolz und zier:
Ich sag nicht mehr als — was er sucht‘, das
    fand er.

Lohengrin suchte ihr „Magdtum“ und forderte ihre Minne — das eine fand er, das
andere wurde ihm zuteil. Über einen derartigen vorehelichen Geschlechtsverkehr
zwischen Edeldame und Ritter orientieren uns außerdem noch zahlreiche Volks‑
lieder. Wir verweisen als einziges Beispiel auf den Schluß des altdeutschen Liedes
„Der Sperber“, das in der einfachsten Sprache das köstlichste ausdrückt:

Er saß zu ihr an den Klee.
Der Lieben tat er sanften weh,

Er sucht die Minne, und er sie fand,
Die süße Minne sie beide band.

Aber die Existenz des Brauches der „Probier“ beim Adel und bei den Fürsten
wird uns nicht nur durch die schöne Literatur erwiesen, sondern sie ist auch außer‑
dem urkundlich belegt. So erhielt Kaiser Friedrich III., der sich mit der Prinzessin
Leonore von Portugal verlobt hatte, von dem Onkel der Braut, dem König Alphons

Cara, etenim tangis mortalia pectora curâ. Atᵗᶻ ʃuum quemquâ non ʃinis éʃʃe, Venus.

Tformæ Kerrdæ Gerardi de Iode.

Petrus de Iode ʃculpʃit· Mart· de Vos inv·

219. **Die Freuden der Venus.** Kupferstich von Gerhard de Jode. 17. Jahrhundert

2. *Cúm Cerere, et Baccho mea iuncta potentia magna est,*
Absq his exiguam vim meus ignis habet. C. Schon

217. Venus und Amor. Kupferstich von **H. Goltzius**

von Neapel ein Schreiben, in dem dieser den Kaiser Friedrich auffordert, sofort an Ort und Stelle die „Probier" mit seiner portugiesischen Nichte vorzunehmen, damit wenn Friedrich die junge Dame in diesen Dingen nicht nach seinem Geschmack finde, der Verwandtschaft wenigstens die teure „Rückfracht" nach Italien erspart bleibe, sofern die übliche „Probier" erst in Deutschland stattfinde. Die betreffende Briefstelle lautet:

„Du wirst also meine Nichte nach Deutschland führen, und wenn sie Dir dort nach der ersten Nacht nicht gefällt, mir wieder zurücksenden, oder sie vernachlässigen und Dich mit einer anderen vermählen, halte die Brautnacht mit ihr deshalb hier, damit Du sie, wenn sie Dir gefällt, als angenehme Ware mit Dir nehmen, oder wo nicht, die Bürde uns zurücklassen kannst."

Ja sogar einen dokumentarischen Nachweis über eine erfolglose fürstliche „Probier", haben wir. Es ist das die „Probier", die der Graf Johann IV. von Habsburg im Jahre 1378 ein halbes Jahr lang mit Herzlaude von Rappoldstein abgehalten hatte. Hier versagte der Mann. Die „Probier" verlief resultatlos, indem nach den Angaben der Dame, der der Graf von Habsburg als Ehegespons beigesellt werden sollte, dieser sich während einer über sechs Monate ausgedehnten Probezeit als aller männlichen Qualitäten bar erwiesen habe. Dieses negative Resultat wurde der Dame urkundlich attestiert, und zwar wahrscheinlich deshalb, um sie anderen Bewerbern gegenüber als immer noch vollwertig erscheinen zu lassen. Ein halbes Jahr lang mittätige Partnerin in der für eine Frau peinlichsten Situation zu sein, tat ihrer Jungfrauenehre keinen Abbruch, wohl aber wäre dies nach den damaligen fürstlichen Ehrbegriffen der Fall gewesen, wenn es dem gräflichen Ehekandidaten im Verlauf des halben Jahres, in dem er mit der ihm zugedachten Braut das Bett teilte, ein einziges Mal gelungen wäre, mit Mühe, Not und liebevoller Beihilfe das ersehnte Ziel auch nur halbwegs zu erreichen. So war die Straße zwar beschmutzt, aber eben doch nicht beschritten. Und das letztere fällt einzig ins Gewicht. Solche Dokumente sind natürlich ungleich wichtiger als die Schilderungen der Heldensagen.

Aus alledem erkennt man übrigens deutlich, welch prinzipieller Unterschied zwischen dem „wirklichen Beiliegen" und dem offiziellen „Beilager" bestand, daß das „Beiliegen" in den Fällen, in denen nicht nur das Staatsinteresse, sondern auch das individuelle Vergnügen mit in Rechnung gesetzt wurde, dem „Beilager", der Verlobung oder Vermählung stets voranging.

Daß sich die Bräuche des Adels und der Fürsten in diesem Punkte mit denen der Bauern völlig einen, ist durchaus natürlich. Bei beiden sind ähnliche Interessen am Werke. Beim Adel und den Fürsten sind sichere Nachkommen= schaft im Interesse der Erbfolge, der Stammerhaltung der oberste Ehezweck. Darum hat sich aber auch die „Probier" an allen Fürstenhöfen bis heutigentags erhalten. Niemals ist eine Fürstenbraut, abgesehen von den Interessen der Vergrößerung der dynastischen Machtsphäre und des Besitzes, von einem anderen als vom „Zucht= stutenstandpunkt" aus gewählt worden, um im bismärckischen Jargon zu reden. Han= delte es sich um eine Verbindung, wo die Erbfolge auch der Frau zustand, so wurde der zu wählende Gatte genau so „nach den Qualitäten eines erfolgver= sprechenden Deckhengstes" gewählt. Wer von „Herzensbündnissen" bei Fürsten= und vor allem bei Kronprinzenverlobungen redet, ist ein Lakai, und wer daran glaubt, im besten Falle ein naiver Tölpel. Der Unterschied gegen früher besteht nur darin, daß heute die „Probier" von der Wissenschaft vorgenommen wird. Ein Ärztekonsortium muß begutachten, welche Aussichten die Abstammung eröffnet, und welches die Sicherheiten sind, die die individuelle Konstitution der in Betracht kommenden Bräute und Bräutigams bieten. Und diese Art der „Probier" ist sicher die zuverlässigste. Freilich auch die allerbrutalste. Sie ist unendlich brutaler, als wenn ein strammer Bauernkerl und eine brünstige Dirne in wildem, unzähmbarem

218.   Die ertappten Ehebrecher.   Französischer Kupferstich. 17. Jahrhundert

Begehren und unter Stöhnen sich gegenseitig ihre Geschlechtstüchtigkeit erweisen. Hier lodert doch schon die Flamme der individuellen Geschlechtsliebe.

Die Formen des gegenseitigen Liebeswerbens. Die Formen des Liebes:werbens waren am Ausgang des Mittelalters fast bei allen Klassen und in allen Ländern noch überaus primitiv und bestanden somit durchwegs in den sogenannten Urformen der Galanterie. Das heißt: die beiden Geschlechter huldigten sich fast ausnahmslos in den unzweideutigen Manieren handgreiflicher Liebenswürdigkeiten. Augen und Hände nahmen und hatten alle Rechte. Gewiß verfuhr man in bäuer:lichen Kreisen derber und direkter als beim Bürgertum und beim Adel, und wiederum war der deutsche Adel ungeschlachter als der italienische und spanische, aber es handelte sich dabei stets nur um Unterschiede des Grades und nicht um solche des Wesens.

In dem altdeutschen Roman „Ruodlieb", der mit der ganzen Deutlichkeit des Mittelalters die Dinge schildert, findet man mehrere Stellen, die die hand:greiflichen Verkehrsformen der Zärtlichkeit, wie sie bei den Bauern im Schwange waren, geradezu klassisch belegen. Wir verweisen hier nur auf die folgende Szene. Ein ver:wegener Bursche, vom Verfasser wegen seiner brandroten Haare „der Rote" genannt, kehrt bei einem schon etwas älteren Bauern ein, der sich nach dem Tode seiner ersten Frau zum zweitenmal mit einer jungen hübschen Dirne verheiratet hat. Der Anblick der jungen Bäuerin mit dem vollen Busen erweckt in dem Wanderer alsbald den Wunsch nach deren Besitz, und er heckt sich darum einen dementsprechenden Plan aus. Um die Eifersucht des Alten einzuschläfern, stellt er sich als einen Vetter der Frau vor. Die junge Bäuerin, der der stämmige Gast sofort überaus sympathisch ist, geht darauf ein, und alsbald ent:wickelt sich zwischen den beiden ein Gespräch, in dem er ihr seine Begierde kund gibt und sie ihre Bereitwilligkeit, ihm noch viel häu:figer zu Willen zu sein, als er von

Erkaufte Liebe

219. Französischer Kupferstich. 17. Jahrhundert

Qu'avez que raison ce Galand et sa Dame, Vieux trou, luy disoit-il qui n'es ran que lezene/ Tu n'es bon maintenant qu'à dire des Sornettes,
Qu'a l'Amour à coiffez d'ôme mesme façon: Tune vaux en amour portez ny fleur ny fruit, Ton corps ne vault plus rien pour le tan de Cypri,
Te plaisoit à railler d'après lardeur de leur flame Te voyla maintenant sans vigueur et sans force, Tuy donquoie long de vaus, et voi toy de lunettes
Le Veillard impuyssant et plus froid quvn glaçon. Auecque ta fourrure et toi bonnet de nuit Oú dans les Lunie vunqte tu gaignera le prix.

Satirische Darstellung der ehebrecherischen Frau und des Hahnreis.   Anonymer französischer Kupfer aus dem 17. Jahrhundert

ihr begehrt hatte. Die Erfüllung muß man sich jedoch für die Nacht aufsparen, bis der Alte schläft. Aber Vorschüsse kann man unterdessen nehmen und bewilligen. Und damit zögert man denn auch nicht. Kaum hat der alte Bauer für einen Augenblick das Zimmer verlassen, so nützt man die Gelegenheit: „Una manus mammas tractabat et altera gambas, quod celabat ea super

En volat incestum vir presens cuspide stuprum.
Procedens nullo Conspiciente viro,

Es ist ein kleinr schad vnd grossr Neidt,
Wen einr dem andrn bey seinr frau leidt.
Er kan nicht leidn wen ers sicht,
Vnd muß doch leidn wens heimlich geschicht

220. Deutsches Stammbuchblatt 1648

expandendo crusena" — „mit der einen Hand griff er nach ihren Brüsten, die andere schob er unter ihre Schenkel". Und da dies ganz nach dem Geschmack der jungen Bäuerin ist, so breitet sie ihr weites Gewand auseinander. Dadurch kann „der Rote" in Gegenwart ihres Gatten wenigstens einen Teil seiner verliebten Scherze fortsetzen.

War man, wie man an diesem Beispiel sieht, in bäuerlichen Kreisen beim Liebeswerben direkt roh, so war man beim Bürgertum und Adel zum mindesten überaus plump und noch ziemlich frei von jedem stimulierenden Raffinement. Beide Teile gingen immer direkt aufs „Endziel" los. An den Scharmützeln des Flirts fand man gewiß das allergrößte Gefallen, übte sie und gestattete sie bei jeder Gelegenheit und an allen Orten, aber man beschränkte sich ohne Not niemals darauf, sondern der Mann benützte die erste Gelegenheit, „eine ungenügend verteidigte Festung auch alsbald einzunehmen", wie man mannigfach liest. Kurz, man liebte auf beiden Seiten im Prinzip das möglichst abgekürzte Verfahren.

Den raffinierteren Formen des Liebeswerbens und des Liebesverkehrs begegnete man zuerst bei den Kurtisanen, und auch sehr lange ausschließlich bei diesen, genau wie im Altertum. Die Kurtisanen wußten auch, daß darin ihre Hauptanziehungskraft auf die Männer beruhte. Und darin verspotteten sie auch deswegen die Damen, die ihrer Konkurrenz nicht gewachsen waren. Von den römischen Kurtisanen ist zum Beispiel eine Redensart bekannt, in der über die vornehmen Römerinnen in der Weise gespottet wird, daß diese zwar stets bereit zur Liebe seien, aber daß sie trotzdem nicht einmal die Delikatesse, die das Wort für die Liebe habe, begriffen hätten: „Chiavono come cani, ma sono quiete della bocca come sassi," (sie geben sich hin wie die Hündinnen, aber sie sind stumm wie die Steine).

Freilich, je siegreicher die Geldwirtschaft vordrang, je größer die Klasse wurde, die vorwiegend dem Genusse leben konnte, um so rascher und in um so höherem

221. **Wirtshausszene.** Gemälde von J a n S t e e n. Original Städelsches Institut, Frankfurt

Grade wurde in diesen Kreisen aus der Frau ein Luxustierchen. Das war abei gleichbedeutend damit, daß das Genießen, und zwar vor allem das in der Liebe, in diesen Kreisen um so raffinierter wurde. „L'Art d'aimer", die Kunst zu lieben wurde hier die höchste, angesehenste und zugleich auch die populärste Wissen= schaft. Die „ehrbaren" Frauen begriffen und lernten nicht nur die raffinierten Wirkungen der unkeuschen Worte in der Liebe, sondern auch alle die andern unzähligen Tricks, durch die das Raffinement die Lüsternheit und somit auch das Vergnügen in der Liebe zu steigern vermag. Die Ehefrauen, die ehedem als „Klötze im Bett" bezeichnet wurden, liefen von nun ab, wie wir schon weiter oben durch ein Zitat belegten, häufig den Kurtisanen den Rang ab, so daß es schließlich, wie Zeitgenossen melden, „unendlich genußreicher war, eine vornehme

Dame zu lieben," oder „mit einer edlen Dame den Turnierplatz der Liebe zu betreten", als mit den raffiniertesten Liebespriesterinnen, „denn jenen eignen auch noch die Vorzüge des Geistes und der Erziehung, während sie diesen in den Künsten der Liebe ebenbürtig sind". Zum Gipfel des Raffinements führte natürlich der Sieg des Absolutismus, weil dieser die Frau als Geschlechtsinstrument nicht nur zum heimlichen Kaiser kürte, sondern sie offen vor aller Welt auf den Thron setzte. Die Entwicklung vom „Klotz" zur „Meisterin in der Liebe" ging daher in diesen Kreisen besonders rasch vor sich. Brantôme schreibt darüber:

„Was unsere schönen Französinnen betrifft, so waren sie in früheren Zeiten sehr ungeschickt und begnügten sich mit einer plumpen Art der Liebe; aber seit fünfzig Jahren haben sie von den andern Nationen soviel Feinheiten, Zierlichkeiten, soviel laszive Reize und Gewohnheiten gelernt, oder sie sind auch selbst beflissen gewesen, sich darin auszubilden, daß man sagen kann, sie übertreffen heute alle andern in jeder Weise. Ich hörte, auch von Ausländern sagen, daß sie den Vorzug vor andern hätten; zudem sind die unkeuschen Worte in der französischen Sprache viel lüsterner, wohlklingender und aufregender als in einer andern Sprache."

Die Nationen, von denen die Französinnen gelernt hatten, waren Spanien und Italien, während die Franzosen hinfort die Lehrmeister der Deutschen wurden.

Einer hübschen Frau öffentlich in den Busen zu greifen, war die erste und stete Huldigung, der man damals in allen Kreisen begegnete. Man tat dies bei jeder Gelegenheit, vor allem bei den geselligen Zusammenkünften; bei den Tänzen wird es wohl ständig geschehen sein und galt sicher als der beliebteste Scherz (Bild 41 und Beilage: „Die lustige Gesellschaft"). Diese Huldigung setzte gar keine intimere Beziehungen zwischen den Betreffenden voraus, sondern im Gegenteil, mit einer solchen scherzhaften Handgreiflichkeit begann nicht selten die Anknüpfung einer näheren Bekanntschaft. Es folgt daraus, daß ein derartiges Benehmen damals gar nichts Anstößiges an sich hatte, sondern sehr natürlich gefunden wurde. Und darum empfand eine Frau auch nichts für sie Beleidigendes dabei, sondern betrachtete es als die selbstverständliche Schmeichelei. Ja sogar als die ihr gebührende Schmeichelei.

222. Das ungleiche Liebespaar

251

sofern sie nur halbwegs hübsch war. Und wenn eine Frau einen schönen Busen hatte, so wehrte sie sich auch meist nicht allzusehr gegen solche Unternehmungen eines Mannes. Wenn sie es doch tat, so sicher in sehr vielen Fällen nur zum Schein, oder um die Sache durch ihr Sträuben pikanter zu machen, wenn nicht gar deshalb, um eine Situation herbeizuführen, die dem Angreifer ermöglichte, mehr von den Herrlichkeiten zu sehen, auf die man stolz ist, als ihm die momentane Mode im allgemeinen erlaubt hätte.

Über die Häufigkeit und Beliebtheit dieser letzteren Methode orientiert uns die bereits im vorigen Kapitel (S. 173) zitierte gereimte Strafpredigt Murners. Was Murner in dem betreffenden Gedicht behauptet, ist, wie das vorhin Gesagte ergibt, daher in keiner Richtung die Übertreibung des Satirikers. Daß der Mann sich ostentativ gegenüber den Frauen in solch handgreiflichen Huldigungen gefällt, und daß die Frauen ihn dazu ständig provozieren und an solchen Unternehmungen Gefallen finden, — all das sind aber auch nichts anderes, als die zusammengehörigen und darum voneinander untrennbaren Bestandteile und verschiedenen Seiten einer und derselben Sache. Und diese Sache ist eben die animalisch-sinnliche Grundanschauung der Zeit. Das ist der Rahmen, in dem eines das andere logisch bedingt: die Besitzergreifung der irdischen Welt bedingt den Kultus des Körperlichen, der Kultus des Körperlichen bedingt — gegenüber der Frau — den Kultus des Busens, der Kultus des Busens den Kultus seiner Entblößung, der Kultus der Entblößung eine alledem entsprechende Form der Anerkennung von seiten des Mannes. Und diese entsprechende Anerkennung ist eben die so oft als möglich betätigte unzweideutige Offenbarung, daß man die körperliche Schönheit am höchsten schätzt. Das kann der Mann im Geiste dieser Zeit natürlich nicht anders zum Ausdruck bringen, als indem er bei jeder Gelegenheit seinen Wunsch nach dem Besitz dieser ihm so verführerisch dargebotenen Schätze äußert und darum keck und verwegen nach ihnen greift. In den Rahmen des Ganzen gehört natürlich ebensosehr das prinzipielle Einverständnis der Frau mit derartigen Unternehmungen des Mannes und weiter, daß man diese derbe Form der Huldigung im letzten Grunde als eine Harmlosigkeit ansah. Nur das Gegenteil wäre unlogisch.

Es ist auf Grund von alledem kein Wunder, daß die gesamte Literatur und Kunst aller Völker von Bestätigungen für diese Grundform der Galanterie, wie man sie wohl nennen kann, strotzt. Wir wollen uns jedoch nur mit einigen wenigen Beispielen an dieser Stelle begnügen, weil von diesem Gegenstand ja in anderem Zusammenhang sowieso immer wieder die Rede ist. In dem „Spiel von Jungfrauen und Gesellen" erklärt eine Jungfrau:

„Nun hört mich auch mit meiner Sachen!
Man wollt ein Nönnlein aus mir machen.
So bin ich gar eine stolze Dirn
Und iß gar gern gebraten Birn.
Des Morgens mag ich nicht lang' tasten
Und laß mich gern die Knaben antasten.
So trink ich lieber Wein, denn Brunnen.
Darum taug ich zu keiner Nunnen."

In einem Epigramm des Clément Marot (übersetzt von Margarethe Beutler) heißt es:

„Ach, die schöne Katharine
Hatte mir das Herz entbrannt,
Und ich steckt' mit loser Miene
In den Busen ihr die Hand,
Bis auch sie in Flammen stand."

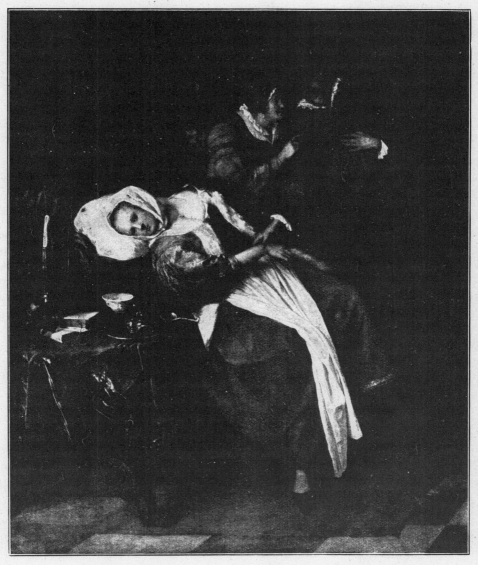

223. Die Liebeskranke. Gemälde von Jan Steen. Original: Eremitage St. Petersburg

Am deutlichsten nennen natürlich die Sittenprediger die Sache beim Namen, wenn sie gegen die Geilheit der Zeit ins Feld ziehen. Geiler von Kaisersberg sagt in seiner bekannten Predigt, in der er des Sebastian Brants Narrenschiff in Predigtform umarbeitet:

„Die dritt schell ist, ein Lust haben auf bloße Haut zu greifen, nemlich den Weibern oder Jungfrauen an die Bruestle zu greiffen. Dann es sein etliche darauf geneigt, daß sie meinen, sie können mit keiner reden, sie müssen ihr an die Brüste greifen, das ist eine große Geilheit."

In dem Fastnachtsspiel von „Fürsten und Herren" rügt ein Sittenprediger dasselbe:

253

> „Ihr wollt in alle Winkel putzen
> Und tut die schönen Weiber anschmutzen,
> Euer Mund zufleußt euch Beschaid,
> Wenn ihr anseht Frauen und Maid.
>
> Spricht eine ein Wort in ei'm Guten,
> So wollt ihr ihr naschen um die Tutten,
> Die kann eur nimmer ledig wern.

Eine satirische Priamel, die von den Frauen handelt, die solches gewähren, kommt zu dem bekannten Schluß, daß solche Frauen sich nicht zu einer Nonne eignen:

> „Welche Frau da gern am Rucken leyt (liegt)
> So man ihr etwas in den Beutel geit (gibt)
> Und ihr gern läßt in den Busen tasten
>
> Und gern tantzt und nicht mag fasten ..
> Die Frau fügt gar übel zu einer Nunnen.“

Durch Brantôme erfahren wir an der Hand von zahlreichen historischen Belegen die Tatsache, daß man selbst in den höchsten Kreisen solchen Freuden nicht abhold ist. Er widmet einen ganzen Abschnitt dem Thema „Von der Berührung in der Liebe“. Diesen Abschnitt beginnt er mit den Worten:

> „Was das Betasten betrifft, so muß man allerdings gestehen, daß es sehr ergötzlich ist; denn die Vollendung der Liebe ist der Genuß, und dieser ist nicht möglich, ohne den geliebten Gegenstand zu betasten.“

Natürlich beschränkt man sich bei solchen Handgreiflichkeiten nicht auf den Busen allein, sondern geht bei der ersten Gelegenheit weiter (Beilage: „Die Freuden des Lebens“ und „Die Dirne und der Jüngling“). Der Mönch Berthold von Regensburg bezeichnet als das vierte Laster der Zeit „das schentlich (wollüstige) Küssen“ und als „das fünfte die schentlich Begreifungen der Lider“ (das sind: die weiblichen Geschlechtsteile). Vor allem geschieht dies ganz ungeniert unter Verliebten. Der Dichter des „Kittel“ schildert die Zärtlichkeiten eines Bauernburschen im Verkehr mit einer jungen Dirne folgendermaßen:

> An greift er sie mit Ungelimpf, er schlägt sie hinten an den Ars,
> Des spielt er mit ihr alter pars; er greift ihr auf und nieder...
> Er lueget ob sie feist sei...

Geiler von Kaisersberg sagt an einer Stelle, wo er ebenfalls von der Art und Weise spricht, in der die Männer den Frauen am liebsten hofieren:

> „Sie hoffieren mit greifen und anrühren. Es sein etliche, die hoffieren ihren Elsell mit greifen hin und wider, hinden, jetzt vornen, jetzt oben, dann unten...“

Und auch von diesen Fortsetzungen gilt, daß man in allen Kreisen großen Geschmack daran fand. Grimmelshausen schildert, wie Simplicius eine Oberstengattin jeden Tag — abflöhen muß, weil dieselbe Gefallen daran findet, sich an ihrem Busen und an noch intimeren Stellen von dem jungen Burschen betasten zu lassen. Und was der strammen Oberstengattin das höchste Vergnügen bereitet, so daß sie Tag für Tag den ihr sympathischen Simplicius mit dieser Aufgabe betraut, das ist nicht minder nach dem Geschmack brünstiger Hofdamen und nach Liebe girrender Prinzessinnen. Brantôme beschreibt verschiedene Fälle aus der Hofgesellschaft, wo Frauen Kavalieren des Hofes die Gelegenheit geben, sie nach Herzenslust am ganzen Körper zu betasten und sich auf diese Weise die genaueste Kenntnis von der Realität ihrer intimsten Reize zu verschaffen. Für den englischen Hof finden wir bei englischen Hofchronisten, so zum Beispiel bei Hamilton, die-

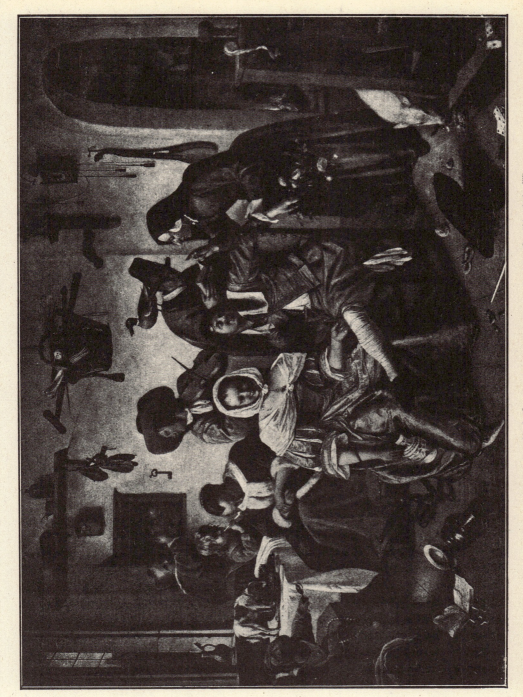

224. Lockere Gesellschaft. Gemälde von Jan Steen. Original: Gemäldegalerie, Wien

selben Manieren beschrieben. Und so weiter, und so weiter, denn man könnte in der Tat selbst die historischen Beweise mit Leichtigkeit bis ins Endlose fortsetzen.

In den zeichnerischen und malerischen Künsten sind die bildlichen Darstellungen von derben Betastungen vor allem des Busens der Frauen durch die Männer geradezu ein Lieblingsmotiv. Alles greift nach diesen verlockenden Früchten der Liebe: der Jüngling, der Mann, der Greis. Es ist des Jünglings erster Triumph, des Mannes tägliche Kost, des Greisen letzte Labsal. Der Verliebte, ob er ein Bauer oder ein Edelmann ist, hat seine Hände stets zwischen die Brüste der Geliebten versenkt, und kann sich nicht sättigen an diesem Spiel: er prüft ihre Festigkeit, ihre Fülle, ihre Größe, ihre Form, ihre Schönheit, und immer wieder von neuem. Wenn der Bursche schäkernd nach einer Dirne greift, greift er mit der einen Hand nach ihrem Busen, mit der andern nach ihrer Hüfte, um sie festzuhalten. Der Landsknecht und der Bauer haben im Wirtshaus die Hände am Mieder einer Dirne oder halten eine dieser begehrten Früchte in den Händen. Und jeder Frauenbusen, der noch irgendwelche Reize hat, kommt zu seinem Recht. Das malen uns mit Vorliebe die Holländer, die Kleinen und die Größten, und jeder Dutzende von Malen. Aber auch die Deutschen, die Italiener und Franzosen sind nicht weniger müßig in der bildnerischen Schilderung solcher Situationen (Bild 10, 49, 76, 102, 162, 174, 176, 179, 180, 181, 189, 190, 199, 210, 219, 227, 235 und Beilage: „Die Liebe").

Und alle diese Bilder verraten auf das deutlichste, mit welcher Liebe man bei der Sache ist, daß man damit eines der höchsten Vergnügen, die man kennt, verherrlichen will, und daß man nie genug Rühmens davon machen kann. Das gilt selbst von der Mehrzahl der in moralischer Absicht satirisierenden Darstellungen. Gemäß des üppig moralisierenden Tones der Zeit sind an zahlreiche, man kann fast sagen: an die meisten derartigen Darstellungen moralisierende Nutzanwendungen verknüpft. Die satirische Zeitmoral sagt: gar manche läßt sich nur deshalb von den Männern „benaschen", weil sie dadurch am besten deren Taschen plündern kann. Und sie stellt diesen Vorgang einfach und unzwei-

Exulat ingenium Caſtum, vultuſq modeſtus: Hab danck Lucretia deinr Ehr,
Lucretia in Nymphis invenit ægre parem.   Itzundt erſticht ſich keine mehr

225. Deutsches Stammbuchblatt. 1648

256

Mundi oculus Phœbus, mundi Jux, omnia cernit,
Sub nitido arcanum est Sole, latoisq́ nihil.

Martis adulterium blanda cum Cypride, nexu
Mulciberis, dictis prœbet abunde fidem.

Nudus vterq́ iacet: nil sic cœlatur, et atra
Nox operit, prodat quin, reseretq́ dies.

B. Spranger Inuentor Muleuis Sculptor.
Aᵒ 1588

Ehebrecherische Liebe

Symbolischer Kupferstich von Heinrich Goltzius. 1588

Signor G. Noble Venetien   Donna L.

226 u. 227. Die ehebrecherische Frau. Französische Kupferstiche

deutig im Bilde dar. Während der verliebte Jüngling sich mit dem schwellenden
Inhalt des Mieders seiner gefälligen Partnerin beschäftigt, werden ihm von dieser
gleichzeitig hinterrücks die Taschen geleert. Ist sein Beutel wohl gefüllt, so sträubt
sich die Dirne auch nicht, sofern der Bursche noch weiter geht. Bei einem ver=
liebten alten Mann darf die Frau sogar ganz offen dessen Taschen leeren, denn dieser
kann ja überhaupt nur mehr mit dieser Münze bezahlen. Während er im Anblick
und Besitz der werdenden Schönheit einer Jungfrau schwelgt (Bild 180), oder
sich mit der reifen, schweren Pracht einer vollerblühten Frau vergnügt (Bild 62),
holt diese sein Geld aus seinen Säcken und zählt es offen vor ihm auf den Tisch.
Das letztere ist sehr häufig auch die satirische Form der Darstellung für die Ehe
zwischen einem alten Mann und einem jungen Mädchen: jedes von beiden begleicht
die Rechnung auf seine Weise (Bild 228, Beilage: Landsknecht und Dirne).

Aber so zutreffend die Satire dieser Blätter und Gemälde auch ist, so kann
man trotzdem nicht übersehen, daß es nur indirekte Verherrlichungen der satirisierten
Sitten sind. Wenn der Maler oder Zeichner den „verlorenen Sohn" in der Ge=
sellschaft von Dirnen zeigt, wie er gleich zweien zugleich das Mieder aufgeschnürt
hat, oder wenn er den Greis zeigt, wie er seine ohnmächtige Geilheit am Anblick
eines von Pracht und Fülle schwellenden Frauenbusens sättigt, den nicht die ge=
ringste Fessel mehr bändigt (Bild 62), so ist das zur „Sünde" lockende Objekt,
der betreffende Busen, vom Künstler stets mit soviel verherrlichender Begeisterung
dargestellt, daß das Tun des „verlorenen Sohnes" oder das des Greisen eben zur
selbstverständlichsten Sache von der Welt wird. Beide wären Narren, wenn sie
nicht so handelten. —

Die im Leben tatsächlich sehr häufige Erscheinung, daß mit dem Geld auch
die Liebe der Frauen verflogen war, ist naturgemäß ein gleich häufiges Motiv in
der Literatur und der Kunst. Ein altes deutsches Volkslied lautet:

257

Venus die Göttin sehr ergrimmt /
Wenn ein Alter ein Junge nimpt /
Dann nichts vngereimbters seyn kan /
Als ein jung Weib vnd alter Mann.

A. Der alte Greiß.

König David / als er war alt /
Vnd an sein gantzen Leib erkalt /
Ein Jungfraw legt man jhm zu Bett /
Welche den König wärmen thät /
Eben also / Ich alter Mann /
Muß ein Jungfraw im Bette han /
Die sich meins kalten Leibs erbarm /
Vnd mich wärme in jhren Arm /
Kan gleichwol sonst nicht schlaffen viel /
Als daß ich mit jhr schertz vnd spiel /
Verhoff mein schön Geld vnd Küssen /
Werd jhr wol den Fürwitz büssen.

B. Die Jungfraw.

Ey lacht auß den alten Gecken /
Der schon geht an einem Stecken /
Vnd will jhm doch noch getrawen /
Zu versehen mich Jungfrawen /
Ey deß Truckens / ey deß Schmatzens /
Mein lacht deß alten Scheißbatzens /
Du gute liebe Tasche mein /
O Schatz-Geld / Dich lieb ich allein /
Komm Todtengräber hol mein Alten /
Das Geld will ich wol verwalten /
Pfuy / der Männer zu allen Zeiten /
Die Roß halten / können nicht reiten.

C. Der Dichter.

Nit gnug ich mich verwundern kan /
An diesem alten grawen Mañ /
Den Cupido vnd Venus hassn /
Sich mit der Jungfraw mag einlassn /
Der doch an Kräfften eingeschnort /
Vnd wie ein altes Hew verdort /
Was will der alt Narr richten auß /
Ein ander hat den besten Schmauß.
  Johann Mathesius zeiget an /
Ein harte Nuß / ein stumpffer Zahn /
Ein junges Weib ein alter Mann /
Zusammen sich nicht reimen wol /
Seins gleichen ein jeder nemen soll.

Nürnberg / bey Paulus Fürst / Balthasar Caymox Sel. Erben zu finden.
Gedruckt im Jahr Christi / 1640.

228. Satirisches Flugblatt auf die Liebe zwischen Alten und Jungen

Mein feins Lieb ist hinweggeflogen
Auf einen grünen Zweige,
Wer will mit mir die Winter lange Nacht,
Mein Zeit und Weil vertreiben?

Mein feins Lieb hieß mich nieder sitzen
An ihre schmale Seiten,
Sie sach mich über die Achsel an,
Sie meint mein Geld im Beutel.

Dieweil ich Geldt im Beutel hat',
Da ward ich wert gehalten,
Da ich kein Heller noch Pfenning mehr hat',
Hat sich die Lieb zerspalten.

Mein feins Lieb hat mir ein Brief geschickt,
Darin so steht geschrieben,
Sie hab' ein' andern viel lieber denn mich,
Sie hab sich mein verziegen.

Daß sie sich mein verziegen hat,
Darum traur ich nicht sehre,
Laß reiten, laß fahren was nicht bleiben will.
Der schönen Fräulein findt man mehre.

Und der uns dieses Liedlein sang,
Von neuem hat gesungen,
Das haben gethan zween Schlemmer gut,
Ein alter und ein junger.

Bildlich wurde diese Moral der Geschichte meist so dargestellt, daß gezeigt wurde, wie der kurz vorher noch so zärtlich umschmeichelte Mann nun höchst unsanft vor die Türe gesetzt wird und seinen Weg gewiesen bekommt (Bild 53).

Natürlich sind trotz alledem in allen Ländern die gefälligen Dirnen und Frauen, die sich gerne und überall benaschen lassen, begehrter als die Spröden, die einem mutwilligen Knaben solche Wünsche versagen und verweisen. Dagegen hat gar manche ihre strenge Sittsamkeit damit bezahlen müssen, daß sie von ihrem Buhlen verlassen und mit einem Mägdlein vertauscht wurde, die ihres Leibes Schätze willig seinen Händen für das Recht preisgab, dafür nach Belieben in seinen Geld= beutel greifen zu dürfen. In dem Versspiel: „Die Egen" läßt der Verfasser ein solches wegen seiner demütigen Sittsamkeit verlassenes Mädchen auftreten und sprechen:

Es hett mir's einer schon
      versprochen.
Das ist jetzo wohl vier=
      zehn Wochen,
Daß er mir nie kein Ant=
      wort gab;
Ein andre spannet mir
      ihn ab,
Die ließ sich überall
      benaschen
Und spielen in ihr un=
      teren Taschen,
So spielt sie ihm im
      Seckel oben.
Nimmt es ein gut End,
      so soll man's loben.

Es wäre durch=
aus falsch, wollte
man glauben, die
Rolle der Frau beim
gegenseitigen Wer=
ben habe auf ihrer
Seite nur im Dulden
und Geschehenlassen
bestanden. Im Gegen=
teil. Die Frau hat
zu allen Zeiten ge=
wußt, daß man dem

229. Symbolische Darstellung auf den Männerfang. Kupferstich von de Bry

259

Madam Zot femme dun officier de L: C. Isac la flute Crocheteur.

230 u. 231. Offiziersfrau und Kuppler. Französische Kupferstiche

Zufall ein Bein stellen kann, und daß man ihm auch ständig ein Bein stellen muß, wenn einem der Erfolg sicher in den Schoß fallen soll. Dieses dem Zufall ein Bein stellen bestand immer darin, daß die Frau geschickt jene Gelegenheiten schuf, die den Mann direkt zu den von ihr erwünschten, wenn auch noch so schämig abgewehrten Unternehmungen provozierten. Die Mode war dazu jederzeit ein Haupt= hilfsmittel; in dieser hat die Frau stets das die Sinne des Mannes am meisten Provozierende förmlich in ein System gebracht. Der jeweilige Grundzug der Zeit diktierte die Formen. Aber jedesmal ging die Frau darin so weit, wie die Zeit irgend erlaubte. Welche kühnen Mittel und Formen die Renaissance in dieser Richtung gestattete, und welche Gelegenheiten sie schuf, den Augen gegenüber dem Busen alle Hindernisse beiseite zu räumen, wissen wir bereits (Bild 72, 137 und 155). Diese Mittel sind naturgemäß nicht die einzigen geblieben; aber ebenso naturgemäß ist, daß die andern, die man ihnen an die Seite reihte, an Derbheit und Kühnheit eben= bürtig waren: der Kühnheit in der Dekolletierung von oben nach unten setzte die Zeit systematisch eine ebenso große Kühnheit von unten nach oben entgegen — die Frau kannte nur zu gut den hypnotisierenden Eindruck des Anblicks ihrer Beine und noch intimerer Reize, und wenn dieser Anblick auch nur Sekunden währte; das heißt, sie erkannte bald die wichtige Rolle des Sehens in der Liebe. Und darum hatten die Augen der Männer häufig alle Rechte. Die Dekolletierung von unten nach oben geschah in der Renaissance vornehmlich durch den Tanz und durch eine Reihe Spiele, deren Hauptreiz und Hauptpointen sehr häufig in einem möglichst forcierten Entblößen der Frauen bestand. Da dem Tanz und den Spielen in dem Abschnitt über das gesellige Leben eine gesonderte und eingehende Schilderung zuteil wird, so begnügen wir uns an dieser Stelle mit dieser allge= meinen Notiznahme.

Was jedoch an dieser Stelle noch belegt werden muß, das ist die individuelle

232 u. 233. Bürgerin und Kupplerin. Französische Kupferstiche

Kühnheit, zu der die Frauen sich nicht selten in dieser Zeit beim Ausnützen der ebengenannten Reizwirkungen verstiegen. Die Chronisten melden uns aus verschiedenen Ländern, daß es ein sehr beliebter Kunstgriff der Frauen sei, sich mit Absicht in heikle Situationen zu begeben, um sich in solchen von Freunden überraschen zu lassen. In solchen Situationen verharrten sie oft sehr lange, „damit sie die sichere Gewißheit hatten, daß die betreffenden Männer die ihnen angenehmen Feststellungen von ihrer Schönheit gemacht haben." Beispiele dafür findet man in den Erzählungen der Königin von Navarra, bei Brantôme und bei fast allen zeitgenössischen Novellenerzählern. Brantôme schreibt: „oft genug macht es solchen Damen auch Vergnügen, sich ohne Hindernisse sehen zu lassen, da sie sich makellos fühlen, und sicher sind, unsere Begierde zu entflammen". Von verschiedenen vornehmen Damen des französischen Hofes wird weiter berichtet, daß sie sich von Kavalieren Kammerdienste verrichten ließen. So zum Beispiel ließen sie sich von diesen besonders gerne die Strümpfe und Schuhe anziehen, weil dies, wie es in einem französischen Manuskript aus dem 16. Jahrhundert heißt, „verliebten Damen die beste Gelegenheit biete, den von ihnen begünstigten Männern jene Schönheiten zu offenbaren, die auf eine andere Weise an den Tag zu bringen ihnen nicht möglich gewesen wäre". Weiter heißt es in demselben Manuskript: „die Damen tun dies auch in der Voraussetzung, weil sie sich sagen, ein Mann von Temperament werde eine solche Gelegenheit nie vorübergehen lassen, ohne sich gewisse Freiheiten zu nehmen". Andererseits wären sie in dieser Situation am leichtesten in der Lage, jederzeit zu verhindern, daß der Begünstigte in seinen galanten Unternehmungen weiter gehe, „als ihnen ihre Ehre und ihr Gewissen" erlaube. In einem anderen zeitgenössischen Werk heißt es:

„Es gibt zu unserer Zeit wenige Damen der Gesellschaft, die solche Gunstbezeugungen nicht schon ihren Freunden und selbst Fremden bewilligt haben. Manche haben dieses Recht einem Courmacher sogar schon nach wenigen Tagen eingeräumt, denn die Frauen unserer Zeit sagen: ‚die Augen und die Hände der Freunde machen den Gatten nicht zum Hahnrei'. Also gewähren sie den Augen und Händen ihrer Freunde die größten Freiheiten." Weiter heißt es an derselben Stelle: „Es gibt viele edle Damen, von denen zahlreiche Kavaliere des Hofes sich rühmen können, sichere Kenntnisse ihrer heimlichen Schönheiten zu haben, und die betreffenden Damen galten doch als Muster der Sittsamkeit. Und mit Recht, denn sie haben dadurch ihre Männer nicht erniedrigt, sondern nur den Neid gesteigert, weil sie diese unvergleichliche Schönheit jederzeit nach Belieben genießen durften, die den anderen höchstens vergönnt war, zu sehen."

Diese kühnste Form des Exhibitionismus, wie der wissenschaftliche Name für diese Nuance der Geilheit lautet, war also demnach der Sport, dem auch die anständigen Damen mit Begeisterung oblagen. Er war die Form, die es ihnen gestattete, wenigstens in der Phantasie Orgien zu feiern. Solche Freiheiten sind auch von zahlreichen unverheirateten Damen den Kavalieren gestattet worden. Von diesen natürlich in erster Linie den Unverheirateten, die man gerne zu einem Ehe= antrag ermuntert hätte. „Man machte es ihnen auf diese Weise begreiflich, daß es sich wohl lohnen würde, unbeschränkter Besitzer solch unvergleichlicher Schön= heiten zu werden". Und diese Methode bewährte sich:

„Manche anständige Dame hat dadurch, daß sie es auf geschickte Weise verstand, einem Be= werber um ihre Hand die genaue Kenntniß ihrer Schönheit zu verschaffen, diesen viel fester an sich gefesselt, als durch die verliebtesten Blicke und durch die geistreichsten Worte."

Auch war ja solches ganz gefahrlos, „denn", sagte man, „durch Blicke ist noch nie eine Jungfrau schwanger geworden." Wenn dagegen der Ruhm ihrer intimen Schönheiten von Mund zu Mund ging, so steigerte schon dies erheblich die Glückchancen der betreffenden Damen. Von jenen Frauen dagegen, die solche „Harmlosigkeiten" selbst dann weigerten, wenn sie ausdrücklich darum gebeten wurden, ging stets die Fama, daß sie geheime Fehler zu verbergen hätten, durch deren Bekanntwerden sie Abscheu bei den Männern erregen würden. Diese letztere Anschauung bestätigt auch Brantôme in dem schon genannten Abschnitt „vom Sehen in der Liebe".

Unter solchen Umständen wurden natürlich diejenigen Männer boshaft ver= spottet, die so blöde waren, derartige günstige Gelegenheiten ungenützt vorüber= gehen zu lassen, und nicht begriffen, wo eine hübsche Dame „der Schuh drückt", wenn sie einem Kavalier galant das Bein hinstreckt und Kammerdienerdienste von ihm fordert (Bild 234).

Das sind die Urformen der Galanterie. Man muß zugeben: die derbe Aktivität, deren sich der Mann damals befleissigte, entsprach nur der deutlichsten Form der Aufforderung, die die Frau an ihn richtete. —

Das Leben bot in der Renaissance Mann und Frau hundert Gelegenheiten zur Betätigung solcher derber Formen des gegenseitigen Werbens. Die Enge der Verhältnisse, das Zusammenwohnen auf engem Raume und die primitiven Mittel bei der Lösung aller gesellschaftlichen Bedürfnisse schufen sozusagen ständige Anreize. Wir wollen uns mit der Anführung eines einzigen Beispiels begnügen: das Reisen. Man reiste damals nicht allzu viel, und vor allem Frauen nicht. War man aber dazu gezwungen, so waren die Betreffenden für die ganze Reise durch die Um= stände förmlich aneinandergefesselt. Und wenn Frauen reisten, so reisten sie doch

Ich weiß am besten wo mich der Schuch drückt.

Vous voyez mon Escarpin beau et neuf,
mais Vous ne sçavez pas ou il me bresse.

Nessuno sente da che parte preme la scarpa,
se non chi se la calza.

Iacob. d'Heyden, figurauit et gecudit 1636.

234. Die galante Edeldame. Kupferstich von Jakob Heyden, 1636.

nicht nur mit dem Gatten oder dem Bruder, sondern ebenso häufig mit dem Freund; denn einen Beschützer mußten sie bei der Unsicherheit der Straßen selbst auf die kürzeste Entfernung bei sich haben. Weil die Straßen zumeist schlecht waren, waren Wagen nicht verwendbar, auch waren diese umständlicher, teurer, und man kam damit immer nur sehr langsam vorwärts. Nur die reichsten Leute besaßen und benützten Reisewagen. Darum machte man die meisten Reisen zu Pferde. Aber auch hier führte die Umständlichkeit des Reisens noch zur Vereinfachung. Reiste eine Dame, so nahm sie entweder vor oder hinter ihrem Begleiter auf dem-selben Rosse Platz (Bild 7 und Beilage: „Die Freuden des Lebens"). So ritten auch die adligen Damen zur Jagd. In einem solchen Fall waren also die be-treffende Frau und ihr Reisebegleiter stundenlang in intimer körperlicher Berührung miteinander; auch mußte der Reiter die Reiterin nicht selten halten oder stützen, wenn die Straße von Furchen und Gräben durchzogen war. Und da sollte die Begierde nicht die Hände des Mannes — und auch die der Frau! — geleitet haben, wenn man sich sonst gut Freund war, oder auf der Reise gut Freund wurde? Daß das in der Hälfte der Fälle sicher der Fall war, liegt in der Natur der Sache, und es bedürfte nicht erst der Bestätigungen, auf die wir sehr häufig bei den Chronisten stoßen. Und zwar von den Minnesängern an bis herauf zu den spätesten Novellenschreibern. Immer und immer wieder erfährt man, daß der Reiter die minnigliche Maid oder die stramme Bauersfrau, die vor oder hinter ihm sitzt, kräftiglich an sich gedrückt und zärtlich gekost hat. Als einziges Bei-spiel wollen wir hier den Anfang einer sehr derben Erzählung hersetzen, die August Tünger im 15. Jahrhundert aufschrieb, und die gerade das zum Stoff hat, was sich alles bei einer solchen Reise zwischen den beiden Reitenden zutrug:

„Ein jung schön Bauerndirn ritt einst gen Gray, ist eine aus den vornehmsten Städten in der Grafschaft Burgund an der Saone gar lustig gelegen. Unterwegs begegnete ihr vor einem Wald ein dicker Pfaff. Den hieß sie propter reverentiam et securitatis causa hinter sich aufs Maultier sitzen. Dessen freute sich der Pfaffe. Nicht lange dauerte es, da spürt der Pfaff — zu rechnen, es sei auch einer der Bäuchpfaff statt Beichtpfaff gewesen — die Lindigkeit des wohlgestalteten Mägdlein. In primis die posteriosa atque der volle Busen hatte es ihm angetan. Plötzlich greift er der Dirn durch die Arme nach den Brüsten. Die Maid verwundert sich dessen, sagt aber nix, propter reverentiam. ‚Ich muß mich festhalten, sonst fall ich,‘ meinte der Pfaffe . . ."

In der Zimmerschen Chronik, die ebenfalls aus dem 15. Jahrhundert stammt, ist ein ähnlicher Fall geschildert. Nur handelte es sich hier um eine adlige Dame, die sogar gerade in der Absicht, die Reise auf solche Weise auszunützen, sehr häufig eine bestimmte kurze Reise machte.

Ähnliche Vorrechte genossen vielfach auch Gäste und Besuche. Man empfand es häufig geradezu als eine Ehre, wenn ein willkommener Gast schon nach kurzer Zeit mit der Frau oder mit einer mannbaren Tochter handgemein wurde. Wurde der Besuch als eine besondere Ehre eingeschätzt, so kam es nicht selten vor, daß die Hausfrau sich beeilte, ihm die hübsche Tochter zur Gesellschaft zu schicken. Und es war dem Hause Ehre angetan, wenn der Gast die Tochter hübsch fand und dieser handgreifliche Aufmerksamkeiten erwies, die sich nicht bloß auf einige Küsse zu beschränken brauchten und doch keinerlei Anstoß erregten. Aus dem

Das Liebespaar
Holzschnitt. 16. Jahrhundert

Mittelalter stammte der Brauch, den wir sowohl von den Minnesängern, als auch von den Chronisten häufig registriert finden, nämlich die Übung, einem angesehenen Gaste des Nachts eine schöne Dienerin oder eine mannbare Tochter ins Bett zu schicken, ja daß selbst der Hausfrau manchmal diese Rolle zufiel. Diesen Brauch nannte man: „Die Frau auf guten Glauben beilegen". Murner berichtet von ihm in der „Geuchmatt" als im sechzehnten Jahrhundert noch in den Niederlanden üblich: „Es ist in dem Niederland auch der Brauch, so der Wirt einen lieben Gast hat, daß er ihm sein Frau zulegt auf guten Glauben". Wie gerne man bei einem schönen jungen Gast diese Rolle übernahm, weil er „den guten Glauben" gewöhnlich aufs beste rechtfertigte, — freilich nicht den des Gatten, sondern den viel wohl-

Notzucht
235. Französischer Holzschnitt

begründeteren der Frau, — erfahren wir aus einem französischen Rittergedicht, wo die Hausfrau auf die in sicherer Aussicht stehenden Liebesfreuden zu gunsten einer schönen Magd resignieren muß, weil ihr Gatte noch nicht schläft und diesem Brauch anscheinend nicht zugetan ist. Die betreffende Stelle lautet:

„Der höfischen Gräfin war es angenehm, einen solchen Gast bei sich zu sehen. Sie ließ ihm daher eine große Gans zubereiten und ein kostbares Bett in ein Zimmer setzen, worin man gut ruhte. Als die Gräfin schlafen ging, rief sie das schönste und artigste von ihren Mädchen zu sich und sagte ihm heimlich: Liebes Kind, gehe jetzt hin, lege dich zu diesem Ritter ins Bett und be-diene ihn, wie sich's gebührt. Ich thäte es gerne selber, wenn ich es nicht aus Schamhaftigkeit unterließe, und zwar um des Grafen, meines Herrn, willen, welcher noch nicht eingeschlafen ist."

Es soll übrigens auch solche Männer gegeben haben, die den guten Glauben der Ehemänner gerechtfertigt haben, aber nicht allzuviele. Hartmann von der Aue sagt von seinen Erfahrungen, die er darüber in Deutschland gemacht hat: „Weiß Gott, deren ist aber nicht viel".

In welch hohem Grade die Zeit die Handgreiflichkeiten beim gegenseitigen Flirt selbstverständlich fand, erweist übrigens aufs allerdeutlichste die Art und Weise, mit der man diesen Wünschen allgemein Vorschub leistete. In Augsburg war es zum Beispiel in der Mitte des 17. Jahrhunderts noch üblich, daß man Brautleuten extra die Gelegenheit herrichtete, ungestört ihre verliebten Wünsche gegenseitig befriedigen zu können. Der betreffende Chronist schreibt:

„Wurde eine Braut von ihrem Bräutigam besucht, so gab man ihnen einen eignen Tisch im Winkel des Zimmers und stellte eine spanische Wand um sie her, damit sie allein waren."

Bei Brautleuten ließ man es sogar durchgehen, wenn sie ganz offen derbe Formen der Zärtlichkeiten miteinander austauschten, und auch die Braut hin und wieder „Gleiches mit Gleichem" vergalt. „Es sind Liebesleut," lautete der allseits anerkannte Freibrief.

Aber man brauchte noch nicht einmal Braut und Bräutigam zu sein, um Verwandte und Freunde zu veranlassen, die Dienste des Gelegenheitsmachers zu tun. Der im vorigen Abschnitt zitierte Liebeshandel der Barbara Löffelholz bietet uns den genügenden Beweis. Die schöne Barbara erklärte zwar, daß sie und ihr Geliebter Siegmund Stromer „in Züchten und Ehren" einander beigelegen seien. Aber wir sind der Meinung, daß damit nur gesagt ist, daß es dabei nicht zum „Hauptstück" kam. Und nicht: auch nicht zu allem anderen. Und weniger als: „alles andere" darf man nie daraus folgern. Weder in dem speziellen Fall der Barbara Löffelholz noch aus dem Brauch der Kommnächte überhaupt, wenn man nicht den Dingen Gewalt antun will. Die Kommnächte dienten, wie wir schon andeuteten, ohne jeden Zweifel und in jedem einzelnen Falle in Stadt und Land in erster Linie den derben Urformen des Flirts, also der gegenseitigen Befriedigung der erotischen Neugier und dem Austausch von handgreiflichen Zärtlichkeiten, — das muß ausdrücklich erklärt werden. Kühne Handgreiflichkeiten waren die einzige Unterhaltung bei solchen Gelegenheiten von dem Augenblick an, in dem ein Mädchen einen Burschen in ihre Kammer ließ. Einzig zu dem Zweck kam der Bursche, einzig das erwartete jede Dirne von ihrem Liebhaber, und darum war jede darauf gefaßt, und beide spielten dementsprechend ihre Rolle. Das heißt: entsprechend ihrem Naturell; die einen temperamentvoller, die andern raffinierter, die dritten ungeschickter. Aber im Wesen war es immer dasselbe. Und niemals etwas anderes, nichts Geistiges, nichts Seelisches, nur Animalisches. „In Zucht und Ehren" heißt nach dem damaligen Sprachgebrauch nichts anderes als: die gegenseitigen Zärtlichkeiten bewegten sich in den Grenzen, die man damals für zulässig hielt. Aber diese Grenzen gingen eben bis zum Äußersten. Und daß Mann und Frau in der Jugend ein Recht und einen Anspruch darauf hätten, — das ist die festbegründete Anschauung in dieser Zeit. Und darum schändete es auch nicht. Es fügt sich eben stets das eine organisch zum andern. Diese innere Logik solcher intimen Besuche zu bestreiten, kann, wie schon oben gesagt, im Ernste nur einer bewußten Geschichtsklitterung einfallen, denn das heißt dann nichts anderes, als

Im Ehebruch ertappt

236. Französischer Holzschnitt

ein Geschlecht blutvoller Menschen willkürlich zu rückenmarkschwachen Mummel‹
greisen zu degradieren. Wer jedoch danach strebt, den Dingen ihren wirklichen
Puls nachzufühlen, dem bleibt gar keine andere Wahl, als so zu schlußfolgern,
wie wir es hier getan haben (Bild 162, 168, 174, 195, 221, 255 usw.). —

Diese derben Formen im gegenseitigen Liebeswerben veredelten sich zweifellos
schon im Verlaufe der Renaissance sehr erheblich, und zwar in jeder Richtung.
In der gleichen Weise, in der durch die neuen wirtschaftlichen Mächte die Ge‹
samtkultur reicher wurde, vergeistigte sich auch die Liebe. Diese selbst wurde
immer mehr ein Kunstwerk. Sie hörte langsam auf, bloßes eruptives Natur‹
erfüllen zu sein, und wurde ein mit Bewußtsein gestaltetes und geformtes Erleben.
Freilich gilt dies nicht von allen Klassen, vom Bauerntum und vom Kleinadel gar
nicht — diese verharrten dauernd in ihrer tierischen Roheit —, dagegen um so mehr,
von dem auf dem Handel sich entwickelnden Bürgertum. Begreiflicherweise. War
doch dieser Teil des Bürgertums die Klasse, die die historisch berufene Erfüllerin
des neuen Inhalts der Geschichte war, und die auch den Hauptteil der reichen
Ernte einheimste, die die neuen wirtschaftlichen Mächte zeitigten.

*   *
*

Ehe und Treue. Der eheliche Stand galt im fünfzehnten und sechzehnten
Jahrhundert als der höchste Stand. Ehelosigkeit, in Unehe leben, galt dagegen
fast als ein Laster, und den Junggesellen und den alten Jungfern haftete immer ein
gewisser Makel an. Die Dichter und Schriftsteller sind voll des Ruhmes der Ehe.
In allen Zungen und auf jegliche Weise wird „das Lob der Ehe" gesungen. „Im Ehe‹
bett schläft sich am weichsten." Denen, die in der Ehe leben, winkt schon deshalb
allein dereinst das Himmelreich, wer aber in der Unehe bleibt, dem droht die Hölle.

Dieses ständige und laute Lobpreisen der Ehe als des höchsten Verdienstes
hat seine natürlichen Gründe, die auch ziemlich klar zutage liegen. Diese sind
freilich viel weniger in den ethischen Gesichtspunkten zu sehen, die man zu‹
gunsten der Ehe anführte, als vielmehr in den dringenden Bedürfnissen der Zeit.
Die aufkommende Industrie brauchte Menschen, Arbeitskräfte, Käufer. Die ab‹
solute Fürstengewalt brauchte Soldaten. Es konnte nicht genug von dem Artikel
Mensch geben. Andererseits standen der Bevölkerungszunahme die stärksten
Hemmungen entgegen. Stagnierte im Mittelalter die Bevölkerung infolge der zu‹
nehmenden Macht der Kirche: — im gleichen Maße, in dem die Macht der Kirche
wuchs, wuchs die Zahl der Klöster und ihrer zur Ehelosigkeit gezwungenen In‹
sassen, — so traten jetzt noch ungleich gefährlichere Faktoren auf den Plan. Mit
der neuen Wirtschaftsordnung waren auch gleich ihre unheimlichen Begleiter in
die Welt gekommen: Pest, Branntweingift und Syphilis. Und der Handel, der
sich nach allen Seiten auszudehnen strebte, schuf die Umstände, daß jede dieser
Krankheiten einen epidemischen Charakter annahm. Alle diese schrecklichen Ge‹
sellen dezimierten aber nicht nur die Menschheit im allgemeinen, sondern noch
besonders die Zahl der Männer. Denn diese waren den ansteckenden Gefahren der
Epidemien am meisten ausgesetzt — auf Reisen, durch den Besuch der Frauenhäuser

237. H. Goltzius. Die siegreiche Liebe

und so weiter —, und sie hatten auch zuerst die Kosten der neuen Wirtschaftsordnung zu tragen: die Männer verloren häufiger Leben und Gesundheit in den ebenfalls häufiger werdenden Fehden und Feldzügen. Unter solchen Umständen wurde die Ehelosigkeit immer sichtbarer eine soziale Gefahr und wurde sozusagen aus jedem Mann, der nicht zur Ehe schritt, ein direkter Feind der Gesellschaft. Und darum entdeckte man auch plötzlich alle ethischen Vorteile der Ehe, und weiter, daß deren höchste Gipfelung in der Entwicklung zu einer möglichst fruchtbaren Kindergebäranstalt besteht. Weil sich so das wirtschaftliche Bedürfnis mit dem sinnlichen Grundzuge der Zeit deckte (S. 188), deckte sich auch die Wirklichkeit mit dieser wichtigsten Ideologie. Ein Dutzend Kinder war in einer Familie durchaus nichts Seltenes. Willibald Pirkheimer zeugte in seiner Ehe mit Barbara Löffelholz dreizehn Kinder, der Augsburger Chronist Burkhardt Zink zeugte mit zwei Frauen achtzehn Kinder, Albrecht Dürers Vater wurden von seiner Frau ebenfalls achtzehn Kinder geboren, Anton Tucher hatte von seiner Frau elf Kinder, der päpstliche Sekretär Francesco Poggio hinterläßt achtzehn von ihm anerkannte Kinder, davon vierzehn uneheliche. Es gab sogar zahlreiche Ehen mit zwanzig und mehr Kindern.

War die Ehe die wichtigste Institution im Interesse der bewußt angestrebten Entwicklung, so handelte es sich aus denselben Interessen immer nur um eine spezifische Eheform, nämlich um die patriarchalisch geleitete Ehe: Der Mann sollte der unumschränkte Gebieter sein. Das erforderte die Organisation der handwerklichen Betriebsweise, die jeden Gesellen und jeden Lehrling zwang, „ihre Füße unter den Tisch des Meisters zu stecken“, das heißt: alle im Betrieb Beschäftigten waren an das Haus des Meisters gefesselt. Der Autorität in der Werkstatt mußte darum auch eine Autorität innerhalb der Familie an der Seite stehen. Also propagierte man beim Lob der Ehe in erster Linie alle die Anschauungen, die in der Richtung der unbestrittenen Herrschaft des Mannes in der Ehe sich bewegten: „Der Mann sei des Weibes Trost

238. H. Goltzius. Mars und Venus

und Herr“, „der Mann sei der Meister ihres Leibes und Gutes“, „die Frau höre auf des Mannes Rat und handle als weibliches Weib nach seinem Willen“. Ja sogar etwaigen Roheiten des Mannes soll die Frau nur eine um so größere Demut gegenüberstellen:

„Wann Er schreiet, Sie nur schweiget;
Schweiget er dann, redt sie ihn an.
Ist er grimmsinnig, ist sie kühlsinnig,
Ist er vielgrimmig, ist sie stillstimmig,
Ist er stillgrimmig, ist sie troststimmig,
Ist er ungstümmig, ist sie kleinstimmig,

Tobt er aus Grimm, so weicht sie ihm,
Ist er wütig, so ist sie gütig,
Mault er aus Grimm, redt sie ein ihm.
Er ist die Sonn, sie ist der Mond,
Sie ist die Nacht, er hat Tagsmacht.
U. s. w. . . . .

(Vergleiche auch Bild 28.) Die Demut des frommen Weibes soll sogar so weit gehen, daß sie des Mannes Herrenrecht auf Ehebruch stillschweigend erduldet. Ein altdeutscher Merkspruch lautet:

Zu Bette und zu Tische
So sei sein Dirne und sein Magd,
Wird dir je von ihm gesagt,
Von kebeslicher Minne,

Das lege in deine Sinne
Mit bescheidenlicher Pflicht:
Tu als du es wissest nicht.

Und auch wenn es im eigenen Hause geschieht, soll sie keinen unnützen Lärm machen. Geht er der jungen Magd hin und wieder um den runden Busen, so soll sie sich stellen, als sehe sie nichts, trifft sie ihn aber „ob der Magd und ist dieser damit zu Willen getan, so soll sie die geile Person aus dem Hause tun, auf daß schlimmeres Unheil verhütet werde". Den Gatten aber lenke sie mit gütigen Worten wieder zum Guten, denn selbstverständlich war auch damals nur „das geile Mensch" die Schuldige. Sie aber achte nach wie vor in ihm den Herrn ...

Daß sich eine Frau diesen Geboten nicht beugen wollte, mußte dieser Zeit naturgemäß als der größte Frevel erscheinen, den eine Frau begehen konnte. Es ist darum in den Gedankengängen der Renaissance vollauf begründet, daß sie auch den Mann bevollmächtigte, eine etwaige systematische Unbotmäßigkeit der Frau gegen seinen Willen durch handgreifliche Züchtigungen zurechtzuweisen. Gegenüber einer eigensinnigen Frau rät schon Reinmar von Zweter:

„Zieh deine Freundlichkeit aus und greif nach einem großen Knittel, den miß ihr auf den Rücken, je mehr desto besser, mit aller Kraft, daß sie dich als Meister erkenne und ihrer Bosheit vergesse."

Nur so könne man „eine böse Sieben" zähmen. In einigen sehr verbreiteten Sprüchen aus dem 16. Jahrhundert werden ähnliche und noch viel drakonischere Strafmethoden dem Manne anempfohlen. Und selbst die Frauen finden eine solche Behandlung meistens ganz selbstverständlich — der Sklave denkt eben stets mit dem Hirn seines Herrn, solange er noch nicht zum Eigenbewußtsein erwacht ist. Gesetzlich stand dem Mann ebenfalls überall ein Züchtigungsrecht gegenüber der Frau zu.

Diese unterdrückte Stellung der Frau in der Ehe hat aber gleichwohl diese niemals abgehalten, in der Ehe trotzdem das oberste Ziel ihres Lebens zu erblicken und mit allen Mitteln darnach zu trachten, in dem Konkurrenzkampf um den Mann — in dem Kampf um die Hosen — als Siegerin hervorzugehen. Das ist nicht seltsam. Die Gesetze der Natur sind die obersten Gesetze, — die satirische Symbolik erweist es, indem sie unzweideutig zeigt, worum es der Frau beim Kampf um die Hosen in erster Linie zu tun ist (Bild 206). Die gesellschaftliche Moral ermöglichte der Frau aber nur innerhalb der Ehe eine natürliche und dauernde Befriedigung ihrer Sinne. Andrerseits war die Ehe damals noch mehr denn heute die einzige Versorgungsanstalt für die Frau; weibliche Berufe gab es noch wenige. Wenn wir nun die entsprechenden zeitgenössischen Dokumente nachprüfen, so machen wir die unabweisbare Beobachtung, daß der Konkurrenzkampf um den Mann damals von der Frau mit einer Erbitterung geführt wurde, die wohl ohnegleichen in der Geschichte ist. Das hat ebenfalls seine in der Zeit bedingten Gründe. Haben die vorhin genannten Umstände die Chance, einen Mann zu bekommen, für die Frauen sowieso überaus erschwert, so wurde die Situation noch durch eine Reihe anderer Umstände kompliziert. Das städtische Handwerk zum Beispiel war nur

äußerlich eine homogene Klasse. Die starren Zunftgesetze zerschnitten das Klein‑
bürgertum in eine ganze Reihe Unterabteilungen, die durch die einzelnen Zunft‑
interessen streng voneinander geschieden waren. Nicht jedes Gewerbe konnte
beliebig den Besitzer wechseln, also weiterverkauft werden, sondern die Rechte
der Ausübung hafteten häufig an der Familie. So konnte also die einzige Tochter
eines Bäckers, eines Schneiders, eines Goldschmiedes ebenso oft nur wiederum einen
Bäckersohn, einen Schneidersohn oder einen Goldschmiedsohn heiraten, wenn sich
der Familienbesitz nicht in Nichts auflösen sollte. Durch solche und ähnliche wirt‑
schaftliche Schranken war die Frau also bei der Gattenwahl auf den denkbar
engsten Kreis angewiesen. Wenn man diese Umstände gebührend würdigt, und
den obengenannten hinzurechnet, so erstaunt man wirklich nicht mehr darüber,
daß der Konkurrenzkampf um den Mann damals in den erbittertsten Formen
durchgeführt wurde, daß Intrige und Verleumdung dabei ständig mit im Spiele
waren. In den zahlreichen bildnerischen Darstellungen des weiblichen Kampfes
um die Hosen, die diese Zeit hervorgebracht hat, haben wir daher nicht nur eine
allgemeine und sozusagen für alle Zeiten gültige satirische Sentenz vor uns, sondern
viel mehr das Dokument für eine spezielle Zeitmisere (Bild 191 u. 192).

Das natürliche Gegenstück der weiblichen „Hosentollheit" ist die große Anmaßung
der Männer. Die Männer wissen, was für ein gesuchter Artikel sie sind: „Weil
ihre Zahl geht hinter sich, die Maidlen aber mehren sich." Jeder kann darum jetzt
stolz triumphieren: „Mir ist ganz
frei jetzt heimgestellt, zu nehmen,
welche mir gefällt" (Bild 206).
Und Geiler von Kaisersberg konnte
ebenso mit Recht erklären: „Es
muß jetzt eine über alle vier G
zusammen verfügen, wenn sie
noch einen Mann finden will,
nämlich über Geschlecht, Gestalt,
Gut und Geld."

Aus der oben skizzierten
Auffassung der Ehe folgt noch
eine andere Erscheinung: wie die
Gesellschaft dem Manne das Recht
gab, die gegen seinen Willen
„unbotmäßige" Frau körperlich
zu züchtigen, so züchtigte sie ihn
selbst, wenn er sich von seiner
Frau systematisch beherrschen oder
gar es soweit kommen ließ, daß
die Frau „den Stiel umdrehte"
und für ihr Teil die wurde, die
die Prügel austeilte. Diese Züch‑

239. Incest. Französischer Kupferstich

271

Der verliebte Scholar

240. Illustration aus einem Schwankbuch

tigung des Mannes vollzog sich durch die in fast allen Ländern und Gegenden übliche öffentliche Bloßstellung des Pantoffelhelden. Aus den mannigfachen, zum großen Teil höchst amüsanten Gebräuchen wollen wir nur einige wenige Beispiele zur Charakteristik anführen. Die Statuten des Städtchens Blankenburg a. H. aus dem Jahre 1594 enthalten folgende Vorschrift über die Strafe, die ein Ehepaar trifft — in den meisten Fällen wurde die Frau mitbestraft —, wenn sich ein Mann von seiner Frau hatte schlagen lassen:

„Welch' Weib ihren Ehemann räuft oder schlägt, die soll nach Befinden und Umständen der Sachen mit Geld oder Gefängnis gestraft werden, oder da sie des Vermögens, soll sie der Ratsdiener einem zum Kleide Wöllengewand geben. Da aber ein Exempel gefunden werden sollte, daß ein Mann so weibisch, daß er sich von seinem Weibe raufen, schlagen und schelten ließe, und solches gebührenderweise nicht eifert oder klagt, der soll des Rats beide Stadtknechte mit Wöllengewand kleiden, oder, da ers nicht vermag, mit Gefängnis oder sonst willkürlich gestraft und ihm hierüber das Dach auf seinem Hause abgehoben werden."

Die Strafe des Dachabdeckens war die verbreitetste gegenüber einem Pantoffelhelden und kommt in verschiedenen Ländern vor. In Hessen mußte die Frau, die sich an ihrem Gatten vergriffen hatte, verkehrt auf einem Esel durch den Ort reiten; der Mann führte das Tier. Ein altes westfälisches Weistum, das Benker Heiderecht, schreibt vor:

„Daß der Mann, der aus seinem Hause durch die Frau gejagt wurde, eine Leiter an das Haus setze, ein Loch durch das Dach mache und sein Haus zupfähle. Dann nehme er ein Pfand, einen Goldgulden an Wert, und vertrinke es mit zwei seiner Nachbarn und sie sollen so rein austrinken, daß eine Laus mit ausgestreckten Ohren unter dem Pegel hindurchkriechen könne."

An der Züchtigung des Pantoffelhelden beteiligte sich auch die Satire; die literarische und die zeichnerische. Auf die letztere wollen wir vor allem verweisen, weil in ihr allein das Problem am entscheidenden Zipfel angefaßt wurde; und weil diese weiter das Problem auf die einfachste Formel reduzierte, brachte sie auch das letzte Geheimnis der Sache zutage; außerdem hob sie damit aber auch den Gegenstand auf die Höhe, die ihm gebührte. Die zeichnerische Satire wählte zur Charakteristik des „Weiberregimentes" oder des unterjochten Ehemannes vornehmlich zwei Motive. Die Frau, die mit ihrer Melodie den Mann zum Narren macht (Bild 83), oder nach deren Melodie dieser Narr pfeift und tanzt (Bild 5), ist das eine Motiv. Das zweite, noch häufiger verwendete, ist der aus der Antike übernommene Vorwurf von „Aristoteles und Phyllis": Die Frau reitet auf dem Rücken des Mannes, der wie ein wirkliches und gefügiges Reittier an einem Zaum geleitet auf allen Vieren die Last seines Weibes dahinschleppt; über dem Haupte des Mannes droht häufig die geschwungene Peitsche (Bild 185). Von anderen

Die lustige Gesellschaft

Holländischer Kupferstich nach einem Gemälde von R. Brakenburgh. 17. Jahrhundert

Motiven, die ebenfalls nicht ganz selten sind, sind zu nennen: der Mann, der der Frau die Hosen, „die Bruch", anzieht (Bild 48), und vor allem Judith, die ebenfalls hierher gehört (Bild 79). Alle diese Symbolisierungen sind durchaus einfach und verständlich. Aber gerade durch diese Einfachheit bringt der Renaissancewitz auch unzweideutig an den Tag, welche Macht es im letzten Grunde ist, die den Mann zum Narren macht, die ihn nach der Melodie des Weibes tanzen läßt, und was selbst den Gescheitesten, Aristoteles, in die Knie zwingt und geduldig die schwere Last den ganzen langen und rauhen Lebensweg entlang schleppen läßt: es ist die Sinnlichkeit, die den Mann unterwirft. Denn was der Satiriker bei allen diesen Gelegenheiten im Weibe darstellt, ist stets nur die verkörperte Geschlechtlichkeit, ob er das Weib nun nackt zeigt, wie auf Bild 83 und auf dem großen Holz-schnitt von Hans Baldung Grien, den wir bereits in der „Frau in der Karikatur" als Beilage gebracht haben, oder bekleidet, wie in Bild 20 und 185 und in dem herrlichen Kupferstich des Lucas van Leyden (siehe Beilage). Die Ironie seines Schicksals bändigt den Mann: Was ihn zum Gott macht und in den Himmel erhebt, die Erfüllung seines Wesens, macht ihn zugleich zum Sklaven seiner Sklavin. Das ist der einfache und doch tiefe Sinn der Mehrzahl dieser symbolischen Kari-

katuren. Die häufige Behandlung dieses The-mas in der Renaissance erweist aber außerdem noch zweierlei. Erstens, daß diese Blätter mehr sein sollen als bloß Karikaturen auf den aus-gemachten und komisch wirkenden Pantoffelhel-den, daß wir in den Besten die satirische Charakteristik des Mittels der Herrschaft der Frau über den Mann über-haupt vor uns haben, und zweitens, daß die Sinnlichkeit im Leben dieser Zeit obenan steht.

Das oberste Gesetz der Ehe ist zu allen Zeiten die gegenseitige Treue gewesen. Gibt es in der Renaissance keinen höheren Stand

Die Einnahme von Münster
241. Tendenzbild auf die Sitten der Wiedertäufer

273

als den Ehestand, so gibt es keinen höheren Ruhm als eine Ehe, in der beide
Teile die Treue bewahren:

Ein Leib, zwei Seelen, ein Mund, ein Mut,
Die Treue fleckenlos und in der Keuschheit Hut,
Hier zwei, da zwei, und doch vereint durch stete
             Treue ganz! ...
Und wenn die Minne so die zwei verbindet,

Daß man sie unter einer Decke findet,
Wo Arm mit Arm sich fest umschließt,
Das mag wohl sein der Freuden Krone.
Heil ihm, dem solches fällt zum Lohne!

So singt schon der Minnesänger Reinmar von Zweter. Die Renaissance sang in
hunderterlei Tonarten in gleich begeisterter Weise das Hohelied der ehelichen Treue.
„Kein köstlicher Paradies, als wo die Treue zu Hause ist,“ „Wo Treue geübt wird, ist
der Himmel auf Erden.“ Eheglück ohne gegenseitige Treue gibt es überhaupt nicht.
Der Mann, dem ein gutes Weib beschert ist, und der doch zu einer anderen geht,
wird mit dem Schwein verglichen, das sich in der Pfütze wälzt. Sperrvogel reimt:

Hat ein gutes Weib ein Mann
Und geht zu einer andern dann,
So gleichet er darin dem Schwein.

Wie möcht' es jemals ärger sein?
Es läßt den klaren Bronnen
Und legt sich in den trüben Pfuhl.

Die treue Frau zahlt dem Mann aufs derbste heim, der sie durch Buhlschaft
in Unehre bringen will. Sie geht zwar mitunter auf die Wünsche des Buhlers ein,
aber nur scheinbar, um ihn dadurch so heimzuschicken, daß er für alle Zeiten Lust
und Mut verliert, „zu einer ehrlichen Frauen in ihr Gaden steigen zu wollen“.

Wenn aber die Romantiker der Vergangenheit solche Lehren und Beispiele für
die allgemeine Wirklichkeit genommen haben, so haben sie dadurch den Fehler
gemacht, daß sie der Gesamtheit zugute buchten, was sich nur bei den Klassen
fand, in deren wirtschaftlichen Existenzbedingungen diese Ideologien wurzelten.
Diese Klassen waren das Kleinbürgertum, das Proletariat und ein Teil des Klein-
bauerntums. Von der wirtschaftlichen Bedingnis eines geregelten Haushaltes beim

242. P. Aertsen. Das zärtliche Paar

Kleinbürgertum haben wir schon
mehrfach gesprochen und verweisen darum auf die betreffenden
Stellen (S. 52 u. flg.). Für das
Proletariat gelten die gleichen
Gründe. Und zwar um so mehr,
als es sich gemäß der engen Ver-
koppelung seiner Interessen mit
denen des zünftlerischen Kleinbürgertums und infolge seines
noch ganz mangelhaft entwickelten
Klassenbewußtseins damals durchaus in dem Ideenkreis des Kleinbürgertums bewegte. Auch darf
gegenüber dem Proletariat nie
vergessen werden, daß gerade
dieses es war, das neben den
Kleinbauern bei der großen sich

243. **Jan Steen.** Gefährliche Liebenswürdigkeit. Reichsmuseum, Amsterdam

vollziehenden ökonomischen Umwälzung die Schattenseiten zu spüren bekam.
Der Auflösungsprozeß des feudalen Gesellschaftsorganismus brachte ihm zu=
nächst nicht nur keine Erlösung aus seinen Nöten, sondern im Gegenteil eine
furchtbare Erschwerung. Die Armut wurde eine Massenerscheinung, und das
Elend des einzelnen wuchs ins Ungeheure. Diesem Elend schien kein einziger
Sonnenstrahl, es wurde aus einem einzelnen Unglücksfall zu einem unabwend=
baren, für die ganze Lebenszeit verhängten Schicksal. Die natürliche Folge davon
war, daß sich im Proletariat überall eine durchaus asketische Weltanschauung
herausbildete. Mit einer düsteren Askese ist aber ein freier oder gar ein zügel=
loser Geschlechtsverkehr durchaus unvereinbar, da dieser immer ein heiteres
Genießen und Anschauen des Lebens voraussetzt.

Gilt dies für die proletarische Ehe im allgemeinen, so ergibt sich daraus auch
eine ganze Reihe unwiderlegbarer Schlüsse in bezug auf die kommunistischen

244. C. Cignani. Joseph und die Potiphar

Sekten, die sich damals im Prole‑
tariat bildeten. Weil diese nichts
anderes waren als das Ergebnis der
asketischen Weltanschauung, die
damals beim Proletariat entstehen
musste, so folgt daraus auch, daß
alle jene Behauptungen von Propa‑
gandierung oder gar von tatsäch‑
licher Einführung einer Weiber‑
gemeinschaft im Sinne einer wol‑
lüstigen Ausschweifung, die in
der Geschichte über diese Sekten
im Umlauf sind, nichts als di‑
rekt sinnlose Kombinationen sein
können. Und das bestätigt auch
jede ernsthafte historische Nach‑
prüfung. Bei keiner einzigen
dieser Sekten läßt sich auch nur
eine Spur von Weibergemeinschaft entdecken. Ja sogar das Gegenteil ist fest‑
zustellen: nirgends war man in geschlechtlichen Dingen so kategorisch, und
nirgends ahndete man den Ehebruch so streng wie gerade in den zahl‑
reichen kommunistischen Gemeinden des 15. und 16. Jahrhunderts. Ausstoßung
aus der Gemeinde, also die schwerste Form der Ächtung, war durchwegs die
Strafe, die darauf stand. Eine gleich strenge Auffassung herrschte auch bei dem
jahrhundertelang so stark verlästerten Wiedertäuferregiment in Münster. Niemals
hat in Münster zur Zeit der Herrschaft der Wiedertäufer Unzucht, geschlechtliche
Weibergemeinschaft und Hurerei geherrscht. Das Edikt, mit dem die Stadtregierung
ihr Regiment einleitete, setzte auf Ehebruch und auf die Verführung einer Jung‑
frau die Todesstrafe. In demselben Geiste der strengsten Verpönung jeder Art
unehelichen Geschlechtsverkehres sind alle weiteren Erlasse und Verteidigungen
gehalten, mit denen die Wiedertäufer auf die gegen sie erhobenen Anklagen ant‑
worteten. Das einzige in Münster war eine Anpassung der Haushaltorganisation an
die abnormen Verhältnisse, die in der belagerten Stadt herrschten, als sie von einer
ganzen Welt befeindet war. Infolge der Dezimierung der Männer standen acht‑
oder neuntausend Frauen nur zweitausend Männer gegenüber. Zahlreiche Haus‑
haltungen gab es, die nur aus Frauen, Mägden und Kindern bestanden und keinerlei
männlichen Schutz hatten. Das musste zu Unzuträglichkeiten führen, zumal sich unter
den Männern so viel unbeweibtes Kriegsvolk befand. Die Vereinigung mehrerer
Frauen zu einem Haushalt unter dem Schutz eines Mannes, wozu man infolge‑
dessen in Münster schritt, war also etwas wesentlich anderes als Polygamie; es war keine
Vereinigung im Ehebett, es war ökonomische, aber nicht geschlechtliche Vielweiberei.
Und es gibt auch nicht einen einzigen stichhaltigen Beweis, der dies widerlegte,
dagegen um so mehr Belege, die die Herrschaft der grössten Sittenstrenge bestätigen.

Die Jahrhunderte während Verleumdung der münsterischen Wiedertäufer in Wort und Bild — noch heute bezeichnet man einen Kupferstich von Virgil Solis, der das Badehausleben in der Renaissance besonders derb darstellt, als „das Wiedertäuferbad" — als einer Horde, die sich in schamlosen Wollustorgien ausgetobt habe, ist natürlich nicht auf Unkenntnis zurückzuführen. Vor allem damals wusste man ganz genau, warum man so skrupellos den Inhalt und die Logik dieser mächtigen proletarischen Bewegung fälschte. Die Wiedertäuferbewegung in Münster war die stolzeste Auflehnung des unterdrückten Volkes jener Zeit gegen seine Unterdrücker. Wo aber immer das Volk sich in seiner heroischen Größe gezeigt hat, ist es von den Hütern der „Ordnung", gegen die sich die Unterdrückten auflehnten, mit Schmutz und Kot beworfen worden (Bild 241).

Können wir es bei der Münsterschen Wiedertäuferbewegung dokumentarisch nachweisen, daß die ihnen zugeschriebene geschlechtliche Weibergemeinschaft nur aus der Phantasie des die Geschichte fälschenden Klassenhasses geboren war, und auch nur dort existierte, so müssen wir uns hinsichtlich jener Sekte der Taboriten, die unter dem Namen „Adamiten" am bekanntesten ist, hauptsächlich auf die innere Logik dieser Bewegung beschränken, da keinerlei nachprüfbare zeitgenössische Dokumente vorhanden sind, die Positives in dieser Richtung feststellen lassen. Wir wissen, daß diese strengere Richtung der Kommunisten aus dem Anfang des fünfzehnten Jahrhunderts die Weibergemeinschaft forderte. Aber aus der Art von Weibergemeinschaft, in der diese Sekten gelebt haben, folgt wahrlich alles andere, als daß diese die Basis für orgienhafte sinnliche Ausschweifungen gewesen wäre. Der zeitgenössische Geschichtsschreiber und spätere Papst Äneas Sylvius berichtet in seiner Geschichte Böhmens über die Weibergemeinschaft dieser Sekten folgendes:

„Sie lebten in Weibergemeinschaft, es war jedoch verboten, ohne

„Wenn der Schmied arbeitet, schäkert der Mönch mit seiner Frau"
245. Holländischer Kupferstich

277

Gestattung ihres Vorstehers Adam ein Weib zu erkennen. Aber wenn einer von Begierde ergriffen gegen eine andere entbrannte, dann nahm er sie bei der Hand und ging zum Vorsteher, dem er sagte: ‚Für sie ist mein Geist in Liebe erglüht!‘ Darauf erwiderte ihm der Vorsteher: ‚Gehet, wachset und vermehret euch und erfüllet die Erde.‘ “

Genau so antierotisch war ihre Stellung zur Nacktheit, in der spätere Ge-schichtsschreiber den Gipfel aller Ausschweifung sahen. In Wahrheit verhielt es sich ganz anders. Die asketische Sekte der Adamiten wollte die Menschheit in einen primitiven adamitischen Zustand zurückführen, weil sie in jeder Art Kleider-luxus sozusagen den Ausgangspunkt aller Sündhaftigkeit sah, in der Nacktheit darum den Zustand „sündloser Unschuld“, den man anzustreben suchte. Über den Umfang, in dem diese Forderung von den Mitgliedern dieser Sekte erfüllt wurde, ist jedoch noch weniger Positives bekannt, als über die Art ihrer Weibergemein-schaft. Äneas Sylvius berichtet nur, daß sie nackt gingen, und außerdem ist die Nachricht verbreitet, daß die Adamiten gemäß ihrer Lehre in ihren Versammlungs-lokalen, die sie Paradiese nannten, nackt zusammen gekommen sein sollen. Aber diese Nachricht existierte nur als Fama, und die ältesten bildlichen Darstellungen dieser paradiesischen Zusammenkünfte sind durchwegs zwei Jahrhunderte später „aus der Tiefe des Gemütes“ geschöpft worden. Und obendrein aus der Tiefe eines Gemütes, dem die Aufgabe gestellt war, diese kommunistischen Bewegungen zu verlästern, denn es sind Illustrationen zu einer Schilderung der Wiedertäufer-bewegungen in diesem Sinne (Bild 260 u. 263).

Kann man gegenüber diesen proletarischen Sekten und Bestrebungen des fünfzehnten und sechzehnten Jahrhunderts also absolut nicht von Weibergemein-schaft im erotischen Sinne reden, und ebensowenig von irgendwelcher sonstigen sinnlichen Ausschweifung, sondern fügen sich auch die sinnlichen Anschauungen dieser Volkskreise in gleicher Monotonie zu dem düsteren Grundzug ihrer ge-samten Existenz, so kann man freilich ebensowenig von einer idealen Eheform sprechen. Die Ehe war hier im letzten Grunde nicht viel mehr als Paarung. Sie konnte gemäß den wirtschaft-lichen Voraussetzungen, unter denen diese Klasse lebte, aber auch nichts anderes sein.

246. P. Aertsen. Der zärtliche Bauernbursche

*　*　*

Die eheliche Untreue. Ist von einer allgemeinen ero-tischen Expansion ein relativ häufigerer vorehelicher Ge-schlechtsverkehr beider Ge-schlechter untrennbar, so auch ein relativ häufigeres Über-treten des Gebotes der ehelichen Treue. Und das gilt auch für

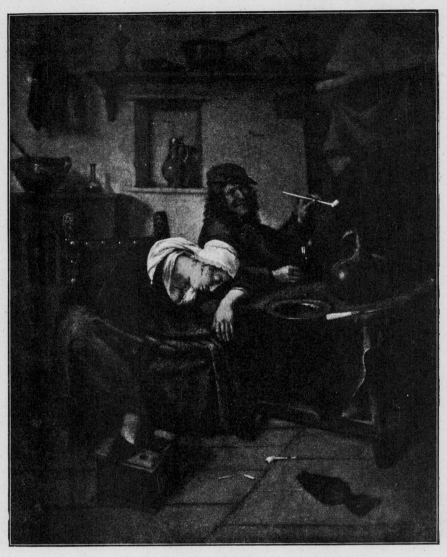

247. Jan Steen. Ein gemütliches Paar. Eremitage, St. Petersburg

die Klassen, deren Klassenideologie in der ehelichen Untreue ein großes Verbrechen erblickte. Die Anpassung der alten gesellschaftlichen Gebilde an die neue Produktionsweise vollzog sich eben nirgends ohne überaus schwere gesellschaftliche Konvulsionen, und in solchen Zeiten befreien sich, wie schon im ersten Kapitel entwickelt wurde, zahlreiche von den Gesetzen ihrer Klassenideologie, die sie nun als lästige Fesseln empfinden. Waren also beim Kleinbürgertum derartige Verfehlungen gegen seine Ideologie nicht in den Interessen und Bedingungen der kleinbürgerlichen Ehe begründet, so flossen sie auch bei ihm in dieser Epoche um so häufiger aus dem inneren und ewigen Widerspruch zwischen Natur

und Konvenienz, der latent in der auf dem Privateigentum aufgebauten Mono=
gamie immer vorhanden ist. Das Resultat davon ist: der Ehebruch wurde in der
Renaissance auch in diesen Schichten förmlich eine Massenerscheinung.

Diese Tatsache muß der Zeit auch sehr deutlich zum Bewußtsein gekommen
sein. Sie muß die starke Empfindung gehabt haben, als sei der Bestand der Ehe,
diese in ihren Augen wichtigste gesellschaftliche Institution, stark ins Wanken ge=
kommen, denn die eheliche Untreue wurde in der geistigen und öffentlichen Dis=
kussion aller Länder das oberste Problem. Es ist der Gegenstand, mit dem man
sich ständig beschäftigte, und zwar in allen Formen des Ernstes und des Spottes.
Am häufigsten geschah es natürlich in negativer Weise, indem man den begeisterten
Hymnen auf die eheliche Treue ebensoviel oder richtiger noch viel mehr Kenn=
zeichnungen und Schilderungen der Untreue an die Seite reihte. Aber auch die
Tatsache, daß man allerorten die seitherige Ideologie als eine lästige Fessel empfand,
rang sich dabei sehr deutlich zutage: Zahllose literarische Schilderungen des Ehe=
bruchs bestanden nicht nur in Verdammungen, sondern in ebensoviel Verherr=
lichungen der Untreue. Hierbei manifestierte sich das gesunde Empfinden der
Zeit insofern, als man fast immer nur die ungetreue Frau verherrlichte, dagegen
nur selten den ungetreuen Mann, und daß man am meisten mit der jungen Frau
sympathisierte, die an einen Greis oder an einen ohnmächtigen Mann gefesselt
ist. Mit wahrer Begeisterung wird häufig die Geschicklichkeit solcher Frauen
geschildert, denen es gelingt, die Hindernisse zu überwinden, die ihre eifersüchtigen
Ehemänner auftürmen, so daß ein begünstigter Jüngling trotzdem zu dem von
beiden Teilen ersehnten Ziele kommt. Die gepriesenste Frau ist die, die es durch
ihre List gar fertig bringt, daß der eifersüchtige Gatte ihr selbst einen anderen
Mann in die Arme führt, und daß er womöglich noch durch die Mittel, auf die
ihn seine Eifersucht verfallen läßt, dafür sorgt, daß der Betreffende ganz ungestört,
und so oft ihm die Lust dazu ankommt, seinen ersehnten Liebeswerken obliegen kann.

Die Mehrzahl dieser verherrlichenden Schilderungen listiger Frauen, die über
die Eifersucht alternder Männer triumphieren, ist in allen Ländern höchst derber
Art. Man lese als Beispiel nur die italienische Sprichwortnovelle „Dem Klugen
genügen wenig Worte" von Cornazano, die die Geschicklichkeit schildert, mit der
eine junge Frau es fertig bringt, daß ihr Gatte sogar einen widerstrebenden Diener
dazu veranlaßt, alle Wünsche seiner Frau zu erfüllen. Bei sehr vielen Schilderungen
erkennt man die Derbheit sogar schon deutlich aus dem Titel. Poggio behandelt
dieses Thema zum Beispiel einmal unter der Überschrift: „Von einem Dummkopf,
der glaubte, seine Frau habe zwei Scheiden" (De homine insulso qui existimavit
duos cunnos in uxore). Unter ähnlichem Titel ist derselbe Stoff in einem ano=
nymen deutschen Schwank behandelt: „In eine schöne Scheide gehört auch ein
schönes Messer . . ."

Auch eines anderen Rühmens der Frau muß noch gedacht werden, dem man
vielleicht ebenso oft begegnet. Das ist das Rühmen der Schlauheit, mit der eine
Frau eine beabsichtigte Untreue ihres Mannes zuschanden zu machen und zu ihrem
eigenen Vorteil zu nützen versteht. Das geschieht stets auf die Weise, daß die

Die Gefahren der Liebe

Symbolischer Holzschnitt von Peter Flötner. 16. Jahrhundert

248. H. Goltzius. Die schüchterne Bauernbraut

Frau, die die beabsichtigten Seitenwege ihres Mannes entdeckt hat, sich unerkannt an die Stelle der umworbenen Magd oder Dame bringt; sie tauscht mit dieser im letzten Augenblick das Bett, verstellt die Betten usw. Auf diese Weise empfängt nun sie selbst die Liebesbeweise, die einer andern zugedacht sind, und die ihr Gatte auch einer anderen Frau zu erweisen glaubt. Sie hat dadurch natürlich doppelten Vorteil, weil jeder Mann, auch wenn er gegenüber der eigenen Frau sich nichts weniger als ein Held gebärdet, in solchen Fällen immer Herkulesleistungen vollbringt. Drastische Schilderungen solcher Düpierungen der Männer sind, um nur zwei zu nennen, die Novelle „Von einem Grafen, der seiner Frau selbst den Ehebrecher zugeführt hat" von Morlini, und eine Novelle von Sacchetti mit dem folgenden langatmigen Titel: „Der Müller Farinello von Kieti verliebt sich in Monna Collagia. Seine Frau erfährt dies und erreicht es, daß sie sich in das Haus und Bette Monna Collagias begibt, und Farinello legt sich, von dem geliebten Weibe dazu veranlaßt, zu seiner Frau, bei der er, im Glauben, es mit Monna Collagia zu tun zu haben, schläft". (Bild 265.)

Hier ist zu bemerken, daß die obengenannten Verherrlichungen der untreuen Frauen zwar an sich stets auch Verhöhnungen des zum Hahnrei gemachten Mannes sind, daß aber nicht auch das Umgekehrte schlechtweg der Fall ist. Das heißt, daß jede Verhöhnung des Hahnreis auch eine Verherrlichung der ungetreuen Frau in sich birgt. Das Gegenteil ist viel häufiger der Fall: daß sich mit der Verhöhnung des Hahnreis eine Verächtlichmachung der untreuen Frau verbindet. Und diese Verknüpfung ist auch im Sinne der Männerlogik die einzig konsequente. Solange das unbedingte Herrenrecht des Mannes über die Frau gilt, begeht jede Frau durch eine Untreue zugleich ein Verbrechen an der Gesamtheit der Männer.

Daraus entspringt auch die systematische Verhöhnung des Hahnreis. Der hintergangene Mann wird deshalb so erbarmungslos verhöhnt, weil er sich durch die
Untreue seiner Frau um das wichtigste der Männerrechte, das er besitzt, hat prellen
lassen: eben um das unbedingte Herrenrecht über die Frau; er hat sich in seine
wertvollsten Eigentumsrechte einbrechen lassen. In dem heimlichen Einbruch
in sein Eigentum hinter seinem Rücken besteht in letzter Linie einzig die Schmach
des Mannes. Sobald daher der geschlechtliche Verkehr seiner Frau mit einem
anderen Mann kein heimlicher Einbruch in seine Rechte ist — und so liegt der
Fall, wenn er sie zum Beispiel dem Gastfreunde überläßt (S. 265) —, so sind die
wollüstigen Freuden, die die beiden mit einander genießen, auch keine Schmach
für ihn und werden darum auch nicht von ihm als solche empfunden. Aus der
gleichen materiellen Basis ergibt sich übrigens auch das Gegenstück: Warum die
Ehre einer Frau nicht als verletzt gilt, wenn ihr Gatte außer mit ihr auch noch
mit einer anderen Frau geschlechtlich verkehrt. Nur die Frau ist Eigentum des
Mannes, nicht aber auch der Mann Eigentum der Frau; darum kann also die Frau
rechtlich niemals die Geschädigte sein.

Nach dem Urteil aller Zeitgenossen ist die eheliche Treue geradezu die
seltenste Blume. Wer sie suche, könne tagelang laufen, ohne sie zu finden.
Sie sei das Kräutlein „Nimmermehr", ein Eintagsblümlein, das man am Hochzeitstage pflanze, das aber schon am andern Morgen zu welken beginne. Dagegen wächst das Kräutlein „Untreue" in jedermanns Garten, kommt überall
fort und blüht Sommer wie Winter. „Jetzt ist Ehebruch gar gemein worden, daß
gleich weder Gesetz noch Gerechtigkeit mehr strafen darf", heißt es in Petrarcas
Trostspiegel. Sebastian Brant dichtet: „Ehebruch gilt so leicht der Welt, als
würde ein Kieselstein geschnellt." Und beide Teile betrügen sich gegenseitig in
gleich redlichem Wetteifer, so daß keines dem anderen Vorwürfe zu machen hätte.
Der Mann findet aus Versehen des Nachts den Weg in die Kammer der jungen,
vollbusigen Magd, spricht zu günstiger Stunde bei der hübschen Frau Nachbarin
vor, die vom „Nachthunger" gerade besonders heftig geplagt ist, weil der eigene
Gatte schon so lange über Land ist, oder läßt im verschwiegenen Frauengäßchen
an der Mauer bei einer aus Welschland neuzugezogenen „Nachtigallen" einen
Gulden springen. Die Frau ihrerseits weiht zu Hause einen jungen Knaben
in die süßen Freuden des Minnespiels ein und lehrt ihn, wie man würdig im
Kampfe mit Frau Venus besteht, sie tröstet in kundiger Weise das Herzeleid eines
verlassenen Gesellen, so daß er ob ihrer Liebeskünste leicht das karge Brot der
Liebe vergißt, das ihm zuvor eine spröde Dirne gereicht hatte, oder sie beichtet
ihr heimliches Sehnen einem geilen Pfaffen unter der Kutten, der immer wieder
zu gelegener Zeit bei ihr einkehrt, „um zur Absolution mit ihr den Rosenkranz
auf weltliche Art zu beten". Weiter: Die Keuschheit keiner einzigen Frau ist
sicher vor den geilen Angriffen der Männer, „wo ein Mann einer Ehefrauen
begegnet, spottet er ihrer Zucht und Sitte und greift sie alsbald mit unzüchtigen
Reden und Griffen an, um sie von der Treue zu ihrem ehelichen Gemahl abzu-

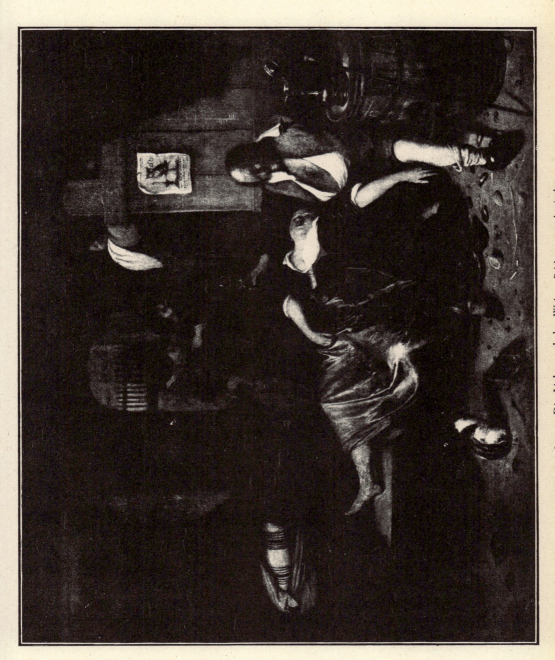

249. Jan Steen. Die Liebe und der Wein. Reichsmuseum, Amsterdam

bringen, und gar viele nehmen sich mit Gewalt, was man ihnen im Guten verweigert" (Bild 235). Aber es gibt auch keine Lukretien mehr, die sich ob der Schande, die ihnen wider ihren Willen angetan worden, entleiben (Bild 178), sondern die meisten freuen sich sogar „insgeheim der unkeuschen Worte, die manche zu ihnen sprechen, und halten sich die geilen Begierden, die sie bei Nachbarn und Freunden erwecken, zur Ehr'. Sie sind im Herzen vor sich stolz, wenn man ihres Widerstandes nicht achtet, und es dünkt ihnen nicht als Sünde, weil man sie ja gegen ihren Willen zur Hure gemacht hat." Die Satiriker höhnen darum mit Recht: „Hab Dank, Lukretia, deiner Ehr', Jetzund ersticht sich keine mehr" (Bild 225).

Die Rechnung ist also, wie gesagt, stets ausgeglichen, wenn Mann und Frau sich gegenseitig ihre Sünden gegen das Gebot der ehelichen Treue beichten. Im Volkslied ist dies denn auch nicht selten demonstriert, so zum Beispiel in der „Beichte vom Müller und der Müllerin", von der es mehrere Fassungen gibt, und der man in verschiedenen Variationen in allen Ländern begegnet. Leider ist diese charakteristische Dichtung nur im ganzen verständlich, so aber zu umfangreich, um hier eingeschaltet werden zu können. Die Pointe aller dieser Beichten ist, daß der Mann seiner ungetreuen Frau in milder Weise verzeiht, die Frau dagegen dem ungetreuen Manne absolut keine Gnade angedeihen läßt, denn er hätte ja keinen Grund gehabt, zu einer anderen zu gehen, weil sie ihm seinen Willen nie versagt hätte. Darum fühlt die Frau auch keine wirkliche Reue über ihr eigenes Tun; sondern sie wird ihrem Mann auch fernerhin die Narrenkappen aufsetzen.

So häufig die Verherrlicher des Ehebruchs auf seiten der Frau stehen, noch häufiger steht, wie gesagt, die ernste und satirische Anklage gegen die Frau zu Felde: die Frau betrüge den ehrlichsten und treuesten Mann, und die Frau betrüge den Mann zehnmal, bevor er einmal seine Frau betrüge. „Geile Frauen finden rascher einen Weg, auf dem sie einen Buhlen zu sich ziehen können, als die Maus ein Loch." Dieselbe Moral illustriert die Satire in allen Ländern auch im Bilde. In demselben Augenblick, wo der Mann das Haus verläßt, um in Geschäften über Land zu reisen, und während sie ihm noch durchs Fenster den Abschiedsgruß nachwinkt, öffnet die kupplerische Magd bereits einem ungeduldigen Buhlen

Der unermüdliche Liebhaber
250. Illustration aus einem Schwankbuche

das Hinterpförtchen. Aber die ungetreue Frau ist nicht weniger ungeduldig. Noch kann man in der Ferne die Gestalt des davonreitenden Hausherren erblicken, und schon steht sie mit ihrem Buhlen vor dem festlich zugerichteten Lager, darauf sie ihm alles gewähren wird, was seine Lust von ihr fordert. Wenn aber dem fernen Gatten der Freund, den er als Hüter seiner Ehre während seiner Abwesenheit gesetzt hat, Kunde gibt, daß die ehrbare Gattin trotz aller Fürsorge sich in den Armen eines Liebhabers vergnüge, so braucht er gar nicht erstaunt zu sein, fügt die Satire hinzu, denn die Erfahrung hat es ja längst gelehrt, „daß es leichter ist, Heuschrecken des Morgens auf die Weide zu treiben, und sie des Abends wieder einzutreiben, ohne daß ein einziger davon fehlen solle, als eine Frau zu hüten" (Beilagen: „Die ungetreue Frau", „Von einer bübischen unverschämten Hausfrauen" u. Bild 193.)

Der glückliche Nebenbuhler ist demnach ein unvermeidliches Schicksal. Weil er aber das ist und es gar kein Mittel dagegen gibt — denn jeden Tag sieht man, „daß junge Jungfräulein züchtig und keusch gewesen, aber mit der Zeit geile Weiber worden, und sich also unflätig gehalten, als wollten's mit Hurenweise einbringen, was sie mit Zucht versäumt" —,

Am Scheidwäg nit verfehl, die rechte Straß erwehl.

O, es wöll, es wöll der Himmel! daß, zu diser Zweiselzeit,
die bald heürafreiffe Jugend von dem Scheidewäg nicht weit
nicht verfehl der Tugendstraß, die zwar rüher wird geschetzet
alß die sanfte Wollustbahn; aber nicht wie selbe letzet.
Tugendstraß zum Leben führet, in des Abrahamen Schoß
da, wie Lazarus zuwerden höchster Freuden mitgenoß.
Aber jener Wollustwäg, wie gebahnet er gepreiset,
mit dem Schlämmer in den Teich, ach! in Schäfelteich verweiset.

Einer Tugendliebenden Jugend in Zürich, ab der Bürgerbibliothec für das 1652. Jahr, verehrt

251. Konrad Meyer. Schweizer symbolischer Kupferstich

darum raten die Satiriker schließlich den Männern, gute Miene zum bösesten Spiel zu machen und alles ohne Ausnahme harmlos aufzufassen: „Du sollst auch dann noch alles Guts vertrauen, ob du sie schon nackt in dem Bett beieinander findest" — so rät Murner höhnisch in der Geuchmatt den Männern. Und dieser Rat wird sogar wörtlich von unzähligen Männern befolgt, so daß Brant im vollen Recht ist, wenn er dichtet:

. . von den Frauen	Die Männer haben starken Magen,
Erträgt man leicht jetzt alle Schmach.	Können viel verdauen und vertragen."

oder an anderer Stelle:

„Ehebruch macht weder Leid noch Schmerzen,   Man nimmt es selten sich zu Herzen."

Und darum kümmert die meisten Ehemänner auch das nicht mehr, wenn ihnen sogar vorgehalten wird:

Er teile mit ihr insgeheim,
Wenn sie den Raub ihr bringe heim,

Und sag ihm: Hänslein, halt das Licht:
Einen liebern Mann weiß ich mir nicht."

Aber wenn die Frauen geschmäht werden, daß man ihrer Treue nur noch in den Augenblicken sicher sei, „da man selbst bei ihnen der Liebe pflege", wie dies in der Erzählung vom „Ring des Hans Carel" geistreich und derb symbolisiert ist, oder daß man, wie die Franzosen spotten, folgendermaßen verfahren müßte:

Qui voudroit garder qu'une femme
N'aille du tout à l'abandon,

Il faudriot la fermer dans une pipe
Et en jouir par le bondon.

– auf solche und ähnliche Anklagen sind die Frauen um eine Antwort nicht verlegen: Hundert vollwichtige Gründe statt eines einzigen haben sie, es mit der Treue nicht allzu streng zu nehmen. Und in der Novellen- und Schwankliteratur finden wir alle diese Gründe eingehend beschrieben und dargelegt.

Der erste und oberste Grund, den die Frauen zur Begründung ihrer Untreue anführen, ist das Recht der Wiedervergeltung, die Untreue des Gatten. Die Frau erklärt: „Ich habe noch einen stolzen Leib, mein Busen steht noch aufrecht als ein Speer und du grast doch einer andern ab ihr Weiden." Unter solchen Umständen hat der betreffende Mann nichts anderes zu erwarten, als daß auch in seinen Garten ein anderer einsteigt „und sein Feld bestellt". In dem Vorspiel „Von den Eheleuten", erklärt die Frau gegenüber ihrem Manne:

„Hauswirt, mein traut ehelich Mann,
Ich han auf dich bösen Argwahn,
Das ich nicht länger mag verschweigen;
Du fiedelst auf fremden Geigen
Und deine Geig daheim ist wohl besait't
Und ist dir Tag und Nacht bereit
Und ist nach alle deinem Willen bezogen.

Noch leihest du hin dein Fiedelbogen
Und ich hab dir kein Zug nie versagt;
Und hättest eine Nacht viermal gewagt,
Es wär mir nit zu viel gewesen.
Laß dir ein andre letzen lesen!
Fiedelst du mir auf fremder Geigen,
So muß ein andrer in mein Nest steigen."

Noch eingehender wird dieser Grund in dem „Spiel von Fürsten und Herren" begründet. Die Königinnen von Frankreich und von Arragon klagen darin also gegen ihre untreuen Männer:

Die Königin von Frankreich:
Ihr Frauen, ihr tut gar was sagen.
Ein solchen Mann soll niemand klagen,
Der ihm selbst solchen Schaden tut;
Er muß doch nehmen auch für gut.
Mein Herr der rühmt sich alle Tag
Gen mir vielmehr, denn er vermag.
Wenn er bei mir am Bette leit,
So liegt er bei mir als ein Scheit.
Das macht, daß, als ihr hie vernehmt,
Sein Fohlen in fremde Lachen er schwemmt.
Und müht den sehr in fremden Pfützen,
Den ich daheim selber sollt nützen.
Will er der Sach nicht abgahn,
So muß ich ein ander Fohlen han,

Dem ich auch Futter gib den Tag,
Daß er des Nachts geziehen mag.

Die Königin von Arragon:
Ja, Frau, ich gib euch nit unrecht.
Seit daß er euer Gras verschmecht,
Ich muß auch ein andern Mader han,
Der mir mein Wiesen mähen kann.
Mein Herr will fremde Wiesen grasen
Und läßt die sein werden zu Wasen;
Darumb ich billich ding ein Knecht,
Der mir mein Wiesen wässere recht,
Wann sie ist frech und darf sein wohl.
Will er ihr nit warten selbst, als er soll,
So düngt sie gern ein ander Mann,
Der nie kein Recht dazu gewann.

286

252. Die buhlerische Liebe und ihre Folgen. Niederländischer Kupferstich

Der zweite Hauptgrund, mit dem die Frauen das Recht auf Untreue begründen, ist das Unvermögen des Gatten. Er hat seine Geschäfte im Kopf, hat
Sorgen, bedarf des Nachts der Ruhe und denkt darum nicht so oft an die Werke
der Liebe, oder er ist alt und ausgedroschen, oder er ist immer und lange auf
Reisen — allen diesen, wo „die Frau im Bett friert", gebührt es, daß sie sich einen
Hausfreund anschafft, der ihr die Grillen vertreibt, „die den Frauen immer kommen,
wenn sie einsam sind". Clément Marot reimt (übersetzt von Margarete Beutler):

„Hat eine einen schlechten Mann,	— Doch Käthchens sanftes Schwesterlein
So wird sie ständig traurig sein,"	Rief: „Gegen einen schlechten Mann
Sprach Käthchen, „und es wäre dann	Gibt's ein Rezept doch, sonder Pein:
Das beste schon, sie schlief allein!"	Man schafft sich einen Hausfreund an!"

Die häufige und lange Abwesenheit des Mannes vom Hause, die der Frau
mehr Fasttage im Jahre aufzwingt, als Festtage beschert — um mit dieser letzten
Ursache anzufangen —, macht jede Frau krank, so dass sie sichtlich „vom Leibe
kommt", sie magert ab, denn nichts zehrt an einer Frauen mehr, „als Liebe, der
kein Genügen geschieht" (Bild 196). Wenn die einsame Hausfrau einem will-
kommenen Gast daher mit zärtlicher Minnepflicht die gebotene Gastfreundschaft
würzt, oder wenn sie hin und wieder einem verschwiegenen Buhlen heimlich ein
Buhlbrieflein schickt, durch das sie ihn zu nächtlicher Fürsprach lädt, so geschieht
das immer nur aus Liebe zu ihrem fernen Gemahl: „Es ist nur wegen des Kummers,
den sie dem Gatten bereiten würde, wenn er bei seiner Rückkehr statt des wohl-
beleibten Fohlens, so er zurückgelassen, ein abgehärmt Knochengerüste im Stalle
wiederfinden würde." Da in solcher Aufopferung selten eine Frau zurückbleiben
will, so gilt die Ausnahme gleichsam als die Regel: „So die Männer zur Meß
reiten, werden zu Hause die Gastbetten nie kalt." Die Folgen bleiben natürlich
nicht aus. Die folgende Priamel verkündet es:

„Es wundert manchen noch bis heut,	Dieweil sein Weib kein'n Herrn scheucht;
Daß Bürger schöner seyn, denn Edelleut.	Den hat sie lieber denn den Mann.
Das hat ein'n hübschen, klugen Sinn:	Das mögt ihr selber wohl verstahn.
Viel mancher Herr zeucht ein zu ihn'n	Eine versagt, eine gewährt.
Und zehrt lang in einer Stadt,	Also red't man heuer und fährt,
So der Bürger sitzt in dem Rat;	Dass die Bürger viel edler sind."
Oder mit Kaufmannschaft auszeucht,	

Ganz ebenso ist's, wenn die Männer auf langen Pilger- oder Romfahrten sind:
„Wenn die Männer ziehen nach Compostell, Ihre Weiber sich legen auf Pumper-
nell." In solchen Fällen sind die Vertreter der Kirche auch für ausgleichende
Gerechtigkeit, jedes soll der Gnade genießen: Mann und Frau, die Frauen auf
ihre Weise. Und darum: „Wenn die Männer auf der Romfahrt sind, so geben
die Mönche daheim den Weibern zweihundertsiebzigtägigen Ablaß." So haben
denn die Pilger, wenn sie wieder nach Hause kommen, „den Segen ohne die Mühe".

Dort, „wo die Manneskraft immer auf Reisen ist", weil der Mann alt und
grau ist, und darum der Ehekalender überhaupt nur Fasttage kennt, tut die Frau
ebenfalls nur ein frommes Werk, „wenn sie die Hausandacht hin und wieder mit
einem Jüngling abhält", denn nichts ist größere Sünde, als wenn man leichtsinnig

Welchs Weib mit Ehbruch ist besteckt/   Da ist nicht sicher wohnen bey/
Dem Mann Vnfried im Hauß erweckt/   Thu sie von dir vnd mach dich frey.

Schmertz.

JCh hab ein vnverschämpte/ geyle vnnd trewlose Ehebrecherin zum Weib/ von deren wegen ich geschmähet vnd verachtet bin.

Vernunfft.

Ich wolte daß dir dein Weib noch ehe entführet/ oder vngestümm were/ Ja gar böß/doch an Ehren fromb/ dann daß sie so ein Schlepsack seyn solle/ Doch wie dem allen/ so soll ein Mann von Ehren wegen viel dulden. Es sind macherley Angst vnd Noth auff Erden/ den man nur mit der Tugendt begegnen mag / Es ist dir noch zurathen. Wie wann sie es nimmer thet? Diß laster hat das gut an jhm/daß sich die Weiber doch desselbigen müssen beschämen/friedlicher vnd vngestümmer im Hause seyn dann zuvor/ nicht so frech vund stolz / das bricht jhren Trutz / Dann sa sie eins auff der Nadel hat/ muß sie offt das Maul zuhalten / ist dem Mann in allem gefölgiger dann vor.

Weist du nicht daß Weiber die jhnen nichts solches bewust/ oder man sie es nicht bezeugen kan/ niemand dämmen noch ziehen kan/wie sie so herauß fallen/wann man jhn mit Vnwarheit zu wil? Ist dein Weib geyl/ so muß sie fast schön darzu seyn/Ist sie aber ein Vnflat/lieber verachtes nicht. Vnnd du auch bedencke dich/hastu was geborget/du must es bezahlen/hastu einem sein Weib geschändet/ so wirde dir das dein auch geschändet/Korn vmb Saltz / Wie du gethan hast/also würdt dir auch geschehen/dir geschicht nit vnrecht/So ist geitz/geylheit vñ vnzucht vber alle gesetz getretten/jetz ist Ehbruch gar gemein worden/daß gleich weder gesetz noch gerechtigkeit mehr straffen darff. Lieber zihe dich auch bey der Nasen/sihe in deiñ busen/du würdst auch ein ehebrecher erwüschen/sihe zu/daß du dein Treuw/Eydpflicht/Ehe vnd Ehr nicht gebrochen. Viel wöllen Weiber rechtfertigen/so sie selbs kein nütz sind/vermeynen sie haben alles macht/ vnd sey/ wo

Von einer bübischen unverschämpten Hausfrauwen

Aus dem „Trostspiegel". Holzschnitte von Hans Weiditz

gegen Leib und Leben frevelt. Stetes „Fasten im Bett bringt frühen Tod". Und die Frau, die einem alten Mann beigesellt ist, hat übrigens doppelten Grund zur Untreue: stets werden die Greise in der Ehe zuerst wortbrüchig, sie halten schon am ersten Tag nicht, was sie versprochen haben. Die Frau höhnt darum mit Recht: „Pfui der Männer zu allen Zeiten, die Roß halten und können nicht reiten" (Bild 228). Natürlich braucht unter solchen Umständen die Frau auch nicht Wort zu halten und hat alles Recht, sich mit einem Jungen zu vergnügen, dem das eignet, was dem Gatten mangelt, und ohne das ihr Leben nur Trauer und Trübsal wäre. In der zeichnerischen Satire ist dieses „Was" stets so symbolisiert, daß den

253. H. Goltzius. Symbolische Darstellung der Ehe aus Liebe

Jungen, der mit einer jungen Frau Buhlschaft treibt, stets ein stolzer Degen oder Dolch ziert — das Symbol der noch unverbrauchten Kraft, der stets aktionsbereiten Potenz (Bild 16, 38, 63, 177, 186, 188, 204, 213 usw.).

Leider ist aber dieser Mangel, sagen die Frauen, nicht nur ein Fehler der Greise, sondern aller Ehemänner. Antoine de la Sale hat über die Schicksale, die jedem Manne in der Ehe bevorstehen, ein ganzes Buch geschrieben: „Die fünfzehn Freuden der Ehe". In der siebenten heißt es:

„Ob nun die Frau so ist oder so — eine Eheregel gibt es, die eine jede glaubt und hält, und diese ist: mein Mann ist der schlimmste, den es gibt, und der unfähigste in den Dingen der Liebe. Das sagt oder glaubt jede Frau von ihrem Manne."

In Wirklichkeit ist dies jedoch nur die billige Ausrede für den hauptsächlichsten und wahren Grund der weiblichen Untreue; und dieser ist: der große Liebesappetit zahlreicher Frauen, der sich an der Kraft eines einzigen Mannes kein Genüge tut, oder sich nach Abwechslung im Liebeskalender sehnt. Freilich geben gerade zum letzteren die eigenen Männer häufig den Anstoß. Warum rühmen sie auch, wenn sie unter sich sind, den Freunden so laut der Gattin heimliche Schönheiten und ihre köstlichen Liebeskünste, mit denen sie dem Gatten das Paradies auf Erden zaubern! „Warum spricht der eine: ‚Der Leib meiner Elsbeth ist so weiß wie Schnee, ihre Schenklein sind zwo stolze Säulen und ihre Brüstlen sind so hart wie Marmor?' Warum antwortet der andere: ‚Die Hände meiner Bärbl sind so lind wie Samt und ihre Liebe schmeckt so süß wie Honig, der mit Balsam gemischt ist'?" Weil dies aber die Männer so gerne und so oft tun, so erwidern die Satiriker mit Recht: wer seine Frau „rühme oder köstlich mache vor ander Leut", der habe es sich selbst zuzuschreiben, wenn die Freunde auf die Frau lüstern werden, und wenn die Eitelkeit den Frauen eingebe, an den Tag zu bringen, daß ihr Mann wahr gesprochen und von ihrer Schönheit und von ihrer Liebeskunst nicht zuviel des Rühmens gemacht habe.

Wenn sich die Frauen so rechtfertigen, so halten die Sittenschilderer dem jedoch entgegen: Die meisten Frauen nehmen sich aus angeborener Lüsternheit sowieso einen Liebhaber, weil ihnen in den Armen eines Liebhabers wollüstigere Freuden winken, neue Genüsse, ungekannte, beim Gatten vergeblich ersehnte Vergnügungen. Und die Wirklichkeit gibt ihnen in den meisten Fällen recht, sagt und begründet Antoine de la Sale: Der Liebhaber ist unendlich ausdauernder und leistungsfähiger im Liebesdienst und stillt den Minnedurst der Frau immer besser als der Gatte. Begnügt sich der Gatte mit einer einzigen Liebkosung, so ist der Liebhaber immer hungrig und zu immer neuen Angriffen bereit. Dieses aber kommt daher: Der Liebhaber hat keine anderen Gedanken; alle sind auf die Erreichung dieses einen Zieles gerichtet. Er lebt immer in der Hoffnung der Erhörung. Seine Neugierde nach ihrer Schönheit hat sich nie voll gestillt, darum ist er immer in Flammen, wenn er der Geliebten vor Augen tritt. Weil er jede günstige Stunde ausnützen muß, ist er auch immer unternehmend, immer zum Liebeswerk bereit, und versäumt auch keine Gelegenheit, dies an den Tag zu bringen. So kommt es denn, daß er in den Stunden der Erfüllung wahre Wunderdinge verrichtet, wie sie der eigene Gatte nur im Anfang der Ehe vollbracht hat. „Und wenn die Frau vorher ihren Mann für schlecht und von geringer Kraft hielt, so ist sie jetzt von seiner gänzlichen Unfähigkeit überzeugt" und glaubt von nun ab doppelten Grund zur Untreue zu haben . . . . Alles das begründet Antoine de la Sale umständlich und eingehend.

Der Liebhaber hat aber in den Augen einer geilen Frau, wie de la Sale und andere ausführen, noch eine Reihe anderer Vorzüge: Er ist aus denselben Gründen in jedem Stadium des Werbens stürmischer als der Gatte — der Liebhaber ist weiter in den meisten Fällen weniger delikat als der Gatte, er übt mit ihr die Freuden der buhlerischen Liebe, er lehrt sie die raffinierten Vergnügungen der Dirnen und er ist vor allem auch verwegener. Und gerade die Verwegenheit reizt die Wollust der Frauen und steigert ihr Vergnügen bei seinen verliebten Unternehmungen. Mit Verachtung schaut man daher auf den Liebhaber, der immer nur dann nach den von ihm begehrten Früchten greift, wenn durchaus keine Gefahr im Verzuge ist. Je verwegener sich aber ein Liebhaber gebärdet, um so sicherer winkt ihm die Erfüllung. Die Frau weiß Mittel und Wege, daß er sogar in Gegenwart des Gatten zum Ziele kommt, direkt an seiner Seite darf er über diesen triumphieren. Antoine de la Sale schreibt über diesen Punkt:

„Es kommt vor, daß ihr Liebhaber mit ihr sprechen und nicht warten will, also heimlich mitten in der Nacht kommt und sich irgendwo im Keller oder im Stall versteckt oder hitzig ins

CRAPVLA ET
LASCIVIA

A. de Vos inuentor

Joannes Sadler sculp.

Sadler excud.

Expergefaccimini ebrij, et flete, et vlulate omnes qui bibitis vinu in dulcedine, quoniam perijt ab ore vestro. Quia ecce ego suscitabo super terram meo sortis eius inumerabilis dicto eius ut dentes leonis et Molares eius ut Catuli leonis Poluit vineam meam in desertum suam meam decoriuauit. Joel i

Dies Domini, sicut fur in nocte, ita venit Cum eum dixerint, pax et securitas, tunc repentinus eu supernuet interitus, sicut dolor parturienti in vtero habentus et non effugient Thessal 5

354 Martin de Vos, C...

Schlafzimmer eindringt, in dem der Mann schläft. Es gibt Frauen, die solcher Kühnheit ihrer Lieb=
haber nichts verweigern können und darob nur noch hitziger in Liebe zu ihnen entbrennen, und
sollten sie auch daran zugrunde gehen."

Den Novellenerzählern ist eine solche Kühnheit mehrfach Stoff zu satirischen
Schwänken gewesen, so dem Boccaccio, Morlini, Adelphus, Frey und vielen anderen.
Die Pointe dieser und ähnlicher Schwänke ist meistens, daß der Liebhaber einmal
unversehens zum Manne anstatt zur Frau kommt und dabei nun furchtbar gezüchtigt
wird, oder daß die Frau im kritischen Augenblick durch einen kühnen Einfall —
„es ist der Hauskobold, der im Zimmer rumort" oder ähnliches —, nicht nur sich
und den Liebhaber aus der drohenden Gefahr errettet, sondern dadurch ihrem
verwegenen Liebhaber geradezu die Möglichkeit verschafft, in Zukunft nun be=
liebig oft seine Besuche bei der liebeshungrigen Frau wiederholen zu können.
Auch im Bilde ist diese Verwegenheit dargestellt worden. Und daß es gar kein
so seltener Fall gewesen sein muß, erweist schon der Umstand, daß in einem
französischen Gesetzbuch des sechzehnten Jahrhunderts auf diese Art der Ab=
schnitt über den Ehebruch bildlich charakterisiert wurde (Bild 13).

Der triftigste Grund, die Ehe zu brechen, der alle Skrupeln niederschlägt,
ist für eine Frau aber die Überzeugung von der außergewöhnlichen physischen
Kraft eines bestimmten Mannes. Veranlaßt dieser Grund zahlreiche Jungfrauen,
einem solchen Bewerber den Vorzug zu geben, auch wenn er niederen Standes
ist, so ist er für noch mehr Ehefrauen der unwiderstehliche Grund, alle Schwüre der
Treue, alle Pflichten, alle Sitte, allen Anstand, alle Standesunterschiede zu ver=
gessen. Außergewöhnliche Potenz adelt den Sklaven in den Augen der Fürstin,
den Lastträger in denen der Edelfrau, es läßt die Nonne ihr Gelübde vergessen,
macht die Stolzeste dem brutal=
sten Fuhrknecht gefügig und
beflügelt vor allem den Geist
der Frauen, daß sie unerschöpf=
lich in Listen sind, um dieser
begehrtesten aller Freuden der
Liebe teilhaftig zu werden.
Poggio, Morlini und Carnazano
bestätigen uns dies durch Bei=
spiele von den Italienerinnen,
Bebel, Frey und Lindener von
den deutschen Frauen, Brantôme
und andere von den Französinnen,
die englischen Chronisten von
den Engländerinnen. Um nur
einige Titel solcher Schilderungen
zu nennen, zitieren wir aufs
Geratewohl: „Von einem Schma=
rotzer, der eine Edelfrau be=

255. De Bry. Liebespaare im Garten

256. Symbolische Darstellung der weiblichen Unzucht

friedigte", und „Von einer Nonne, die sich in geiler Brunst einem Fuhrmanne
hingab", beide von Morlini; „Die fleischgierige Herzogin" aus der Chronik des
Grafen Froben von Zimmern; „Dem Klugen genügen wenig Worte" von Carna=
zano, die Schilderungen, die sich in Grammonts Memoiren über die Damen des
englischen Hofes finden und so weiter. Außerdem kommt diese Anschauung in
allen Sprachen in zahlreichen Redensarten, Sprichwörtern, Rätseln und Versen
höchst drastisch zum Ausdruck: „Untreue hat nie einen besseren Grund."

Für die Satire ist dieses Hauptmotiv der weiblichen Untreue ein ebenso
häufiger Gegenstand; wir nennen als charakteristisches Beispiel nur die Satire
des Ariost über die unzüchtigen Weiber, die zugleich als illustriertes Flugblatt
erschien, und zwar, wie so oft, mit zweisprachigem Text, italienisch und französisch.
Der Gedanke dieser Satire ist kurz gefaßt der: Der Edelmann Giocondo wird an
den Hof berufen. Mit Trauer nimmt er von seiner Frau Abschied, die er für
ebenso treu hält, wie sie schön ist. Kaum ist er jedoch einige Meilen geritten,
so fällt ihm ein, daß er in seinem Bett ein Amulett zurückgelassen hat, das ihm

seine Gattin zum Abschied geschenkt hatte. Er kehrt wieder um, und als er leise das eheliche Schlafgemach betritt, vermag er seinen Augen fast nicht zu trauen; denn er erblickt seine für so treu gehaltene Gefährtin in den Armen eines seiner Diener. Da die beiden, von den Liebeskämpfen ermattet, eingeschlafen sind, bleibt der Edelmann unbemerkt und verläßt er auch ebenso sein Haus wieder. Sein Schmerz kennt keine Grenzen, und nichts vermag ihn die Beleidigung vergessen machen, die man ihm angetan hat, bis er eines Tages eine Königin in den Armen eines häßlichen Spaßmachers, eines Zwerges, erblickt. Nun, da er sieht, daß den Königen dasselbe Schicksal beschieden ist, kehrt sein Lebensmut zurück. Der König verläßt ob dieser Schmach ebenfalls die Königin und beide ziehen nun zusammen durch die Welt, begleitet von einer gemeinsamen Freundin, in deren Besitz sie sich teilen. Des Nachts schläft diese gemeinsame Gemahlin stets zwischen den beiden — so sind sie ihrer Treue sicher. Aber das Gegenteil ist der Fall. Gerade dadurch kann diese ohne jede Furcht vor Entdeckung ungestört sich auch noch mit einem dritten Liebhaber vergnügen, der vom Fußende des Bettes aus den Weg zu ihr findet, denn jeder hält stets den Freund für den Begünstigten. Als der Edelmann und der König den Betrug schließlich doch entdecken, kommen sie zu der Überzeugung, daß jede Frau untreu ist, wenn sie in starke Versuchung kommt, und darum kehrt nun jeder wieder nach Hause zurück (Beilage: „Die Untreue der Weiber") . . .

Das Resultat von alledem ist, daß es im Kalender der Gehörnten tatsächlich nicht einen einzigen Tag gibt, an dem ihnen nicht die Hörner fällig wären (siehe Beilage).

$$* \quad * \quad *$$

Freier Geschlechtsverkehr und sinnliche Korruption. Widersprach ein freier Geschlechtsverkehr sowohl den Interessen der kleinbürgerlichen als auch der bäuerlichen und proletarischen Familie, und war infolgedessen bei diesen Klassen trotz aller Häufigkeit die gegenseitige Untreue ein individueller Unglücks‑ fall, der auch meist als Unglücksfall in Erscheinung trat, so verhielt es sich bei der Ehe des Kaufmanns und der ihm angegliederten städtischen Berufe, sowie bei der des höfischen Adels wesentlich anders.

Durch die zunehmenden Handelsprofite wurde, wie wir dies bereits im ersten Kapitel darlegten (S 54), die Frau von der Arbeit im Haushalt befreit. Sie erhielt damit Zeit und Interesse, sich auch mit anderen Gegenständen zu be‑ schäftigen, mit Literatur, mit Kunst, mit Wissenschaft. Es entstand die bekannte Erscheinung der Virago, die den Wissenschaften und Künsten lebende Frau, die gelehrte Frau. Und da man sich, sowie man frei wird, zuerst über sich selbst und seine Beziehungen zur Gesellschaft Klarheit verschafft, so liegt es in der Natur der Sache, daß man in erster Linie auch die geschlechtlichen Beziehungen kritisierte, kontrollierte und revidierte, daß man sich eingehend mit der Liebe als Selbstzweck beschäftigte. Eine unvermeidliche Folge davon war, daß in diesen Kreisen auch freiere geschlechtliche Beziehungen aufkamen; „mit jugendlicher Keckheit durchbrach das revolutionäre Großbürgertum die Schranken der patriarchalischen

Dulcia sæpe nocent auido gustata palato,
Votaqȝ damnosæ luxuriosa gulę

257. Lüsternheit und Verführung. Symbolische Darstellung.

Familie, der Einzelehe" (K. Kautsky). Der freie Geschlechtsverkehr wurde in diesen Kreisen eine Möglichkeit und schließlich auch eine Selbstverständlichkeit, weil er keine Gefahr für die Familie mehr war.

Da nun aber die Emanzipation der Frau in diesen Klassen, die sich freilich nur auf relativ enge Volkskreise beschränkte, einzig darauf beruhte, daß die Frau aus einer im Produktionsprozeß notwendigen Arbeiterin „zu einer überflüssigen Ausbeuterin geworden" war, so reflektierte die neue geschlechtliche Freiheit in diesen Klassen viel weniger in einer allgemeinen Befreiung und geistigen und ethischen Hebung, als vielmehr in einer prinzipiellen Ausschweifung. Die Frau emanzipierte sich darum auch zuerst von den heiligsten Pflichten des Mutterberufes. Dieses geschah natürlich niemals, weil sie den Kultus der Wissenschaft und der Künste noch höher als .den Mutterberuf einschätzte, sondern — eben im Interesse un‌geschmälerter Genußsucht — die Pflichten der Mutterschaft beeinträchtigten ihre Qualitäten als Luxustier: „Das Kind säugt ihr ein ander Weib, Auf daß die Brüst' an ihrem Leib, Zart und reine bleiben stehn" (s. auch S. 55, S. 249 u. flg.).

Wenn die sinnliche Korruption an diesem einen Pol der Gesellschaft, an ihrer Spitze eine unvermeidliche Erscheinung war, so nicht minder an ihrem ent‌gegengesetzten Pol, bei den in Auflösung und Umbildung befindlichen oder zur Versumpfung verurteilten Klassen. Klassen, die ihre historische Existenzberechtigung verloren haben und damit zu bloßen Parasiten der Gesellschaft werden, und ebenso jene, die in einem vollständigen Gärungsprozeß sich befinden, zeitigen stets eine starke geschlechtliche Korruption bei ihren Mitgliedern. Denn jeder gesellschaftliche Gärungs‌ und Verfaulungsprozeß äußert sich auf diese Weise. Die Gründe, warum dies eine unvermeidliche Erscheinung ist, haben wir ebenfalls bereits im ersten Kapitel dargelegt, so daß wir uns hier damit begnügen können, auf das dort (S. 74 u. flg.) Gesagte zu verweisen. Die Klassen, die am Ausgang des Mittel‌alters in Auflösung und Umbildung sich befanden, waren der ritterliche Adel und das Bauerntum. —

Der ritterliche Minnedienst ist nicht nur Läuterungs‌, sondern ebensosehr Verfaulungsprozeß gewesen, und so trat er auch in erster Linie in Erscheinung (S. 125 u. 194). Wenn man sich diesen Prozeß freilich nur aus der Ewigkeits‌perspektive anschaut, so präsentiert er sich überaus verführerisch, voll Zauber und Poesie. Die künstlerischen Dokumente, die der Minnedienst gezeugt hat, sind so wundersam, daß es in der gesamten Literatur wenig Ebenbürtiges gibt. Der wichtigste und charakteristische Teil sind die viel und mit Recht gerühmten pro‌venzalischen Albas, deutsch „Taglieder"; jene Lieder, in denen der Abschied des von seiner Dame mit dem Minnesold beglückten Ritters geschildert wird. Der Turmwächter ist der Schutzheilige der beiden heimlich Liebenden. Er bläst vom Turm sein Morgenlied, das die vom langen Liebeskampf mattgewordenen Schläfer aufrütteln soll, damit der begünstigte Liebhaber noch rechtzeitig das gastliche Bett der schönen Burgfrau, „mit der er heißer Liebe pflog", verlassen kann, bevor die beiden Ehebrecher vom hintergangenen Eheherrn in flagranti überrascht werden:

Wann dein Weib hett einn trewen Sinn /
So wer sie mit keim andern hin.

Gehab dich wol / biß gut Gesell /
laß fahren was nicht bleiben well.

Schmertz.

Ich bekümmere mich / daß mir mein Weib entführet / verführt vnd abgetrungen worden ist.

Vernunfft.

Ich bekenne es / Gewalt thut weh / wann du aber die Sache recht bedenckest / hast du kein besondere Vrsach dich zubeschweren / dieweil der Verlust deines vnuerschämpten vnnd verdrießlichen Weibes / nun ein leichterung deines Lastes ist. Ist man einem Artzet so viel lohns schuldig / der nur die Suchte deß Leibes heylet / was bist du dem schuldig / der die Kranckheiten deines Gemütes / vnnd Verdrossenheit mit der entfrembdung deines Weibes geheylet / vnnd dir geholffen hat? Wann dir ein Artzet das drittägig Fieber vertrieben hette / was danck sampt der Belohnung wünschetest ihme? Wieviel mehr dem der dir das täglich auß deinem Hauß geführet vnd gebracht hat? Warlich viel dancks darzu soltu dem guten Gesellen sagen / der dir so viel Sorge vnnd Gefahr auß deinem Hauß vertrieben hat.

Viel weren bey Leben blieben / wo man ihnen etwan hette ihre Weiber entführet / oder gar keines gehabt. Vnder allen Gefahren deß lebens ist das die bösest / das einer täglich in seinem Hauß muß sehen vor ihm vmbgehen. Ich wil dir sagen / ist dein Weibe nothzwungen worden / vnd mit Gewalt dir entweudet / lieber laß fahren / vnd vergibe ihr gern / Ist sie aber mit willen mit dem Schalck darvon / so bistu zweymal in dieser einigen Sachen gerochen / Die Hur vnd Ehbrecherin ist zu ihrem Buben geflohen / Zum andern / auß deinem Hause / dir zu gut / in sein Hauß allen Vnrath gebracht.

Lieber was soll sich der Ehbrecher besser zu ihr versehen / so sie dir / der du ir rechter Mann gewesen / nichts guts gethan hat? Du hast keinen Schaden / gehe wie es gehe / nur Gewinn / Sie wirdt bald an ihm vernewgeren / darnach ist es gethan. Wann diß die

Tröstung so eim sein Weib hingeführt ist worden

Aus dem „Trostspiegel". Holzschnitte von Hans Weiditz

Robert le mor Lacquay

Der kupplerische Diener

Wohlauf, wohlauf, s' ist an der Zeit,
Sang uns der Wächter vor dem Tag,
Wer nun bei Herzen Liebe leit,
Der hör' und merk', was ich ihm sag:
Die Vögel singen vor dem Hag.
　Galander und die Nachtigall
Hört man gar laut erklingen,
Und andere Vögel überall
Wecken mich mit ihrem Singen;
Ich seh' den Tag aufdringen ...

La belle margo lauandiere.

258 u. 259. Crispin de Passe

Selbst wer nur wenig Sinn für Poesie hat, wird nicht zu bestreiten wagen, daß alle diese Lieder anmuten, wie wonnige Morgenluft, die einem an einem schönen Frühlingstag um die Schläfen weht. Und es ist auch Morgenluft. Die Morgenluft der eben in die Welt kommenden individuellen Geschlechtsliebe, der höchsten Errungenschaft der menschlichen Kultur.

Aber eben nur dieser künstlerische Spiegel ist so kristallklar. Sowie man die Dinge ihres übertragenen Stiles entkleidet und auf die Wirklichkeit reduziert, ist das Bild wesentlich anders, dann sieht man nur Fäulnis und sonst nichts. Welches ist zum Beispiel der stereotype Fall? Nun, kein anderer als der, daß die Ehe ein fortgesetzter Betrug ist: Das Belügen des Gatten ist die oberste Tugend der Minne. Gewiß ist die Ehe beim Rittertum, wie bei allen herrschenden Klassen einzig auf der Konvenienz aufgebaut. Aber imponierend und erhebend ist doch nur ein offener Trotz und ein mutiges Lösen des unsittlichen Bandes. Solches fällt aber keiner einzigen Frau ein; die Rache der Natur ist ein hinterlistiger Betrug, der darin gipfelt: Den Gatten systematisch auch zum Vater von Kindern anderer zu machen. Gewiß ist in den Dichtungen stets nur vom Minnesold die Rede, aber das Entscheidende besteht bei allen Dingen doch stets im schließlichen Resultat. Dieses ist aber in den meisten Fällen kein anderes als eine illegitime Schwängerung der Frau, die einem Ritter gestattet, bei ihr in Minnedienst zu treten; und das gestatten die meisten Ritterfrauen nicht nur, sondern es ist zugleich ihr höchster Ehrgeiz, daß ein Ritter ihre Farben trägt. Der wollüstige Genuß, den die Umarmung und Hingabe einer Frau an sich bietet, ist der Lohn, der begehrt und verheißen wird; es ist der höchste Lohn, den man zu vergeben hat, weil die noch primitive Kultur jener Zeiten im animalischen Geschlechtsakt den höchsten Genuß erblickt, den das Leben zu bieten hat. Aber wenn der Triumph beider Teile ausgesprochen auch nur darin besteht, den Gatten der Dame zu betrügen und sich in einer heimlichen Liebesnacht gegenseitig die süßen Genüsse der Wollust zu verschaffen, so liegt es doch in der Natur der Sache, daß dieser Triumph erst dann vollkommen ist, wenn die Dame in der betreffenden Liebesnacht von ihrem Ritter geschwängert wird. Ein solches Liebes-pfand zu hinterlassen, war ohne Zweifel stets der besondere Stolz des beglückten Ritters und wahrscheinlich auch der geheime Wunsch zahlreicher Damen. Das wäre auch die erste Konsequenz der individuellen Geschlechtsliebe: Die Frau will ihre Kinder von dem Manne empfangen, dem ihre Sympathie gehört. Jedenfalls rechnet sie häufig mit diesen Folgen als mit einer Selbstverständlichkeit. Aus späterer Zeit haben wir Mitteilungen, die dies begründen: es kommt vor, daß sich die Edelfrauen über Liebhaber beschweren, die in der Stunde der Erfüllung „Gattenpflicht" üben. In diesem Unwillen offenbart sich zweifelsohne in erster Linie ein normaler sinnlicher Appetit: Die betreffende Frau ist darüber ärgerlich, als über eine Verkürzung ihres Anrechtes auf den vollen Genuß, der ihr zusteht, wenn sie einen Mann mit ihrer Gunst beglückt. Aber es offenbart sich darin doch auch das, was wir vorhin sagten: Der Triumph über die Institution, gegen die man sich auflehnt, bleibt unvollständig, wenn es zu keinen Folgen kommt. Daß sich dies meist unbewußt vollzieht, ändert nichts an der Tatsache. Das Fazit des Minnedienstes ist also: daß der legitime Gatte in diesen Kreisen in unzähligen Fällen nicht der wirkliche Vater seiner Kinder ist, und daß diesem Betrug und diesem Resultat jahrelang aller Scharfsinn einer Dame und ihres Ritters gilt ...

Zu diesem Ende findet man in der Darstellung des Minnezeitalters die Dinge niemals geführt, und doch offenbart sich erst an diesem Ende der wahre Charakter der Sache. Dieser wahre Charakter ist aber Fäulnis. Aber auch der Minnedienst selbst ist nichts weniger als ideal. Man denke nur an eine einzige Minneregel, von der wir mehrfache Kunde haben. Ein Ritter kämpft im Turnier für eine ihm bis dahin ganz unbekannte Dame, er führt ihre Farben zum Siege und dafür wird ihm nun der Minnesold zu teil. Sofort nach erfolgter Reinigung und notdürftiger leiblicher Erquickung darf er zu der Dame ins Bett steigen, darf seinen und ihren Minnedurst löschen, um nach vollbrachter Liebesnacht wieder von dannen zu ziehen — so mehrmals geschildert bei Wolfram von Eschenbach. Noch grotesker für unsere Anschauung ist jedoch der andere Fall, wenn der betreffende Ritter unterliegt. In diesem Falle geht er des ihm winkenden Preises verlustig. Aber auch nur er geht dadurch leer aus. Die Dame, für die er kämpfte, kommt immer auf ihre Kosten, das heisst: sie kommt immer zum illegitimen Liebesgenuß. Denn statt des Ritters, der ihre Farben trug, darf nun dessen Besieger zu ihr ins Bett steigen und erweisen, daß er in den Kämpfen mit Frauen ebenso würdig zu bestehen vermag, wie in dem mit Männern. Also dem Manne, der ihrem Freunde eben noch feindlich gegenüberstand, wird nun das Recht zuteil, ihr ein Kind zu zeugen.

Daß solche Begriffe gerade erhebend wären, könnte man wahrlich nicht sagen. Das gleiche gilt, und zwar logischerweise, von dem gesamten Eheleben des Ritters; denn dieser systematische Betrug ist doch kein einseitiger gewesen, sondern, wie wir schon sagten, die ganze ritterliche Gesellschaft war eine einzige Gesellschaft für Ehebruch auf Gegenseitigkeit (S. 192). Das mußte unbedingt auch auf das Familienleben ausstrahlen. Die Stellung zu seinen Kindern und seine Familiengefühle waren nicht die ideale Welt des Ritters, es war nicht das, wofür er sich im Prinzip begeisterte, die Familie war für ihn nur die rein äußerliche Organisationsform seines alltäglichen Lebens. Darum dürfen wir uns auch von der Zucht, die an solchen Orten herrschte, keine romantischen Vorstellungen machen. Die Frauenhäuser auf den Burgen — das Gebäude, in dem die Weiber arbeiteten — waren

Zusammenkunft der Adamiten in ihrem Versammlungslokal „Das Paradies"

260. Tendenziöse holländische Darstellung aus dem 17. Jahrhundert

meistens zugleich auch die Harems der Ritter. Genau so ist das Verhältnis zu seinen weiblichen Hörigen. Über die Frauen und Töchter seiner Hörigen konnte der ritterliche Grundherr ganz nach freiem Belieben verfügen, und er verfügte auch so. Gefielen sie ihm, so gab es nichts, was der Befriedigung seiner Begierde hätte hinderlich sein können. Das vielbezweifelte Jus primae noctis, auf das wir noch an anderer Stelle zu sprechen kommen werden, war ein ganz „natürliches Recht", das sich aus dem Eigentumsbegriff ganz von selbst ergab.

Das bis jetzt Gesagte gilt jedoch nur von einem Teil des Rittertums, und zwar von dem weitaus kleinsten. Die Poesie des Minnedienstes knüpfte sich immer nur an den hohen und reichen Adel. Die große Masse der Ritter gehörte aber dem kleinen Adel an, der nicht in prunkvollen Burgen und Schlössern wohnte, sondern in sogenannten Burgställen, die so erbärmlich und kläglich waren, daß nicht ein Schimmer von Poesie sich daran knüpfen konnte. Man denke nur an Huttens Schilderung seiner väterlichen Burg Steckelberg, und doch gehörte auch diese noch zu den besseren Behausungen. Ebenso poesielos war auch das ganze Leben des niederen Adels. Recht und schlecht lagen die meisten der Heckenreiterei ob, das heißt dem allergewöhnlichsten Straßenraub. Heut gab's Beute, morgen Prügel. Das letztere sicher so oft wie das erstere. Unmöglich konnten unter solchen Umständen die Moralien dieser Klasse anders als bodenlos roh und gemein sein. In geschlechtlichen Dingen konnten nur solche Zustände und Anschauungen herrschen, wie wir sie heute etwa beim verwahrlostesten Teil des professionellen Landstreichertums vorfinden. Und solche und keine andere herrschten denn auch in der Tat. Jedes schutzlose weibliche Wesen wurde vergewaltigt, ob es noch in den Kinderschuhen steckte oder schon im Greisenalter war, und natürlich vom gesamten Troß, dem es in die Hände fiel, vom Herrn wie vom Knecht. Gegenüber den Frauen und Töchtern seiner Kumpane verfuhr man genau so. Und jeder nahm, wenn es irgendwie ging, gleich die Revanche auf Vorschuß. Ein hierher gehöriges Sprichwort lautet: „Die Bauern schlagen einander tot, aber die Edelleute machen einander die Kinder."

In dem seßhaften Teil des niederen Adels, der bloß von den Abgaben seiner hörigen Bauern lebte und nicht dem edeln Gewerbe des gemeinen Straßenraubes oblag, sei es, daß es in den betreffenden Gegenden nichts zu räubern gab, oder weil dort die Dörfer und Städte sich derart zu schützen verstanden, daß die Risikoprämie der Heckenreiterei etwas zu hoch

261. Symbolische Darstellung der Geldheirat

Von Einem Bößen Weib, welche sich auff einer breytten Heydten mit den Teuffeln geschlagen, gekratzt, gerissen und gebissen, auch endlich den Sieg gar erhalten, darüber sich der Teuffel verwundert hatt, wie es doch könne müglich sein auff der gantzen Weiten Welt,

Das die arme Männer, bey solchen Oder dergleichen Ungezieffer Wohnen können.

Ich gieng eins mahls über Felde,
Mein geschäfften nach zu fordern Geldt,
Als ich kam auff ein breyte Heyd,
Da hett ein boß Weib einen Streitt,
Mit den Teuffeln das ist gewiß Wahr,
Dann derselben War ein grosse Schar,
Das böse Weib flucht und kurrt und zanckt,
Hielt ihr Waffen stäts in der Handt,
Ein Offen krucken und Gabell lang,
Grimmiglich sie auff und nieder sprang,
Sie schrye als Bans gar Unsinnig Wehr,
Und sprach, Ihr Teuffel komet nur her,
Wir wollen da einander reissen,
Stechen, schlagen, krahen und beissen,
Das gräulich boß Weib voller Untrug,
In einem streitt stracks drey Teuffel schlug,
Bundt spist sie auch an ihr Gabell ahn,
Zuletzt sie auch den Sieg gar gewan,
Sie erschlug daselbt mit ihrem leyb,
Deß Teuffels Mutter, Und auch sein Weib,
Der Teuffell Würden ihr vermundt,
Bey drey thausendt in einiger stundt,
Etliche flohen eylendts daruon,
Daß sie von diesem Streitt mußen lohn,
Sie sprachen: O Wol uns Gesellen mein,
Sey froh, daß wir da entrunnen sein,
Hatt uns daß böß Weib daß gethan,
Ey wie geschicht dan eynem fromen Mann,
Der etwan ein solch boß Weib bekombt,
So nichts thut als nur murrt und brumbt,
Welcher so gar mit bösen Weibern,
Sein Zeit auff Erden muß vertreiben,
Der lebt gewiß im Jammerthall,
Und hat kein Freud gantz überall,
Es geschicht ihm Weh und geht ihm hart,
Weh ihm daß er gebohren Wardt,
Will er gehn, so will sie lauffen,
Will er schlagen, Will sie rauffen,
Will er essen, Will sie trincken,

Will er tanhen, Will sie hincken,
Will er reyten, Will sie fahren,
Will er lehrn, Will sie spahren,
Will er ruhen, Will sie springen,
Will er schweigen, will sie singen,
Will er weinen, will sie lachen,
Will er schlaffen, will sie Wachen,
Will er Dieses, so will sie Das,
Will er wenig, so will sie baß,
Ist er nüchtern, so ist sie voll,
Will er voll, so will sie woll,
Will er groß, so will sie klein,
Sagt er da, so sagt sie nein,
Sagt der Mann Weib, huy,
Will er wenig, so will sie viel,
Sie helt alzeit daß Wiederspiel,
Trinckt er Bier, so trinckt sie Wein,
Ist er frölich, so thut sie grein,
Will er anderst, so Will sie so,
Ist er traurig, so ist sie froh,
Wann er Will schwartz, so will sie Weiß,
Daß machet ihn bald alt und greiß,
Gewint er etwas, sie Wills verthan,
Also ist er ein armer verdorbener Mann.

Beschluß

Darumb ihr Wittwer und Jung Gesellen,
Und die sich verheyrathen Wollen,
Hütt euch vor eim solchen bösen Weib,
Daß sie nicht peinigt ewren Leib,
Und mache euch das Lachen theuer,
Auch sein ein Woh rechtes Fegfewr,
Das Sprichwort hatt in guter acht,
Darüben auch gantz Wohl betracht,
Der überall Pflaster rennt,
Und nimbt ein Weib, die er nicht kennt
Der geschicht nit Wohl, Oder ist verblendt
Und bleibt ein Narr, biß an sein Endt.

Dann heyrathen, darff gütrn Rath,
Daß nicht gerrise nach der thatt,
Ausst Erden ist kein schwerer Pein,
Als bey einem, bösen Weib zu seyn,
Bey trachen ist besser zu Wohn,
Das belegt mancher frommer Mann,
Das solches hatt erfahren Wohl,
Weist offtmahl nicht Was er thun soll,
Das macht sein grausam böses Weib,
Die also peinigt seinen leib,
Ein böß Weib macht viel Hertzenleyd,
In Trone bringt viel tausend freud,
Ein böß Weib regiert ihren Mann,
In fromme ist ihm Unterthan,
Ein böß Weib treibt viel tausendt Luck,
Ein fromme ist deß Mannes glück,
Ein böß Weib macht einen gar verkehrt,
Ein fromme ist aller Ehren Werth,
Ja wann ich der bösen Weiber Geschlecht,
Alles Natürlich wolt beschreiben recht,
Und solchs die Zeit hierin leyden Wolt,
Auff ein Ochsen haut nicht Wohlgeht sott,
Sie gib ich den guten Rath für Wahr,
Man nehme ein Weib nur auff ein Jahr,
Gefellts einem dann, so behalt ers gar,
Ist sie aber böß, so nimbs beym Haar,
Und Wirfft sie dann die Stiegen hinab,
Was gilts Wird mit Lachen drab,
Allein ich doch diese nicht mein,
Die offtmals auß noth müssen böß sein

Ein gantze Companü und
Zusammen geschworne Gesellschafft,
der bösen Weiber, so auff nimmer stag,
den Teuffell gantz und gar und der
Höll vertreiben, sich frölich
Und muertzagt Unterste
hen Wollen
Als Nemblih

Die Fraw von Dollenstein Oberste Befelchshaberin
Die Princessin von Schlampampen
Die Fraw von Klapperburg
Die Fraw von Dörrgern
Die Fraw von Darhenberg
Die Fraw von Hurheimb
Die Fraw von Neydberg
Die Fraw von Bubendorff
Die Fraw von Schnaderberg
Die Fraw von Frehberg
Die Fraw von Hafforkt
Die Fraw von Zanckenberg
Die Fraw von Zuhleck und Löfflsdorff
Die Fraw von Hoffartsstatten
Die Fraw von Settenfreud
Die Fraw von Rochübel
Die Fraw von Nahrreiß
Die Fraw von Schlaffmang
Die Fraw von Reißlenstein
Die Fraw von Schnaken
Die Fraw von Faulburg
Die Fraw von Streitburg
Die Fraw von Murrbach
Die Fraw von Murbelstein
Die Fraw von Schwahenburg
Die Fraw von Geckerheimb
Die Fraw von Sauersehen
Die Fraw von Filhhoften
Die Fraw von Dornberg
Die Fraw von Ybelhausen
Die Fraw von Truthman
Die Fraw von Weinsberg
Die Fraw von Falschenburg
Die Fraw von Schleckstatt
Die Fraw von Eysserberg
Die Fraw von Berthan
Die Fraw von Verpraß alles daheim.
Und die Unnüße von Nolschhausen.

Ein Jungfraw die gern Brandtewein trinckt,
Den Jungen gesellen mit Augen Winckt,
Und mit Fussen scharrt auff der Erden,
Is sie kein Hur, Wirdts doch eine werden.
Auß Schimpff dieser Spruch gemacht,
die fromme nicht dardurch veracht.

Gedruckt zu Rümpelskirchen im Schwaderloch, bey Rude Loffelsteltz, Drey Meyl hinder der Beltzmühl.

Satirisches Flugblatt auf bie bösen Weiber

262. Aus dem 17. Jahrhundert

gewesen wäre — bei diesem Teil des Adels waren die geschlechtlichen Sitten gewiß nicht so viehisch, aber darum doch von einer ganz robusten Nonchalance. Diese Nonchalance in voller Deutlichkeit zu erkennen, — dafür mag ein kurzer Bericht angeführt sein, der sich in der Chronik des württembergischen Grafen von Zimmern befindet:

"Ein Adeliger vom Schwarzwald hatte eine schöne junge Frau, welche nach dem Kloster Kilberg wallfahrtete wegen etlicher Verwandten, die daselbst Klosterfrauen waren. Weil der Mann in Kilberg eine leibliche Schwester in Konvent hatte, gestattete er seiner Frau diese Klosterfahrten gern, und er argwohnte nicht, daß man ihm Haare unter die Wolle schlagen werde. Er täuschte sich, denn die eigene Schwester und etliche ihrer nächsten Basen verführten die Ehefrau. Damals hatten bei der österreichischen Regierung die Herren von Geroltzeck die Herrschaft Sulz am Neckar zu Händen gebracht. Der Jüngere von Geroltzeck, Walter mit Namen, war noch ledig, und diesem wurde die Edelfrau verkuppelt und angetragen, doch mit dem Vorbehalt, daß er die Frau nicht sehen sollte. Man sagte ihm, er möge in der bereit gestellten Zelle mit der Frau im Brett spielen, später werde er die Dame einmal sehen. Herr Walter nahm sich der Sache begierlich an und kam auf einen bestimmten Tag spät in das Kloster. Dort berichtete er dem Gastmeister, er habe schon gegessen, er sei müd und wolle nur in das Bett. Der Gastmeister war ein verständiger Mann, der ließ dem Herrn schnell ein Bett zurichten und wünschte eine gute Nacht. Herr Walter hatte nur einen jungen Edelmann bei sich, Oswald von Neuneck, sonst keinen Diener. Beide gingen in aller Stille zu einer Klosterfrau, die hatte bereits den Platz bestellt. Sie führte den guten Herrn Walter in eine finstere Zelle, diese beschloß sie. Herr Walter zog sich aus, legte sich nieder und als er vermeinte allein zu sein, fand er im Bett ein nackendes Weib. Letzteres begriff er hin und wieder und obwohl er dieses nicht sehen konnte, befand er doch am Griff, daß es sich um eine hübsche junge Frau handelte. Er nahm sich der Sache an und hielt sich, daß sie ihn nicht dauxes nennen konnte. Das ergab sich auch aus dem Umstand, daß die gute Frau, ihrer nächsten Freundin, die bei Herrn Oswald von Neuneck lag, in einem nur durch eine Bretterwand davon getrennten Gemache, mehreremals mit großem Affekt und großer Begierde zurief: „Ach du mein guldine Anna! Ach mein guldine Anna!" Jedenfalls gefiel er ihr am Schnitt viel besser als ihr Gäuchle daheim, den sie nur für einen Gauggenschnabel hielt. — Dieses Beisammensein oder Turnier währte die halbe Nacht, und als es wollte anfangen zu tagen, da kam die Klosterfrau und führte Herrn Walter wieder davon. Dieser legte sich nun zur Ruhe in das Bett. Das gleiche tat Herr von Neuneck. Morgens, als beide ausgeschlafen, ließen sie die Rosse satteln und zogen frohgemut von dannen."

Dieser Bericht würde zur Charakteristik der geschlechtlichen Moral des seßhaften Kleinadels des fünfzehnten und sechzehnten Jahrhunderts schon deshalb vollkommen genügen, weil er absolut keinen einzelstehenden Ausnahmefall registriert, sondern nur einen klassischen Fall. Es ließen sich ohne weiteres noch zahlreiche ähnliche Vorkommnisse aus den verschiedensten Ländern hier anreihen.

Die meisten Burgfrauen waren jedoch nicht so anspruchsvoll, wie die besagte Dame aus Schwaben, und auch nicht so vorsichtig, wenn sie der Minnedurst plagte und sie im Ehebett kein Genüge fanden. Sie ließen sich in Abwesenheit ihrer Männer an „Schirrmeistern, Schenken, Stubenheizern und Narren", ja selbst an ihren hörigen Bauern genügen, wie das Sprichwort behauptet, in dem auf die Frage: „In welchem Monate haben die Bauern am meisten zu tun?" die Antwort erfolgt: „Im Mai, denn da müssen sie auch die Weiber der Edelleute beschlafen". Aus solcher Genügsamkeit erklärt sich denn auch, höhnte Bernhard von Plauen, der auffällige Gegensatz zum Bürgertum: die große Menge häßlicher Fürsten und Edelleute. Die große Mehrzahl sei von ruppigen Bauern und gemeinen Knechten erzeugt (vergl. auch: „Gesch. d. erot. Kunst" Bild 185). —

Aufhebung der Adamiten in Amsterdam

263. Tendenziös-phantastische holländische Darstellung aus dem 17. Jahrhundert

Haben wir es bei dem niederen ritterlichen Adel mit der Klasse zu tun, die sich in vollständiger Auflösung befand, weil sie ökonomisch gänzlich überflüssig geworden war, so beim Bauerntum, das dem Feudaladel am nächsten stand, und mit dem dieser so unendlich viel Berührungspunkte hatte, mit der Klasse, die sich um jene Zeit innerlich vollständig umbildete. Das Bauerntum war durch die aufkommende Geldwirtschaft ökonomisch nicht überflüssig geworden, aber es mußte sich innerlich umwandeln, weil es überall von der bloßen Produktion für den eigenen Bedarf, oder für den der Markgenossenschaft, ebenfalls zur Warenproduktion überging. Die Städte brauchten Nahrungsmittel in immer größeren Mengen, aber nicht nur Nahrungsmittel, sondern auch Rohstoffe, Wolle, Flachs, Farbstoffe, Häute, Holz usw. Und der Produzent von alledem wurde das Land. Diese radikale Umwälzung pointierte alles das, was wir an anderer Stelle schon über die in der historischen Situation des Bauerntums begründete geschlechtliche Moral sagten. Vor allem verwischte sich dadurch das frühere patriarchalische Verhältnis innerhalb der Familiengenossenschaft, und naturgemäß überall dort am raschesten, wo die ökonomische Kraft des Bauerntums zunahm, die Zahl der Knechte und Mägde wuchs und diese aus Gehilfen und Familienmitgliedern zu Lohnarbeitern wurden.

An den Orten, wo der neue Adel selbst Produzent wurde, kam es überall zum Gegenteil, zum wirtschaftlichen Ruin des Bauerntums, denn es setzte damit das berüchtigte Bauernlegen ein. Der produzierende Adel brauchte das Bauernland, und zwar, im Gegensatz zur Feudalzeit, ohne den Bauern. Zu diesem Zweck wurde der Bauer systematisch ruiniert, und zwar vornehmlich mit Hilfe des dem Bauern gänzlich unbekannten römischen Rechtes, das die landhungrigen Junker in kürzester Zeit gar meisterlich in ihrem Interesse zu handhaben wußten. Diese gewaltsame Proletarisierung des Bauern hat diesen vielfach, genau wie den städtischen Proletarier, zur Askese getrieben. Wo sein wirtschaftlicher Ruin aber nicht dazu führte, äußerte sich dieser stets in einer Lockerung der Familienbande, also ebenfalls in einem größeren Grade geschlechtlicher Indifferenz . . .

Die Ansicht, die der Volksmund über die eheliche Treue bei den Bauern in das knappe Sprichwort preßte: „Es ist nicht nötig, daß die Pfaffen heiraten, solange die Bauern Weiber haben", — diese Ansicht kommentieren die Novellen- und Fazetienerzähler, Fastnachtspiel- und Volksliederdichter durch hunderte und aberhunderte von Schilderungen, Beispielen, Anekdoten und Satiren. Dieser Überfülle gegenüber darf jedoch eines nicht übersehen werden: daß der Bauer damals und durch Jahrhunderte hindurch das beliebteste Spottobjekt gewesen ist, und daß sich der bürgerliche Witz, — denn aus bürgerlichen Federn stammten fast durchwegs die Schilderungen des bäuerlichen Lebens — deshalb nicht genug tun konnte in der systematischen Hervorkehrung seiner Roheit und der Niedrigkeit seiner Begierden. Dieses Verfahren war jedoch ganz logisch. Man stellte den Typ des Bauern prinzipiell in Gegensatz zu dem des Bürgers nicht aus willkürlicher Verleumdungslust, die sich ebensogut an ein anderes Objekt hätte heften können, sondern deshalb, weil der Bauer nicht nur die unterdrückteste Klasse,

Die flämische Bauernkirchweih

Kupferstich nach einem Gemälde von Peter Paul Rubens

sondern auch schon eine feindliche Klasse war, der alle Laster aufzuhalsen im Interesse des bürgerlichen Klassenkampfes lag. Es war der Bauer als stärkster Klassengegner, den man zum Fresser, zum Säufer, zum Hurer, zum brutalen Flegel degradierte, den man so und nie anders zeichnete. Aber wenn angesichts dieser allseits geübten Tendenz, alle Sünden und alle Laster auf dem Haupte des Bauern zu sammeln und ihn obendrein als den ewig Düpierten hinzustellen — von seiner Frau am meisten! — auch mehr als die Hälfte von dem in Abzug zu bringen ist, womit man sein Sündenkonto belastet hat, so sind damit doch nur die Haupt= linien der Wirklichkeit ins Groteske gesteigert gewesen. Denn daß diese Wirk= lichkeit im Kerne durchaus roh gewesen ist, und überhaupt gar nicht anders sein konnte, das erklärt sich hinlänglich aus der in den primitiven wirtschaftlichen Mitteln bedingten völligen Kulturlosigkeit des Bauerntums. Keine Spur von höherer Bildung war hier vorhanden, die krasseste Unwissenheit war die Regel. Der enge Horizont des ebenfalls unwissenden Priesters war die einzige Wissens= quelle für das Land. Wo sollte also eine höhere ethische Anschauung, ein feineres sittliches Empfinden beim Bauern herkommen? In der schrankenlosen Erfüllung seines Trieblebens mußten ihm die höchsten Wonnen des Daseins winken. Die unvermeidlichen Resultate dieser Zustände bestätigen schon einige wenige Tatsachen. Es steht z. B. ganz zweifellos fest, daß der Prozentsatz der unehelichen Geburten auf dem Lande stets viel größer war als in der Stadt. Weiter steht fest, daß alle Sittenmandate, die von der Obrigkeit „gegen das Jungfrauenschänden, das Huren und Ehebrechen auf den Dörfern" erlassen wurden, trotz ständiger Erneuerung völlig fruchtlos geblieben sind, daß selbst die schwersten Kirchenbußen nichts fruchteten. Diese Unausrott= barkeit der Zuchtlosigkeit hatte aber auch ihre guten Gründe. Das Jungfrauen= schänden war z. B. in zahlreichen Gegenden einfach deshalb nicht aus der Welt zu schaffen, weil gemäß der herrschenden Erbrechte Hunderte von Burschen nicht heiraten konnten, so= fern ein älterer Bruder, der Erbe des Hofes, noch nicht über bestimmte Mittel verfügte, oder sofern die Eltern den Besitz an die Kinder noch nicht abgetreten hatten, noch nicht „in Aus= trag" gehen, sich noch nicht „auf ihr Altenteil" zurückziehen wollten. Dieser Umstand allein erklärt zur Genüge, warum in allen diesen

PROSTITVIT VETVL9 NVMMOSIOR AERE IVVENCAM

264. De Bry. Symbolisierung des Ehebruchs einer an einen alten Mann verheirateten jungen Frau

Ancillam quærens Mœchus, quod reperit Heram.
Non nox atra facit, cæca libido facit.

Man sagt die Nacht ist niemandts freundt,
Zuvor dem der in liebe leidt:
Drumb irret diser wie ein Schaf, 56
Vnd kömbt zur frawn vor die Magd im schlaf.

265. Deutsche Stammbuchillustration

Gegenden die Sittenmandate gegenüber dem vorehelichen Geschlechtsverkehr absolut nichts fruchteten. Aber nicht nur dies, sondern auch die Tatsache, warum es in den betreffenden Gegenden für das Mädchen so wenig wie für einen Burschen eine Schande war, uneheliche Kinder zu haben. Erschwerend kommt überall außerdem

hinzu, daß man auf dem Lande das Surrogat der Prostitution nicht kannte; jedenfalls nicht in dem Maße wie selbst in der kleinsten Stadt. Dieses Institut war freilich nicht deshalb auf dem Lande weniger bekannt, weil sich die offene Prostitution mit den bäuerlichen Anschauungen von Sitte und Sittlichkeit nicht vertrug, sondern weil die Liebe eine Ware ist, die man fast immer nur im Austausch gegen bar Geld haben kann. Über bar Geld verfügte der Bauer aber nur in ganz bescheidenem Maße. Also blieb für den Geschlechtsverkehr nur der Umgang mit den Bauernweibern, den Bauerntöchtern, und in den reicheren Gegenden, wo es Dienstboten gab, mit den Bauernmägden (vergl. auch S. 42 u. 234).

Herrschten also ganz naturgemäß beim Bauern laxere geschlechtliche Sitten im Vergleich zur Stadt, so mußte das Chacune pour chacun in Beziehung auf das Gesinde geradezu die Regel sein. Und hier kann man wirklich nicht schwarz genug malen, ohne dabei auch nur im geringsten zu übertreiben. Gewiß, wir haben über die damalige Lage der Dienstboten fast gar keine positiven Nachrichten, denn sie haben nirgends ihren Geschichtschreiber gefunden. Aber wir haben Kenntnis davon, unter welchen Verhältnissen diese vor hundert Jahren leben mußten, und welches ihre Existenzbedingungen vielfach heute noch sind. Wir wissen zum Beispiel, daß die Schlafräume der Knechte und Mägde in unzähligen Fällen selbst heute noch nicht getrennt sind, daß ihre Kleidung oft nur in Hemd und Hose oder in Hemd und Rock besteht. Wenn wir daher nur die Maßstäbe der jüngsten Vergangenheit und von heute anlegen, so ergibt sich von selbst die Logik, daß alles weibliche Gesinde damals ganz bedingungslos den Bauernburschen, den Knechten und obendrein noch dem Bauern selbst ausgeliefert war. Die Mägde waren mit einem Wort das ländliche Freiwild. Und es hat sicher wenig Mägde gegeben, die diesem Schicksal entgangen sind. Dagegen um so mehr, die im

Laufe der Jahre die Umarmungen von zahlreichen Männern zu erdulden gehabt haben, die ständig schwanger waren und sehr oft nicht wußten, von welchem Manne, weil sich eben alles, was an Männervolk auf einem Hofe war, in ihren Besitz teilte (S. 78). Wenn alberne Romantik oder reaktionäres Klasseninteresse solche Zustände nicht wahr haben wollen, so genügt zur Begründung der Hinweis auf die eben angeführten primitiven Wohnungsverhältnisse. Wenn Knechte und Mägde gemeinsam in einem Raum zusammenschlafen, der überdies noch eng ist, oder wenn die Schlafräume höchstens durch eine Bretterwand voneinander getrennt sind, so daß die einen ständig durch den Schlafraum der andern müssen, so folgt daraus, daß von Scham und Zurückhaltung im gegenseitigen Verkehr zu reden, ungefähr ebenso geistreich ist, wie wenn man von dem Tastsinn eines Rhinozeros spricht.

Wo aber diese natürlichen Hemmungen fehlen, zwingt die Begierde eine Magd heute auf das Lager des einen, morgen auf das des andern Schlafgenossen, und nur die persönliche Eifersucht zieht niedere Schranken: die Eifersucht der Bäuerin, die den Bauern aus der Kammer der Magd vertreibt, oder die eines muskelstarken Knechtes, der bei einer ihm besonders sympathischen Magd keinen Nebenbuhler duldet.

Natürlich war dies weder bewußte Vergewaltigung, noch wurde es als solche empfunden. Das war einfach das Natürliche, denn man konnte es sich gar nicht anders vorstellen. Auch die

LAMANT RADOTEVR

Pour charmer d'amour cette Belle
Ce Resueur n'ayant point d'appas;
Met la main a son escarcelle,
Et luy veut compter des ducats

Mais elle en la fleur de son aage,
N'aime qu'un ieune homme gaillard,
Et si ce n'est en mariage,
Ne veut point de ce vieux Paillard.

266. Der lüsterne Alte. Französischer Kupferstich

307

Dirne hat wohl in den meisten Fällen gedacht: es müsse so sein, denn sie war doch nicht nur Verführte und Begehrte, sondern auch Begehrende, die durch Worte und Gebärden den männlichen Kammergenossen aufforderte, ihr Lager zu teilen, oder von selbst sich in das seinige begab. Und darum hat sie diesen Zustand sicher auch nicht als besondere Schmach empfunden, sondern viel eher als ihres Lebens angenehmste Seite. —

Neben dem Ritter und dem Bauern muß an dieser Stelle noch des Landsknechtes gedacht werden, der im Laufe des sechzehnten Jahrhunderts das ritterliche Lehnsheer gänzlich verdrängte. Stellte der Landsknecht zwar demnach ein völlig neues soziales Gebilde dar, so gehört er doch hierher, weil gemäß der Gleichartigkeit seiner Lebensführung mit der des niederen Adels auch seine geschlechtlichen Sitten ein ähnliches Gepräge erhielten.

Für die Romantiker aller Länder ist der Landsknecht eine heroische Erscheinung. Er ist dies jedoch in keiner Weise, nicht einmal auf militärischem Gebiete. Die meisten Landsknechte kamen im 15. und 16. Jahrhundert aus Deutschland, vielmehr als aus der Schweiz. Deutsche Söldner bildeten das Hauptkontingent in den Söldnerheeren aller Herren der Welt; sie kämpften in Italien, in Spanien, in Frankreich, in Deutschland, kurz überall. Und zwar für ebenso viele Interessen und Herren; und darum kämpften auch meistens Deutsche gegen Deutsche. Die historische Gedankenlosigkeit hat die Tatsache, daß die Deutschen Jahrhunderte hindurch den unerschöpflichen Zustrom zu allen Söldnerheeren der Welt bildeten, immer aus einem dem Deutschen angeblich angeborenen Wandertrieb und aus einer ihm ebenfalls angeborenen besonderen Freude am Soldatenberuf erklärt. Das ist Unsinn. Dieser auffällige Wandertrieb und diese Freude am Soldatenberuf hatten ihre einfache Ursache in den besonderen wirtschaftlichen Verhältnissen Deutschlands. In Deutschland waren infolge der Verworrenheit der politischen Verhältnisse die wirtschaftlichen Schwankungen am größten. Nirgends sonstwo gab es ein so rasches Tempo des sozialen Stoffwechsels. „Immer gab es in großen Mengen Leute, die von ihrer Scholle gedrängt, oder sonst irgendwie sozial entwurzelt wurden und unter abenteuerliche Existenzbedingungen gerieten" (Hugo Schulz). Durch das Hinzukommen der allgemeinen ökonomischen Revolution, die in Deutschland durch die Verlegung der Handelsstraßen infolge der Entdeckung Amerikas vor sich ging, wurde diese wirtschaftliche Unsicherheit nicht nur ungeheuer verstärkt, sondern auch für Jahrhunderte permanent. Das ist in Wahrheit die Ursache, aus der heraus allmählich der bekannte, vagabundenhafte Zug im Deutschen entstand, der uns heute noch eigentümlich ist, und der jahrhundertelang die Söldnerheere aller Nationen mit Deutschen füllte. Daneben ist jedoch außerdem noch zu beachten, daß es in erster Linie städtische Existenzen gewesen sind, aus denen sich das Söldnertum rekrutierte, damals wie später: Handwerksgesellen aller Art, Schreiber, verlumpte Studenten, kurz, deklassiertes Städtervolk. Durchaus städtische Züge weist darum auch die ganze Wesens- und Lebensart der Landsknechte auf. Überaus deutlich ist dies daran zu erkennen, daß die

267. A Bosse. Der unterjochte Hahnreih. Französischer Kupferstich. 17. Jahrhundert

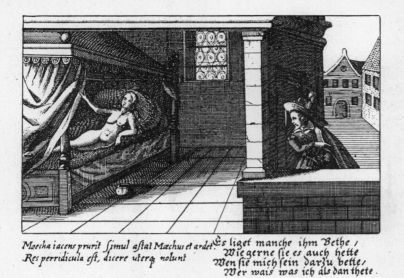

Moecha iacens prurit simul astat Mœchus et ardet.
Res perridicula est, dicere uterg nolunt

Es liget manche ihm Bethe,
Wie gerne sie es auch hette
Wen sie mich sein darzu bette,
Wer wais was ich als dan thete.

268. Deutsche Stammbuchillustration

Gebräuche des Landsknechtstums, seine sozialen Bedingungen, seine Ideologien und Symbole ihr Vorbild in den städtischen Zunftorganisationen haben. Diese Tatsache muß aus zwei Gründen hier besonders hervorgehoben werden. Daraus allein erklärt sich erstens die konsequent und auffallend feindliche Haltung der Söldner gegenüber dem Bauern. Würden die Söldnerheere auch nur zur Hälfte aus Bauernsöhnen bestanden haben, so hätte es nie dazu kommen können, daß immer der Bauer am härtesten vom Landsknecht mißhandelt wurde, daß ständig in sinn- und verständnisloser Weise alle Quellen des bäuerlichen Lebens von ihm vernichtet wurden: Saaten, Wälder, Obstpflanzungen, und das ohne Grund und Profit. Es ist der natürliche Haß des Städters, der im Bauer nur den Halbmenschen sah; und in dem Verhalten des Landsknechtes seinen rohesten Ausdruck fand. Der zweite, für uns noch wichtigere Grund ist der: Weil sich die Landsknechte vornehmlich aus dem städtischen Lumpenproletariat rekrutierten, so war ihre geschlechtliche Moral ebenfalls ein Produkt dieser Verhältnisse und ähnelte in ihrer schrankenlosen Betätigung darum ganz von selbst den uns schon bekannten rohen Praktiken, die die junkerlichen Heckenreiter handhabten.

Weil die Existenzbedingungen des Landsknechtslebens genau wie beim straßenräuberischen Kleinadel ständig schwankend waren, so lebte auch der Landsknecht einzig dem Tage. Die Liebe, wo sie sich bot, steigerte man stets zur Ausschweifung. Denn wer weiß? Heute rot, morgen tot! Die Frauengunst nahm man sich aus dem gleichen Grunde von vornherein stets mit Gewalt, wo man die Macht dazu hatte, und buhlte nicht erst mit den Künsten der Verführung. Für die Bauerndirne und das Bauernweib war es noch eine Ehre, wenn man sie gleich am Straßenrand oder hinter der nächsten Hecke vergewaltigte; die höchste: wenn gleich gar ein Dutzend Landsknechte die Lust an ihnen stillten und man wegen der Reihenfolge miteinander würfelte. Natürlich drohte das gleiche Schicksal allen den Frauen, die ohne ausreichenden männlichen Schutz eine Reise unternahmen und einer Landsknechtshorde in die Hände fielen, — hier war es der selbstverständliche Vorschuß aufs Lösegeld, den sich jeder auf der Stelle nahm, oder wenn man gnädig war: der Wegzoll, den man schutzlosen Frauen abforderte. Über die Schandtaten von Reisigen und Rittern im fünfzehnten Jahrhundert meldete ein Chronist: „Die Nonnenklöster waren am meisten ausgesetzt. Kleine Mädchen blieben nicht verschont, und die Frau wurde dem Gatten aus dem Hause geholt." Ganz die gleichen Schilderungen haben wir über das Treiben der Landsknechte im 16. und 17. Jahrhundert. Diese schonten ebenfalls kein Alter, das Kind so wenig wie die Greisin oder die Schwangere. Es wurden alle ohne Ausnahme geschändet. „Einquartierungen" in Nonnenklöstern, bei denen jede Nonne täglich mehrmals „das Paternoster mit dem Hintern beten mußte", gehörten auch hier zum beliebtesten Sport. Und man verfuhr dabei durchaus paritätisch und machte keinen Unterschied, ob man sich in Freundes= oder Feindesland befand. Am barbarischsten geberdete man sich natürlich bei der Einnahme von belagerten Plätzen. Bei solchen Gelegenheiten war man ja „im Recht", und so betätigte man dieses Recht, indem man die Frauen noch auf eine besonders raffinierte Weise schändete und vergewaltigte und die Opfer einer viehischen Lust nachher obendrein mordete. Dafür eine einzige Schilderung aus dem Bericht eines Chronisten über die Vorgänge bei der Erstürmung und Plünderung eines Städtchens:

„Viel Frauen und ledige Weibspersonen in und ausser der Statt, sogar schwangere Frauen geschändet. Einer schwangeren Fraw die Brüst vom Leib gerissen. Ein Mädchen von zwölf Jahren bis auf den Tod geschändet, und sogar eine Frauen, die nahend hundert Jahre alt gewesen, geschwächt. Einer fürnemen Frauen Gold an heimlich Orten gesucht, also daß sie aus Schrecken, Forcht und Scham gestorben. Einen Burger vor dessen Augen sein Eheweib und junges Töchterlein geschwächt und fortgeführt, den Mann aber zu Tod geschlagen, auch einem anderen Burger sein Weib in dessen Beyseyn geschändet, sie drei Tag in Quartier behalten ... Einer anderen ehrlichen Frauen, so erst aus der Kindbett gangen, haben sie in einer Nacht zum sechsmal einander zu kaufen geben ..."

Das ist das typische Bild, und aus dem Dreißigjährigen Kriege könnte man Hunderte solcher Schilderungen vorführen.

Verliebte Spiele
269. Hendrick Ooltzius

Hier gab es auch so rasch keine Entwicklung zum Bessern, denn ähnliches ist ja sogar noch die Signatur unserer modernen Kolonialkriege. Einschränkend wirkten immer nur die Hemmungen der Selbsthilfe, zu der Bauer und Bürger im einzelnen Fall griffen.

Alles das, was über die Landsknechte hier gesagt ist, gilt auch von der Moral der Landstraße überhaupt, die damals überall von Gesindel wimmelte. Über Bayern wird z. B. aus dem sechzehnten Jahrhundert berichtet: „Das Land war voll von aus entlassenen Söldnern und Landsknechten zu Dieben und Räubern gewordenen zuchtlosen hungrigen Landstreichern und Strolchen aller Art." Auch unter dem „landfahrend Volk", jenen vielen Heimatlosen, die die Landstraßen damals bevölkerten, befand sich viel gewalttätiges Gesindel. Natür‑ lich darf man nicht nur solches in ihnen sehen. Aber man muß sich andererseits klar sein, daß sich unter den landfahrenden Leuten schon deshalb viel „Land‑ zwinger", wie man die Straßenräuber nannte, befinden mußten, weil sich diese Menschenklasse doch in noch viel größerem Maße als wie die Landsknechte aus Deklassierten rekrutierten. Wo die Landzwinger in der Übermacht waren, haben daher auch sie nicht erst gebettelt und verhandelt, sondern immer gleich mit Ge‑ walt ihre Wünsche befriedigt: geraubt, gemordet und geschändet.

Daß sogar auf den Straßen vieler Städte der Ehre der Frauen ständig die größte Gefahr drohte, das erkennt man aus den strengen und häufigen Erlassen der städti‑ schen Behörden gegen die überhandnehmende „Notnunft (Notzucht) ehrbarer Frauen und Jungfrauen", weiter aus den Erlassen, die anordneten, daß Frauen bei anbrechender Dunkelheit niemals ohne Licht und ohne männlichen Schutz über die Straße gehen sollten. —

Die moralische Jauche ist bei den im sieghaften Aufstieg befindlichen und ihre Mittel dementsprechend exploitieren‑ den Klassen nicht weniger tie gewesen. Weil aber die sozialen Ursachen, die beim revolutio‑ nären Großbürgertum und beim absoluten Fürstentum von der

270. Der Pantoffelheld. Französischer Holzschnitt

312

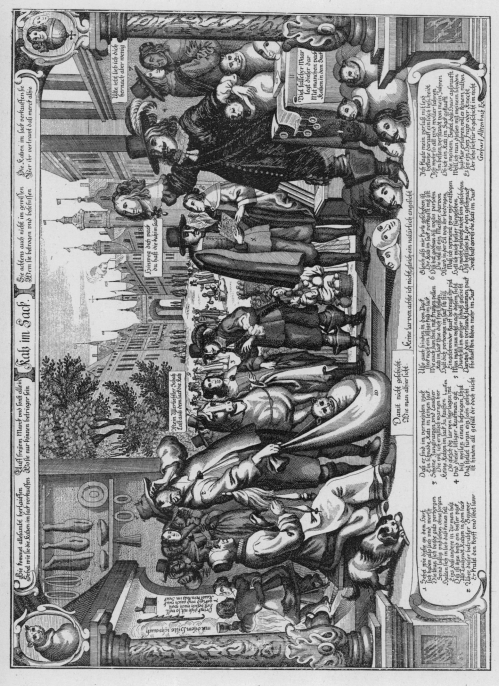

Die Katze im Sack kaufen

Deutsches symbolisch-satirisches Sprichwortflugblatt. 17. Jahrhundert

271. A. Both. Landstreicher in der Schenke

Freiheit und Kühnheit in geschlechtlichen Dingen zu einer großen sittlichen Korruption führten, wesentlich anderer Art waren, als beim Adel und beim Bauerntum, so mußten auch die Formen der Ausschweifung wesentlich anders sein. Der Besitz führt zur goldenen Lebensfreude. Indem aber die Reichtümer in den Händen dieser Klassen so riesenhaft anwuchsen, — die Kräfte, die sich in der Vergangenheit vorbereitet hatten, schlugen nun an allen Ecken und Enden der Welt Gold aus den Steinen, und dieses Gold floß einzig und allein in ihre Taschen —, darum mußte auch hier die Lebensfreude sich aufs üppigste entfalten und ständig von neuem triumphieren, sie mußte hier immer und immer wieder ihre goldenen Brücken ins Leben schlagen. Kein Boden, der günstiger gewesen wäre zur Entwicklung eines bacchantischen Sinnenkultus. Sinnlichkeit, die sich auf der höchstgesteigerten Lebensfreude und Genußmöglichkeit aufbaute, ist somit das Wesen der Ausschweifung beim Großbürgertum und beim absoluten Fürstentum gewesen. Dabei ist auch in Betracht zu ziehen, daß überall dort, wo nutz= und lustbringende Arbeit fehlt, oder gar verabscheut wird, der Geschlechtstrieb stets seine höchste künstliche Steigerung erlebt. Weil weder die physischen noch die psychischen Kräfte im Kampfe ums Dasein verausgabt werden, stehen sie ungeschmälert dem Sinnengenuß zur Verfügung, und zwar dem geschlechtlichen. Denn die Freuden, die man bei Bacchus und Zeres sucht, schmälern weder Lust noch Potenz, sondern sie sind vielmehr deren wirkungsvollste Förderer, indem sie ständig erotische Gedanken, Vorstellungen und Anreize schaffen. Auf die Erotik konzentriert sich so schließlich alles Denken und Empfinden, zur Geschlechtslust steigert sich alles, in ihr allein löst sich alles aus ...

Die Liebe des Kulturmenschen ist nicht bloß Manifestation des Fortpflanzungstriebes, sondern auch Trieb zu reicherem persönlichen Erleben, zur persönlichen Bereicherung, zur intensiveren Fortentwicklung. Und nichts vermehrt denn auch den inneren Reichtum des einzelnen mehr als die intimen Geschlechtsbeziehungen des Menschen eines Geschlechtes zu dem des andern Geschlechts. Jedes von beiden erwirbt sich dadurch eine zweite Seele, und jedes schafft dem eigenen Ich die Ergänzungen, durch die der einzelne überhaupt erst ein Ganzes und ein Fertiges wird. Die Ausschweifung hat nicht selten mit diesem herrlichsten Geheimnis des Lebens ihren Schmutz vergoldet und der männliche wie der weibliche Don Juan so die Pose des Krösus der menschlichen Vollkommenheit gemimt. Das ist jedoch nur Kulisse für die Dummen, denn jede Sache hat ihre eigenen Gesetze. Bei der Liebe gilt nicht, was in der Ökonomie oder in der Politik gilt, daß die Quantität bei einem gewissen Grade in die Qualität umschlägt, es sei denn, daß man die Logik im Negativen findet. Der Mensch ist im Kerne seines Wesens monogam — darum kann und muß er sich verdoppeln, um seine Individualität zu mehren und zur vollen inneren Harmonie zu gelangen, aber er kann sich auf diese Weise nicht vervielfachen und sich dadurch ins Ungemessene bereichern. Der Mensch kann nicht mehrere Wesen des andern Geschlechts zugleich lieben. Nur die animalische Konsumtionsform der Liebe, ihren technischen Akt, kann er vervielfachen, auf verschiedene Individuen verteilen. Damit ist jedoch die Liebe auf den Begriff des Vergnügens reduziert. Wo dies geschieht, resultiert aber für den einzelnen wie für die Gesamtheit das Gegenteil von dem, was oben gesagt ist: an die Stelle der Bereicherung tritt innere Verarmung. Die Liebe wird aus der Quelle der individuellen und sozialen Vervollkommnung zum Problem des bloßen Genießens.

Wo die Liebe auf den Begriff des Vergnügens reduziert ist — und dazu kommt es stets in systematischer Form und als Massenerscheinung, wo der Sinnengenuß Ausfluß des Luxus ist —, dort steht die Variation obenan. Die Variation durch den gleichzeitigen Verkehr mit mehreren Frauen oder Männern. Die hauptsächlichste Erfüllung dieser Tendenz besteht in der Institution der ständigen Maitresse und des ständigen Liebhabers. Der Mann hält sich neben der legitimen Frau, je nachdem, eine oder mehrere Maitressen, und mitunter sogar im eigenen Hause. Geiler von Kaisersberg schreibt: „Es gibt auch Männer, die ein öffentlich huren oder schottel neben der Frawen im Hauß haben und halten." Die Frau ist meistens nicht nur Gattin, sondern auch noch Maitresse eines dritten, mitunter sogar die eines vierten und fünften. Die meisten Sexualpsychologen nennen das bei der Frau fälschlicherweise „angeborene Prostitution" — sie sehen nur den Einzelfall. In Wahrheit ist es gemäß der angeführten wirtschaftlichen Voraussetzung gesellschaftliche Erscheinung und darum auch Regel. Schon in dem Roman De la Rose heißt es daher, zwar derb aber mit Recht: „Estes ou futes, D'effet ou de volonté putes." Unzählige Männer finden es in solchen Zeiten und Klassen ganz selbstverständlich, daß ihre Gattinnen sich Liebhaber halten oder Maitressen anderer sind. Hier muß jedoch beachtet werden, daß dies viel häufiger Raffinement auf seiten der Männer ist, als Nach-

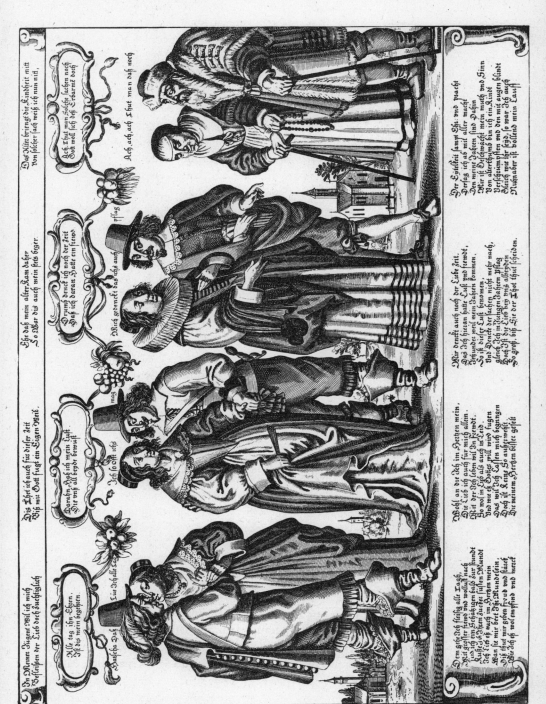

272. Der Liebeskalender. Deutscher Kupferstich aus dem 17. Jahrhundert

sicht oder billige Gerechtigkeit, die dem andern dieselben Rechte einräumt, die man sich selbst nimmt. Der Mann findet bei der Dirne das größere Vergnügen, — denn die Dirne löst das auf den sinnlichen Genuß reduzierte Problem der Liebe am raffiniertesten, — also machte man auch die eigene Frau zur Dirne. Stillschweigende Vereinbarung ist dabei nur, daß die Frau sich beim Verkehr mit ihren Liebhabern vor Schwangerschaft schützt. Nur Schwangerschaft bringt in Verruf, denn nicht die Sache kompromittiert, sondern die Ungeschicklichkeit, der Verstoß gegen die Spielregeln, — Liebe ist ein Spiel. Die weibliche Untreue ist so einzig auf die unbequemen Folgen eingeschränkt. Damit wandeln sich in diesen Klassen natürlich auch die Begriffe des „Anstandes" vollständig. Anständig ist der Ehegatte, der die Rechte der Liebhaber respektiert und es so einzurichten versteht, daß weder Frau noch Liebhaber ihm gegenüber in eine peinliche Situation kommen: er wird im richtigen Augenblick Zimmer und Haus verlassen; er wird nie zu ungelegener Zeit auf dem Schauplatz erscheinen — das Gegenteil wäre unanständig.

Ein wahrer Ausbund von Tugend ist in solchen Zeiten eine Frau, wenn sie sich nur in den Perioden einem anderen Mann hingibt, in denen sie von dem eigenen Gatten geschwängert ist, denn dann kann dieser absolut nicht in die Gefahr kommen, Kinder erziehen zu müssen, die nicht von ihm abstammen. „Eine schwangere Frau kann keine Untreue begehen", ist daher eine übliche Redensart. Dies korrigiert auch die weibliche Lebensphilosophie. In einem Bericht heißt es: „Sobald die Frauen schwanger sind, glauben sie ihren Gatten nicht mehr zu beleidigen und zum Hahnrei zu machen, wenn sie ihren Freunden nichts mehr versagen." Das Sprichwort verrät die Folgen dieser Philosophie: „Schwangere Frauen geben doppelt so gern." Aber man ist nicht immer geschwängert vom Gatten, will diese Folgen im Verkehr mit dem Liebhaber ebenfalls vermeiden und will doch den Freuden der illegitimen Liebe

LE TASTE-POVLE.

Ce pauure badin est si neuf;
Quil ne sent point quand on le foulle,
Et quun autre pond sur son œuf;
Ce pendant quil taste sa poule

Vn ieune Coq a bonne part
A l'entretien de sa coquette.
Et la uoit au lict à l'escart,
Mais à la table il la muguette

Le Taste Poule

273. Französischer Kupferstich. 17. Jahrhundert

274. Rembrandt   Der neugierige Hirte

huldigen. Wie hilft man sich nun da? Nun, dann darf man sich eben nicht bloß mit einem einzigen Liebhaber abgeben, sondern muß sich deren mehrere halten, denn — so lautet die Volksmeinung: — „wer gleichzeitig mit mehreren Männern umgeht, wird nicht schwanger." Die Begierde weiß auch ehrbare Gründe zu finden.

Das Material, das uns zur Beurteilung der sinnlichen Korruption, die in weiten Schichten des Großbürgertums in der Renaissance herrschte, vorliegt, ist geradezu überreich, aber es genügt hier, auf die verschiedenen Zitate zu verweisen, die wir schon bei anderen Gelegenheiten angeführt haben. Zur Ergänzung wollen wir nur noch ein einziges Beispiel anführen, das uns drastisch den Grad belegt, bis zu dem die Korruption mitunter sank. In seiner Geschichte der Stadt Lübeck teilt Becker mit, wie sich liebeshungrige Patrizierfrauen, denen die Umstände verboten, sich öffentlich einen Liebhaber zu halten, für die ihnen dadurch entgehenden Liebesfreuden entschädigten:

„Deshalb wußten sich Ehefrauen, wie die von Lübeck im Jahre 1476, dadurch zu entschädigen, daß sie, das Antlitz unter dichten Schleiern geborgen, abends in die Weinkeller gingen, um an diesen Prostitutionsstätten unerkannt messalinischen Gelüsten zu frönen."

— die Methoden Roms zur Kaiserzeit! Und das ist nicht zu verwundern: auch die ökonomische Situation der Kulturvölker war ja wieder eine ähnliche geworden ...

Am ausgesprochensten wurde der Liebhaber und die Maitresse zur offiziellen Institution an den Höfen und beim höfischen Adel. Jeder Fürst hielt sich Gunstdamen; d. h. zu jedem Hof gehörte ein ganzer Troß verführerisch schöner Huren Diese entstammten zwar meistens dem höfischen Adel, aber auch durch das Bürgertum wurden in unzähligen Fällen die Fürstenbetten mit „Bettschätzen" equipiert. Heinrich VIII. von England attachierte sich der Reihe nach zwei schöne Bäckerstöchter, Ludwig XI. von Frankreich holte sich zahlreiche Kebsinnen aus Bürgerstuben, Kurfürst Joachim I. von Brandenburg kürte sich die geile Witwe eines Stückgießers, die schöne Sydowin, — man könnte leicht noch hundert Namen anreihen, denn in dieser Weise stiegen die liebesbedürftigen Landesväter immer gerne zum Volke herab, oder erhoben dieses in den Sonnenglanz der Krone. Bestritt man dem Geist und selbst dem Genie kategorisch die Gottähnlichkeit, so war man gegenüber den weiblichen Reizen wesentlich einsichtsvoller; ein schöner Busen und stramme Schenkel konnten sehr wohl „von Gottes Gnaden" sein, und ihre Besitzerin darum würdig, dem königlichen Bett attachiert zu werden, auch wenn sie der schmutzigsten Hütte entstammte und diese Reize mit dem albernsten Hirn gepaart waren.

Die Hofdamen bildeten an zahlreichen Höfen ebenso oft nichts anderes als den offiziellen Harem des betreffenden Fürsten. Und die Übertragung der Würde einer Hofdame war in diesen Fällen nichts anderes als die Anerkennung, daß die betreffende Dame für würdig befunden wurde, hin und wieder das königliche Bett zu zieren, oder die Gunst zu haben, in dem ihrigen den König oder die Prinzen aufzunehmen. Vom Hofe Franz I. von Frankreich meldet Sauval, daß es feste Regel war, daß dem König jede Hofdame zu jeder Stunde für seine Sultanslaunen zur Verfügung stehen mußte:

„Der König liebte es, nachts bald dieser bald jener Dame unvorhergesehene Besuche abzustatten ... Die Damen waren deshalb derart im Schlosse untergebracht, daß der König jederzeit zu ihnen gelangen konnte, und zu den Schlafgemächern einer jeden besaß er die Schlüssel."

Ganz dieselben Zustände herrschten an zahlreichen anderen Höfen.

Weil eine Ernennung zur Hofdame an solchen Höfen tatsächlich nichts anderes war, als die Ernennung zur Beischläferin, so hatten solche Edelleute, die besonders pikante und schöne Frauen hatten, jahrzehntelang ihr Ehebett mit dem König und im Laufe der Jahre oft mit Dutzenden von anderen Männern, Prinzen und Günstlingen zu teilen. Den betreffenden Damen gereichte dies jedenfalls nie zur Schande, denn die allseits anerkannte Logik des Absolutismus lautete: „daß es keine Schande sei, mit seinem König zu schlafen; nur wer sich den Kleinen hingäbe, wäre eine Dirne, nicht aber wer mit Königen und Edelleuten der Liebe pflege." Der Mann richtete sich selbstverständlich danach. Mitunter baute man darauf sogar die ganze Ehe auf, und dann kam es vor, daß diese „Rechte" der Frau gleich beim Eheschluß fixiert wurden, damit es niemals zu einer Differenz darüber kommen konnte. Brantôme registriert einen solchen Fall:

„Ich hörte von einer vornehmen Dame, die beim Abschluß ihrer Ehe ausmachte, daß ihr Gatte ihr die Freiheit lasse, am Hofe der Liebe nachzugehen, und sich das Recht auf das Fällholz im Walde vorbehielt. Zur Entschädigung gab sie ihm monatlich tausend Franken Taschengeld und kümmerte sich um weiter nichts als um ihr Vergnügen."

Wo aber je ein Ehegatte so naiv war, die Logik des Absolutismus nicht be-

Hie ziehen Weiber, stehn vor drey Länder Trachte
Die wollen gleich sambt sich in einem Augenblick
Umbringen, und zum Tod auf manche arthinschlachte
Und reissen in gesampt, als wie ihm Meister Stück
Die Hosen aus der Hand, einander schimpfflichfachten,
Ein iede wünssen Herr und Schauen an das Glück
Dasz sie mag sein die Fraw: Sie schrawen nicht betrachten.

Desz Jünglings grosse Angst. Ach Liebster zu mir ruck!
Fraw schlagen sie sich frisch die Paar einander rauffe,
Und um die Hosen her, und hin, und wieder lauffer,
Die wohlgeputze Fraw, Liebt ihres Narren Schellen;
Er kan sich mit der Wurst, ganz liebreich vor sie stellen,
Er hilft wohl auch der Kunst, Kopffleats und wird vergeben;
Das noch, nach einem Mann, Zehn Weiber verlauffen heben;

Paulus Furst Excud t.

275. Der Kampf um die Hosen. Deutsches Flugblatt aus dem 17. Jahrhundert

greifen zu wollen, da wurde ihm diese schon derart deutlich eingepaukt, daß ihm für alle Zukunft kein Mißverständnis mehr blieb. Der folgende Fall, der sich unter Franz I. zutrug, mag dies belegen. Der Chronist schreibt:

„Ich habe gehört, daß König Franz einstmals mit einer Dame seines Hofes, die er liebte, eine Nacht verbringen wollte. Er traf ihren Gatten, mit dem Degen in der Hand, bereit, sie zu töten; aber der König hielt ihm den seinigen auf die Brust und befahl ihm, bei seinem Leben, ihr nichts zuleide zu tun, und wenn er ihr auch nur das Geringste antun würde, so würde er ihn töten oder ihm den Kopf abschlagen lassen. Für diese Nacht wies er den Gatten hinaus und nahm dessen Stelle ein. Diese Dame konnte sich glücklich schätzen, einen so guten Beschützer gefunden zu haben; denn der Gatte wagte ihr kein Wort zu sagen und ließ sie tun nach ihrem Belieben.

Ich habe gehört, daß nicht nur diese Dame, sondern viele andre den gleichen Schutz der Könige genossen. Manche Leute pflegen in Kriegszeiten, um ihre Landgüter zu retten, über das Tor das Wappen der Könige zu setzen. Ebenso brachten auch viele Frauen die Wappen der Könige neben oder über ihrem Heiligtum der Liebe an, so daß ihre Gatten kein Wort dazu sagen durften, wenn sie nicht über die Klinge springen wollten.“

Eine Unzahl ähnlicher Fälle ließe sich von allen absolutistischen Höfen berichten. Und ebenso viele, wo diejenigen, die eben trotz alledem nicht rechtzeitig begreifen wollten, wirklich über die Klinge springen mußten. Natürlich war es dann immer die Aufgabe eines gut bezahlten Bravos, der dem fürstlichen Liebhaber den Weg in ein hartnäckig verteidigtes Ehebett freimachen mußte.

Die zweite selbstverständliche Logik des Absolutismus war und ist, daß es für einen Mann keine Unehre ist, für eine aktive oder für eine inaktive Leibhure den Schanddeckel abzugeben und mit seiner Firma das Tun des Herrn zu decken. Auch in dieser Logik einten sich alle absolutistischen Höfe der Welt; aber auch darin, daß mit dieser ehrenwerten Aufgabe nicht nur niedere Kreaturen betraut wurden, sondern daß sich diesem erhabenen Dienst ebensooft die höchsten Würdenträger des Staates und der älteste Adel unterzogen. In Preußen, um nur ein einziges Beispiel zu nennen, war der Graf Kolbe von Wartenberg, der erste Ordenskanzler des schwarzen Adlerordens, der Schanddeckel der Maitresse Friedrichs I. Auf solche Fälle war auch das damals entstandene Sprichwort gemünzt: „Großer Herren Frauen gebären in drei Monaten.“

Zu den Selbstverständlichkeiten gehörte weiter, daß „Seine Gottähnlichkeit“ beim Huren stets den Vortritt hatte, und zwar auch gegenüber den ehelichen Ansprüchen und Rechten. Kam den hohen Schlüsselinhaber die Lust an, mit irgendeiner Dame zu kosen, und war dort die Stelle schon durch einen anderen besetzt, sei es durch den Ehegatten oder sei es durch einen anderen Liebhaber, so hatte der eine so rasch wie der andere das Feld zu räumen.

Verliebte Scherze
276. Mariette. Französischer Kupferstich

320

Der Kampf um die Hosen

Holländisches satirisches Flugblatt 17. Jahrhundert

277, J. H. Franck. Bauern und Dirnen in der Schenke. Holländischer Kupferstich. 1654

Zahlreiche historisch beglaubigte Beispiele gibt es, die es belegen, daß der Gatte einer besonders schönen oder aus sonst einem Grunde bevorzugten Hofdame mehr= mals im Laufe der Jahre mitten in der Nacht das von ihm bereits okkupierte Bett seiner Gemahlin wieder räumen mußte, weil sich der königliche Herr und Gebieter unerwartet zu einem Liebesscharmützel bei seiner Gattin ansagen ließ, oder weil seine schöne Frau mitten in der Nacht von seiner Seite weg ins Bett des Königs befohlen wurde. Wenn der Rückzug eines jäh entlassenen Bettgenossen aus irgend= welchen Gründen nicht rasch genug von statten ging, und das kam natürlich sehr oft vor, so mußte er sich eben irgendwo im Zimmer verstecken und heimlicher Zeuge der verliebten Unternehmungen und Erfolge seines bevorrechteten Konkurrenten sein. Aus einer Reihe solcher Fälle heben wir nur einen hervor, der sich an Diana von Poitiers, die offizielle Maitresse Heinrichs II. knüpft und durch seinen Zynismus besonders charakteristisch ist:

„Heinrich pochte eines Abends an der Türe Dianas, als bei dieser eben der Marschall Brissac weilte. Für diesen blieb in der Eile nichts anderes übrig, als sich rasch unter dem Bett zu ver= bergen. Der König trat ein und legte sich zu seiner schönen Kebsin, ohne zu erkennen zu geben, daß er von dem Besuch Brissacs etwas wüßte. Nachdem er sich mit Diana einige Zeit vergnügt hatte, verlangte er etwas zu essen, und Diana brachte einen Teller voll Konfituren herbei. Heinrich aß hiervon, warf aber plötzlich einen Teil unter das Bett mit dem Ausruf: „Hier Brissac! jeder muß leben."

Unbequemlichkeiten wie die, waren natürlich nicht die einzigen, die man ohne Murren, als zum Metier des Hofdienstes gehörig, in Kauf nehmen mußte. Die Edelleute hatten auch nicht zu murren, wenn ihre Frauen hin und wieder von dem fürstlichen Freunde mit einem kleinen „Mal d'amour" bedacht wurden und das dann auf diesem Umwege auch ihnen zuteil wurde. Auch solche Dinge gehörten zu den üblichen und unvermeidlichen Geschäftsspesen der höfischen Karriere. Sauval berichtet von Franz I., daß dieser sein ganzes Leben an geschlechtlichen Erkrankungen litt, und daß infolgedessen auch der ganze Hof ständig daran litt, die Königin nicht ausgenommen, denn Seine gloriose Majestät fand eben auch hie und da den Weg in das Bett seiner Gemahlin.

Doch das sind alles in der Tat nur Kleinigkeiten im Vergleich zu dem, wozu man an den Höfen sehr rasch mit dem steigenden Raffinement gelangte. Als erste Steigerung erhob man den Zufall, daß ein Dritter Zeuge der intimen Liebesbeweise zwischen einem Liebespaar war, zu einer mit Absicht und Überlegung durchgeführten Programmnummer im Liebeskalender. Brantôme berichtet:

„Ich kenne einen vornehmen Herrn, der seine schöne Frau vor den Augen seines Herrn, eines Prinzen, liebte, aber es geschah auf dessen Wunsch und Befehl, weil dieser daran Vergnügen fand."

Wie der Herr, so natürlich auch der Knecht. Denn es ist ja sowieso nur ein einziger Schritt, daß der Gatte oder Liebhaber einer schönen Frau, dem es Vergnügen macht, den Freunden die Reize der Gattin oder Geliebten zu schildern und nackt zu zeigen (S. 159), eines Tages auch Vergnügen daran findet, ihnen zu demonstrieren, wie genußreich es ist, „mit einer derart zur Liebe geschaffenen Frau der Liebe zu pflegen."

Aber auch diese gewiss schon ungeheuerlichen Debaucherien sind nur der Anfang auf der Stufenleiter des Raffinements gewesen. Die Ausschweifung wurde Schritt für Schritt systematisiert und organisiert. Den Einzelgenuß steigerte man immer häufiger zu Massengenüssen, zu Orgien. Man liebte nicht nur öffentlich, sondern man liebte auch in Gesellschaft, wie man in Gesellschaft pokulierte.

Den höchsten Gipfel saturnalischer Ausschweifung erreichte man damals jedoch weder in Madrid, noch in Paris, noch in London, sondern in Rom, am Hofe der verschiedenen Päpste, an dem der Borgias, der Rovere usw. Zahlreiche dieser obersten Kirchenfürsten und mit ihnen die große Masse ihres prunkenden und ewig im Lichte der Lebensfreude wandelnden Hofstaates von Kardinälen, Erzbischöfen und Bischöfen haben in der geschlechtlichen Kühnheit dieser Zeit alles Tun und Treiben der weltlichen Höfe tief in Schatten gestellt. Die stolze, mit Gold überschüttete Kurtisane, die berühmt war wegen ihrer raffinierten Liebeskünste, residierte offiziell im Vatikan neben dem Papst. Einer Vanozza, einer Julia Farnese und einem Dutzend anderen stolzen Papsthuren wurden prunkvolle Paläste gebaut, Kirchen geweiht usw. In den Berichten der Chronisten strotzt es von den grauenhaftesten Lastern, die hier im Schwange waren. Am Papsthofe Alexanders VI. wurde der Liebesakt en masse, ausgeführt von schönen Kurtisanen und lendenstrammen Bedienten, zuerst zu einem öffentlichen Schaustück erhoben, an dem sich die ganze höfische Gesellschaft amüsierte. („Gesch. d. erot. Kunst" S. 180).

Was in Rom beklatscht wurde, dafür hatte man in Paris und London natürlich auch bald das nötige Verständnis. Und am Hofe Karls II. von England huldigte man, wie wir aus den Schilderungen des Herzogs von Rochester erfahren, noch fünfviertel Jahrhunderte später denselben erbaulichen Belustigungen, mit denen Alexander VI. sich und seinen Hof delektiert hatte. Auch hier erhob man

278. G. M. Mitelli. Buhlerische Liebesfreuden. Italienischer Kupferstich aus dem 17. Jahrhundert

den Liebesakt zum würdigsten Gegenstand, um ihn auf der Bühne mit allen seinen Raffinements von Höflingen und Hofdamen darstellen zu lassen ...

Wo die Ausschweifung so hohe Wellen schlug, mußte es frühzeitig auch zur Übung aller möglicher widernatürlicher Laster kommen. Sodomie, Päderastie, gleichgeschlechtliche Liebe usw. standen überall üppig in Blüte. Der Übergenuß forderte neue Sensationen, Abwechslung, Variationen. Die widernatürlichen Verkehrsformen zwischen Mann und Frau, die Aretin in den deshalb so viel verlästerten Sonetti lussuriosi besingt, waren eigentlich nur die zahmste Form des widernatürlichen Geschlechtsgenusses, und darum auch überall gang und gäbe, nur einfältige Prüde fanden darin etwas Beschämendes. Die lasterhaften Zustände am englischen Hof zur Zeit Shakespeares faßt Brandes in folgenden Sätzen zusammen:

„Mit der Würde wurde auch alle Schicklichkeit hintangesetzt. Selbst der ältere Disraeli, der prinzipielle Verteidiger und Bewunderer von König James, gesteht, daß die Sitten des Hofes entsetzlich waren, daß die Höflinge, die ihre Zeit mit Müßiggang und ganz unsinniger Verschwendung verbrachten, mit den infamsten Lastern behaftet waren. Er führt selbst die Zeile aus Draytons The Mooncalf über einen Gentleman und eine Lady dieser Kreise an: He's too much Woman and She's too Man.“

Es ist nur folgerichtig, daß in diesen Kreisen niemand auf das in der historischen Situation begründete Recht auf Ausschweifung verzichtete. Gestatteten es bei einer bestimmten Kategorie von Frauen die Umstände nicht, dies Recht öffentlich auszuüben — und dazu gehörten natürlich überall die Prinzessinnen —, so war man dafür in der Heimlichkeit um so ungezügelter. War ein gleichrangiger Liebhaber ein gefährliches Wagnis, so ersetzte man ihn durch Stellvertreter, deren Gunst man ohne Gefahr genießen konnte. Das war in zahlreichen Fällen der Kammerdiener.

Freilich war die Versuchung dazu außerordentlich groß, da diesem gegenüber die Gelegenheiten ständig vorhanden und ungemein günstig waren. Weil die absolutistische Lebensanschauung nur im Gleichgestellten den Menschen sah, so brauchte sich eine Dame dieser Kreise niemals vor dem Kammerdiener zu genieren und durfte ihn mit den intimsten Diensten betrauen. Der Deutsche Forberg schreibt:

„Die Edelfrauen lassen sich von ihren

Cum maturescit pomum, virgoq; pubescit:
Pomum vult frangi, virgo quoq; stipite tangi.

Gelbe Öpfel muß man brechen,
Schöne Jungfern sol man stechen.

279. Illustrierte Redensart. Deutscher Kupferstich

Sklaven die heikelsten Dienste leisten; denn der Sklave, der Niedrige, ist in den Augen des Höhern kein Mensch, man braucht sich also vor ihm ebensowenig zu schämen, wie vor einem Tier. Man muß, nach Ansicht der Russin, ihres Ranges sein, um sie erröten zu machen."

Ein französischer Autor berichtet:

„Denn da sie (die Diener) den Damen beim An= und Auskleiden helfen, wie das an unsern Höfen und anderswo oftmals ohne Bedenken geschieht, so be= kommen die Diener dabei manche Reize zu sehen — oftmals freilich absichtlich von seiten der Mädchen."

War aber auch der Verkehr mit Kammer= dienern gefährlich, oder fand man darin nicht die genügende Befriedi=

280. **Die Stunde der Erfüllung.** Französischer Kupferstich

gung, so arrangierte man mit Hilfe eines Kupplers oder einer Kupplerin ein Stelldichein mit einem Fremden oder Ausländer, der gar nicht erfuhr, mit wem er es zu tun hatte. Das Arrangement von solchen Abenteuern finden wir nicht nur in der Skandalchronik, sondern auch in der ernsten Literatur der Zeit mannigfach geschildert. Ein solches Abenteuer hatte z. B. der biedere Simplicius Simplicissimus während seines pariser Aufenthaltes, und er hat es mit aller Umständlichkeit und mit der ganzen köstlichen Plastik seines Stiles geschildert. Es handelte sich dabei um drei Prinzessinnen, die bei irgendeiner Gelegenheit auf den stattlichen Simplicius aufmerksam geworden oder gemacht worden sein mußten. Durch Vermittlung einer Kupplerin und auf Umwegen wird er zu nächtlicher Zeit in einen Palast gebracht, dort wird er gebadet, mit Essenzen eingerieben, bekommt Stimulanzmittel, die sein Blut entzünden, erhält die Gesellschaft von verführerisch dekolletierten Nymphen, alles um den Aufruhr seiner Sinne aufs höchste zu treiben. Auf diese Weise würdig zur Liebe vor= bereitet, betritt er den Schauplatz seiner Taten. Er weiß nicht, mit wem er es zu tun hat, denn es ist stockfinster, nur das weiß er, daß es eine junge, überaus schöne Dame ist, die er nackt in seinem Bett findet und deren wollüstige Begier= den er mit seiner durch alle Mittel des Raffinements gesteigerten Kraft zu sättigen hat. Das wiederholt sich wochenlang und jede Nacht ist es eine andere der drei Prinzessinnen, mit der er der Liebe zu pflegen hat. Da Simplicius die in ihn gesetzten Erwartungen nicht enttäuscht, wird er aus diesem Venusberg erst ent‑ lassen als er von den großen Liebesstrapazen völlig erschöpft ist und krank wird. Für seine befriedigenden Leistungen lohnt ihn eine große Rolle Gold.

In manchen solchen Fällen ist das Ende für den Beglückten freilich weniger erfreulich. Ist eine Entdeckung zu fürchten oder droht sonst eine Gefahr, so endet die Lust mit einem Dolchstoß, durch den er von einem Bravo oder Helfers‑ helfer mitleidlos aus dem Weg geräumt wird. —

Natürlich war die Ausschweifung nicht nur Selbstzweck, der sich im zügel‑ losen Austoben und Erfüllen der in der Zeit liegenden starken Begierden gegen‑ seitig auslöste, sondern in den allermeisten Fällen auch noch Mittel zum Zweck. Nachdem die Liebe Warencharakter erhalten hatte, wurde sie in dieser sinnlichen Zeit zur best bezahlten Ware und damit gleichzeitig zum kurantesten Handels‑ artikel. Venus stand auf allen Gassen und Märkten und prunkte schamlos üppig mit ihrer Schönheit. Und sie stand vor allem an jeder Türe, hinter der die Macht thronte. Die Besitzerin von körperlicher Schönheit konnte dort für ihre Liebe nicht nur Geld einhandeln, sondern überhaupt alles: Geld, Macht, Rang, Recht. Und sie handelte hier dies alles auch dafür ein: für sich, für den Gatten, für den Bruder, für die Familie.

Schönheit war für zahllose junge adlige Damen das Kapital, mit dem sie wucherten, und das ihnen auch fast immer Wucherzinsen eintrug. Der Engländer Wilson berichtet in einer Schilderung des englischen Hofes vom Ausgang des sechzehnten Jahrhunderts:

„Viele adelige, junge Damen, die durch das üppige Leben ihrer Eltern in Verlegenheit ge‑ bracht waren, betrachteten ihre Schönheit als ein Kapital; sie kamen nach London, um sich feilzu‑ bieten, erlangten große Pensionen auf Lebenszeit, verheirateten sich dann mit hervorragenden und vermögenden Männern und wurden als verständige Damen, ja als heroische Geister betrachtet."

Durch Willfährigkeit gegenüber den erotischen Launen der Machthaber tauschten ebensoviele Frauen für sich und ihre Männer Rang und gesellschaftliche Position ein. Denn durch nichts wurden Fürsten und Könige rascher hellsehend über die vortrefflichen Eigenschaften eines ihrer Untertanen als durch die Genüsse, die ihnen die Liebestalente von dessen Frau bereiteten. Solche Beweise ließen einen Fürsten plötzlich in den dümmsten Trotteln strategische oder andere Genies entdecken, die ebenso rasch mit den höchsten Stellen und ertragreichsten Sinekuren belohnt werden mußten. Verführerische Schönheit der Frau, Tochter oder Schwester vereinfachte die kompliziertesten Rechtsansprüche. Es gab für unzählige Richter keinen überzeugenderen Beweis und keinen durchschlagenderen Grund für einen Rechtsanspruch, als wenn der Kläger oder Beklagte eine Frau hatte, die über einen schönen Busen und einen reizenden Schoß verfügte und bereit war, dem Richter in diesem Paradiese Gastfreundschaft zu bewilligen. Brantôme schreibt in seiner Sittengalerie:

„Manchmal ließen die Ehemänner ihre Frauen in der Obhut des Justizpalastes, oder in der Galerie und im Saal zurück und gingen nach Hause in der Meinung, daß ihre Geschäfte von den

Jeremias Wolf excud. Aug Vind.

Nacht.

(Er.) Willkom, mein liebe Grät, ach wär ich bey dir drinnen,
Ju glaubst nicht, wie die Lieb in meinem Leib thut brünnen,
(Sie.) Sey Maus-Still, lieber Hanß, das dich mein Ett nicht hört,
Sonst wär in augen blick all unser freüd verstöhrt.

281. Der Bauernbursche beim Fensterln   Augsburger Kupfer-tich

Frauen besser geführt und ihre Streitsache schneller zur Entscheidung gebracht werden würde. Und in der Tat, ich kenne manche, die einen Prozeß mehr durch die Gewandtheit und Schönheit ihrer Frauen, als durch ihr gutes Recht gewonnen. Bei solchen Gelegenheiten wurden die Frauen freilich oft guter Hoffnung ... Ich verweise auch auf zahlreiche vortragende Räte und Präsidenten, die manchen guten Bissen von den Frauen der Edelleute gekostet haben."

Dieses Urteil ließe sich durch eine ganze Reihe historischer Fälle aus allen Ländern belegen, und darum wurde dieser Grund auch geradezu sprichwörtlich: „Man muß mit der Frau zu Gericht gehen", „Junge Frauen haben unwiderlegbare Gründe", „Was ist geistreicher als der Schoß einer schönen Frau? Er widerlegt die Gründe von zehn Rechtsgelehrten."

Weil die Ausschweifung nicht nur Selbstzweck war, sondern vor allem das erfolgreichste Mittel zum Zweck, deshalb hielt es auch der Adel stets für ein ererbtes Vorrecht seiner Klasse, daß nur seinen Töchtern der Platz im Bette der Könige gebühre. Wäre es anders gewesen, so hätte er die Ehre, Kebsinnen ins königliche Bett zu liefern, dem Bürgertum wohl ebenso entsagungsvoll gegönnt, wie er sie ihm in Wahrheit beständig streitig machte.

Angesichts der heftigen adligen Konkurrenz, der man ständig im Kampfe um die Bettplätze neben dem König begegnete, und die sich ebenso ständig der schofelsten Mittel bediente, war der Stolz bei der Roture um so größer, wenn eine Frau aus ihren Kreisen in dem Wettbewerb um die fürstliche Bettgenossenschaft obsiegte. Aber nicht nur die dermaßen ausgezeichnete Familie schwamm in Wonne, wenn die Tochter oder Frau zur fürstlichen Leibhure gekürt wurde, sondern häufig war — und darin liegt das die Zeit und die Klassenentwicklung charakterisierende Moment — die gesamte Bürgerschaft der betreffenden Stadt stolz darauf und sah darin eine ihr in ihrer Gesamtheit erwiesene Ehre. Um nur ein einziges historisches Beispiel dafür zu nennen, sei auf Ludwig XI. von Frankreich verwiesen, der sich eine ganze Reihe Kebsinnen aus der Roture holte. Ein Chronist meldet, daß die Bürgerschaft von Paris überaus stolz gewesen ist, „auf die Auszeichnung, daß der König seine Beischläferinnen ihrem Stande entnommen hatte." Und als derselbe König sich in Dijon die Huguette Jaquelin, in Lyon Mademoiselle Gigonne als Bettgenossinnen „attachierte", empfanden wiederum diese Städte das als eine besondere Auszeichnung. Natürlich folgte aus dieser allgemeinen Anschauung auch noch, daß auch unter den Töchtern des Bürgertums selbst ununterbrochen ein ebenso edler wie heißer Wettstreit darum herrschte, zu der Hurenkarriere im königlichen Bett zugelassen zu werden.

War die Ehre, Bettgenossin eines Königs zu werden, das höchste Glück, das nach der Ansicht dieser Kreise einer hübschen Frau vom Himmel beschert werden konnte, so war die Gnade, von einem Herzog, Grafen, Kardinal, Bischof, ja sogar von einem simpeln Junker beschlafen zu werden, doch auch schon hohe Ehre. Schließlich gab es doch nur einen König im Land, nur einen Papst in der Welt. Aber jedes will doch seinen Weg machen. Und da sollte man das herrliche Kapital, das man in der leiblichen Schönheit der Tochter oder Gattin besaß, dann nicht wenigstens bei zahlungsfähigen oder einflußreichen Edelleuten anlegen? Zahlreiche wohlanständige Bürgerfrauen waren darum stets der Meinung, das ihr Liebes-

Eine schlafende Dirne

Gemälde von Jakob Duck. Original Alte Pinakothek München. 17. Jahrhundert
Photographie Bruckmann

kapital würdig wäre, wenigstens auf diese Weise die höchsten Prozente zu tragen.

Dieser weitverbreitete Stolz der Bürger auf die Hurenkarriere ihrer Weiber war freilich eine ganz natürliche Erscheinung der historischen Situation. Überall dort, wo der Absolutismus seine Herrschaftssitze aufschlug — solche Städte waren damals vornehmlich: Paris, Rom, London, Wien, Madrid, und außerdem zahlreiche Bischofssitze —, wurde das gesamte Bürgertum wirtschaftlich sehr rasch vollständig vom Hofe abhängig, und damit logischerweise auch dessen „Moral" untertänig. Der höfische Luxus, die höfische Ausschweifung waren der ertragreichste Existenz= boden des gewerbetreibenden Bürgertums. Wo das Maitressenregiment blühte, blühte der Handel; denn damit ist immer auch die verschwenderischste Form des Luxus verknüpft. Also schon dadurch war man mit der Ausschweifung ständig liiert. Weiter kommt hinzu, daß sehr große Volksteile im direkten Dienste des Hofes standen; die gesamte Beamtenschaft des Staats und der Städte wurde von den absoluten Herrschern ernannt. Und weil das Königtum Staffage brauchte, so waren auch alle wichtigen Verwaltungsstellen in der Hauptstadt lokalisiert.

Aus allen diesen Gründen bot das Bürgertum nicht nur das Reservoir, aus dem der Hof ständig neues Menschenmaterial schöpfte, sondern in das auch ebenso ständig die höfische „Moral" abfloß. Die Herrschaftssitze des Absolutismus wurden da= mit unvermeidlich und ohne Ausnahme auch zu Hochburgen des Lasters. Im Gegensatz zu den Städten, in denen das Kleinhandwerk politisch und sozial herrschte; dort kann man damals immer von einer „rela= tiven" Sittlichkeit reden.

Weil das natürliche Re= sultat der historischen Entwick= lung in den Hauptstädten darauf hinauslief, daß die spezifisch höfische Moral zur allgemeinen Gesellschaftsmoral wurde, so begegnete man beim Bürgertum all dieser Städte auch denselben sittlichen An= schauungen, denselben Metho= den der Ausschweifung, den= selben Kalkulationen, die bei der regierenden Kaste gelten, und die wir bereits skizziert haben.

282. Das schäkernde Paar. Holländischer Kupferstich

329

SIN RYCKE AFBEELDINGE VANDEN VERLOOREN SOON. Luci ij iv versi i.

283. Der verlorene Sohn.   Holländischer Kupferstich

Zahlreiche Männer waren nicht selten die geschäftigsten Kuppler ihrer Ehe=
frauen und Töchter und ebensoviel Ehen nur verdeckte Kuppelfirmen.   Also
treiben solche Männer ihren Frauen den begehrten Hasen ins Garn:

Sie sagen zu den betreffenden Liebhabern: „Meine Frau hat Sie gern, ja sie liebt Sie. Be=
suchen Sie sie doch, es wird ihr Freude machen.   Ihr könnt zusammen plaudern und euch die
Zeit vertreiben."

Andere wiederum helfen dem Verständnis der Situation bei ihren Frauen
dadurch nach, daß sie sagen:

„Ein Gewisser ist in dich verliebt: ich kenne ihn wohl; er besucht uns oft, aber aus Liebe
zu mir, mein Schatz, nimm ihn freundlich auf; er kann uns viel Vergnügen bereiten und seine
Bekanntschaft uns nützlich sein."

Wenn der betreffende Freund dann kommt, wird er die schöne Frau nicht nur immer allein zu Hause finden, sondern auch in einem schönen Negligé, das selbst den Ungelenkigsten die richtigen Worte finden läßt: „Wie könnte auch eine kluge Frau geschickter den Wünschen ihres Gatten gerecht werden?" Und die Schlaue weiß die Situation zu nützen: „Sobald der Gauch (der Freund) empfind't der Hitzen, Gold und Silber muß er schwitzen, Röck und Mantel, Pelz und Schauben . . ."

Sind die Manieren der Edelleute, mit denen sie ihre Frauen auf den Kuppel= markt bringen, schon nicht sehr delikat, so treibt man beim gewöhnlichen Volke diesen Handel noch um einige Grade ungeschminkter. Man höre Geiler:

> „Wenn sie kein Geld mehr haben, sagen sie den Weibern: ‚Gehe und lug, daß wir Geld haben; gehe zu diesem und jenem Pfaffen, Studenten oder Edelmann und heiß dir ein Gulden leihen, und denk, komm mir nicht zu Haus, wo du kein Geld bringest, lug, wo du Geld auf= treibest oder verdienest, wenn du schon es mit der Hand verdienest, da du auf sitzest! Alsdann gehet sie ein ehrliche und fromme Frau aus dem Haus und kommt ein Hur wieder heim."

Natürlich sind nicht nur die Männer allein die Schuldigen und die Anstifter, daß aus „ihrer frommen Ehefrau ein Hur oder Schottel wird." Die Frauen wissen, wie begehrt „bei Edelleut und Pfaffen" das Schönheitskapital ist, das ihr Mieder birgt und ihr Rock umschließt, und wenn der Mann ihre Wünsche nach Putz und schönen Kleidern nicht erfüllen will, so droht gar manche dem geizigen Gatten, einfach „zu Mönchen und Pfaffen zu laufen und sich von diesen be= naschen zu lassen."

> „Ich wollt, daß dich der ritten (Fieber)
> schütt!
> Willst du mir nit Zierden kaufen,
> So kann ich wohl zu den Mönchen
> laufen,
> Zu dem Adel, zu den Pfaffen;
> Die werden mir wohl Kleider schaffen,
> Daß ich ganz wie andre Lüt
> Mit ars bezahl ichs, mit der Hüt."

So Murner in seiner Narren= beschwörung. —

Wenn auch damals die weib= liche Untreue und der weibliche freie Geschlechtsverkehr inner= halb dieser Klassen auch das Selbstverständlichste von der Welt war, so darf dies alles natürlich nicht zu der Ansicht verleiten, daß es darum auch in allen Fällen die harmloseste Sache von der Welt gewesen wäre. Allen diesen geschilderten Kreisen und Individuen standen doch auch zahlreiche **Männer**

284. Wilhelm Passe. Das Gefühl. Aus: Die fünf Sinne

gegenüber, die mit höchster Leidenschaft und Eifersucht über die Allein=
herrschaft in ihrem Ehebett wachten. Hier mußte die Frau ganz auf eigene
Rechnung und Gefahr der buhlerischen Liebe nachgehen. Wenn sie dies tat, war
es dann ebenso oft eine überaus lebensgefährliche Sache, und zwar für beide Teile:
für die ungetreue Frau und für den Liebhaber, der auf fremder Weide grasen
wollte. Denn es ergänzt sich vollkommen, daß sich, so „vorurteilslos" man auf der
einen Seite war, auf der anderen Seite ebenso grauenhaft brutal die Rache ge=
bärdete, wenn der Gekränkte die Schuldigen bei der Tat überraschte. Wir haben
zahlreiche Berichte, Erzählungen und bildliche Darstellungen, die uns Beispiele
solcher Racheakte mitteilen; und alle möglichen Formen der Rache und der Strafe
des in seinen Besitzrechten verletzten Ehegatten findet man registriert. Die
häufigste Strafe ist natürlich, wie zu allen Zeiten, daß der hintergangene Ehegatte
die Schuldigen verprügelte (Bild 218). Viele rufen auch heimlich die Nach=
barn herbei, um die Ehebrecher dem öffentlichen Spott und Gelächter auszu=
liefern (Bild 40), aber das sind nur die Dummen, die vergessen, daß sie dadurch
nur ihre eigene Schande aller Welt offenbaren und sich selbst lächerlich machen.
Solche Schande wendet der Mann nur dann von sich ab, wenn er Frau und Lieb=
haber erst tötet. Zyniker rächen sich in raffinierter Weise, indem sie zum Bei=
spiel den Liebhaber erst in Gegenwart der untreuen Frau selbst schänden, bevor
sie ihn an Leib und Leben strafen, solche Racheakte finden wir von verschiedenen
Novellenerzählern geschildert. Eine andere zynische Rache ist, daß der betrogene
Ehemann seinen Nebenbuhler auf der Stelle entmannt und die untreue Gattin
Zeuge dieser schauerlichen Prozedur sein muß; auch diesen Racheakt findet man
mehrfach mitgeteilt. In Konstanz überraschte ein Kaufmann seine untreue Ehefrau,
die in seiner Abwesenheit mit einem Liebhaber, einem Doktor, in der Haus=
badestube den Freuden der ehebrecherischen Liebe oblag; er ergriff einen Striegel
und striegelte ihn auf der Stelle zu Tode (Bild 198). Die teuflischste Strafe, die
sich ein hintergangener Ehemann ersann, wird von einem italienischen Edelmann
berichtet, der von sich sagen durfte, daß er selbst überaus stark in der Liebe sei.
Da ihr das nicht genügte, ihren Liebeshunger zu stillen, und sie dennoch Ehe=
bruch trieb, so sagte er zynisch: „nun so wollte er ihr Gelegenheit geben, daß
sie sich wenigstens einmal in ihrem Leben sättigen könne", und er überlieferte sie
der Brunst von zwölf bezahlten Lastträgern und Ruderknechten, die nicht eher von
ihr ablassen durften, bis die Arme den Geist aufgab, was am dritten Tage geschah.

*   *   *

Der Gebrauch des Keuschheitsgürtels. Weil sich, wie wir schon an
anderer Stelle sagten, immer eines logisch zum andern fügt, so entspricht der
brutalen Rache eines Hintergangenen beim Vorsichtigen eine ebenso brutale Form,
die gefährdete Treue der Frau künstlich sicher zu stellen. Diese Form sind die
mechanischen Mittel zum Schutze der physischen Treue der Gattin, deren sich der
Mann in der Renaissance bediente.

So hoch man gemäß der gesamten damaligen Lebensphilosophie die Wirkung

285. Symbolik der züchtigen bürgerlichen Ehe. Frankfurter Kupferstich aus dem 17. Jahrhundert

der moralischen Lehren stellte, weshalb man auch das Lob der Keuschheit stets im Munde führte, so dachten eben die Schlaueren unter den Männern doch: „Gut ist gut, aber besser ist besser." Und das Bessere fand man darin, daß man dem Teufel — nämlich dem Unzuchtsteufel — ein Schnippchen schlug, das ihm das schönste Spiel verderben mußte. Und dazu bewährten sich nach Ansicht der Vorsichtigen unter den Männern solide mechanische Mittel, „die den Zugang zum Paradies der irdischen Liebe versperren", unendlich besser, als die solidesten Grund- sätze und die höchsten Lobpreisungen der Keuschheit. Wenn eine Frau wußte, daß es ihr unmöglich war, einen Liebhaber zum Ziel seiner Wünsche kommen zu lassen, dann konnte sie obendrein aus der Not eine Tugend machen und sich mit stolzester Miene die Zuflüsterungen eines begehrlichen Buhlen verbitten und leichteren Gemütes die eigenen bösen Gedanken überwinden.

Diese Philosophie hat zur Erfindung des unter dem Namen Keuschheits- oder Venusgürtels bekannten eisernen Keuschheitswächters geführt. Dieser Keusch- heitswächter war so konstruiert, daß er den Schoß der Frau mechanisch derart verschloß, daß die damit bekleidete Frau zwar ihre natürlichen Bedürfnisse ver- richten, jedoch unmöglich den Geschlechtsakt ausüben konnte. Den Verschluß bildete in allen Fällen ein kompliziertes Schloß, zu dem allein der Ehegatte, Bräutigam oder Liebhaber den Schlüssel besaß.

Zweifelsohne ist der Keuschheitsgürtel nicht das einzige technische Schutz- mittel gewesen, dessen man sich damals gegen die Untreue der Weiber bediente. In den unteren Volksschichten dürften wohl ähnliche Methoden im Gebrauch gewesen sein, wie man sie heute noch in den Balkanstaaten findet, und deren Fr. S. Krauß, der beste Kenner der Sitten dieses Landes, in seiner Anthropophytheia mehrere beschreibt. Diese Methoden bestehen in der Infibulation, in der Ein- führung von Gegenständen in die weiblichen Geschlechtsteile, die schwer zu entfernen sind, in der Einspritzung von Säuren, die wochenlang währende Ent- zündungen hervorrufen und bei jeder Berührung der Frau die furchtbarsten Schmerzen verursachen usw. Jedoch nähere Kun- de haben wir über solche Methoden aus der Renais- sance nicht, und es läßt sich nur aus der inneren Logik der Dinge darauf schließen, daß die Eifer- sucht des Herrenrechtes damals mindestens ebenso produktiv war und eben- so brutal verfuhr wie heute.

Quem timor exarmat. quicunq; resolvere nescit
Labra fores Nymphæ spienaul∗ris alat :
Hæc redtet lingua latiſsima clauſtra deſerta:
Hæc paral g∗p pari∫ fortem ænimoſa virum.

Verſchloßne Lieb leid' ich hier /
Rom Amor, öffne dem die Thur

286. Der Venusgürtel. Deutscher Kupferstich. 1648

334

Absolut sichere Kunde haben wir über den Gebrauch des Venusgürtels und auch über seine Verbreitung. Es steht fest, daß man sich seiner in jedem Lande und jahrhundertelang bediente. Bis in die neueste Zeit ist die Anwendung dieses technischen Schutzes zur Sicherung der Treue freilich mannigfach angezweifelt worden. Die Romantiker der Vergangenheit wollten die Übung einer derartigen Brutalität absolut nicht gelten lassen, und zum mindesten

287. Liebe und Wein.   Holländisches Schabkunstblatt

datierten sie den Gebrauch ins Mittelalter zurück, in die Zeit der Kreuzzüge. Denn gegenüber dem Mittelalter konnte man das Beschönigungsmittel ausklügeln, daß es vornehmlich ein Schutzmittel gewesen sei, dessen sich die Ritter gezwungenermaßen bedienten, nicht nur, um sich die Treue ihrer Frauen in ihrer Abwesenheit zu sichern, sondern vor allem, um diese vor Vergewaltigung zu schützen. Wir haben die Unlogik des letzten Punktes und die Tatsache, daß es sich unbedingt um eine Erfindung der Renaissance handelt, schon in anderem Zusammenhang in der „Geschichte der erotischen Kunst" nachgewiesen und berufen uns daher auf das dort Gesagte. (Seite 161 und 185.)

Der prinzipielle Zweifel an der wirklichen Benutzung dieses Keuschheitswächters und die Behauptung, daß man es dabei mit einer erst in späteren Zeiten ausgedachten erotischen Mystifikation zu tun habe, hat ja dadurch gewiß eine beachtenswerte Unterstützung gefunden, daß bei der Nachprüfung der in den verschiedenen Sammlungen und Museen aufbewahrten Stücke eine ganze Anzahl sich als mehr oder minder raffinierte Fälschungen erwiesen haben. Aber diesen stehen doch ebensoviel absolut echte Stücke gegenüber, und außerdem hat die neuere Zeit eine ganze Anzahl literarischer Hinweise aus der Zeit selbst zu Tage

Verliebte Scherze
288. J. Baning. Holländischer Kupferstich

gefördert. Aber was das wichtigste ist: es gibt darunter Funde aus der neuesten Zeit, deren Fundgeschichte nicht nur allen und jeden Zweifel an der Echtheit ausschließt, sondern auch zugleich den notorischen Gebrauch augenscheinlich belegt. Das letztere gilt zum Beispiel von dem Gürtel der Sammlung Dr. Pachinger-Linz (Bild 171). Dieser Gürtel wurde von seinem Besitzer an einem jugendlichen Frauenskelett aus dem 16. Jahrhundert entdeckt, dessen Ausgrabung auf einem österreichischen Friedhofe er zufällig beiwohnte. Der Name und der Rang der betreffenden Frau waren nicht mehr festzustellen; daß es sich jedoch um eine Dame aus vornehmem Geschlecht handelte, ergab sich daraus, daß sich das Skelett in einem Bleisarge fand. Zweifellos echte Stücke befinden sich weiter im Münchener Nationalmuseum, in Venedig, in den königlichen Sammlungen zu Madrid, im Musée Toussaud in London (Bild 170), im Museum von Poitiers (Bild 164) usw. Zu beachten ist noch: Alle diese Stücke stammen aus der Renaissance; denn es gibt kein einziges Exemplar, das weiter als bis in den Anfang des fünfzehnten Jahrhunderts zurückreicht. —

Bei der sittengeschichtlichen Beurteilung dieses Instrumentes kommt es darauf an, welche Klassen es gewesen sind, die sich seiner bedienten, und in welchem Umfang es innerhalb dieser Klassen verwendet worden ist. Auf die erste Frage lautet die Antwort: es sind die herrschenden und besitzenden Klassen gewesen, die sich des Keuschheitsgürtels bei ihren Frauen bedienten, das kaufmännische Großbürgertum und die Kreise des absoluten Fürstentums. Was die zweite Frage, die Häufigkeit, betrifft, so ist es ganz zweifellos, daß man es in diesen Klassen, und besonders in den Kreisen des absoluten Fürstentums und denen, die sich diesem wirtschaftlich und gesellschaftlich angliederten, mit einem ziemlich stark verbreiteten Gebrauch zu tun hat, der nichts weniger als eine Einzelerscheinung gewesen ist. Freilich braucht natürlich darum noch nicht angenommen zu werden, daß die große Mehrzahl der Frauen, geschweige alle Frauen dieser Kreise derart „verschlossen und gesichert" wurden.

Erkennen wir die Verbreitungsgebiete des Keuschheitsgürtels ganz überzeugend aus der Kostbarkeit oder der künstlerischen Behandlung des Materials — zahlreiche Stücke sind aus Silber, ja selbst aus Gold hergestellt, und gar viele sind schön graviert und inkrustiert —, so die Häufigkeit der Anwendung

Satirische Darstellung des gegenseitigen Werbens

Frankfurter Kupferstich von Abraham Aubry aus dem 17. Jahrhundert

aus der nicht kleinen Zahl literarischer Hinweise. Ein weiterer Beweis für die große Popularität sind übrigens auch die verschiedenen bildlichen Darstellungen, die sich erhalten haben und uns die Anwendung illustrieren.

Stammen die meisten bildlichen Darstellungen aus Deutschland, so die literarischen Nachrichten aus allen Ländern, und finden sich überall verstreut: in Novellen ist davon die Rede, in Gedichten, Sprüchen, Sprichwörtern, Rätseln, Schwänken, Fastnachtspielen, aber auch in Chroniken und zeitgenössischen Schilderungen.

Durch diesen relativen Reichtum an literarischen Nachrichten sind wir ziemlich genau über die verschiedensten Umstände orientiert: über das Aufkommen und die Einführung in bestimmten Ländern und Städten, über Aussehen, Konstruktion, Art der Verwendung, das Verhalten der Frauen usw. Die häufigste Version läßt den Tryannen Francesco II. von Padua den ersten Erfinder sein; nach einer anderen Nachricht wurden die meisten dieser Gürtel in Bergamo hergestellt, weshalb man sie nicht nur „venetianische Gitter", sondern auch „bergamesische Schlösser" nannte und davon sprach, daß man seine Frau oder Geliebte „auf bergamesisch vernestle." Höchstwahrscheinlich ist die Erfindung in verschiedenen Orten zugleich gemacht worden.

Daß der Keuschheitsgürtel gewissermaßen offizielle Institution war, erkennen wir auch aus der Art der Hinweise. Dem Liebhaber, der um ein schönes Mädchen wirbt, wird von der Mutter im Vertrauen und mit Stolz mitgeteilt, daß sie bereits seit ihrem zwölften Jahre Tag und Nacht „ein venetianisches Gitter" trage. Ein andrer Liebhaber, dem es darum zu tun ist, ein keusches Mädchen zur Frau zu bekommen, betastet die Hüften des Mädchens; und als er unter dem Kleid den eisernen Gürtel fühlt, der ihren Leib umschließt, ist er befriedigt. Der junge Gatte bekommt in dem Augenblick, da ihm die Braut ans Bett geführt wird — die Hochzeitsnacht findet gewöhnlich im Hause der Eltern der Braut statt (Bild 184) — von der Mutter den von dieser seit Jahren sorgfältig gehüteten Schlüssel zu dem kunstvoll gearbeiteten Schloß; hinfort wird er dessen alleiniger Besitzer. Auf das Schloß des Keuschheitsgürtels richtet der junge Ehemann zuerst seine Aufmerksamkeit, und triumphierend verkündet er nach wenigen Minuten den vor der Türe harrenden Eltern und Freunden, daß „Schloß und Tor" unversehrt sind.

289. Bäuerliches Liebespaar

Wieder wo anders ist „ein zierlich Venusgitter" das erste Geschenk, das der junge Gatte am Morgen nach vollzogener Hochzeitsnacht seiner jugendlichen Frau über= reicht. Die Unschuldige hat noch nie ein derartiges Schmuckstück gesehen und weiß nichts damit zu machen. Der Gatte erklärt der Neugierigen, wo und zu welchem Zweck dieser eigenartige Schmuck zu tragen ist, und legt ihr den Gürtel selbst an: „Nun ist der buhlerischen Liebe der Weg verlegt" und hinfort trägt sie „diesen besten Beschützer der Tugend ehrbarer Frauen" immer, wenn sie nicht an seiner Seite ruht. Wenn der Edelmann und Patrizier sich zur Fahrt in ferne Lande rüstet, bestellt er „seiner geilen Ehefrauen einen Freund, der ihrer Treue der sicherste Hüter ist"; dieser zuverlässige Freund ist ein „Zaum aus Eisen, mit dem man die Unzucht der Weiber am Zügel hält", auch wenn der Mann in fernen Landen weilt. Und so weiter.

Über all diese Punkte können wir uns mehr oder weniger eingehend in der zeitgenössischen Literatur und Kunst orientieren. Aussehen und Konstruktion des Venusgürtels erfahren wir bei Meursius aus einem Gespräch zwischen einer Braut und einer jungen Frau:

Oktavia: Ich habe in den letzten Tagen über diesen Keuschheitsgürtel einige Gespräche zwischen Julia und meiner Mutter gehört. Aber ich weiß nicht recht, was eigentlich dieser Gürtel zu bedeuten hat, der die Frauen keusch macht.

Julia: Du wirst es erfahren ... Das goldene Gitterchen hängt an vier Stahlkettchen, die mit Seidensamt überzogen und kunstvoll an einem Gürtel von demselben Metall befestigt sind. Zwei dieser Kettchen sind vorne, zwei sind hinten an dem Gitterwerk angebracht und halten es von beiden Seiten fest. Hinten, über den Hüften ist der Gürtel mittels eines Schlosses verschlossen, zu dessen Öffnung ein ganz kleines Schlüsselchen dient. Das Gitterchen ist etwa sechs Zoll hoch und drei Zoll breit und reicht daher vom Damm bis zum oberen Rande der äußeren Schamlippen; es bedeckt den ganzen Körperteil zwischen den beiden Schenkeln und dem Unterleib. Da es aus drei Reihen von Maschen besteht, so läßt es den Urin ohne Schwierigkeit hindurch; dagegen ist es unmöglich, auch nur eine Fingerspitze hineinzustecken."

Aus dieser Beschreibung erkennt man, daß es also auch noch andere Kon= struktionen gab, als die, die unsere Abbildungen zeigen.

Auf den häufigen Gebrauch der Venusgürtel in Deutschland läßt die folgende Inschrift schließen, die sich auf einem Keuschheitsgürtel eingraviert befindet, der im Schloß Erbach im Odenwald aufbewahrt wird: „Ach das sey Eich geklagt, daß mir Weiber sein mit der Brüch (Brück=Schloß) geplagt." Diese Inschrift dient zur Erläuterung einer bildlichen Darstellung, die sich ebenfalls auf dem Gürtel befindet und eine Frau zeigt, die auf dem Schoße eines Mannes sitzt, dem sie wohl gerne zu dem von beiden Teilen ersehnten Ziele verhelfen möchte. Über die Verbreitung der Venusgürtel in Frankreich orientiert die folgende Stelle bei Brantôme:

„Zur Zeit König Heinrichs brachte ein Kurzwarenhändler ein Dutzend Werkzeuge auf den Markt zu Saint=Germain, die dazu dienten, die Geschlechtsteile der Frauen zu verschließen; es waren eiserne Gürtel, die von unten angelegt und mit einem Schlüssel abgeschlossen wurden. Sie waren so geschickt gearbeitet, daß es einer damit umgürteten Frau unmöglich war, sich jenes holde Vergnügen zu verschaffen, da sich nur einige kleine Löcher zum Urinieren darin befanden."

Ähnliches erfahren wir für Italien bei Morlini:

„Von dieser Zeit und bis jetzt legen die mailändischen Edeln ihren Frauen goldene und

Die Ehe, ein gewagtes Spiel

290. Frankfurter symbolischer Kupferstich von A. Aubry. 17. Jahrhundert

Cum tactum retices Virgo, scandis Capella.
El Caper et Virgo poscit uterq; maius.

Wen die Zunge böcke steigen,
Und die Magdlein zum greiffn schweigen,
So merck gewißlich diese lehr,
Das sie begehren anders mehr.

291. Deutsche Stammbuchillustration. 1648

silberne künstlich gearbeitete Gürtel an, die beim Nabel mit einem Schlüssel versperrt werden und nur kleine Öffnungen für den Harn und das andere Bedürfnis lassen, und gestatten ihnen nur so, frei und aufsichtslos nach ihrem Gefallen zu leben."

In den Novellen des Cornazano befindet sich eine Erzählung, in der geschildert wird, wie Kaufleute, die für längere Zeit verreisen, sich auf diese Weise der Treue ihrer Frauen versichern:

„Da war ein fremder Kaufmann, der eine schöne Frau sein eigen nannte. Nun sollte er eine Seereise antreten, und da er der Gattin nicht sicher war, weil sie von vielen geliebt und begehrt wurde, gedachte er etwas zu tun, damit sie nicht in Sünde fallen könne, auch wenn sie selbst wollte; und so ließ er einen Gürtel nach syrischer Art anfertigen, wie sie Semiramis wegen der Eifersucht ihres Sohnes erfunden hat. Dieser Gürtel ließ der Dame nur eine so kleine Öffnung, als sie für die natürlichen Bedürfnisse nötig hatte; er legte ihr ihn um und behielt den Schlüssel bei sich, worauf er ruhig in die Levante zu reisen gedachte."

Auch Rabelais erwähnt den Venusgürtel als Vorbeugungsmaßregel gegen die Untreue der Weiber, den man darum den Frauen anlegen soll, sowie man überhaupt das Haus verlasse:

„Dieser und jener, der kein Weißes im Auge hat, soll mich mit Haut und Haar holen, wenn ich nicht meine Frau auf bergamesisch vernestle, so oft ich mein Serail verlasse."

Das sind einige wenige jener Dokumente, die uns über die Anwendung dieses Keuschheitswächters in den verschiedenen Ländern und Klassen Kunde geben. Aber das ist nicht alles, was man aus diesen Hinweisen erfährt; außerdem erfährt man aus diesen und anderen Berichten noch ein zweites, etwas noch Wichtigeres, — nämlich die grausame Ironie der Geschichte, die sich auch hier eingestellt hat. Daß die Zeit, die den eisernen Keuschheitsgürtel erfunden hat, auch sofort auf den Nachschlüssel gekommen ist. Und wir erfahren weiter, daß derselbe Händler, der an die Männer um teures Geld den Keuschheitsgürtel verkaufte, gleichzeitig um ebenso teures Geld deren Frauen den Nachschlüssel lieferte: „Das Gegengift der Moral." Das Sprichwort hat die fatale Moral der Geschichte in den knappen Spruch gefaßt: „Dem Weib, das sich nicht schützen mag, zieht man umsonst den Gürtel an."

Besaß „eine von Hymen verschlossene Dame" nicht selbst schon den Nachschlüssel, so war es jedenfalls für einen Mächtigen, wenn er bei einer sonst nachgiebigen schönen Dame unverhofft auf ein solches Hindernis stieß, keine allzu schwere Sache, einen geschickten Schlosser zu finden, der in wenigen Stunden das komplizierteste Schloß zu öffnen und einen Nachschlüssel anzufertigen verstand, mit dem der Liebhaber hinfort ganz nach Belieben das seinen Unternehmungen hinderliche Tor öffnen und wieder verschließen konnte, ohne daß beim Gatten der Dame ein Verdacht entstand. In der Einleitung, mit der Clement Marot seine Epigramme versah, ist ein solcher Fall ausführlich beschrieben. Der Verführer, ein zweiter König David, ist Franz I. von Frankreich, der Urias ein Vasall des Königs, Baron d'Orsonvilliers. Und die zweite Bathseba, die schöne Baronin d'Orsonvilliers, ist gegenüber dem königlichen Verführer genau so bereitwillig wie die erste und überliefert sich geduldig den Händen eines geschickten Schlossers, damit dieser ihrem Buhlen das Schloß vom Tor des Paradieses entferne, das er nicht nur sehen, sondern auch betreten sollte. Ähnliche Fälle sind auch mehrfach in Novellenform behandelt worden und immer kommt die buhlerische Liebe zum Ziel, denn Amor ist stets mit im Bunde, wenn die Kraft um Erfüllung buhlt. Derselbe Gedanke ist auch bildlich mehrfach dargestellt: „Verschloß'ne Lieb' leid' ich hier, Komm, Amor, öffne dem die Tür", und Amor kommt eilfertig mit einem Schlüsselbund, den Wunsch der Dame zu erfüllen (Bild 286). Der herrliche farbige Holzschnitt „Die ungleichen Liebhaber", den man vielleicht nicht mit Unrecht dem Peter Flötner zuschreibt, behandelt dasselbe Motiv. Der jüngere der beiden Männer er= klärt stolz: „Ich trag ein Schlüs= sel zu solliche Schlossen". Und die schöne Frau erkauft diesen Schlüssel mit Freuden für das Geld, das sie mit vollen Händen aus der Tasche ihres eifersüch= tigen alten Gatten holen darf. Dieses prachtvolle Blatt läßt übrigens zwei Erklärungen zu: daß die Frau mit dem Gelde, das ihr der Gatte reichlich über= läßt, sich die Kunst des geschick= testen Goldschmiedes erkaufen kann, — das ist die eine; treffen= der dürfte jedoch die andere sein: daß die Frau dem Mann, den sie liebt, außer mit ihrer Gunst auch noch mit dem Gelde lohnt, das der Gatte an sie verschwen= det. In diesem Falle hätte der Schlüssel, den sie sich erkauft, dann wohl auch noch einen

Lui: Puisque votre jaloux dans sa vieille saison
N'est plus qu'un impuissance et que glace,
Faictes moy la faveur de m'ouvrir sa maison
Et me recevoir en sa place.

Elle: Vos yeux ont trop d'ésclat et vos discours trop d'appas
Pour leur interdire la porte.
Les personnes de vostre sorte,
Sans incivilité, ne se refusent pas.

Le Courtisan et la femme de l'Impuissant

292. Französischer Kupferstich. 17. Jahrhundert

Der bäuerliche Hahnrei

293. Französischer Kupferstich aus dem 17. Jahrhundert

Doppelsinn (siehe Beilage).

Aber wie gesagt: die meisten Frauen sind sowieso schon heimliche Besitzerinnen eines Nachschlüssels, und mit ihrer Liebe liefern sie auch diesen an den begünstigten Liebhaber aus. Das wird noch häufiger geschildert und illustriert, als der eben genannte Fall. Wir geben auch hierfür zwei Proben. Auf dem Kupferstich von Aldegrever überreicht die mit einem Keuschheitsgürtel gesicherte schöne Frau ihrem jungen Liebhaber in dem Augenblick, da er sie umarmen will, einen Nachschlüssel (Bild 169). Auf dem Wappenschild des Melchior Schedel trägt die mit dem Keuschheitsgürtel bekleidete Frau in der einen Hand den Schlüssel, in der anderen hält sie lockend den gefüllten Geldbeutel; also auch hier winkt einem Liebhaber obendrein noch klingender Lohn für die von ihm begehrten Liebestaten (Bild 172).

Mit alledem ist jedoch die Ironie, von der wir oben sprachen, noch nicht erschöpft. Daß die Zeit, die den Venusgürtel konstruierte, auch den Nachschlüssel erfand, so daß der Schutz gegen Untreue nur ein illusorischer war, ist nur die eine, und zwar überdies noch die kleinere Fatalität. Die Hauptironie bestand vielmehr darin: weil der Keuschheitsgürtel die Vorsicht der eifersüchtigen Männer einschläferte, wurde er zugleich zum größten Gelegenheitsmacher der Untreue der Weiber. Der Mann fürchtet die galanten Scherze nicht, die seine Freunde und Gäste mit seiner schönen Frau treiben, er geht beliebig oft und stets auch länger von Hause fort, als er es sonst tun würde. Damit hat aber die Untreue nun hundert Möglichkeiten, wo sie vordem nur eine hatte. Es liegt in der Natur der Dinge, daß die Frauen in den meisten Fällen auch alle hundert ausnützen. Oder, wie das Sprichwort sagt: „Der Jungferngürtel mit dem Schloß, vermehrt im Weib die Untreu bloß." Und das ist auch das Fazit in den meisten

Berichten und Schilderungen, die man über den Gebrauch des Keuschheitsgürtels findet. In einer kleinen Schrift „Le miroir des dames de nostre temps" heißt es:

„Ich kannte mehrere Frauen, die in der ganzen Stadt als Muster ehelicher Treue und Keusch= heit bewundert wurden, obgleich sie immer einen oder mehrere Liebhaber hatten und diese auch mehrmals im Laufe der Jahre wechselten. Einige von ihnen waren mit Kindern gesegnet, die sie von den verschiedensten Liebhabern empfangen hatten, wie es ja bekanntlich zahlreiche Frauen gibt, die sich viel gerner von einem Freund oder Liebhaber, ja selbst von einem fremden Manne schwängern lassen, als von ihren Gatten. Der Ruf dieser Damen war auch in den Augen ihrer Männer niemals gefährdet; das machte, weil sie jene venetianischen Schlösser trugen, die als der sicherste Schutz gegen die Untreue der Weiber gelten."

Dieses ist die oberste, aber auch die ständige Ironie der Institution des Keuschheitsgürtels: er züchtet künstlich die Frau zur Hure. Eine groteskere Ironie könnte es fürwahr nicht geben.

* * *

Welches ist nun die Schlußfolgerung, die sich für die Sittengeschichtschrei= bung aus der Erfindung und dem allem Anscheine nach auch ziemlich häufigen Gebrauch des Keuschheitsgürtels in den Kreisen der herrschenden Klassen der Renaissance ableitet? So müssen wir zum Schluß fragen. Die Antwort auf diese Frage lautet: Die Einführung eines mechanischen Keuschheitsschutzes als Kon= struktion einer künstlichen Hemmung der weiblichen Untreue, weil die natürlichen Hemmungen der Scham so häufig versagen, ist geradezu die klassische Bestätigung aller der Gesichtspunkte, die wir bis jetzt zur Charakteristik der geschlechtlichen Physiognomie der Renaissance angeführt haben, und es ist außerdem im beson= deren der wichtigste Schlußstein dieses Kapitels. Der Gebrauch des Keuschheits= gürtels bestätigt vollauf unsere Behauptung einer rein sinnlichen Auffassung der Liebe in der Renaissance, er bestätigt klassisch die Vorherrschaft der handgreif= lichen Derbheit in der Galanterie und im Liebesgenuß, er bestätigt ebenso die Vorliebe für ein möglichst abgekürztes Verfahren beim gegenseitigen Werben, und er bestätigt nicht weniger bezeichnend die wichtigste Tatsache: die der un= geheuren erotischen Expansion jener Epoche.

294. Symbolische Vignette. Kupferstich. 16. Jahrhundert

295. Symbolische Karikatur auf die Mönchslaster. Deutscher Holzschnitt. 1521

IV

Die Sittlichkeit der Kirche

Wenn man von der Kirche der Renaissance redet, kann es sich immer nur um die römisch=katholische Kirche handeln, denn wenn diese sich auch von da ab schon als „die allein=seligmachende" gerierte, so wurden die Grundsätze der lutherisch=evangelischen oder protestantischen Kirche doch eigentlich erst wesentlich später ein die öffentliche und private Sittlichkeit größerer Volkskreise bemerkens= wert beeinflussender Faktor.

Aber nicht nur, daß es sich nur um die römisch=katholische Kirche dreht, diese war außerdem, gemäß ihrer die ganze Christenheit umfassenden Herrschaft, zweifel= los die das gesamte öffentliche und private Leben aller Klassen am meisten beein= flussende gesellschaftliche Organisation, die es jemals in der europäischen Kultur= geschichte gab, und zwar gilt dies gegenüber allen damaligen christlichen Staaten. War dieser Einfluß das ganze Mittelalter hindurch fast völlig unbestritten, so

344

Vor zeytten pfiff ich hin und her
Zue solchen Pfeiffen dicht und mer
Vil fabel treum und fanthasey
Ist retzundt auß und gar entzwey
Das ist mir leyd auch schwer und bang
Doch hoff ich es wer auch nit lang
Die weyl die welt so fürwitz ist
Sunderlich dückisch vol arger list.

Des Teufels Dudelsack
Deutsche Karikatur auf die Laster der Mönche
Holzschnitt um 1525

dauerte es nach dem Einsetzen der ersten Reformationsbestrebungen noch mehrere Jahrhunderte, bis sich nicht nur engere Kreise und Sekten, sondern ganze Staaten ihrem gewaltigen Einfluß zu entziehen vermochten.

Weil aber die römische Kirche eine ebenso große wie wichtige gesellschaftliche Sonderorganisation des europäischen Menschheitsorganismus von damals war, so wurde die spezifische geschlechtliche Moral, die aus ihren besonderen Lebensbedingungen floß, sowohl in der Theorie als auch in der Praxis ein ebenso wichtiger Hauptbestandteil der allgemeinen öffentlichen und privaten Sittlichkeit. Das ist der Grund, weshalb die sittlichen Zustände, die innerhalb dieser Organisation selbst herrschten, und ebenso die Beeinflussungen nach außen auf die einzelnen Volksklassen und Volksglieder, auch eine gesonderte und pointierte Betrachtung in unserem Buche fordern.

Weil den Menschen die Konflikte, die sie durchzukämpfen haben, niemals in ihren reinen Formen zum Bewußtsein kommen, sondern, wie wir schon an anderer Stelle dargelegt haben, stets in ihrem übertragenen Sinne, das heißt ihren ideologischen Formen — man sieht die Hülle und nicht den Inhalt, die Verbrämung und nicht die bewegende Kraft —, so verwechselt man infolgedessen ständig die Wirkung mit der Ursache. Das war zweifellos früher noch ungleich mehr der Fall als heute, und daraus resultierte denn auch die stereotype fehlerhafte Anschauung von der Reformationsbewegung: die ideologische Geschichtschreibung erblickte in den Jahrhunderte währenden Reformationskämpfen eine Rebellion des unterjochten und vergewaltigten Geistes, also eine rein geistige Bewegung auf religiösem Gebiete, niemals aber typische Klassenkämpfe großen Stils, hervorgerufen und in Schwung gebracht und gehalten durch rein ökonomische Interessen ebenso starker Art; und doch waren sie das in Wahrheit.

Freilich muß hier gleich hinzugesetzt werden, daß dies vor allem die Sünde späterer Geschichtschreiber gewesen ist. Dadurch wurde jene ungeheure Revolution in der allgemeinen Anschauung auf ein bloßes Pfaffengezänk reduziert, auf theologische Disputationen über so tiefsinnige Fragen wie die Art der Abendmahlserteilung, oder die Möglichkeit der Sündenvergebung durch den Papst und ähnliches. Die Zeitgenossen selbst haben wesentlich klarer gesehen als ihre späteren Schilderer. Freilich nicht, weil ihnen das Geheimnis der Geschichte bildenden Gesetze kein Geheimnis gewesen wäre, sondern vielmehr deshalb, weil die Konflikte, die zur Auseinandersetzung der Völker, vor allem Deutschlands, mit der päpstlichen Herrschaft drängten, ihren wirtschaftlichen Hintergrund so klar an der Stirn trugen und dieser darum so in die Augen springend war, daß die Zeitgenossen schon mit völliger Blindheit hätten geschlagen sein müssen, um zu verkennen, daß es sich in der Reformation vornehmlich um einen wirtschaftlichen

296. Satire auf einen unzüchtigen Bischof. Bronceplakette aus dem 15. Jahrhundert. Vom Schlosse Pinon in der Picardie

Kampf, den Kampf der wirtschaftlich Aus=
gebeuteten gegen einen skrupellosen Aus=
beuter. handelte. Rom und die römische
Kirche waren dieser Ausbeuter; der mit allen
Mitteln des Raffinements Ausgebeutete die
ganze Christenheit, insonderheit aber Deutsch=
land. Das begriff man damals sehr wohl
und allerwärts; daß es um den Beutel ging,
um die Pfründen Und es bedurfte schon
eines Sees von Professorentinte, der ver=
schrieben werden mußte, um den wahren
Inhalt dieser Kämpfe zu verdunkeln und in
dem Wust ideologischer Kompromisse zu
begraben, der heute noch vielfach auf ihnen
lagert.

Aber wenn sich die Zeitgenossen auch sehr klar darüber waren, daß es Rom
viel mehr auf ihre Tasche abgesehen hatte als auf ihre unsterbliche Seele, und
wenn ihre Emanzipation von Rom darum hauptsächlich den Zweck der Sicherung
ihrer Tasche verfolgte, so konnten auch sie sich, wie gesagt, den ursächlichen
Zusammenhang der damals vor sich gehenden historischen Erscheinungen nicht
anders als ideologisch erklären. Und aus diesem Grunde war auch die Bekämpfung
des Papsttums, soweit sie bewußt betrieben wurde, vorwiegend ideologisch, das
heißt, man operierte mit der sittlichen Entrüstung wider die sittlichen Schäden am
Organismus der Kirche. In ihnen allein sah man die Ursachen des Zerfalls der
Kirche und erkannte sie nicht als das, was sie waren: die Folgen davon, daß
durch die Entwicklung die Kirche ihres wirklichen Inhaltes allmählich entlaugt
worden war. Und weiter erkannte man nicht, daß die Folgen aus der Welt nur
verschwinden konnten, wenn sich die Kirche selbst aufgab.

Offenbart sich uns heute in dieser Art der Bekämpfung eine durchaus fehler=
hafte Kampfmethode und erkennen wir deutlich, daß gerade in dieser mangelhaften
Einsicht die häufige Wirkungslosigkeit selbst der schwersten Geschosse lag, die
gegen das Papsttum geschleudert wurden, so hat diese Methode doch zu einem
gerade für unsere Zwecke überaus wichtigen Resultat geführt. Weil die Ideologie
in den bei einem Umwälzungsprozeß zutage tretenden sittlichen Schäden immer
die im letzten Grunde einzig zu bekämpfenden Ursachen erblickte, darum hat sie
für die Sittengeschichtschreibung gerade in dieser Richtung ein unerschöpfliches
und für die Vergangenheitsrekonstruktion wirklich einzigartiges Material zutage
gefördert und vor Untergang und Vergessenheit bewahrt. Gilt dies, wie alle Seiten
dieses Buches beweisen, gewiß gegenüber allen historischen Erscheinungen und
Gebilden, so für keine Gebilde und keine Epoche so sehr, wie für das Tatsäch=
liche der sittlichen Zustände innerhalb der römischen Kirche, denn hier haben
Freund und Feind gleich rüstig an demselben Strange gezogen. Glaubte der
Protestantismus dadurch am ehesten der Herrschaft Roms Herr zu werden, so

glaubten zahlreiche ehrliche Katholiken, daß es nur gelte, die katholische Kirche von dem sie erfüllenden Schlamme zu reinigen, um sie ebenso strahlend in ihrer früheren Alleinherrschaft wieder auferstehen zu sehen.

*   *   *

Die Mönche und Klöster waren das Hauptbollwerk der römischen Kirche; mit dieser Institution wurde in erster Linie die Christenheit beherrscht. Wenn man die „aufgeklärte" Anschauung hört, so haben die Mönche diese Herrschaft durch Beten und Evangelienabschreiben errungen. Nun es gibt nichts Dümmeres als diesen weitverbreiteten Aufkläricht. Auf dem gerade entgegengesetzten Wege kamen die Mönche zu ihrer Macht: die Klöster waren die ersten Kulturstätten und Kulturverbreiter und lange Zeit auch die einzigen. In den Klöstern kam zuerst das professionelle Handwerk auf; so findet man, um nur wenige Beispiele zu nennen, in den Klöstern die ersten Weber. Die Mönche waren weiter auch die ersten Bierbrauer. Ebenso wurde von den Klöstern auch zuerst eine rationelle Bodenbearbeitung betrieben. Und alle diese Dinge lehrten die Mönche die Umwohner. Sie lehrten diese Wolle weben, sich in Wolle kleiden, lehrten sie eine vorteilhaftere Bodenbearbeitung, brachten ihnen vermehrte und vor allem höhere Ansprüche ans Leben bei. Natürlich war es kein unerklärlicher Zufall, daß gerade die Klöster der Ausgangspunkt aller dieser wichtigen technischen Fortschritte waren. Dies resultierte ganz einfach daraus, daß man hier zuerst zu dem gelangte, was der natürliche Ursprung aller technischen Vervollkommnung in der Geschichte ist: zur Konzentration der Arbeit. Weil diese hier zuerst und auch am intensivsten betrieben wurde, darum gelangte man auch in den Klöstern zuerst zur Warenproduktion. Die Klöster wurden dadurch weiter die ersten Kaufleute und sie waren jahrhundertelang die mächtigsten und zahlungsfähigsten Kaufleute. Bei den Klöstern konnte man alles, und außerdem alles stets aufs beste, haben. „Klosterarbeit" war immer ein hoher Qualitätsbegriff. Freilich war dies wiederum nicht die Folge davon, daß hier „der Segen Gottes besonders auf der Arbeit ruhte", daß hier ein frommer Sinn das Webschifflein hin und her bewegte, sondern es hat auch dies seine einfache ökonomische Ursache: hier war der Mensch nicht nur willenloses Mittel kapitalistischer Mehrwertserzeugung; und weiter ist dies zu einem großen Teil stets das Resultat kommunistisch betriebener Arbeit: diese verknüpft die persönliche Anteilnahme jedes einzelnen mit der ihm gestellten Aufgabe und adelt damit Arbeit wie Produkt. Auf diesem wirtschaftlichen Wege wurden die Klöster ganz von selbst der erste und wichtigste Mittelpunkt des Lebens. Sie haben weiter,

298. Satire auf die unzüchtigen Nonnen. Holzskulptur an einem Chorstuhl der Kathedrale von Winchester

1. „Herr Apt ihr sind gar groß und feyß   „Die Schleklin hand mir so wohl gethan,   2. „Ihr Priester vom Papst auserkohren,
Springet mit mir an diesen Kreyß;   Groß gut hat ich in Händen ghan,   Merkt wohl auf das todten Horn,
Wie schwitzet ihr so kalten Schweiß?   Zu meins Leibs Wollust hab ichs gewendt,   Wie handelt ihr mit Christenblut?
Pfuy, pfuy, ihr laßt ein großen Scheiß."   Mein Leib wird jez von Wörmen geschaendt." Ich reiß euch ab diesen Kauzhut.'

            „Mein amt richt ich mit Singen auß,   Verhieß mit falschen opffer das leben;
            Ich fras der armen Witwen hauß,   Jez weil der Tod den Lohn mir geben."

299. Aus dem Berner Totentanz des Nikolaus Manuel Deutsch

gemäß ihrem Selbsterhaltungsinteresse, die ersten Straßen gebaut; sie haben zu⸗
erst die Wildnis gerodet und urbar gemacht, Sümpfe ausgetrocknet und Dämme
aufgeworfen; die festen Mauern der Klöster waren die ersten festen Bollwerke,
hinter die sich die Umwohner flüchten und ihre Habe bergen konnten, wenn
beutelustige Feinde ins Land fielen. Die Klöster und Kirchen waren eben nicht
nur die Burgen Gottes, sondern die ersten und solidesten Festungen gegen irdische
Feinde. Solche Tatsachen bekräftigten nicht zum wenigsten ihre Lehren. Nicht
zu vergessen ist auch, daß selbst die streitbarsten Orden fast stets als Freunde ins
Land kamen, die überall im Mittelalter den Fortschritt und die in der Entwicklung
begründete historische Logik der Dinge repräsentierten.

Was von der Rolle der Mönche und Klöster auf technischem und wirtschaft⸗
lichem Gebiete gilt, dasselbe gilt auch auf geistigem Gebiete. Die Klöster waren
genau so der einzige Sitz der mittelalterlichen Wissenschaft. Dort wohnten die
ersten Ärzte, von denen man viel bessere Mittel gegen Krankheit von Mensch
und Tier bekam, als von weisen Frauen. In den Klöstern lernte man lesen,
schreiben und rechnen, hier allein wurde das Schreiben systematisch gepflegt und

1. „Ihr Mönchen mästet euch gar wohl, „So haben wir die Welt verlassen, 2. „Gnadfrau Aptessin laßt euch glingen.
Ihr steket aller Sünden voll, Daß wir in Gassen und auf Straßen Ihr müßt nun mit mir umbherspringen;
Seyt reißent Wölff in Schaafes Kleid; Der Welt würden ein Überlast; Habt ihr recht Jungfrauschafft gehalten,
Ihr müßt mit tanzen wärs euch schon leid." Tod! wie ringst du mit uns so hart!" Woll gut, Gott woll der Sprüngen walten."

„Singen und lesen Tag und Nacht, Und haben doch kein wort verstanden,
Hat mich und ander schier taub gemacht, Der Tod ist uns zu früh vorhanden."

300. Aus dem Berner Totentanz des Nikolaus Manuel Deutsch

fortgebildet. Ja, in den Klöstern kam es sogar am frühesten zur Emanzipation der Frau, Jahrhunderte früher, als man von einer solchen beim besitzenden Bürgertum reden kann; denn sie emanzipierten die Frau lange, bevor es überhaupt ein Bürgertum gab. Man denke hierbei nur an die zahlreichen gelehrten und schriftstellernden Äbtissinnen und, um nur eine beim Namen zu nennen, an die unternehmende Roswitha, die Nonne von Gandersheim. Natürlich kam es auch dazu nur aus dem einzigen Grunde, weil hier zuerst die wirtschaftlichen Bedingungen solcher Entwicklungsergebnisse entstanden. Auf Grund derselben Ursache entwickelten sich in den Klöstern auch zuerst die Gipfel aller Kultur: die verschiedenen Künste. Unendlich lange waren die Klöster der oberste Hort der Kunst, und in ihrem Dienste wurde nicht nur das meiste, sondern auch das Größte und Gewaltigste geschaffen, was der mittelalterliche Geist an Kunst hervorbrachte.

Wenn man diese verschiedenen Faktoren zusammenzählt, so hat man in ihrer Summe das, was in Wahrheit die Herrschaft der Mönche und Klöster begründete und durch viele Jahrhunderte sicherte. Dies ist es gewesen, und nicht das bloße Beten und Psalmodieren.

Auf dieselbe Basis muß man auch die Institution des Zölibats zurückführen, jene wichtigste Grundlage des mönchischen Lebens, wenn man diese Erscheinung in ihrem Wesen, also in ihrer historischen Bedingtheit und damit in ihren schließlichen Konsequenzen richtig verstehen will. Die Beurteilung und Analyse, die die ideologische „Aufklärung" von dieser Institution gibt, ist nicht weniger falsch und verkehrt als die, womit sie uns die Herrschaft der Mönche und Klöster über die Menschen erklärt. Die Aufklärungsliteratur begnügt sich, darin einfach eine „Verirrung" des menschlichen Geistes zu erblicken. Es ist gewiß nicht zu bestreiten, daß diese Erklärung einer historischen Massenerscheinung die denkbar einfachste ist. Aber die „Dummheit" und „Verirrung" liegt in diesem Falle erfreulicherweise mehr beim Geschichtschreiber als bei den Massen.

Der Zölibat der Mönche und Nonnen ist nichts weniger als eine Verirrung des menschlichen Geistes, sondern „vielmehr die notwendige Folge bestimmter, gegebener gesellschaftlicher Verhältnisse". Die Ehelosigkeit der Klosterinsassen beweist nicht, „daß die Klostergründer Idioten waren, sondern daß die ökonomischen Verhältnisse unter Umständen stärker werden können, als die Gesetze der Natur". Welches waren diese zwingenden ökonomischen Verhältnisse? Die Antwort darauf ergibt sich, wenn man auf den Ursprung der Klöster zurückgeht. Gewiß hatten diese verschiedene Wurzeln und Ausgangspunkte, aber die stärkste ist doch die, daß die weitaus meisten Klöster ursprünglich nichts anderes als Vereinigungen armer Leute waren, die sich zusammentaten, um sich so vereint besser durchs Leben schlagen zu können, als es ihnen einzeln möglich war. Es war die Hausgenossenschaft des Altertums auf erweiterter Grundlage. Aus demselben Grunde fristeten die meisten Klöster ihre Existenz auch mit Handarbeit, und die bedeutendsten Klostergründer der damaligen Zeit — Antonius, Basilius, Benedikt von Nursia usw. — forderten sie auch von den Mitgliedern. Als wirtschaftliche Organisation — und das waren sie in erster Linie — waren sie daher nichts anderes als Versuche, „die soziale Frage ihrer Zeit für einen beschränkten Kreis durch die eigenen Kräfte der Beteiligten zu lösen". Daß diese an sich rein wirtschaftlichen Organisationen in religiöser Verbrämung auftraten, hatte in der Zeit und darin seinen Grund, daß sich das Urchristentum durch seinen Gegensatz zur Antike auf dem Kommunismus aufbaute. Und wenn dessen Verwirklichung auch an den Verhältnissen der damaligen Gesellschaft scheiterte, so erzeugten diese doch „immer wieder neue Proletarier und damit auch immer wieder von Neuem das Bedürfnis nach kommunistischen Einrichtungen". Und solches waren eben die Klostergründungen. Die Art dieser Organisationen bedingte naturgemäß ein Gemeineigentum sowohl an den Produktions= wie an den

Der unzüchtige Mönch
301: Satirische Darstellung aus dem 14. Jahrhundert

350

Konsumtionsmitteln; denn ein gemeinsamer Haushalt steht stets im Widerspruch mit dem Privateigentum des Einzelnen, besonders mit dem an Produktions= mitteln. Wo in irgend einer Form versucht wird, dieses aufrecht zu erhalten, wird die betreffende Organisation unerbittlich in kurzer Zeit gesprengt, das erweist die Geschichte aller kommunistischen Gründungen. Da sich aber der gemeinsame Haus= halt, die gemeinsame Produktion aus der sozialen Not heraus ergab, die alle schwer drückte, und der man vor allem entfliehen wollte, so ergab sich dies auch als das wichtigere, als das, was man mit allen Kräften zu erhalten trachten mußte. Also ordneten sich diesem Interesse alle anderen unter, und somit natürlich auch die Eigentumsbegriffe; man verzichtete

Die musizierende Nonne

302. Satirische Skulptur auf das ver= gnügte Nonnenleben. Aus einer Kirche in Cirencester

auf das Privateigentum und lebte kommunistisch. Das gleiche Gesetz mußte auch die Regelung der geschlechtlichen Beziehungen beherrschen. Auch hier mußte das Interesse des ungefährdeten Bestandes der Haushaltgenossenschaft entscheiden. Nun entstanden aber die Klöster zu einer Zeit, als das Eigentums= und Erbrecht bereits vollständig entwickelt war. Daraus folgt, daß die Beibehaltung oder Einführung der Einzelehe in den Klöstern sich mit dem für den Bestand notwendigen Kom= munismus nicht vertragen hätte, denn die Bande des Blutes sind eben immer stärker als künstliche Konstruktionen, und das waren die Klöster doch. Wollte man diesen Gefahren also aus dem Wege gehen, und darauf lief der Natur der Sache nach auch alles hinaus, so blieb den Klöstern absolut nichts anderes übrig als der Verzicht auf die Ehe. Mönch und Nonne durften außer der Hausgenossen= schaft keine andere Familie kennen.

Einzig auf diesem Wege, auf dem einer zwingenden ökonomischen Not= wendigkeit unter bestimmten wirtschaftlichen Verhältnissen, und nicht geboren aus der idiotenhaften Verirrung des menschlichen Geistes, entstand der Zölibat, das mönchische Abschwören der Ehe. Hinzuzusetzen ist nur noch, daß diese erzwungene Ehelosigkeit ursprünglich absolut nichts mit Keuschheit zu tun hatte, das heißt absolut nicht gleichbedeutend mit Verzicht auf Geschlechts= genuß überhaupt war. Nur die übliche gesellschaftliche Form des Geschlechtsgenusses, die eheliche, sollte im Selbst= erhaltungsinteresse korrigiert werden. Tausende der ersten Mönche huldigten daher offen und unbehelligt der natür= lichen Befriedung ihrer geschlechtlichen Bedürfnisse. Daß sich aber gleichwohl auch die Forderung der Keuschheit Hand in Hand damit entwickelte, und daß diese Forderung gleichzeitig so umfangreich propagiert wurde, das hatte freilich wiederum seine ökonomische Wurzel, und zwar ebenfalls in der sozialen Trübseligkeit der Zeit, die die

Mönch und Dirne hinter der Hecke

303. Kalendervignette

351

Der musizierende Mönch und die tanzende
Nonne

304. Altflandrische Miniatur

Menschen ständig zur strengsten Form der Askese hinleitete. —

Erklärt sich nur auf diesem Wege das eigentliche Fundament des Mönchtums — und auf ähnliche Weise alle Macht und aller Einfluß der gesamten kirchlichen Hierarchie —, so ist damit auch gleichzeitig begründet, warum und bei welchem Stadium der Entwicklung diese Institution ins Gegenteil umschlagen mußte, warum aus dem Entwicklungsfaktor ein Hemmungselement werden mußte. Und schließlich sogar ein Körper voll der grauenhaftesten und stinkendsten Geschwüre, die jahrhundertelang die ganze Christenheit mit ihrem mephitischen Duft bis ins Mark vergifteten.

Weil nämlich diese kommunistische Organisationsform des Lebens in der Tat erhebliche wirtschaftliche Vorteile gegenüber dem Einzelhaushalt und dem Einzelbetrieb bot, so mußte sie mit der Zeit unbedingt über ihren ursprünglichen Zweck hinauswachsen. Die ökonomische Überlegenheit über die anderen Wirtschaftsbetriebe jener Zeit brachte früher oder später jedes Kloster zu Macht und Reichtum. „Macht und Reichtum bedeuten aber die Verfügung über die Arbeit anderer. Die Mönche und Nonnen hörten nun auf, auf ihre eigene Arbeit angewiesen zu sein, es trat für sie die Möglichkeit ein, von der Arbeit anderer zu leben, und sie machten natürlich von dieser Möglichkeit Gebrauch. Aus Produktivgenossenschaften wurden die Klöster Ausbeutergenossenschaften.“

Damit aber entstanden auch dieselben Folgen, zu denen es stets in der Geschichte bei solchen Umwandlungen kommt. Zuerst sind diese Folgen ja meist vorteilhaft. Die Emanzipation von der Handarbeit läßt die Beschäftigung mit Wissenschaft und Kunst entstehen, und auf diesem Wege wurden die Klöster im Mittelalter die wichtigsten Ausgangspunkte geistiger Kultur. Aber je mehr die auf arbeitslosem Einkommen beruhende Reichtumsbildung die einzige Lebensquelle wird, in um so umfangreicherem Maße entwickelten sich bei sehr vielen auch die anderen Folgen der Befreiung von der Arbeit, und das sind die weniger edeln Formen des Genießens: das sinnliche Wohlleben, Faulheit, Essen, Trinken und Wollust.

Hand in Hand mit dieser Entwicklung und ebenso logischerweise streiften die Klöster ihre anderen früheren, für die Gesellschaft so wichtigen sozialen Tugenden ab. Im Zeitalter der Naturalwirtschaft verschenkten die Klöster den Überschuß ihrer Erträgnisse an die Armen, an die Pilger und was sonst mittellos und hilfsbedürftig auf den Landstraßen lag. Durch diese Mildtätigkeit wurden die Klöster im Mittelalter Hilfsgenossenschaften von größter sozialer Bedeutung. Daran ändert nichts, daß diese Mildtätigkeit wirtschaftlich nur darin begründet war, daß die Klöster ihre Überschüsse einfach gar nicht anders verwenden konnten. Aber gerade darum änderte sich auch „der fromme Sinn“ der Klosterinsassen sofort, als die Geldwirt-

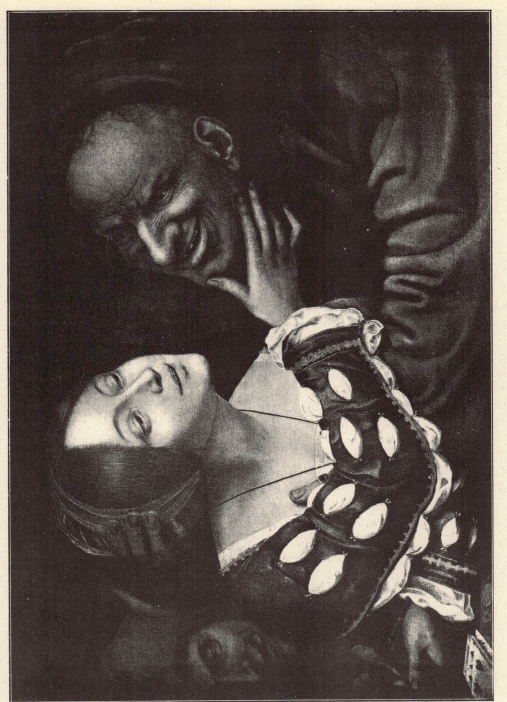

Die hinterlistige Dirne

Gemälde von Quenten Matsys. 16. Jahrhundert. Photographie Bruckmann

schaft von neuem in die Geschichte eintrat und der Handel sich entwickelte. Jetzt konnte man den Überschuß verkaufen und in Geld umsetzen. Geld konnte man aufstapeln, was man mit überflüssigen Feldfrüchten, mit Fleisch und Fischen nicht hatte tun können. So wurde aus dem Mildtätigen schrittweise der Geizige.

Je deutlicher die Macht sich offenbarte, zu der man durch den Besitz an verfügbaren Reichtümern, an Geld und Schätzen gelangte, um so mehr wuchs natürlich die Habgier. Und damit ebenso sehr die Exklusivität der Klöster. Sie, die ehedem in der Mehrzahl proletarische Verbände gewesen waren, hielten nun möglichst die armen Teufel von sich ferne, die sich zur Aufnahme meldeten. Dagegen trachteten sie um so mehr danach, Leute als Mitglieder in ihre Orden zu bekommen, die Vermögen einbrachten, oder sonstige dem Orden wertvolle materielle Vorteile boten. Ferner waren sie um so eifriger auf Schenkungen, Stiftungen und Rechtsverleihungen aus, trotzdem diese in den weitaus meisten Fällen aus nichts weniger als purer Frömmigkeit gegeben wurden, sondern von dem spendenden Adel mit den selbstischsten Interessen verknüpft waren. Dieser fand in diesen früheren Zufluchtsstätten der Ärmsten jetzt die geeignetsten Versorgungsstätten für seine sitzengebliebenen Töchter und die zweitgeborenen Söhne. Bei solcher Versorgung der Nachgeborenen brauchte der Grundbesitz nicht geteilt zu werden. Bei Murner kann man dies gereimt nachlesen:

> Bemerkt: wenn ein Edelmann
> Sein Kind jetzt nicht vermählen kann
> Und hat kein Geld ihr mitzugeben,
> So muß sie in dem Kloster leben;
> Nicht daß sie Gott sich weih' darin,
> Nur daß er sie nach seinem Sinn
> Und seiner Hochfahrt mit seinem Gut
> Versorge, wie man dem Adel tut.

Die Kirche machte bei diesem Handel natürlich trotzdem den größeren Rebbach.

Auf solche Weise gingen die Klöster und damit die ganze Kirche Schritt für Schritt ihres gesamten sozialen Inhaltes verlustig: dessen, worauf sich ihre historische Existenzberechtigung einst aufgebaut hatte, und was ihren Einfluß in der Tat unendlich tiefer verankert hatte, als alle Litaneien und Seelenmessen. Die Kirche wurde aus einer gemeinnützigen Hilfsgenossenschaft ein einziges weltumspannendes Ausbeutungsinstitut. Das ungeheuerste, das die Welt bis dahin hervorgebracht hatte. Und weil es in religiöser Verbrämung auftrat, die Religion schließlich sogar nur das in den Dienst der erfolgreichsten Aus-

Der Mönch in der Nonnenzelle

305. Deutscher satirischer Holzschnitt

306. Spottbild auf die Scheinheiligkeit der Mönche und Nonnen. Deutscher Holzschnitt

beutung gestellte Mittel war, darum wurde es zugleich auch das ungeheuerlichste Ausbeutungsinstitut, das die Welt bis dahin gesehen hatte. Das wurde durch nichts ausgeglichen, denn diesem Defizit gegenüber bot die Kirche als Gegenwert nicht eine einzige Größe von dem, was die neue Epoche der europäischen Menschheit, die angebrochen war, zur Förderung ihres Lebensinhaltes bedurfte.

* * *

Wenn eine Institution historisch überwunden ist, so kann sie zwar trotzdem, wie wir im Einleitungskapitel dargelegt haben, kraft verschiedener Umstände weiter existieren, nicht selten sogar durch Jahrhunderte hindurch, nämlich so lange, bis sie die Fortexistenz der Gesellschaft tatsächlich in Frage stellt, aber sie wird aus einem Hebel der Entwicklung zu einem Hemmnis, aus einem Ernährer zu einem eklen Parasiten. In dem gleichen Tempo, wie die betreffende Institution ein Parasit am Körper der Gesellschaft wird, entwickeln sich bei ihr auch alle die Eigen= schaften, die dem Parasiten eigentümlich sind. Und zwar geschieht dies in um so gesteigerterem Maße, je größer schließlich der Widerspruch zwischen der Wirklichkeit und dem ursprünglichen Zweck geworden ist. Größer konnte dieser Widerspruch nun nicht sein, als dies bei der Kirche des 14., 15. und 16. Jahr= hunderts schließlich der Fall war. Und darum häuften sich auch innerhalb dieser Institution die Zerfallsmerkmale in einer Weise, wie kein zweites Mal in der modernen europäischen Kulturgeschichte.

Diese Zustände, die der öffentlichen und privaten Sittlichkeit der Renaissance einen wichtigen Hauptteil ihres gesamten Gepräges gaben, durch zeitgenössische Dokumente und charakterisierendes Tatsachenmaterial zu illustrieren, ist aus dem eingangs genannten Grunde nicht schwer. Schwer ist hier nur die Beschränkung, schwerer vielleicht als auf jedem andern Gebiete.

Es gibt keine beweiskräftigere Tatsache für den Umstand, daß sich eine gewisse Erscheinung zu einem allgemeinen Zustand entwickelt hat, als wenn sie „sprichwörtlich" wird — festbegründetes Volksvorurteil —; denn nur Massenerscheinungen werden „sprichwörtlich". Das Sprichwort ist die Münze, in der das Volk sein innerstes Empfinden, seine Anschauung von den Dingen, seine Erfahrungen am markantesten ausprägt. Das Sprichwort ist immer die öffentliche Anklage des Klägers Volk, oder das öffentlich gefällte Urteil des Richters Volk, und Anklage wie Urteil sind immer richtig. Die Zahl der Sprichwörter, in der eine Sache, eine Institution oder eine historische Erscheinung sich widerspiegelt, ist daher für sich allein schon ein wichtiger Maßstab der Bedeutung, die die betreffende Erscheinung oder Institution für das allgemeine Lebensinteresse der Völker hat. Nun kann man in bezug auf die in der Kirche der Renaissance herrschenden sittlichen Zustände sagen, daß es in der Sittengeschichte der Völker niemals einen geschichtlichen Zustand gegeben hat, der dermaßen den schöpferischen Volksgeist inspiriert hätte; denn die Zahl solcher Sprichwörter ist Legion. Sogar gegenüber einzelnen Mißbräuchen zählen die darauf bezüglichen oft nach vielen Hunderten. Man könnte förmlich die ganze Geschichte des Zerfalls der Kirche als soziale Organisation in Sprichwörtern schreiben. Deshalb werden auch wir in diesem Kapitel noch mehr als in den anderen Abschnitten diese Scheidemünze der Volksphilosophie zur Charakteristik der tatsächlichen Zustände anführen.

Daß sich das, was wir oben als das Wesentliche der vollzognen Umwälzung bezeichneten, die Umwandlung der Kirche zu einem einzigen Geldgeschäft, zu einer einzigen Ausbeutungsorganisation in seinen verschiedenen Erscheinungsformen, — daß sich das ganz markant im Sprichwort ausdrückt, liegt auf der Hand: „Zu Rom ist alles feil: boves et oves (das heißt Hohe und Niedrige); „Zu Rom ist nichts eine Sünde, als: kein Geld haben"; „Zu Rom mag man tun, was man will, nur fromm sein hilft da nicht viel". Und die Konsequenz von alledem: „Drei Dinge bringt man gewöhnlich von Rom: böses Gewissen, bösen Magen, leeren Säckel".

War das nun aber auch die Kirche in Wahrheit? Nun, zur Kontrolle und zum Beweis, daß das im Sprichwort festgelegte Volksgericht in der Tat ein gerechtes ist, genügt ein einziges Dokument: der Ablaß. Diesen wiederum charakterisieren nichts bezeichnender als jene famosen Sündenvergebungspreiskurante, die das Papsttum seit dem 12. Jahrhundert herausgab, und in denen genau spezifiziert aufgeführt sich findet, für wieviel Gulden Kurant man sich von begangenen Gaunereien loskaufen, oder das Recht auf beabsichtigte Verbrechen erkaufen konnte, um gleich ungeschoren von der himmlischen, wie von der irdischen Gerechtigkeit zu bleiben; auf die letztere kam es den großen Gaunern natürlich

307. Der Mönch als geile Klosterkatze

im Grunde einzig an. Hier nur wenige Ziffern aus diesen Preiskuranten, die den Besitzenden so hilfreich die holperigen Wege in den Himmel ebneten. Die Absolution für Meineid kostete 6 grossi, — das sind etwa 90 Mark nach heutigem Geld —; Absolution für Urkundenfälschung 7 grossi, Ämterverkauf 8 grossi, Diebstahl und Raub wurden je nach dem Umfang der Beute bezahlt — hier mußte man vor allem einen Teil der Kirche abtreten, wenn man das Recht haben wollte, den Rest für sich behalten zu dürfen, — Mord war ebenfalls verschieden taxiert. Wer Vater, Mutter, Bruder, Schwester, Frau oder Blutsverwandte tötet, zahlt, wenn der Getötete kein Kleriker ist, 5 grossi, ist es ein Kleriker, kostet es 7 grossi, obendrein mußte sich in diesem Falle der Täter in Rom stellen; Absolution für unzüchtigen Verkehr mit Mutter, Schwester oder Sohn, also Incest, kostete 5 grossi, Kindesabtreibung kostete ebensoviel, Defloration kostete dagegen 6 grossi; denn hierbei genoß der Täter doch ein größeres Vergnügen. Da die Kirche von aller Welt Geld nahm, wo es etwas zu holen gab, so nahm sie natürlich auch von ihren Dienern, wo und soviel sie konnte; abgesehen davon, daß diese jeden Raub aus den Taschen des Volkes mit ihren Oberen teilen mußten. Obenan stand der „Milchzehnte", wie man neben verschiedenen anderen Benennungen sinnreich die von der Kirche erhobene Steuer für den Verkehr mit einer Konkubine nannte. Für das Halten einer Konkubine mußte ein Kleriker 7 grossi bezahlen; mit der jährlichen Entrichtung dieser Summe erwarb sich der Betreffende das Recht, sich ständig an einer Bettgenossin zu erfreuen. Der Kleriker, der das Beichtgeheimnis brach, zahlte 7 grossi, wer im geheimen Wucher trieb, ebensoviel, wer den Leib eines Wucherers kirchlich bestattete, sogar 8 grossi, wer mit einem Weib in der Kirche selbst den Beischlaf ausübte, dagegen nur 6 grossi; hier tat's die Masse,

denn das kam öfters vor, also durfte man da nicht allzu sehr abschrecken. Alle Posten dieses interessantesten der Preiskurante, die je eine Handelsfirma herausgegeben hat, anzuführen, würde einen ganzen Bogen füllen; denn die Kirche vergaß nichts, und aus Gerechtigkeit spezialisierte und nuancierte sie, indem sie die feinsten Unterschiede machte. Es war zum Beispiel teurer, eine Frau oder eine Jungfrau auf dem Wege von der Kirche, als auf dem Wege zur Kirche zu vergewaltigen. Denn auf dem Heimweg war die Betreffende ja sündenrein, also kein angebrannter Teufelsbraten mehr.

308. Der geile Mönch. Deutscher Holzschnitt

309. **Der kupplerische Mönch und der Bauer.** <small>Deutscher Holzschnitt. 1523</small>

Solchen Zuständen gegenüber ist es natürlich kein Wunder, wenn das Volk seine allgemeine Meinung über Rom in die Worte preßte: „Dem Heiligen Geist sind in Rom die Flügel beschnitten"; „Wenn eine Hölle ist, so steht Rom drauf", oder ähnlich: „Wenn ein Papst gewählt wird, sind die Teufel nimmer zu Hause". (Vergleiche auch die Beilage: „Des Teufels Dudelsack".)

Natürlich stützte sich dieses allgemeine Urteil nicht nur auf diesen einen Punkt: die unersättliche Geldgier der Kirche, sondern selbstverständlich auch auf alle die daraus resultierenden Laster, denen der Reichtum bei den Dienern der Kirche die Wege ebnete und die Mittel bot. Diese schließlich allgemein ver= breitete Laster sind: Faulheit, Dummheit, Roheit, Verschlagenheit, Genußsucht, Ausschweifung (Bild 295, 299, 306 und 328).

Die Faulheit der Mönche charakterisierte der Volkswitz mit Worten wie:

„Der Mönch scheut die Arbeit, wie der Teufel das Kreuz"; „Graben kann ich nicht, arbeiten mag ich nicht, ich muß betteln, sagt der Mönch"; „Man muß sich pflegen im Leben! — sagte der Klosterbruder, als er zum Frühstück läuten sollte"; „Krummstabs Regiment, der Faulheit Element"; „Müßiggang ist aller Klöster Anfang".

Die Dummheit, Roheit und Verschlagenheit stempeln folgende Worte:

„Der Heinrich sieht nicht wohl, hört nicht wohl und kann nicht recht reden, drum muß er ein Pfarrer werden"; „Glim, glam, gloriam — der Esel hat nen Chorrock an", so Luther; „Mönch und Teufel scheiden nicht ohne Stank"; „Er hurt wie ein Karmeliter, er frißt wie ein Bernhardiner, er säuft wie ein Franziskaner, er stinkt wie ein Kapuziner, er hat Pfiffe wie ein Jesuit"; „Wer als Schalk ins Kloster geht, kommt als Bube wieder heraus"; „Mönchskutte —

De fide concubinarum in sacerdotes
Questio accessoria causa loci z vrbanitatz in qolibeto Heidel-
bergēsi determinata a magistro Paulo oleario heidelbergēn.

Die Pfaffenhure an der Pforte des Fegefeuers

310. Deutsche Karikatur auf die im Konkubinat lebenden Priester
und Mönche

Schelmenfutteral"; „Die Hunde bellen die Wölfe heulen und die Mönche lügen"; „Hüte dich vor weinenden Mönchen".

Über das Genußleben und die Völlerei der Diener der Kirche sagte das Volk:

„Bibit papaliter' („Er säuft wie der Papst"); „Beichtväter = Bäuch- väter"; „Jetzt können die Fasten kom- men, die Fässer sind alle voll! — sagte der Abt von Murbach"; „Nonnen fasten, daß ihnen die Bäuche schwel- len"; „Ich kreuzige mein Fleisch — sagte der Mönch, da legte er Schinken und Wildpret kreuzweis aufs Butterbrot"; ein gutes Essen heißt „Ein Prälaten- Essen" usw.

Jede dieser Tugenden und jedes dieser Kennworte ließe sich genau so charakteristisch belegen wie der Ausbeutercharakter der Kirche. Durch Berge von Tat- sachenmaterial, durch unwider- legliche Zahlen und Daten. Aber auch auf amüsantere und unter- haltendere Weise; ist doch ein großer Teil des berühmtesten der klassischen Weltliteratur und auch der Karikatur gerade diesen Gegenständen gewidmet. Freilich gilt dies noch mehr von der Eigenschaft, die den besonderen Gegenstand unserer Darstellungen bildet.

Alle die bis jetzt zitierten und charakterisierten Tugenden verschwinden selbst in ihrer Summe gegenüber diesem einzigen Kapitel, dem der sinnlichen Aus- schweifung. Vor allem gilt dies für die Renaissance. Die erotische Expansion der Zeit fand in den historischen Voraussetzungen, auf die sie in den Klöstern stieß, den Boden, der geradezu zu den gesteigertsten Formen sinnlicher Aus- schweifung führen mußte. Wenn man dieses Kapitel daher aufrollen will, so zeigt sich auf Schritt und Tritt das, was wir oben schon erwähnten: daß es wirklich keine schwierigere Aufgabe gibt, als hier Anfang und Ende zu finden. Aber hier können wir uns gleichwohl nicht mit der summarischen Konstatierung begnügen.

Den ersten Ausgangspunkt der sinnlichen Ausschweifung der Mönche und Priester bildet der an sich gesunde Protest gegen den Zölibat. Was der Zölibat ist, wie er historisch bedingt war, haben wir bereits analysiert. In zweiter Linie von Wichtigkeit ist hier, wozu er wurde. Dieses ist jedoch längst und allgemein be- kannt: er wurde mit der Zeit zu nichts weniger als einem der wichtigsten Machtmittel der Kirche. Natürlich wurde er auch dazu wiederum nur infolge seiner wirtschaftlichen Bedeutung. Die Reichtümer, die sich die Klöster aufspeicherten, konzentrierten sich dadurch, sie konnten sich durch Erbteilung niemals verkleinern, geschweige denn ganz aufgehen und sich in alle Winde zerstreuen. Und da es sich um eine religiöse Organisation handelte, mit einem gemeinsamen und autoritativen Oberhaupte, so bedeutete jede Zunahme an Klosterbesitz naturgemäß auch eine Zunahme der gesamten Machtsphäre der Kirche. Weiter ergab sich, daß die Ehelosigkeit der Priester das einzige Mittel ist, sie von lokalen und persönlichen Interessen loszutrennen und zu einem gefügigen hierarchischen Werkzeuge der Päpste zu machen. Aufhebung des Zölibats wäre darum für die Kirche gleichbedeutend mit Verzicht auf ihre Herrschaftsmöglichkeiten gewesen. Was darum zuerst freier, selbstgewählter Entschluß war, im Interesse der betreffenden Organisation, das wurde, als sich die Klöster zu einem immer wichtigeren Herrschaftmittel der Kirche entwickelten, und vor allem als sich die materiellen Vorteile des Zölibats in immer stattlicherer Schatzanhäufung offenbarten, zum kategorischen Gesetz, dem alle Orden unterworfen waren. Im 11. Jahrhundert erschienen Gregors VII. Ehegesetze, die auch die Priesterehe verboten. In der bekannten ideologischen Verklärung wurde allmählich auch die ehedem ebenfalls freiwillige Askese zu einem zwingenden Gesetz, und das Gelübde der Keuschheit wurde zur obersten der Tugenden erhoben.

Aber das Blut ist stärker als die willkürliche Konstruktion, es ließ sich immer nur bei einem Teil bändigen und zähmen; die strengsten Verordnungen und Strafen blieben daher fruchtlos. Die widerlichen Laster der gleichgeschlechtlichen und widernatürlichen Liebe griffen darum überall ganz furchtbar um sich. Schließlich trieb man diese Laster so offen, daß die Verbote ebenso offen davon handelten. Auf einem Konzil in Paris wurde befohlen, „daß Mönche und Kanoniker nicht zusammen im Bett liegen dürfen und Sodomiterei treiben", „daß die verdächtigen Türen zu den Schlafsälen und sonstige gefährliche Aufenthaltsörter von den Bischöfen zu verrammeln seien ...", „daß Nonnen nicht zusammen im Bett liegen dürfen ...". Und so weiter. Aber Abhilfe schaffen konnte dies nur im einzelnen Fall, weil die Ursachen bestehen blieben. Und darum machte man auch immer

Fides concubine in sacerdote prima.

Die unehrliche Konkubine

311. Karikatur auf die Unehrlichkeit der Pfaffenhuren

mehr Konzessionen; diese waren um so leichter zu finden, als es sich im Zweck des Zölibats ja nicht um die Keuschheitsübung als Prinzip handelte, sondern, wie gesagt, einzig um die Ausschaltung jener Regelung des Geschlechtstriebes, die die Einnahmequelle des Papsttums verstopfte und seine Machtsphäre reduzierte. Also gestattete man zwar nicht die Ehe, aber dafür die Konkubine. Und man war in dieser Beziehung um so verständnisvoller, als die Ausbeutungsstrategie der Kirche, wie wir bereits wissen, hier zu neuen ungeheuern Erfolgen kam; eine neue reichlich und konstant fließende Einnahmequelle erschloß sich dadurch dem kirchlichen Oberhaupte, indem man vor allem den Priestern Indulgenzen über diesen Punkt verkaufte. Die großen Kasuisten der Kirche fanden selbstverständlich sofort auch die geeigneten, den Widerspruch überwindenden Formeln. Als im 14. Jahrhundert der Kampf um die Priesterehe von neuem tobte und diese auch von vielen Priestern energisch gefordert wurde, gab der berühmte und einflußreiche französische Kirchenlehrer Gerson folgende Rechtfertigung des unkeuschen Lebens der Mönche:

„Verletzt ein Priester das Gelübde der Keuschheit, wenn er eine unzüchtige Handlung begeht? — Nein! Das Gelübde der Keuschheit bezieht sich bloß auf das Nichteingehen einer Ehe. Ein Priester, der also die stärksten Unzuchtsdelikte sich zuschulden kommen läßt, bricht, wenn er es als Unverheirateter tut, das Keuschheitsgelübde nicht."

Nur diese Einschränkung macht Gerson den Priestern:

„Die Werke der Unzucht nur im geheimen zu üben, nicht an Sonntagen, und nicht an heiligen Orten, und nur mit Unverehelichten": Notate quod sit in secreto, et extra festa et loca sancta, cum personis sine vinculo.

Mit Jungfernfleisch sollten sich die geilen Priester begnügen! Nun, die Kirche war eben immer genügsam. Gersons Begründungen wurden sozusagen

312. Der Eintritt der Tochter ins Kloster. Deutscher Holzschnitt

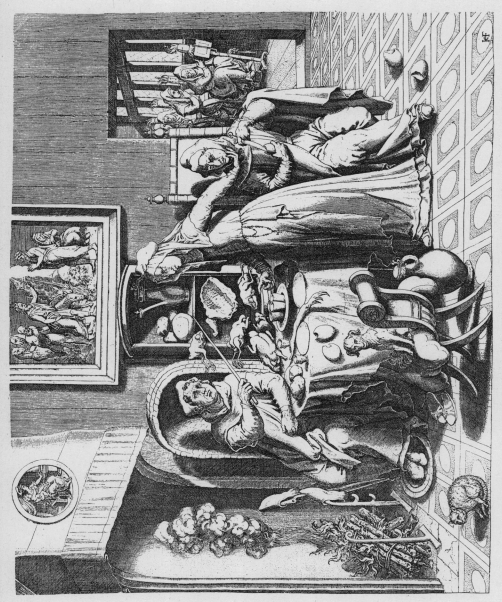

Der Nonnen ihre Frömmigkeit ist Fresserei und Wollust
Satirischer Kupferstich auf das Klosterleben im 17. Jahrhundert

dogmatische Anschauung. Was will man mehr? Aber freilich, es galt den ernstlich gefährdeten Geldsack zu retten, da mußte man schon einen hohen Einsatz wagen. Schließlich fand man sogar noch einen Scheingrund, der die Gewährung des Rechtes auf eine Konkubine im eigenen Interesse der Gläubigen rechtfertigte. Derselbe Gerson erklärte an anderer Stelle:

> „Es ist zwar ein großes Ärgernis für die Pfarrkinder, wenn der Pfarrer mit einer Konkubine Beischlaf pflegt; aber ein weit größeres ist es, wenn er die Keuschheit seiner Pfarrtochter verletzt."

Der Narrenbischof

313. Karikatur auf die immer Feste feiernden Bischöfe

Jedenfalls war damit ein Weg gefunden, der alle Teile befriedigte, das heißt, die Zölibatsfrage im Geiste und, was das wichtigste ist, im Interesse der Kirche gelöst. Der Priester kam zu einer Bettgenossin, die bischöfliche wie die päpstliche Kasse zu einer regelmäßigen Geldeinnahme, und die Gefahr, die die Priesterehe für den Bestand des Papsttums barg, war gebannt. Strafbar wurden jetzt viel häufiger die Priester, die so frech waren, ihren Bischof durch keusches Leben sozusagen um den erhofften „Hurenzins" zu prellen. Sixtus IV. (1471—1484) wußte jedoch guten Rat, er vereinfachte die Kalkulationen seines Kameralamtes durch die sehr einfache Weise, daß er kurzerhand von jedem Geistlichen ohne Ausnahme den jährlichen „Hurenzins" erheben ließ, auch wenn einer keine Konkubine hatte. Diese ertragreiche Methode hatte sicher den Vorzug, daß kein Schuldiger durch die Maschen schlüpfte.

Die Fanatiker begnügten sich meistens mit der Forderung: „si non caste, tamen caute!" — wenn nicht heilig, dann doch heimlich. Freilich war dies schon eine alte Forderung und auch der zuerst erhobene Vorwurf. Benedikt VIII. klagte auf der Synode zu Pavia um 1020 die Geistlichen vor allem dessen an, daß sie nicht caute, sondern „publice et compatice" — öffentlich und mit Aufsehen — sündigten. Der Bischof Damiani schrieb ebenfalls im 11. Jahrhundert: „Würde die Unzucht bei den Priestern geheim betrieben, so sei es zu ertragen, aber die öffentlichen Konkubinen, ihre schwangeren Leiber, die schreienden Kinder, das sei das Ärgernis der Kirche." Hin und wieder schlug freilich den Päpsten das Gewissen ob ihrer Nachsicht, und sie erhöhten dann in ihrem heiligen Zorne die Bußen, die die konkubinarisch lebenden Priester zu zahlen hatten, wieder um ein erkleckliches. Solcher heiligmäßige Zorn hatte so seine zwei guten Seiten — es sind stets dieselben guten Seiten —: er strafte die Sünder schwerer und ließ immer mehr Geld in die Kirchenkassen fließen.

Der Umfang, den das Priesterkonkubinat annahm und auch ständig bei-

314. Karikatur auf die schlemmenden Mönche und Nonnen

behielt, ist ganz ungeheuer, jedoch ist diese Tatsache so weltbekannt, daß an dieser Stelle zwei Zitate vollauf genügen, es zu belegen. Theiner berichtet:

„Bei der im Jahre 1563 abgehaltenen Visitation der Klöster der fünf niederösterreichischen Erbländer fand man denn fast durchgängig in denselben Konkubinen, Eheweiber und Kinder. So hatten die 9 Mönche des Benediktinerklosters Schotten 7 Konkubinen, 2 Eheweiber und 8 gezeugte Kinder bei sich, die 18 Benediktiner zu Garsten 12 Konkubinen, 12 Eheweiber (also kamen auf 18 Männer 24 Beischläferinnen; etwas kompliziert zu dividieren! E. F.) und 19 Kinder, die 7 regulierten Chorherrn zu Klosterneuburg 7 Konkubinen, 3 Eheweiber (ebenso kompliziert! E. F.) und 14 Kinder, die 40 Nonnen zu Aglar 19 Kinder usw."

Über Baiern wird aus derselben Zeit berichtet: „Bei der letzten Visitation in Baiern aber fand man den Konkubinat so häufig, daß unter den Geistlichen nicht drei oder vier gefunden wurden, welche nicht entweder Konkubinen hielten, oder in heimlicher Ehe lebten."

Weil die Einkommensquelle der Kirche in erster Linie die Ausbeutung der Arbeit dritter war, so konnte es sich im Konkubinat natürlich niemals bloß um eine natürliche Befriedigung der sinnlichen Bedürfnisse handeln, die womöglich noch eine reinere Form der Beziehung der Geschlechter zueinander dargestellt hätte, als man sie in der Mehrzahl der von der Konvenienz bestimmten Ehen vorfand. Sondern die Konkubinatsverhältnisse der Priester mußten überall in systematische Ausschweifung ausarten. Und zwar schon sehr früh, weil dies eben die natürliche Logik war. Bereits im Anfang des 12. Jahrhunderts berichtet der Abt Rupert von Deutz bei Köln:

„Diejenigen Priester, die sich der Ehe enthalten, weil sie den Kirchengesetzen zuwider sei,

362

leben nichts weniger als enthaltsam, sondern treiben es nur noch schlimmer, weil kein eheliches Band ihre Ausschweifungen zügelt, und sie desto ungebundener von einem Gegenstand der Lust zum andern schweifen können."

Dies ist das Schema durch alle Jahrhunderte. In der berühmten Nürnberger Reimdichtung Triumphus Veritatis, die ungefähr 1520 erschien, heißt es:

„Hat einer mit einer nicht genug, Welch' ihm nicht gefällt, die läßt er gohn,
Nimmt er zwei, drei, nach seinem Fug: Nimmt andere, so viel er will hon."

Die Ausschweifung war also die in der historischen Situation begründete Regel. In der Ausschweifung gibt es aber keine Grenzen und keinen Halt. Ihr Element ist Abwechslung. So kommt es denn stets von selbst sehr bald zur Orgie. Tausende von Klöstern wurden darum ständige „Rammelplätze der Unzucht und jeglichen Lasters". Nirgends wurde Priap und Venus so ausschweifend gefrönt. Nonnen und Huren waren vielfach sich deckende Begriffe. Das Sprichwort sagt: „Es ist 'ne Nonne, oder Hure", ein anderes: „Unten Hure, oben Heilige", ein drittes, noch deutlicheres: „Wenn der Pater wiehert, so tut die Klosterfrau den Riegel weg". Nach der grotesken Logik des Volksgewissens gibt es überhaupt keine einzige keusche Nonne auf der Welt. „Es sind nur drei keusche Nonnen gewesen: die erste ist aus der Welt geloffen, die andere im Bad ersoffen, die dritte sucht man noch." Die Mönche treiben nach der allgemeinen Meinung nichts als Unzucht, und sie treiben bei jeder Gelegenheit Unzucht. Daher sagte der Volksmund: „Das hat seine Bedeutung! — wie des Mönchs Hand unter der Priorin Tafel." Was damit gemeint ist, erklärt das folgende: „Die Mönche müssen den Becher mit beiden Händen halten, damit sie unter dem Tische nach keiner Schürze greifen" (Bild 305, 325 und 327).

Unzählige Klöster waren die betriebsamsten Bordelle. In dieser Beziehung sagte das Sprichwort: „Die Augustinerin will zur Nacht immer zwei Köpfe auf einem Kissen"; „In manchen Klöstern findet man zweierlei Pantoffel unter dem Bett"; „Unkraut wächst in jedermanns Garten!" — sagte der Prior, als der Bruder am Morgen Frauenschuhlein unter dessen Bette sah. Der Geheimschreiber Burckhardt berichtet über Rom: „quamvis monasteria urbis quasi omnia jam facta sint Lupanaria" — fast alle Klöster der Stadt sind faktisch Hurenhäuser. Was für Rom galt, galt für die ganze Christenheit. Es gab tatsächlich damals landauf, landab, — in

315. Holländische Karikatur auf den Mißbrauch der Beichte

363

Deutschland, in Spanien, in Frankreich und natürlich auch in Italien — zahlreiche Klöster, in denen, grotesk gesprochen, keine Nacht eine Zelle ohne männlichen oder weiblichen Gast war. In manchen Gegenden waren die Nonnenklöster die bevorzugten Absteigequartiere des Adels und der geilen Junker. Nirgends wurde ein strammer Ritter so liebreich aufgenommen, und nirgends spendete ihm Frau Venus so viel Kurzweil. Hier gab's in der Tat oft mehr Lust und Freude und ebensoviel schrankenlose Ausgelassenheit wie im Frauenhaus, und es kostete dem einkehrenden Gast obendrein nichts, er brauchte nur mit seiner Potenz zu bezahlen. Freilich, von dieser wurde gar viel gefordert, was zahlreiche Novellen und Schwänke erzählen. Weil es häufig keinen lieblicheren Freudenort gab, darum zogen nicht selten die Junker in ganzen Horden nach solchen Klöstern und quartierten sich ebenso oft gleich für mehrere Tage dort ein, um sich bei Tanz, Spiel, Musik und an allen Vergnügungen der Venus zu delektieren. Wie wir aus zahlreichen Schilderungen erfahren, wetteiferten bei solch angenehmem Besuche viele Nonnen mit bestem Erfolg mit den erfahrensten Liebespriesterinnen. Der Abschluß solchen Treibens war in neunzig von hundert Fällen eine allgemeine Orgie, bei der alle Schranken fielen und die Begierden sich völlig zügellos austobten. Die auf die Unkenntnis spekulierende Schönfärberei der Vergangenheit hat solche Behauptungen immer als verleumderisch bezeichnet. Nun, es hilft kein Leugnen, kein Vertuschen und kein Krümmen, denn dem, der die historischen Urkunden, die Chroniken und Berichte durchstöbert, dem bietet sich das historische Tatsachenmaterial auf Schritt und Tritt. Man lese zum Beispiel nur den folgenden Brief des Grafen Eberhard von Württemberg, in dem er seinen Sohn wegen der Unzucht vermahnt, die dieser mit seinen Gesellen im Frauenkloster zu Kirchheim unter Teck trieb:

„Vor kurzem bist du gen Kirchheim kommen und hast einen Tanz angefangen in dem Kloster zwo Stunden nach Mitternacht. Läßt auch deine Buben und andere in das Kloster steigen bei Nacht, mit deinem Wissen und Willen. Und hat dein sündliches, schändlichs Wesen, das du und die deinen getrieben, dir nicht genügt, du hast auch deinen Bruder mit dir hinein genommen und habt ein solch Tanzen darinnen gehabt und ein Schreien, das, wenns in offnem Frauenhaus geschehen wär', so wär's doch zu viel."

In dem Frauenkloster zu Söflingen bei Ulm ging es genau so zu. Dort wurde das Lotterleben derart zügellos getrieben, daß sich die Bevölkerung drohend dagegen auflehnte, so daß die kirchliche Behörde wohl oder übel eingreifen mußte. Bei der von dem Bischof Gaimbus von Kastell vorgenommenen Visitation fand man in den Zellen der Nonnen zahlreiche Briefe höchst unzüchtigen Inhalts, Nachschlüssel, vornehme weltliche Kleider und die meisten Nönnlein außerdem — in gesegneten Umständen! In der Zimmerischen Chronik findet sich die folgende Notiz, die sich ebenfalls auf ein württembergisches Kloster bezieht:

Es ist vor Jahren solch Kloster mit jährlichen Renten und Gulten zimblichen versehen gewesen, und in Betrachtung, daß es gar nahe in allem deutschen Lande, bevor aber am Neckar, ganz wohlfeil gewesen, dann einer vor Jahren ein Herrenmahl um drei Kreuzer hat zu Oberndorf können einnehmen, haben sich bis in die vierundzwanzig Klosterfrauen, mehrteils alle vom Adel, darin enthalten kinden und haben kein Mangel, sonder, wie man spricht, genug gehabt. Was für guet Leben, sofern anders das für guet Leben zu achten, in diesem Kloster gewesen, ist sonderlich bei dem abzunehmen, daß viel Adels ab dem Schwarzwald und am Neckar in diesem Kloster den Auftritt ge-

316. Karikatur auf das ausschweifende Leben am päpstlichen Hofe. Deutscher Kupferstich aus dem 16. Jahrhundert

habt, und hat damals mit guten Ehren und der Wahrheit vielmehr des Adels Hurhaus, dann des Adels Spittal mögen genennt werden.

Aus dem Bericht über einen Straßburger Klosterbrand erfährt man ähnliches.

Die Nonnenklöster mußten sich übrigens schon sehr früh zu „des Adels Hurhäuser" gewandelt haben, und weiter: die Mönche mußten die Konkurrenz der Laien ebenso früh sehr unliebsam empfunden haben. Denn das kann man doch wohl daraus schließen, daß den Nonnen sozusagen eine Prämie darauf gewährt wurde, wenn sie nur mit Klerikern sündigten. Und zwar in der Form, daß solche Sünde nicht so schwer angerechnet wurde. Das Dokument dafür ist die folgende Erklärung des Magister Heinrich vom Mendicanten=Orden zu Straßburg vom Jahre 1261:

„Wenn eine Nonne, von Versuchung des Fleisches und menschlicher Schwachheit überwältigt, zur Verletzung der Keuschheit getrieben werde, geringere Schuld habe und mehr Nachsicht verdiene, wenn sie einem Kleriker, als wenn sie einem Laien sich hingebe."

Auf diese Anschauung bezog sich auch das lateinische satirische Gedicht „Das Liebeskonzil", das ebenfalls aus dem 12. Jahrhundert stammt. Gleichwohl: die Kleriker kamen nie zu kurz, um so weniger, als sie obendrein allgemein in dem Geruche standen, von Frau Venus für die Werke der Liebe besonders begnadet zu sein. In der Satire ist die besondere Potenz des Klerikers ein geradezu ständiges Motiv, so vor allem bei Aretin, bei Rabelais, und ebenso bei den Schwankdichtern. Aber auch im Sprichwort. Von einem in der Liebe besonders kräftigen Mann heißt es: „Er hat die Kraft eines Karmeliters", oder: „Er hurt wie ein Tempelbruder".

Klosterverproviantierung
317. Deutscher Holzschnitt

Noch derber: „Geile Frauen wittern einen Karmeliter in jedem Gewand" und ähnlich: „Was ein richtiger Kapuziner ist, den wittern die Frauen schon von ferne."

Die nächsten und ersten Folgen, die das ausschweifende Leben in den Klöstern zeitigte, waren und mußten sein: „Daß die Wände der Klöster mehr von Kindergeschrei als von Psalmen widerhallten." Auch dies reflektiert natürlich im Sprichwort, weil es alltäglich war: „Daß die schwarzen Hühner auch weiße Eier legen! — sagte die Nonne, da sie sich wunderte, daß ihr Knäblein kein schwarzes Benediktinerlein sei." „Wer kann vor Malheur! — sagte die Priester= Mamsell und hatte zwei Kinder gekriegt." Und daß solches alltäglich war, sagt ebenfalls das Sprichwort: „Ein Nonnenkloster ohne Hebammenstuhl ist ein Bauernhof ohne Stall." Aber erst die nächste Folge war das Schauerliche. Auch im Kloster fand man die „Sünde" sehr oft einzig in den Folgen, diese wurden darum allein gefürchtet; natürlich auch schon wegen der damit verbundenen Unbequemlichkeiten, — und so standen zwei Dinge in den Nonnenklöstern in üppiger Blüte: Der Kindsmord und die Fruchtabtreibung. Die Zimmerische Chronik meldet:

„Was soll ich aber von solchen Klöstern in der Ferre sagen, so wir dergleichen Hausrath in unserer Landtsart finden, darin sich die Frauen ainsteils oft jungen? Gott verleihe seine Gnad, daß die Früchte jedesmal lebendig an den Tag kommen und zu dem

318. · H. S. Beham. Der Bettelmönch. Holzschnitt

Lob Gottes erzogen und nit untergeschlagen werden, daher dann ein heimlicher leumadt, daß bei oder an solichem Kloster ein Weiher, den man ußer allerhand Ursachen nicht ußfischen oder gar ablassen derfte, damit nicht darin gefunden, dardurch dem Kloster Schmach und Nachrede entstände.“

Ein anderer Chronist, Dietrich von Niem, berichtet aus den Diözesen Bremen, Utrecht, Münster:

„Mönche und Nonnen leben in den Klöstern zusammen und machten aus denselben Hurenhäuser, in denen die schaudervollsten Verbrechen verübt werden. Die Nonnen tödten ihre eigenen Kinder.“

Weil man in der Niederkunft einer unkeuschen Nonne das größte Verbrechen sah, so blühte aber infolgedessen noch mehr die Kindesabtreibung. Die Gebrüder Theiner weisen in ihrem reichen Quellenwerk über die Priesterehelosigkeit durch Entsetzen erregende Beispiele nach, daß „die Nonnen, die es bis zur Geburt hatten kommen lassen, gerade in den unzüchtigsten Klöstern von ihren Schwestern die schmählichste Behandlung zu erdulden hatten.“ Das ist sehr logisch und daher immer so: je gemeiner die Vettel, je mehr hält sie auf Reputation. Anfänglich war man menschlicher, da hatte die Kirche das größere Mitleid mit der Mutter. So verbot das Konzil zu Avignon den Priestern ausdrücklich: „Gift oder tödliche Kräuter den Frauen zur Abtreibung der Kindesfrucht zu reichen.“ Später, das heißt: je mehr „die Unzucht der Klöster förmlich gen Himmel schrie“, und als sich besonders darauf die Forderung der Priesterehe aufbaute, da war es ganz nach dem Geschmack der Kirche, daß ihre Diener und Dienerinnen der Vorsehung auf diese Weise kräftig unter die Arme griffen. Und so konnte Fischart

Mönchs= und Nonnenfreuden
319. Kupferstich

in seinem „Bienenkorb des heiligen römischen Reichs Immenschwarm" schreiben:

„Ja wir befinden in täglicher Erfahrung, daß die heilige römische Kirch viel lieber gedulden will, daß ihre liebe heilige Schwesterlein in den Klöstern als Nonnen und Beguinen mit Tränken und Arznei ihre Frucht vertreiben, ehe daß sie geboren werde, oder auch freventlich erwürgen, wanns an das Licht gebracht ist."

Wenn dermaßen die sitt= lichen Zustände in der breiten Basis der kirchlichen Hierarchie in der Betrachtung sich darstellen, so war die Spitze dieses mächtigen Baues nicht weniger in Schmutz und Laster getaucht. In unzähligen Kirchenfürsten besaß der niedere Klerus geradezu würdige Musterbilder der grauenhaftesten Sittenverwilderung. Und das Volk traf mit seiner bildhaften Ausdrucksweise den Nagel auf den Kopf, wenn es gegenüber bestimmten Päpsten statt von „seiner römischen Heiligkeit" sprach, diese als „seine hurerische Heiligkeit" apostrophierte, und ebenso, wenn es von vielen Kardinälen als von „unzüchtigen Hunden" redete.

Die Kommentare zu diesen Apostrophierungen bieten ebenso viele wie schmutzige Blätter der Papstgeschichte. Von Johann XXIII. berichtet Dietrich von Niem:

„Daß Johann nach einem öffentlichen Gerücht als Kardinal in Bologna an zweihundert Ehe= frauen, Witwen und Jungfrauen, auch viele Nonnen entehrt habe."

Paul III. mußte, als er noch päpstlicher Legat in Ancona war, fliehen, weil er eine junge Dame von vornehmem Adel vergewaltigte. Für den Kardinalshut verkuppelte er seine Schwester Julia an Alexander VI., und er selbst trieb Blut= schande mit einer zweiten jüngeren Schwester. Bonifaz VIII. hatte zwei leibliche Nichten als Maitressen. Als Kardinal von Siena wird der spätere Papst Alexander VI. besonders dadurch bekannt, „daß er im Verein mit anderen Prä= laten und geistlichen Würdenträgern nächtliche laszive Bälle und Soireen mit den vornehmen Frauen und Mädchen der Stadt abhält, unter ausdrücklichem Ausschluß von deren Gatten, Vätern oder männlichen Verwandten". Pius III. hatte von ver= schiedenen Maitressen nicht weniger als zwölf Söhne und Töchter. Ebenso be= zeichnend ist, daß die berühmtesten Renaissancepäpste infolge ihrer maßlosen Ausschweifungen von der Syphilis befallen waren: Alexander VI., Julius II., Leo X. Von Julius II. meldet sein Leibarzt: „Eine Schande ist es, zu sagen, daß kein Teil seines Körpers nicht mit den Zeichen einer ungeheuerlichen und scheußlichen Wollust bedeckt gewesen wäre." Am Karfreitag konnte er, wie sein Zeremonien= meister Grassis mitteilte, niemand zum üblichen Fußkuß zulassen, weil sein Fuß durch Syphilis fast zerstört war. Aus der Reformation stammt auch ein satirisches Gedicht, das einem hohen Geistlichen in den Mund gelegt ist, dessen Nase durch die Syphilis zerstört ist und infolgedessen abgenommen werden soll. In diesem

Das Mũnich vnd Pfaffen Bad / Niemand zu lieb noch zu laid.

Deutsche Karikatur aus der Reformationszeit auf Mönche und Papsttum

Gedicht hält der dermaßen Gezeichnete nun eine ergreifende Ansprache an diese Nase, nennt sie „Kardinal, Spiegel aller Gelehrsamkeit, die sich niemals auf Häresien eingelassen habe, wahres Fundament der Kirche, wert, kanonisiert zu werden, und hofft, sie werde im späteren Leben noch römischer Papst werden." Petrarca hatte unter solchen Zuständen sowohl für seine Zeit, wie für die Zukunft wahr gesprochen, wenn er in einem seiner berühmten „adresselosen Briefe" — sie waren an die ganze Welt gerichtet, darum bedürfe es keiner näheren Adresse! — schrieb:

„Raub, Notzucht, Ehebruch, das sind die Beschäftigungen pontifikaler Laszivität; die Ehemänner, damit sie nicht mucksen können, außer Landes gebracht, ihre Weiber geschändet, geschwängert, den Männern dann zurückgegeben, nach der Niederkunft von ihnen wieder abgeliefert, um aufs neue den sinnlichen Durst der Stellvertreter Christi zu löschen."

Zu diesen sozusagen „natürlichen" Lastern kamen aber in ebenso großem Umfange die unnatürlichen, die Verbrechen wider die Natur. Die Päderastie gehörte förmlich zum bon ton des Papsthofes und der Kardinalsitze. Dafür folgende Zusammenstellung:

„Julius II. schändete zwei junge, französische, adlige Knaben, die erziehungshalber von der Königin Anna von Frankreich nach Italien geschickt worden waren. — Julius III. machte einen jungen sechzehnjährigen Menschen Innocenz, einen seiner Lieblingsknaben, zum Kardinal, und wurde deshalb von den Römern als ‚Jupiter, der mit Ganymed spielt', herumgezogen. — Hinter Sixtus V. schrie das Volk drein: ‚Laudate Pueri Dominum'. — Und der Sohn Pauls III., Ludovico, notzüchtigte sogar den jungen, schönen Bischof von Faenza, worüber dieser aus Scham und Kränkung starb, während der Papst es nur für ‚jugendliche Unenthaltsamkeit' erklärte und seinen Sohn absolvierte."

Es wäre förmlich wider die heiligste Tradition der Kirche gewesen, wenn man es unterlassen hätte, auch dieses Laster den Ausbeutungsinteressen der Kirche nutzbar zu machen. Nun, die Päpste waren keine solchen gewissenlosen Bewahrer ihres Amtes! Sixtus IV. erlaubte den darum nachsuchenden Kardinälen — wie es der holländische Theolog Wessel erzählt, der sich lange in Rom aufhielt und ein Freund des Papstes war, — gegen Bezahlung einer bestimmten Taxe den päderastischen Umgang mit Knaben.

Dieser päderastische Betrieb war unter dem höheren Klerus dermaßen gang und gäbe, daß man im Volke überall davon nur sprach, als von „Wälsche Hochzeit machen". Und ebenso alt war auch dieser Betrieb schon; denn bereits im 11. Jahrhundert brachte der Bischof Damiani die verschiedenen Methoden dieser widernatürlichen Geschlechtsbefriedigung in seinem „liber gomorrhianus" in ein förmliches System. Es mußte doch alles seine Ordnung haben, auch das Laster.

Von höchst bezeichnendem Charakter sind auch die pontifikalen Belustigungen. Die vornehmen und schönsten Kurtisanen

Der Mönch und die Kurtisane
320. Schwankillustration

Italiens waren zu Zeiten nirgends so häufige Gäste als bei den Festen am Papst≈
hofe und an den Kardinalssitzen und sie bildeten stets die glänzendsten Mittel≈
punkte dieser Orte. Über ein Gastmahl bei einem Kardinal heißt es in einem
Renaissancebrief, daß dort „mehr spanische Huren als römische Männer erschienen".
Im übrigen begnügen wir uns hier, auf das zu verweisen, was wir über diesen
Punkt bereits im letzten Kapitel (S. 322) gesagt haben. Den Ton der Sprache,
der in diesen Kreisen geherrscht hat, charakterisieren die Fazetien des Kardinals
Poggio und vor allem die Theaterstücke, wie die Kalandra des Kardinal Bibbiena
und die noch kühnere Mandragola Machiavellis (Bild 316).

Nicht das ist jedoch das wichtigste an dieser Lastergalerie, daß die Kirche
unter ihren hohen und höchsten Würdenträgern eine Unmenge moralischer Scheu≈
sale hervorgebracht hat, sondern vielmehr der Umstand, daß solche Zustände
typisch waren. Typisch, weil sie logisch waren. Hier an der Spitze mußte sich
alles konzentrieren, hier mußte auch das Laster, das in den Massen des niederen
Klerus typisch war, kulminieren zu einem einzigen Riesenfanal, das düster qualmend
über alle Niederungen hinwegleuchtete.

Weil die Kirche als hierarchische Organisation gemäß der historischen Situ≈
ation niemals einen in sich abgeschlossenen Körper darstellte, sondern geistig und
politisch die größte Herrschaftsgewalt über die gesamte christliche Menschheit
ausübte, so mußte dieser sittliche Verfaulungsprozeß, in dem sie sich selbst befand,
die gesamte Christenheit mit seinen zerstörenden Miasmen infizieren, die sittliche
Verwahrlosung des Klerus mußte, wie wir schon eingangs dieses Kapitels gesagt

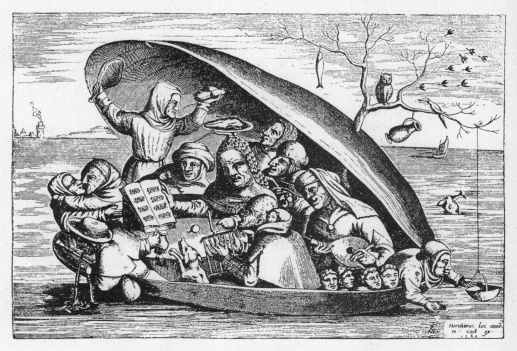

321. Karikatur auf die Ausschweifung der Mönche von Hieronymus Bosch. 1562

haben, auch die allgemeinen sittlichen Zustände, die gesamte öffentliche Sittlichkeit der bürgerlichen Welt aufs stärkste beeinflussen. In einer reformatorischen Anklageschrift wider das Papsttum wird dies bestätigt: „Teutschland ist durch solchen Handel zugleich des Gebets und der christlichen Frömmigkeit beraubt. Hurerei, Blutschande, Ehebruch, Meineid, Mord, Diebstahl, Raub, Wucher und der ganze Pfuhl der übrigen Laster sind die Folge."

Und zwar geschah diese Beeinflussung nicht nur

322. Karikatur auf das ausschweifende Leben der Mönche und Nonnen. Kupferstich von H. Ulrich. 1609

durch das schlechte Beispiel, das die Masse ständig vor Augen hatte. Es liegt in der Natur der Sache, daß Priester und Mönche die in ihren Händen ruhende Gewalt systematisch mißbrauchten, um das Volk nicht nur als Masse wirtschaftlich auszubeuten, sondern um es auch ihren besonderen persönlichen Begierden, ihrem eigenen sinnlichen Genußleben zu unterjochen. Die Geilheit des Priesters wurde naturgemäß nicht nur gegenüber den leiblichen Qualitäten der Himmelsbräute rege, sondern auch beim Anblick des schwellenden Mieders einer strammen Bäurin oder schmucken Bürgersfrau. „Nicht nur Nonnenfleisch schmeckt zart, sagte der Pater, als er der Bäuerin an den Bauch griff." Und gegenüber den Frauen aus dem Volke wurde die mönchische Geilheit sogar häufiger und zuerst rege, denn mit ihnen kommen viele, gemäß ihrer religiösen Funktionen, viel öfters und viel näher in Berührung als mit Nonnen. Auch waren die natürlichen Folgen ihrer Verführungskünste hier von viel weniger Gefahren, zum mindesten von viel weniger Unbequemlichkeiten begleitet. Wenn Bäuerin und Bürgersfrau schwanger wurden, weil sie sich die Beichte im Bett hatten abhören lassen, brauchte das den schuldigen Kleriker meistens nicht viel zu kümmern, das ging dann einfach auf das Konto des Mannes oder des Geliebten. Aus diesem Grunde boten ihm seine segenspendenden Beziehungen zum Volke auch die unbegrenzten Genußmöglichkeiten, nach denen er lechzte. Der ausschweifende Kleriker konnte seinen Begierden zu gleicher Zeit an Dutzenden, ja an Hunderten von Frauen frönen.

Als der Diener der Kirche gemäß der Entwicklung zum Genußmensch wurde, stellte er ebenso systematisch die kirchlichen Machtmittel in den Dienst seiner persönlichen Ausschweifung. Das oberste dieser Mittel war die Beichte. Die Beichte und der Beichtstuhl boten alle Voraussetzungen zur erfolgreichen Ver-

Wenn die geiſtliche wollen mit Iungfrawenn
dominerenn, dann ſolden ſei lieber
bijſlaffenn dan ſtuderenn.

323. Holländische Karikatur auf die Ausschweifungen der Kleriker

führung einer Frau, und zugleich die günstigsten, die es überhaupt jemals gab.
Der die Beichte abhörende Priester hatte nicht nur das Recht, sondern auch die
ihm von oben auferlegte Pflicht, die intimsten Fragen zu stellen. Denn die Beichte
war gerade dadurch das wichtigste und stärkste politische Herrschaftsmittel der
Kirche; der geile Priester konnte also zu gleicher Zeit der Kirche und sich selbst
dienen, und Hunderttausende taten dies jahrhundertelang Tag für Tag und tun
dies noch heute. Die lüsterne Phantasie Unzähliger hat sich so schrankenlos dem
Genuß der Verführung eines jeden unschuldigen Geschöpfes hingegeben, das je
in seinen Bereich kam, sie haben sich mit Raffinement in den Genüssen der
intimen Schilderungen gebadet, die sie über das Geschlechtsleben einer schönen
„Sünderin" aus deren eigenem Munde herausholten, sie haben sich weiter mit
ebenso großem Raffinement die Wonnen verschafft, eine unschuldige Jungfrau,
eine nach Erfüllung sich sehnende Braut, oder eine junge Frau Schritt für Schritt
zum Gipfel der höchsten sinnlichen Erregung zu leiten. Aber eben nicht nur
Orgien der Phantasie wurden im Beichtstuhl gefeiert, Millionen von Frauen haben
dort, unterjocht von der Macht der Kirche über die Gemüter, nicht nur ihre
geistige, sondern auch ihre physische Unschuld verloren. Denn nirgends ließ
sich so leicht das Gewissen einschläfern und iedes Bedenken überwinden: der

Priester brauchte bei seinem Opfer nur die Sünde zur Tugend zu verkehren. Hunderttausende von unwissenden Frauen glaubten darum geradezu ein Werk Gottes zu tun, wenn sie den wildesten Phantasien ihres Beichtigers ein williges Ohr schenkten. Boccacios kühne Novelle „Alibech in der Thebaide" ist die klassische Satire auf diese Tatsache. Die Beichtstühle vieler Kirchen waren darum die mißbrauchtesten Altäre des Priap und der Venus, die je diesen Gottheiten von der Menschheit errichtet wurden. Der schon allein ausreichende Beweis für diese Tatsache ist der Umstand, daß es selbst der Kirche zu arg wurde und sie durch Erlasse eingreifen mußte. Im Jahre 1322 wird auf dem Konzil zu Oxford den Priestern verboten, „an dunklen Orten die Beichte der Weiber zu hören". Dreihundert Jahre später, 1617, erließ der Erzbischof von Cambrai die Verordnung: „es sollten die Beichten der Weiber nicht in der Sakristei gehört werden, sondern auf einem freien Platz in der Kirche; und bei Dunkelheit sollte Licht angezündet werden." Kein Zweifel, daß man dadurch hoffte, wenigstens in den Räumen der Kirche die allzu handgreiflichen und gegenüber den Frauen besonders bevorzugten Formen „der Absolution und des Segens" einzuschränken (Bild 315).

Am Endresultat haben solche Verordnungen freilich herzlich wenig geändert; hatte der Beichtiger doch das Recht, seine Beichtkinder in seine Wohnung zu bestellen, und ebenso freien Zutritt hatte er auch in deren Wohnung; sein Besuch war ja stets eine Ehre. Und so wurde das im Beichtstuhl vorbereitete und angefangene Stück eben — teils mehr, teils minder gemütlich, wie es die Umstände bedingten — an einem dieser beiden Orte zu Ende geführt. Und in der Mehrzahl aller Fälle mit vollem Erfolg. In der Zimmerischen Chronik liest man folgenden Fall:

„Selbiger Zeit hat auch ein anderer Frater minor außer dem Konvent zu Cöln, daraus der Bruder Dietrich war, ein reiche Bürgerin, ein Witfrau, vielmals zu Beicht gehört und den Stuhl, das solchs etlich gesehen, Absolution gesprochen. Aber als sie so leckerisch und den Mönch gern nackend gesehen, was für Abenteuer und Unruhe sie ihr selbs und ihren Nachbarn damit zugericht, das wurte(de) wie kurze willen einzumischen allhie unterlassen."

Aber weil es Beichtstühle gab, in denen Priap und Venus verwegener gehuldigt wurde, als in manchem wohlfrequentierten Bordell, so gab es ebensoviele Gemeinden, in denen nicht nur jedes mannbare Mädchen, sondern überhaupt jede Frau, die noch über irgend welche körperliche Reize verfügte, ausnahmslos zum heimlichen Harem des amtierenden Priesters zählte, und es wurden in solchen Orten ständig gar zahlreiche Kindlein gewiegt, die nur der aktiven Anteilnahme des geistlichen Hirten am Wohl seiner weiblichen Pfarrkinder ihr Dasein verdankten. In dem Fastnachtspiel „Von den Pauern" heißt es:

324. Der Tod und die lebenslustige Nonne

Ei, daß dich der Hagel schlag, als du do stehst,
Daß du dich solcher Lug tust remen!
Nu hab ich dich doch nie recht wollen beschemen
Und die Wahrheit vor dein Freunden sagen,
Daß dein Schwester wol drei Kind bei eim Pfaffen hat getragen.

In seiner „Neuen Apologia und Verantwortung Martini Luthers 1523"
schreibt Kettenbach über die Wirkung der Beichte:

„Die erste Frucht, die aus dem Beichten kommt, ist die Frucht des Leibs, denn daher
kommen viel schöner Kindlein, die man Banckert oder Hurenkinder nennt, die die heiligen Beicht=
väter sind mit ihrer Beichttochter überkommen; denn etlich haben die Vogelsucht hart, so doch
der Mann wenig Nutz ist, da muß der Beichtvater hilfen. Also mag etwan ein Beichtvater dreißig
trösten zu Zeiten und läuft ranken unter den Weibern, wie ein Farr unter einer Herd Kühe.
O Mann, Du Narr, sie buhlen etwan dein Weib, Tochter und Maid."

In dem schon genannten Quellenwerk der Gebrüder Thenier heißt es unter
vielem anderem:

„Ansimiro, ein Augustiner=Eremit zu Padua hatte fast mit allen seinen Beichttöchtern Unzucht
getrieben. Als er deshalb angeklagt wurde, und er die Genotzüchtigten angeben sollte, so nannte
er viele Jungfrauen und Frauen der angesehensten Familien der Stadt, und darunter auch die Frau
des Secretairs, der ihn vernahm. Zu Brescia belehrte der Pfarrer die Frauen, welche ihm beichteten,
daß sie ihm auch den Zehnten von der ehelichen Beiwohnung entrichten müßten."

Wo die Verführung mit Worten und Gebärden nicht ausreichte, mußte die
List herhalten, und wo auch diese versagte, die Gewalt. Viele Tausende von Frauen,
die nicht freiwillig „unter der Kutte beichten wollten", wurden von Priestern in
der Sakristei, im Pfarrhaus, in ihrer eigenen Wohnung, ja mitunter sogar im Beicht=
stuhl selbst von geilen Priestern und Mönchen geschändet und genotzüchtigt.
Geiler von Kaisersberg richtete an seine Standesgenossen folgende Anklage:

„Da hast du dich versündigt mit öffentlichen Dirnen, Jungfrauen betrogen, Ehefrauen
be . . . ., Witwen geschändet, mit deinen Freunden zu thun gehabt, da mit deinem Gevatter,
da mit deinem Beichtvater, da mit deiner Beichttochter. Ich will schweigen der Unzucht, mit der
du die Ehe gebrochen,
ich will auch schweigen
der Unzucht, darum
man dich verbrennen
sollte."

Man könnte
sicher aus der Ge=
schichte einer jeden
Stadt der Christen=
heit ein ganzes
Buch mit solchem
Material anfüllen,
und alle Klassen
des Volkes, wie
alle Rangstufen der
kirchlichen Hierar=
chie wären in die=

Es seruiendum Tempori.
Sagt der Mönch woll bedachte,
Vnd gieng von der Nonnen Celeri
Pede zu Mitternachte.

325. Sprichwortillustration. 17. Jahrhundert

sem endloſen Laſter=
zug gleich würdig
vertreten. In den
weichen Biſchofs=
betten hat die zur
Liebe lockende
Weiblichkeit des
Adels und des vor=
nehmen Bürgertums,
ſei es freiwillig, ſei
es gezwungen, in
gleich üppiger Weiſe
Revue paſſiert, wie
die Töchter des nie=
deren Volkes auf
dem Pritſchenlager
in der engen Ere=
mitenklauſe.

Der Mönch in der Kloſterzelle

326. Deutſcher ſatiriſcher Kupferſtich. 1648

Darum aber war
es in der Tat der tauſendfach begründete Wahrheitsſatz, der ſo unwiderleglich
war, wie jeder der zehn Lehrſätze der Mathematik, wenn das Volk das Wort
prägte: „Laßt den Mönch ins Haus, ſo kommt er in die Stube, laßt ihn in die
Stube, ſo kommt er in das Bett" (Bild 308 und 309).

Dielben Erfahrungen machte das Volk überall bei ſeinen näheren Berührungen
mit den Klöſtern; „der Prieſter ſagt: Ich liebe meine Herde, doch die Lämmer
mehr als die Böcke" — ſo dachten auch die Mönche und bewieſen es gar eifrig
durch die Tat, denn: „Wer ſeine Frau ins Kloſter ſchickt, bekommt was er will
und nachher obendrein noch ein Kind." Den Kloſtermägden war billigerweiſe häufig
dasſelbe Los beſchieden: „Man muß in einem Kloſter gar viel geſegnetes Fleiſch
eſſen! — ſagte die Tochter, als ſie in andern Umſtänden aus dem Kloſterdienſte
heim kam." Wurden in den Mönchsklöſtern die Frauen der Bürger und Bauern
verführt, ſo wurden ſie in den Frauenklöſtern nicht ſelten gemächlich verkuppelt, wo=
für wir bereits im letzten Kapitel ein überaus niedliches Beiſpiel anführten (S. 302).
Weshalb es denn mit Recht (gerade in bezug auf dieſen Fall) in der Zimmeriſchen
Chronik heißt: „Wer ein Verſtand hat, der behält ſein fromm Weib und Kind
daheim und läßt ſie nit viel in Frauenklöſter wandeln, denn es ſein vielmals böſe
Zuchtmeiſter". Vielmals — erklärt der Chroniſt ausdrücklich.

Unzählige Klöſter waren im ausgehenden Mittelalter und in der Renaiſſance
in der Tat nichts weniger als heiligmäßige Orte, wo man mit Faſten, Kaſteien und
Beten die Zeit verbrachte, ſondern man genoß dort mit vollen Zügen das Leben.
Und war ſchon der Alltag in ſolchen Klöſtern kein Leben der Entbehrungen, ſo
die Feſttage erſt recht nicht, und man hatte in den Klöſtern gar häufig Gründe,
Feſte zu feiern. Obenan ſtand überall die Kirchweih. Man feierte ſie, wie man ſie

Reichtum bringt ins Kloster des Fleisches Wollust

327. Holländischer symbolisch-satirischer Kupferstich. 17. Jahrhundert

auf dem Lande heute noch feiert, mit Schmausen, Zechen, Musik, Singen — und den Tanz nicht zu vergessen. Pfaffen haben beim üblichen Klostertanz gar manche feste Diele durchgetrampelt. Da Tanz nur Sinn hat, wenn man eine Dirne mit sich herumwirbelt — Tanz unter Männern allein ist komisch —, so fehlten auch die Frauen und Dirnen niemals. Freilich noch etwas fehlte auch nicht: wohl selten ging eine Teilnehmerin des Abends unbedankt nach Haus. In der heimlichen Zelle wurde einer jeden aufs überzeugendste erwiesen, „daß die Kutte das Fleisch absolut nicht tötet!" Geiler von Kaisersberg kannte solches aus eigener Anschauung, seine eigenen Erlebnisse waren es daher wohl, wenn er schrieb:

„Daß man aber in den Kloestern zu ersten messen (Kirchweih), oder sunst zur anderen Zeiten solch Bubenteding auffrichtet, und daß die Frauen in die Klöster gont, und mit den Mönchen uf und ab hupffend, und in die Zellen und Winkel daraffter (darnach) schlieffent, das ist ein öffentlicher Mißbrauch, und soll nit gestattet werden. Denn kein Frau soll in kein Münchkloster nit gehn. Es ist lauter Bubenteding. Menge fromme Frau got in ein Kloster, und aber got ein Hur wieder herus."

Doch wenns dabei blieb, so gings fürwahr noch züchtig zu. Wohlgemerkt: züchtig! Hie und da kam es nämlich auch noch anders. Wenn der Zufall, der gefällige Geselle, es wollte, so verlöschte im geeigneten Augenblick der Kienspan, und dann lockte man die Genossin oder den Genossen gar nicht mehr erst in die abgelegene Zelle oder in einen heimlichen Winkel, um mit ihr „ein fröhliches Paternoster" zu beten. In der Zimmerischen Chronik kann man es eingehend nachlesen, wie die Junker in einem solchen Falle in einem Nonnenkloster die fleischgierigen Nönnlein absolvierten.

Es war auf Grund solcher Erfahrungen nur die groteske, aber darum um so pointierendere Charakterisierung der Wirklichkeit, wenn das Volk landauf, landab an solche Sprüche wie ein Evangelium glaubte: „Der bloße Schatten eines Kloster=

turms ist fruchtbar", oder noch mehr an diesen; „Im Klosterschatten verdirbt alles, nur die Weiber macht er fruchtbar." —

* * *

Wenn alle die vielen und bekannten Selbsthilfeversuche der Völker gegen die erstickenden Laster der Diener der Kirche in den allermeisten Fällen versagten, oder immer nur Teilerfolge zeitigten, so sicher nicht, weil die Volksempörung nicht groß genug gewesen wäre, sondern deshalb, weil entweder die Kirche allmählich zum unentbehrlichen Bundesgenossen mächtiger herrschender Klassen geworden war, oder weil, wie in Italien, fast die gesamte wirtschaftliche Basis des Lebens auf der ungeschmälerten Herrschaft der Kirche beruhte. An solchen Gründen prallt auch der höchste Grad der sittlichen Entrüstung wirkungslos ab. Wo die von sittlicher Entrüstung angefeuerte Empörung der Völker aber tatsächlich zu großen Resultaten kam, da erfolgte dies wiederum aus denselben Ursachen: Hier war die Überwindung der Vorherrschaft der Kirche ebensosehr das oberste Lebensinteresse des betreffenden Landes geworden. Das gilt vor allem für Deutschland. Und darum schied auch für die öffentliche Sittlichkeit dieses Landes mehr als wie für die eines jeden andern von der Mitte des 16. Jahrhunderts an die Beeinflussung durch die praktische Moral der Kirche aus.

Bettelmönche

328. Kupferstich von Franz Brun. Um 1560

Käufliche Liebe

329. Kupferstich von P. d. Jode

V

Im Frauengäßchen

Von der auf dem Privateigentum aufgebauten Monogamie, wo eheliche Liebe viel häufiger objektive Pflicht als subjektive Neigung ist, weil irgend eine Art Konvenienz in der Mehrzahl der Fälle den Ehevermittler spielt, — von dieser Eheform ist die Prostitution untrennbar; sie ist ihr unvermeidliches Korrelat. Darum aber ist die Dirne ebenso eine ständige Charakterfigur in der Gesellschaft wie der Liebhaber. Es sind die beiden Seiten der Sache, daß mit der bezeichneten Entwicklung die Liebe Warencharakter bekommen hat, genau wie Buckskin und Schuhnägel einen solchen haben. In der Prostitution kommt dieser Warencharakter der Liebe naturgemäß am klarsten zum Ausdruck; außerdem aber erweist die Geschichte der Prostitution, daß gegenüber der Ware Liebe ganz dieselben Gesetze gelten, denen jede Ware unterworfen ist. Diesen Grundgedanken, von dem man bei diesem Kapitel ausgehen muß, haben wir bereits im ersten Kapitel begründet. Deshalb genügt es, daß wir hier auf das dort Gesagte verweisen. (S. 15 bis 19.)

Im ausgehenden Mittelalter und in der Renaissance war man noch meilen= weit entfernt von der theoretischen Einsicht in das Wesen und die Bedingnisse der bürgerlichen Ehe. Aber dafür stand man etwas anderem um so klarer gegen= über: der Logik der Tatsachen. Weil es sich damals um ein Zeitalter außerordent= licher erotischer Expansion handelte, war man sich sehr klar über die praktischen Notwendigkeiten der Zeit, und diese liefen auf dasselbe hinaus. Man sah ein, daß man ohne die Prostitution nicht auszukommen vermochte, wenn man den Zweck der Ehe, die Legitimität der Erben, auch nur notdürftig erreichen wollte.

Daß diese fatale Überzeugung nicht nur vereinzelt verfochten wurde, sondern ganz allgemein war, erweist uns durchaus die hervorragende und vor allem die eigenartige Stellung, die man der Dirne in der Renaissance einräumte, und die sie infolgedessen auch einnahm.

Die Zeit wußte, daß sie Blut in den Adern hatte, sie wußte, daß dieses stürmisch pochte und kochte und jung und alt mit heißen Begierden erfüllte. Männiglich war sich darüber einig, daß die Liebe in praxi: ein hübsch Weiblein im Arm zu haben oder mit einem fröhlichen Gesellen zu kosen, des Daseins höchste Wonne ausmachte, der alle andern weit nachstehen. Und darum war bei jedem die Lust „zur Sünde" gar groß. Der Wollustteufel saß auf jedem Dache und blies jedem begehrliche Wünsche ins Ohr, tagaus, tagein. Und Dutzende von Fällen lieferten jedem, der die Augen aufmachte, täglich die Bestätigung, daß man sich nicht täuschte. Man sah den Burschen ständig auf der Lauer nach der Dirne, man sah den Nachbarn seiner Magd um den Busen gehen, den Gesellen mit der Meisterin schäkern, wenn der Meister nicht zu Hause war, man sah die Nachbarin die zerknitterte Schürze glätten, wenn der junge Mönch das Haus verließ, man sah, — kurz man sah dies und sah das, und sonst alles mögliche. Gewiß, im eigenen Hause sah man solches nie, oder nur höchst selten, der Ehre des eigenen Hausstandes wähnten sich die meisten sicher. Aber wenn man auch auf die guten Sitten im eigenen Hause bauen konnte, so gab es damals doch noch etwas, wo auch diese ver=

Im Frauenhaus

330. Deutscher Holzschnitt. 15. Jahrhundert

sagten; und das war gegenüber der Gewalttätigkeit. Vor der wilden Brunst, die nicht erst mit Worten verführt, sondern die brutal Gewalt übt, wo sich eine Gelegenheit als günstig erweist, — gegen solche Zufälle war auch die züchtigste Jungfrau und die ehrbarste Gattin nicht gefeit. Und die Gefahren, die hier drohten, lauerten an allen Ecken und Enden. Gartende Landsknechte und zahlreiches landfahrendes Volk, wie Bettler und Pilger, zogen überall scharenweise durch das Land und waren in manchen Orten nach Hunderten, ja nach Tausenden in den Städten zu finden. Und die „Zeitungen" berichteten Tag für Tag, daß nicht nur auf der Landstraße oder in einsamen Dörfern den Frauen ständig die Gefahren der „Nothumpft" drohten, sondern auch in allen Winkeln und Gassen der Stadt.

Und diese Gefahr, die überall um die Häuser schlich, und nicht bloß zaghaft und schelmisch nach einem Schürzenband oder Rockzipfel griff, — diese fürchtete jedermann, gegen sie brauchte man einen verlässigen Blitzableiter der zur ständigen Explosion drängenden Gefühle. Darum also würde ihre Kenntnis allein schon ausreichen zur vollen Erklärung dafür, warum man der Prostitution in der Renaissance allerorts eine so auffallend weitgehende Duldung entgegenbrachte.

Aber diese Einsicht wurde außerdem noch durch einen dritten Umstand gestützt, der vielleicht sogar der wichtigste von allen war: durch die überaus starken sozialen Notwendigkeiten, die in der gesamten gesellschaftlichen Struktur begründet waren. Wir haben bereits an anderen Stellen darauf hingewiesen, daß damals in den verschiedensten Ländern bei ebensovielen Gewerben den Gesellen die Heirat versagt war. Diesem in vielen Städtchen und Städten überaus großen Bruchteil der Bevölkerung blieb also für den größten Teil seines Lebens nur die außereheliche Befriedigung seines Geschlechtsbedürfnisses übrig. Je mehr nun die Industrie sich entwickelte und mit ihr die Zahl der in ihr beschäftigten Gesellen allerorts zunahm — es war nicht selten die Hälfte der erwachsenen männlichen Bevölkerung! —, um so höher stieg naturgemäß die Gefahr der Verführung, der Frauen wie Jungfrauen in gleichem Maße durch den ehelosen Teil der Bevölkerung ausgesetzt waren. Bei der Enge der Verhältnisse und der lokalen Gebundenheit infolge der noch unentwickelten Verkehrsmöglichkeiten, so daß alle einander kannten und man ständig aufeinanderstieß, steigerte sich dies zu einer Höhe, die wir heute Lebenden wohl unterschätzen, aber kaum überschätzen können.

Angesichts gerade dieser Tatsache bedurfte man förmlich eines außergewöhnlichen Schutzes der Interessen der bürgerlichen Ehe; daran hatte keiner einen Zweifel. Diesen einzig erfolgverspechenden Schutz schien nun ebenfalls die Prostitution zu bieten, das Institut der im Detail und im Stücklohn käuflichen Liebe. Durch alle diese Umstände kam man in der Renaissance dazu, die Prostitution nicht nur zu legalisieren, sondern die gegenüber der Dirne geübte Duldung obendrein in solch außergewöhnlichen Formen zu üben, daß gerade die Rolle der Dirne im gesellschaftlichen Leben der Zeit diesem faktisch eine der bezeichnendsten Noten verlieh.

Und man sagte auch ganz offen daß man in der Dirne und im Frauenhaus den unentbehrlichen Schutz der bürgerlichen Ehe erblickte. Die Frauenhäuser wurden die ganze Renaissance hindurch und in allen Ländern dienlich erachtet

Aller heyligifter vater vñ grofimechtiger nothelfer Dyonifi:ein ercz
bifchoff vñ loblicher martrer.O du himelifcher lerer:der von fräck=
reich apoftel:vñ teutzfcher landt gewaltiger regierer.Wehuet mich vor der
erfch:recklichen krancheit mala franzos genant: von welcher du ein grofie
fchar des chriftenlichen volks in franckreich erlefedigt haft:So dy koften
das wafier des lebédigen prunnen der onder deiné aller heiligiften korper
entfprang:Wehuet mich vor difer gewerlichen kranckheit:O aller genedi
gifter vater Dyonifi:bifi ich mein fundt mit dem ich got meinen herreñ be
faidigt hab: puffen müg:vñ nach dyfem lebé erlangen:dy freud der ewigé
faligkeit:das verleich mir xps iefus der dich in dé aller vinterften kercker
verfchloffen troftlichen haym gefuechet:vñ mit feiné aller heiligiften leich
nam ond pluet dich fpeifet fpracch:dy lieb vñ guttikait dy du haft zu mir al
lerzeit:dar omb:wer wirt bitten der wirt gewert:Welcher fey gebenedeit in
ewigkait Amen.

Gebet zum Heiligen Dionysius gegen die Franzosenkrankheit (Syphilis)

331. Holzschnitt von einem Regensburger Meister. Fliegendes Blatt

„zu besserer Bewahrung der Ehe und Ehre der Jungfrauen", — so konnte man nicht nur in Chroniken und literarischen Abhandlungen lesen, sondern mit dieser Begründung wurde in den allermeisten Fällen von den Behörden der Errichtung von Frauenhäusern zugestimmt oder ihr Betrieb legitimiert. Und ebenso war dies der stereotype Einwand gegenüber den naturgemäß überall auftauchenden Forderungen auf Unterdrückung der Prostitution. Wo es der Opposition einmal gelungen war, für eine Stadt oder einen Bezirk die Frauenhäuser zu schließen und ihre Insassen zu vertreiben, wurde die Wiedereröffnung in zahlreichen Fällen mit derselben Begründung durchgesetzt. In einer Basler Chronik aus dem 16. Jahrhundert findet man alles dieses bestätigt. Es heißt dort:

> „Wider das Frauenhauß, zu Leuß genannt, war bisher viel geprediget, aber dennoch unabgetan blieben. Dieser Zeit ward es, als eine offne Ärgernuß und Schandfleck dem Evangelio, als eine Verderbnuß der Jugend und unläugbare Übertretung des Gesetzes Gottes, gänzlich aberkannt. Dann obwohl man an andern Orten gerad Anfangs der Kirchen-Reformierung dieses unehrbare Wesen abgeschaffet, ist doch der gemeine Mann in solcher Beredung gestanden, man sollte diese Häuser bleiben lassen, Ehebruch, Jungfrauen-Schändung und Sünden, die nicht zu nennen, zu vermeiden: ja also verwehnet gewesen, als wenn sie keine frommen Tochtern, noch Frauen behalten könnten, man behielte denn diese gemeinen Häuser."

ESVISBIEN MIGNON·ET·GORRIER
MA·MIE·PASSES·DEVANT·EI·MOY·DERRIE
A·LA·BOVTEILI·IF·IE·PRANS·GARDE
AVSI·ALOYE·QVEL·NE·SE·PERDE

Landfahrend Volk

332. Französischer Holzschnitt

Daß man im Interesse der heiligsten Institutionen der Gesellschaft, als da sind: die Ehe und die weibliche Keuschheit, handelte, wenn man die organisierte und systematisierte Unzucht duldete, ja sogar mit allen möglichen Mitteln förderte, — das behauptete man natürlich nicht nur, sondern glaubte es auch steif und fest. Trotzdem war dieser Glaube zu einem nicht geringen Teil ein großer, frommer Selbstbetrug. Und man betrog damit nicht nur sich, sondern auch zahlreiche Schilderer der Renaissance sind darauf hineingefallen. Gewiß war der Schutz der Ehe auch ein sehr wichtiger Grund für die eigenartige Duldung der Dirne, aber es war absolut nicht der wichtigste Grund. Die Hauptsache, wenn auch freilich unbewußt, um die es sich drehte, wenn man das größere Übel mit dem kleineren Übel bezahlte, war die Sicherung des Herrenrechtes. Der Mann wollte und sollte ungehemmt seinen Begierden frönen können. Das aber wäre unmöglich gewesen, wenn man die Forderungen der Treue und

Keuschheit auch beim Manne wörtlich genommen und etwa gesetzlich festgelegt hätte. Also legalisierte man die Prostitution; und man schritt um so lieber zu diesem Ausweg, weil die Prostitution obendrein am leichtesten, jeden Tag und jede Stunde, ermöglichte, das männliche Bedürfnis nach Abwechslung in den sinnlichen Genüssen, das gesteigerte Verlangen nach Ausschweifung zu befriedigen. Denn das ist es eben: nur der Befriedigung des männlichen Geschlechtsbedürfnisses war damit Rechnung getragen, nicht im geringsten aber den doch gleichstarken Bedürfnissen der gar nicht oder ungenügend befriedigten Frauen. Darum aber und vor allem durch die Art, wie die Dirne damals in den Rahmen der Gesellschaft eingeordnet wurde, war diese prinzipielle Legalisierung der Prostitution tatsächlich zugleich auch einer der größten Triumphe des Herrenrechtes. Wenn man freilich

Landsknecht und Soldatendirne

333. Nürnberger Holzschnitt von Hans Guldenmund

harmlose Gemüter über diese Tatsache der auffallenden Formen der Duldung, deren sich jene Zeiten rühmen können, reden hört, so sind diese nichts anderes als ein Ausfluß des größeren Grades allgemeiner Duldung, die dieser noch nicht von ausgesprochenen Klassengegensätzen durchwühlten Zeit eigentümlich gewesen sein sollen. Wenn man schon sehr viel zugeben will, so muß man sagen: dies ist zum mindesten eine ungenügende Erklärung. Gewiß setzten die großen Klassenkämpfe, die aus der vom 13. bis 15. Jahrhundert stattfindenden Entwicklung der Naturalwirtschaft zum Kapitalismus hervorgingen, erst von der zweiten Hälfte des 15. Jahrhunderts an in allgemein bemerkenswerter Weise ein. Und gewiß dauerte es dann weiter noch eine recht geraume Spanne Zeit, bis die tatsächlich vorhandenen Klassengegensätze sich auch in bewußten Klassenhaß umgesetzt hatten, und damit das frühere relativ harmlos-friedliche Verhältnis der verschiedenen Klassen zu einander verschwunden war. Aber dem steht ein nicht minder wichtiger Faktor gegenüber, über den viele dieser harmlosen Gemüter gedankenlos hinwegstolpern, daß nämlich gemäß der niemals aufgehobenen kleinbürgerlichen Verhältnisse, in denen alle Welt damals lebte, nur in relativ kleinen Kreisen freiere Anschauungen sich durchgesetzt hatten, die Spießbürgermoral dagegen bei der großen Masse tonangebend war. Nun ist aber niemand für den Klein- und Spießbürger so sehr der Ausbund aller Laster und der Inbegriff des Allergemeinsten als die Dirne. Die Hure ist ihm der Inbegriff alles Gemeinen, sie ist für ihn die höchste Steigerung des Verächtlichen. Und das muß auch so sein, denn es basiert in den Existenz- bedingungen des Kleinbürgers. Und darum empfand die Renaissance ebenfalls so. Denn das kleinbürgerliche Denken fließt immer aus denselben Voraussetzungen. Wenn also diesem herrschenden Moralgesetz zum Trotz die Dirne ein wichtiger Mittelpunkt des damaligen gesellschaftlichen Lebens ist, so kann eben nichts anderes daraus folgen, als daß der Mann, weil er die herrschende Klasse war, es wagen durfte, seine männlichen Sonderinteressen unter einer kaum notdürftig deckenden Flagge zu proklamieren. Und das eben ist nicht Zeugnis eines im allgemeinen duldsamen Sinnes, sondern offener Triumph der Männerherrschaft. —

Der auffallende Unterschied in der Stellung der Prostitution in der Renais- sance im Vergleich zu anderen Zeiten charakterisiert sich durch zwei Momente: durch den Umfang der Prostitution, durch die große Zahl der Dirnen und durch die einzigartige Rolle, die die Dirne damals im öffentlichen Leben spielen durfte und auch spielte.

Was den tatsächlichen Umfang betrifft, so kann dieser freilich weder positiv noch relativ durch genaue und zuverlässige Zahlen belegt werden. Statistische Bureaus gab es damals noch nicht. Und wenn man aus irgend einer besonderen Ursache ein- mal eine Zählung vornahm, so geschah dies mit so primitiven Mitteln, daß die Ergeb- nisse keinen allzu hohen wissenschaftlichen Wert für sich beanspruchen durften. Auch darf man nicht außer Betracht lassen, daß nirgends so gern übertrieben wurde wie auf diesem Gebiet. Aber dessenungeachtet haben wir eine Reihe Anhaltspunkte, die uns sehr wohl zu haltbaren Anschauungen verhelfen. Wenn man an der Hand dieser Anhalts- punkte Vergleiche anstellt, so muß man nicht nur einen relativ ganz außerordentlichen Umfang der Prostitution annehmen, sondern man kommt auch zu der festen Überzeu- gung, daß jene Zeiten sogar unsere viel- verlästerte Gegenwart tief in Schatten stellen.

Eine der augenfälligsten Erscheinungen war, daß damals selbst das kleinste Städtchen

Venezianische Dirne
334. Italienischer Holzschnitt

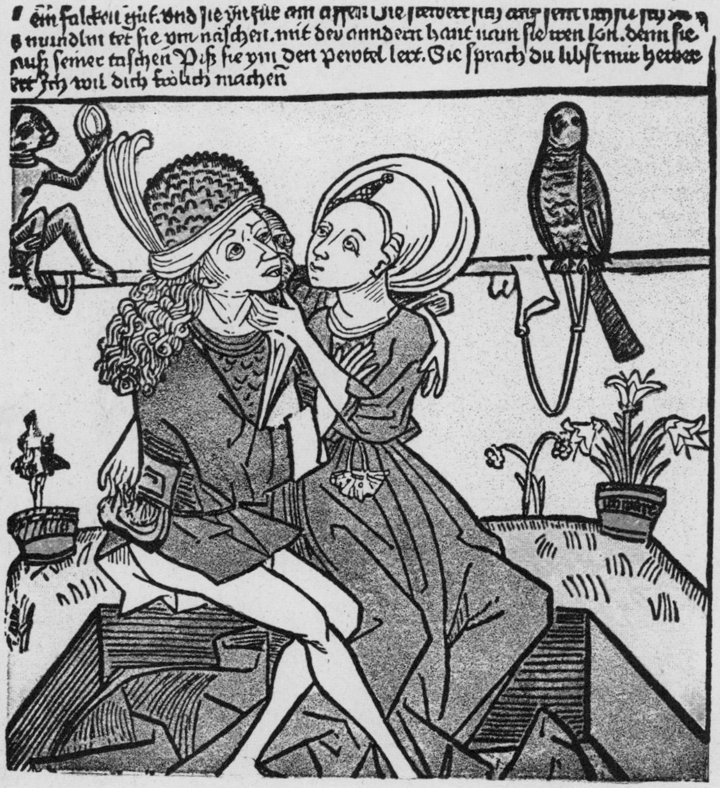

Die Dirne und der Jüngling

Holzschnitt 15. Jahrhundert

sein offizielles Frauenhaus, wie man
es nannte, hatte, wenn nicht gar zwei.
War eine Stadt aber größer, so gab
es in ihr ganze Dirnenstraßen, und
handelte es sich gar um Großstädte
oder um Hafenplätze, so gab es ganze,
zum Teil sehr ausgedehnte Quartiere,
die einzig von der Prostitution bevölkert
waren, und in denen die „gelüstigen
Fräuleins" teils zu größerer Zahl ver=
einigt in Frauenhäusern wohnten, teils
einzeln Haus an Haus. Ihrem Ge=
werbe ging die Dirne nicht nur auf
der Straße nach, noch wartete sie nur
im Frauenhaus auf die Kunden, son=
dern noch an zahlreichen anderen
Orten. So waren die Wirtshäuser
früher häufig gleichbedeutend mit
Bordellen, und noch viel mehr gilt
das von zahlreichen Badehäusern. Die
letzteren zählten in vielen Städten zu
den beliebtesten Tummelplätzen der
Dirnen. Und wo die besuchenden
Frauen keine Dirnen waren, da waren
es wenigstens die Bademägde. Denn
„zur Bedienung" eines männlichen
Badegastes gehörte es, daß die stramme
Magd nachher auch zu ihm aufs Lager
stieg, wenn er sich vom Bad ausruhte
(Bild 370).

Um den Umfang der Prostitution
in einigen Städten im einzelnen auf=
zuführen, verweisen wir auf die folgen=
den Notizen, die sich in Chroniken
und sonstigen zeitgenössischen Auf=
zeichnungen finden.

Von London wird berichtet, daß
es schon zu den frühesten Zeiten „eine
unglaubliche Menge Bordelle" hatte.
Ein Schriftsteller schreibt:

Angebliches Flugblatt auf die Franzosenkrankheit

335. Farbiger Holzschnitt

„Zu Richards II. Zeiten (1377—1400) hielt der Lordmajor Häuser, wo die lockeren Herrn mit
den von ihm eingeführten flandrischen Schönen ihren Handel treiben konnten. Heinrich VII. (1442)
gab 12 dieser Häuser Freiheits=Briefe, und an den Mauern gemalte Zeichen unterschieden sie von
den übrigen und luden den Vorübergehenden ein."

Ihre Bestätigung findet diese Nachricht in der Tatsache, daß man in England bereits im 12. Jahrhundert auf eine Bordellverordnung stößt. Ein anderer Schrift‚ steller berichtet über Southwark in England:

„Nicht weit von der Thierhetze war das Bordell oder die (Stews) Bäder, die von der Regierung geduldet, ja unter gewissen Einschränkungen öffentlich privilegiert wurden. Sie waren gewöhnlich verpachtet. Selbst ein Lordmajor, der große Sir William Walworth (1400) hielt es nicht unter seiner Würde, sie zu übernehmen, und vermietete sie an die Froes, d. i. an die flandrischen Kupplerinnen."

Ähnliche Mitteilungen und nachprüfbare Dokumente haben wir über Paris. Daß in Paris bereits im 13. Jahrhundert die Zahl der Bordelle außerordentlich groß war, belegt uns eine umfangreiche Lokalschilderung, die aus einer gereimten Aufzählung von Pariser Straßen besteht und von einem gewissen Guillot herrührt. Diese Dichtung galt immer als die wichtigste, weil älteste Quelle für die Pariser Topographie. Aber auch nur darin fand man ihren Wert. Es hat sehr lange gebraucht, bis man endlich darauf kam, daß die vielen Straßen, die Guillot in seinen dreihundert Versen beschreibt, nicht einen Katalog von Straßen überhaupt darstellen, sondern daß es sich ausnahmslos um Dirnenstraßen handelt. In dieser Dichtung haben wir also eine einzigartige Topographie der Prostitution, sozusagen einen gereimten Amüsierkatalog für die Lebewelt des 13. Jahrhunderts. Die folgenden Jahrhunderte brachten eine weitere Vermehrung.

Wien besaß ebenfalls schon im 13. Jahrhundert zahlreiche Bordelle. Für Berlin wird aus dem Jahre 1410 ein privilegiertes Bordell verzeichnet, das von einem Jungfernknecht beaufsichtigt wurde. Hügel schreibt in seiner Geschichte der Prostitution: „Die zahlreichen Badehäuser, welche sich im 14. Jahrhundert in Berlin befanden, waren gleichfalls Bordelle. Die Bordelldirnen nannte man Stadtjungfern". In den benachbarten Kölln an der Spree entstand um 1400 das erste Frauenhaus.

Am tollsten müssen jedoch die Verhältnisse in Rom gewesen sein. Hier zählten die Dirnen ununterbrochen nach vielen Tausenden. Und zwar allein die „ehrlichen Huren", die „honestae meretrices": jene, die ihre Firma gar nicht kachierten. Der inhonestae oder der Bönhäsinnen, wie man in Deutschland die heimlichen Huren nannte, hat es sicher ebensoviele gegeben, wenn nicht noch mehr. Denn es waren doch, wie im vorigen Kapitel schon dargelegt, gerade in Rom besonders viele Nonnenklöster die betriebsamsten Freudenorte der irdischen Liebe. Man braucht die schmutzigen erotischen Schwel‚ gereien des „göttlichen Aretin" absolut nicht für bare Münze zu nehmen, und vor allem nicht seine satirischen Schilde‚ rungen über das römische Klosterleben, aber darum bleibt doch der Kern richtig, daß es sich in allen seinen Gesprächen um die groteske Schilderung wirklicher

Die. x. fabel vō einer bůlerin vnd einem iüngling

336. Schwankillustration. Holzschnitt. 15. Jahrhundert

337. Eingang in das Frauenhaus.   Kupferstich des Mair von Landshut.   15. Jahrhundert

Zustände handelt; und schon das reicht aus, den Spruch zu rechtfertigen: „Alle Wege führen nach Rom, und in Rom führte jeder Weg zur Unzucht".

Diese Zustände haben freilich in der besonderen historischen Situation Roms ihre volle Erklärung. Abgesehen von den Gesichtspunkten, die wir bereits im letzten Kapitel anführten, ist noch in Betracht zu ziehen, daß nirgends in der Welt die Bedingungen sich so häuften, die immer unbedingt zur Prostitution führen, und daß diese Bedingungen in Rom nicht nur überhaupt einzigartig waren, sondern auch einzigartig geblieben sind. Ähnliche Bedingnisse kehrten niemals in der mitteleuropäischen Kulturgeschichte wieder: Rom beherbergte in jenen Jahrhunderten ständig den größten Prozentsatz Eheloser, und zwar männliche wie weibliche. In Rom strömten jahraus jahrein Zehntausende von Klerikern zusammen, und jeder von diesen hielt sich wochen=, ja monatelang in Rom auf. Aber so groß dieses Heer eheloser Kleriker auch war, so verschwand es gegen= über den endlosen Zügen der Pilger aus aller Herren Länder, die täglich nach Rom kamen und von denen sicher die größere Hälfte wenigstens momentan „un= beweibt und unbemannt" waren. Rom beherbergte also ständig die größte Fremden= zahl. Es war die Fremdenstadt par excellence von damals. Der gangbarste und gekaufteste Artikel in jeder Fremdenstadt ist aber zu allen Zeiten die Liebe. Dabei darf man eine andere Erscheinung nicht übersehen, daß nämlich damals unter den weiblichen Pilgern selbst ein großer Teil der Prostitution oblag. Zahlreiche Pilgerinnen, denen die Mittel auf der Reise ausgegangen waren, haben sich durch irdischen Liebeshandel ihren Unterhalt verschafft. Und viele waren in Rom im Lieben gleich eifrig wie im Beten. Naturgemäß. Hier hatten sie ja die leichtesten Möglich= keiten, auf diese Weise die Mittel zu verdienen, deren sie zur Rückkehr bedurften. Die Erscheinung der mit Liebe handelnden Pilgerin war derart auffällig und allgemein, daß sie sich sogar in entsprechenden Karikaturen spiegelte. So primitiv verschieden dieser Karikaturen sind, ebenso unzweideutig ist ihr Sinn: die Pilgerin ist nur ein wandelndes Werkzeug der Liebe, natürlich der irdischen.

Eine überaus deutliche Vorstellung von der großen Zahl der Dirnen in der Renaissance erhält man weiter aus den Chroniken über die Reichstage, Konzile usw.

Satire auf den Umgang mit Dirnen

338. Kupferstich von Virgil Solis. 16. Jahrhundert

Die Dirnen sind immer wie die Schmeiß= fliegen: wo es Aas gibt, da fliegen sie hin. Und so strömte zu allen Zeiten auf den Konzilien und Reichstagen eine große Menge von Dirnen zusammen. Die meisten Mitteilungen hat man über das Konzil von Konstanz. Die wichtigsten unter diesen verdanken wir Eberhard Dacher, dem Generalquartiermeister des Herzogs Rudolf von Sachsen, der von seinem Herrn den ausdrücklichen Befehl erhalten hatte, die Zahl der zu dem Konzil herbeigeströmten Kurtisanen zu zählen. Dachers Bericht lautete:

„Also ritten wir von einer Frawen Hauß zu dem andern, die solch Frawen enthieltend, und funden in einem Hauß etwa 30, in einem minder, in dem andern mehr, ohne die in den Stellen lagen und Badestuben, und funden also gemey= ner Frauen bey 700. Da wolt ich ihr nicht mehr suchen. Da wir die Zahl für unsern Herrn brach= ten, so sprach er, wir sollten ihm die heimlichen

339. Frauenhaus mit zechenden und streitenden Junkern

Frauen auch erfahren. Da antwortet ich ihm, das seine Gnade das thete, ich were es nicht mechtig zu thun, ich würde vielleicht um die Sach ertödtet und möchte auch finden des ich nicht gerne hette. Da sprach mein Herr, ich hette Recht. Und das bestund also."

Ein anderer Konzilbesucher, von der Hardt, zählte gar fünfzehnhundert Dirnen in Konstanz. Auf dem Konzil von Trient waren allein dreihundert honestae meretrices anwesend; aber wie viel inhonestae es erst gewesen sein mögen, das weiß man ebenfalls nicht. Zu den inhonestae zählten in allen diesen Fällen natürlich auch die biederen Bürgersfrauen und -töchter, die gegenüber dem Liebeswerben eines Kirchenfürsten nicht spröde taten. Und die Zahl solcher ehrsamen Frauen war nicht gering, die gar stolz darob waren, die geile Neugier ihrer frommen Gäste erfreuen und ihnen im verschwiegenen Gastbette erweisen zu können, daß man sich in ihren Armen, die sie nur um Gottes, der Kirche und der eigenen Geilheit willen hurten, mindestens ebensogut zu amüsieren vermag, als in den brokatenen Betten rechnender Kurtisanen. Welch uneingeschränktes Verständnis die hohe Geistlichkeit in den Bürgerbetten bei solchen Gelegenheiten für ihr irdisches Liebes=bedürfnis mitunter gefunden hat, belegt ein zynisches Wort des Kardinals Hugo de St. Oaro. Papst Innozenz IV. hielt von 1241—51 zu Lyon Hof; als er die Stadt verließ, sagte der betreffende Kardinal zu den Bürgern der Stadt:

„Freunde, ihr seid uns großen Dank schuldig. Wir sind euch nützlich gewesen. Als wir hierher kamen, fanden wir nur drei oder vier Bordelle vor. Jetzt aber, bei unserem Weggehen, lassen wir nur ein einziges zurück, das von dem östlichen Thore der Stadt bis zu dem westlichen reicht."

Unter den Dirnen, die auf den Konzilien zusammenströmten und sich ein internationales Stelldichein gaben, befanden sich die schönsten und berühmtesten Huren der ganzen Welt. Denn der Liebesbetrieb muß sich bei solchen Gelegenheiten gar gut rentiert haben. Über das Konzil von Konstanz wird berichtet, daß verschiedene der großen Kurtisanen, die ihre Klientel unter den Bischöfen und Kardinälen hatten, sich ein Vermögen erworben haben, das in die Hunderttausende nach heutigem Geldwerte ging. —

Eine Dirnenspezialität, die uns heute völlig fremd ist, die aber bis tief in das 18. Jahrhundert hinein eine ganz außerordentliche Rolle spielte, sind die Soldatendirnen, von denen die Heere in ganz ungeheuern Massen begleitet waren. Schon im Parsival liest man:

„Auch Frauen sah man da genug;   Nicht Königinnen waren es just:
Manche den zwölften Schwertgurt trug   Dieselben Buhlerinnen
Zu Pfande für verkaufte Lust.   Hießen Marketenderinnen."

Aus der Belagerung von Neuß durch das Heer Karls des Kühnen wird berichtet, daß sich „bei viertausend gemeiner Weiber" beim Heer befanden. Der deutsche Condottiere Werner von Urslinger hatte nach einem Bericht im Jahre 1342 bei einem Heeresbestand von dreitausendfünfhundert Mann nicht weniger als tausend Dirnen, Buben und Schelme — meretrices, ragazzii et rubaldi — aufzuweisen. Dem Heer, das der französische Feldherr Strozzi im Jahre 1570 nach Italien zu bringen beordert war, schlossen sich eine solche Menge galanter Damen an, daß das Heer in seiner Vorwärtsbewegung vollständig gehemmt war. Der Feldherr schaffte sich auf die brutalste Weise Rat, indem er, wie Brantôme berichtet, bei einer günstigen Gelegenheit nicht weniger als achthundert dieser armen Geschöpfe ertränken ließ. In dem Heer, mit dem der Blutsäufer Alba nach den Niederlanden zog, befanden sich vierhundert vornehme Kurtisanen zu Pferde und über achthundert gewöhnliche Dirnen, die zu Fuß mitzogen.

Die Soldatendirne war zuerst nicht bloß ein Parasit, der sich faulenzend vom Überfluß nährte, sondern ein durchaus unentbehrlicher Bestandteil der ursprünglichen Heeresorganisation, Bewaffnung, Verpflegung und Kriegführung, wozu vor allem die lange Dauer der Kriege gehört. Der einzelne Soldat brauchte eine Hilfskraft, die ihm seine momentan entbehrlichen Waffen nebst dem Kochgeschirr nachtrug, die für seinen Unterhalt sorgte, die ihm beim Beutemachen und Beutewegschleppen behilflich war, und die ihn vor allem bei vorkommender Krankheit und Verwundung pflegte und schützte, damit er nicht bei der ersten Gelegenheit dem hilflosen Elend anheim fiel und dabei unweigerlich umkam. Diese Aufgabe erfüllten der Bube und die Dirne. Die Rolle der Geschlechtsbefriedigung trat gegenüber solchen Zwecken der Soldatendirne weit in den Hintergrund. Für diese Behauptung gibt es keine bessere Bestätigung als das Volkslied, in dem das Leben der den Heeren folgenden Huren und Buben sich widerspiegelt. Ein „Huren- und Bubenlied", das von den Soldatendirnen des 15. und 16. Jahrhunderts gesungen wurde, lautet:

340. Der Magdalenentanz. Gemälde von Lucas van Leyden. Original staatl. Galerie Brüssel

Wir Huren und Buben in den Kriegen
Halten und warten nach Vergnügen
Unsrer Herrn; wir Buben lauffen,
Heymtragen was man ist kauffen.

Geschwindt mit Fütterung, und einschenken
Auch holen wir Essen und Trinken.
So sind wir Huren fast aus Flandern
Geben ein Landsknecht und den andern.

Sonst sind wir auch nützlich dem Heer,
Kochen, fegen, wäschen und wer

Krank ist, dem warten wir dann auß,
Wir zehren auch gern nach der pauß.

Daß man beym spinnen nit viel find
Wir Huren und Buben, sind ein Gsind,
Ob wir schon übel werden geschlagen,
So thun wir's mit eim Landsknecht wagen.

Vor uns ist aufzuheben wol
Wan man raumen und graben sol,
Braucht man uns das Holz zu tragen
Thun wir's nicht, so werden wir geschlagen.

Man sieht: Hier ist von allem möglichen die Rede, nur nicht von der Liebe. Wäre diese die Hauptsache gewesen, so hätte man sich damals wahrlich nicht geniert, davon zu sprechen.

In dem Maße, in dem der Raubcharakter des Krieges in den Vordergrund trat, wie die Möglichkeiten des Beutemachens wuchsen, steigerte sich auch die Zahl der Dirnen, die den Heeren folgten. Immer weniger Frauen ließen sich durch die Unbequemlichkeiten des Kriegslebens abhalten, dagegen um so mehr von der Aussicht auf reiche Beute verlocken. Die Risikoprämie war trotz der Brutalitäten, denen sie ständig ausgesetzt waren, zu verlockend. Sich die Finger am Garn wund spinnen, war fürwahr auch kein verlockend Vergnügen und brachte kaum die Hirse in die Schüssel; da tut man's schon lieber mit „eim Landsknecht wagen".

Die selbstverständliche Folge dieses Massenzuzugs von Dirnen zum Heeres-körper war, daß man sie schon früh organisierte, organisch dem Heereskörper ein-fügte und vor allem den Zwecken der Kriegsführung im weitesten Maße dienst-bar machte. Der Führer dieser Truppe hieß der Hurenweibel. Ihm war der ganze dem Heer an Dirnen und Buben folgende Troß bedingungslos untergeordnet. In der im 16. Jahrhundert allgemein gültigen Kriegsordnung Frondsbergers ist diese Aufgabe eingehend systematisiert, und ein eigener Abschnitt beschäftigt sich mit dem „Amt und Befehls des Hurenweibels". Auch hier ist das Arbeiten der Weiber und Buben die Hauptsache, sie sollen getreulich ihre Herren abwarten, auf dem Marsch das Gepäck tragen, im Lager kochen, waschen und die Kranken pflegen, „sonst wo man zu Feld liegt, mit Behendigkeit laufen, rennen, einschenken, Fütte-rung, essende und trinkende Speis zu holen, neben anderer Notdurft, sich be-scheidentlich zu halten" (Bild 333, 346, 351).

So war die Dirne, wie gesagt, im Kriegswesen der Zeit in erster Linie Ar-beiterin, und dabei eine sehr wichtige. Natürlich hinderte das nicht, daß sie bei alledem auch ihrem eigentlichen Dirnenberuf stets mit Eifer oblag, denn damit lockte sie ja dem Landsknecht die erbeuteten Dukaten wieder aus dem Säckel, worum es ihr im letzten Grunde doch hauptsächlich zu tun war. . . .

Einen weiteren charakteristischen Beweis, und zwar nicht den wenigst bedeut-samen für den großen Umfang der Prostitution in der Renaissance haben wir in den respektabeln Erträgnissen der überall geübten Exploitierung der Dirne als ertragreiche Steuerquelle, worüber sich in den Steuerbüchern verschiedener Städte manch interessantes Material erhalten hat. Daß aus der Tasche der Dirne viel zu

Im Frauenhaus

Vom Meister mit den Bandrollen. 15. Jahrhundert

holen ist, haben sich weder städtische noch kirchliche, noch fürstliche Kassen je entgehen lassen; und sie alle haben daher von Anfang an die Prostitution nach allen Regeln einer raffinierten Finanzkunst geschröpft. Nämlich ebensosehr durch hohe Geldstrafen, die auf alle möglichen Übertretungen gesetzt waren, die von der Ausübung des Dirnengewerbes untrennbar sind, als auch durch feste und regel= mäßige Abgaben. Der Frauenwirt mußte sich nicht nur in zahllosen Fällen seine Konzession erst um teures Geld erwerben, sondern mußte außerdem jährlich eine bestimmte Abgabe an die Gemeinde, Kirche oder Hofkasse errichten. Von einer Reihe Frauenhäuser wanderten die gesamten Überschüsse in die Kirchenkassen oder bildeten einen Hauptteil der Revenüen hoher Kirchenfürsten. Nicht selten bildeten auch die Steuererträgnisse aus einem bestimmten Frauenhause oder von einer be= stimmten Zahl Dirnen die Sinekuren, die von den Päpsten an ergebene Kreaturen verliehen wurden.

Wie früh schon die Besteuerung der Prostitution einsetzte, können wir zahlen= mäßig zum Beispiel aus den erhaltenen Steuerrollen der Stadt Paris feststellen. Aus diesen Urkunden ergibt sich, daß die Besteuerung der Prostitution bereits im 13. Jahrhundert der städtischen Steuerkasse einen recht hübschen Batzen abwarf. Von Sixtus IV. wird berichtet, daß er aus einem einzigen Bordell im Laufe der Zeit nicht weniger als die Kleinigkeit von zwanzigtausend Dukaten bezogen hat. Ebenfalls bei Sixtus IV. kam es häufig vor, daß die Einnahmen aus einer bestimm= ten Anzahl Huren den Geistlichen als Pfründen angewiesen wurden. Agrippa von Nettesheim teilt hierüber mit, die Einnahmen eines geistlichen Würdenträgers hätten ungefähr so gelautet: „er hat zwei Benefizien, ein Kurat mit zwanzig Du= katen, ein Priorat mit vierzig Dukaten, und drei Huren im Bordell". Ebenfalls interessante Zahlen haben wir über die Besteuerung der Prostitution und deren Erträgnis aus Hamburg vom Ausgang des 15. Jahrhunderts. Nach einem Bericht schloß die Stadtregierung „um diese Zeit mit zwei Bordellunternehmern einen Ver= trag, nach welchem diese für jedes Bor= dellmädchen jährlich eine Taxe von fünf bis neun Talenten zahlen mußten". Auch über Nürnberg wissen wir einiges. Zwar sind uns hier keine bestimmten Summen be= kannt, jedoch so viel wissen wir, daß der Frauenwirt laut Ratserlaß vom Jahre 1487 verpflichtet war, den ausbedungenen Zins, den er für Miete und Konzession an die Stadt zu zahlen hatte, in wöchentlichen Raten an den Richter abzuliefern.

Daß es sich in den Erträgnissen aus den Frauenhäusern in sehr vielen Fällen

Der Tod im Frauenhaus
341. Deutscher Holzschnitt

Porträt einer venezianischen „Grande Puttana"
342. Original Liechtensteinsche Gemäldegalerie Wien

um reichlich fließende Einnahmequellen gehandelt haben muß, erfahren wir auch aus einigen fürstlichen Beschwerden wegen geschehener Einbuße an ihren Rechten. „Rechte" sind in solchen Fällen immer mit „Einnahmen" zu übersetzen. So beschwerte sich, um nur ein einziges Beispiel zu nennen, 1442 der Kurfürst Dieterich von Mainz über die Bürger der Stadt, „daß sie ihm Schaden zugefügt haben an Rechten betreff der gemeinen Frauen und Töchter, item die Bulerey". . . . Die biederen Landesväter waren gewiß sehr auf die Sittlichkeit ihrer Untertanen bedacht, nur durfte es eben ihren Geldbeutel nicht treffen. Sittlichkeitsbewegungen, die ihre Einnahmen verkürzten, waren nicht recht nach ihrem Geschmack; dann hielten sie es, wie man aus diesem Fall schließen kann, viel lieber mit dem Teufel. —

Zur Prostitution zählt schließlich noch eine weitere Kategorie. Das große Heer derer, die von der Dirne leben und untrennbar von ihr sind, seit die Liebe zu einem Gewerbe wurde, das auch im Stücklohn verhöckert wird: Zuhälter, maquereaux, Kuppler und Kupplerinnen.

Wenn die Dirne alt wird und ihre Reize keine zahlenden Liebhaber mehr finden, ergreift sie, sofern sie nicht im Elend und Spital verkommen ist, meist das noch rentablere Gewerbe der Kupplerin: „Jung Hur, alt Kupplerin". In dem

Fastnachtsspiel „Vom Papst und seiner Priesterschaft" des großen Berner Malers und Dichters Nikolaus Manuel sagt eine alte Hure:

Ich freu' mich daß ich kuppeln kann,
Sonst wär' ich wahrlich übel dran;
Ich hab mirs meisterlich gelehrt

Und lange mich damit ernährt,
Seitdem daß meine Brüste hangen,
Wie 'n leerer Sack auf einer Stangen."

Und die alte Dirne wird stets die skrupelloseste Ausbeuterin ihrer ehemaligen Schicksalsschwestern. In einem Fastnachtsspiel läßt der Verfasser die alte Kupplerin also sprechen:

Wohl her, wohl her auf meinen Kloben,
Mein Lockvogel den thu ich loben,
Er lockt herzu Eulen und Trappen,
Aufsitzen Guckgu und Dilldappen,
Wenn ich sie thu in Kloben bringen,
So lehr ich sie Fortuna singen,
Mit Schlemmen, Röck und Schauben kaufen,

Dann müssen 's an der Ruth mitlaufen.
Wann sie werden ganz dürr und bloß,
Ich sie dann aus der Hütten stoß,
Und laß eine Feisten einherwandern,
Wann wir sind kommen her aus Flandern,
Geben ein Trappen um den andern.

Aber das Heer der Kupplerinnen rekrutierte sich nicht nur aus ausgedienten Dirnen, sondern auch aus zahlreichen Frauen, die immer nur dieses Gewerbe getrieben hatten, teils offen im Dienste aller, teils unter irgendeinem Deckmantel versteckt im Dienste eines einzelnen; und sie fanden sich unter allen Ständen. Der häufigste Deckmantel, unter dem die Kupplerin die Dienste des einzelnen verrichtete, war der der Kammerfrau. In Spanien war die Duegna, die einer Frau oder Tochter in einer vornehmen Familie beigegebene sogenannte „Ehrenwächterin", in unzähligen Fällen nichts anderes als eine Kupplerin, die ihrer, entsprechend den spanischen Sitten, zur Zurückgezogenheit verurteilten Herrin heimlich Liebhaber besorgte. Dieselbe Institution kennen wir bereits aus den Kreisen des höfischen Adels Frankreichs (S. 325); auch hier begegnet man der Kupplerin sehr häufig in der Maske der Kammerfrau. Über die Kupplerin, die im Dienste aller steht, kann man bei Aretin ein ganzes Kapitel nachlesen. Und danach ist sie zuzeiten die meistbeschäftigte Persönlichkeit. Besonders bei Nacht kommt sie oft keine Minute zur Ruhe. Eine Kupplerin erzählt:

„Bei Nacht führt die Kupplerin ein Leben wie ne Fledermaus, die keinen Augen-

Unterkleidung einer venezianischen Kurtisane
343. Kupferstich. 16. Jahrhundert

blick sich hinsetzt; ihre Haupttätigkeit beginnt, wenn die Uhus, die Käuzchen und die Schleierculen aus ihren Löchern hervorkommen. So kommt auch die Kupplerin aus ihrem Nest hervor und klopft Nonnen- und Mönchsklöster, Höfe, Bordelle und alle Schenken ab; hier holt sie eine Nonne ab, dort einen Mönch. Diesem führt sie eine Kurtisane zu, jenem eine Witwe; dem einen eine Verheiratete, dem andern eine Jungfer; die Lakaien befriedigt sie mit den Zofen ihrer Herrschaft, der Haushofmeister kriegt zum Trost seine Gnädige; sie bespricht Wunden, sammelt Kräuter, beschwört Geister, reißt Toten die Zähne aus, zieht Gehenkten die Stiefel ab, schreibt Zauberformeln auf Papierblätter, bringt Sterne zusammen, bringt Planeten auseinander und kriegt zuweilen eine tüchtige Tracht Prügel."

Aber vor den Zeiten Aretins muß das Kuppelgewerbe noch bessere Tage gehabt haben. Oder richtiger: die professionelle Kupplerin hat allmählich selbst in den allerbesten Kreisen betriebsame Konkurrenten bekommen. Darüber läßt sich dieselbe Kupplerin mit folgenden Worten aus:

„Ich fühle es mir in den Fingerspitzen kribbeln, wenn ich daran denke, wie die einstmalige Glückseligkeit unseres Kuppelgewerbes uns geraubt ist, und zwar von den Frauen und Damen, von den Männern und Herren, von den Hofkavalieren und Hoffräuleins, von den Beichtigern und Nonnen. Denn, meine liebe Amme, heutzutage regieren diese vornehmen Kuppler die Welt: sie sind Herzöge, sie sind Mark- und gewöhnliche Grafen, sie sind Kavaliere; ja, du zwingst mich, es zu sagen: es sind Könige, Päpste, Kaiser, Großtürken, Kardinäle, Bischöfe, Patriarchen, Sophis und alles mögliche. Und unser guter Ruf ist flöten gegangen, wir sind nicht mehr, was wir waren. Wenn ich an jene Zeit gedenke, wo unsere Kunst in Blüte stand!

Amme: Oh! sie steht nicht mehr in Blüte, wenn solche Persönlichkeiten, wie du sie eben aufgezählt hast, sich damit befassen?

Gevatterin: Für sie steht sie wohl in Blüte — aber nicht für uns! Uns ist nichts weiter geblieben als der Schimpfname Kupplerin, — sie aber schreiten stolz einher und spreizen sich mit ihren Titeln, Ehren, Pfründen. Bilde dir nur nicht ein, jemand könne es durch seine Talente zu etwas bringen! Das gibt's hier in diesem Schweine-Rom so wenig wie anderswo. Aber die vornehme Kuppelei läßt sich den Steigbügel halten, kleidet sich in Samt und Seide, hat den Beutel voll Geld, wird mit tief abgezogenem Barett gegrüßt. Ich bin ja freilich eine von der kernigen Sorte, aber sieh dir auch mal die andern an, wie die erbärmlich dreinschauen!"

Dieses Heer der Prostitution ist unermeßlich groß gewesen, besonders in den Zeiten allgemeiner Ausschweifung; es ist nie gezählt worden und wird auch nie gezählt werden können (Bild 230—233, 347, 352, 360, 362—368 u. 371).

Noch größer ist aber, womöglich, das Heer der männlichen Parasiten, die von der Dirne leben, das Heer der Kuppler, der Ruffiane, wie man sie früher nannte, der Zuhälter, oder der macquereaux, wie ihr Name in Frankreich ist.

Das Gewerbe der Kuppler ähnelt durchaus dem der Kupplerinnen. Und wie zum Beispiel die vornehme Dame die eigene Kupplerin in der Kammerfrau hatte, so der vornehme Herr häufig den eigenen Kuppler im Kammerdiener. Größer war aber wohl die Zahl jener, die das Geschäft auf eigene Rechnung und Gefahr betrieben und eine, mitunter auch mehrere Dirnen jahraus jahrein unter der Hand, teils für vorübergehende, teils für längere Nutznießung verkuppelten; männliche Gelegenheitsmacher. Es sind das jene Existenzen gewesen, die das Gesetz eigentlich unter dem Namen Ruffiane bezeichnete, woraus sich später der moderne Zuhälter entwickelte, der der Dirne nicht nur Gelegenheitsmacher, sondern zugleich Beschützer ist. Denn auch damals bedurfte die Dirne, die ihrem Liebesgewerbe nicht im Frauenhaus oblag, dringend des jederzeit bereiten Beschützers, sei es, um sie vor Angriffen und Mißhandlungen sicher zu stellen, sei es, um sie von den Ver-

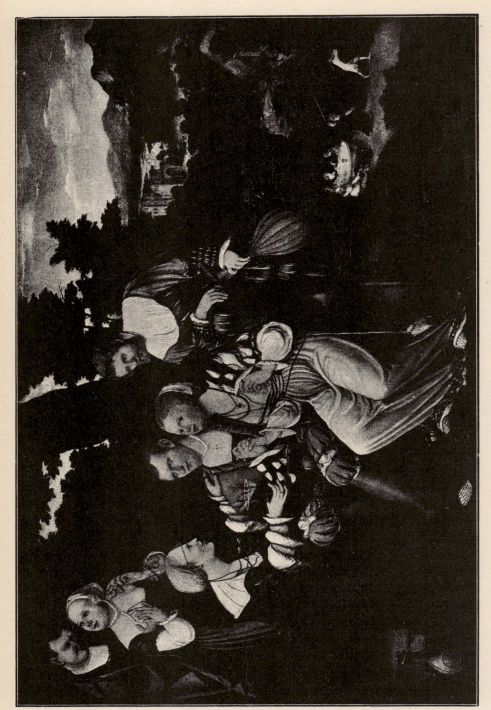

344. Junker und Dirnen.   Gemälde von Hans Sebald Beham

Vornehme florentinische
Kurtisane
345. Holzschnitt

folgungen durch die Stadtknechte, die auf die heimlichen Huren fahndeten, rechtzeitig zu warnen. Am meisten wird jedoch ihre Tätigkeit in der Mithilfe bei der Ausplünderung der Opfer bestanden haben. Und das ist es auch vor allem, was den Ruffian so gefürchtet machte, daß sich schon im 13. und 14. Jahrhundert die Gesetzgebung mit ihm beschäftigte. (Bild 364.) —

So viel über den Umfang der Prostitution in der Renaissance. Wenn man die natürlichen Konsequenzen aus allen diesen Darlegungen zieht, so ist damit zu einem Teil schon beantwortet, was auf die Frage nach der Rolle der Dirne im Rahmen des gesellschaftlichen Lebens der Zeit zu sagen ist; zum mindesten haben wir darin schon charakteristische Beweisstücke für die auffälligste Konstatierung, die zu machen ist, daß die Dirne nämlich einen der wichtigsten Mittelpunkte des damaligen geselligen Lebens überhaupt darstellte.

Die obersten und bezeichnendsten Belege sind in dieser Richtung wohl die Feste der Renaissance. Der Rolle gegenüber, die die Dirne dabei spielte, ist es nicht zu viel behauptet, wenn man sagt: Die Dirne war hier in unzähligen Fällen der wichtigste Stimmungsfaktor, denn sie brachte das meiste Leben in diese Veranstaltungen. Und dies erfolgte absolut nicht zufällig und war auch keine bloße Begleiterscheinung, sondern diese Art der Stimmungsbeeinflussung war geradezu der Zweck der Übung. Ausgesprochen zu diesem Zweck wurde die Dirne bei fast allen Festlichkeiten herangezogen und bewußt von den Arrangeuren, das heißt also den Vätern der Stadt, in den wichtigen Dienst der Stimmungssteigerung gestellt. Schon die erste und ständige Aufgabe, die den Dirnen bei allen Festen zufiel, bestätigt dies vollkommen. Bei den meisten Renaissancefesten, sofern diese in der warmen Jahreszeit stattfanden, herrschte der Brauch, Blumensträuße überreichen zu lassen, dem Festzug Blumen auf den Weg zu streuen und weiter auch Blumen unter das als Zuschauer anwesende Volk zu werfen. Mit dieser Aufgabe wurden fast durchwegs die Dirnen betraut. Aber damit war der Dirnen stimmungmachende Rolle noch lange nicht erschöpft. Sie sollten nicht bloße Statistendienste tun, um, wenn diese getan, gnädig verabschiedet zu werden, damit von da ab nur die anständigen Frauen durch um so mehr Zucht und Sitte glänzen könnten. Nein, sie blieben häufig im Verlauf des ganzen Festes in Aktion und bildeten ebensosehr die wichtigste Nummer bei den angesetzten geselligen Unterhaltungen. Die Hauptrolle in dieser Richtung haben wir schon im zweiten Kapitel beschrieben und verweisen hier nur darauf. Wir meinen den mannigfach geübten Brauch, hohe fürstliche Gäste durch eine oder mehrere nackte schöne Dirnen am Weichbilde der Stadt bewillkommnen und einholen zu lassen; dieser Programmpunkt bildete immer den wichtigsten Teil der gesamten Empfangsfeierlichkeiten. Wenn man zum Tanze antrat, waren den Dirnen nicht bloß die Zaunplätze beschieden, sondern im Gegenteil: die schönen Kurtisanen waren es gar häufig, mit denen sich Edelleute, Junker und Hofschranzen im Kreise drehten, während die stolzen Patrizierinnen vom Balkon und von der Altane herab die Zuschauer waren. Weiterhin gab es bei den Festen Schaustellungen, Turniere, Wettläufe und ähnliches, die ausschließlich von den „freien Töchtern" der Stadt ausgeführt wurden. Die schönsten der Dirnen bildeten verführerische Gruppen teils mythischen, teils symbolischen Charakters, wieder andere führten bacchantische Tänze auf, oder man veranstaltete unter sich Wettbewerbe zur Erringung eines von der Stadt ausgesetzten Schönheitspreises. Eine besonders beliebte Attraktion waren die sogenannten „Hurenwettläufe", denn hier säumte der Zufall niemals, gefälliger Kuppler der Sinne der Zuschauer zu sein. Wenn der fröhliche Tag endlich zur Rüste ging, war der Dirnen Rolle immer noch nicht ausgespielt. Im Gegenteil, jetzt kam erst die eigentliche aktive Rolle der Dirnen, die ebenfalls zum offiziellen Festprogramm gehörte. Nur wurde der Schauplatz jetzt verlegt, und zwar direkt ins Frauengäßchen und ins Frauenhaus. Auf Kosten der Stadt war der Weg, der dorthin führte, festlich beleuchtet, solange hohe Gäste in den Mauern der Stadt weilten, und ebenfalls auf Kosten der Stadt durfte sich männiglich, das heißt, was zum Hofstaat des Gastes gehörte, nach Herzenslust in Liebe dort ergehen. Den schönsten der Kurtisanen war von der Stadt weiter aufgetragen, jede Stunde für den Besuch der vornehmsten der in der Stadt weilenden Gäste bereit zu sein und „ihnen mit aller Kunst ihres Handwerks zu dienen". Und die betreffenden Dirnen haben sicher nicht versäumt, auch nach dieser Richtung das Ansehen der Stadt bestens zu

346. Landsknecht und Dirne. Holzschnitt von Peter Flötner

wahren. Wurde bei Fürstenbesuchen am verschwenderischesten mit dem Kapital der Dirne öffentlich gewuchert, so war ein solches Indienststellen der Reize der Dirne zur Steigerung der allgemeinen Lebensfreude doch nur die Folge davon, daß man in ihr überhaupt ein unentbehrliches Requisit des öffentlichen Lebensgenusses sah. Wenn ein Gesandter in Geschäften in einer Stadt weilte und der Bürgermeister und die Ratsherren ihn auf Kosten der Stadt zu Gaste luden, so versäumte man nicht, irgend ein durch Schönheit oder besondere Liebeskunst renommiertes Mitglied der städtischen Hurenzunft ihm zur Seite zu setzen, die allen seinen Witzen und Launen ein williges Ohr und auch den derbsten Scherzen, die man ja bei solchen Gelegenheiten bevorzugte, immer ein verständiges Entgegenkommen bewies.

Aber auch, wenn man ganz unter sich war, bei rein bürgerlichen Vergnügungen und Lustbarkeiten, bei städtischen Volksfesten, bei Hochzeiten von Patriziern und ähnlichen öffentlichen Freudentagen war den Dirnen nicht selten eine bemerkenswerte Rolle zur Steigerung der allgemeinen Festesfreude zugewiesen. Bei Volksfesten oder bei eigens zu diesem Zweck geschaffenen Gelegenheiten boten sie dieselben oder ähnliche Schaustellungen wie bei Fürstenbesuchen. Auch gab es eine Reihe von Veranstaltungen und Festen, die einzig von den Dirnen veranstaltet wurden, wie der Magdalenentanz, oder die durch die dabei stattfindenden Aufführungen der Dirnen berühmt und besucht waren, so der Jahrmarkt zu Zurzach in der Schweiz wegen des dabei regelmäßig stattfindenden, mit einer Schönheitskonkurrenz verbundenen „Hurendanzes" (Bild 340).

Zu erwähnen ist hier auch, daß den Dirnen in manchen Fällen von der Stadtgemeinde bestimmte Abgaben zugesichert waren. So die Lieferungen von Wein und Wildbret. Bei Hochzeiten von Patriziern oder Stadtjunkern war den städtischen Dirnen mitunter ein besonderer Tisch hergerichtet, wo sie auf Kosten des Bräutigams festlich bewirtet wurden. Bei den sogenannten Abendtänzen, den Nachfeiern, die meist den Beschluß einer Hochzeit bildeten, stellten die hübschen Dirnen immer einen Hauptteil des weiblichen Elementes.

Das sind von den vielen Formen, in denen die Bewohnerinnen des Frauengäßchens im Dienste der allgemeinen Festesfreude aktiv mitwirkten, nur einige der markantesten. Und für alle diese findet man in den Ratsprotokollen

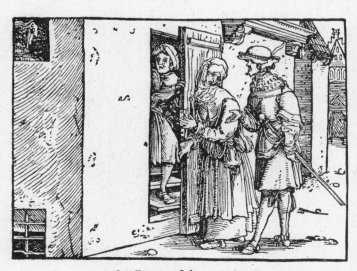

347. Im Frauengäßchen. Holzschnitt

400

Im Frauenhaus
Anonymer Holzschnitt eines Augsburger Meisters. 16. Jahrhundert

und Stadtrechnungen der Städte die illustrierenden und beweisenden Belege.

Aus den Ratsprotokollen von Bern ergibt sich über den Besuch des Kaisers Siegismund im Jahre 1414 gelegentlich seiner Reise zum Konzil von Konstanz nach der Geschichte der Schweiz von Joh. Müller folgendes:

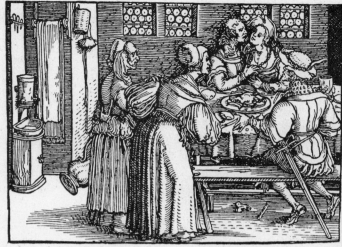

348. **Junker und Dirne.** Im Frauenhaus. Holzschnitt

„Es war nicht allein von dem Rat befohlen, daß die ganze Zeit über, aus einem immer offenen Keller jedermann Wein dargereicht wurde (wie denn der ganze Hof und alles Gefolge überhaupt mit Überfluß bewirtet wurde), sie hatten auch in den Häusern, wo schöne Frauen ihre Reize verkauften, befohlen, daß die Herren vom Königlichen Hof ohne Entgeld freundlich empfangen würden."

Der Kaiser reiste mit achthundert Pferden! Da handelte es sich also um kein so kleines Gefolge. Und der Kaiser muß von dem getroffenen Arrangement, besonders aber von den Dirnen, sehr befriedigt gewesen sein, denn an anderer Stelle heißt es über diesen Punkt:

„Dieselben zwo Eren und Herrlichkeiten, mit dem Wyn und Frowenhuß rumte der König darnach, wo er bey Fürsten und Herren saß, gar hoch, und hielt es für eine große Sache. Es war auch damals „bey dem schönen Frowen in Gäßlin" eine Rechnung für die Stadt zu bezahlen."

Über die Anwesenheit eines anderen Kaisers in Regensburg im Jahre 1355 steht in der Regensburger Chronik zu lesen:

„Während der Anwesenheit des Kaisers gab es im gemeinen öffentlichen Frauenhaus nächtlicher Weile immerfort Rumor. Es lag im Latron, dem Hause des Dechants gegenüber, war öffentlich privilegirt und vom Rath an einem Wirth verstiftet."

Die Wiener Stadtrechnungsprotokolle aus dem Jahre 1438 enthalten über die Ausgaben, die sich die Stadt beim Einzuge Albrechts II. nach seiner Krönung zu Prag mit den Dirnen gemacht hat, folgenden Eintrag: „umb Wein den gemain Frauen 12 achterin. Item den Frauen, die gen den König gefahrn (entgegengezogen) sind, 12 achterin." Beim Einzug des König Ladislaus in Wien 1452 wurden nach einer Chronik in der Wiener Hofbibliothek vom Bürgermeister und Rat, „freie Töchter" abgeordnet, den König am Wienerberg zu empfangen, bei seiner Rückkehr aus Breslau wurde ihm derselbe ehrenvolle Empfang in dem „Werd" (heute der zweite Bezirk) zuteil. Als die österreichische Gesandtschaft im Jahre 1450 zur Empfangnahme der Braut König Friedrich IV. nach Portugal abgesandt wurde, haben die Stadtväter von Neapel ähnlich verfahren:

„Die Frauen im Frauenhaus, die waren alle bestellt, durfte keine kein Pfennig nicht nehmen, schnittens nur auf ein Rabisch. Da fand einer Mörin (Mohrinnen) und sonst schöne Frauen, was einen lustete."

Aus den Wiener Stadtrechnungen des 15. Jahrhunderts ersieht man weiter,

„daß die hohen Fremden von Bürgermeister und Rat in den Lokalitäten der Bürgerhäuser bei Festen und Tänzen mit ‚schönen Frauen' regaliert wurden. Die ‚gemeinen Frauen' wurden zu der Tanzgruppe am Johann des Täufers Tag um das Sonnenwendfeuer verwendet, wobei ihnen Bürgermeister und Rat Erfrischungen verabreichen ließen. Ebenso fungierten sie auch jährlich bei den in Wien abgehaltenen Wettrennen."

Ein städtischer Gesandter, Siegismund von Herberstein, erzählt von seiner Reise als Gesandter nach Zürich im Jahre 1516: „Der brauch war, daß der Bürgermeister, gerichtsdiener und gemaine Weiber mit dem gesandten assen." Den vorhin erwähnten Zurzacher Hurentanz fanden wir in einem alten Fastnachtsspiel beschrieben:

„Ich han dich wol in großen Ehren gsehen,
Es ist jezt bei sieben jahren bschehen,
Zur Zurzach Hurendanz:
Darum so treist (trägst) du wol einen Kranz;
Dann da warend mehr dann hundert Huren,
Die da all am Danz da umbher fuhren;

Do hast du da den Gulden gwunnen,
Den man der Hüpschisten sollt gunnen,
Den der Vogt von Baden giebt denn zmal
Der Hüpschisten in der Hurenzal,
Die denn zur mal uff der Wißmatten sind."

Von der Existenz zahlreicher Bräuche, und vor allem, wie es dabei zuging, erfährt man sehr häufig auch durch die Verbote, die gegen sie erlassen wurden. Aus diesen Verboten ersieht man zugleich, wann sich eine allgemeine Wandlung in den Anschauungen durchsetzte. So wurde zum Beispiel unter Ferdinand I. durch die Handwerkerpolizeiordnung im Jahre 1524 der Tanz abgeschafft, den die Wiener Handwerksgesellen mit den blumengeschmückten „schönen Frauen" alljährlich um die auf den Plätzen der Stadt entfachten Johannisfeuer ausführten. Die Abschaffung des „Hurenlauffs" in München erfährt man aus einer Notiz, die sich unter dem 10. Juli 1562 in den Ratsprotokollen der Stadt München befindet.

„Huernlauff bey dem Rennen (Turnier) zue St. Jacobstag Inn der dult.
An heut obgemelt Ist In Aim Rhat beschlossen, das man hinfuero die gmeinen Weiber nit mer woll lauffen lossen, In bedenkhung der grossen Ergernis ond das sy so schentlich lauffen, sich gar hoch bleßten (entblösten), Jungen leuten böses Exempl geben, ond Anreitzen hinab zekhomen (hinab ins Hurengäßchen), das ettwo sonsten nit beschöchen."

In Wien war der alljährliche „Hurenwettlauf" bereits 1534 aufgehoben worden. Das heißt, in diesem Jahr fand er zum letztenmal statt.

Daß jedoch nicht eitel löbliche Duldung bei diesem Indienststellen der Dirnen gegenüber diesen herrschte, geschweige denn, daß man sie auch nur eine Stunde als gleichberechtigte Menschen ansah, sondern daß diese Frauen trotz alledem als vogelfrei angesehen wurden, als das Freiwild der Feste, an dem man ebenso skrupellos und brutal sein Mütchen kühlen durfte, wenn einen der Stachel dazu reizte, das erkennt man ebenfalls sehr deutlich aus verschiedenen Ratsprotokollen und Chroniknotizen. So liest man zum Beispiel in der Nürnberger Chronik des Heinrich Deichsler:

„Des jars am Mittwochen nach Pauli (26. Januar) da het Hans Imhof mit sein Sun Ludwig

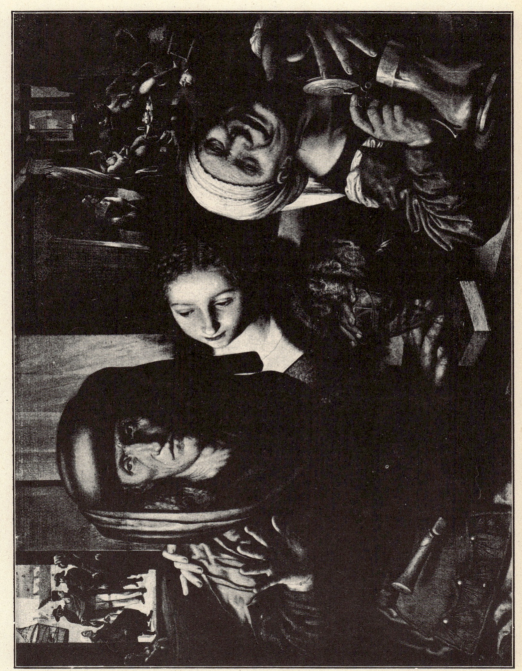

319. Leben und Treiben im Frauenhaus. Gemälde von Jan v. Hemessen. Original Gemäldegalerie, Karlsruhe

Hochzeit, und des Nachtz am obenttantz (Abendtanz) da rupfet die wild Rott auf dem Rathaus und zugen der guten Dirn, genannt Payreuter Agnes, ir Schleier auch ab; da zug sie ein Prot‑ messer auß und stach nach eim."

Aus der Chronik erfährt man weiter, daß die ihrer Haut sich wehrende Agnes bei ihrer Notwehr einen der patrizischen Raufbolde am Hals verletzte. Zur Strafe dafür wurde sie auf fünf Jahre aus Nürnberg verwiesen; ihrem junkerlichen Widersacher geschah natürlich nichts. Der Pöbel muß es aber bei seinen Exzessen schließlich so arg getrieben haben, daß das weibliche Freiwild seines Lebens überhaupt nicht mehr sicher war. Das folgt daraus, daß man immer häufiger solchen Verordnungen begegnet, wonach die Zahl der zu öffentlichen Festlichkeiten zugezogenen und zu‑ gelassenen Dirnen eingeschränkt wurde. Natürlich waren sie eben dann hinfort inoffiziell da, und vor allem die inhonestae meretrices. —

In den Rahmen einer Darstellung der Rolle, die die Dirne im gesellschaft‑ lichen Leben spielte, gehören natürlich auch die persönlichen Beziehungen des ein‑ zelnen zur Prostitution.

Muß man bei Beurteilung der Rolle, die die Dirne im gesamten öffentlichen Leben spielte, nach Städten unterscheiden, und ist diese Rolle größer in den Großstädten und Mittelpunkten des kommerziellen und höfischen Lebens, so muß man bei der Feststellung der persönlichen Beziehungen zur Prostitution wieder innerhalb der Städte streng nach den einzelnen Klassen differenzieren.

Bei den zünftigen Gesellenschichten ist der Verkehr mit der Dirne fast überall rege, denn er ist für sie das offizielle Surrogat der Ehe, die, wie bekannt, der Mehrzahl von ihnen durch die Zunftgesetze versagt ist. Gewiß sind hier von vornherein sehr starke Einschränkungen zu machen. Es ist nicht zu übersehen,

Römische Kurtisane auf der Straße
350. Holzschnitt

daß zahlreiche Gesellen, denen die Heirat versagt war, im Konkubinat lebten, oder sogenannte Winkelehen schlossen, und daß für einen weiteren Teil der regel‑ mäßige Besuch des Frauenhauses zu teuer gewesen wäre. Ebenso darf nicht übersehen werden, daß das weibliche Gesinde, die Mägde, ständig einen erheblichen Teil des Geschlechtsbedürfnisses der ehelosen Männer befriedigten, teils freiwillig, weil sie doch dieselben Bedürfnisse hatten wie die Männer und diese auch nicht anders zu stillen vermochten, teils gezwungen durch ihre soziale Situation, die sie widerstandslos der Verführung überlieferte. Dessenungeachtet kann man aber doch sagen, daß die Beziehungen der Gesellen zur Prostitution sehr rege waren. Das gleiche galt noch mehr von den unverheirateten Meistersöhnen, kurz, von jedem unverheirateten Mann. Bei ihnen allen fand man den Besuch des Frauenhauses und den Verkehr mit Dirnen als etwas Natürliches und Selbst‑ verständliches; und das wurde keinem als eine Schande

351. Hurenweibel und Soldatendirnen. Deutscher Holzschnitt

angerechnet, die seine Tugend mit einem Makel behaftet hätte. Jeder blieb trotz=
dem in der allgemeinen Anschauung der „tugendhafte Jüngling".

Weil man damals im Geschlechtsverkehr sozusagen den Hauptinhalt, ja sogar
den Inbegriff jeder geselligen Unterhaltung findet, so geht der Ledige, wenn
er sich einen fröhlichen Tag oder Abend machen will, in erster Linie und in den
meisten Fällen nach dem Frauengäßchen. Das ist für viele der allgemeine Treff=
punkt, der einzelne findet dort am leichtesten Bekannte, und außerdem traf man
dort stets die interessanteste Gesellschaft. Alles was leicht zu Geld kam und
dieses darum ebenso leicht wieder ausgab, traf sich dort: lungernde Landsknechte,
Glücksritter, Abenteurer, verkrachte Existenzen und so weiter. Gar häufig ging man
auch in Gesellschaft hin, wie man heute in Gesellschaft kneipen geht. Und im
Frauenhaus amüsierte man sich nun nach seinen Mitteln ebenso, wie man sich heute
in den Kneipen amüsiert, mit Spiel, Gesang, Tanz und vor allem mit zotenhaften
Witzen und Scherzen, die man mit den dort befindlichen Dirnen trieb. (Bild 339,
344, 349, 357, 362, 363 und 368.)

Anders verhielt es sich bei dem verheirateten Kleinbürger. Wie dem unver=
heirateten Mann der Umgang mit Dirnen von der Gesellschaft offiziell gestattet

war, so war es diesem streng verboten, und zwar nicht nur durch die un-geschriebenen Gesetze der allgemeinen sittlichen Anschauungen, sondern meistens auch durch ausdrückliche Ratsbeschlüsse; eine ganze Reihe solcher Ratserlasse hat sich erhalten. Der Mann, „so auf diese Weise seine Frau an ihren ehe-lichen Rechten schmälert", „so seinem ehelichen Weib das Nachtfutter aus dem Hause trägt" und so weiter, macht sich durch den Besuch des Frauenhauses direkt strafbar. Aber auch das fügt sich ganz logisch in den Rahmen des Zeitbildes ein, und zwar entspricht es den Bedingnissen der kleinbürgerlichen Ehe, die wir schon weiter oben dargelegt haben. Natürlich ist der verheiratete Kleinbürger trotzdem kein seltener Gast im Frauengäßchen; aber er kann nur heimlich dahin schleichen. Und auch das entspricht der historischen Situation des Kleinbürgers. Wenn der Kleinbürger auch mehrfach in der Geschichte revolutionär aufgetreten ist, und wenn er sich weiter auch bei seinem Eintritt in die Geschichte als revo-lutionäre Klasse gebärdet hat, so bedingte die Kleinlichkeit seiner materiellen Existenz-bedingungen doch stets eine gewisse Enge der Moral, und die Befreiung von den lästigen künstlichen Fesseln konnte bei ihm immer nur heimlich geschehen. Das führt aber stets zur Heuchelei und zur Scheinheiligkeit, die naturgemäß um so beherrschender wurde, je gefährdeter seine politische Situation durch das siegreiche Aufkommen neuer revolutionärer Klassen sich gestaltete. Und das war gerade damals der Fall.

Des Kleinbürgers heimlicher Bundesgenosse ist natürlich stets der Frauenwirt, obgleich er ebenfalls vom Rat aufs strengste angehalten ist, einem verheirateten Mann den Eintritt ins Frauenhaus zu wehren. Der verheiratete Mann, der Jude und der Mönch — auch den beiden letzteren ist von der Behörde das Betreten des Frauen-hauses verboten — sind sogar die vom Frauenwirt am liebsten gesehenen Gäste. Sie alle sind meistens zahlungsfähiger als die Ledigen, und sie geben außerdem leichter aus, wie jeder, der nur heimlich „sündigen" kann, sich doppelt gehen läßt; wenn er einmal zum Ziele kommt, will er die Gelegenheit doppelt ausnützen. Und so weiß der Frauenwirt stets Mittel und Wege, sei es durch heimliche Türen, die auf unbegangene Grundstücke münden, sei es durch Aufpasser und Wächter, dafür zu sorgen, daß sowohl verheiratete Männer als auch Mönche ungefährdet kommen, gehen und ihre verliebte Kurzweil mit den gefälligen Dirnen treiben könnten. Die Belege dafür, daß alle diese drei Kategorien regelmäßige Gäste im Frauengäßchen waren, hat man in den verschiedenen Notizen über Bestrafungen von Ehemännern, Mönchen und Juden, die durch irgendeinen Zufall doch beim Besuch des Frauen-hauses attrapiert wurden.

Dem Witwer war der Umgang mit der Dirne offiziell wieder gestattet. Bei diesem bekommt jedoch die Dirne häufig den Charakter einer sogenannten „heim-lichen Frau", das heißt: die Haushälterin, die ihm bei der Führung seines Haus-haltes unentbehrlich ist, ist in zahllosen Fällen auch seine Konkubine. Daß dieses nicht selten war und, weil für viele Männer unumgänglich, als etwas Selbstverständ-liches galt, erkennt man daraus, daß man mannigfach liest: er brachte von seiner heimlichen Frauen ein Kind in die Ehe.

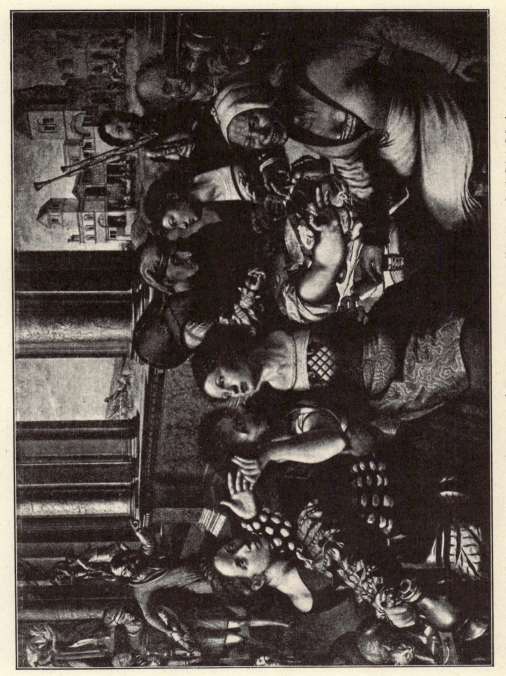

352. Kuppler, Kupplerinnen und Dirnen. Gemälde von Jan v. Hemessen. Staatl. Galerie Brüssel

Daß das Konkubinat auch mannigfach neben der Ehe bestand und der Haus‹
herr sich neben seinem rechtmäßigen Ehegespons im eigenen Hause noch eine
Kebse hielt, ist ebenfalls eine sicher verbürgte Erscheinung. Wo dies jedoch häufige
Übung ist, handelt es sich nicht mehr um das Kleinbürgertum, sondern meistens
um die aufkommende Bourgeoisie, — um den besitzenden Kaufmann, der sich,
wie wir bereits wissen, als wirklich revolutionäre Klasse keck und kühn über die
strengen Forderungen der patriarchalischen Ehe hinwegsetzte und sich gerade auf
sexuellem Gebiete revolutionär gebärdete.

Eine weitere Steigerung in der Stellung zur Prostitution, und zwar schon die
Entwicklung zum Raffinement findet sich beim Adel, dem städtischen wie dem
höfischen. Hier sind die offenen und unverhüllten Beziehungen zu einer schönen
Dirne an der Tagesordnung. Die Kurtisane wird hier der oberste Luxusgegen‹
stand des Lebens. Damit lebte in diesen Kreisen gewissermaßen der klassische
Hetärismus wieder auf. Freilich eben nur gewissermaßen.

Der Große und Vornehme hält sich offen vor aller Welt eine schöne Kurti‹
sane, die er vollständig aushält, genau wie er sich kostbare seltene Tiere hält. Er
mietet ihr oder überläßt ihr auch zu eigen ein Haus, hält ihr Dienerschaft, Pferde
und Wagen, er stattet sie mit kostbaren Kleidern, Schmuck und so weiter aus und
macht ihr Haus zu einem glänzenden Schmuckstück. Hier verkehrt er ganz offen,
bringt seine Freunde mit, und es werden gemeinsame Feste abgehalten. Die Be‹
ziehungen zu einer Kurtisane und deren glänzende Ausstattung ist ein Teil des
offiziellen Prunkens, durch das der Reiche und Mächtige seinen Reichtum öffent‹
lich zur Schau stellt. Solche Freundinnen, die von vornehmen Leuten, wie Prä‹
laten und Kardinälen, ausgehalten waren, nannte man in Italien cortesanae honestae
im Gegensatz zu den gewöhnlichen meretrices. (Bild 25.)

Besonders reiche Lebemänner halten sich auch einen ganzen Harem, Freuden‹
häuser mit zwei, drei und noch mehr Kurtisanen, mit denen und an denen sie
sich nach Belieben vergnügen. Solches ist uns vornehmlich von der reichen Aristo‹
kratie Italiens und dann auch von der Frankreichs berichtet. In Italien begegnet
man den großen und berühmten Kurtisanen am häufigsten in Florenz, Venedig und
Rom, den drei Zentren, in denen die nach Italien flutenden Goldströme vor allem
zusammenflossen. In Florenz herrschte der größte Prunk, in Venedig der größte
Reichtum, in Rom lebte man nur dem schwelgerischen Genießen.

Oft bestritten auch mehrere Freunde zusammen die Kosten eines solchen
Kurtisanenhaushaltes. Ein solches Frauenhaus hielt sich in Florenz zum Beispiel
ein gewisser Philippo Strozzi, der Gatte einer Clarica von Medici. Die Nutznießer
dieses Lupanars waren Strozzi und seine Freunde. Zu diesen Freunden zählten
unter anderen Lorenzo de Medici, Herzog von Urbino, Francesco degli Albizzi und
Francesco del Nero; die Freunde bestritten auch gemeinsam die Kosten des Haus‹
haltes. Aus erhaltenen Briefen, die Lothar Schmidt in einem interessanten Bänd‹
chen der Monographiensammlung „Die Kultur" verarbeitet hat, sind wir ziemlich
eingehend über das Leben und Treiben in diesem Privatliebesbetrieb unterrichtet.
Wir erfahren, daß diesem Liebesbetrieb durchschnittlich vier schöne Kurtisanen

Landsknecht und Dirne

Federzeichnung von Nikolaus Manuel

angehörten, mit Namen Camilla de Pisa, Alessandra, Beatrice und Brigida und daß die schönen Damen den verliebten Launen eines jeden dienten, der zu diesem Kreise zählte. Zwar ist jede die spezielle Geliebte eines der vier Freunde aus diesem Kreise, und eine und die andere ist auch wirklich verliebt in diesen ihren speziellen Freund. Aber es herrschen doch unverhüllt vier-, fünf- und mehreckige Verhältnisse. Auch kuppelt man dem Geliebten hie und da eine Freundin, die ihn interessiert. So liest man zum Beispiel in einem der Briefe, den die genannte Camilla an Philippo Strozzi schreibt:

> „Mein Liebling! Du bist närrisch, wenn Du glaubst, ich werde erlauben, daß die Lessandra ein anderes Verhältnis eingeht, denn Dir habe ich sie bewilligt und geschenkt mit Leib und mit Seele; mach, daß Du sie Dir warm hälst, denn ich gebe meine Sachen nicht weg, um sie wiederzunehmen. Doch wenn wir ihn (irgend einen Kavalier) in diesen Kreis aufnehmen sollen, so werden wir ihm die Brigida geben. Ich werde jedenfalls nichts ohne Eure Einwilligung tun."

Dieselbe Camilla ist jedoch nicht so hartherzig, die gleiche Strenge auch gegen sich selbst zu wahren, sondern sie empfängt an den gleichen Tagen in ihrem Bett auch die anderen Freunde, um ihnen zu ermöglichen, sich von ihrer Schönheit wie von ihren Liebeskünsten die erwünschten genauen Kenntnisse zu verschaffen. Zur selben Zeit schreibt sie nämlich heimlich an einen anderen aus dem Kreise, der sie um zärtliche Gastfreundschaft in ihrem Bett gebeten hat: „Wenn Ihr kommt, so gebt das Zeichen nahe bei meinem Zimmer, wo ich jetzt wiederum schlafe, damit Ihr nicht lange zu warten braucht."

353. Den Besuchern eines flämischen Frauenhauses werden die Bilder der im Hause befindlichen Dirnen zur Wahl vorgelegt. Kupferstich

Kurz, jeder genießt jede, und jede dient jedem. Und das geschieht auch in gegenseitigem stillem Einverständnis; natürlich nur solange, wie man gut Freund untereinander ist.

Daß die Kurtisane jedoch auch in diesen Fällen ausschließlich als Genuß=instrument gewertet wird, ergibt sich am krassesten aus den Methoden, deren man sich gegenüber einer Überdrüssigen bedient. Hat einer eine bestimmte Dame satt, so ist sie ihm gerade gut genug, offen als willenloses Vergnügungsinstrument zu dienen, das er seinen Freunden zu beliebigem Gebrauch und Mißbrauch als Beute überliefert. Wie zynisch in solchen Fällen die berühmten Träger der höchsten Geisteskultur der Renaissance verfuhren, das erfahren wir aus einem dritten Brief derselben Dame, in dem sie sich empört aufbäumt gegen die infamen Zumutungen ihres Freundes, der ihr, nachdem er selbst ihrer satt ist, gebietet, jedem Gast und Freund, den er einschleppt, wahllos zu Willen zu sein. Die be=treffende Briefstelle lautet:

„Er soll mich in Frieden lassen in meinem Unglück und mich nicht an andere abtreten und verschenken, denn ich meine, ich bin als eine Freie geboren und als niemandes Magd oder Sklavin. Er weiß, wie oft ich ihm die Anmaßung untersagte, andere hier einzuführen und mich ihnen als Beute zu überlassen ... Zum Teufel, er hat ja so viele Weiber, junge Leute, Knaben und Knäb=lein aller Art, daß ich dächte, ihm müßte schon längst die Lust vergangen sein, sich um die hiesigen Angelegenheiten zu bekümmern."

Solches war freilich die Methode, der man immer begegnet, wo Reichtum und Macht schrankenlos ihre Willkür austoben können, darum werden wir ihr auch ebenso häufig noch im Zeitalter der Galanterie wie in dem des Bürgertums begegnen. —

Neben solchen, von einem bestimmten Mann oder Kreise ausgehal=

354. Dirne. Radierung von Rembrandt

tenen Kurtisanen entstand in der Renaissance aber auch wieder wie im klassischen Altertum — die ähnliche historisch=ökonomische Situation be=dingte die ähnliche Folgeerscheinung! — die grande Cocotte, il grande Put=tana. Die Hetäre großen Stils, die kraft ihrer Raffiniertheit und Schön=heit soviel verdient, daß sie sich nicht unter die Botmäßigkeit eines einzelnen begeben muß, die aus der Sklavin zur Herrin wird, und um deren Gunst selbst die Mächtigen und Reichsten unterwürfig buhlen. Zuerst und in den meisten Exemplaren tauchte die grande Cocotte der Renaissance in Italien auf, denn hier trafen auch zuerst die verschiedenen historischen Vor=aussetzungen zusammen, die die Ent=wicklung und Existenz dieser üppigsten

355. Räuberische Dirne. Holländisches Gemälde 16. Jahrhundert. Museum in Antwerpen

Blüte des Hetärismus ermöglichen. In Italien konzentrierte sich das mobile Kapital zuerst, und zwar am ausgedehntesten, hier entwickelten sich zuerst Großstädte, die die wichtigste Voraussetzung sind, damit eine Venuspriesterin sozusagen öffentlich Hof halten kann, und nach Italien zogen weiter gemäß der weltbeherrschenden Stellung Roms jahraus jahrein zahlreiche Fürsten und Adlige und noch mehr reiche Kaufleute. Italien — und hier wiederum Venedig, Florenz und Rom — war das erste Reiseziel des Reiseverkehrs der neuen Zeit. Diese drei Faktoren mußten zusammen= treffen; ein einziger für sich allein genügte nicht, um die Hetäre großen Stils zu zeitigen und allmählich zu der für die Physiognomie der Renaissance so charakte= ristischen gesellschaftlichen Erscheinung zu machen. Und darum begegnete man diesem Typ der Kurtisanen eben auch in jenen drei Städten in den auffälligsten Exemplaren. In Venedig allein soll es nach Montaigne hundertfünfzig Kurtisanen ersten Ranges gegeben haben, die an Pracht und Staat mit Fürstinnen zu wetteifern vermochten. Eine charakteristische Vertreterin dieses Kurtisanentyps war die schöne Venezianerin Veronica Franco, zugleich die berühmteste von allen. Diese liebes= kundige Dame zählte zu ihrer Kundschaft den höchsten Geburts= und Geistesadel der zweiten Hälfte des 16. Jahrhunderts. Ihr Bett war das Grand Hotel an dem begangensten Kreuzweg Europas, der nach Rom und dem Orient führte, und es stiegen dort in bunter Reihenfolge Fürsten und Könige ab und bezahlten eine unterhaltsame Liebesnacht nicht selten mit einem fürstlichen Vermögen. Die Dame

411

Der alte Bauer und die Dirne
356. Kupferstich von Bega

war während langer Zeit gleichzeitig die Freundin des großen Tintoretto und empfing in ihrem Salon die berühmtesten Schriftsteller und Künstler Italiens, sowie jene aus Deutschland und Frankreich, die nach Italien reisten. Mit Recht wurde gesagt: „Wenn eine solche Aspasia einmal ihren Wohnsitz verließ, so war das, wie wenn eine Königin reiste, und Gesandte meldeten ihre Abreise und Ankunft".

Um den Ruhm zu genießen, der Aushälter einer berühmten und als sehr anspruchsvoll bekannten Kurtisane zu sein, haben sich nicht wenige Adlige ruiniert. Eine positive Kenntnis davon gibt uns zum Beispiel die folgende Nachricht aus Rom über die Ausweisung einer solchen Kurtisane im 17. Jahrhundert:

„Desgleichen ist auch die vornehme Bulschaft, Leonora Contarina, auf Bäbstlichen Befehl, ohngeacht vieler vornehmen Herren Vorbitte, aus der Stadt verbannt worden, weil sie für allen anderen ihres gleichen den größten Zulauff von vornehmen Herrn gehabt, sogar, daß ihrer viel durch das übermäßige Geschenk geben an ihren Mitteln merklich abgenommen."

Selbstverständlich geschahen derartige Repressivmaßregeln niemals etwa aus Gründen der Sittlichkeit, sondern es steckten in solchen Fällen nur die noch mächtigeren Verwandten der verschwenderischen Aushälter der Dame dahinter, die für das Familienvermögen fürchteten. Wegen des Besitzes einer solchen großen Kurtisane stürzte man sich häufig auch in ebenso große Gefahren wie Kosten. Von dem Feldherrn Giovanni de Medici wird berichtet, daß er eine gewisse Lucrezia gewaltsam aus dem Besitz von Giovanni della Stufa entführte, der sie auf einem Fest in Recanati bei sich hatte. 1531 forderten in Florenz sechs Ritter jedermann zum Zweikampf heraus, der eine gewisse Tullia d'Aragona „nicht als die bewundernswürdigste und preisenswerteste Dame der Welt anerkennen wollte." Solche und ähnliche Purzelbäume der Vernunft im Dienst des Dirnenkultus waren bei den nichtstuenden Klassen damals an der Tagesordnung. —

An dieser Stelle muß auch des Werbens und des Buhlens der Dirne in der Renaissance gedacht werden, der Methoden, durch die sie die Aufmerksamkeit der Männer auf sich lenkte und diese nach dem Genuß ihrer Liebeskünste lecker machte.

Diese Methoden weisen natürlich genau wie heute ebensoviel Unterschiede auf, wie die soziale Position, in der sich die Dirnen befanden. Gingen die einen auf die Straßen und wandelten dort in provozierender Weise auf und ab, so saßen die anderen in möglichst freigebigem Negligé am offenen Fenster oder unter der Türe ihrer Häuser und buhlten so um die Gunst der Männer. Wieder andere, die besonders Schönen, machten am offenen Fenster jedem Vorübergehenden zum Schauspiel ihre intimste Toilette, oder, wie wir schon hervorgehoben haben, sie warben mit ihrer Schönheit in den öffentlichen Bädern. Die ganz Vornehmen schließlich führten das Leben der grande Dame und machten dadurch den Genuß ihrer Liebe selbst für Fürsten und Könige begehrenswert.

In den Chroniken und Sittenschilderungen finden wir manche Notiz über dieses Thema. Thomas Murner schreibt in der Geuchmatt:

> „Etlichen lockend sij mit pfiffen, Dem andern guckend sij mit griffen, Dem dritten mit eim Facilett — Taschentuch —, den andern siy gelocket het Mit wyßen schuhen, wyssen beynen, Dem mit ringlin, kreutzen, meyen."

Solches mögen wohl die Geschäftspraktiken aller derer gewesen sein, die ihrem

357. **Orgie mit Dirnen.** Kupferstich von Goltzius

413

Handwerk auf der Straße nachgingen (Bild 358). In welch großer Zahl sie sich mitunter auf den Straßen herumtrieben, und wie keck sie sich dabei an die Männer heranmachten, läßt eine Beschwerde aus Basel erkennen:

„Junge Töchter und alte Frauen machten auf der Straße Königinnen; da kann schier ein biederb Mann nit durch die Gassen kommen, so fallen sie ihn an und wollen Geld von ihm gehegt han.".

Auch in Nürnberg gab das Treiben der Dirnen auf den Straßen Anlaß zu Beschwerden und Strafandrohungen; v. Murr registriert in den Materialien zur „Nürnberger Geschichte" die folgenden Ratserlasse:

„1508 wird dem Hurenwirth befohlen, seine Töchter nicht so pfleglich in ihren Hurenkleidungen alle Gassen ausspielen zu lassen, sondern sie so viel möglich zu Haus zu behalten, sie wollten denn in ihren Mänteln und Steuchen oder Schleyern die Kirche oder andre Orte besuchen. Im Jahr 1546 wurde es mit dem Anhang verschärft, daß man sie sonst ins Loch stecken würde, und 1554, als sie anfingen, processionsweise Paar und Paar in der Stadt hin und wieder zu spazieren und also in die Kirche zu gehen, wurde dieses gleichfalls bei Strafe des Lochgefängnis verboten."

Über die Manieren der Dirnen in den Wirtshäusern und Gasthöfen erfahren wir durch Erasmus von Rotterdam aus Frankreich folgendes:

„da waren auch immer Mädchen da, lachend, herausfordernd, tändelnd; sie fragten unaufgefordert, ob wir etwa schmutzige Wäsche hätten, die wuschen sie und brachten die gewaschene uns zurück. Was soll ich noch hinzufügen? Wir sahen da außer im Stalle nichts als Mädchen und Frauen, und selbst da brachen oft die Mädchen ein. Bei der Abreise umarmen sie einen und verabschieden sich mit solcher Teilnahme, als ob man ein Bruder oder naher Verwandter wäre."

Das Gebaren der Dirnen bei Festen und dergleichen, die Art, wie sie tanzten, wie sie sich bei ihren Wettläufen benahmen und so weiter, gehört natürlich auch in das Gebiet des Werbens, denn das dabei entfaltete Benehmen war doch stets nur konzentrierte Reklame. Und die Zuschauer empfanden es auch so, wenn die Dirnen beim Springen und Hüpfen die Röcke so hoch schürzten, „daß man ihre weißen Schenklein in gar schandbarer Weis" sah, oder wenn sie tanzten, daß „die runden Brüste dem geilen Volk zur Lockung aus dem heimlich geöffneten Mieder hüpften". Mit dem Hinweis darauf, daß ein solches Benehmen ungebührlicherweise manchen Mann ins Frauenhaus locke, der sonst nicht den Weg ins Frauengäßchen gegangen wäre, wurden ja auch, wie wir bereits wissen, mehrfach die Verbote solcher Hurentänze und Prozessionen von der Obrigkeit begründet.

Durch das Raffinement der Kleidung machte die Dirne ebenfalls, und zwar jede ohne Ausnahme, für sich Reklame, sei

Lockende Dirne
358. Radierung von Salvator Rosa

359. Streitende Dirnen im Frauengäßchen.   Radierung von H. Franck. 1656

es öffentlich, sei es innerhalb des Frauenhauses. Sie wählten allen Verboten zum
Trotz die kostbarsten Stoffe und huldigten, so lange sie noch halbwegs hübsch
waren, immer den ausschweifendsten Formen der Dekolettage (Bild 54, 75, 146).

Die raffinierteste Form der Reklame betrieb die grande Puttana Italiens; diese
warb neben alledem noch mit geistigen Mitteln, indem sie sich mit Vorliebe mit
den Musen assoziierte. Ein klassisches Beispiel ist dafür die schon genannte schöne
Venezianerin Veronica Franco. Diese Dame schreibt einmal an einen Liebhaber,
der sterblich in sie verliebt ist und sich mit Madrigalen in ihr Herz einschmeicheln
will, daß er damit auf dem rechten Weg sei, um mit der Zeit einige Aussicht auf
Erfüllung seiner Wünsche zu haben:

„Ihr wißt sehr wohl, daß unter allen denen, die sich in mein Herz einzuschmeicheln verstanden, mir die besonders teuer sind, welche sich um die Übung der Disziplinen und der freien
Künste bemühen, für die ich, obwohl nur ein Weib von geringem Wissen, nach Wunsch und
Neigung so sehr schwärme. Und mit größtem Vergnügen unterhalte ich mich mit jenen, denen es bekannt ist, daß ich, wo nur immer sich Gelegenheit bietet, noch zu lernen, es mein ganzes Leben
lang tun würde, und daß ich, wenn meine Lage es mir gestattete, all meine Zeit in den Schulen
wertvoller Männer zubringen möchte.“

Aber die schöne Venezianerin ist nicht die einzige, die solche Beziehungen zu den
Musen unterhält. Eine andere solche Dame, mit Namen Imperia, die sich in der
damaligen Lebewelt ebenfalls großer Berühmtheit erfreute, hatte von Nicolo Cam-
pigno, genannt Strascino, gelernt, italienische Gedichte zu machen, und las lateinische
Schriftsteller. Eine dritte, Lucretia, genannt „Madrenna non vuole“, wurde von
Aretin mit den Worten charakterisiert: „Sie scheint mir ein Cicero zu sein, kann
den ganzen Petrarca und Boccacio auswendig und unzählige schöne Verse von
Virgil, Horaz, Ovid und vielen anderen lateinischen Dichtern“. (Wohl das Be-

415

stechungshonorar Aretins für eine erwünschte oder bewilligte Schäferstunde!) Von einer vierten, Lucrecia Squarcia, wird gerühmt, daß sie imstande war, über die Reinheit des italienischen Ausdrucks zu disputieren, und so weiter.

Die häufige Tatsache, daß sich die vornehmen italienischen Kurtisanen ostentatif mit allen neun Musen assoziierten und koalierten, hat eine Reihe von Schilderern der Renaissance auf den grotesken Unsinn verfallen lassen, in der grande Puttana der Renaissance die kühnste und darum sozusagen verehrungswürdige Vertreterin des Renaissancegeistes zu erblicken und sie als solche auszuposaunen. Sie haben das Zeitalter der Laïs, der ein Apelles diente, darin vervielfacht wieder auferstehen sehen. Alle diese Leutchen, die solches zusammenkonstruierten, haben in ihres Herzens Einfalt für Ernst und Tiefe genommen, was immer nur Pose war, nur Pose sein konnte, wie jede ernste Nachprüfung und Überlegung ergibt. Freilich die fürs Handwerk unentbehrliche Pose. Weil die vornehme Liebeshändlerin von der Zeit zum höchst bewerteten Luxusgegenstand und zum begehrtesten Genußinstrument erhoben wurde, so mußte sie sich notgedrungen auch mit alledem drapieren, was es in dieser Zeit an wirklichen, den Wert des Menschen steigernden Potenzen gab. Und das waren in erster Linie Kunst und Wissenschaft. Aber wenn auch jede Kurtisane mit redlichstem Eifer die von der Zeit geforderte Rolle posierte, weil jede wußte, daß man auch die käufliche Liebe aus goldenen Schüsseln genießen wollte, so blieb doch alles Tun Talmi, Schein. Die Hetäre konnte niemals mehr das werden, was sie in der Antike war, weil der Inhalt der Ehe allmählich ein anderer geworden war. Die legitime Frau war bei den besitzenden und herrschenden Klassen längst nicht mehr bloß Gebärerin legitimer Erben, was sie in Griechenland war, sondern selbst Luxusgegenstand. Von dem Moment an, wo diese Umwälzung vollzogen war und die Frau also nicht mehr erst auf dem Umweg über die Hetäre ihre Befreiung als Frau erlangte, war und blieb die Hetäre nur Surrogat; das eine hängt mit dem andern zusammen. Das Wesen des Surrogats ist aber immer Unechtheit. —

Schließlich sei als letzter, jedoch nichts weniger denn nebensächlicher Beweis für die außerordentliche Rolle der Dirne in der Renaissance die ernste Kunst genannt. In ihr haben wir nicht nur einen stark überzeugenden, sondern vor allem einen durch seinen Umfang überaus instruierenden Beweis für all das bis jetzt Gesagte. Die Dirne ist ein Stoffgebiet, mit dem sich damals alle Fächer der darstellenden Künste beschäftigt haben, und zwar alle gleich eingehend. Man begegnet ihr im kleinen intimen Kupfer, im plakatmäßig hingeschriebenen Holzschnitt, in der Buchillustration, wie im großen Ölbild. Und nicht nur für die Kleinen war dies ein interessantes Stoffgebiet, sondern ebensosehr für die Allergrößten. Das erste Kurtisanenbild der deutschen Kunst „Die Offenburgerin" ist unter dem Pinsel des großen Holbein hervorgegangen. Die Gallegas des Murillo ist eine Kurtisane. In Italien haben Titian, Carpaccio und andere Große herrliche Kurtisanenbilder geschaffen (Bild 25 u. 342), in den Niederlanden die großen Meister ohne Ausnahme: Massys, Lucas von Leyden, Vermeer, Hals, Rembrandt — keiner fehlt. Weil die ernste Kunst damals in erster Linie die Geschichte ihrer Zeit

CXLI.

Also gehen die Curtisanen zu Rom.

Also gehen daher zu Rom/ Führn eusserlich wol ein scheinbar lebn/
Die Curtisanen sollen sein fromb. Wies jnnen sind/weist Gott darnebn.

Nn

Dirnentracht

Holzschnitt. Aus dem Trachtenbuch von Weigel. 16. Jahrhundert

geschrieben hat, so werden wir in ihr am deutlichsten über alle die Punkte informiert, die wir
hier aufgerollt haben. Sie bestätigt damit diese
durchwegs und erhebt durch die vielen Hunderte von Darstellungen, in denen sie die Dirne
in allen Situationen ihres Lebens und Wirkens
zeigt — keine ist vergessen — gerade die Behauptung der großen Rolle der Dirne im damaligen Leben zu einem absolut unumstößlichen
Beweis. Daß die Kunst uns außerdem vor allem
die plastisch richtige, die Phantasie korrigierende
Vorstellung verschafft, ist freilich nicht nur in
diesem, sondern auch in allen anderen Fällen ihr
besonderer Vorzug. Darum sind wir aber auch
gezwungen, die Kunst immer in die erste Reihe
der Rekonstruktionsmittel für den richtigen
Wiederaufbau der Vergangenheit zu stellen
(Bild 61, 340, 342, 349, 362, 363, 368 u. 369).

Anne fille de Chambre M. D. C.

Kupplerische Kammerfrau
360. Französischer Kupferstich

*   *   *

Die gesetzliche Regelung der Prostitution. Aus der umfangreichen
offiziellen Duldung der Dirne in der Renaissance ergab sich von selbst überall
sehr bald die Notwendigkeit einer gesetzlichen Regelung der Prostitution. Sei es,
um durch allgemeine Verordnungen die mannigfachen Bedürfnisse zu regeln, sei
es — und dies ist zweifellos der Hauptgrund zum behördlichen Eingreifen gewesen
—, um die gerade hier von allen Seiten ständig drohenden Konflikte hintanzuhalten
oder zu schlichten. Denn es liegt in der Natur der Sache, daß es hier ständig zu
Exzessen und Ausschreitungen kommen mußte. Die ersten derartigen Bestrebungen
richteten sich an den meisten Orten auf eine Lokalisierung des Liebesmarktes. Die
Hübscherinnen, Stadtjungfern, schönen Fräulein, femmes folles, und wie sie sonst
genannt wurden, sollten nur in bestimmten Gegenden und Straßen ihrem Gewerbe
nachgehen und anderswo als in bestimmten Straßen überhaupt nicht wohnen dürfen.
So war eine sehr häufige Forderung der Kirche, daß Dirnen nicht an Straßen wohnen
sollten, die zur Kirche führen. In einer Hamburger Verordnung vom Jahre 1483
heißt es: „Wandelbare Frauen sollen an keiner Kirche oder auf einer dorthin
führenden Gassen wohnen". Man erblickte darin eine Verhöhnung des frommen
Sinnes der Gläubigen, wenn direkt vor den Kirchentüren die Unzucht „ihren Markt
auftat". Wenn von vielen Hausbesitzern solche Forderungen eifrig unterstützt
wurden, weil das tolle Leben an diesen Orten die anständigen Leute vertrieb und
die Grundstückpreise dadurch sanken, so waren freilich ebenso oft gerade die Haus-
besitzer die heftigsten Gegner solcher Methoden der Sittlichkeitsbestrebungen.
Denn die Dirnen waren als Mieter die besten Zahler, und weil sie immer rechtlos waren, so waren sie außerdem auch die anspruchslosesten Mieter.

Ebenso wurden den Priesterinnen der Liebe bestimmte Straßen und Stadtteile angewiesen, in denen zu wohnen ihnen ausdrücklich anbefohlen wurde. Diese Straßen, die ihnen als Wohnort angewiesen werden, liegen gewöhnlich abseits vom allgemeinen Verkehr, bilden Sackgassen und sind meistens entweder an der Mauer oder am Graben gelegen. In der Nähe der Mauer findet man die Mehrzahl aller Frauengäßchen und Frauenhäuser. In einer Straßburger Verordnung vom Jahre 1471 heißt es:

„Daß alle Hushelterin, Sponzierinen und die so öffentlich zur Unehe sitzend oder Buolschaft treibent, wo die in der Stadt sessend, soltent ziehen in die Bickergasse, Vinkengasse, Gröybengasse, hinder die Mauren, oder an ander Ende, die ihnen zuogeordent sind."

In einer Frankfurter Verordnung vom Jahre 1477 heißt es:

„Die Dirnen sollen in das Frauenhaus ziehen, die so allein hausen, in das Rosenthal, aber mit denen, die einen Bulen haben, und nit uff den Pfennig warten, mit denen will man sich an sondern Enden leiden."

361.   Vertreibung eines ausgeplünderten Besuchers aus einem Frauenhaus

418

Aber nicht nur, daß man die Händlerin mit Liebe hinsichtlich der Wohnung aus dem Kreise der bürgerlichen Ehrbarkeit gesetzlich verdrängte, man wollte sie auch individuell jedermann sichtbar kennzeichnen. Gewiß war man ein eifriger Nutznießer ihres Liebesbetriebs, wollte ihre Freuden absolut nicht entbehren; sie sollte einen bei allen Gelegenheiten ergötzen und so weiter. Aber gerade weil man in ihnen immer nur das Objekt der Lust sah, darum sollte man die Dirne auch überall und auf den ersten Blick unter Dutzenden von anderen Frauen heraus kennen. Dies sollte freilich noch mehr deshalb der Fall sein, um sie jederzeit — das heißt: dadurch von selbst — aus den Reihen der offiziellen Ehrbarkeit auszuscheiden. Eine unübersteigliche Schranke zwischen dieser und ihr sollte dadurch errichtet werden, so daß die ehrbare Bürgersfrau nicht in die schreckliche Gefahr zu kommen brauchte, ihr Gewand an dem der Unzucht zu streifen. Diese brutale Maßregel der öffentlichen Abstempelung der Dirne wurde überall gehandhabt, und zwar durch gewisse Bestimmungen der Kleiderordnung. Jede offizielle Hure hatte irgend ein auffallendes Abzeichen an ihrer Kleidung zu tragen. In Zürich hat man vom Jahre 1313 eine Satzung, in der bestimmt ist:

„daß ein jeglich Fröwlein, das in ofnen Häuser sitzt, u. die Wirthin die sie behaltet, tragen sollen, wenn sie vor die Herberg gand, ein rothe Käppeli. Überzwerg über dem Haupte, und soll das zusammengenäht seyn. Will sie in der Kirche das Kugelin (Gugel) abziehen, so solls sie's auf ihr Achsel legen, bis sie es wieder aufsetzt. Welche dawieder thut, giebt dem Rathe jedesmal 5 ₰ zu Buße und sollen des Raths Knecht beym Eyd gebunden seyn, das zu laiden. Und welche die Buße nicht zu leisten mag, der soll man die Stadt verbieten, bis sie es leiste."

Das Meraner Stadtrecht bestimmte um 1400:

„Es soll kein gemeines Fräule einen Frauenmantel oder einen Pelz tragen, noch an einem Tanze teilnehmen, bei dem Bürgerinnen oder andere ehrbare Frauen sind. Sie sollen auf ihren Schuhen ein gelbes Fähnle haben, woran man sie erkennen könne und sollen sich kein Futter von Feh, noch Silberschmuck erlauben."

Dem Frauenwirt zu Augsburg wird 1440 von den Stadtvätern vorgeschrieben, strenge dafür Sorge zu tragen,

„daß die heimlichen Frauen und Töchter, die in der Stadt auf und nieder gant, und nit in offenen Frauenhäuser sind, nit mehr Stürz, Syden, noch Korallen-Paternoster tragen, noch brauchen sollen auf keine weise, und daß auch ir jegliche besonders an iren schleyern, die sie auftragen, ainen grünen strich, 2 Finger breit haben, und auch ohne Magd auf die Gasse gehen sollen."

In einer frühen französischen Verordnung aus der Mitte des 14. Jahrhunderts war bestimmt, daß jede Dirne, sobald sie öffentlich erschien, eine Nadel auf der Schulter zu tragen hatte. Der Berliner Rat dekretierte um 1486:

„Die Frauen, „so an der Unehre sitzen oder sonst in unzimblichen, sündigen Wesen und gemein sein, sollen zu einem Zeichen, damit man Unterschied zwischen frommen und bösen Frauen habe, die Mäntel auf den Köpfen oder kurze Mäntelchen tragen."

Das sind nur fünf Verordnungen, die wir hier wörtlich und nach dem Datum zitieren; es wäre leicht, die zehnfache Zahl vorzuführen, ohne erst besondere archivalische Studien machen zu müssen. Aus dieser Tatsache erkennt man überzeugend, daß es sich in dieser Form der öffentlichen Kenntlichmachung der Dirne nicht um eine vereinzelte Brutalität handelte, sondern daß diese Brandmarkung der Dirne stereotyp gewesen ist, und daß sich darum in dieser Methode eine allgemeine An-

Ausplünderung eines betrunkenen Besuchers im Frauenhaus

362. Gemälde von Jan Steen. Original Louvre, Paris

schauung ausdrückt. Es ist die bewußt erfüllte Tendenz der gemeinsten Form der Infamierung, die es geben kann. Gegenüber den großen Kurtisanen kamen diese Vorschriften natürlich nicht in Anwendung (Bild 27 u. 134).

Die Kleiderordnungen enthielten außerdem noch eine ganze Reihe weiterer Bestimmungen, die hinsichtlich der Dirnen erlassen wurden und ebenso der die Dirne kategorisch infamierenden Tendenz dienten. Wie den Dirnen vorgeschrieben war, bestimmte Abzeichen zu tragen, so war ihnen sehr häufig verboten, sich in bestimmte Stoffe zu kleiden, oder einen bestimmten Schmuck anzulegen und so weiter. Das Tragen der betreffenden Stoffe und Schmucksachen sollte das un-

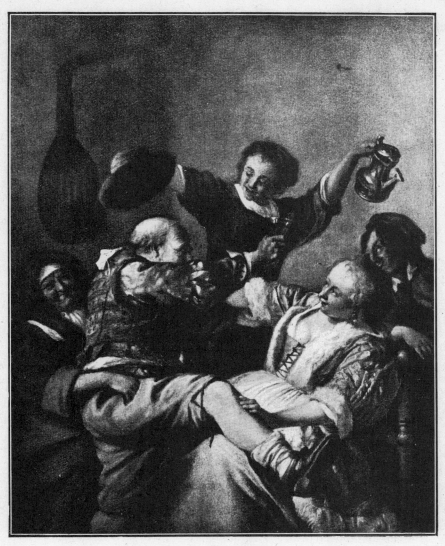

Treiben im Frauenhaus

363. Gemälde von Jan Steen. Original Kaiser Friedrich Museum, Berlin

geschmälerte Vorrecht der ehrbaren oder vornehmen Frauen sein. Solche Bestimmungen gingen von dem Gedanken aus, daß alles das ebenfalls als infamiert anzusehen ist, was mit der Dirne irgendwie in Beziehung tritt, also die Mode, die
sie wählt, der Schmuck, mit dem sie sich ziert. Wie tiefgewurzelt diese Anschauung ist, ergibt sich übrigens viel drastischer aus dem umgekehrten Verfahren, indem man, wie wir schon an anderer Stelle betonten (S. 177), beim Erlaß von
Luxusverboten einzig die Dirnen ausnahm. Diese durften — ja sie sollten hier
und da sogar — die den ehrbaren Frauen verbotenen kostbaren Stoffe, Schleier und
Schmuckgegenstände tragen. Ein Züricher Luxus- und Sittenmandat aus dem

Macquereau oder Ruffian in der Rolle
eines Blinden

364. Französischer Kupferstich

Jahre 1488 schließt mit einer solchen Ausnahme=
bestimmung:

> „Doch sind in allen obengenannten Stucken vor=
> behalten und fry gelassen, die offenen fahrenden Frawen,
> so by den Hyfern im Kratz und uffem Graben offentlich
> sind und keine andere."

Durch diesen raffinierten Trick wollte man den
Luxusverboten den denkbar stärksten Nachdruck
verleihen. Indem man die betreffenden Stoffe,
Schmuckgegenstände und Moden einfach zum
Sonderrecht der Dirnen stempelte, infamierte
man sie nicht nur bei den ehrbaren Frauen, son=
dern man setzte durch diese Sondererlaubnis
außerdem jede ehrbare Frau, die sich der be=
treffenden Schmuckgegenstände bediente, der
Gefahr aus, als Dirne angesehen zu werden. Und
nach Flögel=Ebeling soll dieses Verfahren auch
Erfolg gehabt haben. Er schreibt hinsichtlich eines
derart formulierten Verbotes der Schellenmode:

„In Leipzig nahm der Rat der Stadt ein sehr großes Ärgernis an dieser Mode. Aber er be=
sann sich rasch auf ein sehr vortreffliches Mittel, sie zu vertreiben. Er verordnete nämlich, daß
fortan alle bei ihm eingeschriebenen Huren Schellen an den Kleidern tragen müßten. Natürlich
verschwanden diese Behänge sofort, denn kein für anständig gelten wollendes Weib konnte Neigung
verraten, mit einer Priesterin der Venus vulgivaga verwechselt zu werden. Diesen selber fiel es
aber selbst nicht ein, der Ratsordnung Gehorsam zu leisten, und die Obrigkeit drang nur ein paar=
mal darauf, als Klagen über das gar zu dreiste Gebaren der öffentlichen Dirnen bei ihm einliefen."

Wenn das Mittel in diesem besonderen von Flögel zitierten Fall die erwünschte
Wirkung erzielte, so könnten jedoch diesem einen Fall unzählige andere entgegen=
gestellt werden, wo seine Wirkung ebenso vollständig versagte. In Hunderten von
Fällen trotzten selbst die ehrbarsten Frauen kaltblütig der Gefahr, als Dirnen an=
gesehen zu werden. Und zwar besonders dann, wenn sich das den Dirnen be=
willigte Ausnahmerecht auf die willkürliche Übertreibung des Busenausschnittes
bezog. Manche ehrbare Frau setzte lieber ihren Ruf aufs Spiel, wie wir schon an
anderer Stelle sagten, als daß sie in diesen Dingen mit der Wahrheit hinter dem
Berg — richtiger hinter dem Fürtuch! — hielt. Natürlich tat sie dies um so leichter,
wenn es sich in dem besonderen Fall um eine sehr schöne Wahrheit handelte, die
sich nach der Ansicht ihrer Besitzerin gar wohl sehen lassen durfte.

Aus den gleichen Gründen, die zu einem Lokalisieren der Prostitution
führten, kam man auch sehr bald dazu, den Betrieb dieser Liebesbörsen durch
Verordnungen zu regeln. Und so begegnen wir schon überaus früh den so=
genannten Bordellordnungen. Die ältesten, deren Authentizität zweifellos ist, reichen
bis ins 12. Jahrhundert zurück. Diese zum Teil sehr umfangreichen Verordnungen
bilden einen Teil der wichtigsten und aufschlußreichsten Quellen zur Geschichte
der Prostitution; denn sie vermitteln uns die wertvollsten Kenntnisse über das

Wesen der Prostitution; sie verraten uns neben vielem anderen die besonderen Bedürfnisse der betreffenden Städte, die Taxen und Besuchszeiten, und weiter die Art der zutage tretenden Unzuträglichkeiten, gegen die man besonders einschreiten und die man ausmerzen wollte.

Zu den interessantesten und eingehendsten Bordellordnungen, die sich erhalten haben, gehört die „Ordnung des Frauenhauses zu Ulm". Leider ist dieses wertvolle Dokument zu lang, um hier in seinem ganzen Umfang abgedruckt zu werden, so daß wir uns auf einen kurzen Abschnitt daraus beschränken müssen. Gleich der zweite Punkt, den der Frauenwirt dem Bürgermeister und Rat beschwören muß, ist überaus aufschlußreich:

> „Zu andern, so soll Er schwören, das Frauenhaus wesentlichen zu halten, und dasselbige mit tauglichen, saubern und gesunden Frauen nach Notturft und Gestalt des Wesens, hie zu Ulm, zu fürsehn, und zu keiner Zeit unter vierzehn Frauen nicht zu haben, es begeb sich denn, daß Ihm eine oder mehr Krankheit oder anderer sachen halb, aus dem Haus komme, dieselben soll er dann, in einem Monat dem nachsten mit ander oder andern geschikten, saubern und gesunden Frauen zu ersetzen und zu erstatten schuldig und verbunden sein ungefärlich, damit am mindesten an der obbemelten Anzal der viertzehn Frau nicht Abgangk oder Mangel werde."

Aus diesem Punkt erkennt man, daß der Liebesbetrieb ein sehr intensiver gewesen sein muß. Vierzehn Frauen reichen gerade aus, den regulären Liebeshunger zu stillen, drum dürfen es niemals weniger sein. Obendrein müssen sie tauglich, sauber und gesund sein; die ulmer Bürger wollen gute Ware für ihr Geld.

Die Tauglichkeit zur Liebe ist eine Forderung, die sehr häufig wiederkehrt.

Diutiy-patriis Acolastus abutitur: at mox
Consumtus, miser ex ædibus exigitur

Sieh hie, wie der verlohrn Sohn
Zehrt, vnd komt endtlich kal dauon

365. Im Frauengäßchen. Kupferstich von Crispin de Passe

Unter Tauglichkeit verstand man in erster Linie das nötige Alter. Dirnen in allzu jugendlichem Alter aufzunehmen, ist in verschiedenen Ordnungen dem Frauenwirt ausdrücklich verboten. Jedoch ist niemals eine bestimmte Altersgrenze angegeben, sondern immer die individuelle Entwicklung, „ob sie schon gerecht zur Liebe" ist, als Maßstab angenommen. Als gerecht zur Liebe gilt ein Mädchen erst, wenn „sie Brüste hat und anderes, was dazu gehört". Solche Bestimmungen sind noch in anderer Richtung interessant: sie bestätigen die verschiedenen Nachrichten, auf die man in den Chroniken stößt, daß in den Frauenhäusern „gar viel jung Töchterlein sich finden, die noch keine Brüste haben, noch unten, was einem rechten Mann gefallen mag". Mit anderen Worten: daß in den Frauenhäusern häufig schon Mädchen im Kindesalter der Unzucht dienen mußten. Natürlich darf man aus dieser Tatsache nicht etwa auf einen Mangel an erwachsenen Dirnen schließen, sondern vielmehr darauf, daß der betreffende Frauenwirt eben allen Ansprüchen gerecht werden wollte, auch denen perverser Lüstlinge. In der Bestellungsurkunde des Würzburger Frauenwirts Martin Hummel vom Jahre 1444 sind diese verschiedenen Punkte, die man zur Tauglichkeit rechnete, näher angegeben:

> „Es soll auch fürbaß der Frauenwirt keine Fraun in seinem Haus wohnend, die so schwanger oder zu Zeiten so sie mit Ihren weiblichen Rechten (mensis) beladen, noch auch sonst zu keiner anderen Zeit, so sie ungeschickt wäre oder sich von den Sünden enthalten wollt, zu keinem Manne, noch sonstigen Werken nicht noten, noch dringen in keiner Weis" ... „Und welches Töchterlein funden wurd, die Liebes halben zu dem Werk nicht geschicket sondern zur junge ist also daß es weder Brüste noch anders hätte, das dazu gehört, das soll mit der Ruthen darumb gestrofet und dazuo der Stadt verwiesen werden, bei Leibesstrafe, bis daß es zu seinem billigem Alter kommt."

Dem Opfer also obendrein die Prügel!

Wie es dem Frauenwirt verboten war, allzu „junge Töchter" aufzunehmen, und der Geilheit der Gäste zur Verfügung zu stellen, so war ihm auch die Aufnahme verheirateter Frauen verboten. Dieses Verbot trifft man überall. Man begegnet ihm sowohl in Frankreich, wie in England, wie in Deutschland. Gleich häufig begegnet man freilich auch den Mitteilungen, daß dieses Verbot übertreten wurde, daß immer zahlreiche verheiratete Frauen heimlich im Frauengäßchen Dienst taten, und zwar besonders in Zeiten, wo Reichstage oder viel Kriegsvolk in einer Stadt versammelt waren, und daher die Gefahr der Entdeckung nicht so groß war. Hauptsächlich auf kleinere Städte beschränkte sich dagegen das Gebot, daß in die Frauenhäuser nur stadtfremde Dirnen aufgenommen werden dürften. Diese Bestimmung ist bei der Kleinheit einer Stadt und der Verwandtschaft der meisten ortsansässigen Familien untereinander ganz erklärlich.

Sehr wenig Positives weiß man über den Besuch der Frauenhäuser durch die Jugend. Es läßt sich jedoch aus der Tatsache, daß sich unter den verschiedenen Punkten, die der Frauenwirt einer Stadt beschwören mußte, auch häufig der wiederholt, Knaben den Eintritt ins Frauenhaus zu verwehren, mit Sicherheit darauf schließen, daß ein solcher tatsächlich stattgefunden hat und auch keine bloße Ausnahme gewesen sein muß.

Ebenso war die Besuchszeit durch die Bordellordnungen geregelt. In Frank-

Treiben in einem Frauenhause

Gemälde von Jan van Hemessen. 16. Jahrhundert

Laet doch een maacht wat vrolijck ſijn
Want haar genaeckt vack druck en pijn

Het vrouen vlijs is en ſeltſaam crut
Want bint ment intbarſt weerom wt

366 und 367. Kuppelnde Kammerzofe und vornehme niederländische Kurtisane

reich waren lange die Stunden vom Sonnenaufgang bis zum Sonnenuntergang fest=
gesetzt. Nach Sonnenuntergang konnte man ein Frauenhaus nicht mehr betreten
oder verlassen; wer sich später noch dort befand, mußte die ganze Nacht darin
verbleiben. In Holland und England war weiter verboten, die Frauenhäuser Sonntags
zu öffnen. In einer englischen Chronik heißt es über diese verschiedenen Punkte:

„Unter andern Verordnungen, durften diese Bordellhäuser keine verheurateten Frauen oder
solche, die gewisse bedenklichen Schwachheiten und Gebrechen an sich hatten, aufnehmen; auch
durften sie, wie bei den frommen Kalvinisten in Holland noch bis auf dem heutigen Tag, nicht
an Sonntagen geöffnet werden. Die Schilder wurden nicht ausgehängt, sondern außen an die
Wände gemalt, darunter befand sich auch ein Cardinalshut."

Dieser gesetzlichen Regelung vonseiten der Behörden stand die eigene zünft=
lerische Organisation der Dirnen selbst an der Seite, durch die diese ihre Rechte
in verschiedenen Richtungen vertraten und wahrten. Diese organisierte Einwirkung
erkennt man sehr deutlich an verschiedenen Bestimmungen sozialen Charakters der
Bordellordnungen, durch die die Verpflegung der Dirnen, ihre Behandlung be=
stimmt und die Rechte und Ansprüche der Frauenwirte eingegrenzt waren. Zu
den letzteren gehörte zum Beispiel, daß die Dirne zu gewissen Zeiten nicht ge=
zwungen werden konnte, Besuche von Männern zu empfangen. Weiter gehörte
hierzu, daß eine Dirne nicht mit Gewalt in einem Frauenhaus zurückgehalten
werden sollte, ebenso der Schutz vor allzu großer Ausbeutung durch den Frauen=
wirt. Alle diese sozialen Maßregeln, die zum Beispiel auch eingehend in der
schon zitierten ulmer Bordellordnung festgelegt sind, sind zweifellos auf die eigenen
Organisationen der Dirnen zurückzuführen; das heißt, den ernstlichen und ver=
einigten Protesten derer, die am besten wußten, wo die Dirne des Schutzes bedarf.

425

Aber auch noch andere, etwas merkwürdigere Kämpfe führten die „ehrlichen Huren" durch ihre Organisation: solche für die Sittlichkeit, nämlich gegen den unlauteren Wettbewerb auf dem Liebesmarkt. Damit ihnen nicht die heimlichen Huren ins Handwerk pfuschten, die Preise verdarben und die Kunden weg-schnappten; die Geilheit der Männer sollte einzig bei den „ehrlichen Huren" und im Frauengäßchen zu Zins gehen. Systematisch denunzierte man daher die heim-lichen Dirnen bei der städtischen Behörde und bat, diese in Strafe zu nehmen „von Gottes und der Barmherzigkeit wegen", weil sie den „ehrlichen Huren" das Brot wegnahmen. Schon Hans Rosenplüt spricht in einem seiner Fastnachtsspiele von einer solchen Beschwerde der „ehrlichen Huren":

Die gemeinen Weib klagen auch ihr Orden, Die Winkelweiber und die Hausmaide.
Ihr Weide sei viel zu mager worden. Die fressen täglich ab ihr Weide.

Bei der Kupplerin und Dirne
368. Gemälde von Jan Vermeer von Delft. Original Staatl. Galerie, Dresden

Auch klagen sie über die Kloster-
        frauen,
Die können so hübschlich über die
        Schnur hauen,
Wenn sie zu Ader lassen oder baden,
So haben sie Junker Konraden ge-
        laden."

Dieser Kampf gegen die Winkelhuren und Hausmägde steigerte
sich in manchen Fällen bis zu
handgreiflichen Formen, indem
man es damals bei der bloßen
Beschwerde nicht genügen ließ.
Ein solches und zwar historisch
belegtes gemeinsames Vorgehen
der Dirnen finden wir zum
Beispiel in der Chronik des
Nürnberger Heinrich Deichsler
aufgeschrieben:

    „1500 Iten danach an selben
tag — 26. Nov. — da kommen acht
gemaine weib hie aus dem gemainen
Frawenhaus zum burgermeister Mark-
hart Mendel und sagten, es wer da

369. Porträt einer Dirne von Franz Hals

unter der vesten des Kolbenhaus ein taiber voller haimlicher huren, und die wirtin hielt eemener
(Ehemänner) in einer stuben und in einer andern junggesellen tag und nacht und ließ sie puberei
treiben, und paten in, er sollt in laub geben (erlauben), sie wolten sie außstürmen und wolten den
hurntaiber zuprechen und zerstören, er gab in laub; da stürmten sie das hauß, stießen die tür auf
und schlugen die öfen ein, und sie zerprachen die vensterglaser und trug jede etwas mit ihr davon,
und die vogel waren außgeflogen, und sie schlugen die alten hurenwirtin gar greulichen."

Es blieb aber nicht bei dem einen Fall. Fünf Jahre später wiederholten die Dirnen
dasselbe summarische Verfahren. Solche antiparlamentarische Auseinandersetzungen
zwischen den solidarischen „ehrlichen Huren" und den Bönhäsinnen, wie man die
Winkelhuren nannte, sind übrigens nicht nur in Nürnberg, sondern auch in
anderen Städten vorgekommen.

*   *   *

    So groß und so eigenartig die Duldung war, die man der Prostitution in der
Renaissance angedeihen ließ, so schloß das natürlich keineswegs aus, daß gleichzeitig und stets auch starke Widerstände sich gegenüber dieser Duldung geltend
machten. Und in der Tat: Die Sittenprediger von damals haben keinen Tag
gegenüber der Prostitution geschwiegen. Sie haben sie unausgesetzt und mit den
grellsten Farben als das Übel aller Übel gemalt und verdammt, als die tiefste Hölle,
in die Mann und Weib stürzen könnten. Dieser Widerspruch zwischen Praxis
und Theorie — denn wie in der Praxis alle Welt ein Herz und eine Seele war, so
herrschte in der Theorie die gleiche ungetrübte Einmütigkeit — war kraß, aber er

ist darum nicht unlösbar. Er entspricht der Tatsache, daß eine unwiderstehliche ökonomische Revolution größten Stiles in einem kleinbürgerlichen gesellschaftlichen Rahmen sich erfüllen mußte. Das stete Zusammenprallen zweier solchen heterogenen Elemente mußte sich in einem unausgleichbaren Widerspruch zwischen Theorie und Praxis auslösen.

Aus der engen Weltanschauung des Kleinbürgertums waren daher alle Gründe geboren, die die Sittenprediger gegen die Prostitution ins Feld führten. Und darum lautete auch ihr oberstes Argument gegenüber den Dirnen, daß diese es nur auf das Geld derer abgesehen hätten, die zu ihnen kämen. Von den Hunderten von Sprichwörtern, in denen sich die sittlichen Widerstände gegen die Dirne und den Umgang mit Dirnen spiegeln, sind Unzählige aus dieser Philosophie geboren: „Die sich mit Huren befassen, müssen Federn lassen", „Die Huren empfangen gern, aber nur Geld", „Eine Hure spitzt eher nicht die Goschen, bis sie klingen hört die Groschen", „Eine Hur liebt, so lang man gibt", „Huren und Wein fegen den Geldkasten rein", „Wenn die Huren kosen, meinen sie nicht das Herz, sondern das Geld in den Hosen" und so weiter. So wollte man dem Manne die Dirne verekeln.

Daß diese Philosophie die grundlegende Anschauung darstellt, belegen jedoch noch deutlicher die darstellenden Künste. Immer ist ein von der Dirne ausgeübtes Attentat auf den Geldbeutel ihres momentanen Liebhabers die wichtigste Pointe

370.   Dirnen im Wirtshaus.   Kupferstich

der moralisierenden Darstellungen. Es ist dabei
wohl zu beachten: Nicht um die Schimpflich=
keit der Tatsache, daß sich eine Frau für Geld
verkauft, oder daß von der Dirne das intimste
Tun mit dem schäbigsten, was es gibt, ver=
knüpft wird, handelt es sich in der Satirisierung,
sondern einzig darum, daß der Mann hinter=
rücks von der Dirne in seinem Eigentum ge=
schädigt wird. Die Schädigung des Eigentums
als solchen, — das ist allein das Entsetzliche,
das größte Verbrechen. Bei der Variierung
dieses Gedankens findet man kein Ende. Die
Dirne stellt die volle Pracht ihrer Brüste zur
Schau: damit könnt ihr scherzen und kosen, sagt
sie zu den Männern, das gehört euch, für eine
Stunde oder noch länger, wenn ihr soundso
viel bezahlt; und sie weist das Geldstück, für
das man sich in den Besitz dieser Herrlichkeiten
setzen kann (Bild 61). Zärtlich umschlingt der

Madamoiſ. C. de V.

Eine vornehme Kupplerin
371. Französischer Kupferstich

lustige Gast die lockende und scherzende Dirne. Von diesem Augenblick an gibt es
kein Zurück mehr, denn die schlaue Dirne hat ihm schon zu viel Vorschüsse gegeben.
Alsbald erscheint darum auch die Kuppelmutter auf der Bildfläche, um erst das
Geschäftliche in Ordnung zu bringen und sich ihren Anteil zu sichern (Bild 42).
Oder auch die Dirne selbst macht plötzlich eine Kunstpause, denn in einem solchen
Stadium sitzt das Geld bei den Männern am lockersten im Beutel (Bild 80).
Der Matrose, der nach monatelanger Fahrt mit einem wahren Wolfshunger nach
Weiberfleisch heimkehrt, überläßt der Dirne gleich seinen ganzen Beutel (Bild 60).
Aber das alles ist immer nur die Einleitung, woran schließlich noch wenig aus=
zusetzen wäre. Das Hauptstück, zu dem es nach der Ansicht der Sittenprediger
immer kommt, hat jedoch noch drei weitere Akte, bei denen es sich nicht nur
ebenfalls um den Geldbeutel des Gastes handelt, sondern wobei von der Dirne
noch viel gründlicher verfahren wird. Die Dirne begnügt sich nämlich nicht
mit dem, was ihr freiwillig gespendet wird, und wäre dies noch so reichlich be=
messen. Sie will stets noch mehr. Und dieses Mehr holt sie sich durch einen
heimlichen Einbruch in die Tasche ihres Liebhabers: Jede Dirne ist zugleich Diebin.
Während des Gastes Sinne in einem Aufruhr sind, der von ihr durch Worte,
Küsse, Gesten und Freigebigkeit mit ihren Reizen und ihren Liebeskünsten aufs
höchste gesteigert wird, weiß gleichzeitig eine ihrer Hände den Weg zu seinem
Geldbeutel zu finden und sich dort das mehrfache von dem zu holen, was er ihr
freiwillig überlassen hat. Das ist der erste Akt (Bild 243, 372 und 373 und Beilage:
„Im Frauenhaus"). Aber die Dirne will nicht nur mehr, sondern alles, und das
kommt im zweiten Akt. Dieser zweite Akt setzt einige Stunden später ein,
wenn Liebe und Wein ihre Wirkung getan haben und der Besucher ermattet

VILLANI NVMMOS SED NON VENAMVR AMORES·

Bauer im Frauenhaus
372. Kupferstich

eingeschlafen ist. In diesem Augen‚
blick werden seine Taschen bis auf
den Grund geleert, und nichts ent‚
geht der Habsucht (Bild 56). Der
dritte Akt ist schließlich das immer
gleiche Finale. Wenn das Opfer,
das in die Hände einer solchen Dirne
gefallen ist, bis aufs Hemd ausge‚
raubt ist, dann wird es mitleidlos
und obendrein mit Hohn überschüttet
vor die Türe gesetzt (Bild 53 und
361). Mit anderen Worten: die
Zärtlichkeit der Dirne währt immer
nur so lange, wie diese Zärtlichkeit
Zinsen trägt.

Gegenüber dieser Auffassung
ist nun nicht einzuwenden, daß sie
unrichtig wäre. Sie ist in jedem Zug
richtig. Aber daran, daß die sati‚
risierende Zeitmoral eben nur diesen
einen Punkt sah, daß ihr an dieser
ewigen, nie abreißenden Tragikomö‚
die, die zu den groteskesten des gesamten bürgerlichen Lebens gehört, nur das
gefährdete Portemonnaie als der Gipfel alles Schrecklichen, als das einzig Un‚
verzeihliche erscheint, das hierbei passiert, — daran offenbart sich, daß eben diese
Moral aus kleinbürgerlichem Geist geboren ist.

Dieser Bekämpfung der Prostitution durch die Mittel der sittlichen Entrüstung
stehen neben ebenso häufigen, aber umso seltener vollstreckten Strafandrohungen
auch frühzeitig eine Reihe praktische Versuche gegenüber, die Prostitution einzu‚
schränken. Weil man jedoch die sozialen Ursachen der Prostitution nicht er‚
kannte, sondern nur in der angeborenen Schlechtigkeit, also in der Faulheit und
der besonderen Geilheit, die einzig treibende Kraft sah, die die Frauen zu Dirnen
werden ließ, so glaubte man, es genüge, die Dirnen dahin zu bringen, Buße zu
tun. Zu diesem Zweck gründete man den Orden der Reuerinnen oder der Büße‚
rinnen — der Begeinen, wie man sie in Frankreich nannte —, der allerorten Nieder‚
lassungen hatte. In der Speyrer Chronik liest man „der Begeinen Stiftung im
Jahre 1302 folgendermaßen beschrieben:

„Reuerinen sind Weibspersonen, eheliche und außer der Ehe, so verbotener fleischlicher
Vermischung und Unzucht angehangen, hernacher an ihrem begangenen sündlichen Wandel, Miß‚
fallen, Reu und Layd getragen, denen hat man sonderbare Häuser umb diese Zeit in den Reichs‚
städten verordnet, daß sie ihr ärgerliches Leben bereuen, und vor Sünden hüten und nottürftigen
Unterhalt und Nahrung mit Wartung der Kranken geistlicher und weltlicher suchen sollen. Zu
Speyer ist der Begeynen Orden anno 1302 oder nicht zu lange zu vor eingesetzt worden, von einem
reichen Bürger der solchen Reuerin eine sonderbare Behausung, darinn sie beisammen gewohnt
und darzu nothwendigen Unterhalt gestift, und ein weiß grob leinen Kleid zu tragen verordnet.“

Von einer gleichen Gründung in Wien berichtet Aeneas Sylvius in seiner Be‚ schreibung Wiens aus dem Jahre 1450:

„Auch ein Kloster zu St. Hyeronymus ist hier. In diesem werden die Frauenspersonen auf‚ genommen, die vom Sündenleben sich zu Gott wenden wollen. Sie singen Tag und Nacht Hymnen in deutscher Zunge. Fallt eine aus ihnen wieder in den vorigen Lebenswandel zurück, so wird sie in die Donau gestürzt."

Wesentlich eingehender wird man durch die Statuten der Büßerinnen zu Paris informiert. In diesen heißt es:

„Man wird keine Person wider ihren Willen aufnehmen, auch keine, die nicht wenigstens eine Zeit lang ein liederliches Leben geführt hat. Und damit man von denen, die sich angeben nicht hintergangen werde, so sollen sie in Gegenwart der Klosterschwestern von gewissen dazu ernannten Matronen untersucht werden, und diese sollen sich durch einen Eid auf das heilige Evangelium verbinden, einen getreuen und unverfälschten Bericht davon abzustatten."

„Um zu verhüten, daß junge Personen deswegen liederlich werden, um hernach hier eine Stelle zu bekommen; so sollen die, welche schon einmal abgewiesen sind, davon auf immer aus‚ geschlossen seyn. Überdies sollen diejenigen, welche um die Aufnahme angehalten haben, in die Hände ihres Beichtvaters einen Eid ablegen, daß sie nicht selig werden wollen, wenn sie aus der Absicht liederlich geworden wären, um mit der Zeit in diese Gesellschaft aufgenommen zu werden, und man soll ihnen sagen, daß, wenn man erfahren würde, sie hätten sich aus dieser Ursach ver‚ führen lassen, so müßten sie von dem Augenblicke an dieses Kloster meiden, wenn sie auch schon eingekleidet wären, und ihr Gelübde getan hätten. Damit Weibspersonen von liederlicher Lebens‚ art ihre Besserung nicht zu lange verschieben mögen, wenn sie dächten, daß ihnen diese Zuflucht allemal offen stände, so wird man keine annehmen, die über 30 Jahr alt ist."

Mit der Gelegenheit zum Bußetun war jedoch alles erschöpft, was die Gesell‚ schaft tat, um die Prostitution einzu‚ schränken. Die Dir‚ ne war infamiert und sollte es auch ihr ganzes Leben hin‚ durch bleiben; eine Rückkehr in die Reihen der bürger‚ lichen Welt sollte es für sie nicht mehr geben, die Ver‚ gangenheit sollte durch nichts ausge‚ löscht werden kön‚ nen, auch durch eine Ehe nicht, die ein ehrbarer Mann mit ihr einging. Dafür ein einziges Doku‚ ment. 1483 wur‚ de in Hamburg be‚ stimmt:

373. Bauern im Frauenhaus. Kupferstich von de Bry

431

„Eine berüchtige Frau darf keinen Schmuck tragen. Nimmt sie ein ehrlicher Mann zur Ehe so darf sie deshalb nicht unter ehrlichen Frauen gehen. Einer solchen Magd soll man die Haube senden und keinen andern Kopfputz erlauben. Einmal im Jahr sollen derley Weiber aufgefangen werden."

Unter solchen Umständen ist es kaum ein Wunder, daß man nicht nur mit den Büßerinnen sehr schlechte Erfahrungen machte — in der Speyrer Chronik heißt es noch: „Daß solche Weiber (die Büßerinnen) gar schädliche Kupplerinnen sein sollen" —, sondern daß alle diese Sittlichkeitsbestrebungen überhaupt ohne nennenswerten Erfolg blieben. Alle entrüsteten Worte blieben in den Wind gesprochen. Den ersten Grund, die ständig große Nachfrage nach willfährigem Weiberfleisch, haben wir schon hinreichend erörtert. Der zweite Grund, daß die Armee des Dirnentums immer mehr anschwoll, daß der Sukkurs nie abbrach, das Angebot noch größer war als die Nachfrage, überall Ruffiane, Kuppler und Kupplerinnen ihr Gewerbe auftaten, — dies zu erklären, bedarf auch keiner breiten Auseinandersetzungen. Es hat seine leicht begreifliche Ursache in dem Jahrhunderte währenden Umwälzungsprozeß, den die Entwicklung zum Kapitalismus hervorrief, der in jedem Lande hunderttausende von Existenzen deklassierte und damit zum erstenmal in der Geschichte ein Massenproletariat züchtete. Was die Heere mit Kämpfern füllte, die bereit waren, ihre Haut für fremde Interessen zu Markte zu tragen, dasselbe füllte die Dirnengassen und Frauenhäuser aller Welt mit Frauen und Mädchen, die ebenso bereit waren, ihre Schönheit und ihre Liebesfähigkeit der zahlungsbereiten Begierde fremder Männer zur Verfügung zu stellen. Das unerschöpfliche Riesenheer der Prostitution war das weibliche Seitenstück zu den Landsknechtsheeren. Darum erklären aber auch dieselben Bedingungen, die wir schon weiter oben (S. 308) als die Ursache dafür genannt haben, warum im 15. und 16. Jahrhundert die Landsknechtsheere in der Mehrzahl aus Deutschen sich rekrutierten, weshalb man den deutschen Dirnen, vornehmlich den Schwäbinnen, ebenfalls auf allen Dirnengassen der Welt begegnete. Gegenüber solchen Antriebskräften mußte alle Traktätchenweisheit wirkungslos verhallen.

Und dennoch: man wurde allmählich — besonders merkbar von der zweiten Hälfte des 16. Jahrhunderts an — sittlicher. Aber es wäre mehr als verkehrt, wollte man dieses positive Ergebnis auf den sittlichenden Einfluß der Reformation buchen, wie es so oft geschieht, oder auf das Konto der Sittenprediger im allgemeinen. Diese beiden Faktoren haben zu positiven Erfolgen nur deshalb geführt, weil ihnen zwei Bundesgenossen in der Zeit erstanden sind, deren Dialektik sich immer in der Geschichte als unwiderstehlich erwiesen hat.

Der erste ist derselbe, dessen entscheidenden Einfluß wir schon einmal anziehen mußten, und zwar zur Feststellung der wahren Ursache des Rückganges im Kleiderluxus und der Abkehr von den ausschweifenden Moden, dem man ebenfalls in auffälliger Weise in der zweiten Hälfte des 16. Jahrhunderts begegnet: es ist der wirtschaftliche Niedergang der Zeit, der von da ab den grandiosen Aufstieg des Kapitalisierungsprozesses jäh aufhielt (S. 178). Wenn bei den Besitzenden die Profitrate sinkt und tiefgehende wirtschaftliche Krisen zahlreiche Vermögen

Illustration zu dem Abschnitt über Kuppler und Kupplerinnen
in einem französischen Gesetzbuch aus dem 16. Jahrhundert

374. **Dirnen und Soldaten in der Schenke.** Kupferstich von Franck. 1656

in Gefahr bringen, wenn an die Türe des Kleinbürgers und des Proletariers die Not klopft, dann schränken sich naturgemäß alle Formen des Genußlebens ein, zuerst aber die auf geschlechtlichem Gebiete. Die Sorge und die Not sind neben intensiver Arbeit die stärksten und auch die einzig wirklich wirksamen Anti= stimulanzien, die es gibt; sie führen immer zur geschlechtlichen Enthaltsamkeit. Die Wirtschaftsgeschichte, vornehmlich die der zweiten Hälfte des 16. Jahrhunderts, ist aber in verschiedenen Ländern eine einzige Geschichte des Niedergangs. Spanien ist schon fünfzig Jahre früher bankrott, Deutschland kommt an den Rand des Bankrotts, Italien, Frankreich und Holland werden von den schwersten Erschütterungen heim= gesucht, — die erste und größte welthistorische Krise der neuen Zeit. Die kapitalisti= sche Wirtschaftsordnung zeigte zum erstenmal der Welt ihr furchtbares Janusgesicht.

Der zweite Faktor war die Syphilis. Er brachte die Lebensfreude auch dort zum Verlöschen, wo die Sorge und Not noch nicht hingekommen waren.

Das erste Auftreten der Syphilis am Ausgang des 15. Jahrhunderts war die furchtbarste Heimsuchung, die der europäischen Menschheit damals beschieden war. An das, was ihr gerade die höchste, die bacchantische Manifestation des Lebens war, knüpfte sich jäh das Ekelhafteste, das Scheußlichste. Es war das infame Geschenk der neuen Welt, die sich der Kapitalismus auf kühner Wage= fahrt durch Kolumbus errungen hatte. Und es war darum zugleich der Gipfel welthistorischer Tragikomödie: die armen Eingeborenen der neu entdeckten Welt nahmen damit an ihren späteren goldhungrigen Folterknechten die Rache auf Vor= schuß. Man wollte nur Gold aus ihnen herauspressen, sie gossen dafür Europa ein Feuer ins Blut, das heute noch nach vier Jahrhunderten Millionen jahraus, jahrein in hilfloser Verzweiflung sich krümmen und winden läßt.

433

Von einem wahrhaft lähmenden Entsetzen wurde die Menschheit erfaßt, als sie die furchtbare Geißel dieser Krankheit in ihrem Gebein wüten fühlte. Aber sie hätte blind sein müssen, um nicht zu erkennen, wo die Hauptansteckungsherde dieser Krankheit zu suchen und vorhanden waren: daß das Übel fast stets von den Frauenhäusern aus seinen sinistren Siegeszug über eine Stadt hielt. Dadurch drängte sich von selbst das scheinbare Universalheilmittel der Logik auf. Es bestand in der Radikalkur, daß man während der Seuchen die Frauenhäuser schloß, die Dirnen aus der Stadt vertrieb oder so lange einsperrte, bis die Seuche wieder erloschen war. Diese Methode übte man besonders oft während des Stadiums der ersten Attacke, im ersten Viertel des sechzehnten Jahrhunderts. Wo die Seuche nicht so heftig auftrat, oder wo man sich aus sonst einem andern Grunde nicht dazu entschloß, die Frauenhäuser zu schließen und die Dirnen zu vertreiben, verödeten diese in ebenso viel Fällen von selbst, weil die unheimliche Furcht vor Ansteckung, verbunden mit den einsetzenden schlechten Zeiten, die Füße zahlreicher Männer von der Schwelle dieser Orte zurückhielt, wo sie ehedem Stammgäste waren. Zahlreiche Frauenwirte sind in diesen Jahren beim Rat teils um Stundung des vereinbarten Zinses, teils um Erniedrigung und Nachlaß eingekommen. Und stets waren die Eingaben damit begründet, daß sie wegen schlechten Besuches die ihnen auferlegten Lasten nicht mehr aufzubringen vermöchten. Mit der Frequenz ging auch der Dirnenbestand zurück. Wo ehedem in einem Frauenhaus ein Dutzend und mehr Dirnen sich aufhielten, fanden sich allmählich nur noch drei und vier.

Wenn man diese beiden Faktoren ideologisch übersetzt, kann man sagen: die Moral siegte, die Menschheit wurde allmählich sittlicher. Abstrahiert man aber von dieser schiefen Definition, so muß man dem beipflichten, was wir bereits oben sagten: die bürgerliche Tugend und Wohlanständigkeit gewann in der ausgehenden Renaissance einzig deshalb erheblich an Wertschätzung, weil die beiden rohesten Spießgesellen, die Not und die Syphilis, unter sich verbrüdert ihre Preisfechter waren. Deshalb und nur deshalb.

Landsknecht und Dirne
375. Kupferstich von Aldegrever. 1529

376. Die Freuden des Lebens. Kupferstich. 16. Jahrhundert

VI

Das gesellige Leben

Das gesellige Leben der Renaissance bietet reiche Ausbeute für eine Geschichte der geschlechtlichen Sitten jener Zeit. Denn geselliges Leben war in früheren Jahrhunderten und speziell in denen der Renaissance in seinen wichtigsten Formen noch ungleich mehr denn heute nichts anderes als die Schaffung einer Gelegenheit zur Liebe, und zwar zur Liebe in corpore. Weil der Lebensgenuß damals bei der großen Masse nur das kurze Menü: Essen, Trinken und Liebe umspannte, deshalb hieß einem genießerischen Leben frönen bei den meisten nichts anderes, als diesen drei Gottheiten zu huldigen. Das Lieben stand unter diesen drei Genüssen ständig obenan, der Kult der Venus und der des Priap. Ohne sie gab es kein Vergnügen; wo man ohne die beiden zu Tische saß, fand man die Gaben des Bacchus und der Ceres schal; und Bacchus und Ceres lud man sich hundertemal nur deshalb als Gäste zu Tische, weil man in ihnen die besten Fürsprecher hatte, Frau Venus willfährig zu machen. Das galt in der Renaissance, wie gesagt, noch ungleich mehr als heute, wo ein intensives politisches und geistiges Leben nicht bloß die Nebenbeschäftigung der besitzenden und herrschenden Klassen ist, sondern den Hauptinhalt des ganzen Lebens eines großen Teils der arbeitenden Klassen ausmacht.

Da es sich in unserer Arbeit nicht um das Gesamtgebiet der Sittengeschichte handelt, sondern nur um das Teilgebiet der geschlechtlichen Moral, so ist es natürlich auch nicht unsere Aufgabe, hier ein Gesamtbild des geselligen Lebens der Renaissance zu entwerfen, sondern wir haben uns nur auf jene Formen und Gebiete zu beschränken, in denen direkt das Geschlechtliche sich manifestierte. Also die besonderen Gelegenheiten, die diesem Zweck dienten, und die Mittel durch die man zum gewünschten Ziele kam. Gehören zu den Mitteln in erster Linie Spiel und Tanz, so zu den Hauptgelegenheiten, die dem Venusdienst gewidmet wurden, neben den größeren öffentlichen und privaten Festen die beiden Hauptgebiete des damaligen geselligen Lebens: die Spinnstube und das Badehaus.

*　*　*

Der Besuch der Spinn- oder Rockenstuben ist in allen Ländern eine der Urformen des geselligen Lebens in Stadt und Land. Hier wie dort hat die gemeinsame Form der Arbeit oft nur den Deckmantel gebildet für einen gemeinsamen und regelmäßigen Dienst der Venus und des Priap.

Hierbei handelt es sich natürlich nicht um die häuslichen Spinnstuben, sondern um jene gewissermaßen öffentlichen Spinnstuben, in denen das halbe Dorf, oder zum mindesten eine ganze Zahl jüngerer und älterer Frauen aus der Gegend an einem oder zwei Abenden der Woche des Winters zu gemeinsamem Spinnen zusammenkam. Diese Zusammenkünfte hatten die verschiedensten Namen: Spinnstuben, Rockenstuben, Kunkelstuben, Heimgarten, Lichtstuben usw. In diesen Stuben kamen die Frauen mit Kunkeln und Rädern zusammen, um gemeinsam an den langen Winterabenden zu spinnen. Da aber auch den jungen Burschen des Ortes der Zutritt zu diesen Spinnstuben gestattet war, so haben wir in dieser Einrichtung einen der Ausgangspunkte des geselligen Lebens.

Bei diesen Zusammenkünften herrschte der Brauch, daß jeder Bursche hinter seinem Mädchen saß, — und die Ehre eines jeden Mädchens erforderte doch, daß irgend ein Bursch speziell um ihre Gunst warb, — und daß der Bursche dabei getreulich die ihm obliegende Pflicht erfüllte. Diese bestand darin, die Spreu, oder das Agen, wie man den Abfall des Hanfes nannte, immer wieder vom Schoße seines Mädchens abzuschütteln. Diese Pflichterfüllung war jedoch entsprechend den Umständen nichts anderes als eine immer neue Gelegenheit zu mehr oder minder derben Handgreiflichkeiten bei dem von dem Burschen bedienten Mädchen, die gründlich auszunützen ebenso die Ehre des Mädchens wie die seine forderte. In einem Fastnachtsspiel „Von den Rockenstuben" sagt ein Bursch:

„Da bin ich all Nacht gegangen zum Rocken　　Und tat oft eine mit dem Hintern rütteln
Da konnt' man mir mit Äpfeln locken,　　　　Und konnt ihr wohl unten warten zum Leib."
Da wart ich den Maiden die Agen abschütteln

Je kühner und verwegener ein Bursche zu Werke ging, um so höher stieg meistens sein Ansehen bei einer Dirne, um so mehr wurde die betreffende Dirne von ihren Freundinnen beneidet, wie die zeitgenössischen Sittenprediger klagen. Aus dieser immer und immer wieder von den Zeitgenossen konstatierten Tatsache folgt unbestreitbar, was wir oben sagten, daß die Arbeit in den öffentlichen Spinnstuben zumeist nur der Deckmantel der Venus und des Priap war, daß die Mehrzahl der Dirnen hauptsächlich deshalb in die Rockenstube lief, um von ihrem Burschen einen Abend lang derart traktiert zu werden.

Gefördert wurde ein solches allgemeines brünstiges Gebaren, zu dem die Alten die Augen zudrückten, durch die sprichwörtlich schlechte Beleuchtung. Oft

Kurtzweilige Beschreibung der löblichen Spinn- vnd Rockenstuben/ vnd was darinnen gemeiniglich denckwürdiges practicirt vnd gehandelt wird/etc.

JIn lieber Leser/ seh hier still
Hör was ich kurtz erzehlen will.
Von einer feinen Compagny/
Wie du dann sihst vor Augen hie.
Wie es vor Zeiten vnd fort an/
Auff Spinnstuben pflegt zu zugahn.
Hät dir es auch viel Artlicher
Viel besser vnd viel stattlicher
Nicht können thun/ als ich wolan
Mit dieser Figur hab gethan.
Da thut es (wolst mich/ recht verstehn)
Vber vnd vber zu zugehn.
Dann etlich schlaffen/ etlich singen/
Etliche Tantzen oder Springen.
Etliche miteinander schertzen/
Küssen/ eiblen/ sich freundlich Hertzen:
Etliche schlagn vnd schmeissen drein/
Etlich verschütten Bier vnd Wein.
Hergegen etlich frölich Trincken/
Einander mit den Augen wincken.
A. Nachbar Cuntz Tantzt mit seiner Gretn/
Thut drüber bald sein Hosn vertzern.
B. Claß spring ins Feld mit seiner Basen/
Tantzt/ sie will nicht vom Rocken lassn.
C. Deß Pfaffen Magd hats glückt mit/
Dann sie hat Rübn vnd Kraut verschüt.
D. Darzu sich Hänsigen wol auff/
Will sie noch stossen vbern Hauff.
E. Deß Schultzen Mart/ wie ich versteh/
Fält vnd kehrt die Bein in die Höh.

F. Das gfält jhrm Buhl dem Fritzen nicht/
Drüber vergeht jhm sein Gesicht.
G. Der Schultz im Dorff sich nicht viel regt/
Beym Wasserkübel sitzt vnd schläfft.
H. Mit seiner Pfeiff Frantz Biedermann
Der thut nicht weit vom Ofen stahn.
I. Max Kaltenbergern freieret sehr/
Drumb stelt er sich zum Ofen her.
K. Die Gvatter Grein jhrn Gvatter Koch
Nimbt in die Arm vnd küst jhn noch.
L. Curdt Seltenfroh will sich verkriechn/
Mit Eltzgen hintern Ofen schliessn.
M. Veit Schnitzer der muthwillig Gsell
Macht Baß Claren ein Vngefell/
Daß jhr die Spindel thut entfallen:
N. Baß Margreth thut solchs nicht gefallen/
O. Fritz Trinckauß/ mit seim schönen Krantz/
Sitzt bey seim Schatz/ ist nicht beym Tantz.
P. Dann er trinckt es zu seiner Braut/
Drumb ist er auch ein gute Haut.
Q. Sein Schwieger sitzt auch bey dem Tisch/
Hät sies nur bald/ so tränckt sie frisch.
R. Frantz Wochendölpel jhr Gvatter Mann/
Schläfft/ kan nicht auff den Füssen stahn.
S. Deß Guckguck schawt zum Fenster hinein/
Wolt auch gern bey der Gsellschafft seyn.
T. Sebald Scheußlich der gschickte Mann/
Der will das An vnd Einsehn han.
V. Darzu sein liebe Bärbel gut
Mit einem Liecht jhm leuchten thut.

W. Ulrich Fliegeln gefält der Stritzsi/
X. Baß Appel lescht jhr Liecht bald auß.
Y. Deß Hirten Mutter Lisabeth/
Dieser Handel zu Hertzen geht.
Dann sie weiß noch wol Zeit vnd Tag/
Daß sie auch so zu leben pflag.
Denckt/ auch noch wol der guten Zeit/
Darinn sie hät gar manche Frewd.
Z. Gangolffs Hans der vnruhig Tropff
Was kompt jhm nur in seinen Kopff.
Daß er Vrsul deß Schreiners Basn
Mit frieden nicht will Spinnen lassn.
Verschüt darzu den guten Wein/
Daß mag mir wol ein Dölpel seyn.
Es bemüht sich der arme Tropff/
Daß jhm der Hut auch fällt vom Kopff.
Deß Schreiners Ursel werth sich sehr/
Schlegt mit dem Rocken vngefehr
Entfalt jhr Würtel vnd die Spindl:
Mich deuckt/ es sey ein fein Gesindl?
Wie könt diß Gsindel feiner seyn/
Ist doch darbey die gantze Gmein/
Im Dorff/ so wol oben als vntu?
Drumb sein sie lustig zu den Stundn
Den Abend so wol als den Morgn/
Lassn den Pfaffn kein Köchin versorgn.
Versorgn sich vntereinander auch/
Dann bey Spinnstubn ein solcher Brauch/
Wie ich jetzund gezeuget an/
Von Knechtn/ Mägdn/ Weib vnd Mann:
Ade/ ich hab das mein gethan.

Zufinden in Nürnberg bey Paulus Fürst Kunsthändlern/zc.

Satire auf das unzüchtige Treiben in den Spinn- und Rockenstuben

377. Kupferstich nach H. S. Beham. Fliegendes Blatt

wurde der Raum, in dem gesponnen wurde, durch einen einzigen Kienspahn er‹
leuchtet. Wurde dieser dann beim Türöffnen oder durch einen sonstigen Zufall
plötzlich ausgeblasen, was jeden Abend vorkam, dann versäumte natürlich keiner
der Burschen, diese Gelegenheit recht gründlich auszunützen, und dann hielten
wohl auch die Dirnen mit entsprechenden Erwiderungen nicht zurück. Bei solchen
Gelegenheiten artete das Gebaren nicht selten zu einer allgemeinen Orgie aus.
Und da solches immer nach dem Geschmack einzelner Teilnehmer war, so kamen
diese stets auch geschäftig dem Zufall zu Hilfe, so daß das Licht regelmäßig bei
einem Spinnabend einigemal verlosch. Von solchem und ähnlichem turbulenten
Treiben in den Spinnstuben leitet sich auch die volkstümliche Redensart für ein
wildes Durcheinander her: „Das ist eine rechte Gugelfuhr (Kunkelfeier)."

Aber nicht etwa nur ledige Dirnen kamen in den Spinnstuben zusammen,
sondern auch verheiratete Frauen und Witwen beteiligten sich an diesen Zusammen‹
künften. Und kamen die einen, um der Tochter die Gelegenheit zu erleichtern,
mit einem bestimmten Burschen zusammenzutreffen und zu schäkern, so kamen
viele andere, um sich in gleicher Weise von irgendeinem Burschen oder Nachbarn
hofieren, oder wie die Zeit deutlicher sagte, „an ihrem Leibe warten" zu lassen.
Daß dieser letztere Zweck bei den Ehefrauen zum mindesten ein nicht allzu
seltener war, erweist uns schon der Umstand, daß der häufige Besuch der Rocken‹

378. In der Spinnstube. Holzschnitt

stuben ein ewiges Kapitel in den
Klagen der Ehemänner über ihre
Weiber ist. In dem Fastnacht‹
spiel „Ein Bauernspiel" beklagt
sich ein Bauer mit folgenden
Worten über seine Frau:

Oft tut sie dann zum Rocken schliefen,
Bis daß der Pfarrer Meß hat gelesen,
Wenn ich sie dann frag, wo sie sein
gewesen,
Daß sie nit auch kommt zu rechter Zeit,
So spricht sie: Laß mich ungeheit!
Und schnaupt mich so unsauber an,
So schweig ich neurt und geh davon
Und laß ihren Mutwillen allein treiben.

Zu den häufigsten Ge‹
pflogenheiten bei diesen Zu‹
sammenkünften gehörte auch ein
fröhlicher Tanz; an manchen
Orten bildete er den üblichen
Abschluß, und die Burschen
brachten zu diesem Zweck so‹
gar Spielleute mit. Diese Tänze
wurden natürlich von beiden
Teilen zu denselben Zwecken

438

Och liebe Hill sols dir auch schaden
Das ich dirs brecht, vnd netzt den faden
Och nein, mein Claes, Ich warts ein ..... maß.
Es kompt im spinnen wol zu paß.

Du willich baß, die Spindel netzen
und diesen Krug zum Ofensetzen
Das Wasser dienet nicht hierzu
das keiner leidet in dem Schuh

Es solten solche böse Buben
nicht kommen in die Rockenstuben
Ich gieb dich umb ein bierenstiel
Wann du der Possen machest viel.

379. In der Spinnstube. Symbolisch-satirischer Kupferstich

des handgreiflichen Flirts ausgebeutet. In „Gar ein hübsch Vasnachtspiel" erzählt ein Bursche von solchen Spinnstubentänzen:

Nu hört mein Hübschheit von mir Jungen!
Ich han in Dörfern getanzt und gesprungen,
Dazu treib ich solch Geradigkeit,
Daß mir hold waren all' Rockenmaid.
Eh der Pfeifer ein Tanz hat gepfiffen,

Da hatt ich einer dreist unten dran gegriffen.
Und gab ihr zwei Schmutzel am umbher führen,
Daß ihr dennoch kein Mensch mocht spüren.
Das treib ich an allen Tänzen an.
Die Geradigkeit ich noch alle kann.

Über alle diese Sitten und Gepflogenheiten orientieren uns neben den bereits zitierten literarischen Schilderungen auch eine Reihe bildlicher Darstellungen aufs allerdeutlichste. Eine Probe dafür ist der mehrfach neu aufgelegte Holzschnitt „Die Spinnstube" von Beham, den wir bereits in unserer „Geschichte der erotischen Kunst" vorführten. Der gleichnamige Kupferstich (Bild 377) ist eine durch den beigefügten Text erklärte Variation dieses Holzschnittes. Aber es gibt außerdem noch verschiedene ebenso eindeutige Darstellungen dieses wüsten Treibens in den Spinnstuben. Auch verschiedene Karikaturen orientieren uns über diese Gepflogen= heiten (Bild 378 und 379).

Jedoch den schlüssigsten Beweis, daß solches Treiben in zahlreichen Gegen= den die übliche Tagesordnung bildete, liefern die verschiedenen Erlasse, die in Städten und Dörfern immer wieder gegen das Spinnstubentreiben gerichtet wurden. Die Obrigkeit mußte wohl oder übel einschreiten, denn es kam dabei sehr häufig bis zum letzten und dazu sogar in den Spinnstuben selbst, wenn

380. Das Liebespaar im Bade

das Licht einmal lange nicht wieder brennen wollte, noch häufiger natürlich auf dem Heimwege, wo der Bursche von der sinnlich erregten Dirne unschwer alle seine Wünsche erfüllt bekam. Der Bursche, der sich seines Tuns in den Spinnstuben rühmt, fügt auch gleich die Folgen hinzu. Er sagt: All das wird dazu führen, „daß ihr ein Beul auflief als ein Salzscheib, dafür kein Arzt nit kund gearznei, bis daß es in einer Wiegen wurt schreien". Auch kam es nicht selten infolge Eifersucht zu Raufereien, zu Mißhandlungen und selbst zu Mord und Totschlag unter den auf einander eifersüchtigen Burschen. Je mehr daher die Spinnstubenzusammenkünfte zu allgemeinen „Rammelnächten", wie man sie offen in verschiedenen Gegenden nannte, sich entwickelten, um so häufiger waren die Behörden gezwungen, durch Warnungen und Strafandrohungen dagegen einzuschreiten. In einem solchen Erlaß, der aus Nürnberg stammt und im Jahre 1572 erschien, heißt es:

„daß mehrmalen in solchen zusammen den Eltern Töchter verführet hinter den Vätern zu unziemlichen Ehen überredt, auch etwa geschwächt und gar zu Schanden bracht worden. Daß auch die Gesellen an einander darob verwarten, verwunden und todschlagen . . ."

Schließlich, als alle Strafen nicht fruchteten und als durch das Treiben in den Spinnstuben sogar hin und wieder große allgemeine soziale Gefahren heraufbeschworen wurden, weil es durch den freventlichen Umgang mit dem Licht zu Feuersbrünsten kam, da wurden die Spinnstuben an vielen Orten gänzlich aufgehoben. Aber solche Verbote halfen nicht viel und vor allem nicht auf die Dauer. Das, weshalb Dirne und Bursch in die Rockenstuben liefen, wollte sich unbedingt betätigen. Und darum lebten die Spinnstuben immer wieder auf, und mit ihnen das alte Treiben, was wir aus verschiedenen Erlassen erfahren, die sich gegen die allgemeine Unzucht richteten, und in denen stets als Hauptstätte des Unfuges die Rockenstuben genannt sind.

＊　＊　＊

Die nächste Entwicklung des geselligen Lebens stellt das Badehausleben dar (vergleiche auch Seite 48 und 49). Wurde beim Besuch der Spinn- und Rockenstuben die Arbeit vorgeschützt, so beim Badehausleben die Reinlichkeit und die Gesundheit, denn auch hier handelte es sich in verschiedener Richtung in erster Linie um eine Organisationsform eines systematisch betriebenen Venus- und Priapdienstes. Aus dem Badeleben hatte man sich dieselbe bevorzugte Massengelegenheit zur Befriedigung des der Zeit entsprechenden handgreiflichen Flirts geschaffen, wie in der Institution der Kommnächte und in der der Spinnstuben. Nur daß dieser Trieb im Bad nicht individuell beschränkt blieb, sondern mehr ein allgemeines Tun war.

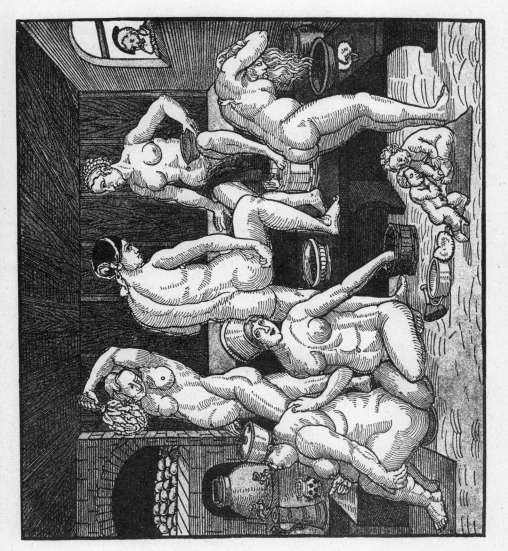

Frauenbadstube

Holzschnitt nach einer Zeichnung von Albrecht Dürer

Das Badehausleben ist, wie die eigenartige Rolle der Dirne, eine der In=
stitutionen, die dem Renaissanceleben seine besonders charakteristische Note ver=
lieh. Die Liebhaberei fürs Baden, die in Deutschland bis auf die alten Germanen
zurückgeht, basiert auf der damals allgemein verbreiteten Anschauung, daß häufiges
und lange ausgedehntes Baden zu den unentbehrlichsten Notwendigkeiten gehöre, um
die Gesundheit zu erhalten, oder um sie wieder zu erlangen. Im „Ring" des Heinrich
von Wittenweiler heißt es: „Das dritt, das die Natur will haben, Ist das Zwahen
und das Baden". Auch das gemeinsame Baden beider Geschlechter geht auf sehr
frühe Zeiten zurück. Dagegen hat die fast völlige Nacktheit im Bade, — abgesehen
von der bereits geschilderten Stellung der damaligen Zeiten zur Nacktheit, von der
das nackt im Bett liegen (Bild 21) der markanteste Beleg ist, — einen hygienischen
Grund; zum mindesten wurde die Sitte des in völliger Nacktheit Badens damit offiziell
begründet. Der lange Aufenthalt im Bade führte bei den meisten Menschen zu
Hautentzündungen, dem sogenannten Badeausschlag, der durch die Berührung mit
Stoff naturgemäß heftige Schmerzen verursachte. Da man aber den Badeausschlag
ebenso für eine Notwendigkeit und Voraussetzung der gesundheitsfördernden Wirkung
ansah, wie die lange Ausdehnung des Bades, so hatte man darin den denkbar triftigsten
Grund zu möglichst weitgetriebener Nacktheit im Bade. Und beide Geschlechter
waren denn so anspruchslos als möglich in ihren Anforderungen nach dieser
Richtung. Der Mann trug höchstens einen knappen Lendenschurz, die sogenannte
Niederwadt, oder auch nur einen sogenannten Wadel — kleinen Reisigbüschel —
in der Hand, zum Bedecken der Geschlechtsteile, wenn er aus dem Bade stieg.
Die Bekleidung der Frau war gleich negativer Art, sie bestand in der sogenannten
Badehr, einem Schurz, der sie nur notdürftig bedeckte; ja die Frau zeichnete
sich sogar dadurch aus, daß sie sich den Blicken viel häufiger völlig nackt

zeigte, als der Mann. Dafür unterließ je=
doch die Frau nicht, sich in anderer Weise
anzuziehen: sie pronozierte ihre Nacktheit,
indem sie sie zur Ausgezogenheit machte.
Das erreichte sie durch den sorgfältigsten
Aufbau ihrer Frisur und indem sie blitzen=
des und kostbares Geschmeide im Bad an=
legte: Halsketten, Armbänder und ähnliches
(Bild 9); jetzt war sie die ausgekleidete
pikante Dame. Aus der ursprünglichen
Not hatte man so zu eigener und fremder
Ergötzung eine Tugend gemacht. Diese
Sitte des gemeinsamen Badens beider Ge=
schlechter und der häufigen völligen Nackt=
heit der Frau herrschte ungemindert bis
ins dreizehnte und vierzehnte Jahrhundert.
Erst von da ab kam es an zahlreichen
Orten zu Verordnungen, die das gemein=

381. Der Badeknecht. Holzschnitt. 15. Jahrhundert

441

same Baden der beiden Geschlechter untersagten und jedem eine besondere Zeit oder auch ein besonderes Badehaus anwiesen. —

Daß aus dem Badegebrauch, der gewiß ursprünglich einzig der Gesundheit und der unentbehrlichen Reinlichkeit diente, sehr bald und in großem Umfange auch eine wichtige Form des Venusdienstes wurde, so daß er durch dessen Bedürfnisse bald eine noch stärkere Förderung fand, lag ganz in der Natur der Sache. Weil die Anschauung vorherrschte, daß ein Bad nur dann für die Gesundheit förder= lich sei und Heilwirkung hervorbringe, wenn man recht oft bade — für gewöhn= lich zweimal die Woche, und in Heilbädern natürlich täglich — und außerdem den Aufenthalt im Bade, im Schweißbade sowohl wie im Wasserbade, über eine möglichst lange Zeit ausdehne, so zwang dies ganz von selbst dazu, sich die Zeit durch Unterhaltung zu kürzen und zu würzen, oder mit anderen Worten: das Baden zur wichtigsten Gelegenheit geselliger Unterhaltung zu machen. Diese Unterhaltung trieb man mit Singen, Musizieren, mit Scherzen, und weil man stundenlang im Bade zubrachte, auch stets mit Essen und Trinken.

Ebenso naturgemäß ergab sich aus der Situation heraus, daß der gegen= seitige Verkehr der beiden Geschlechter immer und hauptsächlich galanter Natur war. Galanterien, an eine mitbadende Frau verschwendet, boten den natür= lichen Anknüpfungspunkt für jedes Gespräch, und ebenso die ständige Grundlage für die Fortsetzung. Welch ein Esel von einem Mann, der sich in einer solchen Situation nicht auf eine Galanterie besonnen hätte! Welch ein Tölpel, dem keine erotische Schmeichelei eingefallen wäre, wenn vor ihm der strahlende Leib eines Jungfräuleins seine Wunder nur notdürftig hinter einer jeden Augenblick verschobenen Badehr sich verbarg, oder wenn die reife Pracht blühender Weiblichkeit auf allen Seiten völlig hüllenlos sich den Blicken darbot und man nur die Arme auszustrecken brauchte, um sie mit vollen Händen zu fassen! Über was hätten Mann und Frau sich denn sonst unterhalten sollen? Jede Situation hat doch ihre natürliche Logik. Und hier lag die natürlichste wahrlich am nächsten. Dabei ist noch in Betracht zu ziehen, daß der Raum, in dem man badete, einerlei ob es sich um ein Dampf= oder ein Wasserbad handelte, in den allermeisten Fällen überaus beschränkt war, und daß auch dort, wo die Trennung der Geschlechter

382. **Das Bad ist Venusdienst.** Symbolisches Badebild

442

stattfand, diese nur in einer niederen Brüstung bestand, die kaum die Hände, niemals aber die Blicke hinderte. Ganz abgesehen von den Wannenbädern, der häufigsten Form der Wasserbäder, wo, wie die Bilder zeigen, es meistens ein Männlein und ein Weiblein waren, die sich miteinander vergnügten (Bild 382).

Kurzum, das Bad war die denkbar günstigste Gelegenheit zur Galanterie in allen ihren Formen. Und darum unterhielt man sich vorwiegend über dieses so wichtige und für jeden so interessante Thema. Das heißt: zur bevorzugtesten Kurzweil, die man trieb, die Essen, Trinken und Gesang erst würzte, gehörte stets ein ausgelassener Minnedienst in Worten, Gebärden und

Badestube. Die Familie wird vom Bader geschröpft
383. Holzschnitt von Jost Ammann

Taten. Weil aber, wie gesagt, jede Sache ihre eigene und zugleich ihre unausschaltbare Logik hat, so ergab sich daraus ebenso früh die für uns wichtigste Tatsache, daß nicht mehr das Baden als Gesundheitsmittel der Hauptgrund zum Baden war, sondern die unvergleichlichen Möglichkeiten, die das Badeleben dem Flirt in seinen kühnsten Formen bot. Um sich aufs angenehmste zu unterhalten, um sich nach Herzenslust gegenseitig zu karessieren, deshalb badete man: der Zweck war Mittel geworden.

Und das in weitestem Maße. Dies belegen uns wohl am überzeugendsten die verschiedenen besonderen Gelegenheiten, bei denen das Bad nur eine Nummer des Vergnügungsprogramms darstellt. Von solchen Gelegenheiten wollen wir als einziges Beispiel die sogenannten Braut- und Hochzeitsbäder anführen. Naturgemäß ist ja, daß man vor der Hochzeit als vor einem Fest badete. Aber in den Hochzeitsbädern handelte es sich nicht um ein bloßes Reinigungsbad, „sondern um eine Feierlichkeit, die einen Teil der verschiedene Tage dauernden Hochzeit ausmachte". Ja, es handelte sich sogar um noch viel mehr: häufig geradezu um den Höhepunkt des ganzen Festes. Das erhellt schon der Umstand, daß dieses Bad meistens erst nach der eigentlichen Hochzeit stattfand, daß es den Abschluß, oder wenn man so sagen will, den Kehraus der Hochzeitsfeierlichkeiten bildete. Daraus erklärt sich denn auch das Treiben, das gemeiniglich bei dieser Gelegenheit entfaltet wurde. In Gesellschaft der Hochzeitsgäste und begleitet von den Spielleuten, zog das junge Ehepaar ins Badhaus, um dort das Hochzeitsbad gemeinsam zu nehmen. Um sich zu reinigen? Ja gewiß, nebenher. In der Hauptsache aber, um in adami-

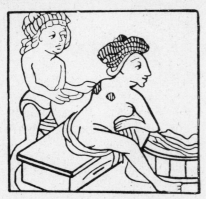

384. Badeknecht schröpft eine Frau
im Bade

tischem Zustand die Hochzeitsfeier bei Zechen, Singen und Jubilieren zu Ende zu führen. Daß dabei der erotische Witz in Wort, Scherz und Spiel die oberste Note bildete, ist die von allen Zeitgenossen gemeldete Regel. Aber auch später, als die beiden Geschlechter getrennt badeten, hatten alle Teile nach dem Bade noch volle Gelegenheit, in dieser Richtung auf die Kosten zu kommen. Denn es war Sitte, daß sich nach dem Bade beide Geschlechter im Badehaus unter allen Umständen zu gemeinsamem Zechen, Spielen und Tanzen vereinigten. Da man nun sehr bald gewahrte, daß es sich ungleich bequemer tanzen und springen ließ, je weniger man von überflüssiger Kleidung dabei belästigt wird, so kam es nicht selten dazu, daß man auf beiden Seiten gar gern darauf verzichtete, erst vollständig Toilette zu machen, bevor man zu Tanz und Spiel überging. Das bedeutete natürlich nichts anderes, als ein beabsichtigtes Gelegenheitschaffen für die derbste Galanterie. Und es liegt in der Natur der Situation, daß diese Gelegenheit auch gründlich ausgenutzt wurde. Von Männlein und Weiblein wurde entweder das wiederholt, was man vorher im gemeinsamen Bade miteinander getrieben hatte, oder es wurde gründlich nachgeholt, wozu man vorher nicht die genügende Gelegenheit gefunden hatte. Ein solches Brautbad, und anscheinend in seinem ersten Teil, zeigt in kleinem Maßstabe der Stich von Wenzel Hollar, den wir hier wiedergeben (Bild 390).

Daß solche Zustände, und zwar sowohl der Umstand des gemeinsamen Badens aller Hochzeitsgäste, als auch die angeführten Orgien, durchaus auf historischer Wahrheit beruhen und nicht aus der übertriebenen Phantasie der zeitgenössischen Sittenprediger und Chronisten geboren sind, erweisen uns unwiderleglich die behördlichen Erlasse und Polizeiverordnungen, die sich mit den Braut- und Hochzeitsbädern beschäftigen. Aus verschiedenen Städten wissen wir zum Beispiel genau die Zahl der Hochzeitsgäste, von denen sich das Brautpaar ins Bad begleiten lassen durfte. Das Münchener Stadtrecht aus dem Anfang des vierzehnten Jahrhunderts schrieb vor: „Zu der Fest und zu Pette und zu Bade soll man haben jedweder Teils nur sechs Frauen, das sind zwölf Frauen". In Regensburg waren dem Bräutigam im vierzehnten Jahrhundert sogar vierundzwanzig Genossen fürs Bad zugebilligt, „daß er und die Braut soll selb acht Frauen dargehen und mit keiner mehr". Schon aus diesen zwei Verordnungen ergibt sich klar und deutlich der Kern des Behaupteten, daß nämlich auch dem Bräutigam Frauenbegleitung ins Bad ausdrücklich zugebilligt war. Daß es aber beim Hochzeitsbad in der Regel zu den derbsten erotischen Ausgelassenheiten kam, erfahren wir ebenso klar aus Verordnungen und Verboten, durch die solchem Treiben Einhalt getan werden sollte, so weit es über den Rahmen der Zucht und Ehre hinausging. Wenn dieser Rahmen nun auch so weit gespannt war, daß es der landläufigen Zucht und

Ehre absolut nicht widersprach, der Frau Nachbarin auch vor anderen Leuten keck nach dem Busen — und auch anderswohin — zu greifen, ohne gerade als ein Schmutzian zu gelten, sondern eher als ein schalkhafter, zum Scherzen aufgelegter Geselle, — das ging aber doch darüber hinaus, daß, wie gesagt, die männlichen Gäste mit Vorliebe dem Spaß huldigten, bei solchen Gelegenheiten „barschenkicht", also ohne Hosen, und auch ohne Joppe, zu tanzen. Speziell gegen diese Übung richteten sich mehrfache Verbote. Ein solches Verbot aus Görlitz, das im fünfzehnten Jahrhundert erlassen wurde, lautet:

„Alsdenn vormals die jungen Gesellen nach dem Bade wider gute Sitten in Badekappen und barschenkicht und auch nicht alleine zu der Zeit, sondern auch zu andern Tänzen getanzt haben, will der Rath, daß fortmehr kein Mannsbilde in Badekappen oder barschenkicht tanzen solle, sondern alle, die da tanzen wollen, sollen sein mit Joppen und Hosen angethan, nach anderer Länder und Städte löblicher Gewohnheit."

Auf dem Höhepunkt der Stimmung, wenn der Wein und die kecke Unterhaltung mit ihrer stimulierenden Wirkung auch das Schamgefühl der Frauen überwunden hatten, soll auch von ihnen gar manche sich mit einer ähnlichen primitiven Gewandung begnügt haben, die der Neugier der Männer nicht viel geringere Zugeständnisse machte. Mit anderen Worten: Gar manches Badefest wurde mit einem nackten Ball beschlossen.

Durchaus verkehrt wäre nun, wollte man annehmen, das ausgelassene Treiben bei den Braut- und Hochzeitsbädern sei der Ausnahmefall gewesen. Beileibe nicht. Es war nur die Konzentration des üblichen und täglichen Betriebs, der jahrhundertelang in den öffentlichen Badestuben herrschte. Wo sich der erotischen Neugier beider Geschlechter derart starke Anreize und ebenso günstige Chancen zur Befriedigung darboten, wäre es geradezu ein Wunder gewesen, wenn sie sich nicht intensiv betätigt hätte, und wenn im Gegenteil die Schamhaftigkeit die Augen niedergeschlagen hätte. Dieses Wunder ereignete sich denn auch nicht. Die zeitgenössischen Sittenschilderer bestreiten es wenigstens. In einer Schrift, die von der Zeit des aus-

385. In der Frauenbadestube. Holzschnitt von Dürer

445

gehenden sechzehnten Jahrhunderts handelt, heißt es über das Leben in den Badestuben in Hall im Inntale:

„Der Schlüssel der Jungfrauschaft, ist die Geschämigkeit, dann eben von der Geschämigkeit wegen, wird manche wider ihren eignen Willen von der Unzucht abgehalten, durch diese Bäder aber, verliert man allgemach die Geschämigkeit, und übet sich fein entblößter vor den Männern sehen zu lassen. In deren vielen man auch gar kein Unterschied, der abgesonderten Zimmer zu der Entblößung noch zum Baden hat, ja die Badewannen, darin man sitzt zu sonderm Fleiß unter=einander Mann und Weib spicken, damit eins das ander besser und füglicher sehen, und die Schambarkeit gegen einander verlieren lernen. Wie viel mal siehe ich (ich nenn darumb die Stadt nicht) die Mägdlein von 10, 12, 14, 16 und 18 Jahren ganz entblößt, und allein mit einen kurzen leinen oft schleußigen und zerrissenen Bademantel, oder wie man hier zu Land nennt, mit einer Badehr allein vornen bedeckt und hinten umb den Rücken. Dieser und Füßen offen, und die ein Hand mit Gebühr auf den Hindern haltend, von ihren Haus aus, über die lang Gassen bei mitten Tag, bis zum Bad laufen? Wie viel lauft neben ihnen die ganz entblößten, zehen, zwölff, vierzehn und sechzehnjährigen Knaben her, und begleitet das ehrbar Gesindel.“

Eine gleich deutliche Sprache reden auch die bildlichen Darstellungen aus der Zeit, deren sich nicht wenige erhalten haben. Wenn im Wannenbad — und darin bestand, wie gesagt, meistens das Wasserbad — zwei einander gegenüber sitzen, so sind es meistens ein Männlein und ein Weiblein, die in fröhlichster Unterhaltung begriffen sind, und der Mann verfehlt obendrein fast niemals, die Freude an seiner ihm angenehmen Partnerin höchst eindeutig zu betätigen (siehe Beilage „Kalendervignetten“). Im Dampfbad, das die häufigste Form des öffentlichen Badehauses darstellte, bewegte und gebärdete man sich mit derselben Nonchalance, und hunderte von Malen kommt für die neugierigen Blicke alles Schöne zu Tage, wodurch der liebe Herrgott in seiner Güte jedes der beiden Geschlechter zur hohen Freude des andern ausgestattet hat. Die klassischste Darstellung solchen fröhlichen Treibens im Dampfbad bietet der ausgezeichnete große Kupfer von Aldegrever nach Virgil Solis, der fälschlicher Weise in den Kupferstichkatalogen unter dem Titel „Das Wiedertäuferbad“ registriert ist (S. 277). Wegen der unverhüllten Deutlichkeit, mit der der Meister dieses Treiben dargestellt hat, müssen wir jedoch auf eine Wiedergabe im Rahmen dieses Bandes verzichten.

Und auch alle diese Tatsachen findet man in den zeitgenössischen Ver=ordnungen hinreichend bestätigt. Die oben zitierte Görlitzer Verordnung gegen das „barschenkichte“ Tanzen nach dem Baden bezieht sich nämlich nicht nur auf die Hochzeitsbäder, sondern registriert dies als eine allgemeine Übung. Mit dem Hinweis auf das übliche ausgelassene Treiben in den Badestuben wurde auch im Verlauf des 15. und 16. Jahrhunderts in den meisten Städten die Trennung der Geschlechter im Badehause gefordert und das Verbot des gemeinsamen Badens durchgesetzt. Allem Anschein nach wurden diese Verordnungen jedoch ständig übertreten. Natürlich nicht von den alten Weiblein, sondern von den jungen Burschen, die die vergnügte Gelegenheit nicht verpassen wollten, den Dirnen im Bade auf ihre Art zu dienen. Und welches Entgegenkommen diese Späße bei den Dirnen fanden, das erweisen auch die Folgen, von denen die Chronisten und Schwankdichter mehrfach zu reden wissen. Die Erzählung „Von eines Bauern Sohn, der zwo Beginen schwanger macht“ in Freys Schwankbuch „Die Garten=

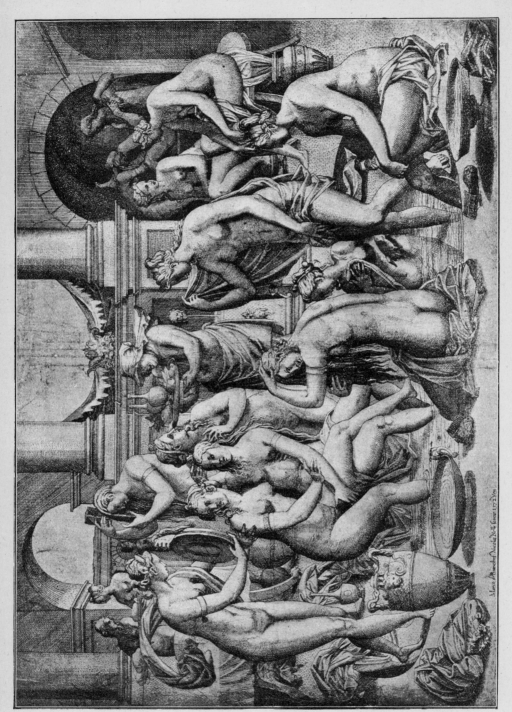

386. Das Frauenbad. Italienischer Kupferstich von Nicolas Nelli. 1572

gesellschaft" ist ein Beleg dafür. Der hier in Frage kommende Teil dieses Schwankes lautet:

„In der Stadt zu Frankfurt da ist eine Sammlung mit geistlichen Schwestern, die man Beginen nennt. Zu denen hatte ein Bauer vom Lande gute Kundschaft. Was sie an Speise zum Essen bedurften, das gab er ihnen; denn er war ihr Meier, also daß er und seine Frau Tag und Nacht bei ihnen aßen und tranken und ihren Zugang zu ihnen hatten. Nun hatte der Bauer einen großen Sohn, der macht mit den zwei jüngsten Schwestern der Sammlung besondere Kundschaft, daß sie der Sachen eins wurden und heimlich einander ihre Not klagten, wie denn wohl zu denken ist. Es fing sich zuletzt an zu schicken, daß der Andacht mit zweien großen Bäuchen oder Kindern ein Ausbruch gewinnen wollte.

Da die Meisterin solches gewahr wurde, da stelt sie die zwo jungen Schwestern im Capitel für, fragt sie, was sie gedacht, das sie sich so grob übersehen hetten, und wer der Vatter wer, das wolt sie wissen. Die jüngst on ein gab Antwort: „Unsers Meyers Sun", sagt sie, „hat mich zum nechsten im Bad also außgeriben, mein Lebtag binn ich nie dermaßen geriben worden. Ich hab mich gelitten; wie er mir sagt, also thet ich; weiß noch nit, was er gemacht hat, wiewol mir der Bauch geschwilt. Man müßt in drumb fragen." Die jüngste Schwester ward auch angeredt. Die sprach: Ich weiß nit; nehermals sahe ich ongeforlich, als ich Holtz holen wolt und das Bad wermer machen, die zwey, des Meyers Sun und die, einander im Bad außreiben. Ich lugt ein Weil zu und gedacht: Muß es also geriben sein! Das hastu nie gesehen; du wilt deins recht außrichten, ehe du ins Bad gehest, so weschest du dich darnach mit einander und badest mit Ruwen. Darauff hatt mich auch des Meyers Sun im Holtzhauß also trucken außgerieben. Ich hett mich aber ehe des Todts versehen, dann daß mir das Bad solt in den Bauch gerahten sein, daß er mir so hert würt. Was drauß werden will, das weiß ich nit, ich hab des Spiels nie mehr gebraucht."

Diese Erzählung bestätigt außerdem die von den Sittenpredigern besonders stark gerügte Erscheinung, daß auch die Mönche und Nonnen fleißige Besucher der öffentlichen Badehäuser waren, und daß die letzteren „beim glitschrigen Venusspiel, bei dem die Mädchen, wenn sie fallen, immer auf den Rücken fallen", häufig gar fröhlich mittun.

Aber auch dort, wo die beiden Geschlechter nicht mehr gemeinsam baden durften und jedem eine besondere Zeit oder ein besonderes Badehaus vorgeschrieben worden war, bietet das Badeleben noch mehrere charakteristische Eigenarten zur Beurteilung der damaligen sittlichen Anschauungen. So war es in den meisten Orten nach wie vor unverwehrt, daß die Frauen beim Baden von einem Badeknecht bedient wurden, der nur den kleinen Lendenschurz trug, während sie selbst sogar auf die Badehr verzichteten und sich in strahlender Nacktheit den Blicken des Badeknechtes darboten. Über diese Tatsache informieren uns zahlreiche Berichte und ebensoviele bildliche Darstellungen. Man vergleiche von den hier vorgeführten Bildern die Textillustrationen von Dürer, Nicolas Nelli (Bild 385 und 386) und die farbige Beilage

387. Die in der Hausbadestube überraschten Ehebrecher

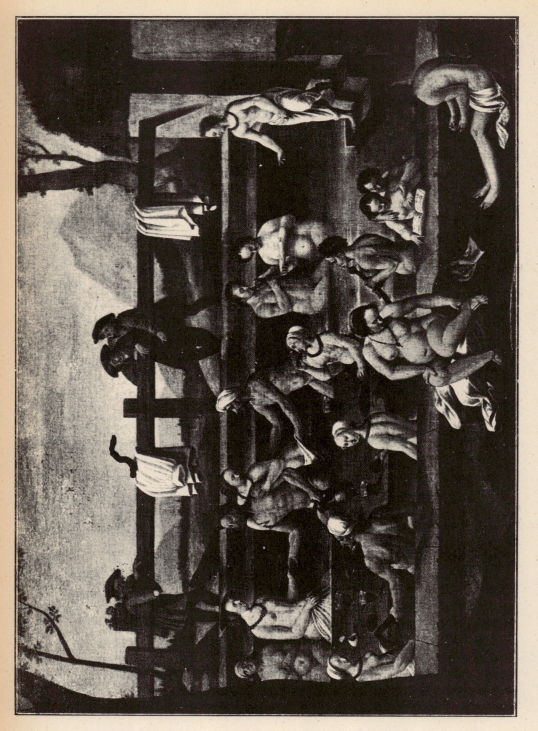

Badefreuden in Leuk

Gemälde von Hans Bock. D. Ä. 1597. Öffentliche Kunstsammlung, Basel

„Aus dem Leben der Bader im sechzehnten Jahrhundert", die uns eine schweizer Glasscheibe aus dem Jahre 1524 wiedergibt. Bei der Beurteilung dieser Sitte ist nun zu beachten, daß die Badeknechte nicht bloß stumpfsinnig ihres Amtes walteten und gleichgültig diesem Schauspiel gegenüber blieben, sondern daß sie gar häufig ihre recht derben Scherze mit den ihnen gefallenden nackten Weiblein trieben. In einem Bericht heißt es: wenn sie zwar auch mit der Niederwad bedeckt seien, so ließen sie „diese öfter scheinbar zufällig entfallen". Aber auch den Blicken anderer Männer waren die Badestuben trotz der Trennung der Geschlechter nichts weniger als hermetisch verschlossen. Von Dürer heißt es, daß er dort „gar manch guten Riß nach dem Leben gemacht habe". Einen weiteren nicht unwichtigen Beweis für diese Tatsache bietet das auffallend häufige Bathseba-Motiv in der ernsten Kunst. Daraus läßt sich nur schließen, daß die Möglichkeit, die Frauen bei ihrem Tun und in ihrer Nacktheit in der Badestube zu belauschen, geradezu stereotyp gewesen sein muß (Bild 8, 91, 92, 107).

388. Titelblatt einer Badeschrift

Nicht übersehen darf außerdem werden, daß das öffentliche Badehaus in der Renaissance nicht etwa bloß eine städtische Einrichtung gewesen ist, sondern die meisten Dörfer besaßen ebenfalls ihr Badehaus. War es ein größeres Dorf, dann hatte es nicht selten deren zwei. Die größeren Städte besaßen oft bis zu einem Dutzend und noch mehr öffentliche Badestuben. Als Beleg für diesen Punkt seien hier einige positive Zahlen genannt. Nach Urkunden aus den Jahren 1426 bis 1515 hatten fünf Dörfer bei Ulm jedes seine eigene Badestube. Im fünfzehnten Jahrhundert baten die Bewohner von Leipheim, eine zweite errichten zu dürfen. Das Dorf Burgau bei Bülach in der Schweiz besaß in der Mitte des sechzehnten Jahrhunderts bei fünfunddreißig Hofstätten seine eigene Badestube. Nach Guarinonius gab es 1610 in Österreich keine Stadt, keinen Markt, kein Dorf, und wäre es noch so klein gewesen, das nicht seine eigene Badestube gehabt hätte. Diesen Zahlen mögen einige über die größeren Städte angereiht sein. Es zählten im dreizehnten bis sechzehnten Jahrhundert an Badestuben zu gleicher Zeit: Zürich fünf, Speyer neun, Ulm zehn, Basel elf, Würzburg zwölf, Nürnberg (nach Hans Sachs) dreizehn, Frankfurt am Main fünfzehn, Wien einundzwanzig und so weiter. —

Weil es in der Tat keine zünftigere, für die damalige Zeit aber auch

389. Heilbad auf dem Wepchen in der Schweiz

kaum eine vergnüglichere Gelegen‑
heit gab, Frau Venus mit Worten,
Blicken, Gesten und Werken zu
dienen, als im Badehaus; und weil
die Situation förmlich dazu drängte,
sie in dieser Richtung auszunützen,
so lag eine zweite Erscheinung von
Anfang an überaus nahe: daß Bade‑
haus und Frauenhaus sich assoziier‑
ten. Diese Assoziation erklärt uns
auch den Umstand, warum der Be‑
ruf des Baders fast die ganze Renais‑
sance hindurch, wie der des Frauen‑
hauswirtes, der Spielleute und so weiter, zu den unehrlichen zählte. Und diese Asso‑
ziation war ebenfalls ständig, sie hat überall und überall überaus lange geherrscht. Die
erste Form der Assoziation mit der Prostitution bildete die Bademagd, die Reiberin
und Zwagerin. Denn neben dem Badeknecht gab es stets auch eine Bademagd zur
Bedienung der Badenden (Bild 392). Und wie die Frauen häufig vom Bader und
Badeknecht bedient wurden, so die Männer ebenso häufig von der Bademagd; diese
hatte die üblichen Abreibungen und Güsse zu besorgen, das Bett zu bereiten, auf
dem der Gast nach dem Bade ausruhte, und so weiter. Daraus folgte von
selbst, daß sie die natürliche Gesellschafterin eines Gastes wurde, die allen seinen
Scherzen, auch den derbsten, zu denen ihn schon ihre primitive Kleidung heraus‑
forderte, das nötige Verständnis entgegenbrachte, und die darum auch willig
war, nachher das Lager mit ihm zu teilen, was ebenfalls zur Regel gehörte. Die
Kleidung der Bademagd bestand überall nur aus einem einfachen Badehemd.
Außerdem aber wird berichtet und durch zeitgenössische Abbildungen bestätigt,
daß in verschiedenen Badehäusern das Badehemd der Reiberinnen aus durch‑
sichtigen Stoffen bestand. Damit trug man offenkundig der Lüsternheit der männ‑
lichen Badegäste Rechnung. Ja, es kam sogar nicht selten vor, daß die männlichen
Badegäste von völlig nackten Bademägden bedient wurden, wie man ebenfalls aus
verschiedenen Abbildungen ersieht. Die Bademägde waren des Baders Lockvögel,
und darum nahm er auch stets möglichst hübsche und stramme Dirnen in seinen
Dienst, die es riskieren durften, sich nackt den Blicken der Männer zu zeigen, und
die in diesem Zustande die Begierden der Männer entflammten. Häßliche Frauen
wären ständige Anlässe zu höhnischem Spott gewesen. Und des Baders Verdienst
wuchs doch in gleichem Maße, in dem die Vergnügungen wuchsen, die sich einem
Gast im Badehaus ohne weiteres darboten. Daß sich zu derartigen Diensten und
Rollen aber immer nur professionelle Dirnen hergaben, braucht keiner weiteren
Begründung. Die Namen Bademagd, Zwagerin und Reiberin waren deshalb auch
alle gleichbedeutend mit Dirne. In einem Gedicht aus dem fünfzehnten Jahr‑
hundert heißt es: „Der Bader und sein Gesind, Gern Huren und Buben sind".
Wo anders heißt es: „Riberin und Zwagerin sind Huren". Der Vergleich einer

Frau mit einer Bademagd war der beleidigendste. „Sie war so gemein als Bad‹
mayden". Im Liederbuch der Klara Hätzlerin findet sich der Dirnendienst der
Reiberinnen ebenfalls bestätigt. In einem Gedicht, in dem die Freuden des Mayen
beschrieben sind, heißt es:

Und von dem Frustuck süll wir gann, dann von
Zu dem Bade lade wir die hübschen Fräulein dar.
Zwar dass sy reiben
Und vertreiben uns die weil.
Nyemant eyl

Von dannen vast, er rast
Darnach als ain Fürste.
Sy, Baderin, nun besynn
Und gewynn
Jedem nach dem Bad ein rösches Bette.

Hier mag Folgendes eingeschaltet sein: weil das öffentliche Badehaus vielfach
ein Tempel der Liebe war und die Bademagd immer im Hauptberuf Venuspriesterin,
so war den Mönchen und Priestern entweder der Besuch des Badehauses ganz
untersagt, oder es war ihnen zum mindesten vorgeschrieben, daß sie sich nur
eines Badeknechtes bedienen durften. Das führte wiederum dazu, daß Mönche
und Priester sich diesen Badeknecht gleich selbst mitbrachten. Wenn dann aber
fürwitzige Augen ins Badestüblein schauten, dann konnte es freilich vorkommen,
daß es ein Badeknecht mit Zöpfen war, den man dort in spaßiger Unterhaltung
mit dem ehrwürdigen Manne fand. Solches wird zum Beispiel im Ambraser
Liederbuch in dem lustigen Gedicht besungen: „Von einem schwarzen Mönch,
wie ihm und seinem Buhlen das Bad zu heiß wurde".

Weiter sei hier eingeschaltet, daß die Bademagd häu‹ fig auch jene Form darstellte, in die sich die Prostitution auf dem Lande ver‹ kleidete. Die Bade‹ magd des dörflichen Baders war zu‹ gleich die offizielle dörfliche Dirne.

Aber eben nicht nur die Bademägde, auch sehr viele der badenden Frauen gehörten dem zahl‹ reichen Orden „der fröhlichen Frauen", — „femmes folles" in Frankreich —,

390. Brautbad. Kupferstich von W. Hollar

451

„der geschuhten Wachteln", „der Nachtigallen" und wie die Dirnen sonst genannt wurden, an. Positives darüber wissen wir aus Wien, Berlin, Nürnberg und zahlreichen anderen Städten. Natürlich waren es immer die besonders schönen unter ihnen, die sich die Badehäuser als Operationsfeld aussuchten. Weil man in den meisten Fällen nackt oder fast nackt badete, und beide Geschlechter gemeinsam, so hatte dadurch eine stolze und schöne Dirne hier die beste Gelegenheit, für ihren Liebeshandel die wirkungsvollste Reklame zu machen. Alle ihre Schönheit und Pikanterie, alles das, was die Begierde der Männer unwiderstehlich aufpeitscht, konnte sie hier entfalten. Und je geschickter sie war, die Unternehmungslust der Männer herauszufordern, um so höher stiegen die Aktien ihres Liebesbetriebes, und um so umfangreicher wurde ihre Kundschaft. Das Buhlen und Werben der Dirnen im Badehaus war natürlich nicht nur auf eine zukünftige Verzinsung angelegt, sondern ebenso oft auf eine sofortige Realisierung der Gewinnchance. Und dementsprechend waren auch zahlreiche Badestuben eingerichtet. Bei vielen befanden sich eine oder mehrere Kammern, in die ein genügend erhitztes Paar sich nach Belieben zurückziehen konnte, um das im Bad begonnene Spiel dort zum beiderseits erwünschten Ende zu führen.

In der direkten Absicht, sich mit Dirnen zu vergnügen, gingen zahlreiche Männer in gewisse Bäder, und darum waren in fast allen Städten manche Badehäuser nur erweiterte Frauenhäuser. Wenn man daher in den Chroniken sogenannte eigene Badestuben der Dirnen vermerkt findet, wie zum Beispiel die der gemeinen Frauen zu Ulm in der Nähe des Münsters, so wird man nicht fehl gehen, wenn man in solchen Badestuben nur besondere Formen des Frauenhausbetriebes sieht. Eine volle Bestätigung dafür haben wir in dem Umstand, daß verschiedene Frauenhausordnungen mit Badehausordnungen verknüpft sind, daß in zahlreichen Verordnungen und Erlassen an die Bader die Zulassung und Beherbergung von Dirnen ausführlich behandelt wird, und daß es weiter Badeordnungen gibt, die nichts anderes sind als Bordellordnungen. Dies gilt gleich von der ältesten bekannten Badeordnung, die englischen Ursprungs ist und aus dem zwölften Jahrhundert stammt. Dieselben Verbote, die gegenüber den Frauenhäusern ausgesprochen sind, wurden hierin auch gegenüber den Badehäusern erlassen. So heißt es unter andern: „Kein Badhälter empfange eine Nonne oder ein Eheweib", „Kein Badhälter soll irgend ein Weibsbild halten, das die gefährliche Krankheit des Brennens hat" „Kein Mann soll in ein Badehaus hineingezogen oder hineingelockt werden" und so weiter. Eines triftigeren Beweises der Identität zwischen Badehaus und Frauenhaus in vielen Fällen kann es wahrlich nicht geben, als solche Bestimmungen. —

Neben den öffentlichen Badestuben ist hier aber auch der Hausbadestube in den vornehmen Patrizierhäusern zu gedenken. In diesen Hausbadestuben herrschten nämlich häufig derselbe Ton und dieselben Gepflogenheiten wie in den öffentlichen. Denn auch sie sind in erster Linie ein Ort der Vergnügungen und der für die Freuden der Wollust am liebsten aufgesuchte Ort (Bild 22, 29 und 380). Wenn man vergnügt sein wollte, so richtete man sich ein Bad her; so heißt es sehr oft. Hier konnte sich ein Liebespaar am ungestörtesten den Freuden, die

Das gemeinsame Heilbad der Armen und Siechen in Plombière

391. Holzschnitt aus dem Jahre 1553

Venus und Priap bieten, hingeben. In der Hausbadestube badeten Männer und Frauen stets vollkommen nackt (Bild 19 und 387). Und wie lange sich diese paradiesischen Sitten erhielten, erhellt aus einer Notiz, die sich in der selbstverfaßten Lebensbeschreibung des fröhlichen Hans von Schweinichen findet. Aus dem Jahre 1561, dem neunten Lebensjahre Schweinleins, erinnert sich dieser folgender Begebenheit:

„Allhier erinnere ich mich, daß ich wenige Tage zu Hofe war, badete die alte Herzogin: allda mußte ich aufwarten als ein Junge. Es währet nicht lange, kommt eine Jungfrau, Katharina genannt, stabnackend raus, heißt mich, ihr kalt Wasser geben, welches mir seltsam vorkam, weil ich zuvor kein nackend Weibsperson gesehen, weiß nicht, wie ich es versahe, begieße sie mit kaltem Wasser, schreit sie laut und ruft ihren Namen an und saget der Herzogin, was ich ihr mitgespielet, die Herzogin aber lachet und spricht: mein Schweinlein wird gut werden. Inmittelst habe ich gewußt, was nackte Leute sein, warum sie sich aber mir also erzeiget, wußte ich nicht zu was vor einem Ende.“

Für die Beurteilung der öffentlichen Sittlichkeit kommen diese Gepflogen= heiten jedoch nur aus zwei Gründen in Betracht. Der erste ist der: bei der Haus= badestube handelt es sich nicht bloß um ein intimes Gelaß zur alleinigen Benutzung für die Familie, sondern hierher geleitete man den Gast zuerst und leistete ihm beim Willkommbad Gesellschaft und schickte ihm die hübschesten Mägde des Hauses zur Bedienung, hier vereinigte man sich mit seinen Freunden, mit denen man gemeinsam badete und sich an Essen, Trinken, Spiel und Scherz nach Herzenslust vergnügte.

Dies ist der erste Grund, warum auch die Hausbadestube für die Geschichte der öffentlichen Sittlichkeit in Betracht kommt. Der zweite ist der: die Haus= badestube ist, wie die Skandalchronik meldet, ein bevorzugter Schauplatz für die Eheirrungen der Zeit gewesen, und zwar vornehmlich für die der Frauen. In der Hausbadestube läßt sich eine buhlerische Hausfrau, sofern sie noch jung und hübsch ist, am bereitwilligsten von ihrem Liebhaber überraschen. Wenn man dem Freund, der die Abwesenheit des Gatten geschickt zu nützen versteht, gefügig sein will, so richtet man ihm ein Bad her, bei dem man ihm Gesellschaft leistet. Daß einem Liebhaber der Augenblick winkt, bei der geliebten Frau ans letzte Ziel seiner Wünsche zu kommen, kündet ihm, wenn es im Buhlbrieflein der ehebreche= rischen Geliebten heißt, daß seiner „ein lieblich und fröhlich Bad“ harre. Solche „häuslichen Freuden“ werden von gar vielen Buhlern gesucht und von nicht wenigen Schönen ge= währt. Die Bestätigung finden wir vor allem in den verschie= denen Historien über solche Fälle, wo der Gatte zu unerwarteter Zeit zurückkehrt und die Sache tragisch endet. Ein Beispiel dafür haben wir schon in einem früheren Kapitel gegeben (Seite 232 und Bild 198), ein anderes meldet

392. Badeknecht und Bademagd. Kupferstich

393. Gemeinsames Männer= und Frauenbad. Kupferstich von Crispin de Passe

Stumpfs Schweizerchronik, aus der wir das Bild wiedergeben, das die Rache des
hintergangenen Ehemanns an den im Bade Überraschten darstellt (Bild 387).

Die Hausbadestube war häufig nur ein improvisierter Baderaum, der nur
durch die für den momentanen Gebrauch aufgestellte Wanne dazu wird. Aber
in den vornehmen Bürger= und Patrizierhäusern und ebenso in den Palästen
des Adels und der Kirchenfürsten ist das Badezimmer nicht selten überaus kostbar
ausgestattet: mit Marmor belegt, mit kostbaren Wannen, entsprechenden Gemälden
an den Wänden, schwellenden Polstern auf den Bänken zum Ruhen nach dem
Bade und so weiter. Als klassische Beispiele in dieser Richtung sei auf den herr=
lichen Badesaal im Fuggerpalast zu Augsburg und auf das durch die Raffaelschen
Fresken berühmte Badezimmer des Kardinals Bibbiena im Vatikan verwiesen. In
solchen Verhältnissen ist es also kein Wunder, daß man aus dem Badezimmer
einen bevorzugten Ort der Freude machte, und daß ausschweifende Besitzer, wie
gerade der Kardinal Bibbiena, diesen Ort besonders gerne zum Schauplatz ihrer
Orgien erwählten, die sie mit ihren Mätressen und schönen Kurtisanen im Papst=
palast veranstalteten (Bild 22).

Die Hausbadestube ist sicher älter als die öffentliche Badestube. Man be=
gegnet ihr schon auf den Ritterburgen, und aus den Minnesängern kann man zur
Genüge sehen, daß sie schon dort in gleicher Weise für den Dienst der Venus
bevorzugt wurde. Aber bis ins zwölfte Jahrhundert dürfte die Zahl der Hausbade=
stuben noch ziemlich gering gewesen sein, denn wir wissen aus dieser Zeit selbst
noch von Fürsten, die das öffentliche Badehaus besuchten. Im fünfzehnten und
sechzehnten Jahrhundert, mit dem wachsenden Reichtum der aufkommenden

Von Heilsamen Bädern/
Von dem Plumberszbad.

394. Titelblatt einer Badeschrift über die Bäder von Plombière

Bourgeoisie und der gleicherweise sich ausdehnenden Tendenz der strengeren Klassenscheidung kamen immer mehr Hausbadestuben auf, und die öffentlichen Badestuben wurden hinfort hauptsächlich nur noch vom mittleren und gewöhnlichen Volke besucht. Welch große Zahl von Hausbadestuben allmählich entstanden, das möge eine einzige Zahl belegen: in Ulm zählte man im Jahre 1489 außer den öffentlichen Bädern bereits nicht weniger als 168 Hausbadestüblein.

*　*　*

Der allmählich sich vollziehende Verzicht des Patriziats und der gesamten besitzenden Klassen auf den Besuch des öffentlichen lokalen Badehauses als Freudenort, hatte aber noch einen anderen Grund: nicht daß diese Volkskreise öffentlich immer auf größere Zucht und Sitte hielten, aber es war ihnen unterdessen ein wesentlich erweiterter Ersatz entstanden. Die Freuden, die sie in den öffentlichen Badestuben preisgaben, boten sich ihnen in verdoppeltem und verdreifachtem Maße in den zahlreichen Heilbädern, die seit dem 13. Jahrhundert überall aufkamen und sich zu ähnlichen Mode= und Luxusbädern gestalteten, wie es die berühmten Badeorte heute noch sind.

Des Lebens süßeste Freuden in unbegrenzter Fülle zu genießen, darum machte die große Mehrzahl eine fröhliche Badfahrt, wie man es damals nannte. Gewiß zog man ursprünglich hauptsächlich der Gesundheit wegen, um sich von bestimmten Krankheiten zu heilen, nach den verschiedenen Heilquellen, die im Lauf der Jahrhunderte erschlossen und aufgefunden worden waren. Aber die Zahl der wirklich Kranken und ernstlich Heilung Suchenden wurde von Jahr zu Jahr immer kleiner im Verhältnis zu der Zahl jener, die bloß irgend eine Krankheit vorschützten, um eine Badefahrt machen zu können. Dieses Verhältnis entwickelte sich aus dem Umstand, daß sich an die Heilbäder, abgesehen von den Höfen und Fremdenstädten, zuerst ein umfangreiches geselliges Genußleben knüpfte. Und dies ist ganz natürlich. In den Heilbädern vereinigte sich zuerst permanent eine große Menge Menschen, die der Erholung, das heißt also dem prinzipiellen Nichtstun, lebten. Wo aber prinzipielles Nichtstun die Hauptlebensbedingung für die Mehrzahl der längere Zeit an einem Ort vereinigten Menschen ist, wandelt sich dieser von selbst zu einem Freudenorte, an dem sich alle jene Vergnügungen gehäuft darbieten, die das prinzipielle Nichtstun für längere Zeit voraussetzen. Solche Orte haben natürlich auf den Gesunden stets eine noch größere Anziehungskraft

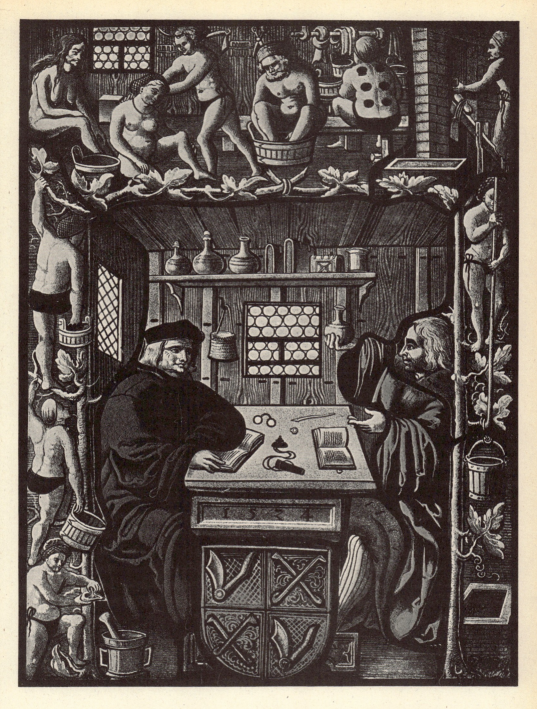

Aus dem Leben der Bader im 16. Jahrhundert
Schweizer Glasscheibe aus dem Jahre 1524

als auf den wirklich Kranken. Und so entstanden noch zu allen Zeiten die Luxus‚
bäder für die besitzenden Klassen. Weil aber in der Renaissance das Badeleben
allein zu einem Kulminationspunkt des Vergnügens werden konnte, so wurden
die Heilbäder naturgemäß auch die damaligen Zentren des geselligen Lebens.
Aus denselben Gründen konnte aber auch die Satire spotten, eine Badefahrt wirke
nur bei reichen Leuten:

„Im Maien fahren wir gen Baden   Und bringt nit Pfenniggelt damit,
Lug daß der Seckel sei geladen,   So wirkt dasselbig Bad do nit,
Denn das Bad hat solche Art,   Denn sy natürlich Wirkung thut
Wer mit Weibern daryin fahrt   Dass du verthuest Geld und Gut.“

So höhnte Murner in der Geuchmatt.

Und daß man in einer Badfahrt vor allem eine Fahrt zur lieben Frauen
Venus machte und das Leben in den Heilbädern vornehmlich zu einem Venus‚
fest gestaltete, lag wiederum in der Natur der Sache. Das sinnliche Drängen der
Zeit traf, wie wir oben gesehen haben, im Badeleben und allen seinen Anschau‚
ungen mit den denkbar günstigsten Auslösungsmomenten zusammen. Hier mußte
sich alles auf dem Punkte erotischen Genießens konzentrieren. Und ein erotisches
Genießen im turbulentesten Sinne und nichts anderes war denn auch das Leben
in den großen Heil‚ und Wildbädern.

Über das Leben und Treiben in den
verschiedenen Heilbädern der Renaissance
sind wir sowohl durch Reiseberichte und
Chroniken, durch Schwänke und Sprich‚
wörter, als auch durch zahlreiche das
Badeleben betreffende behördliche Ver‚
ordnungen und Verbote hinreichend
unterrichtet, so daß wir uns ein ziemlich
klares Bild davon machen können.

Zu verführen und verführt zu wer‚
den, und zwar durch die kühnsten und
gewagtesten Mittel, war das in hundert
Variationen gekleidete Thema des täg‚
lichen Lebens. Darauf war alles gestimmt.
Die Frauen erfüllten dieses Programm vor
allem dadurch, daß sie bei den täglichen
gemeinsamen und über viele Stunden
sich ausdehnenden Bädern vor den Blicken
der Männer die üppigsten erotischen
Schauspiele entfalteten; die Männer, indem
sie unermüdlich die Frauen zu solchem
Tun aufstachelten und durch galante
Worte, eindeutige Gesten und kecke
Unternehmungen immer neue Kom‚

Der verliebte Dudelsackpfeifer
395. Kupferstich von H. S. Beham

Tractat der Wildbeder natuer

wirckung vnd eigentschafft mittsampt vnderweisung wie
sich ein yeder bereiten sol ee er badet/auch wie man baden/
vnd ettliche züfell der badenden wenden sol/Gemacht mit
grossem fleiß durch Laurentium Phriesen der freien kunst
vnnd artzny doctorem.   Neptunus

Cum Priuilegio

396. Titelbild einer Bäderschrift

binationen für die alten Möglichkeiten schufen. In einem
Lied von Nithard aus dem
13. Jahrhundert heißt es:

„Ein Graserin in der Gastein (bat)
Diu gab mir Lust (und Freud) mit
              ihrem gerein,
Da ich sah durch ir Pfat die Briun'
Mich tet mit ihrm Högk noch zein,
Ich greif sie an und tät si zu mir
              smükken,
Schön Bükken, jükken in dem Bat;
Was aller Welt ein kleiner Schad,
Und tät uns wohl im Leibe und im
              Herzen.

Und es war niemals bloß ein
heimliches Schauspiel, das die
eine Frau einem bestimmten
Mann und Courmacher bot,
sondern stets ein offenes Spiel,
vielleicht einem Einzelnen zum
besonderen Gefallen arrangiert,
aber auf alle berechnet; es sollte
alle Blicke bannen und auf
sich lenken.

Die Dame der Heilbäder
konnte zwar nicht nackter sein
als in der heimatlichen Badestube, wohl aber präsentiert sie sich hier noch ausgezogener
als dort, denn ihr Haar- und Halsschmuck war noch prunkvoller, das etwaige Bade-
kleid war noch kostbarer, und es war noch raffinierter darauf angelegt, seinen ursprünglichen Zwecken nicht zu dienen. In dem Gemälde von Lukas Cranach (Bild 9)
und in der Jost Ammanschen Kostümzeichnung „Tracht der türkischen Weiber
wann sie baden" (s. Beilage), haben wir ungefähr das Bild wie sich die Dame in
den Luxusheilbädern der Renaissance den Blicken präsentierte. Und wie ein öffentliches Schauspiel war auch der ganze Vollzug des Bades arrangiert. Das Baden
war ein Schauspiel, bei dem zwar die Meisten Mitwirkende waren, bei dem aber
auch dem Publikum die Möglichkeit gegeben war, mitzugenießen, denn rings um
den Baderaum liefen in den Wasserbädern wie Leuk, Baden usw. Galerien, von
denen aus das Publikum dem Treiben im Wasser nach Belieben zuschauen konnte.
Und das nichtbadende Publikum betrachtete auch die Vorgänge im Wasser einzig
als ein den Sinnen gebotenes Schauspiel.

Daß dieses Wesen der Sache in den Heilbädern jahrhundertelang das gleiche
blieb, können wir eingehend aus zahlreichen Chroniken und Berichten erfahren,
von denen wir nur Poggios berühmte Schilderung des Badelebens in Baden im
Aargau und die Beschreibung eines Wiesbadener Badefestbildes, die von Heinrich

von Langenstein in den achtziger Jahren des vierzehnten Jahrhunderts entworfen wurde, nennen. Leider verbietet der Umfang dieser und ähnlicher klassischer Dokumente, sie an dieser Stelle abzudrucken. Dagegen wollen wir zwei bestätigende Verordnungen hier wiedergeben, die zugleich erweisen, daß diese Sitten manchenorts sogar bis ins siebzehnte Jahrhundert hinein im Schwange waren. In der Badeordnung des württembergischen Bades Boll vom Jahre 1594 heißt es:

> „Schandlose, üppige Wort, und sonsten verkleinerliche Nachreden, sowohl auch ärgerliche Lieder und Gesäng sollen bey Straff eines halben Güldens verboten sein, desgleichen unzüchtige Geberden und Erzeigungen gegen Ehrlichen Frauen und Jungfrauen, bey unnachleßlicher Straf eines Guldens, so oft das geschicht."

In einem Badeerlaß von Pfäffers aus dem Jahre 1619 heißt es:

> Zum vierten, dieweilen dann vilmahlen von den Weibspersonen geklagt worden, das sie etwan unzüchtiger und mutwilligerweiß von den Mannesbildern in den Schrancken angetastet werden, und damit aber diß ohrts unzucht und ärgernuß in allweg abgeschafft werde, gebieten Wir ernstlich, daß nach ordnung deß Badmeisters die Weib und Mannspersonen (außerhalb der Eheleuthen oder verwandten) in abgesünderten Schranken Baden thethn, im Fahl aber solches wegen vile der Badgästen oder anderer Ursachen, nit kan geschehen oder statt haben, so wollen Wir jhnen nichts desto weniger (sovil jmmer möglich) ruhe schaffen, setzens derhalben menigklichen zu einer wahrnung an 2 ℔ pfenning Buß, damit kein ungebühr gegen jhnen, weder mit unzüchtigem antasten, üppigen oder unschamhafften worten oder geberden, sonder durchauß alle ärgernuß und unbillichkeit abgeschnitten wurde.

Das Publikum, das in den damaligen Modebädern zusammenströmte, war ein ziemlich bunt zusammengewürfeltes und in verschiedenen Bädern sogar in gewissem Sinne international. Alles was damals zu dem Begriff Lebewelt zählte, vereinigte sich hier mit den vornehmen Leuten, die alljährlich nach diesen Orten pilgerten. Obenan stand ein Heer schöner und raffinierter Dirnen. Zu diesen gesellte sich eine gleich große Zahl von Kupplern, Gelegenheitsmachern und ähnlichem zweifelhaftem Gesindel. Da der Kirche Diener niemals fehlten, wo es fröhlich zuging und des Fleisches eifrig gepflegt wurde, so stellten aber auch Mönche, Priester und selbst Nonnen ein nicht geringes Kontingent zu den ständigen Badegästen der beliebten Modebäder. Wir erfahren das aus mehreren Berichten, in denen vom Besuch der Bäder durch die Priester und Nonnen die Rede ist. So notiert Pfyffer in der Geschichte der Stadt und des Kantons Luzern aus dem Jahre 1566: Es „haben einige Chorherren im Hof (zu Luzern)

397. Die Vergnügungen in den Heilbädern

459

den Rath um Erlaubnis gefragt, mit ihren Metzen gen Baden ein Badfahrt z'han, das ihnen aber um der Ergerniß wegen abgeschlagen worden."

Daß sich die Dirnen meist hordenweise in den besuchten Bädern einfanden, ist kein Wunder. Hier trug ihr Geschäft ja die höchsten Renten. Die Dirne gab darum naturgemäß auch den Ton an für das allgemeine Benehmen. Sie war wie bei den Festen das belebende Element. Auch war die stete Anwesenheit zahlreicher Dirnen in bestimmten Bädern für diese Bäder unerläßlich, denn gerade die Dirnen boten jener großen Zahl Männer die sichere Garantie, auf ihre Kosten zu kommen, die eine Badefahrt einzig deshalb unternahmen, um sich von der heimatlichen Zucht und Sitte zu erholen. Und das war stets ein nicht kleiner Teil der Besucher. Der heimatliche Dienst der Zucht und Sitte war für die herrschen= den Klassen ein um so schwererer Dienst, als sie sich ihm sehr häufig nicht entziehen konnten, besonders dann nicht, wenn man im Interesse seiner Klassenherrschaft strenge Sittenmandate und Luxusgesetze erlassen hatte. Aus diesem Grund fand man zum Beispiel in Baden im Aargau immer besonders viel Züricher; hier konnten sie die strengen Sitten= und Luxusgesetze an den Nagel hängen, denen sie zu Hause ihr bürgerliches Leben unterordnen mußten.

Dieser Wunsch, sich von den Strapazen der heimatlichen Zucht und Sitte oder der Langeweile des Ehebettes zu erholen, trieb aber nicht nur die Männer ins Bad, sondern auch zahlreiche „ehrbare Frauen". Glauber berichtet: „Etliche Weiber ziehen auch gern in die Sauerbrunnen= und warme Bäder, weilen ihre Männer zu alt und kalt sind." Guarinonius schreibt noch 1610: „Viele Frauen gehen nach Hall, weil sie dort lustig ihren Ehemännern eine wachsene Nase drehen konnten". An einer dritten Stelle heißt es: „In den Badekämmerlein treiben gar viele ehrbare Frauen mit einem Buben das Spiel, das sie ihm zu Hause weigern mußten aus Furcht vor der bösen Nachrede, und so sind viele eifriger wie manche Bademagd." Unter solchen Um= ständen ist es kein Wunder, daß die Krankheit, die bei den Frauen durch eine Badefahrt am sichersten kuriert wurde, der Weiber Unfruchtbarkeit war. Poggio schreibt malitiös über diesen Punkt:

„Frägst du mich denn, Freund! weiter, zumal nach der Kraft des hie= sigen Wassers, so ist dieselbe eben sehr verschieden und mannigfaltig: in einigen Stücken aber besonders groß und fast göttlich: denn auf der ganzen Welt, glaub' ich, ist kein Bad, welches

393. Badefreuden

460

Das Leben in den Wildbädern

399. Entwurf zu einer Brunnenverzierung von Peter Flötner

mehr die weibliche Fruchtbarkeit fördere. Kömmt eine Frauensperson hieher, deren Leib verschlossen ist, so erfährt sie bald die bewundernswürdige Wirkung dieser Bäder, wenn sie nur geflissen die Mittel anwendet, welche die Kunst den Unfruchtbaren vorschreibt."

Am kürzesten und besten bestätigt diese überall gleiche Wirkung ein alter Badespruch: „Für unfruchtbare Frauen ist das Bad das beste, Was das Bad nicht tut, das tun die Gäste". Bei den geschilderten Badesitten kam es freilich nicht selten vor, daß der Erfolg weit über das eigentlich erwünschte Maß hinausging, was ein anderer Badespruch bestätigt: „Das Bad und die Kur war allen gesund, Denn schwanger ward Mutter und Tochter, Magd und Hund".

Das letzte Dokument für das üppige Leben in den Badehäusern und in den Heilbädern bietet die Kunst. Es ist der albernste Zweifel, der auch hier immer

400. Tanz auf dem Dorfe

wieder erhoben wird, wenn man in den bildlichen Darstellungen der Zeit mit Gewalt nicht das Wesen der Wirklichkeit sehen will. Gewiß handelt es sich auch in der großen Kunst um eine ins Relief gearbeitete Wirklichkeit, was aber ganz etwas anderes heißt als bloß: Unterstreichen des Nackten und Obszönen. Was die Flötner, Solis, Dürer, Beham (Bild 389 und 396—399) zeigen, ist der absolute Grundton. Gewiß ist dieser Grundton auf den allgemeinen Kultus gestimmt, der damals mit der Form, das heißt mit der Schönheit getrieben wurde. Wenn aber dieser letztere Punkt bemängelt und der Einwand erhoben wird, daß die Mehrzahl der Badebilder nur vollkommene Leiber zeige, vor allem nur schöne Frauen, so ist dies noch lange keine schöne Lüge, sondern durch den einfachen Umstand begründet, daß notorisch häßliche und verblühte Frauen nur in vereinzelten Fällen die gemeinsamen Baderäume benützt haben; zum mindesten haben diese dann in der Bekleidung streng die Ehrbarkeit gewahrt. Die Häßlichkeit ist immer eine unerbittliche Tugendhüterin. —

Das allmähliche Verschwinden des öffentlichen Badehauslebens geht auf dieselben Ursachen zurück, die auch die Frauenhäuser entvölkerten, auf die allgemeine soziale Misere und die Syphilis.

Eine weitere Begründung ist hier überflüssig, denn wir haben uns darüber auch schon im Einleitungskapitel (S. 49) ausgesprochen. Nur bezüglich der sozialen Misere ist noch hinzuzufügen, daß diese für das Baden noch dadurch kompliziert wurde, daß das sechzehnte Jahrhundert eine starke Steigerung der Holzpreise brachte. Mit Holz allein wurden die Bäder geheizt; als aber das Holz teurer wurde, verteuerte sich auch das Baden wesentlich, so daß es schließlich für die große Masse zu einem unerschwinglichen Luxus wurde.

❖   ❖   ❖

Spiel und Tanz. Die Unterhaltungsspiele der Erwachsenen untereinander haben zu allen Zeiten in der Mehrzahl der Fälle einen erotischen Grundton, zum mindesten ist allen eine erotische Note beigemischt. Denn der Inhalt der meisten

Spiele, an denen die Erwachsenen besonderen Gefallen finden, besteht in einer scherzhaften Ausspinnung des gegenseitigen Werbens oder der gegenseitigen Besitzergreifung von Mann und Frau.

Im Mittelalter und in der Renaissance trat dieser erotische Hauptinhalt der Spiele meist noch gänzlich unverschleiert in Erscheinung. Und zwar am deutlichsten in den Spielen, bei denen es sich um weiter gar nichts handelte, als um die Einkleidung des Hauptvergnügens einer rohen Sinnenfreude, die gegenseitige unzüchtige Entblößung, in den Rahmen eines Spieles. Man wollte das Vergnügen, das Mann und Frau an solchen Scherzen hatten, gründlich und zugleich behaglich auskosten. Das konnte man in „harmloser" Weise nur im Rahmen des Spieles, wo beide Teile „mit von der Partie" waren. Charakteristische Beispiele solcher Spiele sind: „Das Umstoßen", „Der Kußraub" und „Der Schäfer von der neuen Stadt", die alle gleich populär und beliebt waren. Bei dem Spiel „Das Umstoßen" oder „Das Umwerfen" handelte es sich um einen komischen Zweikampf zwischen einem Herrn und einer Dame. Dieser komische Kampf vollzog sich in der Weise, daß jedes von beiden mit erhobenem Fuße nach der Fußsohle des anderen zu stoßen hatte, um ihn dadurch aus dem Gleichgewicht und damit zu Fall zu bringen. Die Dame saß während des Kampfes auf dem Rücken eines am Boden knienden Mannes, der Mann dagegen stand frei. Da die Frauen damals keine Unterkleider trugen, so bestand schon der ganze Kampf der Frau in einem unausgesetzten und von ihr selbst herbeigeführten Entblößen ihrer Beine und Schenkel vor den Blicken der Zuschauer. Diese Dekolletierung der Frau von unten nach oben erreichte den höchsten Grad, wenn der Mann Sieger wurde und die Frau, wie es die Situation bedingte, nach rückwärts auf den Boden kollerte. Aber auch bei dem Mann kam es bei diesem Spiel ständig zu einer unzüchtigen Entblößung, da dieser, wie wir bereits wissen, damals sehr oft nur mit der Bruch bekleidet war. Ähnlich verlief der Kußraub. Ein gegenseitiger Kußraub bildete die Pointe bei mehreren Spielen. Bei dem Spiel, das wir hier besonders im Auge haben, offenbart sich der urwüchsige Charakter schon durch den einen Umstand, daß der Kußraub in der Weise vollzogen wurde, daß die streitenden Paare immer rittlings auf den Schultern eines anderen sitzen; die Frau auf denen eines Mannes, der Mann auf denen einer Frau. Um ein zartes Salonspiel kann es sich dabei wohl unmöglich gehandelt haben, denn bei diesem Spiel kam es natürlich immer wieder vor, daß Reiter und Pferd zu Falle kamen und die verschiedenen Paare dann auf dem Estrich oder Rasen bunt durcheinander kollerten, worin denn auch der Hauptspaß des Spieles bestand. Das Spiel „Der Schäfer von der neuen Stadt" wird von Murner beschrieben. Auch hier handelte es sich um das Küssen als Spielpreis. Bei diesem Spiel mußte die

401. M. Treu. Bäuerliche Tänzer

463

7   ᛗ

402. M. Treu. Bäuerliche Tänzer

Frau genau so kräftig zugreifen können wie der Mann, ihn ebenso heben und schwingen können, wie er sie. Denn es heißt: es kann dabei mittun „nur solche, die da stützen kann den Burschen, wenn er hebet an zu springen, und ihn hebt empor". Der Mann revanchierte sich naturgemäß dadurch, daß er seine Partnerin noch höher hob und noch wilder herumwirbelte, als sie ihn zu heben und zu schwingen vermochte. Murner sagt über dieses Spiel: „Es ist nicht Scham noch Zucht dabei, Wenn sie die Mägdlein schwenken frei, Und Gretlein treibt so weit den Spaß, Daß man kann seh'n, ich weiß nicht was." Dieses Spiel soll immer mit einer allgemeinen Abküsserei geendet haben.

Da alle diese Spiele nachweislich bei allen Klassen im Schwange waren und sich auch bei allen Klassen der gleichen großen Beliebtheit erfreuten, so ergibt sich daraus das wichtige Fazit, daß es sich damals also selbst mit dem in den vornehmen Bürger- und Adelskreisen herrschenden Anstand vertrug, wenn eine Dame freiwillig ihre heimlichen fraulichen Reize zur allgemeinen Augenweide preisgab, oder daß sich offen Mann und Frau an einem solchen Anblick ergötzten.

Bei den Bauern waren einige Spiele im Schwange, die sogar noch um einige Grad derber gewesen sein müssen. Dazu gehörte wohl das Spiel, das den Namen „Wemplink bergen" trug. Wir wissen zwar nicht, wie dieses Spiel im einzelnen vor sich ging, aber aus dem Gedicht, in dem Nidhart von Reuental von diesem Spiel spricht, ersehen wir, daß es sich dabei um die derbste Form erotischer Handgreiflichkeit gehandelt haben muß, und daß an diesem Spiel die Dirnen ebenso großen Gefallen gefunden haben wie die Burschen.

Eine Reihe der in jener Zeit üblichen Gesellschaftsspiele erfahren wir aus einem Gedichte „Der Tugenden Schatz". Dem Namen nach zu urteilen dürfte bei den folgenden das Erotische eine Hauptpointe gewesen sein: „Zwei wollten in die Blumen fallen", „Zwei spielten über Füßelein", „Zwei geilten miteinander viel", „Zwei eins das ander umfing", „Zwei walten zu dem Zweck", „Zwei spielten Bein über Bein", „Zwei halsten mit Luste" und schließlich „Zwei eins das ander kußte". Das Füßeleinspiel wird wohl dem Umwerfen ähnlich gewesen sein, und „Bein über Bein" und „Zwei walten zu dem Zweck" dürften von ähnlich hanebüchener Erotik wie das „Wemplingbergen" gewesen sein, denn das Wort „Zweck" hat wie das Wort „Wempling" eine obszöne Bedeutung.

Doch alle diese Spiele und Scherze treten nicht nur in ihrer Beliebtheit, sondern auch in ihrem erotischen Inhalt weit hinter dem zurück, was zu allen Zeiten und überall das bevorzugteste Spiel der Großen war, nämlich dem Tanz.

Der Tanz ist genau so in erster Linie ein erotisches Problem, wie es die Kleidung ist. Über dieses Grundwesen des Tanzes darf man sich durch keine der Formen täuschen lassen, in die er gekleidet worden ist, und über diesen Kern-

Die Bauernkirchweih

Kupferstich von Daniel Hopfer. 16. Jahrhundert

punkt muß man sich auch zuerst klar werden, wenn man in die letzten Geheim=
nisse eines jeden Tanzes eindringen und außerdem verstehen will, warum jede
Zeit ohne Ausnahme neuschöpferisch in der Erfindung von Tänzen ist. Der Tanz
war und ist niemals etwas anderes als in stilisierte Rhythmik umgesetzte Erotik:
Buhlen, Werben, Weigern, Versprechen und Erfüllen. Symbolisierung eines dieser
Bestandteile der Erotik oder auch aller dieser Teile ist das Thema aller Tänze.
Es gibt eine ganze Reihe National= und auch Modetänze, die einzig den Vollzug
des Liebesaktes, und das in der denkbar durchsichtigsten Weise, durch ihre Haupt=
pointen versinnbildlichen. Wir nennen nur die italienische Tarantella, die polnische
Cachucha, den ungarischen Zsardas und die moderne international verbreitete
Matchiche. Alle diese Tänze sind nichts anderes als das stilisierte Delirium des
Liebesrausches. Bei solchen Tänzen durchkosten darum Unzählige alle Wonnen
rasender Wollust. Wenn sich das erotische Element in den ebengenannten Tänzen
auf den ersten Blick und durch die ersten Töne offenbart, weil in ihrer kühnen
Wildheit der Symbolik das auf die Spitze getrieben ist, was sie vergegenständlichen,
so handelt es sich in modernen Tänzen, also z. B. im Walzer, doch um genau
dasselbe. Der Walzer ist nur die verfeinerte Form derselben Tendenz. Bei
Tausenden von Männern und Frauen, die den Walzer mit Verständnis tanzen,

löst dieser ähnliche Seligkeiten aus, wie
die Erfüllungen in den Armen der
Liebe; und ebenso viele haben dies
teils offen, teils verstohlen zugestan=
den, und wenn nicht durch Worte,
so durch Blicke und vor allem durch
ihr ganzes Gebaren beim Tanzen.
Dieses Wesen des Tanzes erklärt uns
unendlich viel. Weil im Tanz nicht
nur alles mit Sinnlichkeit durchtränkt
ist, sondern weil er die in stilisierte
Bewegung umgesetzte Rhythmik der
geschlechtlichen Erfüllung selbst ist,
darum gab es auch niemals einen
gefährlicheren Kuppler und Verführer
als wie den Tanz; und darum er=
schließen sich weiter beim Tanz der
Wollust die kühnsten Phantasien.

In den Tänzen des ausgehenden
Mittelalters und der Renaissance treten
diese Tendenzen ganz unverschleiert
zu Tage. Der Tanz war damals nur
die höchste Steigerung der in den
Spielen verkörperten und vorhin ge=
schilderten Tendenzen. Und führte

Unter der Dorflinde
403. Kupferstich von Daniel Kandel

der Tanz nicht selbst dazu, so suchte man dasselbe Ziel durch irgendwelche Extra-
vaganzen zu erreichen, die zu den erwünschten Zufällen unbedingt führen mußten.

Die meisten und auch die beliebtesten Tänze der Renaissance bestanden in
einem wilden Springen, Herumwirbeln und Schwingen der Tänzerin, damit die Röcke
möglichst hoch emporwirbelten; etwa in der Weise, wie heute noch bei verschiedenen Gebirgstänzen, wie Schuhplattler und ähnlichen Tänzen, der Brauch
ist. Des Mannes Gebaren war ein ständiges brünstiges Stampfen und Johlen
und bildete so den passendsten Begleitton zu diesem Thema.

Schon in einem höfischen Minnegesang heißt es von einer tanzenden Maid:
„Sie sprang, Mehr denn eines Klafters lang Und noch höher." Der Bursche, der
die Dirnen am kühnsten herumzuschwingen verstand, war der begehrteste Tänzer,
denn dabei allein kostete eine Tänzerin den süßen Rausch des Tanzes bis auf die
Neige. Und darum reizten gar manche ihren Burschen, sich so ausgelassen wie
möglich zu gebärden. Ein Zeitgenosse schreibt:

> „Welcher Knecht auch jetzund die Mägd nicht wohl schwingen und verkördern kann mit
> demselben tantzet keine gerne, heißen ihnen einen Gümpel, ein Bräuscheitt, das kein Gelenke hat.
> Es gieng auch mancher Knecht fein säuberlichen am Tanze, und ließ das verkördern wohl bleiben,
> wenn ihn die Mägde wohl selber dazu nicht reitzeten, ja die Mägde werfen und schwingen nun
> die Knechte selber, wenn die Knecht jetzt zu faul sein wöllen."

Für eine Dirne, Frau oder Witwe — denn alle sind gleich eifrig auf dem Tanz-
plan — gab es keine größere Ehre, als wenn sie keinen Tanz auszulassen brauchte
und wenn sie von den Burschen am tollsten geschwungen wurde.

Sobald die Tanzwut die Sinne erfaßt hatte, gaben es die Dirnen billig und
waren nicht geizig mit der Preisgabe dessen, wonach die Burschen und Männer
so lüstern waren. Die Geschämige löste heimlich ihrem Tänzer zu Gefallen einen
Riegel an ihrem Mieder, die Freche tat's offen und begnügte sich nicht nur mit
einem einzigen Riegel, so daß die runden Brüste völlig ihrer Haft ledig waren.
Heinrich von Mittenweiler dichtete:

> „Die Mädchen waren also rüg
> Und sprungen her so gar gefüg,
> Daß man ihn'n oft, ich weiß nit wie,
> Hinauf gesah bis an die Knie.
> Hildens Hauptloch war zu weit,
> Darum ihr zu derselben Zeit
>
> Das Tüttel aus dem Busen sprang;
> Tanzens gyr sie dazu zwang.
> Hüddelein, der ward so heiß,
> Daß sie den Kittel vorn aufreiß,
> Da sah man ihr die ihren do
> Und macht viel Männerherzen froh."

Der Haupttrick, auf den man damals beim Tanzen verfiel, war das sogenannte
Verkördern. Dieses Verkördern beschreibt der Verfasser des 1580 erschienenen
Tanzteufels folgendermaßen:

> „Verkördern am Tanz. Oben ist gesaget, wie es gemacht wird im unflätigen, leichtfertigen,
> ehrvergessenen Tantze, daß sie oft durcheinander unordentlich gehen und laufen, wie die bisenden
> Küh, sich werfen, schwingen und verdrehen (welches sie jetzund mit einem neuen Namen, das ist,
> verkördert, heißen), so geschiehet nun so schendlich, unverschämt, schwingen, werfen, verdrehen
> und verkördern, von dem Tanzteufel so geschwinde, auch in aller Höhe, wie der Bauer, den Flegel
> schwinget, daß bisweilen den Jungfrauen, Dirnen und Mägden, die Kleider bis über den Gürtel,
> ja bis über den Kopf fliegen, oder werffens sonst zu Boden, fallen auch wohl beide, und andere
> viel mehr, welche geschwinde und unvorsichtig hernach laufen und rennen, daß sie über einem
> Haufen liegen. Die gerne unzüchtig Ding sehen, denen gefällt solch Schwingen, Fallen und Kleider

404. Junker auf dem Tanzboden. Federzeichnung aus dem 16. Jahrhundert

405 und 406.   Tanzende Bauern

fliegen, sehr, wohl, lachens, und sind fröhlich dabei, denn man machet ihnen gar ein fein Welsch
Bel videre, etc."

Der Hauptspaß bei diesem Verkördern war das Zufallekommen eines Tänzer=
paares, wodurch dann stets weitere Paare mitgerissen wurden, so daß sich alsbald
ein ganzer Menschenknäuel am Boden wälzte.   Dabei vor allem kam es dann zu
den so sehr erwünschten unzüchtigen Entblößungen.   Die größte Freude wurde
dadurch natürlich den nicht tanzenden Zuschauern bereitet, und sehr viele
Männer gingen deshalb auch einzig aus dem Grunde auf den Tanzplatz, um sich
am bloßen Schauen zu delektieren.   Weshalb denn auch das Sprichwort sagte:
„Der Zuseher ist ärger als der Tänzer."   Natürlich kamen die unzüchtigen Ent=
blößungen genau so bei den Männern vor, besonders, wenn diese auch auf dem
Tanzboden der Unsitte frönten, barschenkicht oder nur in kurzem Wams, also ohne
Rock zu tanzen (vgl. die Beilage „Der Nasentanz").   In der Sächsisch=Meißnischen
Polizeiordnung vom Jahre 1555 ist ein eigenes Kapitel über die unordentlichen
Tänze enthalten, und darin heißt es, es wäre besser, wenn kein Tanz gestattet
würde, da „die Mannspersonen mit ihren Kleidern nicht bedecket, sich am Tanze
sehen lassen, und sich sonst mit ihren Gebärden ganz unzüchtig und ärgerlich
verhalten".

Da das Umwerfen der Tänzerinnen bei den Frauen keinen ernstlichen Wider=
stand fand, artete dieser Spaß an verschiedenen Orten förmlich zu Orgien aus,
ohne die es bei einem Tanze überhaupt niemals mehr abging.   Die Behörden
wußten sich allmählich nur noch dadurch zu helfen, daß sie die Tanzenden förm=
lich unter Kuratel stellten.   Aloisius Orelli schreibt im Jahre 1555:

„So ist z. B. das Tanzen verboten, welches ehedem die Lieblings=Lustbarkeit aller Stände
und fast aller Alter war; nur an Hochzeiten bleibt es noch erlaubt: aber mit Ende des Tags muß
auch der Tanz geendet werden.   Je seltener dieses Vergnügen war, mit desto rascherer Hitze wurde
solches genossen.   Die jungen rüstigen Gesellen suchten eine Ehre darin, einer den andern im
Springen zu überwerfen, wobei dann nicht selten begegnete, daß die Tänzerin in ihres Mittänzers
Fall verwickelt ward, und durch eine nicht immer anständige Lage Anlaß zu einem allgemeinen
Gelächter gab, das ihrer Sittsamkeit wehe tat.   Das Umwerfen ward verboten; aber bei der Hitze
des Tanzes vergaß man das Mandat.   Wenn einer umgeworfen wurde, so ward es ansteckend, und
man suchte sich durch eine geschickte Behändigkeit zu rächen; um diesen unartigen Manieren
Einhalt zu tun, sandte die Obrigkeit Zensoren von besonderer Art auf den Tanzsaal.   Dies waren
die Stadtbediente mit der Stadtfarb.   Sie hatten den Auftrag, bei dem ersten mit Absicht ver=
ursachten Fall den Musikanten das Aufspielen zu verbieten, und so der ganzen Lustbarkeit ein
Ende zu machen."

(Bauernhochzeit). Kupferstich von de Bry

Außerdem war der Tanz auch eine ständige Gelegenheit zum gegenseitigen Austausch aller möglichen intimen Zärtlichkeiten untereinander. Obenan stand der Kuß. Und nicht nur auf Mund und Wange küßte man seine Tänzerin, sondern am liebsten auf den freigebig preisgegebenen Busen. Diese Liebkosung galt als eine Huldigung, die jede Frau und jedes Mädchen gestatten durften, ohne ihren Ruf in Gefahr zu bringen. Aber noch eifriger als der Mund waren die Hände. „Die Männer greifen den Dirnen vor allem Volk in das Mieder und halten fest, was sie dort finden. Damit ist den meisten Dirnen ein heimlicher Gefallen getan." Die Frauen setzen solchem Tun meist nur schwachen Widerstand gegenüber, denn einer jeden diente ja ihr Tänzer auf diese Weise. Nur die Busenlosen taten spröde und entrüstet, da es sonst zu ihrem Spott zutage gekommen wäre, „daß sie nicht wohlgebrüstet sind und eitel Werg und Lumpen im Mieder haben". Seiner Tänzerin am Mieder zu nesteln war auch die Hauptbeschäftigung der Männer in den Pausen, wenn, wie es der Brauch war, der Tänzer vor seiner Dirne kniete, oder sich auf ihrem Schoße placiert hatte (Bild 404). Wenn schließlich die Fröhlichkeit auf dem Gipfel angelangt war und das Blut in Siedehitze gegen die Schläfen pochte, wurde man auf beiden Seiten immer kühner in den gegenseitigen Intimitäten, und die Frauen gingen dann nicht nur häufig auf die verwegensten Scherze der Männer ein, sondern sie waren es oft selbst, die die Männer zum kühnsten Tun anspornten, wie in verschiedenen Fastnachtsspielen des deutlichsten geschildert wird.

Die stimulierende Wirkung des Wortes kam vor allem bei den sogenannten Reigentänzen zur Geltung. In diesen trat an die Stelle der individuellen Unterhaltung und an die Stelle der Musik der gemeinsame Gesang, hie und da auch eine Art Wechselgesang. Bei den Reigentänzen faßten sich alle bei der Hand, immer ein Mann zwischen zwei Frauen, und tanzten nach einem Tanzliede. Diese Tanzlieder waren stets erotischen Charakters, und allem Anscheine nach haben solche Lieder um so mehr gefallen, je obszöner sie von der Technik der Liebe handelten. Beim niederen Volke und bei den Bauern dürften überhaupt fast nur unzüchtige Lieder gesungen worden sein, sind doch auch heute noch auf dem Lande die Tanzlieder, die Gasselreime vorwiegend unzüchtiger Natur. Erasmus von Rotterdam sagt über diese Reigentänze und die dabei gesungenen Lieder: „Da hört man schänd= liche und unehrliche Buhllieder und Gesang, und darnach die Huren und Buben tanzen." Geiler von Kaisersberg schreibt ebenso:

„Noch hätt' ich schier einen Tanz vergessen, nämlich den Reigentanz; da werden auch nicht minder Unzucht und Schand begangen, als bei den andern, von wegen der schandlichen und schandbaren Hurenlieder, so darin gesungen werden, damit man das weiblich Geschlecht zu der Geilheit und Unkeuschheit anreizet."

Wo derart viel Liebesware auf beiden Seiten auf Vorschuß gegeben und angenommen wird, geht die Keuschheit gar leicht in Brüche, und so sagte das Sprichwort: „Wenn die Keuschheit zum Tanz kommt, dann tanzt sie auf gläsernen Sohlen." Ein zweites Sprichwort sagte: „Ein Mädchen, das zu Tanze geht, kommt selten unberupft heim." Was beim Wogen des Tanzes gefordert und durch Blicke und Händedrücke halb zugesagt wurde, wurde dann auf dem Heimweg, wenn die Sinne trunken waren, quittiert und eingelöst. Der Verfasser des Tanzteufels beschreibt dies ausführlich in dem Abschnitt „Wie von leichtfertigen Tänzen anheim gangen wird".

Wenn auf Grund solcher Sitten und Gepflogenheiten die Frömmler am liebsten das Tanzen überhaupt verboten hätten, weil „kein Tanz, der Teufel hat dabei den Schwanz", so wollte das sogenannte ehrbare Bürgertum die Verdammnis des Tanzes nur auf die Abendtänze angewandt haben, als die alleinigen Herde der Tanzunzucht. Den „ehrbaren bürgerlichen Tanz" dagegen wollte man zu keiner Zeit und unter keinen Umständen entbehren. Und zwar nicht bloß wegen seiner Unentbehrlichkeit im Vergnügungskalender wollte man ihn nicht missen, sondern noch aus dem ebenso wichtigen Grunde, weil die Tanzgelegenheiten damals genau so wie heute die wichtigsten Kuppelmärkte waren, auf die die ehrbaren Mütter die junge Ware führten, um sie vorteilhaft an den Mann zu bringen. Cyriakus Spangenberg schreibt darüber in seinen Brautpredigten:

„Unsere Vorfahren haben solche öffentliche Tänze auch darum gehalten, damit ihre Kinder von den Nachbarn möchten gesehen werden, Ehestiftungen fürzunehmen. Daher in Meissen und anderswo jährlich zu gewissen Tagen jetzt auf diesem, dann auf dem andern Dorf, durch der Oberkeit Verordnungen die Lobetänze gehalten werden."

Beim Tanz wurde die Kuppelei stets am leichtesten zum gewünschten Ende geführt. Mit dieser unantastbaren Tatsache ist aber gleich wieder die allzu große Ehrbarkeit der angeblich ehrbaren bürgerlichen Tänze widerlegt. Denn überall, wo gekuppelt wird, sind immer heimliche Kunstgriffe im Schwange, um ein vorteilhaftes Geschäft nicht durch die Lappen gehen zu lassen. Der erfolgreichste Kunstgriff, den eine Frau anwenden kann, ist aber im Salon, wie auf der Tenne, immer der, einem Manne Vorschüsse auf die Zukunft zu geben, denn das ist der zäheste „Junggesellenleim"; Vorschüsse machen den, der sie empfängt, lecker auf noch mehr. Außerdem wußte jede Dirne, gleichviel ob Bauernmagd oder Bürgerstochter, gar gut, daß es bei den Männern hieß: „Willst du wissen, wie eine Frau im Bett sich rührt, so führ sie zum Tanz", oder „Jede Frau liebt so wie sie tanzt". Und die Klugen unter den Dirnen richteten sich eifrig darnach.

Wenn von verschiedenen Schilderern der Renaissance entschuldigend hervorgehoben wird, diese derben Tanzsitten hätten nur auf dem Lande und in den Städten nur beim niederen Volke geherrscht, so ist das durchaus falsch. Sie herrschten beim gewöhnlichen Volke nur in naiveren Formen. Aber auf den

407. **Reigentanz.** Kupferstich nach einem Gemälde von Peter Paul Rubens

Tanzplätzen der Reichen und Vornehmen huldigte man im Grunde ganz denselben Gepflogenheiten wie auf dem Rasen unter der Linde und in der dürftig beleuchteten Wirts= und Spinnstube. Man denke hierbei nur an das, was wir aktenmäßig über die Zugeständnisse wissen, die die lebenslustige Barbara Löffelholz ihren Liebhabern machte. Daraus ergibt sich von selbst, daß man in diesen Kreisen bei einem Tanz wohl auch nicht allzu zimpferlich tat, wenn der genehme Partner die Neugier und die Galanterie etwas zu weit trieb. Aber man braucht solches nicht bloß aus den allgemeinen Anschauungen zu folgern, denn wir haben in den Bildern aus der Zeit, in den Novellen und in zahlreichen Chroniken genug tatsäch= liche Bestätigungen, daß die Frauen der höchsten und reichsten Kreise den Männern ihrer Klasse dieselben Konzessionen beim Tanze machten und an denselben unge= heuerlichen Handgreiflichkeiten, mit denen ein geiler Bauernkerl eine brünstige Bauernmagd delektierte, Geschmack fanden. In der früher (S. 142) schon einmal erwähnten Sprichwortnovelle „Du bist nicht er" von Cornazano, die von den Sitten des vornehmen Bürgertums handelt, ist ausführlich beschrieben, wie sich die vor= nehmsten Frauen von Piacenza bloß deshalb um einen Tänzer mühen, weil dieser dem Sport huldigte, die erotische Neugier der Frauen während des Tanzes auf die denkbar kühnste Weise zu befriedigen (Beilage: Die lustige Gesellschaft).

Gewiß ging es bei den damals an den Höfen aufkommenden offiziellen Tänzen, die unserer heutigen Polonäse ähneln, und wobei man paarweise nach den Klängen der Musik durch den Saal schritt, nicht derart turbulent zu, sondern meistens konventionell. Aber diese Tänze bildeten auch nur sogenannte offizielle Einleitungen irgendeiner Feierlichkeit; so war der berühmte Fackeltanz in seinem Ursprung nichts anderes, als die Zeremonie des zu Bettebringens eines neuver= mählten Paares. Aber gleichwohl: um das, was wir oben als das Wesen des Tanzes bezeichnet haben, daß Tanz stilisierte Erotik sei, handelt es sich auch hier. Auch bei diesen steifsten und zeremoniellsten Tänzen war es einzig die Sinnlich= keit, die die Tanzfiguren formte, das Tempo bestimmte, die Bewegungen und Verneigungen der Tanzenden diktierte. Auch sie sind nur Symbolik eines Ab= schnittes des umfangreichen Kapitels der Liebe zwischen Mann und Weib; sie sind nur die stilisiertesten Formen des gegenseitigen Werbens.

* * *

Feste und Festtage. Weil der Tanz der sinnlichen Begierde die größten Möglichkeiten zur Betätigung bietet, darum stand er auch immer obenan unter allen Belustigungen, mit denen man sich die Tage der Freude verschönte.

Wenn man fröhlich sein wollte, mußte der Pfeifer einen Tanz aufspielen. Das Hauptfest jener Zeiten, die alljährliche Kirchweih, war neben ausgiebigem Zechen und Tafeln ein einziges Tanzgewoge. Tanzweisen bliesen die Pfeifer schon als Tafelmusik; und kaum daß die Tafel ihrem Ende zuneigte, faßte der Bursche die Dirne, der Nachbar die dralle Nachbarin um den Leib, und in jähem Wirbel fegten die Paare über den Tanzrain. Dabei gab es kein Müdewerden, die Männer stampften den Boden, daß es dröhnte, und die bunten Röcke der Weiber flogen

Die Badestube

Kornelius Holsteyn. Staatl. Gemäldegalerie Kassel. Kollektion Hanfstaengl, München

und wirbelten in buntem Durcheinander wie riesige Feuerräder. Da die Köpfe bei solchen Gelegenheiten immer schon vorher vom Wein erhitzt waren, so dauerte es selten lange, bis die Sinne aller entfesselt waren. Ob's die andern sahen, kümmerte keines; die Männer machten keine Umstände, und die Weiber kicherten um so vergnügter, je enger und fester ein Bursche sie an sich preßte. Je mehr sich die Stimmung steigerte, und je turbulenter damit das gesamte Treiben wurde, um so häufiger erfüllten sich bei den einzelnen alle wollüstigen Sensationen des Tanzes. Immer wieder verzog sich das eine oder andere Paar, um ebenso heimlich, wie sie fortgeschlichen, wieder zu erscheinen. Hinter der im Dämmer liegenden Hecke hat man gegenseitig die heimliche Lust gestillt, und die stattliche Bürgerin ist dabei gegen ihren Galan genau so willfährig gewesen, wie die vornehme Dame

gegen einen zärtlichen Junker, oder die breithüftige Magd gegen einen brünstigen Knecht (Bild 2 u. 41). Wenn die Sonne endlich zum Horizont sich neigte, war es kein bloßes Girren und Kichern mehr, das sich den Kehlen entrang, sondern ein wollüstiges Ächzen und Stöhnen. In diesem Stadium lösten sich stets alle Widerstände. Der Tanz wird aus einem Rhythmus zum wilden Schwelgen entfesselter Gier. Alles, alles, — das ist der einzige Wille, der die Gemüter erfüllt. Und dieses alles erfüllt sich trunkenhaft wild. Mund ist an Mund geheftet, und wie Eisenklammern krallen sich die Hände gegenseitig ins üppige Fleisch. Der Bursche schleift die

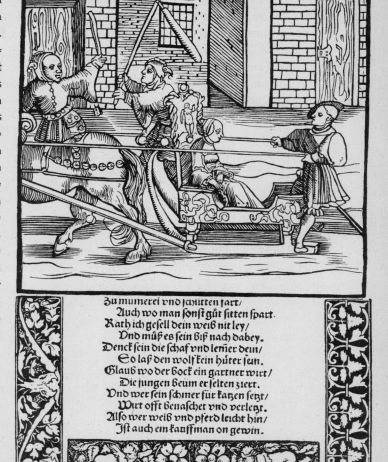

Zu mumerei vnd schlitten fart/
Auch wo man sonst gůt sitten spart.
Rath ich gesell dein weib nit ley/
Vnd mům es sein biß nach dabey.
Denck sein die schaf vnd lerrer dein/
So laß den wolf kein hüter sein.
Glaub wo der bock ein gartner wirt/
Die jungen beüm er selten ziert.
Vnd wer sein schmer für katzen setzt/
Wirt offt benaschet vnd verletzt/
Also wer weiß vnd pferd leicht hin/
Ist auch ein kauffman on gewin.

408. Symbolisches fliegendes Blatt

Dirne nicht mehr erst hinter die Dorfhecke, sondern auf offenem Plan zwingt er sie nieder, um seine wilde Gier in vollen Zügen a inrer Lust zu büßen.

So malt Rubens das Bild der Bauernkirchweih. Es ist kein Bild der absoluten Wirklichkeit, aber es ist die grandioseste und darum echteste Symbolisierung des sinnlichen Genießens in der Renaissance auf ihren festlichen Gipfeln. Dadurch ist es aber auch zugleich die kühne Entschleierung des letzten Geheimnisses der Leidenschaft geworden, die beim Tanz durch die Adern der Menschen rollt. —

Neben der Kirchweih galt als wichtigstes Volksfest in der Renaissance die Fastnacht.

Wohlgemerkt als Volksfest. Das ist etwas, was wir heute überhaupt nicht mehr kennen. Wir haben heute nur noch Gelegenheiten, bei denen viele Menschen zur gleichen Zeit und auf einem bestimmten Platz oder Ort saufen, johlen und krakehlen, aber aus einer derartigen Gemeinsamkeit wird noch lange kein Volksfest. Das Wesen des Volksfestes ist, daß die Massen des Volkes sich bei einer bestimmten feierlichen Gelegenheit als eine einzige große Familie fühlen.

Aus dieser unerläßlichen Voraussetzung ergibt sich schon, warum es heute keine eigentlichen Volksfeste mehr geben kann. Damit sich die Masse des Volkes als eine einzige Familie fühlen kann, muß der Zustand der Gesellschaft äußerlich noch durchaus homogen sein, sie darf also nicht von Klassenkämpfen durchwühlt sein; das heißt: die vorhandenen Klassengegensätze dürfen sich noch nicht in ein klares Klassenbewußtsein umgesetzt haben. Wo sich dieser letztere Prozeß einmal vollzogen hat, hat die Familieneinheit des Volkskörpers stets für alle Zeit aufgehört zu existieren und damit war auch die Möglichkeit vernichtet, daß bestimmte Festtage sich zu allgemeinen Volksfesten gestalten können. Heute existiert dieser homogene Zustand der Gesellschaft in den modernen Kulturstaaten nirgends mehr, und darum gibt es auch nur noch für einzelne Stände gemeinsame Feste.

Die Renaissance kannte noch wirkliche Volksfeste. Gewiß hatten sich damals die Klassengegensätze schon aufs deutlichste herausgebildet, aber das Trennende der verschiedenen Klasseninteressen hatte noch nicht in gleicher Weise zum Klassenbewußtsein geführt. Überdies gab es damals wenigstens noch ein Gemeinsames, und das war die Religion und die Kirche. Aus diesem Gemeinsamen und außerdem aus der Oberherrschaft der Kirche in Staat und Gemeinde ergibt sich auch, warum die Kirchweih früher das wichtigste Volksfest gewesen ist, und daß sie es überall dort geblieben ist, wo die Kirche dieses Gemeinsame blieb, weil die Klassengegensätze nicht so stark werden konnten, um dieses Band zu sprengen.

Neben der Kirchweih stand, wie gesagt, die Fastnacht als Volksfest obenan. Und in ihr war, soweit die Beteiligung der Erwachsenen dabei in Frage kommt, die Erotik nicht nur eine stark anklingende Note, sondern alles strotzte darin förmlich von Erotik, sie war das oberste Thema, das dabei kultiviert wurde. Das liegt aber auch schon insofern in der Natur der Sache, als es sich in der Fastnachtsfeier mit höchster Wahrscheinlichkeit um die Fortsetzung der früheren Saturnalien handelt, also um nichts anderes als um die offizielle Gelegenheit des zügellosen sinnlichen Austobens. Es ist darum auch ganz logisch, daß an verschiedenen

HYEMS.

Aeolus de Borea laxavit frena furentis
Frigibus et Specus tristis oberrat agris

Su satis, ne luxuriet mens nostra Servatis
Admisset meestas prælia sava vices,

Die Freuden des Winters. Kupferstich von De Bruyn

409. Die Freuden des Winters. Kupferstich von De Bruyn

Mascare usate in Venetia che Tirano Oui odorifere.

410. Fastnachtsbräuche in Venedig

Orten die Fastnacht in der Form eines riesigen Phallus symbolisiert wurde, den man an einer Stange in Prozessionsform umhertrug. Dem Phallus wollte jung und alt in diesen Tagen dienen, er sollte in der Fastnacht der einzige Gott sein, der über allen sein Zepter schwingt. Die gesteigerte, oder noch richtiger, sogar die unbegrenzte Möglichkeit dazu schuf man sich in der Vermummung, die jedermann in den Zustand des Inkognito versetzte. Mit der Larve vor dem Gesicht und in der vermummenden Narrenkleidung konnten Mann und Frau sich ohne Gefahr Freiheiten und Kühnheiten herausnehmen, die sie unbedeckten Antlitzes nicht hätten sagen und wagen dürfen. Der Mann durfte Geständnisse und Wünsche in einer Form äußern, die der Dame, der er sie zuflüsterte, auch unter der Maske die Schamröte ins Gesicht treiben mußten. Diese wiederum durfte sich Worte entschlüpfen lassen, die im täglichen Leben niemals über ihre Lippen kamen. Der Kecke durfte sich ohne Gefahr zu Kühnheiten hinreißen lassen, denn es gehörte zum Gesetz der Narrenfreiheit, daß auch das Kühnste zärtlich verziehen wurde, und die nach Extratouren sich sehnende Frau konnte einen Ängstlichen ermutigen, eine günstige Situation zu nützen. Alles das konnte und durfte man, denn man kannte sich ja offiziell nicht. Sie wußte ja nicht, daß Er es war, der so zynisch ihr Schamgefühl provoziert hatte, Er wußte nicht, daß Sie es war, die an diesen Zynismen ein so unbändiges Vergnügen an den Tag gelegt hatte, oder die ihn so entgegenkommend zum Ziel seiner Wünsche hatte kommen lassen. Nicht mit Unrecht nannte daher der Volkswitz die Kinder, die im November zur Welt kamen, boshaft „Fastnachtskinder", oder er sagte noch zynischer: „Novemberkinder haben immer zwei Väter".

Die Mummerei ermöglichte auch sonst noch allerhand Überschreitungen, weil sie, wenn geschickt durchgeführt, vor Entdeckung und Verfolgungen schützte. Man konnte einer Dirne oder Frau ein Ständchen bringen und sich dabei unerkannt durch boshafte „Schandlieder" für irgendeine Abfuhr rächen, man konnte in Masse in die Frauenhäuser ziehen und dort aller Zucht die Zügel schießen lassen, man konnte Jungfrauen und Mädchen auf den Straßen ängstigen und sich aus ihrer Furcht ein Vergnügen machen, usw. usw.

Alle diese Umstände, und freilich nicht zuletzt der, daß mit derartigen Maskeraden sehr häufig oppositionelle politische Zwecke erfolgreich ins Werk gesetzt wurden, haben sehr früh dazu geführt, daß der Rat der Städte entweder die öffentliche Maskierung in der Fastnacht überhaupt verbot, oder nur bestimmten Gruppen und Gilden dieses Recht zubilligte, wie wir es z. B. in dem schon häufig beschriebenen Nürnberger Schömbartlauf vor uns haben, der einzig das Recht der

Metzgerzunft war. Schon in einer Venediger Verordnung aus dem Jahre 1400 heißt es: „Es soll niemand mit verdecktem Antlitz in die Fastnacht gan." Ähnliches erfährt man aus dem Tagebuch eines Augsburger Bürgers:

„Aidi 23. Februar 1561 war ich mit M. Hainhofer, M. Herz und Ph. Zangmeister in der Mummerei gen Nacht. Es war verboten, daß niemand in die Mummerei sollt gehn, da fuhren wir dahin. Wir hatten 2 Stadtpfeiffer, kamen zu etlichen Jungfrauhöfen, da hätt man uns nit ungern, wir tanzten und sprangen wie die Kälber, denn es waren belle figlie da, die uns nit übel gefielen."

Intra muros durfte also nach wie vor alle Tollheit getrieben und dem als Prinz Karneval einherschreitenden Phallus jede Reverenz erwiesen werden. An dieser Stelle ist ausdrücklich zu betonen, daß solches nicht nur die Maskensitten des niederen Volkes waren, sondern Genüsse, nach denen die Patrizier, die Junker und die Hofgesellschaft bei den üblichen Maskeraden gleich lecker waren. In diesen Kreisen war man nur anspruchsvoller, nicht so leicht befriedigt und darum raffinierter. Von einem Fest am französischen Hof, das im Jahre 1389 im Anschluß an ein Turnier stattfand, meldet ein Berichterstatter:

„In der Nacht verlarvte sich alles und machte alle Arten von Gaukeleien, die sich besser für Possenreißer als für so angesehene Personen schicken. Dieser schädliche Brauch, aus Nacht Tag zu machen und umgekehrt, nebst der Freiheit, unmäßig zu essen und zu trinken, bewirkte, daß viele Leute sich Dinge erlaubten, die sowohl wegen der Gegenwart des Königs als wegen des heiligen Ortes, wo er sein Hoflager hatte, höchst unschicklich waren. Jeder suchte seine Leidenschaften zu befriedigen und man sagt alles, wenn man versichert, daß es hier Ehemänner gab, deren Rechte durch die üble Aufführung ihrer Frauen gekränkt wurden, und daß es auch unverheiratete Damen genug gab, welche die Sorge für ihre Ehre fahren ließen."

Wohl um die Eintracht nicht zu stören, hat sich auch die Königin bei dem chacune pour chacun nicht ausgeschlossen, wie von anderer Seite berichtet wird. Aus dem Karneval des Jahres 1639 wird berichtet, daß die Herzogin von Medina einen Maskenball veranstaltete, auf welchem sie mit dreiundzwanzig der schönsten Damen des Hofes in Amazonentracht paradierte, und zwar in einem derart mythologischen Kostüm, daß es im Anschluß an dieses Fest der Nacktkultur zu

411. Darstellung des „Venusberges" bei einem Nürnberger Schömbartlauf

vielerlei Skandal kam. Die bereits früher (S. 26) zitierten Ringkampfspiele nackter Courtisanen und stämmiger Laquaien am Papsthofe Alexander VI. bildeten ebenfalls einen Karnevalsscherz.

An die Fastnacht knüpften sich auch eine Reihe Gebräuche mit durchaus erotischen Beziehungen. Wir nennen als Beispiele hier nur den Brauch vom „Magtum Einsalzen" und das „Pflug- und Eggenziehen" der Mädchen. In einer Schilderung des letzteren Brauches heißt es: „Alle Jungfrauen, die in dem Jahre am Tanz teilgenommen, werden von den jungen Männern zusammengebracht, statt der Pferde an einen Pflug gespannt und samt dem Pfeifer, der spielend auf demselben sitzt, in einen Fluß oder in einen See hineingetrieben." Damit ist aber nur der Vorgang beschrieben und nicht der geheime Sinn erklärt. In Wahrheit handelte es sich bei diesem Brauche um nichts anderes, als um eine humoristische Verhöhnung der Mädchen, von denen man wußte, daß sie im verflossenen Jahr eifrig auf Freiersfüßen gegangen waren, aber sitzen geblieben sind. In einem Fastnachtsspiel ist dies klar und deutlich ausgesprochen: „Was heuer von Mädchen ist überblieben und verlegen, Die sein gespannt in den Pflug und die Eggen, Daß sie darinnen ziehen müssen . . . . ." Den erotischen Sinn dieses Brauches erkennt man, sowie man die Symbolik versteht: Pflug und Egge sind im Mittelalter und in der Renaissance wie einst im Altertum die Symbole der Manneskraft, des Phallus; beim Erdenschoß, den der Pflug aufzureißen hat, ist an den weiblichen Schoß zu denken. Man wollte demnach durch diesen Brauch ausdrücken, daß die betreffenden Jungfrauen vergeblich nach einem Ackersmann Ausschau gehalten hätten, der ihren Liebesacker bepflüge. Und darum trieb man sie auch höhnisch ins Wasser, denn das Wasser kann man nicht umpflügen. In England wurde dieser Brauch am „Pflugmontag" (Plough Monday), der auf den Montag nach dem Dreikönigstag fiel, gefeiert. Der Brauch „Das Magtum einsalzen" behandelt, wie schon der Name aufs deutlichste sagt, dasselbe: Die betreffenden Jungfern haben keinen Mann gefunden, also sollen sie ihr Magtum, das ist ihre Jungfernschaft, einsalzen (Bild Seite VII).

Auch in der bildenden Kunst haben wir für den erotischen Grundton der Fastnacht bezeichnende Belege. Wir verweisen hier nur auf den prachtvollen Holzschnitt „Fastnachtsspiele" von Peter Breughel. Daß es sich in dem Mann, der die mit dem gefiederten Bolzen belegte Armbrust erhebt und in der Frau, die einen Ring als das Ziel darbietet, durch das der gefiederte Bolzen des Mannes hindurchgehen muß, um eine rein erotische Symbolik handelt, ist unschwer zu begreifen. Die Frauen besitzen das Ziel, nach dem die Männer in diesen Tagen eifrig „mit gefiederten Bolzen" schießen sollen; dies Ziel ständig darzubieten und dies Ziel immer wieder geschickt zu treffen, trotz aller Nücken und Tücken, die die Frauen dabei entfalten, soll die Freuden der Fastnacht ausmachen (s. Beilage).

Den wahrhaft klassischen Beweis dafür, daß es sich in der Fastnacht in der Tat um die christlichen Saturnalien handelte, in denen das Erotische in der Steigerung zum Phallischen und Obszönen den Kernpunkt ausmachte, haben wir jedoch in den Fastnachtsspielen, die bei jeder Fastnacht aufgeführt wurden und deren

412. Das Bohnenfest. Gemälde von Jakob Jordaens. Original staatliche Gemäldegalerie Wien

sich erfreulicherweise eine reiche Fülle erhalten hat. Die große Mehrzahl dieser Fastnachtsschwänke dreht sich ausschließlich ums Erotische, und dessen Seiten sind alle darin ausführlich behandelt. Wir brauchen dies hier nicht mehr des weiteren zu belegen, weil wir schon bei den verschiedensten Gelegenheiten auf diese Dokumente Bezug genommen haben. Darin liegt nämlich das Wertvolle dieser Literaturgattung, daß sie uns, wenn auch im Gewande des Spottes, über alle Seiten der privaten und öffentlichen Sittlichkeit der Renaissance einen großen Teil der wichtigsten Aufschlüsse vermittelt. Freilich geschieht dies zumeist mit einer derart hahnebüchenen Derbheit, daß nicht nur dem Philister die Haare zu Berge stünden, würden wir an dieser Stelle eines der bezeichnenden Stücke zum Abdruck bringen. Als solche nennen wir außer den schon zitierten „Die Vasnacht der Müllerin" und „Eine Ehescheidung" nur das Spiel „Aber ein Vasnachtspiel", dessen einziger Gegenstand eine humoristische Diskussion über den Geschlechtsakt ist.

Im Anschluß an die Fastnachtsspiele ist auch des damaligen Theaters überhaupt zu gedenken. Die Fastnachtsspiele sind, wenn auch nicht der Ausgangspunkt des Theaters gewesen, so doch eine seiner Hauptquellen. Und sie verkörperten stets sozusagen das heitere Genre: die Komödie und die Posse. Der Ernst und die Tragik waren verkörpert in den Passions- und Mysterienspielen. Aber auch in diesen ernsten Schaustellungen, die nicht nur unter dem Patronat der Kirche standen, sondern meist von dieser selbst inszeniert wurden, spielte das Erotische eine große Rolle. Freilich sehr oft nur insofern, als die sinnlichen Begierden, die man verdammen wollte, oder die Heiligenlegenden ganz naiv realistisch dargestellt wurden. So war es z. B. an vielen Orten ganz selbstverständlich, daß der Darsteller des Christus in der Kreuzigungsszene völlig nackt ans Kreuz geheftet wurde, wobei es einigemal zu nicht erwarteten und mit der Rolle nicht gerade übereinstimmenden Erscheinungen kam. Bei einer Darstellung der Martern der heiligen Barbara wurde das Mädchen, das diese Rolle spielte, an den Beinen aufgehängt und blieb so zum Ergötzen der Zuschauer einige Zeit hangen. Aber sehr oft bildeten auch wirklich erotische Motive den Gegenstand der Mysterien — wir nennen nur das Thema von der physischen Jungfräulichkeit Marias —, und mit einer Derbheit ohnegleichen wurden diese Motive dann behandelt. Dies gilt vor allem von den französischen Mysterien. In einem derartigen Mysterienspiel hilft die Jungfrau Maria einer von ihrem Beichtvater geschwängerten Äbtissin im letzten Augenblick aus ihrer fatalen Situation, weiter beraubt sie eine vorwitzige Frau ihrer Hände, als diese sich überzeugen will, ob sie, die Mutter Gottes, tatsächlich noch eine Jungfrau sei. Welch kühne erotische Motive und Situationen in den Dramen der Gandersheimer Nonne Roswitha vorkommen, ist bekannt: Massenverführung, Massenvergewaltigungen, Blutschande und ähnliches.

Demgegenüber ist es nicht verwunderlich, daß in den weltlichen Dramen und Komödien die Erotik ebenfalls in den kühnsten Formen gepflegt wurde. Werke wie die hinlänglich bekannte Calandra des Kardinals Bibbiena oder die Mandragola des Machiavelli waren keine Ausnahmen, sondern fügen sich ganz organisch in den allgemeinen Rahmen. Und wenn die letztere besonderes Auf-

Fastnachtsspiele

Holzschnitt von P. Breugel. 16. Jahrhundert

Arridet ftultus,cernens.ftudiofa Juuentus,   *Der Narre fagt, Das ihm behagt*
Ofcula dilecti vos repetita dare.   *Dasfpiel,fo er   Hiefchawt vonfer.*

413. Gesellschaftsspiele.   Moralisierender Kupferstich

sehen erregte, so geschah dies viel weniger wegen der ungeschminkten Schilderung, mit der das groteskkühne Motiv des Mannes, der in seiner grenzenlosen Dumm‑ heit der eigenen und obendrein widerstrebenden Frau einen verliebten Buhlen ins Bett zwingt und sie durch alle Mittel der Überredung veranlaßt, mit diesem der Liebe zu pflegen, als vielmehr wegen der künstlerischen und kulturhistorischen Bedeutung des Stückes. —

Je mehr der Absolutismus sich durchsetzte, und je mehr das Theater ver‑ weltlichte und damit ein Hauptmittel des geselligen Vergnügens wurde, umso pornographischer wurde sein Charakter. Und nicht die Bekämpfung der Porno‑ graphie, sondern ihre Verherrlichung wurde das Hauptmotiv und der Zweck. Das gilt ebenso von Deutschland wie von Italien, Frankreich und England. Überall war das Theater sowohl ein Schauplatz der üppigsten Wollust als auch die offi‑ zielle Gelegenheit, die Unzucht triumphieren zu lassen und diesen Triumph als das erstrebenswerteste Ziel zu proklamieren.

In sehr weiten Kreisen ist die Ansicht verbreitet, die Renaissance sei ein Zeitalter ständiger Festesfreude gewesen, damals habe sich ein Festtag an den andern gereiht. Gewiß herrschte in einer Reihe von Städten ein stetes festliches Treiben, und die allgemeinen Volksfeste lösten sich mit einer langen Reihe von Ritter‑ spielen, Aufzügen, Fürstenbesuchen, Einzügen usw. ab. Aber dies traf nur auf wenige Städte zu. Es mochte gelten für Italien und dort von Städten wie Venedig, Florenz, Rom und einigen anderen. Von diesen Städten konnte man sagen, daß

481

sie fast niemals aus dem Festgewand herauskamen. Durchaus falsch wäre jedoch, diese Erscheinung zu verallgemeinern. Das ewige Festefeiern beschränkte sich auf die wenigen Städte, wo sich ein immenser Reichtum mit einer zu prunk* vollem Auftreten genötigten Klassenherrschaft verband, und wo außerdem durch die geographische Lage ein ewiges Kommen oder Durchreisen von Fürstenbesuchen unvermeidlich war.

In Städten dagegen wie Nürnberg, Augsburg, Ulm, Basel, Straßburg usw., um nur einige deutsche zu nennen, die doch alle auch eine außerordentliche Rolle in der Renaissance spielten, waren die Festtage förmliche Ausnahmetage im Jahr. Noch viel mehr gilt das von Städten, die abseits den großen Welthandelsstraßen lagen, und vor allem galt es von dem Leben auf den Dörfern. An allen diesen Orten war schon das Erscheinen fahrender Leute, die einen Elefanten, Bären oder Löwen zeigten, oder bestimmte Kunststücke vorführten, jedesmal ein ungeheures Ereignis.

Eine Folge davon war, daß man, wo es irgend anging, auch private Feste, vor allem die Taufschmäuse und die Hochzeiten angesehener Bürger zu all* gemeinen Festtagen erhob, an denen sich zum mindesten die gesamte Freundschaft und die Verwandtschaft bis zum siebenten Grade beteiligte. Weiter resultierte daraus, daß derartige Familienfeste sich nicht selten über viele Tage, ja sogar über Wochen ausdehnten.

Spielten damals bei allen Festen Trinken und Essen die Hauptrolle — auf dem Lande bestand eine Hochzeit in nichts als einem tagelang fortgesetzten Freß* und Saufgelage -- so war schon deshalb auch den Freuden der Venus ein großer Spielraum eingeräumt, weil, wie wir ja bereits wissen, stets auch die Dirne offiziell mit zu Tische saß.

Da in der Unmäßigkeit des Essens und Trinkens meistens das Hauptver* gnügen gefunden wurde, so war dementsprechend auch der Dienst der Venus, der in Verbindung damit entfaltet wurde. In den geistigen Vergnügungen, die man sich leistete und in der gegenseitigen Unterhaltung dominierte ausschließlich die Zote. An möglichst derben Anzüglichkeiten hatte Hoch und Nieder den größten Spaß. Bei der Hochzeitsfeier lag der erotische Witz natürlich am nächsten; hier war im Zweck des Festes ein ebenso ständiger Anreiz wie in dem am Ehrenplatz thronenden Brautpaar das geeignetste Ziel, das sich für einen solchen Zweck denken läßt. Darum waren nicht nur die gesamte Unterhaltung, die bei den Hochzeiten gepflogen wurde, die Witzraketen, die dabei hin und her flogen, sondern auch die offiziellen geistigen Vergnügungen, die Festspiele, Vorträge und Aufführungen, die man bei solchen Gelegenheiten zu Ehren des Hochzeitpaares veranstaltete, stets gespickt mit erotischen Derbheiten stärksten Kalibers. Die sogenannten „Brautsuppen", wie man die Hochzeitssprüche und Hochzeitslieder nannte, die zu Ehren des Brautpaares gedichtet und vorgetragen wurden, waren ausnahmslos mit kräftigen Zoten gewürzt. Es war darin mit den deutlichsten Worten davon die Rede, worauf der Bräutigam in der kommenden Nacht bei der Hochzeiterin am neugierigsten sei, welche große Arbeitsleistung er sich vorgenommen habe, wie sie ihn dabei unterstützen müsse, usw. Weiter wurde darin in gleich ein*

414. Bauernhochzeit. Gemälde von Jan Steen

gehender Weise die intime physische Beschaffenheit von Braut und Bräutigam geschildert. Man weiß von ihm bestimmt, daß er dort zur Wonne jeder Frau beschaffen ist, „wo man die Mannen von den Frauen scheidt", und von ihr weiß man ebenso bestimmt, daß sie „gar wohl zu schauen ist", wo man einzig erkennt, „ob eine Jungfrau ist, oder schon Weib". Je bildhafter den Verfassern der „Braut=suppen" die klotzigsten Anspielungen gelangen, um so mehr entsprach dies dem allgemeinen Geschmack. Über die bei den Hochzeiten üblichen dramatischen Szenen sagt Karl Weinhold in seinem Werk „Die deutschen Frauen": „So viele mir deren vorlagen, sie atmen alle den Geist der Hochzeitgedichte jener Zeit und sagen der Braut mit frechster Zunge unverschämte Dinge. Dergleichen Unfläterei war aber Tagesbrauch." Zu jeder Hochzeit gehörte ein Zotenreißer. Ein Chronist schreibt: „Es ist selten eine Mahlzeit, wobei sich nicht ein unverschämter Possen= oder Zotenreißer einfindet." Das Wort „unverschämt" hat hier keinen verurteilen=den, sondern nur einen charakterisierenden Sinn. Der Brauch, bei Hochzeiten Nüsse und andere Dinge unter das umstehende Volk zu werfen — denn es wurde häufig öffentlich getafelt — soll einzig dem Zweck gedient haben, das Volk abzu=lenken, damit die Hochzeitsgesellschaft bei ihren zotigen Unterhaltungen sich ungeniert gehen lassen konnte. Ein Chronist referiert darüber:

„Warumb vor Alters bei denen Hochzeiten Nüsse unter das Volk ausgeworffen worden? Nemlich, daß sie nicht solten umb die Tische herumb stehen, wenn irgend ein muthwilliger Hoch=zeitt=Gast ein schlüpffrig Wort liesse über die Zungen springen."

In den verschiedensten Ländern waren eine ganze Reihe Bräuche, die durchaus erotischen Charakters waren, mit der Hochzeitsfeier verknüpft. Ein solcher Brauch war z. B. der Strumpfbandraub. Während des Hochzeitessens schlüpfte einer der Brautführer heimlich unter den Tisch und versuchte der Braut eines ihrer Strumpfbänder zu rauben, ohne daß der Bräutigam es merkte. Die Braut setzte sich bei diesen Unternehmungen nicht zur Wehr, sondern war im Gegenteil im Bunde mit dem Räuber. Gelang dies Vorhaben, so mußte sich der Bräutigam durch eine besondere Weinspende loskaufen. Wenn es auch Übung war, daß die Braut diesen Raub erleichterte, indem sie das Strumpfband möglichst tief an=legte und häufig schon vorher teilweise löste, so war dieser Brauch doch für die Kühneren stets eine Gelegenheit, sich außerdem bei der Braut irgendeine galante Freiheit zu nehmen, die von der Braut gern verziehen wurde. Und darin lag ja gerade der den Bräutigam dem Spott ausliefernde Umstand: „er lasse sich die Jungfernschaft noch in der letzten Stunde abkaufen". Ein anderer ähnlicher Brauch war der Brautraub. Während des Tanzes suchte irgendeiner der männlichen Gäste sich unbemerkt mit der Braut fortzustehlen, gelang ihm dies, so begab er sich mit dieser und einigen eingeweihten Freunden in ein anderes Wirtshaus, wo sie auf Rechnung des Bräutigams zechten. Gegen Bezahlung der Zeche und manch=mal auch gegen einen Kuß, den jeder der Mitverschworenen von der Braut zu fordern hatte, mußte die Braut vom Bräutigam wieder ausgelöst werden. Auch mit der Feier des Polterabends, die meistens nichts anderes war, als eine Gelegen=heit zu gemeinsamem derben Flirt, waren eine Reihe solcher erotischer Scherze,

415. Fastnachtsscherze.   Deutscher Kupferstich

Spiele und Bräuche verknüpft. Mit einer Sammlung aller dieser Bräuche ließe sich leicht ein ganzes Buch füllen.

Auch die oben geschilderten, beim Tanz beliebten Praktiken, daß der Mann das Wams, die Frau das engende Mieder ablegte, und daß man durch fortwährendes Umwerfen der Frauen die schamlosesten Entblößungen und Situationen herbeiführte, waren bei den Hochzeiten besonders stark im Schwange. Ein Zeitgenosse schreibt:

„Als daß man auf feierlichen Hochzeiten eine Menge von Kleidungsstücken abwarf und dann erst tanzte, und daß man das Frauenzimmer mit Fleiß in ganz unerhörter Weise fallen ließ."

Die Pointe von alledem bildeten die bereits beschriebenen Braut= oder Hochzeits= bäder. Man erkennt jetzt, daß diese gar nicht aus dem allgemeinen Rahmen fallen, sondern sich logisch zum Ganzen fügen.

War die Hochzeit überall eine stete Hauptgelegenheit, um in Worten und Werken gleich eifrig „mit der Sauglocke zu läuten", so darf man andererseits ja nicht annehmen, daß sich die Zeit überhaupt eine einzige Gelegenheit hat ent= gehen lassen, diese in demselben Sinne auszunützen; in der handgreiflichen Zote fand man immer die leckerste Würze aller Vergnügungen. Im 15. Jahrhundert kam zum Beispiel das Schlittenfahren als besonderes Vergnügen in Mode, und wenn man einer Jungfrau oder Frau eine besondere Ehre antun wollte, lud man sie zu einer Schlittenfahrt. Dieses Ehreantun bedeutete jedoch ebenso häufig viel mehr die Ehre der betreffenden Frau oder Jungfrau allen möglichen Gefahren auszu= setzen; denn das Schlittenfahren wandelte sich sofort zu einer beliebten Gelegen= heit für derbe Handgreiflichkeiten. Die günstigste Gelegenheit bot dazu die Ausübung des Schlittenrechtes. Der unternehmende Fahrer sorgte stets dafür,

in die Lage zu kommen, das Schlittenrecht nach Herzenslust mißbrauchen zu
können. Bei der ersten hohen Schneewehe fiel die ganze Fuhre sicher in den
Schnee. Schließlich galt das Umgeworfenwerden bei einer Schlittenfahrt als das
Hauptvergnügen. Die derben Ausgelassenheiten, zu denen es besonders bei den
abendlichen Schlittenfahrten kam, häuften sich derart, daß es in vielen Städten zu
direkten Verboten dieser abendlichen Schlittenfahrten kam. In den Görlitzer
Statuten vom Jahre 1476 heißt es:

> „Item sullen fort mehr Manne Junkfrauen und Frauen bei Nacht nach der vierundzwanzigsten
> Stunde (d. h. nach eingetretener Nacht) auf den Schlitten nichten fahren."

Wie wenig man sich aber um solche Ermahnungen gekümmert hat, erweist,
daß es noch ein halbes Jahrhundert später sprichwörtlich war, daß die Frauen bei
den Schlittenfahrten gar eifrig von den Männern „benascht" werden. Eine Frau
mit einem Mann Schlittenfahren zu lassen sei daher fast so gefährlich, wie wenn
man sie zu Mummereien gehen läßt (Bild 408). Was von dieser Vergnügung gilt,
das gilt von allen andern. Niemals kam eine Frau ungerupft davon, was freilich
in den meisten Fällen ganz deren eigenen Wünschen entsprach. Und deshalb hatte
die Volksmoral nicht unrecht, wenn sie reimte:

> „Wer seine Frau läßt gehen zu jedem Fest,
> Sein Pferd aus jeder Pfütze trinken läßt,
> Hat bald eine Mähr' im Stall und eine Hur im Nest."

Bauerntanz
416. Kupferstich von Martin Treu

417. Altes Weib im Kampf mit dem Teufel. Holzschnitt

VII

Kranke Sinnlichkeit

Wie ein junger Gott ist die Renaissance in die europäische Kulturmensch-heit eingetreten. Sein Schritt zog Feuerfurchen in die Geschichte, die bis heute unvermindert weiterleuchten als herrliche Siegeszeichen der Entwicklung. Aber über den Feuermantel, in den der junge Gott alles hüllte, und der alle Kreatur mit dem trunkenen Gefühl der gestaltenden Schöpferwonne durchflutete, breiteten sich auf der Höhe des Mittags zwei ungeheure Schatten, die geistigen und physischen Tod allen denen brachten, die in diese Schatten traten: es ist die Syphilis und der Hexenwahn. Die Syphilis haben wir in ihrer Bedeutung bereits geschildert (S. 433), der Hexenwahn erübrigt sich noch. War die Syphilis sozu-sagen ein welthistorischer Witz, eine furchtbare Ironie der Geschichte, so war der Hexenwahn ein welthistorisches Verhängnis. Die Syphilis brauchte nicht zu kommen, denn sie war keine innere Notwendigkeit der geschichtlichen Entwicklung

Europas, der Hexenwahn mit seinen teuflischen Orgien war geschichtliche Not=
wendigkeit, zu ihm mußte es kommen. Im Hexenwahn wandelte sich der junge
Gott zum rasenden Teufel, der das Heldenstück seines Eintritts in die Welt=
geschichte als taumelnde Farce des Aberwitzes zu Ende spielte — der junge Gott
war wahnsinnig geworden. —

Die Geschichte des Hexenwahns ist immer eines der ungeheuerlichsten Ka=
pitel in der Gesamtgeschichte der Menschheit. Aber diese entsetzliche Tragödie
ist nur so lange unverständlich, als man sie aus dem Rahmen der Zeit herausreißt.
In diesem gelassen und angeschaut, ist sie ganz logisch, denn ihr Auftreten war
ganz unvermeidlich. Es ist kein Zufall, daß gerade am Ausgang des 15. Jahrhunderts
der Hexenglauben und die Hexenverfolgungen einsetzten: 1484 erschien die Bulle des
Papstes Innocenz VIII. gegen das Hexenwesen (Summis desiderantes), 1487 erschien
der teuflische Hexenhammer, von Heinrich Institoris und Jakob Sprenger verfaßt, die
Dogmatik des Hexenglaubens, der den Wahnsinn in ein System brachte. Ebenso=
wenig ist es ein Zufall, daß der Radius, den die Epidemie des Hexenglaubens
und der Hexenverfolgungen umspannte, gerade die Zeit von 1490—1650 in
sich faßt. Nicht daß es früher und später keine Hexenverfolgungen gab, schon
Jahrhunderte vor Innocenz VIII. wurden Hexen verbrannt, und erst im 18. Jahr=
hundert verglommen die Scheiterhaufen, auf denen blühendes Weiberfleisch zur
höheren Ehre der Kirche geröstet wurde. Aber die Zeit von 1490—1650 war die
Zeit der eigentlichen Herrschaft des Hexenwahns, und in diesen Daten finden wir
auch den Schlüssel zur Ergründung dieses Problems.

Für unsere Zwecke kann es sich neben der Feststellung der geschlechtlichen
Elemente im Hexenwahn nur um diese Seite der Frage handeln. Also darum, daß
das Zusammentreffen dieses scheußlichsten Abschnittes der Geschichte mit einem
Abschnitt der stolzesten Epoche der europäischen Kulturgeschichte kein bloßer
Treppenwitz der Weltgeschichte war, der ebensogut auch eine andere Pointe hätte
haben können, sondern daß der Hexenwahn das unvermeidliche Finale der da=
maligen Entwicklungsmöglichkeiten darstellt. —

Der Teufels= und Dämonenglauben ist sozusagen ewig; insofern, als er mit
jeder übernatürlichen Welterklärung untrennbar verknüpft ist. Jeder Begriff er=
fordert seine Gegensätzlichkeit, um einen Inhalt zu bekommen. Der Begriff Kälte
bedingt den der Wärme, ebenso das Prinzip des Guten das des Bösen. Darum
ist vom Glauben an die Existenz Gottes untrennbar der Glaube an die Existenz
des Teufels. Das Prinzip des Bösen wird jedoch von der schöpferischen Phantasie
naturgemäß stets in ungleich mehr Gestalten personifiziert als das des Guten. Im
Bösen sehen die Menschen die unverdiente Bosheit neidischer Feinde. Und da
die Welt für jeden voll unerklärlicher Rätsel ist, die mit Gefahr und Schaden
drohen, so ist auch die Welt voller Teufel: 4333556 Teufel und Teufelchen gibt
es — am Sterbebette einer Äbtissin sollen sie einmal alle versammelt gewesen sein.

Aus dem einfachen Grunde der Gegensätzlichkeit ist der Teufels= und

Die Hexen
Gemälde von Hans Baldung Grien

Dämonenglauben ein ständiges Requisit in allen geoffenbarten Religionen; man findet ihn bei den alten Ägyptern und Griechen, und im modernen Christenglauben sind immer noch dieselben Elemente enthalten. Der Protestantismus ist davon nicht ausgeschlossen. Ein Beispiel belegt das. Ein protestantischer Pastor hat im Jahre 1906 eine Besprechung der damals erschienenen deutschen Übersetzung des Hexenhammers mit den folgenden Sätzen eingeleitet:

„Die Bibel der Hölle. In der Tat, so darf man das Buch nennen, von dem hier die Rede sein soll. Es trägt die untrüglichen Kennzeichen höllischer Eingebung an seinem Leibe. Das Dogma von der wörtlichen Inspiration darf für diese unheilige Schrift kühnlich festgehalten werden. Bis zum letzten Komma ist sie von dem Widersacher der Gottheit eingegeben."

In diesen Sätzen hat man nichts anderes vor sich als in wahrhaft klassischer Rein-kultur jene Elemente des Denkens, aus denen einst der Hexenhammer gezeugt und geboren wurde. Das sind weiter ganz dieselben Elemente, aus denen die infamsten der Scheußlichkeiten hervorgegangen sind, die in den Hexenprozessen triumphiert haben. Denn das ändert doch nichts an der Sache, daß man auch den Hexenhammer für vom Teufel diktiert erklärt. Des Pudels Kern ist, daß man alles verwirft.

Wenn es nun aber trotz der Tatsache, daß der Teufels- und Hexenglaube ein niemals fehlen-der Bestandteil im Glaubens-schatz jeder geoffenbarten Reli-gion ist, der nur in jener Epoche zu einer allgemeinen Wahnsinns-orgie gekommen ist, so folgt daraus, daß es einzig und allein auf die jeweilige historische Situation ankommt. Und daß die historische Situation damals derart war, daß es unvermeid-lich zur Orgie des Hexenwahns kommen mußte, das ist also das, was wir nachzuweisen haben.

Das erste, was bei dieser Untersuchung in Betracht gezogen werden muß, ist die allgemeine Stellung der katholischen Kirche zum Teufel. Die katholische Kirche ist, wie wir wissen, immer ein verblüffend guter Haushalter gewesen, der niemals etwas um-kommen ließ, und deshalb war sie auch nicht blind dafür, wie vorteilhaft sich gerade diese Figur

Drei alte Weiber im Kampf mit dem Teufel
418. Kupferstich von Daniel Hopfer

im Interesse ihrer Herrschaft verwenden ließ. Sie machte aus ihm den großen Wauwau, mit dem man die Alten schreckte und ihnen in greulichen Bildern und Vorstellungen jene Dialektik einpaukte, die zu Nutz und Frommen der Kirche war. Daraus folgte von selbst, daß mit diesem Schreckgespenst stets am eifrigsten dann gedroht wurde, wenn die Macht der Kirche stark im Wanken war. Dies war aber bekanntlich nie so sehr der Fall als in den Zeiten des 15. bis 17. Jahrhunderts, und darum blühte damals die Teufelsliteratur geradezu unheimlich.

Von nächster Wichtigkeit ist die Beantwortung der Frage, welcher Umstand es der Kirche gestattete, den Teufel zu diesem gefürchteten Fanghund der Seelen zu machen. Die Erklärung dafür liefert uns die Genesis des Teufels.

Himmel und Hölle, Gott und Teufel sind niemals etwas anderes als die ideologisierte Wirklichkeit des irdischen Lebens; die Verkörperung seiner Freuden und seiner Ängste, seiner Seligkeiten und seiner Qualen. Bei dieser Maskerade repräsentiert der Teufel — um bei ihm zu bleiben — stets die ideologische Verkörperung der Bitternisse des Lebens. Da diese nun in einer bestimmten Entwicklungsepoche im Wesen für alle Menschen stets dieselben sind, so sind folgerichtig auch die Vorstellungen, die man sich in einer bestimmten Epoche vom Teufel macht, bei allen Menschen die gleichen oder zum mindesten sehr ähnliche. Das heißt: Diese Entstehungsquelle der Vorstellungen erklärt uns die sonst unverständliche Tatsache, warum jede Zeit sich den Teufel anders malt. Weiter erklärt sich daraus, daß mit der zunehmenden Kompliziertheit des Lebens, mit den größeren Leiden und Schrecken, die das Dasein den Menschen aufoktroyierte, auch der Teufel sich verkomplizieren mußte, und immer mehr zu einem grausamen Berserker wurde, der brutal alles niederwürgt.

Eine solche Komplikation des Lebens für alle Menschen trat mit dem aufkommenden Kapitalismus ein. Die neue Zeit, die mit der neuen Wirtschaftsordnung anbrach, verhängte über die Massen alle Greuel und Schrecken des Massenelends. Infogedessen konnte, wie wir schon einmal an anderer Stelle schrieben, die Hölle und ihr oberster Herr kein Kasperltheater und kein froher Hanswurst mehr sein, wie im Mittelalter, dem Zeitalter der Naturalwirtschaft. Die Hölle konnte hinfort nur einen Ort der greulichsten Qualen bedeuten, und der Teufel mußte den Menschen als der roheste und raffinierteste Folterknecht erscheinen.

Es blieb aber in der Renaissance nicht bloß bei der Komplikation des Lebens, sondern bei einem gewissen Punkt der Entwicklung mußte es unvermeidlich zur Katastrophe kommen. Das große Wollen der Zeit, das im 13. und 14. Jahrhundert in die Welt gekommen war, erlitt vom ausgehenden 15. Jahrhundert an auf der ganzen Linie grausam Schiffbruch. Das Zeitalter des Kapitalismus hatte damals die Dinge über ihre momentan erreichbaren Ziele hinausgetrieben, und „die Logik der Tatsachen zerbrach an der unentwickelten Wirklichkeit", — wie die wissenschaftliche Formel für diesen stetig wiederkehrenden Vorgang in der Geschichte lautet, der das einzig wahrhaft tragische Problem sowohl im groß angelegten Einzelleben, wie in der geschichtlichen Entwicklung des Völkerdaseins ist.

Wenige Sätze machen dies klar. Mit dem Eintritt des Kapitalismus in die

Mein wort in heylgkeyt sei gezyrt/ Glauß war mein wort Caracter sein/
Das dir die wüd nit schat noch schwirt. So büß ich dir das hauptwe dein.

Wer zauberlichen dingen glaubt/
Bleibt Gots genad nit vnberaubt.
Nit tröst dich ob die wort seind gůt/
Die man vnchristlich prauchen thůt.
Endt semand damit das er will/
Im hilfft der Teüfel durch sein spil.
Solchs im von Got wirt offt vergunt/
Darnach volgt schwere straf d sünd
Des alter vil exempel sind/
Der fäl man in der Bibel findt.

419. Eine Hexe versucht zwei Männer. Holzschnitt. 1531

Geschichte eröffneten sich der Menschheit auch dessen sämtliche Notwendigkeiten. Deren oberste waren die Pflege der Naturwissenschaften, das Eindringen in das geheime Wesen der Dinge. Denn das mußte man zur Erreichung des gesteckten Zieles, die Welt sich untertan zu machen; Astronomie brauchte man, um die Welt zu umsegeln, einteilen und in Besitz nehmen zu können; Anatomie, um den menschlichen Körper, den höchsten Begriff des Daseins, zergliedern, in seinem Wesen erkennen und zum Herrn seiner selbst zu machen; Chemie, um die Körper in ihre Elemente zerlegen und diese Elemente willkürlich zusammensetzen, d. h. um fabrizieren zu können. Aber der Wille allein genügte zur Lösung dieser gewaltigen Aufgaben nicht. Eine Menge Vorarbeit mußte erst getan werden, die Jahrhunderte beanspruchte, um diese Notwendigkeiten zum richtigen Ziele zu führen. Unterdessen war alles zur Halbheit verurteilt, und alles blieb auch Halbheit. Der Geist ging in die Irre. Die Astronomie wandelte sich zur Astrologie, die Anatomie zur Quacksalberei und Kurpfuscherei, die Chemie zur Alchemie. Das war aber nichts anderes als der Bankrott des ursprünglichen Wollens, d. h. die Formen, in denen er in Erscheinung trat. Diesen Bankrott erkannte man zwar nicht, aber seine Wirkung übte er darum doch. Und diese Wirkung bestand in der Hilflosigkeit, mit der man den furchtbaren Schicksalsschlägen gegenüber stand, die die entfesselnden Klassengegensätze und die skrupellos sich auslebenden Tendenzen der ursprünglichen Akkumulation des Kapitals vom Beginn des 16. Jahrhunderts an über die große Masse der Völker ausschüttete. Denn alles war jetzt soziale Erscheinung geworden, Massenschicksal. Als man endlich anfing, wenigstens die Tatsache des allgemeinen Bankrotts zu begreifen — sein Wesen und die Zusammenhänge begriff man nie —, da steigerte sich alles zur förmlichen Panik. Das ganze Weltall schien hinfort jedem ein einziger Vorhof der Hölle geworden zu sein, in dem Hunderte von Teufeln zugleich nach einem einzigen Opfer greifen, um sich an dessen Ängsten zu laben. Der gütige, milde Gott schien völlig aus der Welt verschwunden zu sein.

Hatte die Unreife der Zeit zum Aberglauben geführt, so setzte die allgemeine Verzweiflung diesen jetzt auf den Thron.

420. Der Unzuchtsteufel. Holzschnitt von Hans Weiditz

Man verschrieb sich dem Teufel und warf sich dem Dämonen= glaubens in die Arme, um den Teufel ge= wissermaßen zu ver= söhnen, und auf diesem Umweg das Schicksal um seine sonst sichere Beute zu prellen.

Das sind die historischen Zusam= menhänge des Teufels= kultus und des epide= mischen Hexenwahns, der vom Ende des 15. Jahrhunderts an als Massenerscheinung einsetzte. Und weil der langsame Fluß der Entwicklung nur ganz allmählich aus den hereingebrochenen Wirrnissen des Lebens herausführte, darum

421. Frau im Kampfe mit dem Bösen. Kupferstich von Albrecht Dürer

war es ein unvermeidliches Verhängnis, daß Europa für anderthalb Jahrhunderte zu einem einzigen ungeheuren Hexenkessel wurde, in dem der grauenhafte Gallimathias des Hexenhammers das oberste Gesetz und die nie verlöschenden Scheiterhaufen der Weisheit letzter Schluß waren. —

Auf dem Weg zum Einzelnen ergeben sich die noch fehlenden Ergänzungen.

Die erste Frage, die sich immer und immer wieder vordrängt, ist die: Warum sich das Rasen gegen den Teufelsaberglauben vornehmlich in einem Rasen gegen die Frau konzentrierte, und warum man immer von der Hexe und nur sehr selten vom Hexer spricht. Diese Erscheinung hat, soweit es Deutschland betrifft, zweifel= los eine Hauptursache in der altgermanischen Stellung der Frau in der Religion. Die Frau war hier die Priesterin, die ständig im Bunde mit göttlichen Gewalten ist; die Hexe ist in gewissem Sinne die Nachfolgerin der germanischen Priesterin.

Ungleich wichtiger ist jedoch ein anderer Faktor, der in allen Ländern, Deutsch= land eingeschlossen, in Betracht kommt. Dieser Faktor ist die in der Lehre von der Erbsünde begründete systematische Verächtlichmachung des Weibes: „Durch das Weib ist die Sünde in die Welt gekommen"; „das Weib ist die Sünde"; „alle Sünde kommt vom Weib"; „die Arme des Weibes gleichen den Schlingen der Jäger"; „jede Bosheit ist gering, verglichen mit der Bosheit des Weibes" — so und ähnlich lauten die Hauptsätze des Christentums, und die Kirchenlehrer kommentierten sie gemäß den asketischen Bedingnissen ihrer Lebensanschauung mit unerschöpflicher Fruchtbarkeit. Von dieser Voraussetzung ist es nur ein kurzer Schritt bis zu der Überzeugung, daß der Schoß des Weibes die Pforte der Hölle ist. Und das ist einer der Hauptsätze des Hexenglaubens und des Hexenhammers. Dadurch, daß die Frau Buhlschaft mit dem Teufel treibt, halte die Macht der Hölle Einzug in ihre Seele.

In einem der längsten Kapitel des Hexenhammers wird dies begründet. Es ist jenes besonders berüchtigte Kapitel, in dem jeder Satz eine Schmähung des Weibes darstellt. In diesem Kapitel kommen auch alle die ebengenannten Sätze vor, und mit ihnen beantworten die Verfasser die Frage: „warum bei dem so gebrechlichen Geschlechte diese Art der Verruchtheit mehr sich findet als bei den Männern". Den letzten und entscheidenden Beweis, warum sich die Frauen vornehmlich dem Teufel verschreiben, finden die Verfasser des Hexenhammers jedoch in der angeblich allgemeinen Unersättlichkeit der Weiber in der Wollust:

„Schließen wir: Alles geschieht aus fleischlicher Begierde, die bei ihnen unersättlich ist. Sprüche am Vorletzten: Dreierlei ist unersättlich (etc.) und das vierte, das niemals spricht: es ist genug, nämlich die Öffnung der Gebärmutter. Darum haben sie auch mit den Dämonen zu schaffen, um ihre Begierden zu stillen."

Auf Grund dieser Anschauung ist es ganz logisch, daß jede als mannstoll berüchtigte Frau besonders stark im Geruch stand, Hexe zu sein; in ihrer großen Geilheit bedarf sie zur Stillung ihres Nachthungers eines übermenschlich starken Nothelfers. Und dieser konnte nur der Teufel sein. Ebenso häufig drehte man freilich auch den Spieß um, indem man sagte: große Geilheit ist das Werk des Teufels.

Mit dem Begriff der Sünde, in dem die Frau personifiziert wurde, verknüpfte sich aber noch eine zweite Vorstellung. Das Weib ist für den Mann nicht nur die Sünde, sondern sie ist für ihn zugleich auch ein Geheimnis, nämlich in ihrer individuellen Macht über den einzelnen Mann. Durch diese Macht wurde das Weib in der Phantasie des Mannes auch zu einem Dämon, und an die ständige Begierde, die sie im Manne erweckte, knüpfte sich eine ebenso ständige heimliche Furcht vor ihr: so entstand die Hexe. —

Frägt man nach den in den einzelnen Individuen vorhandenen Anknüpfungspunkten des Hexenglaubens — denn solche fehlten natürlich auch nicht — und nach den wichtigsten Nährquellen der grauenhaften Hexenverfolgungen, so kommt man damit zugleich auch zu der Beantwortung der weiteren geschlechtlichen Elemente im Hexenwahn.

Unter den im einzelnen Individuum vorhandenen Anhaltspunkten spielte die Hauptrolle, daß viele Frauen felsenfest davon überzeugt waren, wirklich mit dem Teufel Buhlschaft getrieben zu haben, und mit ihm im Bund zu stehen. Selbstverständlich braucht man keine Silbe von den ungeheuerlichen Geständnissen über stattgefundene Teufelsbuhlschaft usw. zu glauben, die sich tausendfach in allen Details und mit aller Umständlichkeit beschrieben in den bergehoch getürmten Aktenbündeln der Hexenprozesse finden. Alle diese Geständnisse sind mit der

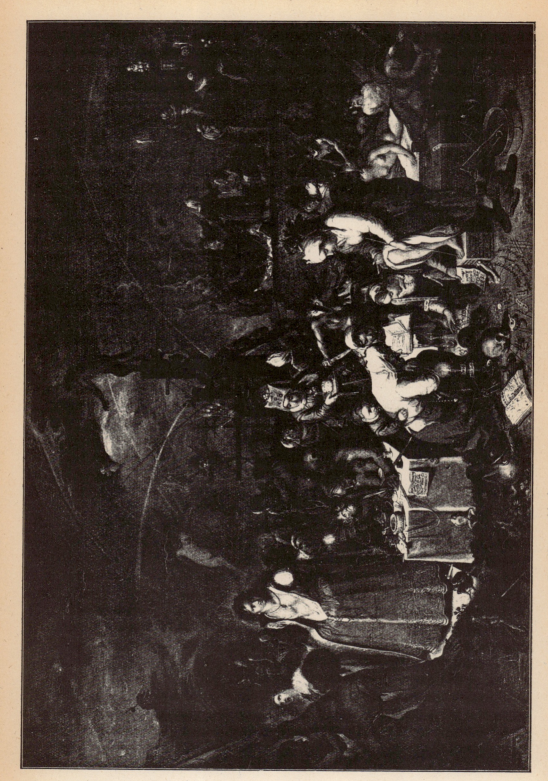

422.　Der Hexensabbath.　Gemälde von Hans Francken.　Original staatliche Gemäldegalerie Wien

Folter erpreßt worden. Und mit Hilfe der Folter ist alles zu beweisen: sie beflügelt die Phantasie des Gepeinigten und diktiert ihr alles das, was der Peiniger hören will. Aber es gibt hundert andere notorische Beweise für die starke Verbreitung dieses Glaubens. Daß es sich dabei stets um Wahngebilde, um Hirngespinste handelte, ändert im letzten Grunde nichts am Wesen der Sache.

Worauf es jedoch ankommt, das ist, daß diese Wahngebilde gerade in der Zeit der niedergehenden Renaissance zu einer förmlichen Massenerscheinung wurden. Und das erklärt sich ebenfalls aus der besonderen historischen Situation jener Zeiten. Diese Epoche war und zwar nicht zuletzt infolge der vorhin geschilderten Katastrophe, die den Untergang der Renaissance herbeiführte, zugleich das Zeitalter des ständigen und größten Männermangels, wie wir schon an anderer Stelle (S. 267) näher begründet haben. Niemals wälzten sich soviel geschlechtlich unbefriedigte Frauen, Jungfrauen und Witwen auf ihrem Lager wie damals. Gewiß stillten Hunderttausende von Frauen die Wünsche der Natur skrupellos und in vollen Zügen, wie wir in jedem Kapitel gesehen haben; aber auch, daß so viele „es so billig gaben" resultierte zu einem nicht geringen Teil aus derselben Ursache. Noch mehr Frauen aber gab es, die sich vergeblich nach einer natürlichen Erfüllung ihres Trieblebens sehnten. Solche geschlechtlich unbefriedigten Frauen fanden sich überall, am häufigsten jedoch in jenen Kreisen des Kleinbürgertums, wo

423. Vorbereitung zum Hexensabbath

die ökonomischen Bedingnisse der Existenz die Heiratsmöglichkeiten stark einengten. Dieser schwere und verzweifelte Konkurrenzkampf um den Mann führte dazu, daß zahllose Frauen die Liebe mit Gewalt erzwingen wollten und schließlich alles riskierten, um zum Ziele zu kommen. Der Dämonenglauben schaffte diesen Unglücklichen Rat. Eine alte Nachbarin oder irgendein landfahrend Weib kannte das Geheimnis und verfügte über geheime Kräfte. Sie verstand unwiderstehliche Liebestränke zu brauen, oder wußte Mittelchen, durch die man eine geheime Macht über die Männer erlangte; ein Mann kann nicht mehr ruhen, bis er in den Besitz der Frau gelangt ist, die ihm das betreffende Mittel in irgendeiner Weise zugesteckt hat. Solches war die heimliche Sehnsucht unzähliger Frauen — der Wunsch als zwingende soziale Notwendigkeit wurde zur Epidemie, und zehntausende probten jahraus jahrein die Formeln und die heimlichen Rezepte. Aber manche Nachbarin wußte oft noch viel mehr, noch unendlich sicherere Mittel, sie kannte die unwiderstehliche Formel, die den Bösen zwang, einem in allem zu Willen zu sein, und sie lieferte

Der Hexensabbat in der Walpurgisnacht auf dem Blocksberg.   Michel Herz.   Deutscher Kupferstich.   17. Jahrhundert

424. Religiös=erotische Tanzepidemien. Kupferstich

auch heimlich, — wenn nicht aus Freundschaft, so gegen einen guten Dukaten —,
was nötig war, um in Verbindung mit dem Gottseibeiuns treten zu können: die
berühmte Hexensalbe, mit der man sich einreiben mußte, um des Nachts nach
dem Blocksberg, nach der Bockswiese, dem heimlichen Zusammenkunftsort und
Hexentanzplatz, fahren zu können. Und die Nachbarin hatte nicht gelogen: Man
fuhr zwar nicht auf einem Besenstiel zum Schornstein hinaus nach dem Blocksberg.
Aber was die Wirklichkeit versagte, das fand man nun im Reiche der Träume.
Die Hexensalbe tat wahre Wunder; sie erfüllte das heimliche Sehnen noch unend=
lich berauschender als die Wirklichkeit. Heute wissen wir, warum die Hexensalbe
diese Wunder tat, denn wir kennen die Zusammensetzung verschiedener solcher
Hexensalben. Gewiß bestanden sie aus allem möglichen Hokuspokus: aus Maus=
hirn, zerstampften Kröten usw., aber sie bestanden meistens außerdem noch aus
einigen anderen, weniger harmlosen Dingen: aus Extrakten von Schierling, Mohn,
Stechapfel, Nachtschatten und ähnlichem. Das bedeutet aber nichts anderes, als
daß verschiedene Hexensalben und Tränke aphrodisische Rauschmittel waren, deren
Anwendung Traumzustände mit erotischen Delirien hervorrief. —

Steigerte sich das unbefriedigte Liebesbedürfnis einer Frau gar zur Manns=
tollheit, so führte das von selbst zu jener Frauenkrankheit, die der damaligen
wissenschaftlichen Einsicht ebensosehr ein absolut ungelöstes Rätsel war, wie sie
die Unwissenheit zu der Kombination verleiten mußte, in der betreffenden Frau
treibe ein Dämon sein Wesen, und der Teufel spreche aus ihr. Diese Krankheit
war die Hysterie in ihren verschiedenen Stadien. Eine ganze Reihe von Schilde=
rungen des Benehmens von Frauen, die in einer Stadt oder Gegend im Geruche

497

standen, eine Hexe zu sein, erweisen uns heute, daß es sich bei vielen als Hexen verschrieenen Frauen um typische Hysterikerinnen gehandelt hat. Das schweizerische Sprichwort, das der mannstollen Jungfer die Worte in den Mund legt: „Mutter i muß a Ma ha, od'r i zünde 's Huus a!" ist der typische Beweis für die Häufigkeit, mit der unbefriedigtes Geschlechtsbedürfnis in hysterische Zustände umschlug. Also schon im Krankheitsbild der Hysterie entstand der Denunziation, zum mindesten der heimlichen Verdächtigung ein unerschöpflicher Anlaß. Woran die allgemeine Meinung glaubte, daran glaubte die betreffende Frau in tausend Fällen ebenfalls und ebenso fest. Einen dritten Grund, warum die erotische Wut damals eine so häufige Erscheinung war, darf man auch nicht übersehen. Nämlich die ungeheuer stark gravierende Religionsübung des Geißelns. Die Erfahrung lehrt uns, daß die Lendengeißelung mitunter selbst bei geschlechtlich normal veranlagten Menschen die höchste geschlechtliche Wut auslöst, weshalb sie unter dem Namen der Flagellation auch zu allen Zeiten ins Repertoire der Perversität gehörte. Damals war sie wichtigstes Requisit der Kirche, die also damit künstlich züchtete, was sie gleichzeitig als höchstes Laster verdammte — die grausamste Ironie des Geistes der Zeit, der in die Irre ging.

Daß das Geschlechtliche geradezu den Hauptinhalt des Problems des Hexenwahns bildet, erkennt man daran, daß die Hauptnummern im Repertoire der Hexenkünste sich ausnahmslos auf geschlechtliche Dinge beziehen. Durch den fleischlichen Umgang mit dem Teufel wird die Frau zur Hexe, dadurch erlangt sie ihre zugleich heimlichen und unheimlichen Kräfte. Im Hexenhammer heißt es:

425. Vorbereitung zum Hexensabbath (Einreiben mit Hexensalbe)

„Fünftes wird einer solchen, des Teuffels Reich einverleibten Person, alsobald ein eigener und besonderer Huren- oder Buhl-Teuffel gegeben; der helt mit ihr Hochzeit und Beylager, und sind die anderen dabey fröhlich. Sechstens, solchen ihr Teuffel führet sie hernach hin und wieder, kömt offt zu ihr, treibet Unzucht mit ihr, befiehlet ihr auch dieses oder jenes Übel zu tun, samt andern, die davon auch Befehl haben."

Der stete fleischliche Umgang mit dem Herrn der Hölle selbst oder einem seiner Stellvertreter (dem Incubus) ist die Münze, mit der der Teufel der Frau bezahlt, die sich ihm verschrieben hat. Die Hexe kann wie gesagt Liebestränke brauen, die in das Blut von Mann und Weib ein unüberwindbares Verlangen nach dem Besitz einer ganz bestimmten Person, aber auch ebenso unüberwindliche Abneigung verpflanzen. Die Hexe kann die Potenz der Männer ins Ungeheure steigern, aber auch völlig verschwinden lassen; die Hexe kann durch das „Nestelknüpfen" Mann und Frau die Ausübung ihrer ehelichen Pflichten

426. Beschwörung der teuflischen Mächte durch eine Hexe. Kupferstich

unmöglich machen, ja sie kann sogar die Männer zeitweilig und auf die Dauer ihrer
Geschlechtsteile berauben und dem Weibe die Empfängnis versprechen. Alles
dieses kann die Hexe auch gegenüber den Tieren: daß die Kuh oder die Stute
einen bestimmten Stier oder Hengst nicht annimmt, oder umgekehrt, daß Kuh und
Stute nicht trächtig werden usw. usw. Solches sind die Hauptkünste der Hexe,
und davon handeln die meisten Kapitel des Hexenhammers. Übrigens handelt es
sich auch bei den männlichen Teufelsbündnissen ebensooft ums Geschlechtliche:
die Macht, daß einem kein Mädchen widerstehen könne, ist stets ein Hauptpunkt
im Teufelspakt, den der Mann mit dem Teufel abschließt.

* * *

Um nichts anderes als um einen ins Massenhafte gesteigerten erotischen Wahnsinn, der aus denselben Ursachen, wie sie oben geschildert sind, immer wieder
von neuem geboren wurde, handelte es sich auch in den vielen Klosterepidemien,
die aus jenen Jahrhunderten berichtet werden. Die Beißwut, oder daß sich die
sämtlichen Nonnen eines Klosters vom Teufel heimgesucht hielten, das waren stets
nymphomanische Exzesse, hervorgerufen aus unterdrückter Geschlechtsbefriedigung
und vergewaltigter Natur. Der Mann als Geschlechtsapparat ist es, der in allen
diesen Delirien spukte, der rasende Hunger nach den Sensationen der Geschlechts-
vermischung war der Teufel, der im Blute der Nonnen raste. Tausende von

Nonnen liebten in Jesus nur den Mann, und ihre Religionsübung war jahraus, jahrein nur eine fortgesetzte, täglich erneuerte geistige Unzucht.

In den verschiedenen Tanzepidemien, den Veitstänzern z. B., handelte es sich wiederum um dieselbe Erscheinung. Das Tanzen bestand bei diesen Tanzepide‑ mien häufig nur in den von einer maßlosen Begierde eingegebenen geilen Stellungen und den ins Groteske gesteigerten Bewegungen des Geschlechtsaktes, womit die schamlosesten freiwilligen Entblößungen verknüpft waren. Sobald sich bei diesen Tänzen die allgemeine Erregung einstellte, riß man sich in wilder Wut die Kleider gegenseitig vom Leibe, die Männer den Frauen, und die Frauen den Männern, um sich durch die unzüchtigsten Schauspiele zu einer förmlichen erotischen Raserei aufzustacheln. Brünstig schrieen Hunderte von halb und ganz nackten Männern und Frauen nach dem Erlöser. Und die Erlösung stellte sich denn auch ein, und zwar in den ungeheuerlichen Unzuchtsorgien, von denen stets der Ausbruch einer allgemeinen Tanzwut begleitet war. Die Mehrzahl der Frauen, die sich diesen Tanz‑ epidemien anschlossen, kehrten schwangeren Leibes nach Hause zurück, und die wenigsten von ihnen wußten, von wem sie die Frucht empfangen hatten, die ihnen im Schoße keimte; denn der orgiastische Rausch trieb Mann und Frau häufig wahllos einander in die Arme. Die Geißelepidemien mit ihren Geißler‑ prozessionen führten zu ähnlichen Erscheinungen, auch hier waren teils offene, teils heimliche Orgien der häufige Abschluß . . . .

Die Sinnlichkeit war krank geworden, auf den Tod krank. In schmerzhaften Zuckungen verebbte, was ehedem der Ausdruck der grandiosesten Schöpferkraft gewesen war, die höchste Erfüllung alles Lebens. Der Gott lag im Sterben.

427. Die trauernde Venus

Kupferstich von Albrecht Altdorfer